中国高等院校"依法治校"参考书

创建大学新特色

刘谟炎 著

CHUANGJIAN DAXUE
XINTESE

人民法院出版社

图书在版编目（CIP）数据

创建大学新特色/刘谟炎著．—北京：人民法院
出版社，2016.12
ISBN 978-7-5109-1672-4

Ⅰ．①创⋯　Ⅱ．①刘⋯　Ⅲ．①高等学校—学校管理—
研究—中国　Ⅳ．①G647

中国版本图书馆 CIP 数据核字（2016）第 306730 号

创建大学新特色

刘谟炎　著

责任编辑	孟　晋	
出版发行	人民法院出版社	
地　　址	北京市东城区东交民巷 27 号（100745）	
电　　话	（010）67550522（责任编辑）　67550558（发行部查询）	
	65223677（读者服务部）	
客 服 QQ	2092078039	
网　　址	http://www.courtbook.com.cn	
E—mail	courtpress@sohu.com	
印　　刷	江西师大印刷有限责任公司	
经　　销	新华书店	

开　　本	787×1092 毫米　1/16	
字　　数	531 千字	
印　　张	34.5	
版　　次	2016 年 12 月第 1 版　2016 年 12 月第 1 次印刷	
书　　号	ISBN 978-7-5109-1672-4	
定　　价	78.00 元	

内 容 提 要

　　加强党的领导是中国高等院校"依法治校"的前提和基础。本书在全国独树一帜的是高校党委书记亲自写讲话稿和调研报告，谋划学校发展顶层设计，既反映了一位党委书记的履职经历，在加强高校领导实践中如何使党的建设"全"起来、"实"起来、"严"起来；又展现了一位普通党委书记的努力履责，在坚持加强党委领导工作中如何做到党的建设、党风廉政建设工作和业务工作同部署、同落实、同检查；又彰显了一所普通水利类高校的发展历程，在实现跨越式发展过程中如何创建大学新特色、新理念、新战略。建设好中国"双一流"大学，关键就在于作为党委书记的"班长"，其政治、写作等方面的素养至关重要。当然，对各级参谋部门、秘书写作班子也同样重要，阅读本书可能作用更大。

Contents | 目　录

前　言

　　中国校友会网发布的"中国大学排行榜"显示，南昌工程学院在全国的排位由 2014 年前移 158 位的基础上，2015 年再前进 28 位，进位赶超速度位居江西省 29 所省管高校第一；尽管 2016 年仍然位居全国第 375 位，但排名位置大幅度靠前，引起社会各界的高度关注，优秀的生源、优秀的师资、经费的投入、社会声誉等资源开始增加，在社会市场这个运作空间内，通过各种方式提高教育质量和市场竞争力，不断进入良性循环状态。能否进一步建成名牌大学、一流大学现在还不敢说，但构建一所水利特色鲜明、名次逐年前移的大学应该有这样的信心。因为在中国社会，甚至全球社会几乎都是"学历社会"，排名靠前的大学具有较高的社会认可度，毕业的学生自然更会被社会看重，甚至终生受用。以自己为例，在 20 世纪 70 年代恢复高考时进行学校选择，首先必须是中国的重点大学（当时没有"211 工程""985 工程"），然后根据喜欢的自然环境，最终确立了农大。可看到后来农大的名气下降，心中不免泛起一阵阵不愉快，所以我后来下决心，一定要考一个超"985"大学的博士研究生。这种学历情结，也源于我们与生俱来的攀比心理。从一定程度上讲，现在很多人存在着"名校情结"，这是特定历史条件下所形成的习惯，是一种合乎理性和常识性的行为。后来自己由省委机关干部转任高校领导，这是上级组织任命的，无论排多少名的学校都应该去。幸运的是，让这所学校在全国排多少名还是有努力空间的，赶上高等教育的大众化，高等教育作为一个特殊的"消费市场"，在满足社会经济对各类人才的需要和中国老百姓对高等教育的渴求的同时，也使学生拥有更大的选择权和自主权，自己无论如何要让学生、家长这些"消费者"明明白白选择自己理想的大学或者大学排名不断前移的学校。这是因为，教育有很多功能，筛选人才是其中非常重要而且源远流长的一项功能；人类社会需要分工，需要教育将不同能力的人筛选出来，这样社会才能正常运转。否则就可能出现"庸才占据高位""英才却被埋没"的怪现象，严重损害人类社会的福祉。正是因为人类社会需要教育的筛选功能，所以招聘单位就将学历层次以及大学排名等作为反映毕业生能力的信号。学校排名靠前的学生，不是100％都优质，但相比较排名靠后普通高校的学生，他们享有更多的教育资源，经常与高水平的老师、同学交流，能力、性格以及思维等的成长会更加迅速和完善。因此，对于招聘单位来说，选择大学排名靠前的学生是一种成本更低的活动，即是一种理性的选择。不可否认的是，争取跻身排行榜前列是一种趋势，它关注学术标准化和提高。毕竟从中既可看到自己学校所在的位置变化，以知进退与涨落；也可看到兄弟院校乃至竞争对手的升降或长短，通过竞争可以促进进步。但问题在于怎样对其进行综合衡量，使排名分出不同类型的大学、不同大学的使命及不同大学的办学方向。

《国家中长期科学和技术发展规划纲要（2010—2020年）》提出，"加快创建世界一流大学和高水平大学的步伐，培养一批拔尖创新人才，形成一批世界一流学科，产生一批国际领先的原创性成果，为提升我国综合国力贡献力量"。2015年8月18日，中央全面深化改革领导小组出台的《统筹推进世界一流大学和一流学科建设总体方案》文件提出，要推动一批高水平大学和学科进入世界一流行列或前列。2020年有若干所高校跻身到这个行列，到2030年的时候有更多的高校跻身到这个行列，甚至跻身到前列，到2050年的时候，整个中国变成高等教育强国。关注高等教育发展的人都非常清楚，世界一流大学大多数都是学科门类齐全、学术声誉卓著，譬如牛津、剑桥、哈佛、耶鲁等。这些大学的综合指标排名在全球往往名列前茅，并且都是顶尖的综合性研究型大学。除著名的综合性大学以外，国内外一些特色型大学根据自身的不同发展阶段和社会需求，制定相应的发展目标和发展战略，取得了令人瞩目的成就，成为特色型世界一流大学。

世界水利特色一流大学之中，有创建于 1842 年的荷兰代尔夫特理工大学，曾被誉为"欧洲的麻省理工学院"，其水利工程、电子工程等学科在世界上都具有领先地位和卓越声望，这些特色学科群形成的根本原因在于，该校坚定不移将国家战略和社会发展需求作为学科发展的原始动力。以水利工程为例，荷兰的地面高程高于海平面的大约只有 35%，没有良好的水利工程就不能保证国土不被海水淹没。荷兰南部的著名的三角洲工程和北部的北海拦海大坝都是闻名世界的。围绕国家经济发展的重大需求，代尔夫特理工大学、代尔夫特水利研究所在基础理论与工程实践上都有很多突出的贡献，首先提出了很多水利或者与水相关的科学技术，如早期的水力模型实验、计算水力学的 ADI 法等。这一系列的科学理论与方法不仅在解决国家的重大需求上发挥着不可估量的作用，也对国际学术界产生了广泛而深远的影响。而创建于 1958 年的南昌工程学院虽然不可与之相提并论，但可借鉴世界一流大学的发展途径，牢记"办出特色、争创一流"的发展方向，立足于水利大学的发展历史和学科特点；把"服务鄱阳湖生态经济区，服务江西生态文明先行示范区"的建设目标作为必然的选择；环顾全球关注中国水资源、水安全的大背景，通过对江西水问题的研究扩大在国内外的影响力；在保持水利特色的前提之下，使水利学科在国内外具有广泛影响，水利学科的某些方向能引领发展；在山水林田湖共同体研究方面，既是领导者，又是弄潮儿。当然，水利特色，不仅仅是指水利工程，也不是指水利科学。水是生命之源，具有趋利避害的特性，是人类赖以生存和发展的物质条件。在不同发展阶段，人类不断积累对水的认识和应用经验，不断突破水科学和水技术的前沿，推动社会生产方式和生活方式发生革命性变化。新的时代条件下，围绕水问题形成的水生态、水景观、水经济、水文化、水安全、水修复等新的学科领域和研究方向正在蓬勃发展，水的精神文化内涵也不断得到丰富和深化。因此，水利特色是指所有与水相关的学科，这样的定位既能解决学科面过于狭窄的发展瓶颈，又能开拓出广阔的新兴领域，为学科的发展带来活力。南昌工程学院的发展，不仅取决于对自身状况的把握，更重要的是取决于国家发展、民族振兴和社会进步对大学的要求。建设世界一流大学需要充足的经费和资源投入，国家实力决定了不可能将所有大学都建成世界一流大学。一般的普通本科院校要建成一流大学，关键要抓住世界一流大学的本质特征，不是一味追求综合指标排名在全球名列前茅，关键是在某些领域或者方向上领先，取得对全局性发展的引领作用，从而达到世界水平。

众所周知，高水平行业特色大学特指高等教育管理体制改革前仅以与行业紧密结合的学科为基础的隶属于国务院某个部委的单科性高校，经过20世纪80年代以来的改革与发展，形成具有显著行业办学特点及学科特色突出、适度综合的高校。高水平行业特色大学在国家政策和加大投入的重点支持下，抢抓机遇，一心一意谋发展，齐心协力抓学科，取得了长足的进步，在我国高等教育体系中具有十分重要的战略地位。南昌工程学院曾经是国家水利部直属的三所部属院校之一——南昌水利水电高等专科学校，确立了在我国水利高等教育中的重要地位。《创建大学新特色》，以南昌工程学院近几年的办学实践为案例，见证了我国水利高等教育的行业特色，所倡导的"献身、求实、负责"的水利精神，也促进一代代水利人扎根山河大地，投身水利，服务水利，用一项项填补中国水利发展空白的水利科技，用一座座矗立在中华大地上的水利丰碑，谱写了水利改革发展的壮美篇章，描绘了创建水利科学领域一流大学的长期奋斗目标。一是抢抓机遇，在国家政策的支持下，不断壮大面向水土资源行业的特色优势学科——水利与生态、土木与建筑工程等相关学科群，切实增强学科的核心竞争力。二是适度扩大学科覆盖面，着力形成学科规模适度、结构合理的学科体系。使学校由水利科学单科性高校转变成为水利科学优势突出且适度综合的大学，为学校事业的总体发展和创建一流学科奠定坚实的基础。三是积极探索，逐步形成具有水利特色的学科建设体系。一流专业建设是日常计划，一流学科建设是中长期规划，一流大学建设是长期规划。学科发展视野已经开始从国内竞争转向国际竞争，争创一流学科意识、学科竞争意识已在全体教师中明显增强；学科发展模式已经从争取学位点数量、扩大招生规模等外延拓展转向内涵建设，基本具备冲击一流学科的发展潜力和基础条件。

第一回　担当使命
——中央党校全国高校党委书记校长班学习报告
（2015 年 7 月 18 日）

根据中央和省委统一安排，2015 年 7 月 5 日至 7 月 17 日，我在中央党校参加由中央组织部、中央党校、教育部联合举办的第 3 期全国高校党委书记校长专题研讨班学习。为期两周的学习培训，重点学习了习近平总书记系列重要讲话精神、中央加强高校党建和意识形态工作的指示精神，目的是要全面贯彻落实党的教育方针，进一步增强高校党委书记校长的思想政治素质和治校理教能力，为巩固高校思想理论阵地、办好中国特色社会主义大学提供政治保证和组织保障。来自中组部、中宣部、教育部、中央党校、国家宗教局等有关部委领导、专家学者围绕学习内容作了精彩报告。学员们通过分组讨论、学习论坛等形式就学习内容进行了广泛深入的交流研讨，结合实际讲情况、谈认识、点问题、提建议，普遍反映党的十八大以来高校党建工作和思想政治工作进一步加强，主流积极健康、趋势不断向好，广大师生对以习近平同志为总书记的党中央治国理政的大政方针衷心拥护，对党和国家发展前景充满信心。这对高校党委书记来说，不仅指明了努力的方向，也提出了明确的要求，就是要按照中国共产党几代领导人的期待，努力使自己成为一个讲政治的教育家、懂教育的政治家，成为办好社会主义中国特色大学的实干家。

一、坚持不辱使命，努力成为政治家

中央党校 1933 年创办于中央苏区，延安时期初具规模，新中国成立后特别是改革开放以来得到很大发展。单独集中培训全国高校书记校长尚属首次。众所周知，中央党校不仅为我国革命、建设、改革事业培养了大批领导干部，而且在坚持党的思想路线、推进党的理论创新中作出了重要贡献；高校不仅是研究和传承科学的殿堂、教育新人成长的世界、个体之间富有生命的交往、学术勃发的圣地，还是国内外社会思潮聚集和交汇的前沿阵地。把全国高校党委书记校长聚集到中央党校培训，就是要发扬党校的光荣传统和教学的特色优势，传承党校的正确办学方向和丰富办学经验，提升高校党委书记校长的政治家素养，推进党的理论建设融入高校发展，办好中国特色社会主义大学，为坚持和发展中国特色社会主义作出新的更大的贡献。

（一）增强全局观念，胸怀远大抱负

习近平同志当选总书记后，在与记者见面时说"我们的人民期盼有更好的教育"，每个家庭都"希望孩子学习好、工作好、成长好"。当选国家主席以后，他对"中国梦"作了全面阐述，他认为"中国梦"的实质就是"让人民共享人生出彩的机会"，"中国梦"的目标就是"国家富强、民族振兴、人民幸福"，"中国梦说到底是人民的梦，要靠人民来实现"。改革开放 30 多年来特别是从上世纪末开始，我国高等教育经历了历史性的跨越式发展，高等教育的大众化水平一直在稳步提升。同时，我们也要清醒认识到，"大"不等于"强"，我国是教育大国，但还不是教育强国，也不是高等教育强国，这是一个基本判断。我国高等教育人才培养质量与经济社会发展的不相适应性比较突出，制约高等教育发展和人才培养的深层次矛盾逐渐显露。从深层次来讲，我国高等教育存在的问题和差距都是由于发展理念不够成熟、发展机制不够完善、发展方式不够科学造成的。现在，要解决这些问题、缩小这些差距，必须加快转变思想观念，适应经济社会发展的新要求，推动我国高等教育在新常态下实现更高水平的、更可持续的发展。强卫同志担任江西省委书记后，省委、省政府提出"发展升级、小康提速、绿色崛起、实干兴赣"十六字方针，谱写中国梦的江西美好篇章，使江西发展更科学、社会更和谐、生态更文明、文化更繁荣、人民更幸福。谱写中国梦江西美好篇章的前提就是要谱写中国梦江西教育的美好篇章，特别是要谱写江西高等教育的美好篇章，真正做到有教无类、因材施教、人人成才、终身学习，真正做到培育英才、创新知识、服务社会、文化自觉。高校党委书记只有真正地理解所从事的事业是民族振兴的基石和社会进步的阶梯，才能体悟事业的伟大和使命的神圣。高校党委书记只有自觉地增强大局观念、明确使命担当，才能理性地把学校工作放到"中国梦"的伟大事业中来思考，放到"绿色崛起"的江西美好蓝图中来谋划，放到教育现代化的工作全局中来推进，不断提高办学治校水平。高校党委书记只有自觉面对江西高等教育暂时较弱的特殊省情、由大变强的特殊阶段、既大又强的特殊追求，才能主动应对人口红利逐步消减的新趋势、高等教育全球化的新挑战及基本矛盾的新变化、创新驱动对人才培养的新要求，真正地成为青年学生筑梦追梦的引路者、建设人才强国的实践者、实现全面小康的推进者。

（二）强化政治思维，把好办学方向

高校党委书记应以政治家的敏锐和坚定，把好方向，守好阵地，善于从政治和全局的高度看待和处理问题，始终坚持党的教育方针和社会主义办学方向不动摇，发挥好领路和保障作用，把立德树人的根本任务落到实处。马克思当年曾慨叹"法兰西不缺少有智慧的人，但缺少有主心骨的人"。马克思所说的"主心骨"是指信仰、信念、信心。高校党委书记要具备政治家的素质，必须胸有"主心骨"，做到拥抱信仰不迷茫，拥存信念不动摇，拥有信心不气馁。高校党委书记的信仰在于坚持高举中国特色社会主义伟大旗帜不动摇，坚定走中国特色社会主义高等教育发展之路不犹豫，坚持中国特色社会主义办学方向不模糊。高校党委书记的信念在于让党和政府放心、让人民满意、让师生受益、让社会认可。高校党委书记的信心在于服务教育、服务学校、服务师生，功在当代；服务国家、服务发展、服务未来，利在长远。高校既是思想文化高地，也是精神道德高地，还是培育和践行社会主义核心价值观的高地。高校只有自觉地把立德树人作为根本任务，把培育和践行社会主义核心价值观融入办学全过程，才能有效地引导广大师生在复杂的社会环境和多变的社会思潮中增强理论自信、道路自信和制度自信。恩格斯说，"一个民族要想站在科学的最高峰，就一刻不能没有理论思维"。同样，一名称职的高校党委书记，不能没有理论思维的支撑；一个合格的高校党委领导班子，不能没有科学方法的指引。我们要切实增强学习运用马克思主义的自觉性、主动性，深刻理解习近平总书记系列重要讲话精神中蕴含的价值论和方法论，不断提升科学的思想和工作方法水平，突破思想观念的束缚、突破视野眼界的局限、突破能力水平的瓶颈，避免工作上的形式主义、形而上学、主观主义和片面性、简单化、极端化，增强办学的预见性、科学性、主动性和实效性。

（三）坚持党性原则，加强党委领导

党委是学校的领导核心，要总揽学校改革发展稳定的全局，统一领导学校的工作。坚持党性原则是党的领导干部为官从政的基本准则，也是必备的素质和能力。作为高校党委书记，一方面要坚持民主集中制这一党的根本组织原则，人人都应自觉坚持"集体领导、民主集中、个别酝酿、会议决定"方针，正确处理好书记与常委、正职与副职、上级与下级、领导与群众、分工与协作、讨论与表决、多数与少数、民主与集中的关系，完善决策机制，确保学校事业健康发展。另一方面要维护党委领导下的校长负责制这一高校的根本领导制度。高校领导班子每一位成员都应自觉地从党性出发，从决策与执行之中把握党委和行政的定位，从分工与合作之中落实个人与集体的责任，努力做到在工作职责上分，在工作指导思想上合；在工作制度上分，在工作关系上合；在一般工作上分，在重大问题上合；在工作职能上分，在工作目标上合。党委书记要努力践行管住情绪是"大涵养"、善于团结是"大智慧"、理解宽容是"大胸怀"，真正成为政治上志同道合的同志，思想上肝胆相照的知己，工作上密切配合的同事，生活上互相关心的挚友，协力推进高校治理体系和治理能力的现代化。

二、坚持不忘职责，努力成为教育家

高教事业是中国特色社会主义事业的重要组成部分。各级各类高校肩负着学习研究宣传马克思主义、培养社会主义接班人和建设者的重大使命。"培养什么人，怎样培养人"，是教育的根本问题和永恒主题。现在的大学生是未来的国家栋梁。无论是党政军民群还是工农兵学商，未来各行各业的精英与中坚力量，大多来自大学校园。给孩子什么样的教育，就是为孩子准备了什么样的人生。如果我们传授给他们的价值观出问题、有偏差，就会埋下大隐患，就会出根本性的问题。高校党委书记必须紧紧围绕培养社会主义接班人和建设者这一主题，以习近平总书记系列重要讲话精神为根本遵循，确保党的建设、教书育人、科学研究、行政后勤等各项工作不出方向性偏差，不留根本性隐患，沿着正确的道路前进，做一个热爱教育、自觉尊重与敬畏教育的价值和规律的人，献身教育、对教育充满热爱并深深扎根于教学第一线的人，建树教育、拥有系统的教育理论和丰富的实践经验的人。

（一）强化职业意识，掌握教育规律

教育家是杰出的教育工作者，其办学行为最大限度地接近教育的至高本质，育人方法最大限度地接近以人为本的崇高境界，教育治理最大限度地接近效能的最高准则。现代高等教育呼唤和期待真正的教育家办学。因此，立志成为教育家的高校党委书记，应既深谙教书育人之道，又具有学科专长，融人格魅力和学识魅力于一身，以自己高尚的人格、丰富的学养和有效的工作赢得广大师生的爱戴和社会的尊重，养成"学高为师、身正为范"的职业素养。立志成为教育家的高校党委书记，应努力成为教育规律的最佳遵循者，深刻理解教育本质，熟悉掌握高等教育教学规律，潜心钻研青年人成长培养规律；应努力成为先进教育教学理念的最佳创造者，形成独特的教育理论体系，通过观念变革促进学校科学发展；应努力成为教育创新的最佳实践者，致力于把高校办成训练和培养人智慧的机构，在复杂的社会环境中创造性地开展工作，形成释疑解惑、守正创新的职业品格。立志成为教育家的高校党委书记，应正确处理好领导工作和专业发展之间的关系，把教育管理作为学问和事业，把主要精力投入到把方向谋大局、抓改革促发展、抓班子带队伍、育人才出成果中去，进入"燃烧自己、照亮别人"的职业境界。

（二）强调以人为本，一切为了学生

美国哈佛大学前校长德里克·博克曾说："哈佛最值得夸耀的，不是培养了 6 位美国总统，也不是造就了 36 位诺贝尔奖得主，而是使每一位进入校园的学生都发光。"大学的逻辑是学者、学术、学科、学风和学生。办学离不开学者，学者的使命是崇尚学术，学术活动的载体是学科，学术活动正常运转形成了具有高校自身个性的学风，在良好学风保证下，学者们源源不断地奉献出物质和精神成果，而这些成果首先用来润泽学生成长，然后服务社会。因此，高校党委书记一定要牢固树立一切为了学生的理念，提供全面的教育；树立为了一切学生的理念，提供公平的教育；树立为了学生一切的理念，提供适合的教育。一要"推开一扇大门"，引导学生自由成长。爱因斯坦认为"神圣的好奇心和内在的自由"是"一切伟大的精神创造者身上鲜明地保持着两种特质"，而"这两种特质要靠'外在的自由'来保证"。何为"外在的自由"呢？就如马斯洛所说"只有在真诚、理解的师生人际关系中，学生才敢于和勇于发表见解，自由想像和创造，从而热情地吸取知识、发展能力，形成人格"。二要"点燃一束火焰"，激励学生自己成长。埃德加·富尔在《学会生存》中发出呼吁："未来的学校必须把教育的对象变成自己教育自己的主体，受教育的人必须成为教育他自己的人，别人的教育必须成为这个人自己的教育"。三要"构造一方池塘"，滋润学生自然成长。学生的自然成长应寓于卢梭在《爱弥尔》中所期待的"不作为就是最理想的教育"之中。"不作为"是指平静平和"不强为"，细致细腻"不过为"，耐心耐性"不私为"，"知足常足，终身不辱；知止常止，终身不耻"。

（三）创新办学理念，塑造特色魅力

完善我国高等教育体系，让每一所高校办出特色、办出水平、办出活力，就必须与时俱进，不断创新办学理念，以先进的办学理念引领丰富的办学实践。创新办学理念，重在"创特色"。特色是大学的魅力所在。有特色才有价值，才不被人所忽视和替代。特色有软和硬之分。软特色如学风、传统、文化与制度等。硬特色则表现在学科实力上。办出水平，办出特色，主要指办出学科水平与特色。一门或几门学科的优势和特色，能够带动学校的整体提高和全面进步，足以形成学校的社会影响和社会声誉。创新办学理念，贵在"立潮头"。一所"立潮头"的高校，其办学实践一定是时刻把培养人才作为根本使命，把学术创新作为价值标志，把社会服务作为基本职能，把提高质量作为永恒主题，把学科建设作为龙头抓手，把队伍建设作为主体工程，把止于至善作为精神之魂，把深化改革作为内在动力，把办出特色作为持续之道，把服务教学科研和学术创新、服务师生员工作为基本之策。创新办学理念，成在"上层次"。"上层次"体现在办学定位对国家和区域经济社会发展需求的适应度高；领导精力、师资力量、经费安排、教学设备、图书资料和国际合作对人才培养的保障度高；德性与理性、灵性与磁性、特色性与可持续性、本土性与世界性的统一度高；人才培养、科学研究、社会服务、文化传承创新对国家现代化建设事业的贡献度高；学生、家长、用人单位、政府和社会对人才培养质量的满意度高。

三、坚持不负众望，努力成为实干家

唐代著名诗人王昌龄（690—756）的《塞上曲》告诫我们："从来幽并客，皆向沙场老。莫学游侠儿，矜夸紫骝好。"高校党委书记努力使自己成为社会主义政治家、教育家，最终目标就是要在革命化的前提下实现专业化，要落到实干兴校上，要成为实干家。显而易见，教育家的产生并非局限于高校，更不是仅仅局限于研究型高校，幼儿园、小学、初中、高中阶段教育、课外教育、短期职业培训或扫盲的教育工作者也可能成为教育家；教育家的产生并非局限于高校领导，高校的其他教育工作者（教师、辅导员等）也可能成为教育家；教育家的产生并非局限于高校的党委书记校长，其他职员也可能成为教育家；教育家的产生并非局限于博士学位的教育工作者，没有博士学位的教育工作者也可能成为教育家；并非一个学校只产生一个教育家，教育家可以成群体；教育家与政治家并非对立或排斥，政治家可以同时是教育家。就高校党委书记来说，要先行一步，以实干家的劲头和勇气，以政治家的包容和担当，以教育家的求实和鼎新，抓机遇、探新路，虚事实做、实事做优，推动各项事业发展实现新跨越。

（一）把握方向，干第一

高等教育的第一任务是培养中国特色社会主义事业合格建设者和可

靠接班人，"第一教育"是理想信念教育，"第一学科"是马克思主义理论和中国特色社会主义理论，"第一课程"是立德树人，培养正确的世界观、价值观、人生观。高校党委书记是第一责任人，要大力推进理论武装工程，认真学习贯彻习近平总书记系列讲话精神，推进中国特色社会主义理论和中国梦进教材、进课堂、进头脑，结合师生日常生活开展好核心价值观教育；大力加强意识形态工作，旗帜鲜明，勇于担当，敢于发声，牢牢掌握领导权、管理权、话语权；大力推进阵地建设工程，守好课堂主阵地，用好互联网新阵地，抓好校园文化阵地；大力加强干部队伍建设，深入推进党建"连心、强基、模范"三大工程，强化师德师风建设，确保队伍稳定、质量提升；大力推进平安校园工程，加强安全法制教育，借鉴网格化模式，创新校园安全管理，净化校园周边环境；大力推进党建保障工程，落实领导责任，建立党建述职制度，形成重党建、谋党建、抓党建的责任链。

（二）求真务实，干大事

学习科学的思想方法和工作方法，至为重要的是结合工作实际，学好用好习近平总书记系列重要讲话中所体现的战略思维、历史思维、辩证思维、创新思维、底线思维和法治思维，落实到"实干兴邦、实干兴校"上，把实干作为推进高等教育现代化，建设有中国特色、江西特点的高水平大学的根本途径，内化到提高办事效率，提升管理品质，构建和谐、上进、高效的高校管理环境等日常工作中去。中华民族知识分子历来推崇担当精神，讲究"穷则独善其身，达则兼济天下"，强调"天下兴亡，匹夫有责"，追求"为天地立心，为生民立命，为往圣继绝学，为万世开太平"。时至今日，在实现中国梦的征程上，习近平总书记把"敢于担当"作为好干部的五条标准之一。当前我国推进教育现代化的任务重要而紧迫，高等教育综合改革进入深水区和攻坚期，势必要涉险滩、啃硬骨头。"惟其艰难，才更显勇毅；惟其笃行，才弥足珍贵。"高校党委书记要以"大事难事看担当，逆境顺境看襟度"的境界、以"千磨万击还坚劲，任尔东西南北风"的定力、以"苟利国家生死以，岂因祸福避趋之"的勇气、以"子规夜半犹啼血，不信东风唤不回"的韧性，自觉把握省委和省政府高度重视高等教育所产生的溢出效应，顺势而进；自觉把握我省高等教育落后全国所产生的"洼地效应"，蓄势而发；自觉把握我省高等教育热点和难点问题的局部突破所产生的示范效应，乘势而上；自觉把握我省高等教育科学发展顶层设计所产生的综合效应，因势而行，努力让高等教育的公平活力竞相迸发，让高等教育的优质资源充分涌流，全面增强高等教育服务经济社会发展、服务人的全面发展的能力。

（三）善于担当，干成事

古人曰："道虽迩，不行不至；事虽小，不为不成""为政贵在行""以实则治，以文则不治"。实干不是蛮干、胡干，而是在掌握世情、国情、党情的基础上作决策、办实事；牢固树立"党建＋"理念，做好高校发展改革稳定工作。"党建＋"，就是加学校教学、科研、社会服务、文化传承等各项工作。高校党委要深入推进在处级以上领导干部开展"三严三实"专题教育活动，持之以恒地抓好作风建设，坚持一心求质量、一致谋发展、一切为学生的办学要求；坚持以人为本、全面发展、特色发展、创新发展的发展思路；不断优化学科、专业、课程、师资队伍结构，努力增进人才培养的契合度、强化学科建设的深度、提升理论研究的高度、加大产业发展的力度、提高国际化办学的程度、增强管理的精细度，自觉遵循高等教育发展规律和人才成长规律，防止和克服急功近利、急于求成的心态，真正扑下身子，一步一个脚印地推进学校各项工作，扎扎实实地做几件经得起人民和历史检验的实事和好事，让每个青年学生享有更多学习的选择机会，让每个家庭感受到高等教育生态的可喜变化，让每个人分享到高等教育改革和发展的阶段成果。

总之，在中央党校举办全国高校党委书记校长培训班，是党中央对全国高校党委书记校长的高度重视和殷切期望。作为江西高校的党委书记，更应把握形势、发挥优势、顺应大势，努力成为"政治家、教育家、实干家"，坚定不移走有中国特色、江西特点的大学发展之路，以开放的理念、创新的思维、争先的勇气，努力把各类高校办出特色、办出水平、办出活力，为江西"绿色崛起"作出应有的贡献，实现中华民族伟大复兴中国梦提供强有力的人才保障和智力支持。

第二回　保定特色

——河北省保定市高等学校考察报告

（2015 年 7 月 31 日）

　　我趁参加全国高校党委书记校长专题研讨班学习之机，期满结业后就带着中央党校课堂内了解掌握的问题来到河北省保定市实地学习考察，在保定学院院长胡连利同志的陪同下，参观考察了保定学院、河北金融学院、河北大学、华北电力大学、中央司法警官学院等高等院校，受益颇丰。特别是对研讨班上重点探讨的如何办好中国特色社会主义大学问题，认识更为深刻，在保定找到了值得我学习借鉴的现实范例。

一、依托古城文化沃土，增强高校办学软实力

　　保定是河北省的地级市之一，辖 5 区、15 县、2 个县级市。保定是京津冀地区中心城市之一，保定即"永保大都（即元大都北京）安定"之意。冀中地区即指保定，自古是"北控三关，南达九省，地连四部，雄冠中州"的"通衢之地"，与北京、天津构成黄金三角。保定以前为直隶省会，是直隶总督驻地，也是河北省最早的省会，从 1669 年至 1968 年，长期是河北的政治、经济、文化中心。保定的高校数量和高校生万人拥有量居全国地级市首位，是全国著名的"大学城"，在校大学生达 25 万多人。中央司法警官学院、中国地质大学长城学院、华北电力大学、河北大学、河北农业大学、河北金融学院、河北软件职业技术学院、保定学院、保定职业技术学院、保定电力职业技术学院等 16 所高等院校都坐落在保定市，院校类型多样、教育资源丰富，学科多元，特色突出。既有以研究学术型教育为主的大学，也有以应用型职业教育为主的高职

院校。特别保定曾是华北除北京之外的政治文化中心，还是晋察冀边区和冀中敌后抗日根据地，得天独厚的历史文化土壤，促进了保定文化事业的繁荣，在市内各高校显得尤为厚重，在河北省内一向领风气之先。

（一）保定学院的习总书记回信石和作家群文学馆

保定学院是一所具有百余年办学历史的学校，创建于 1904 年，始称"保定初级师范学堂"。1910 年改称"直隶第二初级师范学堂"，1928 年随省易名为"河北省立第二师范学校"。新中国成立后定名"保定师范学校"。1978 年经国务院批准改建"保定师范专科学校"。2007 年 3 月升格为本科层次的普通高校，并更名为"保定学院"；学校设有中文、历史、外语、政法、管理、数学与计算、资源与环境、生化、信息技术、物理、教育、音乐、美术、体育、思想政治理论课教学科研部 15 个系（部），建有白洋淀研究中心、湿地研究中心、保定低碳文化研究中心等科研机构（中心）；学校设有汉语言文学、英语、音乐学、美术学、数学与应用数学、化学、思想政治教育、知识产权、历史学、日语、地理科学、应用心理学、小学教育、学前教育、人力资源管理、舞蹈学、绘画、书法学、体育教育、物理学、生物科学、科学教育、教育技术学、软件工程、人文教育 25 个本科专业，34 个专科专业，全日制本专科在校生 15000 余人。新校区由清华大学建筑学院设计，跨进校门首先映入眼帘的是巨型回信石，2014 年五四前夕习近平总书记给保定学院西部支教毕业生群体代表回信，鼓励大学生立志终身献身西部教育事业，为促进边疆地区发展献出青春与才智。2014 年底保定作家群文学馆在保定学院开馆，里面既有孙犁、梁斌、徐光耀、李英儒、刘流、铁凝、谈歌等在中国文学史上星光熠熠的名字，还有获得"诺贝尔文学奖"的山东作家莫言。馆内详细介绍了当年莫言在易县狼牙山下当兵，他的处女作《春夜雨霏霏》就发表在保定市文联的文学杂志《莲池》上；莫言成名后，一直把保定当做自己的文学第二故乡。在莫言的资料展区陈列柜里看到，莫言当年写给《莲池》编辑毛兆晃的书信这样写道："在您的扶持下，我的作品即将见诸刊物，这对于我是一个极大的鼓舞、极大的鞭策，我一定不辜负您的期望，不断地努力，争取有新的进步。"保定学院院长胡连利教授介绍，"保定作家群"是中国现代文学史上不可忽视的一个文学现象，是河北乃至全国一个重要的作家群体，是河北文化的 DNA。建国以来，《风云初记》《红旗谱》《小兵张嘎》《野火春风斗古城》《敌后武工队》等作品在社会上广为传播，今年列为中国保定纪念抗日战争胜利 70 周年红色文化走廊之旅系列活动的重要内容。学院多年来一直将"保定作家群"研究作为重要研究课题，拥有国家级社科基金项目等，文学馆既为学院师生提供研究"保定作家群"的场所，也为广大文学青年提供向前辈作家学习的机会。

（二）河北大学的科技文化产业园和绿色智慧产业区

河北大学是百年老校，是省部共建的综合大学，在国家高等教育布局中具有重要作用和特殊的区域地位，在提高河北省高等教育整体办学水平和办学效益上发挥着龙头和示范作用。长期以来，大学服务地方的作用主要体现在提供先进技术或设备。事实上，高校的智力资源在传承和发展文化产业方面同样大有可为，有时一个创意带来的经济和社会效益甚至会远远大于某项技术的创新。目前河北大学以科技文化产业园为依托，整合校内艺术、新闻、建筑等学科和人才优势，正在形成面向市场的具有高校特色的绿色智慧产业区。走进位于河北大学科技文化产业园六楼的文化创意产业研究中心，好像走进了一间茶社，除了几台电脑外，其他都是古色古香的装饰。"创意是绿色产业，不需要大的厂房，关键是要激发创新的火花。"杜浩教授告诉我说，曲阳秋鸿定瓷、定兴宫绣等一批文化产品的创意，都是在这里产生火花并形成策划方案的。定窑是中国宋代五大名窑之一，曾有着辉煌的历史。然而，在现代瓷器市场，定瓷却失去了过去的光华。杜浩教授不但了解定瓷的历史和特性，而且还熟悉艺术市场的运作规律，发现定瓷以收藏品为主，而收藏市场的圈子比较小、容量也有限。要提高定瓷的知名度和市场占有率，除了在传统的装饰瓷品种上创新外，更应该在现代的实用瓷上下功夫，比如做酒器、茶具、餐具和文化用品等。在杜浩教授的创意策划下，一款"文房雅集"（砚台、笔筒和两把镇尺），一上市就受到了普遍欢迎。不仅如此，杜浩的团队还为顺平桃木、曲阳石雕和定兴刺绣等非物质文化遗产项目进行产品开发和品牌设计。定兴的非遗项目"龙凤刺绣"做工非常精美，但由于没有品牌意识，传承人梁淑平一直给北京的一家大公司做代工，利润也相对较低。杜浩团队结合梁淑平祖上曾在宫廷里给皇上绣龙袍的经历，帮助他们设计了自己的品牌——宫绣。如今"宫绣"已为市场所熟知，而梁淑平所创办企业的年利润也达到了上百万元。我国是文化资源大国，但文化产品知名度普遍偏低，叫得响的品牌更是不多。这关键不在于钱，而在于缺少能够提升文化资源知名度的创意。而高校恰恰在人文、艺术等领域具有优势。一提到狼牙山，大家首先会想到五壮士，而它的自然风光和历史底蕴却一直不为人所知。如何让更多的人知道狼牙山、喜欢狼牙山？狼牙山景区负责人找到了河北大学文化创意产业研究中心。"我们经过实地考察和查阅相关文献，帮助他们组织策划了狼牙山·山花节、狼牙山·柿子节和中央电视台《寻宝·走进狼牙山》3场大型活动。"杜浩教授告诉我说，"这3场大型活动，让游客数量较上一年度增加50％以上。"他的团队还对景区进行了整体规划，增加了水上乐园、滑雪场和牡丹园等项目，大大提高了狼牙山景区的吸引力。山还是那座山，绣还是那个绣，但由于文化创意和策划的植入，其品牌的知名度和附加值显著提升。

（三）河北软件学院将建有影响和规模较大动漫基地

学院动漫基地主要承接保定六个红色景区进行旅游观光的线路设计，以"创意"为核心，以动画、漫画为表现形式，以电影电视传播为拉动效应——形成系列产品"开发-生产-出版-演出-播出-销售"产业链。第一，以保定为起点，以晋察冀边区革命纪念馆为主，国家地质公园、国家森林公园天生桥瀑布群为辅，形成一条阜平红色生态旅游线路。第二，以保定为起点，贯穿冉庄地道战遗址和红色胜地西柏坡形成的红色旅游线路。第三，以淡水湖旅游资源——白洋淀为中心，形成以保定或为初始，连接雁翎队纪念馆、白洋淀之窗、孙犁文学纪念馆、荷花大观园、白洋淀禽鸟自然保护区、王家寨民俗村为辐射带的华北明珠白洋淀红色旅游线路。第四，将保定作为出发地，以白求恩纪念馆、军城晋察冀烈士陵园和黄石口白求恩逝世地为主线，并且将国家四A级旅游景区西胜沟囊括的唐县白求恩之路编入红色旅游线路。第五，以保定为起点，以易县狼牙山五勇士纪念地为核心，满城汉墓、顺平腰山王氏庄园为辅，以"一山"为主，以"一墓"和"一庄园"为辅的红色旅游专线。第六，在保定市市中心，以留法勤工俭学运动纪念馆、直隶总督署为核心，以中国近现代军事家的摇篮——保定军校、中国十大名园之一的古莲花池为辅的历史文化名城红色旅游线路，充分展现保定作为直隶总督署，有得天独厚红色文化和具有自己特色的历史文化，有深厚文化历史积淀的优势。

保定大学调查显示，文化产业具有双重功能和属性。一是它的商品属性，文化产品是可以创造经济价值并且盈利的比如红色文化中旅游业、影视业等方面。二是它的意识形态属性，它可以传播思想和文化、可以传播价值观念。在红色文化的宣传中，加强人们对红色政治的信念和增强人们的政治认同感。提升红色文化软实力有利于我国政党建设、提升民族认同感、增强人民对中国共产党政治领导自信心。大学生作为即将成为社会发展的主力，作为新一代的新的创造力，在发扬红色产业与宣传红色文化上有着举足轻重的作用和地位，要将各地的红色文化的产业发展到一定阶段、水平，必须注意为其引进新的血液和新的力量；发挥红色文化独具特色的旅游价值、红色文化的传播力和教育能力较强的优势，安排有利于加强党的思想教育和学习红色文化、红色精神的教育内容；在公开选修课中多引入红色文化课程、在学生团体活动中多导入红色精神、体会红色文化，在思想政治的教育之中寓教于乐，在活动中体会和学习红色传统文化，引起学生对红色经典的兴趣，从而带动红色产业经济、红色旅游的发展。

二、推进创新创业教育，增添高校竞争硬实力

保定市是对外开放城市、全国首个创新驱动发展示范市、WWF 低碳试点城市、中国优秀旅游城市、全国双拥模范城、戏曲之乡、游泳之乡、全国乒乓球重点城市、第二批公交都市试点城市，也被称为"长寿之城""冠军之城"，2008 年以来入选中国魅力城市 200 强。保定市的经

济社会发展表明，产业结构的调整必然会带来劳动力结构和技术结构等的一系列变化，引起劳动力的就业产生新的组合。这些新的经济社会变革又必将促使为其提供智力、人才与科技支撑的高等教育，在教育结构、教学模式、人才培养上作出相应的调整，特别是近年来各高校都围绕创新创业教育进行了一系列改革。

（一）推动创新创业教育和专业教育融合

河北大学先后与中国科学院、中国认证认可协会、中国英利集团、河北建设集团等合作，建设"生命科学星辰班""生命科学菁英班""英利班"，依托"卓越法律人才教育培养基地"建设和"卓越工程师教育培养计划"，结合专业特点，开展创新创业教育。与风帆、乐凯、天威等企业开展战略合作，共建功能性薄膜材料研究院、薄膜光伏技术研究院，在食品检测、污水生物治理、大气污染防治等领域开展协同攻关，教师和企业技术人员共同指导学生开展专业训练。建设"白洋淀流域生态修复与绿色产业协同创新中心""首都经济圈与河北发展协同创新中心"等五个校级协同创新培育中心，通过举办京津冀工商管理创新发展暨 MBA 津冀联盟论坛、京津冀信息资源管理创新论坛等，立足区域经济社会发展需求，发挥学科交叉融合优势，以学科建设带动创新创业教育。学校还出台相关政策，鼓励师生创办企业和相关服务机构：教师以职务成果入股企业，成果的研究开发、实施转化中作出重要贡献的有关人员可占股份的 20%～50%；本校师生创立的企业在房屋租金上享受 3 年孵化器优惠，按市场价 50%收取；教师在创业过程中，为学校带来收益的，将在职称评审、岗位聘任、其他资格申报中给予适当政策倾斜，激发了师生创业的热情。艺术学院音乐系教师蔡海波、建筑工程学院教师朱逸茜等一批老师，都利用专业特长创办了自己的公司。蔡海波公司的少年儿童音乐艺术创作、艺术教育培训等项目正在如火如荼开展；朱逸茜的公司主要从事室外广告策划、设计与制作，年营业额达到了一千多万元。全校科技文化产业园企业达 46 家。其中，文化类企业 18 家，咨询服务企业和公共平台 10 家。目前，河北大学正计划在新校区附近打造更大的集文化产业研发、生产、销售于一体的科技文化产业园区，将高校的智力优势转化为新的"绿智产业"。河北金融学院改革教学体系，专业课程以"创新、创业"为主线，面向全院学生开设了创新创业教育课程，构建了包括创新创业理论类、创新创业实务类、职业就业类、艺术类、心理类五类课程组成的课程群，本科专业可选课程达40余门。专科专业可选课程近30门。同时，该校还将第一课堂教学真正"植入"了创业教育平台，各教学系与创业基地的创业企业合作，共同制定创业实践课教学方案，将部分实践课的教学移到了基地企业进行，在该校创业基地创业或工作达到要求，即可获得实践课学分和实习学分。师资队伍建设坚持专职与兼职相结合、校内与校外相结合，形成了200余位具有经济学或管理学教育背景的创业课程群专职教师为骨干，39位具有资格证书的兼职教师为补充，45位成功企业家、企业主管为主体的创业导师为支撑的创新创业师资队伍。

（二）推动第一课堂和第二课堂互动互融

河北大学成立创业教育指导委员会，创建创业学院，二级学院成立创业教育领导小组。创业学院设创业园和创业实训基地，向学生初创企业提供政策咨询、项目对接、法律援助、企业融资等服务。从2010年起实施三学期制改革，在短学期集中安排学术前沿讲座、第二课堂的素质拓展与创新创业等实践活动，为学生参与社会实践、参与教师的科研项目、从事创新性实验和学术研究提供必要的空间和时间保障。开设8门创新创业通识课，构建以《创业管理学》和《沙盘创业》为特色的理论与实践课程体系。培养KAB、SYB创业培训师，聘请校内外近100名创业指导教师对学生创新创业活动进行专业指导。每年组织创业实践大赛、市场营销大赛等赛事，举办"创业精英培训班"，实施大学生创新创业训练计划项目，KAB创业俱乐部等200余支学生创业团队活跃在校园及周边。建立创业实践基地41家，建设1200平方米的就业与创业展厅、动漫基地、ERP实验室等创业实训基地，帮助学生规划创业项目，营造"在创业中成长，在成长中创业"的校园创新创业文化氛围。河北金融学院改革实践体系，建立专业创业工作室：学院支持大学生设立创业工作室与创业社团，大力扶植学生社团开展各种创业活动。积极开展创业培训，使各种专业、各种特长的学生在这里接受创业教育，将创业实践活动与专业实践教学紧密结合起来。让大学生在创业工作室活动中积累人生中一笔宝贵的经验财富。建立大学生创业实践基地：学院内建有大学生创业实训实践基地12个，校外创业实习基地86个。大学生创业基地面积3000平方米，用于扶持大学生创业项目开展。创业基地具有孵化器功能，为大学生创业项目提供孵化平台，使学生能够在创业实践中学会商海游泳的本领。建立创新创业教育网站：主旨是全心全意为大学生创业和就业服务。创业网使命是服务大学生创业与就业，创造更多的爱与自由，使社会更和谐，民族更富强。

（三）推动政校企协同合作

河北大学自2012年成立大学科技园以来，不断吸引企业入驻，初步形成以科技创新、文化创意、工业设计、新兴产业、大学生创业就业为特色的综合性科技孵化产业平台。加强与地方政府合作，围绕新能源、节能环保等朝阳产业与驻地企业共建实验室，与保定市高新区合作共建"大学生创业示范基地"，为学生提供科研能力培养平台。与企业合作开发"第二校园"，先后与天津港保税区、空港经济区等签订合作协议，建设实习就业创业一体化基地。实施"名企进河大"专题活动，邀请交通银行、中国人寿、长城汽车等企业来校参加"就业创业与人才培养校企合作论坛""就业创业大讲堂"等专题活动，将创新创业教育融入人才培养全过程，通过职业生涯规划教育、团队训练、岗位见习、创业实践等活动，逐步培养大学生创新创业理念，提高创业意识、创业品格和创业能力，培养一批创业领军人物。在河北金融学院大学生创新创业基地，看见在校学生创立的明华伟业电子商务服务有限公司工作室内，五六十名大学生正熟练地操作着电脑，还时不时地用流利的英语与远隔重洋的外商在线洽谈。这是大学生们在为保定市周边的30多家企业提供电子商务外包服务，帮助这些中小企业开拓国内外市场。他们已把保定地方特色产业包括易县石材、曲阳石雕、唐县铜雕、高阳纺织、雄县包装、容城服装、白沟箱包，成功推销到五洲四海。该公司法人代表、商务外语系08级商务英语专业学生赵亮欣喜地告诉我们：自2010年5月公司成立以来，每年为同学提供近 300 个实习实训岗位，创造总额超过 500 万元人民币的订单。商务外语系赵梦迪、李坤、刘莎同学接待了英国、德国、黎巴嫩等国客户，签订的订单总额达 100 多万元；经济贸易系张丽娜、管理系郝紫伟、商务外语系赵健同学，工作仅仅几个月便与泰国、约旦、丹麦、意大利等国客户成功签单，总额超过 20 万元。更为重要的是，公司还成为对口专业的教学实践平台，同学们对于国际贸易、单证操作、商务谈判、电子商务技能、商务函电等课程的知识理解加深，学以致用，商务实战能力显著提高，外语水平更是有了长足进步。

保定大学考察启示，推进创新创业教育，是增添高校竞争硬实力的有效举措。建设一个大学生创新创业基地，可以培育出几十家小企业，就可以提供成百上千个就业岗位，从而实现就业人数的几何级数增长和就业方式的集约式增长。而最重要的是，创业基地的建设对于高校人才培养质量的提升有着重要的促进作用，这才是基地建设的根本目的和最终目标。

三、紧跟京津冀一体化，挖掘高校发展潜实力

考察 2014 年 3 月 26 日发布的《河北省新型城镇化规划》表明，京津冀协同发展上升为国家重大战略，以保定、廊坊为首都功能疏解的集中承载地和京津产业转移的重要承载地，与京津形成京津冀城市群的核心。京津冀一体化将来的核心实际上应该是京津保一体化。保定地铁规划 2025 年建成"两纵两横"的四条地铁线路，2030 年保定地铁通向周边县区。保定市是河北省人口最多的设区市，共 1182.0413 万人（2013年），其中市区面积 2531 平方公里，市区人口 280.6 万人。到 2020 年城区人口达 300 万人以上，远期目标 2030 年为 500 万以上，届时保定将成为特大城市。显然，抓住当前京津冀一体化发展的大好机遇，打破国家直属、省属、市属的边界，有效利用城市本身拥有的丰富文化及教育资源，把保定市建设为具有竞争力、创新力和吸引力的知识城市，这其中离不开加强高等院校与社会多方面的互动，从而推动高校与城市的融合发展；聚力打造环京津增长极，做强跨越发展的支撑，瞄准制约保定科

学发展的根本矛盾和关键问题，着力在对接京津、项目落地、产业升级、城乡统筹、扶贫攻坚、优化环境上打开新的突破口，不断发挥高校在人才培养、科学研究、文化引领的优势，推动保定市的科学发展、绿色崛起，是此题中应有之义。

（一）加强高校与政府互动

保定市始终坚持以"教育立市"，鼓励文化知识与科学技术创新，以"科教兴市"为建立高水平大学提高支持与保障，挖掘高等教育促进城市可持续发展的深层和潜在动力，加强政府与高校的互动合作，促进高等院校和科研机构对城市定位、文化建设、社会发展的引领作用。一方面，政府各部门根据自身发展的需求提出申请，提出所需人才的专业特长以及拟开展的工作，并将信息向大学发布，由大学组织落实筛选工作；另一方面，大学组织教师根据各自的专业特点和意向，提出对口支援地方某一领域经济发展的申请要求，向政府各部门发布可供选择的专业人员信息，只要校地双方有合作的意愿，政府有关部门就安排双方见面协商，并积极促成双方的合作。搭建企业与高校联系的桥梁，定期举办"科技订货会""成果交易会""校企对接会"，大力培养技术经纪人队伍，为技术供需双方提供政策法规咨询，接受委托代理，签订技术合同，参与调解合同纠纷，不断培育和壮大科技市场，推动科技合作的有效实施。围绕产业结构调整和新的发展布局，通过聘请高校教师担任技术顾问、安排科技人员挂职锻炼等形式，实现科技与经济紧密结合。选派地方科技、卫生、农业、教育战线的科研人员到高校进修或开展合作研究，每年组织人才供需洽谈会，邀请高校与部门、企业双向沟通人才供需情况。

（二）加强高校与企业互动

保定高等院校加强与企业的交流，充分了解社会发展对人才的需求动向，培养适应社会和经济发展需要的高级人才，通过产学研有效结合，多培育依托大学成长的企业群体，以提高企业研发能力，产品科技含量和产业结构的优化。开展产学研合作，联合研究开发新产品、新工艺。支持企事业单位和高校共同承担国家、省科技攻关项目。积极探索以产业园区和企业为载体，以科技合作项目为龙头，以产权为纽带，以市场为导向的校地合作模式，鼓励支持高校科技成果到企业孵化，落户产业园区，推动企业成为技术创新和成果转化的主体，努力把产业园区建设成为高校与企业合作的高科技孵化基地和科研成果转化重要基地。还有，由科信能环（北京）技术发展有限公司、尚德太阳能电力科技有限公司、《环球企业家》杂志社联合华北电力大学共同发起的"把绿色电力送到雪域高原"服务行动，旨在配合国家能源发展战略，探索解决西藏无电地区电力供应、改善无电地区能源利用状况的难题，充分发挥华北电力大学能源电力特色学科优势，以西藏无电村太阳能供电试点为基础，吸引社会力量推动西藏无电地区的供电问题，实现新能源科技教育扶贫服务行动的可持续发展。具体以西藏日喀则地区拉孜县节村为试点，采取"送设备、送人才、送服务"三位一体的方式，以彻底解决该村 89 户村民的无电历史。亦是顺应世界能源发展趋势，解决我国无电地区能源供给的有益尝试。

（三）加强高校与高校互动

保定市争取国家建立京津冀区域高等教育发展的协调机制，例如京津冀三地政府组建京津冀区域教育合作协调委员会，承担起协调、规划、管理等职能，下设协调管理工作委员会和专家咨询工作委员会，积极整合区域优质资源。高校整体搬迁可能还需要一个过程，涉及高校的历史积淀、基础设施、招生等方面，有的需要充分论证。但有一部分和高校教育教学功能联系相对不是很紧密的校办企业、产业研发基地，是不是可以迁出去？正如北京林业大学的一位生态学科学术带头人所说：首都核心功能中没有教育，因此需要疏解，但以什么方式疏解还说不好，老师不愿到河北可能跟待遇、孩子入学很多因素有关。但每个人不一样，我愿意到河北森林比较多的地方，实现自身价值。保定高等院校不仅注重加强校内不同学科之间的交流与合作，还不断打破院校边界，加强校际间相同学科以及不同学科之间的合作，扩大知识分享，促进文化知识传承与创新，交流学术动态，开展合作研究。这不仅有益于高等教育的发展，而且对城市文化建设与社会发展也具有积极的促进作用。保定许多大学加强与国内外大学的交流与合作，开展联合办学，举办硕士、博士研究生办学点，为本地培养高端人才，也使世人明白，强大的学校也可以从相对薄弱的学校中得到帮助，取长补短，可以获得双赢。大学集中在一个区域办学，有利于教育资源共享，有利于降低办学成本，便于优质教师在教学、科研中发挥最大化作用。校际之间允许学生相互选择教师听课，是开放式教学的具体表现，有利于学生间相互学习，教师间的相互促进。

（四）加强高校与市民互动

保定高等院校充分挖掘和发挥其社会服务功能，打破封闭运作的状态，开展多种形式、多种学科、多种受众的教育与培训，满足人们的学习需求，提高人们的精神境界和道德素养，为营造开放、和谐的全民学习型社会氛围，形成尊重知识、尊重科学和尊重人才的社会风尚做出了许多应有的贡献。河北软件职业技术学院瞄准区域经济社会发展需求，发挥自身优势，牵手区域内优势企业，实现学历教育、技能培训等多层次联合办学，合作共建教育服务实体，推进人才培养、项目研发、课程改革、技术革新的深层次合作。推进电谷学院理事会、保定动漫产业园、河北省高校电子商务软件应用技术研发中心等项目建设，依托战略性新兴产业，探索建立"门窗学院"等产学研联合的人才培养基地，提升学院人才培养水平的行业公认度和服务社会能力。创新人才培养模式，以工学结合为切入点，促进了大学生知识、技能、职业素养协调发展。更为重要的是，保定高校发挥文化传承的职能，打造城市文化品牌，发展文化产业。地校合作保护、挖掘和宣传推介反映当地风情的民间民俗文化，积极探索和创新具有本土文化特色的艺术新形式，全面展示地方历史文化风貌与改革开放新成就。合作举办各类大型文艺展演，体育活动，美术展览等，定期组织高雅艺术进社区、进校园活动，提升城市文化品位和文化影响力。通过聘请高校专家教授担任媒体顾问等形式，加强主流媒体队伍建设，提高本地媒体栏目与活动的策划水平。推动地校共建共享图书馆、博物馆、体育馆、艺术馆、实验室等设施，共建文化团体、文明社区、文明乡镇和文化基地等。合作创办、承办各类文体传媒，盘活现有闲置资源。充分利用高校人文艺术等方面资源优势，打造跨学科型支撑平台，共同推进文化产业发展。

（五）加强高校与农村互动

按照国家新扶贫标准，保定市扶贫工作重点县数量占全市县（市）区总数的1/3，地域面积占59%，省核定全市人均纯收入2300元以下的贫困人口138万，其中农村扶贫对象112万人。区域扩大、人口众多，资源、资金有限，人才、技术缺乏，保定的扶贫开发工作该怎样做？河北农业大学科技兴农中心以学校师资力量为依托，以先进科学技术为载体，组建了一支由260名专家、17个专业组成的专兼职科教扶贫专家队伍，常年活跃在贫困片区第一线。每年专项投入200多万元，用于开展科教扶贫工作，支持教授送科技下乡、博士团暑期科技服务、大学生社会实践等扶贫活动。近3年来，共派出专家教授、硕博士、大学生1500多人次，举办各种不同类型的培训班600多期，培训各级各类人员10多万人次，推广科技成果和实用技术500多项次，建立示范村、示范点100多个、示范户500多个，印发科技资料、明白纸150万份，为贫困县赠阅农业科技图书、杂志8000余册，为贫困县乡村引进项目30多个，引进新品种、苗木100多个，围绕资源优势，在试验站、示范基地（点）率先实施了"五个一帮扶工程"即制定一个经济社会发展规划、推广一批能增收致富项目、培养一批科技示范村示范户、扶持建设一批现代农业产业示范企业（园区）、扶持一批优势特色主导产业，为贫困乡村经济发展和社会进步注入了活力。

保定大学考察展示，高等教育在统筹城乡发展中发挥着十分重要的作用。在构建知识城市，推动城市可持续发展过程中，我们要促进高等教育的科学发展，增强高等院校的教育辐射力，不仅把在校大学生培养成适应社会发展需要的优秀人才，还要开发高等教育如何更好服务社会的新路径、新模式。通过加强高等院校与农村多方面互动，在某种程度上可以促进高校与农村的联合发展，但还需进一步提出有利于高等教育建设与发展的具体对策。

第三回　集训见学

——在大学生应急救援队集训见学出征仪式上的讲话
（2015 年 8 月 20 日）

各位教官、全体参训人员、同志们：

南昌工程学院大学生应急救援队于 2010 年 10 月组建以来，已经成为江西省高校第一支拥有 70 余人的大学生应急救援队伍。我们这支由武警水电部队第二总队作训科和属地管理的南昌市青山湖区人武部联合承训、校人武部管理的直属队，连续多年来利用所学的国防知识，在退役大学生士兵的指导下，按照"平时服务、急时应急、战时应战"的建队目标要求，严格履职尽责，充分发挥了"一队多用、多功能管用"的重要作用。这支国防后备军既是征兵宣传队、国防教育工作队，又是应急救援的战斗队，同时还是军训教官队；在征兵宣传、国防教育、应急救援、学生军训等工作中发挥了积极作用，为推进学校国防教育事业提供了有力的保障。今天，我们在这里举行应急救援队集训见学出征仪式。这既是一次不同寻常的动员会，也是一次真正意义的誓师会。这将是一次吃苦耐劳精神的考验，更是一次坚强意志的磨炼。在此，我代表学校党委向参训队员，表示诚挚的谢意！

为顺利完成这期集训任务，下面我讲三点要求：

一、要提高思想认识，端正学习态度，充分认识集训与见学的重大意义。"世界上最严密的组织是军队，最有战斗力的人是军人"。南昌工程学院重视国防教育工作具有优良的历史传统和深厚的文化积淀。进入校园在显著位置的是国防教育的公益广告，营造校园国防文化氛围，形成了一道靓丽的风景。清晨活跃在校园主干道的迷彩身影、晚上整齐划一的队列训练、大学生应急救援队、军训教员队、士官生大队常年活跃在校园内，大幅醒目的国防教育宣传栏、公共区域的爱国拥军图画，渲染着整个校园。有人说这是一座"军营式的学校"。我们把新生入学仪式与军训结合起来，每年在全民国防教育日当天举行大型文艺晚会，打造"新型、独特"的国防教育文艺宣传，迎接新生的模式。连续四年在军训期间举办庆祝第十、第十一、第十二、第十三个全民国防教育日大型文艺晚会，万众齐声唱响国防教育的战歌。到军营中集中训练，造就一支具有强大执行力、竞争力和战斗力等军人特征的大学生队伍，是高校国防教育的重要组成部分；不仅是教学、训练过程，更是涵养思想政治教育、心理品德培养、作风纪律养成、身体素质锻炼等全面培育过程，它具有德、智、体、美等综合教育功能，对强化大学生的民族意识、国家观念和激发爱国主义精神，对开阔大学生的知识视野、培养多种能力、生成内部灵性、增强本质力量、训练良好的行为习惯、形成坚强的意识品质等方面都具有十分重要意义。希望每一名参训人员，认识到位，提升境界，从提高队伍竞争力的高度，增强搞好军训的主动性和积极性。

二、要坚持高标准严要求，确保教学高质量进行，切实做到满载而归。要围绕把国防教育作为固基强本的重要任务来抓，坚持把军事技能训练作为一项重要工作做实。我们拥有一支高素质的国防教育师资队伍。国防教育教员队既是武装部依托的大学生国防教育的管理队伍，也是一支综合素质高的国防教育的师资队伍。这支队伍中，党组织负责人12人、正（副）教授职称的10人、博士学位的10人，他们专业技术和理论基础扎实，热衷于国防教育事业，经过对国防知识的培训已成为一支专业化的教学团队。我们拥有规范化的国防教育教学体系。依据《国防教育法》和《高等学校军事课》教学大纲，积极探索国防教育规律和特点，做到军事理论课36个学时一个不少，军事训练15天。同时，还开设了32个学时的通识任选课《应急救援知识》和《国防基础知识》，每门规定2个学分，并鼓励参加选课聆听讲座和报告的学生再增加2个素质拓展学分。在全省率先开展"五进"工程（兵役教育进校园、进计划、进教材、进课堂、进头脑），把兵役知识融入形势与政策课程之中。抓好分队日常军事训练和处理"急、难、险、阻"及突发事件能力的技能训练，定期组织队员赴南昌警备区教导队和武警水电二总队教导队进行封闭式强化训练，提高了队伍的战斗力。国防教育专设课程，依托高校的丰富教学资源，采取分序列讲座加报告会的形式，对加强新形势国防教育工作进行了创新，每年举办讲座30余场、报告会30余场，结合应用型人才培养融入到国防教育教学课程之中，尤其是应急救援教育填补了我省空白，系统化的开展理论讲学和实践教学，为国防教育工作奠定了基础。我们拥有创新的国防教育形式。根据国防教育实施大纲要求，为推动军地融合深度合作，提高遂行非战争军事行动能力，学校与武警水电部队开展了深入的军校合作。南昌工程学院在应用型人才培养方面积累了丰厚的理论基础，而武警水电二总队是国家应急救援的专业队伍，在一系列重大抢险救援任务中发挥了关键作用，积累了一定的实战经验。通过加强大学生公共突发事件防范知识教育，对遂行非战争的军事斗争准备提供了支持并唤起师生对突发事件的重视。与共建单位联合编写完成了全国第一本军地融合应用型通用教材《应急救援实用教程》及《大学生军事技能》。现已在教学开课之中。由学校直接为武警水电部队、内卫部队、海军、二炮培养定向士官生520人。江西省政府应急办正在推广我们的做法。希望每一名参训人员端正思想，以积极、主动的态度全身心地投入军训工作，每一个动作都要一丝不苟、规范到位，每一次学习都要刻苦认真、虚心听讲。要正确处理好军训与学习的关系，在训练场上都是普通的一员，都要严格遵守训练纪律，尊重教官，坚决服从武警教官的指令和要求，做到一切行动听指挥。

三、要加强领导，注重实效，全面完成军事教学训练任务。为加强对大学生国防教育工作的领导，学校成立了国防教育领导小组，校党委书记任组长，分管领导任副组长，各院（部）党委书记（党总支）书记为成员，国防教育办公室挂靠在人武部，负责全校国防教育具体工作，形成党政齐抓共管"自上而下、分组管理、按级负责"的组织体系。各级党的基层组织坚持贯彻党管武装的原则，充分发挥引领作用。一是多渠道选用人才，加强支部班子建设。深入实施"领头雁"工程，按照

"选好一个人，带好一班人，影响一分队"的思路，拓宽选人用人视野，选好队长和指导员。近年来，遴选负责人时注重突出政治素质高、业务能力强的标准，队长（副书记）由军校转业干部担任，支部书记兼指导员由武装部干事担任，支部委员要求是退役士兵和在校大学生党员骨干担任。根据支部委员的自身特点，合理分工，明确职责范围，做到责权统一，有效调动委员工作积极性。在党支部的推动下，分队实行"能者上，庸者下"的竞争上岗机制，制定了班长民选教官制度。分队的班长不再由领导任命，而是定期由全体队员投票直接选举出来，优秀队员还可以轮流担任分队的相应职务，充分调动了队员积极性，形成了良性竞争的格局，有效提升了队伍战斗力和凝聚力。二是注重政治教育，增强党性修养。学校始终把政治工作引领作为全队党员和队员履职责、干事业的基础来抓，通过定期党员大会、民主生活会、每周班务会以及组织条令条例学习，聆听国防教育讲座和报告会，观看爱国主义影片，接受革命传统教育，走访老干部、老军人等形式，不断强化党员、民兵的政治意识、责任意识、道德意识和大局意识。依托南昌红色资源丰富，组织队员参观八一起义纪念馆、新四军军部旧址、江西革命烈士纪念堂、方志敏烈士陵园、贺龙指挥部旧址等具有爱国主义精神的国防教育基地，学习革命先烈舍生忘死，无私奉献的爱国精神。三是健全规章制度，以制度管人管事。设立大学生民兵队部、党员活动室和国防教育工作站，建立健全各种制度，制定各项职责。四是建立创争机制，激发党员先锋意识。建立党员承诺考核管理机制，做到党员身份"亮"出来、服务学生"干"起来、关键时刻"站"出来、先锋形象"树"起来。实行严格的考评制度，连续三次考评不合格的队员将被辞退，表现优秀的队员列入分队干部后备人选。五是搭建平台，架起党群连心桥。以"体民情、解民忧"为主题，深入师生开展党员帮扶活动、志愿服务，以党员带团员，多为师生办好事、办实事，从活动中锤炼全体队员的战斗作风。开展老队员与新队员结对子，指导新生军训和日常应急技能训练。在做好党员、队员帮扶活动的同时，以两位家庭困难队员结对子，帮助解决生活中的实际困难。党支部与分队队员之间也架起了党群互动桥，采取集中谈话与分散谈话、定时定点谈与随时随地谈、工作中谈与工作间隙谈相结合，灵活选择时机，分类谈心谈话，做好思想政治工作。党员与队员之间心灵紧紧相连，党群关系更加和谐。这期间天气依然炎热，训练任务非常繁重。希望大家发扬前两期不怕风吹雨打，不怕烈日酷暑的精神，强化安全意识全身心地投入训练之中；通过此次集训，把部队好的传统、好作风、好技能带回学校，真正按照习总书记"听党指挥，能打胜仗，作风优良"的指示精神，锻炼好这支队伍。

最后，预祝同志们集训中取得优异成绩！预祝你们胜利归来！

谢谢大家。

第四回 严以律己

——在"三严三实"教育专题二学习研讨会上的讲话
（2015 年 8 月 27 日）

同志们：

按照中央和省委统一部署，根据学校党委《关于在全校处级以上领导干部中开展"三严三实"专题教育实施方案》，今天，我们将进入推进扎实学习研讨、推动以知促行这一重要阶段的专题二，重点学习研讨严以律己，严守党的政治纪律和政治规矩，自觉做政治上的"明白人"这一主题；目的是贯彻落实好习近平总书记："严以律己，就是要心存敬畏、手握戒尺，慎独慎微、勤于自省，遵守党纪国法，做到为政清廉。"重要指示精神。下面我讲三个问题。

一、"三严三实"专题教育第一专题"严以修身"阶段学习研讨小结

学校"三严三实"专题教育活动自今年 5 月 21 日正式启动以来，已经有三个多月时间。这几个月学校按照上级要求制定了《中共南昌工程学院委员会关于在全校处级以上领导干部中开展"三严三实"专题教育实施方案》，召开了"三严三实"专题教育动员部署暨党课报告会，党委中心组按照规定篇目组织了集中学习、集体自学和研讨交流，活动开展得有序有力、务实扎实。大家一致认为，开展"三严三实"专题教育，充分表明了中央全面从严治党的鲜明态度、持之以恒加强作风建设的坚定决心。大家一致反映，开展专题教育是党的群众路线教育实践活动的延展深化，是集中教育与经常性思想政治建设相结合、思想建党与制度

治党相结合的有益探索。大家一致表示，一定要认真贯彻中央精神，科学谋划、精心组织、狠抓落实，确保取得实效。

一是落实责任，讲好党课。我代表党委作了题为《扎实开展"三严三实"专题教育，努力建设忠诚干净担当的干部教师职工队伍》的党课报告；以《正风肃纪》为题，作了《中共江西省委关于加强作风建设营造良好从政环境的意见》的宣讲报告。在随后进行的专题一学习研讨活动中，各级党组织都围绕严以修身、加强党性修养、坚定理想信念、把牢思想和行动的"总开关"主题开展了讲党课活动，在党委中心组三次集体学习中，我以《永修信仰》、荣有同志以《坚定科学社会主义信念》、志农同志以《修好身是治学理政的前提》、梁钢同志以《坚守信仰》、立青同志以《党员干部要严以修身补"精神之钙"》、李明同志以《修身要严、要实》为题，还有黄华等同志都选了很好的题目，各级领导干部都在所在党组织或者分管系统讲了一次党课，尽了最大的努力把课讲好。

二是扎实自学，深入调研。为使学习研讨取得实效，学校党委中心组成员在几个月的时间里，读原著、学原文、悟原理，重点研读《习近平谈治国理政》《干在实处走在前列》《优秀领导干部先进事迹选编》《习近平关于党风廉政建设和反腐败斗争论述摘编》等规定书目，认真学习焦裕禄等先进典型，结合纪念建党94周年开展"基层组织书记讲党课比赛"活动，为专题研讨打牢了思想基础。坚持自学自悟与调查研究相结合，我自己带头到学校各学院、处（部、室、中心），就专题教育进展情况进行调研，召开座谈会听取各级干部和党员群众的意见建议，以下看上查找"不严不实"问题。其他班子成员也纷纷深入各自分管领域，通过实地走访、座谈讨论等方式，听取意见、查找问题，在深入学习、虚心听取意见的基础上，认真撰写发言材料。

三是联系实际，反思自省。在研讨交流中，大家敞开心扉碰撞思想，把自己摆进去、把职责摆进去、把实际思想和工作摆进去，交流观点、分享体会。有的同志结合学校实际谈到，严以修身要结合高校改革发展面临的突出问题修到要害，坚定理想信念要立足于"四个全面"的部署布局；有的同志结合腐败案件谈到，领导干部如果放松了政治学习和世界观的改造，离党员标准、领导干部标准就会越来越远，离腐败的深渊就会越来越近，最后"白袍点墨""一失足成千古恨"；有的同志结合当前思想政治建设的实际谈到，党性修养不会因为党龄的增长而必然增强，要把个人名誉、地位等问题"想得开、看得淡、把得住"；有的同志结合自身情况谈到，自己下半年就将从领导岗位上退下来，要坚持原则到最后一分钟、严格要求到最后一分钟、尽职尽责到最后一分钟、廉洁自律到最后一分钟，坚守"红线"一生；有的同志谈到，"妻贤夫祸少""家和万事兴"，要加强自我约束，树立良好家风，净化"交际圈""朋友圈"，做严以修身的表率。大多数同志的发言既有理论高度、又有实践深度，既由表及里、又深入浅出，使大家对严以修身的认识领会更加深刻、对严以修身的内涵理解更加透彻、对严以修身的要求贯彻更加严格，抓住了坚定理想信念的要诀，挖出了修身不严的根源，为下一步查找和解决问题奠定了基础。

四是统一思想，凝聚共识。同志们在发言时都普遍强调，严以修身要始终坚定理想信念，牢牢拧紧"总开关"，以昂扬向上的精气神，在推动事业发展中创造价值、实现理想。要始终锤炼党性修养，站稳政治立场，自觉接受组织安排和纪律约束，自觉维护中央权威，认识大局、服从大局、维护大局，把学校的事情干好。要始终践行党的宗旨，站在群众立场上修身、干事、用权，集中精力办好利民实事。要始终坚持重德修为，切实加强道德修养，公道对人对事，以道德力量去赢得人心、成就事业。学校各级党组织都对深化"三严三实"专题教育提出了明确要求，一要加强政治理论学习，把学习总书记系列重要讲话精神作为专题教育的重中之重，真正做到学而信、学而用、学而行。二要抓住领导干部这个"关键少数"，从学校党委做起，从校处级领导做起，深学细照笃行，为全校党员干部作出表率。三要着力解决突出问题，深入查摆"不严不实"问题，对"不严不实"问题解决不力，不规矩、不干净、不作为、不干事的干部，坚决严肃处理。四要两手抓两促进，统筹推进专题教育和学校发展，切实把专题教育成效体现在改革发展成果上。

五是成效显著，收获颇丰。经过深入学习和充分研讨，学校党委中心组第一专题学习研讨取得了扎实成效、实现了共同提高，达到了预期目的。一是进一步坚定了理想信念。通过认真学习，大家对"三严三实"的本质内涵有了更加深刻的领会；通过对照先进典型找差距，进一步校准了人生价值坐标；通过畅谈学习体会和努力方向，澄清了模糊认识。二是进一步加强了道德修养。大家认为，做到严以修身，必须加强道德修养，要坚持从日常做起，注重点点滴滴，使领导干部成为良好社会风气的倡导者和先行者。通过学习研讨，把不立德、不修德、不践德的问题摆出来、把自己摆进去，彼此提醒、互为镜鉴，切实增强了守正修德的自觉性。三是进一步提振了精气神。大家把严以修身的出发点和落脚点落实在推动学校发展上，一致表示，要敢于肩负责任、勇于攻坚克难、狠抓推进落实，充分发挥好"关键少数"的示范引领作用，带动全校师生员工想事干事，创造出经得起历史和人民检验的业绩。

总体上看，学校党委中心组"三严三实"教育第一专题的学习研讨，准备充分、发言积极，主题鲜明，严肃认真，达到了学习研讨的目的，也为全校各级各部门开展学习研讨活动起了一个好头。

二、明确专题二严以律己在"三严三实"专题教育中的重要意义

严以律己一词，最早出自宋朝陈亮《谢曾察院启》："严以律己，出而见之事攻；心乎爱民，动必关夫治道"，其意为严格约束自己，放手一搏时就要有所作为；心怀子民，作为都是关于治国之道的。应该说，我们这个民族历来很重视自律，自古就有严以律己的优良传统，"吾日三省吾身""归咎于身，刻己自责""善禁者，先禁其身而后人"。"其身正，不令而行；其身不正，虽令不从"，讲的都是从政者要严以律己。中国传统政治思想史中贯穿着严以律己、清正廉洁的红线。中国共产党从诞生之日起，就把严以律己作为一条重要标准，对每一个党员提出要求。早在 1927 年毛泽东在井冈山革命根据地时，就提出了"六项注意"，到了1929 年以后，发展成为"三大纪律、八项注意"，这说明在那个历史时期我们党就很注重自律，严以律己是一名共产党员最基本的政治品格和做人准则，已成为中国共产党的光荣传统。党的群众路线教育实践活动实施两年多以来成效有目共睹，关键就在一个"严"字。全面落实从严治党新要求，严以自律，不仅仅是信誓旦旦的承诺表态，而要真正把紧箍咒带起来、念起来，充分认识它的重要意义。

首先，严以律己是"三严三实"的重要内容，在"三严三实"中占有非常重要的地位。"三严"是严以修身、严以用权、严以律己，那么什么是修身？大家通过第一专题的研讨都比较清楚了。所谓"修身"就是要加强党性修养，提高道德境界。而要提高道德境界，摆脱低级趣味就要有高度的自律，通过自律才能达到修身。如果一个人整天把要修身养性挂在嘴边，却不严格要求自己，甚至放纵，那么这种修身就是坐而论道，没有律己修身就无从谈起。"严以用权"是坚持用权为民，按照规则、制度行使权力，把权力关进制度的笼子里。封建阶级把权力跟私利联系在一起，认为以权谋私是天经地义。元朝有一位官员叫严忠济，他曾露骨地说过一句话，"宁可少活十年，休得一日无权"。权力完全成了他的维生素，他已经被权力异化了，要抵制封建阶级权力观的腐蚀，按照规则制度办事，用权力造福人民，要求公职人员为权力的行使制定一个边界，绝不能超越这个边界去滥用权力，所以严以用权也要求要严以律己。因为公共权力具有两重性。一方面，公权可以成为为人民服务的很好的手段和工具，但同时公权也有可能被滥用，成为谋私的手段和工具。另外，公共权力有很大的腐蚀性，权力的腐蚀作用和权力可能给自己带来的利益成正比。如果权力和个人私欲相结合，是非常可怕的腐蚀。干部掌握权力可以用来为人民服务，但也可能异化为谋私的手段。因此，要抵制权力的腐蚀作用就必须做到严以律己，这样才能做到严以用权，坚决杜绝以权谋私，保持高度警惕。通过上面的分析可以得出结论，严以修身、严以用权、严以律己三者相互联系，缺一不可。缺少了任何一项，就会像物理学中的"木桶原理"一样，出现一个致命的短板，水就会从那个缺口流出来。这就是强调严以律己的极端重要性，严以律己在"三严"中是一个不可缺少的要素。

第二，严以律己是增强组织战斗力的重要基础，内化于党的建设始终。严于律己是对各级党组织和党员干部的基本要求，是新常态下每一个党员干部必须做好的功课，是每一个党员干部必须以实际行动向党和人民交上一份的答卷。一方面，严以律己融汇在党的血脉里，是共产党人优秀的政治基因。从井冈山到延安，从西柏坡到北京，90 多年间，我们党之所以能始终成为国家和民族事业的坚强领导核心，带领全国人民在革命、建设、改革中取得一个又一个胜利，离不开严明的纪律和规矩。广大党员都懂得：律己，是一种美德，是一种素质，是一种信仰。不论你的职位多高，责任多大，你的言行举止都必须对下属负责，对社会负责。在一定的规范约束下行动，不允许随心所欲。另一方面，严以律己也体现了党的建设的时代要求，积极培育和践行社会主义核心价值观，深入持久开展以为人民服务为核心、集体主义为原则的社会主义道德教育，引导人们树立正确的世界观、人生观、价值观，提高全民族的思想道德素质、科学文化素质和文明素质，党风政风为之一新，人民群众为之点赞，党员作用为之根本，永葆党的先进性和纯洁性，严以律己成为沉默中一步步不间断的跨越，意志力支撑下的行动，坚不可摧的一种力量。现在，越来越多的人拥有这种力量，不为物惑，不受财诱，不被色迷，有严格正确的人生目标；能自觉地规范自己的言行，做到宠辱不惊，坦荡地对待名利和地位；能容人之长，也能容人之短，既能聚人聚才，更能聚心纳智。各级党组织更加明白：未来律己的力量，不仅是树旗帜、也是树榜样，营造的是一种风气，反映的是一种追求，引导的是一种方向，传递的是一种正能量。有这种力量的党员，绝不是在某一方面律己、或暂时的做到律己，而是时时处处律己，一辈子做到律己。有这种力量的领导干部，就能始终保持定力、守住底线、把好关口，就有着无穷的人格魅力和感召力。

第三，严以律己是落实从严治校的要求，加强师德建设的重要举措。《汉书·董仲舒传》有言曰："凡以教化不立而万民不正也。"中国是一个文明古国，有着从严治校、师德师范的优良传统。改革开放以来，高等教育的规模扩大了、甚至在国外还办了很多孔子学院。但师德师风建设特别是教师律己方面的影响力在世界上却变小了，甚至大大落后于一些我们片面认为老师可以"自由随便"的国家。美国是世界上教育最发达的国家之一，在高校师德规范建设方面积累了很多先进的经验，其中最重要的一方面就是强调教师自律，美国的教育伦理学和教师伦理学水平较高，注意从心理学角度探索人与社会的适应性，探索教师在教学过程中的人格和行为规范。如果哪个老师授课或者师德不能让学生满意，口碑无存的话，在新的学期就很难吸引同学选课，学生人数不够就不能开课，会直接影响教师的收入。因此，老师不但要努力修业，成为学术上的权威，同时在日常授课时做到"为人师表"，得到学生认可和尊重。这就对高校教师的学术水平、教学水平和道德修养提出了较高的自律要求。当前我国高校师德建设的总体状况良好，但还存在不少问题。有的教师在课堂上任意宣泄对社会的不满情绪，或有意无意流露出消极的人生态度和价值观念，或发表违背社会主导价值观的错误言论；有的教师严以律他，宽以待己，要求学生要尽好学生本分、好好学习，自己却对本职工作敷衍塞责、消极应付；有的教师要求学生遵守课堂纪律，自己却自由散漫、上课时随意接听电话等。这些问题虽非主流，但其危害性极大，腐蚀着高校教师的群体道德，影响着高校教师的整体社会形象。迫切需要师德规范建设突出教师律己方面的重点，适应新时期对高校教师师德提出的新要求和新任务，通过建立科学、合理的教师评价制度，引导教师们重视良好教风的形成，并养成自觉遵守师德规范的习惯。作为一个大学教师，除了严格要求自己有渊博的专业知识，更应该具备个人综合素质。从根本上锤炼自己、武装自己、强大自己、提升自己，真正修成教师真身，更胜任大学教师工作。

第四，严以律己是造就宏大坚强的干部队伍，领导建设社会主义中国特色大学的需要。习近平总书记反复强调"打铁需要自身硬"，这句话非常形象生动地说明了一个道理，四个字"关键在党"。而"关键在党"又可以说"关键在干部"，尤其关键在领导干部。毛主席有一句名言叫做"政治路线确定之后，干部就是决定的因素"，有了正确的大政方针、路线以后要怎么贯彻？要靠干部。毛主席说"要造就一大批人，这批人是革命的先锋队，他们具有政治远见，充满牺牲精神，胸怀坦白、忠诚、积极、正直，这些人不是狂妄分子，不是风头主义者，是脚踏实地、富有实际精神的人们"，"中国革命要有一大群这样的先锋分子，中国革命的任务就能够顺利地解决"。这是毛主席在《为陕北公学成立题词》中讲的一段话，说明了中国革命的胜利要靠共产党员，尤其是党的干部这种勇敢、自我牺牲、艰苦奋斗、脚踏实地的精神，这种高尚的道德品质、高尚的情操对革命胜利是至关重要的，有了这种高尚的品质，有助于赢得人民的支持。中国古代有一句话说得也很深，如果进行斗争打仗的话，"小胜靠术；中胜靠智；大胜靠德"。所以中国古代政治文化也特别强调"德才兼备"，而且把"德"放在第一位。宋朝政治家司马光说过"才者德之资也，德者才之帅也。"什么意思？就是一个人的"德"要靠"才"去发挥，一个人的"才"要靠"德"来统帅，德才缺一不可，而且首先是"德"。清朝的康熙皇帝也说过，"朕观人先心术后才学，若心术不善，才学何用？"皇帝看人首先看心眼、品德，如果心眼品德不正，即便有才也会搞歪门邪道。所以历代都强调德才统一，而且把德放在第一位。共产党要完成艰巨的办好中国特色社会主义大学、为党和人民事业培养合格建设者和可靠接班人的历史使命，在干部队伍建设上同样要求德才兼备，特别要强调以德为先。那么在今天的形势下如何造就宏大坚强的干部队伍？要做好组织工作，选好人，选拔培养人，其中有一条要强调，就是调动干部内在的自觉性，让干部在自己的岗位上严格要求自己，自我锻炼，自我净化，自我提高，这样才能造就干部。

第五，严以律己有助于干部在党性修养和党的作风方面，为广大师生员工树立榜样。中国的传统文化非常强调"上行下效"。当权者的言行对下面民众的教化作用、榜样作用特别重要。儒家思想中提到，"君子之德风，小人之德草，草上之风必偃。"什么意思呢？简单来说就是上层人士怎么做，老百姓就跟着学。明清之际的思想家顾炎武说过"勾践栖山中，国人能致死。上能同甘苦，下能共安危。"越王勾践卧薪尝胆住在山里，把越国的老百姓调动起来跟吴国打仗，并取得了胜利。上边跟下边同甘苦，下边就跟上边共安危，所以领导者对民众的榜样、教化作用特别重要。其实今天也应当如此，干部有什么样的作风确实影响着全国人民，因为榜样的力量是无穷的。要建设社会主义法治国家，要完善市场秩序，要按照社会主义核心价值观的要求进行建设，发挥领导干部言传身教的作用特别重要。比如，每年新学期开学遇上教师节，很多学生及其家长都在为要不要给教师送礼而苦恼。事实上，也有很多教师在为要不要收学生的礼而烦恼，收下，违反了职业道德；不收，又怕家长和学生有看法。在我们所处的这个"人情"社会，由教师节"送礼"和"收礼"而引发的问题，实质上反映了教师作为一个专业群体，在建立专业伦理规范方面的需要。随着教师专业化发展，经验型教师向专业型教师的转变，由"教师职业道德"向"教师专业伦理"的转向已成为一种必然趋势。"不收学生及其家长的礼物"，应当成为整个教师群体的专业伦理规范。但多年来落实不了，自从中央出台八项规定精神以来，各级领导干部带头执行教育部发布的《中秋、国庆期间及开学前后进一步落实中央八项规定精神的通知》《严禁教师违规收受学生及家长礼品礼金等问题的规定》，教师在教师节期间收受学生及家长的礼品礼金的现象基本绝迹。所以严以律己就应该像鲁迅先生说的"时时解剖别人，但更多的是无情面地解剖自己"。首先自己要做好，严格要求自己才能带动别人。如果责人严，对别人要求严；责己宽，对自己要求松，甚至放纵，那么干部不能成为群众的表率。

三、在"三严三实"专题教育中从严把握严以律己的基本要求

在从严治党的新常态下，监督体系逐渐健全和成熟，"他律"也彰显出强大的作用。但无论再完善的制度、体系，也只是外界的约束环境，并不是"万能"的。要想确保党员干部真正抵住侵蚀，还需要深深根植于内心的严以律己，从"灵魂深处"不想逾矩，才能做到"沧海横流方显英雄本色"。简单说，要把严以律己看成是一种约束，更要看作是一种解放，一种激励。它是一种防腐剂，但它更是一种正能量。要自觉主动的严以律己，而不是被迫勉强地执行命令。不是一时一事要做，而是要做到"活到老，学到老，改造到老"，无论青年还是老年都应当这样做。

就好像人活着要经常喝水一样，"早上喝，中午喝，尽量多喝"，无论是渴了还是不渴都应该坚持喝水。

（一）多喝热水，保持热情，心中有党

要把严守党的政治纪律和政治规矩作为重中之重，坚持党的基本路线不动摇，坚决维护中央权威，自觉学习党章、遵守党章、贯彻党章、维护党章，认真践行习近平总书记在十八届中央纪委五次全会上提出的"五个必须"要求，自觉坚守对党忠诚的政治品质，始终做到在党言党、在党忧党、在党为党。始终在政治上、思想上、行动上同党中央保持高度一致；加强党性锻炼，努力做到在大是大非上头脑清醒，在路线原则上立场坚定，在重大问题上旗帜鲜明，在关键时刻和风险挑战中经得起考验。"政治纪律"是党内常态话语，经常被提及，但"政治规矩"的提法大家还比较陌生，在专题二学习教育中要重点加强学习研讨。按照习近平总书记的总体论述，"政治规矩"包括四个方面：第一，党章是全党必须遵循的总章程，也是总规矩；第二，党的纪律是刚性约束，政治纪律更是全党在政治方向、政治立场、政治言论、政治行动方面必须遵守的刚性约束；第三，国家法律是党员、干部必须遵守的规矩；第四，党在长期实践中形成的优良传统和工作惯例。从学校来讲，就是各级组织都必须服从党委的统一领导，在思想上、政治上、行动上同党委保持高度一致。绝不允许在落实党委的工作要求上打折扣、慢作为；绝不允许在落实党委的工作部署上搞变通、做选择；绝不允许在领会党委执政理念上有偏差、想任性；绝不允许在执行党委强化学校治理的创新举措上有抵触、有怨气。坚决纠正口头上讲服从党委统一领导，行动上却我行我素，执意奉行"合意的就执行，不合意的就不执行"的不讲党性、不讲政治的错误做法；坚决纠正采取"推拖""消极""选择性落实"等方式去削弱党委权威、影响团结的错误做法。

（二）勤喝井水，多接地气，躬行实践

做到理论联系实际，达到知、信、行相统一。改造主观世界，严格要求自己，不能说一套做一套，理论脱离实际，要正确对待自己和环境的关系。不能以环境不太好为借口，放松对自己的要求。人和环境是相互影响的，我们的行为也构成环境的一部分，或者说我们也在影响环境。马克思是唯物主义思想家，他遇到了一个难以解决的悖论，什么悖论？就是说我们要改变环境，首先要把人教育好才能改变环境；但是反过来说，教育也是由人来进行的，人是环境的产物，环境的改变也需要人，但人又是环境和教育的产物，那么从何着手？就陷入了一个悖论。但是马克思用实践唯物主义的观点把这个问题解决了。马克思有一句名言，"环境的改变和人的活动的一致，只能被看作并合理地理解为革命的实践"。环境的改变和人的活动的一致是什么呢？就是革命的实践。这就是说，人要在实践中改变环境，在实践中提高自己完善自己，人的改变和环境的改变是一致的，因此就是要坚持实践。这个道理要如何运用到严以律己上？也就是说要怎样对待人和环境？要从我做起，用自己的行动去改变。在我党历史上，应该说有很多的党员、很多的领导人在这方面都做得很好。比如周恩来同志，为了加强修养专门写了《我的修养要则》，根据当时他所处的历史环境这个要则有七点。第一，要加紧学习，抓住中心，宁精勿杂，宁专勿多。第二，努力工作，要有计划，有重点，有条理。第三，习作合一，要注意时间、空间和条件，使之配合适当，要注意检讨和整理，要有发现和创造。第四，要与自己的他人的一切不正确的思想意识作原则上坚决的斗争。第五，适当地发扬自己的长处，具体地纠正自己的短处。第六，永远不与群众隔离，向群众学习，并帮助他们。过集体生活，注意调研，遵守纪律。调查研究、联系群众、遵守纪律，周恩来一生做得都非常好。第七，健全自己身体，保持合理的规律生活，这是自我修养的物质基础。以上每一条都值得我们认真学习，尤其值得我们永远坚持的是接地气，放下身段到群众中去，想群众所想，急群众所急，与群众打成一片，扎扎实实做好每一项工作。

（三）喝干净水，清澈透明，肝胆相照

在为政清廉、个人干净上作表率，彰显共产党人开放包容的修养、海纳百川的胸怀和襟怀坦白的自律。一是"暮夜却金"的觉悟自律。曾有个千古流传的"慎独"故事，指的是东汉东莱太守杨震，在往东莱郡上任时，路过昌邑县，原先他所推荐的秀才王密，这时做昌邑县令，夜里怀中揣着十斤金子来赠送给杨震。杨震说："作为老朋友，我是了解你的，你却不了解我，这又是怎么回事呢？"王密说："这么晚了，没有人知道这事。"杨震说："天知道，神知道，我知道，你知道，怎么能说没人知道！"王密惭愧地出门走了。这一"暮夜却金"的故事被后人视为典范，昭示慎独、律己的力量。二是"贵己知"的思想自律。清朝河南巡抚叶存仁，在一次离任时僚属派船送行。为避人耳目，夜深人静时，一位下属划着一叶小舟划来，船上载有许多礼品准备送给他。叶存仁见此情景，当即写下了一首诗："月明清风夜半时，扁舟相送故迟迟。感君情重还君赠，不畏人知畏己知。"拒绝了僚属的礼品和心意。叶存仁为官30余年，正是因为在思想深处有"不畏人知畏己知"的自律精神，才保持住了纯洁，经受住了考验，从而得以名垂青史。三是"以廉为宝"的情操自律。春秋时，宋国司城子罕清正廉洁，受人爱戴。有人得到一块宝玉拿去献给子罕，子罕拒不接受，说："您以宝石为宝，而我以不贪为宝。如果我接受了您的玉，那我们俩就都失去了自己的宝物。倒不如我们各有其宝呢？"四是"不惧饮贪泉"的决心自律。晋代人吴隐之在广州任太守期间，城外有一池泉水名"贪泉"。当地传说饮了此泉便会贪婪成性。他不信这些，照饮不误，饮后还写了一首诗："古人云此水，一歃怀千金。试使夷齐（伯夷和叔齐宁可放弃一国之君高位饿死）饮，终当不易心。"后来他在任期间，始终做到廉洁自律。五是"陶母退鱼"的家庭自律。晋代名臣陶侃年轻时曾任浔阳县吏。一次，他派人给母亲送了一罐腌制好的鱼，他母亲收到后，又原封不动退回给他，并写信告知他："你身为县吏，用公家的物品送给我，不但对我没任何好处，反而增添了我的担忧。"这件事让陶侃深受教育。反思查处的许多案例，很多缺口都是从党员干部的"后方"打开的。党员干部在工作期间，有刚性的监督机制，而往往忽视了个人生活环境的影响力。广大党员干部应当举一反三、引以为戒，在确保自己不碰纪律"红线"、不闯贪腐"雷区"的同时，应当加强对自己家庭这个"大后方"的"武装"，管住自己的"权力后院"，营造清廉家风，把自己始终置身在一个纯洁的工作、生活环境，如此，才能远离不正之风侵蚀。

（四）喝矿泉水，舒筋健骨，反躬自省

补足精神上的"钙"，增强肌体免疫力，克制自己思想、情感和言行等，不使自己有消极的观念、非分的想法、过激的言行，时刻做到"九慎三省"：一要慎独。就是要表里如一、言行一致，做到人前人后一个样，私底下、无人处，更要不放纵、不越轨、不逾矩。二要慎初。不少人，最初都信誓旦旦"常在河边走，就是不湿鞋"，思想一松懈，就变成"常在河边走，哪能不湿鞋"，等到开始伸手了又变成"既然湿了鞋，不如洗个脚"，最后越走越远"既然洗了脚，不如洗个澡"。三要慎微。懂得"长堤溃蚁穴、君子慎其微"的道理，慎小事、拘小节，在小事小节中体现党性、体现原则、体现人格。四要慎欲。古人在铜钱中间打了一个方孔，意在警示人们钱眼如井，一旦掉进去就上不来；领导干部律己慎欲，就是要有"壁立千仞、无欲则刚"的境界，在金钱、美色、名利面前守住底线。五要慎权。要懂得权力就是责任、就是服务、就是奉献、正确行使权力。六要慎言。孔子说："夫人不言，言必有中。"要讲政治、讲场合、讲分寸，说真话、说实话，该说的说，不该说的坚决不说，做到言必适时、言必适情、言必适度。七要慎友。要以德会友，见贤思齐，多交情深义重、志同道合的净友、益友，尤其官商之间既不能勾肩搭背，也不能背对着背，要守好交往的度。八要慎好。"投其所好"往往是各种诱惑的敲门砖，领导干部的兴趣爱好关系党的事业、形象和个人的政治生命，决不能沉溺其中被别有用心者利用。九要慎终。为官一任，不仅要造福一方，更要清风一路，无悔一生，慎始慎终。具体工作中，第一，要"省"工作尽力了没有。文革时有一首歌，叫"能挑起千斤担，不挑九百九。"意思是说，你能承受多少力量，就去承受多少力量。经济社会发展步入新常态，容不得慢慢吞吞，不温不火，每一个领导干部，都要时刻反省，有没有尽最大的努力、花最大的精力，将工作做到位、做漂亮。第二，要"省"承诺兑现了没有。只有时刻自省有没有真正把每一项承诺都落实到位，坚决不开一张"空头支票"、不搞一次"花拳绣腿"，才能赢得持久的掌声和赞誉声。第三，要"省"问题解决了没有。解决问题是自省的最终目的，必须始终把自己放进问题中，时刻反省有没有卷起裤管走土路、撸起袖子干实事。

（五）喝茶叶水，清醒淡定，保持定力

稳住心神，把握方向，坚守情操，真正做到"心不动于微利之诱，目不眩于五色之惑"。研究老子水哲学的人都知道，他其最初的认识据说源于老师常枞对他的教导。老子的老师常枞在临终前，老子问老师还有什么事要交代，常枞张开他的嘴巴给老子看，说："我的舌头还在吗?"老子说："还在。"常枞又说："我的牙齿还在吗?"老子说："没有了。"常枞问："你知道原因吗?"老子说："舌头还存在，难道不是因为它的柔软的缘故? 牙齿没有了，难道不是因为它太刚强的缘故吗?"常枞说："是的，天下的事理都在这里。你知道这些，我就没有其他的话再告诉你了。"在中国历史上有两个最任性的朝代，一个有权任性的朝代，大秦帝国暴政; 一个是有钱任性的朝代西晋，石崇斗富的那个朝代，所以称短命王朝。西方有句谚语叫做"上帝让谁灭亡，先让谁疯狂"。上帝让谁灭亡，先让他发疯，到了发疯的时候，离灭亡就不远了。还有一句话叫做"通向地狱的道路是黄金铺就的"。所以我们的干部面对利益诱惑时，不能有丝毫放纵，要严以律己。面对复杂关系网的纠缠时，绝不能进行利益交换、利益输送，一定要严格要求自己，甭管关系网多么复杂，诱惑多么强烈，都不能成为放纵自己的理由。要时刻做到四个牢记: 牢记党纪国法、牢记方针政策、牢记道德伦理、牢记上级党组织的教导，作为悬在头上的"达摩克利斯之剑"，这是其一。其二，还要讲讲严以律己的目的。为什么要严以律己? 其中一个重要的目的就是更好地工作，为改革发展事业做贡献。严以律己不是要求人成为无所作为的平庸之辈，成为谦谦君子，不是说为了不出事，宁肯不干事，这样做不行。有些人为什么出事? 出事主要是重大决策上的失误和廉政问题上出了问题，有些干部出事不是因为干了事，而是因为干了不该干的事。如果为了不出事就不干事，这样的干部可能不会出事，但是迟早是要出局的。为什么? 因为在改革年代，党和人民不允许这样的平庸之辈在这个岗位上毫无作为。有一位历史学家说得好，他说"如果一个船长的使命是为了保留船只，船长会让这艘船永远停留在港湾。"如果把船保留好是船长的使命，那么船不出海就是最安全的，但是船长的使命恰恰是扬帆远航。改革年代，我们的干部要有所作为，一方面要严以律己，另一方面要真正把握底线，严守党纪国法，严格按规矩用权，做到这一点就能够做到"干成事，不出事"。

同志们，严以律己是践行"三严三实"之本。作风建设是一项持久战，有他律，更多的要靠自律。自律是一种领导素质，也是一种领导能力。一个人能否廉洁自律、保持干净，最大的诱惑是自己，最难战胜的敌人也是自己。恩格斯曾经说过："人是什么？一半是野兽，一半是天使。"① 我们要保持定力，自觉远离低级趣味、自觉抵制歪风邪气，带头弘扬社会主义核心价值观，带头弘扬中华民族传统美德，明大德、守公德、严私德，筑牢为政清廉的防线。"吏不畏我严，而畏我廉；民不服我能，而服我公；公则明，廉则威。"领导干部唯有从严要求自身，保持一身正气，两袖清风，才能以优秀的党风促进校风，带动教风，传递正能量，培养出更多合格建设者和可靠接班人。

---

① ［德］马克思、恩格斯：《马克思恩格斯全集》（第21卷），中共中央马克思恩格斯列宁斯大林著作编译局译，人民出版社1965年版，第325页。

第五回　谋后而定

——在南昌工程学院 2015 年暑期研讨会上的讲话
（2015 年 8 月 29 日）

同志们：

今年是"十三五"规划工作的谋划之年、奠基之年。规划是学校最大的预算，那么，我校应该怎样谋划呢？为了以"三严三实"的精神制定学校的"十三五"规划，这几天学校把大家集中起来、相对封闭、组织严密，突出会议主题、充实研讨内容，以头脑风暴式发动大家思考讨论，发言同志解放思想、畅所欲言、建言献策，在分析形势、总结"十二五"成绩、讨论问题与挑战等方面都达到了预期效果，是一次成功的暑期研讨会。下一步我们要加强对学校规划的系列重大问题的研究，要在基本思路清晰的基础上形成"十三五"规划纲要框架，希望能把全校广大师生的智慧都囊括进去。下面，根据这次会议的要求，谈谈"十三五"期间乃至更长时期学校改革发展应该处理好的几个关键问题。

一、规划与规范

高校发展规划既是一所学校在一定时期事业发展的宏伟蓝图，更是这个学校从眼前如何迈向这个宏伟蓝图的行动指南。因此，编制"十三五"规划，首要的是准确把握学校眼前的真实基础，找准我们的行动起点。我们首先要搞清楚，在信息革命的今天，产业不再是规划出来的，而是规范出来的。准确地说，信息时代的产业不再是由政府单独规划出来，而是由政府有效的产业规制、和谐的市场经济环境、完备的知识产权制度等创新所需的规范性要素所规范出来的。政府再也不单独具备选择和规划产业的能力，一个地区政府的能力将主要体现在其服务的规范性、对市场创新主体和技术的尊重等方面。所以今年《中共中央、国务院关于深化体制机制改革加快实施创新驱动发展战略的若干意见》中指出，要充分发挥企业家的作用，要加强企业家的话语权，"十三五"产业规划，必须使企业家成为产业规划的最主要主体之一。以此类推，我们学校的发展规划则必须让全校师生特别是在座的每一个人都来参与，才能把问题看得更清楚更全面。当然，有一些需要外部的专家、专业人员参与，因为有的问题重要，又有可能被大家忽略了。但不管谁来研究，起码要有以下三个方面的规范性要求。

第一，规划要升级。发展是硬道理，升级是硬要求。在市场经济条件下，为什么企业会被淘汰？因为它没有升级。在我们这个时代，企业的产品、设备、技术、人才、管理、整个组织，各个方面都要不断地升级，如果不升级就要被淘汰；只有升级才能生存，只有更快地升级才能更好地发展。对于企业是这样，对于每一个人、每所大学、整个国家也是这样。所以，强卫同志一来到江西担任省委书记就提出了"发展升级、小康提速、绿色崛起、实干兴赣"十六字方针，把发展升级放在首位，学校党委也及时提出了"六个发展升级"的部署。从全省来讲，就是工业、农业、科技各个方面都要升级，高等教育是一个相对发展滞后的部分，更应该升级。我们学校是新兴本科院校，起步较晚、基础薄弱，更应该担当起升级的责任。这是"十三五"规划的一个核心问题，就是要从低层次到高层次，打造规划升级版；要有一种"跳起来摘桃子"的意识，自加压力，变压力为动力，经过艰苦的努力实现各项事业的发展目标。如果目标触手可及，不用费太大力气就能实现，就失去了规划的意义；同时还要提倡"挑战不可能"。中央电视台今年8月2日开始推出了一个叫《挑战不可能》的节目，每周日黄金时间播出，涵盖技能、体能、脑力等多个项目的极致挑战。每一个节目表演都是一个扣人心弦、催人奋进的教学过程，使观众深受启发。高校是知识创新、引领社会的地方，更应该鼓励"挑战不可能"。

第二，规划要落地。要树立全新的CORE规划理念，突出规划的连接性、开放性、可靠性、开拓性，最后能落地。所谓的 CORE 战略是指 connectivity（连接性）、openness（开放性）、reliability（可靠性）、enterprise（开拓性）的简称。同时 CORE 又有核心的含义。首先从 connectivity（连接性）看，五年规划要与长期规划、年度工作要点相辅相成，保证整个规划体系的可实现性。要全面总结和评估学校发展态势和"十二五"规划实施情况，认真分析学校改革发展取得的成就、经验和存在的困难、不足，以及所面临的新形势、新情况和新问题。其次从 openness（开放性）看，我校"十三五"事业发展规划体系应由三部分构成：一个总规划，即南昌工程学院"十三五"事业发展规划（2016～2020）；若干专项规划，即学科建设与研究生培养专项规划，一流本科与专业建设专项规划，科研与智库建设专项规划，师资队伍建设专项规划，实验室建设与开发利用专项规划，校园建设与公共服务体系规划，对外交流与合作规划，创新创业与社会服务规划等；另外每个二级学院还需要根据总规划和专项规划编制"十三五"事业发展规划。从 reliability（可靠性）看，要有清晰的、容易操作的制度设计和执行的高效率，树立起值得信任的学校的品牌和形象，使师生有获得感。规划实施要与目标管理相辅相成，保证规划的统领性和权威性。制定规划的目的是为了实施规划。完整的规划包括规划的制定和规划的实施，还包括规划的检验，要有一个反馈系统。确保规划能落细、落实、落小、落地。最后从 enterprise（开拓性）看，重点要鼓励学院创新资源整合规划，从而增强学院的开拓能力和创新能力。规划编制实施要与全面深化改革相辅相成，保证规划的核心主题付诸实践。规划要包括改革的内容，要用改革的思维和方式进行规划。"十三五"规划的主题之一就是全面深化改革，贯彻十八届三中全会全面深化教育领域综合改革精神，坚持规划发展与规划改革并重，深入总结近年来特别是学校综合改革推进实施以来取得的经验，以规划的形式把学校综合改革的思路、措施基本明确和稳定下来，进一步强化顶层设计，谋划好人才培养、人事制度、后勤服务等重点领域和关键环节的改革具体举措。

第三，规划要实用。规划编制的结束不是规划工作的完成。"一分部署，九分落实"，要避免出现"规划规划、纸上画画、墙上挂挂"的现象，关键是规划的落实。这要求在编制规划时，就要着眼于规划的可操作。要使制定的规划成为学校未来 5 年工作的依据和纲领，围绕确定的战略目标、主要任务，明确责任单位和任务分工，制定时间表、路线图，通过推进年度工作计划逐年完成"十三五"规划，积小胜为大胜、积跬步致千里。要将规划的实施与目标管理、目标考核工作紧密结合，通过年终考核和任期考核加强对规划实施情况跟踪指导监测，建立规划实施情况分析报告制度，开展规划实施的过程性和终结性评估，提高规划实施的刚性和约束力，及时发现规划实施过程中存在的新情况和新问题。

二、大学与大局

大学发展从来都是与国家发展同向而行的，大学必须主动适应和满足国家的战略需求。今年 5 月 27 日，习近平总书记在浙江主持召开的华东 7 省市党委主要负责同志座谈会上强调，"十三五"时期是我国经济社会发展非常重要的时期，要把我们所处的国内外发展环境和条件分析透，把我们前进的方向和目标理清楚，把我们面临的机遇和挑战搞明白，系统谋划好"十三五"时期经济社会发展。总书记的讲话对我校"十三五"规划同样具有重要的指导意义。因此，在客观审视我校真实校情、准确把握"十三五"规划编制的新起点的基础上，我们还必须深入分析学校面临的外部环境，明确国家和社会对我校发展的新要求。这既是我们高等学校增强服务经济社会发展主动性的客观需要，也是制定"十三五"发展规划的逻辑前提。

首先，我国"四个全面"战略布局和国际发展大势，是"十三五"规划编制的根本遵循。"四个全面"战略布局的提出，使当前和今后一个时期，党和国家各项工作关键环节、重点领域、主攻方向更加清晰，内在逻辑更加严密，为推动改革开放和社会主义现代化建设迈上新台阶提供了强力保障，也为"十三五"规划编制提供了根本遵循。全面建成小康社会迫切需要教育现代化的支撑，走以质量提升为核心的内涵式发展道路成为高校发展新常态；全面深化改革体现在高教领域就是要推进新一轮综合改革，在改革创新中释放办学活力成为高校发展新常态；全面依法治国体现在高校发展上就是要依法治校，以法治思维推进大学治理现代化成为新常态；全面从严治党要求高校坚持社会主义办学方向，作风建设永远在路上成为高校党员领导干部作风建设的新常态。我们还要清楚地看到，当今高等教育发展已经是全球范围的激烈竞争，我们不仅要研究国内大势，也要把握国际大势，了解国内外公认的一流水利大学的发展态势，谋划好"十三五"发展，我们要观大势、谋大局，准确把握国家未来中长期发展的基本走势，特别是经济发展、水利发展、高等教育发展以及生态环境建设的趋势走向，这就是习总书记所讲的国内环境和条件。我们要对这些宏观形势有着比较深刻的认识理解，做出战略性的判断，这些形势与学校"十三五"发展有着非常紧密的联系，无论是人才培养、科学研究还是社会服务，都必须因时而动、顺势而为、乘势而上。

其次，国家区域发展战略的推进和水科学在各个领域的渗透，为学科专业结构的进一步优化提供了新的机遇。改变以往国家战略遍地开花的情形，党的十八届三中全会后确定了四个区域发展战略，即京津冀一体化、丝绸之路经济带、21世纪海上丝绸之路以及长江经济带。长江是中国的第一大河，也是中华民族的母亲河。长江流域是中国重要的战略水源地、水电能源基地、黄金水道和生物宝库，以不到全国五分之一的国土面积，养育了全国三分之一的人口，创造了全国接近一半的经济总量。建设长江经济带，既要用黄金水道串起"珍珠链"，也要确保一江清水绵延后世。要坚持系统思维，统一谋划，协同推进长江流域生态建设，要秉持山水林田湖生命共同体的理念，依据各地经济社会发展的实际情况，依据不同生态系统和自然资源的自身规律，相互联系，统筹治山治水治湖田，统筹城乡发展，大尺度规划流域生态建设。策应长江经济带发展战略，江西提出了要深入推进建设鄱阳湖生态经济区、江西生态文明先行示范区、实现绿色崛起等一系列"含水量"都很高的发展战略。面对国家区域发展战略和江西绿色崛起部署的重大机遇，各高校都开始了新一轮抢占发展制高点的竞争。我们对此也要积极应对，通过改革创新体制机制等多种举措力争把这个新引擎全速发动起来，特别是要积极配合鄱阳湖水利枢纽、中国水都建设两个特大水利工程项目，做好人才培养工作，按照省发改委批复的 25000 人办学规模，做好各项配套项目详细规划。

第三，"互联网＋"时代的来临，迫切呼唤教育发展方式的转型。"互联网＋"，主要是指各行各业将面临新的发展环境和发展平台：即互联网背景、互联网手段、互联网思维。随着"互联网＋"在今年初的两会上被纳入国家战略部署，中国教育进入到一场基于信息技术的更大的变革中。可以预见，"互联网＋"不仅直接引发课程体系、教学组织、学习方式、评价方式等方面的变化，而且必将进一步引发高等教育的发展观、质量观、人才观的全方位深刻变革。我们要按照国家教育规划纲要的要求，做好信息技术对教育发展具有革命性影响的应对工作。革命性影响的意思，它不是变革式的，不是渐进式的，不是改良式的，它可能是通过信息技术的推动来实现教育的现代化，它可能是一种极其重大的变革力量，它可能对政府、对学生、对学校的管理方，甚至对老师，所有的定位会发生很多的变化。

三、学院与学科

学院是大学的基石，是大学发展的主体；学科是大学的核心，是大学学术的依托。学科决定学校和二级学院的发展方向。无论是办特色、创一流，还是内涵质量的提升，其先决条件都是学校有要符合国家及地方经济社会发展的学科专业，不断优化自己的学科专业结构，将优势做得更强、将特色做得更优、将品牌做得更大。

首先，从学科建设来看，学校应坚持为国家战略目标服务导向、应用性需求目标导向、大学特色与竞争力导向、效益与和谐发展导向；学院要通过凝练学科方向、汇聚学科团队、构筑学科平台、优化学术氛围、鼓励创新学科、交叉学科等途径加强学科建设。目前，学校评估结果已经把学科的优势和短板展现得很清楚了，最大的问题在于人才队伍竞争力和科技创新能力不强，突出表现在高层次人才缺乏，标志性科技成果产出远远不够。迫切需要在人才队伍和科技创新上下工夫，在继续选聘博士毕业生的同时，下大力气在高层次人才上有所突破，把高层次人才、标志性科技成果短板和协同创新中心空白补齐填上。

其次，在教学改革方面，要按照办一流本科的要求，对课程设置进行整合，进一步规范课程设置标准，完善和优化课程体系；打通专业类别下相近学科专业的基础课程；加强信息技术与教学的深度融合，丰富教学方式。在提高教学质量方面，要培养更多具有创新思维的教师，同时要改革目前多轨制的课程设置方式，使教授真正走上讲台，使更多学生接受高质量的授课，切实提高教学质量。在研究生教育方面，创新招生模式、提高生源质量；重构课程体系、建设核心课程；改革培养模式、提升培养质量；加强导师队伍建设。在国际交流与合作发展方面，要加强外事工作的规范化和制度化建设，促进与国际高水平大学之间的实质性合作，发挥引进人才和海外校友在推进学校国际化进程中的桥梁作用，发展留学生教育。在继续教育方面，要巩固成人学历教育，发展现代职业教育，开拓岗位培训教育，建立远程网络教育，推进大众科学文化教育，积极构建层次多样、质量过硬的水利教育体系。

第三，在科技应用方面，以"应用型大学"为基础，以"创新型人才"培养为手段，以政策措施综合配套为保障，以科研项目和成果为评价指标，通过深化科技体制机制改革，强化优势学科技术，支持有发展潜力的基础学科，推进新兴产业技术发展，促进科学技术交叉融合，加大创新平台和基地建设力度，完善高水平应用型工程大学的综合性学科体系，推动科研创新平台和科研基地建设再上新台阶。

四、定位与到位

关于"定位"，有多种解释。在《现代汉语词典》中，其意有二：一是指用仪器对物体所在的位置进行测量；二是经测量后确定的位置。在《辞海》中，"定位"是指在加工、测量工件或装配零部件时，把工件或零部件上已定的基准安装在机床、夹具或其他零部件相应的表面上，以确定其准确位置的过程。这些是"定位"的直接含义。引申到学校对办学的定位，实际上是对学校"身份"的确认，是对学校的管理体制、学科取向、职业取向、办学模式以及学校的形象、特色、规模等进行的判断和选择。不论定位如何，都应着眼于办出高水平。在这方面，美国高校的成功经验是我们应该加以借鉴的。他们在学校办学定位上凸显个性化。事实上，南昌工程学院要"建设水利特色鲜明的高水平应用型工程大学"的办学定位，一直是非常清晰和明确的。有些同志之所以还会有"办学定位不清"这样的困惑，最主要的原因在于对学校目前的办学定位认识不清楚，导致在执行过程摇摆不定；或者因为自己过去曾经是层次较低学校的老师，心里觉得能力跟不上，对学校办学定位可望而不可及，落实"不到位"。因此，要树立尽快适应我们所生存的世界正在经历飞速变化的坚强决心，尽快加强学习和提升能力，妥善处理好定位与到位的关系。

一是定位不错位。近六十年的办学实践证明，南昌工程学院"围绕水科学，打造应用型"的办学理念是准确的，符合学校发展实际，也回应了服务经济社会发展的客观需求，得到了上级主管部门批准和社会各界的支持，特别是在广大教职工中得到广泛认同。今年还写进了《南昌工程学院章程》中，具备了法律效力。因此，全校上下在办学定位问题上，毋庸置疑，不容摇摆，必须保持定力，认定方向，调准目标，坚持不懈，持之以恒的落实学校发展定位。

二是到位不越位。我们每个单位、每一位教职工在落实学校办学定位和目标的过程中，都肩负着各自重要的使命。既要耕好"责任田"，经营好"主业"，切实解决好"打铁还需自身硬"、能力升级向目标定位靠拢，预防好"灯下黑"等问题；也要鼓励交叉学科的发展，推动协同创新创业教育。在现代学科中，交叉学科是生命力最强，对社会作用最显著，具有广阔发展前景的学科。

三是到位促定位。学校各项工作活动取向定位的准确、合理，直接关系到学校定位理念的贯彻，关系到办学目标、学校功能的能否成功实现，也直接关系到学校类型的定位到位。大家要认真学习消化本次暑期研讨会成果，深入开展各类专项调研；制定工作时间表，锁定重点，研究各类指标的新变化;梳理全校制度,明确责任,健全责任追究机制;信息公开透明,广泛听取大家意见,越公开越民主,越民主越集中。要使各项工作到位,关键在人,关键在干部,更需要全校上下增强定位自信,决不能妄自菲薄,也不能妄自尊大,要紧紧围绕学校的办学定位主动作为、有所作为。

五、教师与教学

自韩愈的《师说》问世,我国教师就被冠以"传道""授业""解惑"为核心工作内容,从中我们可以看出教师的重要性,同时也说明了学习时选择教师的重要性。习总书记近年来在与高校教师、青年学生座谈时,围绕尊师重教、立德树人发表过多次重要讲话。关于教师工作,习总书记强调指出,教师工作的重要性就在于这是塑造灵魂、塑造生命、塑造人的工作。一个学校能不能为社会主义建设培养合格的人才,培养德智体全面发展、有社会主义觉悟的有文化的劳动者,关键在教师。优秀的高校老师,无疑是帮助青年学生系好人生第一粒"扣子"的"保姆",是修剪他们思想蔓枝的"园丁"。如果说高校学生是未来实现中华民族伟大复兴中国梦的主力军,那么高校教师就是打造这支中华民族"梦之队"的筑梦人。

从"筑梦人"方面看,教师队伍建设是关键。在师资队伍与人才发展规划中,要从学历、学缘、职称、年龄结构等方面分析学校目前教师队伍的现状和存在问题;要提出突出学术领军人才的引进、培育,实施人才与学科捆绑战略,以重点学科为龙头,整体拉动人才队伍引进、培养与使用,使青年教师融入教授团队,规范开展教学科研工作,发挥高水平领军人物的人才聚集效应;要以宽容之心引进天下英才,以一流大学的要求拒绝一般人才,激励青年教师成英才,全面规划各学院的人才计划;要优化完善教师队伍培养、考核与激励机制,全面提高教师队伍教学科研水平;调动每一个人的积极性、创造性,提升师资的博士化、国际化率,做好定岗定编工作,设计科学的薪酬激励制度。作为每一位大学教师,不但要认真完成教学任务,在教学过程中真正做到"传道"

"授业""解惑"，还要不断进行科研研究、创新理论知识和方法、向社会生产生活提供方法论指导和知识智力支持，在四位一体的工作过程中，不断完善自己、不断提高自己，这是教师工作的内在要求，也应该是新时代教师对自我价值实现要求的基本保障。从目前学校发展现状、国家政策、学校支持力度以及教师自身发展等方面综合情况来看，还要注意解决以下三个问题。一是长期从事单一较低层次教学的局限让许多教师无能顾及科研的问题。二是科研创新的成果回报教学的比例较小的问题。三是忙于社会事务的教师缺乏对教学投入的兴趣问题。

从"主力军"方面来讲，人才培养质量是根本。要确保教学的中心地位和学生的主体地位，切实转变教育观念，全面提高教学质量。一是要坚持德育为先。孔子教学的内容和顺序是"德行、言语、政事、文学"，可见 2500 年前的教育就是德育为先。要帮助学生树立正确的善恶观，要让学生明白"安身立命，以善为本""百善孝为先"等道理。正确的善恶观是基石，要在正确善恶观的基础上，再进行"三观"教育。要持之以恒，帮助学生修炼德行，发挥非智力因素对学生学习水平提高的促进作用。二是要领导和管理好三级课程体系。课程是实现教育目的的载体和途径，学校的多数工作都是围绕课程的实施展开的。国家课程好比国有土地，体现国家意志；地方课程好比集体土地，体现地方特色；校本课程好比自留地，体现学校特色。三级课程相得益彰，形成课程生态，各级课程、各门课程不可偏废。评价书记院长的领导力，首先要看书记院长对三级课程的领导水平。三是要把教学变成训练。把所有的教学活动，都按"训练"的规律、套路和方法来组织实施。因为，知识的获得，能力、品德的形成、习惯的养成，以及身体、心理、艺术素质的提高，都是训练的结果。要提高教学效益、打造高效课堂，这是教育法等法规的要求。要改革教学内容和方法，使之与信息时代、网络时代相适应。很多东西，学生可以很方便地从网络上获得。随着互联网覆盖率的提高，尤其是 3G 手机等移动上网终端设备的普及，获取知识、信息将更方便、快捷。

六、学业与就业

大学生是国家的未来和希望，他们的学业与就业直接关系到国家将来的发展。在美国，本科阶段注重对学生综合素质的要求，很多职业性人才培养主要在研究生阶段。在德国，高校都引进了国际通用的学士和硕士项目。在中国，很多人进入大学的主要目的是为了毕业后的就业。《2015 年应届毕业生就业力调研报告》显示，选择就业的学生比例由2014 年的 76.3％降至 71.2％，选择创业的学生比例由 2014 年的 3.2％上升为 6.3％。2015 年全国硕士研究生招生考试报名人数为 164.9 万人，较 2014 年减少 6.5 万人。从长远来看，高学历就业肯定是趋势，高层次办学也是高校追求的目标。这就要求我们在做发展规划时，要考虑如何着眼长远、立足当前、脚踏实地，改善学业、增进就业、创新创业。

一是通识教育与专业教育结合。清华本科教育的定位是"在通识教育基础上的宽口径的专业培养"。北大的教育，也不是一种完全的通识教育，而是一种专业和通识教育结合的模式。南京大学在"三三制"人才培养模式中的第一个"三"分成三个本科四年教育的三个阶段，即通识教育、专业化培养和多元化培养。即使是大力推进通识教育的复旦大学，也强调建立学生的专业思想。实际上，通识教育和专业教育并不冲突。通识教育实现的是教育的价值理性，让学生从自然人到社会人。而专业教育实现的是教育的工具理性，让人成为人才。通识教育与专业教育是体与用、道与术的关系，是相辅相成、相得益彰的。通识与专业，或广博与专精，抑或古人眼里的"博"与"约"是辩证关系，专而不通则盲，通而不专则空。所有大学都应该关注通识教育和专业教育，就像连续函数上不同的点。不同的学校根据自己的定位确定通识教育和专业教育的比例。现在我们叫工程学院，必须让学生都知道，你是学工程的，要有精湛的科学和技术的功底；你的工程要实现，还要有经济的头脑，懂得计算成本和收益；工程要造福社会，你更要有人文情怀，社会责任感，以及对大自然的敬畏。

二是学业与就业衔接。为毕业生提供广泛的就业机会，帮助就业。

首先，应加强和用人单位之间的联系，建立长效合作机制。例如校企合作、订单培养，可使部分学生一入校就有了定向的就业单位，而且这部分学生在校期间还可以获得订单培养、用人单位的相关资助，鼓励学生努力学习、帮助家庭困难学生完成学业。其次，学校可以定期或不定期的举行校园宣讲会、校园招聘会、毕业生供需见面会等，使学生和用人单位进行双向选择，为他们提供较多的就业岗位。再次，学校要加强就业指导服务机构和师资队伍，对服务对象（毕业生）提供个人职业咨询服务和团体职业咨询服务。总之，要通过各种途径为毕业生提供广泛的就业渠道和就业机会，特别是要大幅度提高考研比例。

三是学业与创业融合。要认真贯彻落实国务院办公厅《关于深化高等学校创新创业教育改革的实施意见》，设置合理的创新创业学分，建立创新创业学分积累与转换制度，并建立创新创业教育工作机制。鼓励和支持在校大学生自主创业、休学创业，通过保留学（课程）籍，降低学业风险，减轻家长负担，给有创业理想的大学生一个历练和发展机会。引导大学生在艰苦创业的实践中学习创业知识、激发创新精神、磨炼创业意志、培养创业品质、提高创业能力、拓宽就业渠道，使创新创业与大学生的学业发展有机融合。

七、保障与保卫

后勤保障和安全保卫如何完善机制，提升服务功能、实行精细化管理方面要有新举措。在后勤保障和安全保卫服务建设方面，要完善体制机制，加强体系建设，突出需求导向，形成以"学校择优选择、市场提供服务、政策宏观调控、行业规范自律、部门依法监管"为主要特征的保障体系，实现保障与保卫服务的公益化、标准化、专业化、精细化。

一是建设绿色校园。校园建设规划要体现绿色、人文和科技校园的理念，集全校之力深化设计，使新校区不仅环境优美而且实用好用。以"合理配置、统一格调、节能环保、温馨典雅"为原则，对全校建筑楼宇的规划进行再思考再布局再调整；继续坚持节能环保型校园的建设，科学规划校园景观设计，为师生营造舒适宜人的绿色美丽校园。

二是建设智慧校园。信息化建设方面要实现信息技术对学校教学科研、管理服务的深度融合，全面实现办学资源的数字化，各项业务应用深度集成化、数据分析与推送智能化的信息环境。在新校区实现校园无线网络全覆盖，建设地理信息管理系统（GIS 系统）等先进的信息化系统，以此来助推高水平大学建设。

三是建设文化校园。要分析目前学校文化建设中的缺失与不足，加强精神、制度、物质、行为等四个文化建设，借鉴国内外高水平大学经验，遵循大学建设和文化建设规律，在体现历史传承和人文内涵的基础上，为水文化活力释放培植沃土；要做好体育设施规划，把体育场馆打造成集教学、健身、休闲、校园文化展示、娱乐的公共场所，力争师生都能跋山涉水，首先在水上跑起来。

四是建设功能校园。对新校区的功能规划、设计方案、进度安排等要进行详细研究，突出加大完善校园学习、生活、工作、娱乐等功能力度，加强大学生创新创业园区和实训实验基地建设。在实验室与设备管理方面，要建设智能管理系统，虚拟仿真实验教学中心，大型仪器设备公共服务平台。为学生自主学习、教师教学、科学研究提供更高层次的图书资源服务。

五是建设平安校园。推动学生自主安全教育，确保校园安全管理到位，为学校师生保驾护航。突出抓好物防、技防等硬件建设的同时，科学规划安全保卫工作方案，实现新、老校区安保工作无缝对接。将校园安全综合指挥平台打造成一个集信息收集、传递、反馈、统计、发布为一体的综合信息系统。

八、校内与校外

现代大学既要统筹好校内教育教学的发展，也要统筹好校内外资源的利用，积极争取社会各方支持自身的外力。源于美国威斯康星大学教育实践的"威斯康星思想"还认为，"大学应成为灯塔，积极促进社会发展，使全州的人民都能与这所大学的人才和知识发生联系，使每一户人家从这种联系中得到益处。"——范·海斯。所以在这次研讨中很多同志都提到了"要加强与地方政府、行业企业的沟通联系","要加大开放办学力度""要进一步深化产学研合作"。这充分说明大家都意识到,传统的"闭门造车"式的办学已经行不通,开门办学迫在眉睫,社会服务是当前高校寻求突破的有效途径。

一要突破原有的办学模式,自觉建立与产业的对接机制。现在不少学校教授的成果大都停留在论文和实验室,教授们不屑于和不善于与市场打交道,实际上就把自己封闭起来了。企业为什么不看重大学,就是觉得大学太虚,从电脑到电脑,玩的是空手道。这不能光埋怨企业,关键是自己的立足点要改变,要有实实在在为企业服务的意识和行动。实际上,不仅我国经济、产业的发展需要培育开发,需要吸纳和注入高技术,同样,我国高校的跨越式发展也必须通过思路创新,通过更好地服务和贡献社会来实现。像北京大学这样的学校,研究生有 19,000 人,再加上导师,如果只窝在学校的围墙里做论文,不要说对国家和城市发展做贡献,就是本身找论文题目就已经够难的了。近几年,高校中出现不少老师著作和学生论文抄袭的现象,不能不说与这种封闭的体系有很大的关系。源头的活水一旦枯竭,隔年的沉渣就难免泛起。因此,大学教育要上水平,必须实现办学思想和理念的突破,注重体制和机制的创新,必须与社会和企业更好地结合。以任务带学科,以合作育英才。

二要打破科教分割的体制,强化科技创新平台建设。针对高校长期存在的"小型、分散、自发、重复"现象,把人才、基地和项目捆绑起来,有组织地进行科研。除了原创性的基础研究,高校必须做企业想做但做不了的东西,必须做国家和社会急需要你做的东西。比如造船,中国要成为第一造船大国,日本和美国都会封锁技术,这实际上就给高校带来了机会,关键是高校自己要有实力,要有攻坚的能力。而形成能力的重要抓手就是打破科教分割的体制,凝练重大创新目标,建立有利于相关科技集成创新的新型组织机制。为了建设一批能代表国家水平的研究基地,国家有关部门正在组织进行国家实验室的试点和国家重点实验室的调整、加强工作。高校作为科教兴国的重要方面军,要抓住机遇、组织力量、整合资源,凝练目标,争取与自身超常规、跨越式发展目标相适应的份额。

三要增强社会服务意识，为地方经济社会发展做贡献。高校并不是由一堵围墙包裹起来与世隔绝的深院，它是社会发展到一定阶段，受到政治、经济、文化等多种因素影响的产物，社会的需要是高校存在和发展的唯一理由。高校服务社会，既要扬己之长，又要避己之短，特别是欠发达地区地方大学，在科学研究方面受人才、条件限制，难以承担基础性、前沿性重大课题研究，要拓展其科学研究的职能，惟有与地方经济社会发展紧密结合，在为区域解决实际问题的过程中取得更具现实意义的科研成果。要坚持"以服务求支持，以贡献求发展"的理念，在全面融入区域发展中发挥高校社会功能和获取自身发展，努力使学校成为地方发展的思想库、引领者，成为地方的学术中心，成为地方经济社会发展所需创新人才的培养和培训基地，成为地方高新技术产业的"孵化站"和传统技术改造的服务站，成为地区的文化中心。

九、改革与改制

检验"十三五"规划成效的一个重要指标就是综合改革是否稳步推进，产生标志性制度成果。高校全面深化综合改革的主要目标指向，对外在于提高高等教育质量，为社会提供优质的高等教育资源供给，不断提高人民群众对高等教育的满意度；对内在于实现、维护和发展好广大师生员工的切身利益，提高全体师生员工的幸福指数。改革的最终目的，就在于推动高教强省建设，满足国家发展对高质量高等教育的需要。同时，随着形势的发展变化，许多严重制约高校事业发展的根本问题开始凸显，广大师生对高校深化整体、全面、系统的综合改革呼声强烈。因此，高校全面深化综合改革，不仅是为了落实中央精神和省委部署，以被动应付的心态参与改革，还要积极主动，从摆脱江西高教长期落后和南工发展升级的高度出发，满足师生对学校不断突破自我发展瓶颈、突破自我、实现自我、超越自我的强烈需求。

一要坚持从师生利益出发制定改革目标。高校全面深化综合改革的目标任务在于推进高校治理体系和治理能力现代化，力争到2020年在重点领域和关键环节的改革取得决定性成果。去年学校启动了对二级单位的目标管理，但没有细化为每个年度的具体任务，对这些任务还是要有检查、检验，根据每年的情况预测是不是能够实现相关目标，并在执行的过程中逐步完善。例如有些学院反映学校职能部门"在推行二级管理过程中，事务性的工作下放了，但相对应的权益却没有下放"，甚至由于事务性工作增多与人员经费紧张的矛盾凸显，影响了日常工作的开展。如何正确处理好学校与学院的关系，是学校内部管理体制改革的重要问题，也是二级管理体制改革能否顺利实施的关键。要从"功能定位、职能分工、利益分配"的角度，理顺学校与学院之间的关系，一方面学校层面要聚力办大事，另一方面要给学院更多的权力。

二要坚持从师生实际出发聚焦问题。高校全面深化综合改革首先要聚焦问题，要以求真务实的作风、实事求是的态度，弄清楚哪些问题是影响学校事业发展的真问题，要能够准确分析问题背后的成因，从而制定有针对性的对策，认真加以解决。比如，很多单位提到绩效工资改革的问题，有些岗位工作人员觉得"自己工资待遇偏低，老是被平均"，同时又有些高层次人才，觉得付出与回报不成比例，"干多干少，干好干坏，都是吃大锅饭的"。这实际就是分配体制的效率与公平的问题。长期以来，由于客观因素的影响，学校内部不同群体之间收入调整机制不够完善，既影响效率，也有失公平。新的绩效工资改革总的原则是"效率优先、兼顾公平"，欲建立的是在更高效率基础上的公平，本质上是破除了平均主义大锅饭的做法。在实际执行过程中，虽然大多数教职工能够接受"效率优先，兼顾公平"的原则，但如何拉开差距才是合理的问题没有解决；虽然新的体现业绩、追求效率的机制已在逐步构建，但相关绩效分配制度的制定，仍需要在实践过程中不断修订和完善。

三要坚持从师生关切出发明确改革重点。高校全面深化综合改革，强调的是范围上要全面、整体、全局，层次上要深化，方式上要集成、系统、综合和协同，但并不是平均用力，还是要在师生关心关注的重点领域和关键环节上取得突破。重点破解机构设置不够合理、工作执行不力，人才培养统筹不足、育人合力不够，学科发展后劲或缺、杰出人才偏少，社会联系不够紧密、协同能力不强，激励机制不尽完善、发展动力不足，资源配置不够科学、产出效率不高等严重制约学校事业发展等一系列问题，以核心改革带动其他方面的改革。但推进学校内部任何改革，都要坚持以人为本，要照顾到各种不同的群体利益，尽最大可能减少矛盾震荡和利益损害，以创造一种和谐宽松、共生共进的工作环境和生活环境。

十、名次与名字

这是决定大学生存和发展的两个重要方面。先说名次，随着高校、政府、企业、家长和学生对大学排名的关注越来越多，大学排名的影响力也越来越大。高校希望通过大学排名提升声誉，争取办学资源，吸引优秀学生；家长和学生则把大学排名作为择校的主要依据；企业把大学排名作为员工招聘的重要参考，政府也将大学排名作为高等教育质量保障体系的组成部分，作为科教资源配置必须考虑的因素。毫不夸张地说，大学排名的结果直接影响到高校的社会形象和声誉。所以近年来我们和全国高校一样，全校师生都拼命努力，既提升内涵，又拓展外联，通过实干兴校，实现了学校综合排名上升158位，毕业生薪资排行全国高校200强，列全国165位、江西第7位。但南昌工程学院这个"名字"还存在许多问题，不是越来越少，而是越来越多，极大的影响着学校的声誉和发展。首先，在隶属关系上很模糊，学校是国立、省管、还是市属，很多人难以区别，有的认为是南昌市属大学；第二，在校名称呼上易搞错，联系工作时经常有人问我，你们是叫南昌工程学院、南昌理工学院、南昌工学院，还是叫江西工程职业学院、江西工业工程职业学院、江西农业工程职业学院？等等，总共听过我们被叫成了十几个名字，能叫准确的很少；第三，在办学特色上欠清晰，是工科还是农科，是文科还是理科，社会上很多人认为我们仅仅是搞水保工程的；第四，在学校办学性质上有误解，与民办院校混为一谈，因省内一些民办院校与我校校名几近相同，特别是江西工程学院成立后，很多人认为我们是比他们层次还低的民办大学；第五，在与国外交往过程中出误会，学校的英文名称

"Nanchang Institute of Technology"，因为是"Institute"，而不是"University"，一些外国友人误以为我们是较小的专科学校。到我校参观后，才发现我们甚至比他们的"University"规模还大。而高教强省湖北，原有一所国家重点中专麻城理工学校，现在已改成麻城理工学院（英文缩写MIT，这就是美国的麻省理工学院——世界名牌大学！）可见名字改得好，影响力就不一样。如果说名次是学校办学实力的体现，校名就是学校办学实力的表征。大学之校名亦如人之姓名，国人对取名是非常讲究的。"不怕生坏命，就怕取错名"。诚如韩非子所言："夫立名号，所以为尊也"，大学校名也从某一方面体现了一所大学在社会上的地位。所以，各个大学都把自己的名号看得很重。在上学期末的调研中，我们几位处长都提到："更名申大刻不容缓，要尽快提上议事日程，要有专门的领导机构来推动落实"。

学校更名为"大学"，许多问题都将迎刃而解。但是，更名为"大学"绝不是简单的更换一个名称，而是全面提高学校人才培养层次、质量、水平和学校管理能力和效益，全面提升学校学科建设水平和科研创新能力以及学校的社会影响力、美誉度、社会竞争力的结果。按照教育部文件规定的升格大学的条件，学校在"更名申大"路径上有两种选择，一种是常规发展，以时间的延续换取发展空间，通过长期而渐进的积累发展壮大；另一种是突破常规，以质量和特色换取生存空间，在相对较短的时间内实现质的飞跃。我们要力争在较短时期内完成"更名申大"的目标，就必须广泛调动资源，独辟蹊径，打好质量、特色牌。在当前情况下，我们可以通过加强水利特色办学，拓展中外合作办学等途径，以争取成立中外合作大学和有江西特色的水利大学为抓手，最终实现"更名申大"的目标。

我们一定要认真贯彻习总书记关于办好社会主义中国特色大学的重要指示，省委书记强卫同志关于要加强与国内外高水平大学和科研机构的合作、全面提升综合实力、增强核心竞争力的工作要求，虚心向河海大学等先进高校学习。学习河海大学首先把名字改好，在将华东水利学院改成河海大学的同时，明确学校定位、方向、目标，调整设置学科专业，逐步建成一所以水利为特色的工科多科性学校。目前学校特色非常鲜明，最热门、招生分数最高的专业还是'水'字头专业，这类毕业生供求比有的能达到1：7。学习河海大学在保持水利特色的同时，拓展与水字相关的学科。除工科外，也有文科、理科、经济管理等学科，但这些学科都围绕水利学科做文章，对水利学科形成一种支撑。比如，他们在社会学系就设立了与水利工程有关的移民问题研究方向。学习河海大学在自强自立、自主创新的同时，引进和借鉴国内外知名大学的办学经验和办学模式，将外方的优势课程和先进教育理念全方位的引进来，提高学校的国际竞争力，成为国内"名次靠前，名字响亮"的高水平水利大学。

科学的规划是未来发展的方向盘。与以往的五年规划相比，"十三五"规划编制工作难度更大，不可预见的因素更多。希望各级干部和全校师生员工都投入到规划中来，以强烈的责任感、使命感和高度负责的精神，群策群力，努力编制出体现中央要求、符合江西大局、切中高教实际、反映师生意愿的"十三五"规划，为学校未来五年实现更高质量的发展奠定工作基础。

第六回　绿色崛起

——在学习贯彻省委十三届十一次会议精神
暨庆祝第三十一个教师节大会上的讲话
（2015 年 9 月 9 日）

各位老师，同志们，同学们：

明天是我国第三十一个教师节。首先，我代表学校祝在座的各位教师节日好！借此机会，我向全校所有教师，致以崇高的节日敬礼！向辛苦耕耘、默默奉献的全体教职员工致以节日的问候，向这次大会受到表彰的优秀教师表示热烈的祝贺，并衷心祝愿大家工作顺利，生活愉快！

大浪淘沙，方显真金本色；暴雨过后，更见青松巍峨！过去的一学年，是紧张而又令人振奋的一学年，是卓有成效的一学年，在这一学年里，全校师生员工齐心协力，以特有的精神风貌，在探索中前进，在实践中升华，在创造中实现梦想，向社会交出了一份满意的答卷：今年 5月 4 日，中共江西省委书记强卫同志莅临南昌工程学院，对学校认真贯彻落实习近平总书记关于办好社会主义中国特色大学的指示精神，坚持"围绕水科学，打造应用型"的办学理念，实现学校跨越式发展，在全国高校排名中前移 158 位，给予了充分肯定。强卫书记边听工作汇报、边视察校内国家大学科技园大学生创新创业园区，并破例给在校创业大学生徐莉同学写了一句勉励的话：创新创业，放飞理想。这些都是我们全体师生用智慧和心血谱写的学校历史上绚丽多彩的新篇章！

爱岗敬业育英才，无私奉献写春秋。九月，尊师重教是这个季节的主题，空气中弥漫着感念师恩的气息，尊师重教是永远的美德，过去的、现在的、将来的，所有的教师都应该享受崇敬与祝福；又是九月，教师节踏着轻盈的步伐缓缓而来，对于每一个人来说，在我们从顽皮稚童到青涩少年再到风华青年的生命历程中，老师一直是教育、激励、呵护我们的人，虽然他们生活平淡，却情系教育，心联学子；他们有蜡烛精神，燃烧着自己，却照亮了别人；在人类社会发展的历史长河中，教师承担着承前启后，继往开来的光荣使命。如果说书籍是人类进步的阶梯，学校是这一阶梯的重要铸造者，那么老师无疑就是人类文明的传承者。

国外有教育家说过："为了使学生获得一点知识的亮光，教师应吸进整个光的海洋。""在信息时代做好老师，自己所知道的必须大大超过要教给学生的范围，不仅要有胜任教学的专业知识，还要有广博的通用知识和宽阔的胸怀视野。"我们要牢记习近平总书记去年 9 月 9 日在同北京师范大学师生代表座谈时的讲话精神："站在知识发展前沿，刻苦钻研、严谨笃学，不断充实、拓展、提高自己。过去讲，要给学生一碗水，教师要有一桶水，现在看，这个要求已经不够了，应该是要有一潭水。"今年 7 月 21－22 日，中共江西省委十三届十一次全体会议在南昌召开，研究深入贯彻"发展升级、小康提速、绿色崛起、实干兴赣"十六字方针特别是全力推进绿色崛起工作，全面贯彻落实《中共中央国务院关于加快推进生态文明建设的意见》（中发［2015］12 号），这预示着广大高校师生要有更加渊博的知识技能。"水之积也不厚，则其负大舟也无力。"大学在人类文明建设中处于基础性和先导性的地位，是生态文明建设的原动力，肩护着推动中国生态文明建设和江西绿色崛起的历史担当；水是生命之源、生产之要、生态之基，水利大学具有无与伦比的独特优势，要发挥加快推进生态文明和绿色崛起的引领作用，将面临更加光荣而艰巨的历史重任。

一、点燃中国生态文明的新亮点

2015 年是世界文明史上不平凡的一年，也是中国生态文明建设全面兴起的一年。无论是 1 月 1 日起施行全国人大新修订的《环境保护法》等法律法规，还是 4 月 25 日中共中央国务院发布的《关于加快推进生态文明建设的意见》等方针政策，都是全面指导我国生态文明建设的纲领性文件。既包含对十八大和十八届三中全会关于生态文明建设顶层设计和总体部署的重申，也包含许多新的内容。其中至少有十个"首次"集中体现了生态文明建设的新亮点。

1. 首次由中共中央国务院专门就生态文明建设作出全面部署的新亮点。这充分说明党中央国务院对加快推进生态文明建设的高度重视和务求必胜的坚强决心。要实现"到 2020 年资源节约型和环境友好型社会建设取得重大进展，主体功能区布局基本形成，经济发展质量和效益显著提高，生态文明主流价值观在全社会得到推行，生态文明建设水平与全面建成小康社会目标相适应"的总体目标。

2. 首次在党和国家历史文献中出现"绿色化"的新亮点。按照"协同推进新型工业化、信息化、城镇化、农业现代化和绿色化"的总体要求，我国经济社会发展各领域、各行业、各部门、各地方、各方面都要加快推进"绿色化"，包括："加快推动生产方式绿色化，大幅提高经济绿色化程度"，"坚持把绿色发展、循环发展、低碳发展作为基本途径"；"大力推进绿色城镇化"，"大力发展绿色建筑"，"推进绿色生态城区建设"；"实现生活方式绿色化"，"培育绿色生活方式"，"广泛开展绿色生活行动"，"大力推广绿色低碳出行"，"倡导绿色生活和休闲模式"；在国际合作中"把绿色发展转化为新的综合国力、综合影响力和国际竞争新优势"，"开展绿色援助"；等等。还包含没有"绿色化"字样而贯穿"绿色化"意涵的内容，如实现思想观念的绿色化，等等。

3. 首次明确加快推进生态文明建设要以健全生态文明制度体系为重点的新亮点。这就再清楚不过地告诉我们，在生态文明建设中，最重要的问题是制度的问题，最根本的保障是制度的保障。所以，党中央国务院提出了整整 10 项制度建设的要求，抓住了生态文明建设的"牛鼻子"，其在生态文明建设中的关键作用和巨大威力将随着生态文明建设的不断深入逐步显现出来。

4. 首次明确要求加强生态文明建设统计监测和执法监督的新亮点。要建立生态文明综合评价指标体系。加快推进对水、大气、森林、草原、湿地、海洋和水土流失、沙化土地、土壤环境、地质环境、能源、矿产资源、温室气体等的统计监测核算能力建设。加快重点用能单位能源消耗在线监测体系建设。建立循环经济统计指标体系、矿产资源合理开发利用评价指标体系。利用卫星遥感等技术手段，对自然资源和生态环境保护状况开展全天候监测，健全覆盖所有资源环境要素的监测网络体系。要加强法律监督、行政监察，对各类环境违法违规行为实行"零容忍"，加大查处力度，严厉惩处违法违规行为。强化对浪费能源资源、违法排污、破坏生态环境等行为的执法监察和专项督察。强化对资源开发和交通建设、旅游开发等活动的生态环境监管。

5. 首次提出把弘扬和培育生态文化作为生态文明建设重要内容的新亮点。在生态文明建设的指导思想中强调"弘扬生态文化"；在基本原则中提出"坚持把培育生态文化作为重要支撑"；在"加快形成推进生态文明建设的良好社会风尚"部分又提出"积极培育生态文化、生态道德，使生态文明成为社会主流价值观，成为社会主义核心价值观的重要内容"，还提出"将生态文化作为现代公共文化服务体系建设的重要内容"。这也是党和国家加快推进生态文明建设的一大理论创新。

6. 首次提出把生态文明教育纳入国民教育体系和干部教育培训体系的新亮点。"将生态文明纳入社会主义核心价值体系"；"使生态文明成为社会主流价值观，成为社会主义核心价值观的重要内容"。这些表述对于加快推进生态文明建设所具有的重要意义是不言自明的。但是，我们要通过何种途径？或者说，我们要怎样做才能将这些重要的文字表述转化为实实在在的客观现实呢？答案只有一个，这就是：教育、培训，包括国民教育和干部教育培训。

7. 首次提出鼓励公众积极参与并就公众参与做出制度安排的新亮点。具体的制度安排包括：健全举报、听证、舆论和公众监督等制度，构建全民参与的社会行动体系；建立环境公益诉讼制度，对污染环境、破坏生态的行为，有关组织可提起公益诉讼；在建设项目立项、实施、后评价等环节，有序增强公众参与程度；引导生态文明建设领域各类社会组织健康有序发展，发挥民间组织和志愿者的积极作用；要注重加强环保法制和重要性的宣传力度，使环保意识在公众当中形成一种共鸣。

要由这些"硬法"和"软法"形成制度体系，逐步完善公众参与制度，及时准确披露各类环境信息，扩大公开范围，保障公众知情权，维护公众环境权益。

8. 首次提出健全生态文明建设领导体制和工作机制的新亮点。自2015年8月9日起施行《党政领导干部生态环境损害责任追究办法（试行）》，首次以中央文件形式提出了"党政同责"的要求。各级党委和政府对本地区生态文明建设负总责，各有关部门要按照职责分工，密切协调配合，形成生态文明建设的强大合力。抓紧制定生态文明体制改革总体方案，深入开展生态文明先行示范区建设，及时总结有效做法和成功经验。统筹国内国际两个大局，以全球视野加快推进生态文明建设，树立负责任大国形象，把绿色发展转化为新的综合国力、综合影响力和国际竞争新优势。

9. 首次提出支持生态文明基础设施和科技人才队伍建设的新亮点。"支持生态文明领域工程技术类研究中心、实验室和实验基地建设，完善科技创新成果转化机制，形成一批成果转化平台、中介服务机构，加快成熟适用技术的示范和推广。加强生态文明基础研究、试验研发、工程应用和市场服务等科技人才队伍建设"。这对于加快推进我国的生态文明建设无疑是一个有力的保障，对于生态文明建设领域的科技工作者更是一个莫大的福音。

10. 首次提出实施一批重大工程开展一批专项行动和专项活动的新亮点。实施一批重大工程，包括节能环保产业重大技术装备产业化工程、生物多样性保护重大工程等；开展的一批生态文明建设的专项行动，包括大气污染防治行动、水污染防治行动、土壤污染防治行动，以及重点用能单位节能低碳行动、循环经济示范行动、耕地质量保护与提升行动、绿色生活行动、反食品浪费行动等；开展的一批生态文明建设的专项活动，包括生态文明先行示范区建设活动，节约型公共机构示范创建活动，重要水域增殖放流活动，世界地球日、世界环境日、世界森林日、世界水日、世界海洋日和全国节能宣传周主题宣传活动等。

所有这些新亮点表明，当前和今后一个时期我国生态文明建设不仅有了明确的指导思想、基本原则和目标要求，还有了明确的行动计划和路线图，生态文明将作为一种不同于传统工业文明的新文明而崛起。广大高校师生应切实担负起生态文明教学的历史责任，在全社会点燃"保护环境，倡导绿色"的燎原之火，在实现人类与自然和谐发展中奋力有为，体现生态文明时代大学的新价值。

二、占领江西绿色崛起的新高地

省委十三届十一次全会，充分肯定了江西今年以来经济社会发展取得的新成效，向全省干部群众发出了"绿色崛起"新号令，打造好生态文明建设的江西样板；要求全省上下深刻认识绿色崛起的重要性和紧迫性，坚决迅速把思想和行动统一到中央精神和省委部署上来。全省高校生态文明既是大学内涵建设的重要内容，也是绿色崛起的重要节点，要率先成为"弘扬绿色崛起理念的高地""培养绿色崛起人才的高地""引领绿色崛起先行的高地"，促进生态文明进步，给力江西绿色崛起。

（一）弘扬生态文明理念，宣传绿色崛起战略

英国思想家斯宾塞认为，人类社会是一个由简单到复杂、由低级到高级的发展过程。党的十八大以来，我省提出十六字方针，把"绿色崛起"上升为发展战略。2014年，国家批复我省全境列入生态文明先行示范区，标志着我省绿色崛起迎来了宝贵的历史机遇。我们要深刻认识到，生态的核心要素是"人"。生态文明的标志，是人类在价值观、文化理念、制度规则的指引下，其发展活动与生态环境相适应、相协调，从而实现生态环境与人类文明的平衡。围绕生态文明开展基础教育、文艺创作，是培养人类生态理念、规则意识的重要抓手，是我省开展生态文明建设的重要根基；围绕生态问题出现的根源和表象，防止人们价值理念的迷失和行为方式的失范，开展生态文明法律和制度创新，是我省实现绿色崛起发展战略的根本保证。

大学是人类先进文化精神传承的重要殿堂，在引领社会文化发展中具有强大的引领作用，从环境教育、绿色教育到生态文明教育，只有通过高校更多的传播弘扬生态文明建设理念，宣传创新绿色崛起战略，整

个社会才能树立正确的生态价值观，培养良好的生态意识。

——要认识绿色崛起的本质，是生态文明的崛起，建设生态文明并不是不要发展，也不是延缓发展，而是强调换一种思维抓发展，推动发展理念、发展方式、发展模式的提升，追求经济发展与环境保护的双赢。对我省来说，绿色生态是最大的财富、最大的优势、最大的品牌，脱离环境保护搞经济发展是"竭泽而渔"，离开经济发展抓环境保护是"缘木求鱼"，只有充分扬己之长，全力推进绿色崛起，才能后来居上，开创美好未来。

——要把握绿色崛起的实质，就是深入贯彻习近平总书记生态文明建设战略思想，紧紧抓住建设生态文明先行示范区的历史机遇，以建设"两型社会"为导向，以构建绿色产业体系为支撑，以推进重大生态工程为抓手，以创新生态文明制度体系为动力，坚持保护为先、发展为要、制度为基、民生为本，走绿色、循环、低碳、可持续发展之路，实现最大经济社会效益、最小环境代价、最合理资源消耗的有机统一。

——要掌握绿色崛起的内容，主要是制定绿色规划、发展绿色产业、实施绿色工程、打造绿色品牌、培育绿色文化，实现经济发展、环境增值、生态提升、社会和谐、人民幸福。

——要明确绿色崛起的核心要义，在于打造生态文明建设的江西样板，基本路径在于推动和实现绿色发展，重要基础在于巩固和提升生态优势，有力保障在于建立和健全生态文明制度体系，根本目的在于增进人民群众的生态福祉，让人民群众共享生态文明的建设成果，使人民群众过上更好的生活。

所以，江西的绿色崛起是在绿色发展基础上的经济、社会、政治、文化、生态等全方位的崛起，注重的是经济效益、社会效益、生态效益的协调发展，实现的是"百姓富"与"生态美"的有机统一。"环境就是民生，青山就是美丽，蓝天也是幸福。""良好生态环境是最公平的公共产品，是最普惠的民生福祉。"因此，我们应当牢固树立绿色民生观，紧紧围绕改善民生这个重点，拓展惠民、利民的广度和深度，努力使绿色崛起变成人民群众实实在在的物质精神享受，让群众获得更多的安全感、幸福感和自豪感。

(二)培养绿色崛起人才,服务三大绿色产业

高校是人才成长的摇篮,培育高素质绿色人才是建设绿色大学的目标,也是实现江西绿色崛起目标的关键所在。与西方的大学相比,我国大学开展"环境教育""绿色教育"较晚。我省高校长期以来比较落后,没有部属高校、科研院所,人才科研基础薄弱,目前只有 4 个院士,而湖北、安徽分别有 63、29 个院士。面对差距,唯有"巧妇善炊"。要面向绿色崛起需求定位,探索学科建设与绿色崛起相结合的生长点,将最新科研成果融入教学,不断更新教学内容,科研反哺教学,为生态文明建设输送领军型人才,为构建三大绿色产业体系积极努力。

构建低碳循环的绿色工业体系,突破点在创新。无论是工业自身发展,还是保护生态环境,都迫切要求以创新为引领,加快工业产业升级,形成绿色工业发展模式。要紧跟国家"一带一路""两廊一圈"战略,为我省发展拓展空间,构筑"龙头昂起、两翼齐飞、苏区振兴、绿色崛起"格局,即通过打造九江沿江产业带、昌九工业走廊、南昌核心增长极,昂起鄱阳湖生态经济区建设的龙头,再向南延伸连接吉泰工业走廊,并与赣南中央苏区振兴相衔接,两翼沿沪昆线展开,抓好赣州国家级高新技术产业园区、瑞金兴国于都经济振兴试验区、"三南"加工贸易示范区、赣南承接产业转移示范区、全国革命老区扶贫攻坚示范区等平台建设。要抢抓"中国制造 2025"的战略机遇,积极发展大飞机制造、智能制造等先进装备制造业,推进钢铁、有色、煤炭、建材、化工等传统产业改造升级,实现经济发展方式从"黑色"转向"绿色",推动我省产业结构不断优化。要大力发展新能源汽车、光伏等新能源及其应用产业,积极开发节水、节能、净化等新材料新产品,着力培育一批节能环保产业龙头企业,打造新的经济增长点。

构建生态有机的绿色农业体系,发力点在品牌。推动绿色崛起,要对农业再认识、促农业再出发。这几年,我省农产品附加值和美誉度有所提升。但这些品牌的知名度仍然不高、竞争力仍然不强。拿茶油来说,很多市县都有自己的品牌,而且许多产品的品质都很好,但市场上名气

最大的却是湖南茶油。历史和现实经验表明，区域经济的发展必须要有一个增长极，这个增长极可以是城市、龙头企业，也可以是知名品牌。品牌是一个国家、一个省市综合经济实力的象征，是一个民族整体素质的体现，是一个产业进步成果的结晶，是一个企业发展的灵魂。我们要引入工业化理念和市场手段，在绿色食品、蔬菜果品、竹木加工、茶叶茶油等领域积极培育知名品牌，打造绿色生态有机农业品牌体系。要深入实施"百县百园"工程，加强现代农业示范区建设。加快推进现代农业"接二连三"工程，培育农产品加工龙头企业，提高农产品精深加工水平。继续组织实施造林绿化工程、农村清洁工程和污水处理工程等，保护好珍稀、濒危植物系统和野生动物资源，建立森林生态效益补偿机制，努力把江西建设成生态环境的优势省、生态经济的品牌省。

构建集约高效的绿色服务业体系，爆发点在提档。近年来，我省现代服务业发展较快，占三次产业的比重逐步提升。但与全国平均水平相比还是偏低，与发达省份相差更大，成为我省实现全面小康指标体系的一个短板。要看到，服务业与工业化是相互促进、相辅相成的关系，没有服务业的支撑，工业发展的质量和后劲都会受到影响。而工业的发展，也会带动服务业的迅速做大。现在，我省正在加速推进新型工业化，已经到了引爆服务业的好时机。可喜的是，近年我省旅游、金融、物流等服务业产业风生水起，已经呈现爆发式增长的态势。"劲可鼓不可泄"。要一鼓作气、趁势发力，认真落实"服务业发展提速三年行动计划"，构建集约高效的绿色服务业体系，即生存性服务业要加速提升，旅游业要乘势而上，新兴服务业要抢占先机，推动现代服务业跃上新台阶。

（三）努力做好"四篇文章"，扎实抓好"八项工作"

在省委十三届十一次会议上，强卫同志强调，推进绿色崛起，全省要做好"四篇文章"，即要强化红线管理，做好"防"的文章；要坚持问题向导，做好"治"的文章；要推进生态工程，做好"建"的文章；要强化资源节约，做好"用"的文章。省委副书记、省长鹿心社同志在部署下半年经济工作时指出，一要推动"三驾马车"共同发力，多管齐下稳定经济增长；二要加大对实体经济帮扶力度，推动大众创业万众创新;三要全面深化改革,切实把改革红利转化为发展动力;四要加快产业结构调整,促进产业向中高端迈进;五要深入实施区域发展战略,提高区域经济发展水平;六要扩大全方位对外开放,促进开放型经济升级;七要抓好生态文明先行示范区建设,促进生态与经济协调发展;八要切实保障改善民生,不断增进人民群众福祉。要以绿色崛起引领发展升级,着力在扩需求、调结构、增后劲、优生态、惠民生上下功夫,确保完成全年经济社会发展目标任务。

绿色崛起,教育为本。大学是传播生态文明知识、弘扬生态文明的中心,也是生态文明的发展高地。广大高校教师应该牢记生态文明建设的科学使命和绿色崛起的责任要求,加强生态、环境、资源等重点学科建设,多培养专业人才作为生态文明的建设者;多为教学科研提供智力支持,为生态可持续发展添砖加瓦、为子孙后代造福贡献智慧;还应多走出校门,开展社会服务,发挥自身优势,成为生态文明的践行者。

三、增强水利大学建设的新力量

实现江西绿色崛起是一个复杂的系统工程,必须以创新思维进行全面谋划,不仅要坐而论道,更要起而行之,以实干精神加以系统推进。当前,南昌工程学院正处于发展定位清晰、发展活力旺盛、发展势头强劲、发展前景明朗的重要发展阶段,我们必须紧紧抓住这个千载难逢的战略机遇,始终保持政治定力、战略定力、实干定力不动摇,牢固树立绿色跨越发展理念,充分发挥水利生态学科优势,努力把多学科资源转化为绿色崛起优势,积极推动学校绿色转型,在推动江西科学发展的同时,努力打造生态文明建设的南工样板,真正走出一条具有南工特点的绿色崛起新路。具体而言,当前应重点做好以下几个方面的工作。

首先,要着力推进校园绿色化发展,打造江西绿色崛起的示范点。要依托学校紧邻我国第二大城市内陆湖——瑶湖,并与我国第一大淡水湖——鄱阳湖相通,校内"六干渠"穿境而过的得天独厚的地域环境优势,以及学校办学50多年来在水土保持、水生态科技、水文化研究、水景观建设等方面的积淀,特别是近几年来建设"数字化、花园式、生态型"校园的实践基础,坚持"绿色景观与绿色科技"并重,"绿色教育与绿色管理"并存,"生态适宜与绿色文化"并行的建设理念,把新校区建成宜教、宜学、宜居、宜行的中国特色水利大学校园。要在打造绿色化校园上下工夫。要在与学校总体规划相协调的基础上,进一步优化和调整校园环境规划,进一步加强校园环境建设,充分挖掘校园中的可绿化资源,推动校园绿化的升级,校园环境提升工程取得阶段性成果。要在节能减排上下工夫。要以学校作为首批全国节能减排建设示范单位为契机,将资源节约贯穿校园建设的全过程,大力推进节能减排工程的实施,加大节能减排宣传力度,提高节能环保意识,加强水、电、气等日常使用管理,积极推行节能新技术的运用和节能项目改造,努力实现智能型后勤保障服务,主动承担起节能减排的社会责任。要在建设生态创意校园上下功夫。整合学校现有"绿色资源"和人文景观,积极争取上级部门和社会各界的支持,努力创造条件推进生态创意校园建设,为我省推进"绿色崛起"提供样本和参考。要以生态文明建设为价值目标导向,将绿色大学建设作为实现具有特色的高水平水利大学建设目标的重要组成部分,始终坚持可持续发展和生态学原则,扎实推进长效机制建设,致力于把学校建成人文、绿色、生态、节能校园的典范,生态文明建设成就全面彰显。

第二,充分挖掘和利用江西丰富的绿色文化资源,构建富有特色的绿色文化体系和绿色文化教育体系。

现代大学应该有与生态文明时代相适应的校园文化追求。重视把生态文明理念和要求落实到大学校园规划和建设之中,使生态文明成为大学校园的重要文化要素,成为现代大学文化的一部分,发挥出环境育人作用。为了使生态文化深入人心,使广大师生能广泛参加和积极支持,建设创造文明、传播文明的阵地,学校应责无旁贷地担负起生态文化培育和传播的责任,使校园每一个角落都能够成为辐射社会的生态文明教育场所,在区域生态文明建设中发挥重要作用。要举办"校园生态文化节"系列活动,倡导师生参与体验式教育,引导广大师生牢固树立生态环保理念,自觉养成尊重自然、顺应自然、保护自然的行为和生活习惯,进一步提升师生的生态文明素养。要充分发挥班会、开学典礼、毕业典礼等教育途径在生态文明教育中的作用，充分利用演讲、辩论、征文、摄影比赛、知识竞赛等教育活动，不断创新教育内容与形式，切实增强生态文明教育的吸引力和实效性。大学教师在引领生态文明风尚、推进环境科学研究和组织环保活动方面具有义不容辞的责任，理应成为应对生态环境问题的主导力量。特别是广大青年教师要积极参与绿色校园建设，从力所能及的小事做起，提倡节能消费观念，使用公共交通工具，在校园、社区乃至全国范围广泛宣传国内外生态环境保护科普理论和成功实践。在全社会提倡健康的绿色生活方式，改变过去那种高消费、高享受的消费观念与生活方式，提倡绿色生活，树立适度消费、绿色消费和文明消费三位一体的新的消费观，树立以勤俭节约为荣、以奢侈浪费为耻的荣辱观，树立环境保护人人可为、人人有责的责任观。

第三，加大"绿色科技"攻关力度，着力破解阻碍"绿色崛起"的科技难题。

应用型工程大学的优势在科技，应依托学校雄厚的科技力量，为生态文明建设提供强有力的技术支撑。广大教师要深入开展科学攻关，破解生态保护与经济发展的矛盾难题，加强技术推广、成果转化、科技示范和技术培训，把最新科技成果和实用技术及时应用到生态环境建设和绿色崛起中。目前学校的教学科研已经成为全省科教事业及其创新体系的重要组成部分，在全校科学发展进步中发挥着关键作用。"百尺竿头，更进一步"。首先旨在培养懂环保、爱环境、重生态的绿色人才，特别是培养从事绿色科学研究的人才，其次是大力推动绿色科技的发展。这就需要学校，一方面通过增强广大教师的绿色科研工作意识，把绿色精神孕育和绿色技术研发的社会重心前移，以绿色课题研究为抓手，不断完善绿色科研机制、体制，为绿色科研工作保驾护航，以此促进绿色科研内涵和质量的提高，为社会生态文明建设提供建设性的先进科技，不断提高自身的社会贡献度。另一方面通过提高绿色技术系统的构建、发展与管理水平，在不断提高学校绿色科研能力的同时，更重要的是将大批具有生态文明意识与绿色科研能力的绿色人才输送到社会，如此将会极大提高全社会的整体绿色科技水平。全校广大师生都要十分清楚，建设江西生态文明先行示范区，青山、绿水、蓝天等良好的生态环境是主要表现形式，其中抓好水生态文明是绿色崛起的根基。当前，尤其要大力解决降水时空不均、水资源调控能力差、水生态环境恶化趋势加剧的问题，当然"森林城乡、绿色通道"建设也是重点。全省森林覆盖率在全国处领先地位，但亩均蓄积量只相当于全国平均水平的60%等也是老大难问题。所以，要以空间均衡、山水林田湖系统治理思维推进生态文明建设，以体制机制创新保障生态文明建设有效推进。作为全省唯一水利大学，重点要在如何做好"水生态"这篇文章上下功夫。我省正在推进三大"含水量"极高的工程，一是积极论证鄱阳湖水利枢纽规划，这是为了解决现在由于枯水期提前或枯水期拉长，造成鄱阳湖甚至是更大范围的水不平衡而建的枢纽，对水进行调节，使江和湖、人和水尽量接近自然；二是中国水都鄱湖明珠，以后南昌市所有湖泊都将连通起来，使它一年四季保持比较好的生态水位，而且都是活水；三是萍乡市实施国家"海绵城市"试点。现在，城市水泥地太多，切断了自然的水循环，雨水来了，只能当作污水排走。提升城市排水系统要优先考虑更多利用自然力量排水，把有限的雨水留下来，建设自然积存、自然渗漏、自然净化的"海绵城市"。全校师生要力争投身这些大型水利工程项目建设，并借机打造成具有一定规模、有特点、出效果的学校科技示范基地，提供一批有说服力的技术攻关成果。要充分利用自身的资源优势和科技力量，主动与有科研需求的企业合作，承接科研项目，进行专题立项，通过技术参股、成果转让、专利使用等方式，实现科研累积式、扩充式发展的良性循环和互动双赢。要充分依托国家大学科技园的平台优势，密切关注国家和省级层面尖端技术的溢出效应，紧密结合学校资源优势、比较优势和现有存量，进行深度技术挖掘，切实加快科技成果的转化，为"绿色崛起"提供实实在在的技术支持。

第四，要把生态文明要求纳入大学人才培养目标，加强绿色人才的教育培养。

德国哲学家雅斯贝尔斯说："教育是人的灵魂的教育，而非理智知识和认识的堆积。"一切教育活动都必须要以学生的成长成才为出发点和落脚点。培育高素质绿色人才是建设绿色大学的根本目标,也是实现生态文明建设目标的关键所在。学校应加强知识传授和学生知识结构的完整性,把绿色教育作为知识传授的重要组成部分,全面启动对学生的绿色教育。始终坚持把可持续发展理念贯穿于教育教学的全过程,通过在课堂教学中增加可持续发展、绿色环保理论和技能的传授,在课外通过培养学生良好的行为规范、加强宣传和开展社会实践等途径,为学生提供必备的知识和技能,培养学生的生态文明意识和对人类可持续发展的责任心,使他们建立起人与自然协调发展的价值观,并导之以行,努力促成经济、社会和环境整体效益的最大化和人类社会的可持续发展,最终实现人与自然、人与人、人自身三方面的和谐。一方面,要通过正确的理论导向,坚持和巩固马克思主义的指导地位,发挥思想政治课主阵地作用,将"生态教育"纳入思想政治理论课重要内容,切实加强和改进大学生的思想政治教育工作。使学生牢固树立生态文明观,使其真正成为生态文明建设的引导者、组织者、实践者和推动者。另一方面,要充分发挥我校众多大生态学科专业的办学积淀和集群优势,努力打造全省大生态专业人才培养基地,努力为我省实现"绿色崛起"输送更多专业人才。

第五,加强生态文明理论研究阵地,建设支撑绿色崛起的先进"智库"。

著名的后现代主义思想家托马斯·伯里则称:人类的未来社会应当是一个追求生态文明的"生态时代",这个时代不仅要求重构外部自然生态平衡,更重要的是要重构内部自然生态即人的精神生态、人格生态的平衡,实现对人的重新塑造,以形成区别于以往时代的人的特有的思想观念和行为方式。那么,在生态文明视域下,教育所应反思的重大问题之一,应该是对人如何重新塑造。生态觉悟,是现时代人类最深刻的觉悟之一。这种觉悟驱使人类超越区域界限和意识形态差异,共同为摆脱人类困境而团结合作。这种觉悟,使人类开始超越工业文明,建构生态文明,重新思考人与自然、人与社会、人与人的关系问题。生态文明代表着一种价值观，它是一种社会规范和秩序，同时也是制度安排、技术体系和物质的表现。要充分利用学校马克思主义社会发展理论研究所、生态与环境科学研究所、企业与社会责任研究所、水文化研究中心、山水林田湖研究院等重要人文与社会科学研究机构的平台优势，尤其要发挥学校教授博士理论研究优势，深入开展生态文明的理论研究，为江西实现"绿色崛起"提供先进的思想理论指导，为我省全面推进"绿色崛起"提供决策参考。要通过推进学科体系、学术观点、科研方法的创新，不仅提出包含"绿色景观、生态适宜、绿色技术、绿色管理和绿色文化"等方面的绿色大学建设与评估体系，而且创新绿色发展的体制机制、建立健全绿色 GDP 考核机制、建立和完善市场化激励机制，加快建立反映市场供求和资源稀缺程度、体现生态价值和代际补偿的资源有偿使用制度和生态补偿制度，为"绿色崛起"提供理论支撑，大力推进理论创新，繁荣发展哲学社会科学，培养和造就一批生态文明理论研究专家特别是中青年理论家。

同志们，积力之所举，即无不胜也；众智之所为，即无不成也。在可以大有作为的战略机遇期砥砺前行，比以往任何时候都更加需要凝聚广泛的共识与合力。我们要始终保持强烈的忧患意识，全力以赴加快推进学校事业发展，不折不扣抓好省委部署的各项工作措施的落实。让我们鼓足干劲、一以贯之、久久为功，全力打造"绿色崛起"的南工样板，当好推进绿色发展、循环发展、低碳发展的先行者与引导者，为我国乃至全球的可持续发展做出应有的贡献，书写无悔于时代的新荣光！

谢谢大家！

第七回　自立自强

——在 2015 级新生开学典礼暨军训动员大会上的讲话
（2015 年 9 月 10 日）

亲爱的同学们、老师们、家长朋友们：

大家上午好！

在这举国欢庆第 31 个教师节之际，我们在这里隆重举行 2015 级新生开学典礼。让我们首先把最热烈的掌声和最诚挚的祝福送给我们的老师们，祝愿天下教师节日快乐。这几天，校园里充满着欢歌笑语，全体师生沉浸在喜庆祥和的气氛当中。我们迎新的同志像迎亲一样，把来自全国 31 个省市自治区 4464 名新同学迎进来，这是中华民族最隆重、最喜庆的迎接方式，你们的到来为南工注入新的血液、新的活力，你们是南工的新主人、新希望。在此，请允许我代表学校党委和全体在校师生，对你们表示衷心的祝贺和热烈的欢迎！

同学们，步入大学，即将开始人生中一段最重要、最丰富多彩的旅程。对未来的大学生活，你们可能有着无限的憧憬和向往，也或许有着点点的困惑与迷茫，上的是一所什么样的大学？怎样上好大学？这些问题可能都是同学们思考的问题。

作为新中国较早设立的本科大学之一，学校前身为 1958 年创建的江西水利电力学院，已有近 60 年的办学历史。58 年的风雨兼程，58 年的砥砺前行。南工不仅有一本招生、专业硕士、卓越工程师、直招士官生培养等一个个里程碑式的教学成就，还有国家级大学科技园、省级协同创新中心、省级重点实验室、省级工程研究中心等一个个有影响力的科技平台。不仅我们的教师，三分之一以上有高级职称，近四成有博士学位，半数以上有工程背景、一流师资为你们传道授业解惑；还有我们的校友，国家民委人事司司长杨逢春、江西省上饶市市长马承祖、葛洲坝集团总经理陈晓华、学校所在地的南昌高新区管委会主任黄俊、影视新星齐芳等，数万名毕业生活跃于大江南北、各条战线，"南工人"已经成为世界区域经济社会发展、中国行业技术进步和江西创新体系建设中的一支重要力量，特别是与水利事业休戚相关，祖国大好河山都有"南工人"的足迹。还有我们身边的同学，曾获得"中国青少年科技创新奖""中国大学生自强之星"的"科技达人"双超军，获得省委强卫书记亲笔题词勉励的"创业达人"徐莉，别忘了还有今天受表彰的驰骋CUBA阳光组全国总决赛赛场的"篮球达人"等等，他们都是你们身边的榜样和楷模。当然，我更想说，"恰同学少年"，"数风流人物，还看今朝"，你们才是南工的明天，代表着南工的未来；但靠的是你们自立、自信、自律、自强。

自立。各位新同学加入南工这个大家庭，从今天开始，你们就是永远的南工人了：先是几年学生，然后是一辈子的校友。但眼前你们大多数人都是第一次离开家乡、离开父母，在今天的典礼现场，也有不少你们的家长和中学老师，在此，我提议大家也用热烈的掌声欢迎他们的到来，同时也请你们放心。大学的蓝图就在孩子们面前展开，这里有美丽的校园、知识的海洋、丰富的选择，相信他们会有精彩的学业，也相信他们会扣好人生第一粒扣子，更相信他们毕业后会找到体面的工作，或者到更高层次的国内外大学上硕士、博士研究生。当然更要请孩子们自立，学校已经为你们打开了通往成就学业的大门。在这里，你们有机会参加世界同步的学习，走在探求未知的最前沿；在这里，你们有机会师从国内外顶尖的学者，站在巨人的肩膀上创新；在这里，你们甚至还可以发明创造、创新创业，尽情展现你们的智慧和才华。更要请家长和同学们都放心，学校地处中国水都南昌瑶湖之畔，拥有全省最雄壮的图书馆，全省少有的空调教室寝室，全省最先进的数字化安防系统，还有那绿树成荫、鸟语花香的花园小道，为你打造安全舒适的学习生活环境；还有即将开始建设的校园"WiFi"全覆盖，让你能在校园任意角落惬意地上网查资料、看世界、刷微博、聊微信，为南工"点赞"，过上精彩的校园文化生活；还有新建成的大学生活动中心，校内各类生活服务设施一应俱全，主席台上就座的各位，正在学校食堂做饭的厨师都是你们的服务员，完全可确保你们生活保障。

自信。看到朝气蓬勃、意气风发的你们，我突然想到了16岁的毛泽东离开湖南韶山冲时写给他父亲的一首诗，四句话："孩儿立志出乡关，学不成名誓不还。埋骨何须桑梓地，人生何处不青山！"人们常将高等学府比作知识海洋、群山高峰、"象牙塔"，是因为它们代表着洁净、高贵、神圣等品性，象征着大学是探求学问、追求真理和关注人类文明进步的场所，是道德、思想和智慧的高地，是君子培养君子的地方。这里必将见证你们青春的挥洒、求知的勤奋、闪光的足迹和美好的未来。只要有信心，每一位同学都能达到知识海洋的彼岸、登上高山的顶峰、站在"象牙塔"的塔尖。千里之行始于足下，靠的是我们充满信心，一步一个脚印往前走。先说一个最简单的要求，学校所有的同学都要会跋山涉水，也就是说能爬山、会游泳。大家有这个信心吗？大家可能都已经会了，甚至相当多的同学可能还是登山运动员和游泳健将，或许还参加过很多登山和游泳比赛，肯定也都有过这样的感觉，那就是开赛起点人头攒动，而跑到终点的人相比较是寥寥无几了。读书好像一场登山和游泳赛，不在于你开始跑得多快，不在于你中途某段跑得多慢，也不在于你某段途中领先多少，关键在于你要努力坚持地跑下去、往前游。"人比山高，腿比水长"。如果把学问的高度形象地比作一个高山，那么上好每一节课就是最厚重的基脚，即将取得的学识专业代表作为中坚的山峦，实现的自我价值就是事业最高点的峰尖。我相信每位同学能登上学业事业的最高峰。

自律。当前我党"三严三实"专题教育正处于"严以律己"研讨阶段。你们是在这个阶段经过严格的选拔被学校录取的，学校也有责任和义务按照"严以律己"的要求，对你们进行严格的教育培养，但主要靠的是你们的自律，依靠自己的觉悟解决好学习生活当中遇到的各种问题。首先要求你们回答好三个问题。我是谁？昨天还是中学生的你们，对

"大学生"这一角色，如果模糊不清，就会出现角色错乱，大一、大二就会变成高四、高五；如果认同感不强，"University"就会成为"由你（uni）玩（ver）四年（sity）"，而"大学人生"有可能变成"大混人生"。我来做什么？大学生的主题是什么？是学习、学习、学习，当然，是单纯求学，两耳不闻窗外事，还是修身求学，一心追求真善美？是做单一型人才还是当复合型人才？是被动求学还是主动奋斗？选择不同，最后文凭的含金量决然不同。该怎么做？不能做的坚决不做。要做的一定做好，开阔视野、健全人格，提升你们主动学习、独立思考、大胆质疑的能力，帮助你们完成从依附到独立、从遵循到创新、从优秀到卓越的蜕变。北宋教育家胡瑗曾说："致天下之治者在人才，成天下之才者在教化，教化之所本者在学校。"通过这座无限精彩的"未来之门"，你们要踏上施展才华的人生舞台，愿你们融汇科学精神与人文情怀，博学明道。

自强。南工校训是"自强不息、格物致知"。这就要求我们把自强作为一种奋发的精神，一种崇尚的信念，一种进取的动力，一种成功的阶梯，一种执著的追求。既要传承孔圣人的"水有五德，有德、有义、有道、有勇、有法"；又要学习美国从三个层面定义"精英人才"：杰出的能力、社会责任感、平民情怀；现在更要听老师的话，牢记习总书记去年教师节前夕同北京师范大学师生代表座谈时的讲话，学习好前人强不如后人强，家庭如此，国家、民族更是如此的教导。大学是青年价值观形成的最为关键和重要的时期，希望大家能够树立正确的世界观、人生观和价值观，坚定理想信念，自觉把自身的发展与国家、民族的命运紧密联系在一起，把为国家、为民族、为社会做贡献作为自己的奋斗目标，彰显出九零后大学生的价值追求和青春风采，做一个脚踏实地、值得信赖的人，一个有能力、有本事的人，一个有远大理想、勇于担当的人，一个为母校争光、为人民奉献的人。

参加开学典礼的还有我们60名研究生，你们代表的是学校当前人才培养的最高层次，是学校培养的精英人才。研究生阶段的学习是一种更高层次的学习，希望同学们要有自觉研究的意识、问题意识、批判意识，勤思考、善创新，始终保持一种开放的心态，广纳百川，兼收并蓄，取得更大进步。

同学们，今天是开学典礼暨军训动员大会，如果说开学典礼是第一课，那军训就是你们的第二课，是大学的必修课。希望同学们充分发扬奋力拼搏、吃苦耐劳的精神，严格遵守训练规定，努力完成训练任务，将军训作为人生的一次历练，作为思想的一次洗礼，让优良的作风和严明的纪律在心中生根发芽，成为伴随一生的精神财富。

同学们，美好的大学生活已经拉开帷幕，未来蕴含无限可能、充满无限希望，大家且行且珍惜。我衷心祝愿每一位同学都能拥有一个充实而精彩的大学生活！谢谢。

第八回　去行政化

——江西省普通高校"去行政化"工作研讨会发言稿

（2015 年 9 月 14 日）

近年来，南昌工程学院认真贯彻落实党的十八届三中全会精神，锐意改革进取，努力完善学校行政管理，在内部管理体制方面积极推动"党委领导、行政负责、教授治学、民主管理"改革，在完善大学制度、健全学术制度、优化资源配置、完善权力配置机制、加强民主管理等方面，党委努力承担大学内部管理"去行政化"的责任主体，进行了一些初步探索和实践尝试，希望在省委省政府的直接领导下，在省委组织部、省委教工委（教育厅）的直接指导下，开展"党委领导下'去行政化，走国际化'"的改革试点工作。

一、高校"去行政化"的精神实质和内涵

党的十八届三中全会审议通过的《中共中央关于全面深化改革若干重大问题的决定》明确提出，"推动公办事业单位与主管部门理顺关系和去行政化，创造条件，逐步取消学校、科研院所、医院等单位的行政级别。"《国家中长期教育改革和发展规划纲要（2010－2020 年）》第三十八条提出，"探索建立符合学校特点的管理制度和配套政策，逐步取消实际存在的行政级别和行政化管理模式。"高校"去行政化"制度设计的实质应该是"改变目前政府与学校之间以及学校内部的教育资源配置方式，实现教育资源从'行政权力主导型'配置模式向'教育规律主导型'配置模式的转变。""高校去行政化"实际上包括三层含义，一是减少行政对高校办学的干预和管理，比如教育主管部门减少一些行政审批项目，

让大学更有自主权；二是高校内部要减少行政权力对教学的影响，行政、后勤部门加强为教学科研服务的意识；三是去除高校管理人员的行政级别。高校"去行政化"的本质就是按高等教育的规律办高等教育。其内涵可概括为四个方面：一是按高校发展规律办学。自主办学是大学发展的必由之路和基本规律。所谓自主办学，就是指高校作为具有独立法人资格的机构，在不受其他组织或个人非法干扰或阻碍的前提下，依法行使教育决策、组织教育教学活动的权力。落实并扩大高校办学自主权是按高校发展规律办学的基本要求。政府高等教育宏观管理权力的下放，最终必须具体落实为办学者的权力，实现办学者权力和责任的统一。二是按学术研究规律从事学术研究和学术管理。学术规律的基本内容包括学术自由、学术信仰、学术研究过程的长期性、可错性等方面。学术研究的本质是探索未知世界，因此必须建立保障和保护学者基于自己的兴趣进行自由探索的制度。如果一套制度使得教授不能安心于学术研究而一心想着去当官或赚钱，使得学者失去了对学术的信仰，那么这套制度肯定是违反了基本的学术规律。同时，学术研究是一个长期积累的过程，它需要学者潜心从事连续性的学术研究，而且对未知世界的探索不可能一帆风顺，在学术研究的过程中走弯路、犯错误是不可避免的。如果一套制度使得学者们都热衷于做"短平快"研究，或者要求学术研究"只许成功，不许失败"，那么这套制度也是不符合基本的学术规律的。三是按人才成长规律育人。尊重个性、全面发展是人才培养的核心理念，一切有关人才培养的制度设计都应以尊重个性、促进学生的全面发展为核心。只有尊重个性才能充分发挥个体的最大潜能，也才能促进学生的发展。尊重个性和全面发展的人才培养理念既体现在学校教育教学的过程之中，也体现在招生录取等人才评价和选拔制度的设计与实施中。四是由热爱教育、懂得教育规律的专家办学。高等教育管理专家的基本要求："第一热爱教育，第二懂得教育，第三某一专业的权威专家，第四要知校外事、知识面广，第五要是政治家，拥护中国共产党，与党中央高度保持一致。"只有这样，才能真正把按高等教育的规律办学落到实处。显而易见，"高校去行政化"的目标是：明确高校的办学自主权；进一步减少和规范对于学校的行政审批事项；改变行政化的管理模式，建立新的现代大学制度。

二、高校"行政化"与"被行政化"

高校行政化是指不考虑现实需求和教育规律，过度强调行政权力、依靠行政手段、按照行政方式、采用行政运行机制来管理大学，主要涉及上级行政机构对高校的管理和高校行政机构对所属教学、科研、社会服务活动的管理。它的问题在于以行政权力为中心，挫伤高校自主办学的主动性、积极性、创造性，办学不尊重教学、科研和社会服务的规律，排斥高校师生参与大学民主管理，事实上否定了服务型政府、服务型机关的建设。

（一）高校行政化的形成

在我国，高校"行政化"现象由来已久，且有着深刻的历史文化背景。自近代大学创建起，行政权力长期充当着大学运行管理的主导力量。北京大学创建于 1898 年，是中国最高学府，最初也是当时的中国最高教育行政机关，行使国家教育部职能，统管全国教育事宜。我国高校的现行体制受经济、社会、政治、文化体制的制约，至今大体沿用 20 世纪五六十年代计划体制的模式。这种模式在国家困难时期，通过行政手段集中有限资源，保障了当时高校运行的经费来源；利用国家干部制度保障了当时的教师具有较高的社会地位和生活水平，在我国高等教育发展初期曾经发挥了至关重要的作用。但是在高度集权的政治体制和传统计划经济的共同影响下，高校行政化久而久之使大学逐渐失去了办学自主权，沦为行政机关的附庸和行政指令的简单执行机构，使高校师生逐渐失去了创新的意望、活力和竞争力，最终形成了当前我国大学"被行政化"的客观现实。

（二）高校行政化的表现形式

高校"行政化"的表现可以分内、外两个层面：就高校外部关系而言，主要表现在政府部门将高校作为行政机构管理，管办不分——高校"被行政化"；从高校内部管理来看，"行政化"可以相对分解为管理活动和学术活动的"行政化"，以及组织权力和组织结构的"行政化"，主要表现为行政权力对学术权力的控制和干预。

第一，高等院校行政级别化。在我国公立高校的校领导都有行政级别，本科院校的党委书记与校长为正局（厅）级，专科院校的书记、校长则为副局（厅）级。这意味着，目前我国高校中，行政级别化确实提高了公立大学和重点大学的社会地位，在一段时期内保留也很有必要，但不应在地位平等的高校中设"985"副部级，使我国的公立高等院校按其办学层次被冠以从副部级到正处级不等的行政级别，民办院校没有行政等级。

第二，机构设置对口同形化。大学内部管理机构的设置不是根据校内教育和学术发展需求进行设置，而是按上级政府部门的对口需要进行设置。在机构的功能上更偏向对接和贯彻相关政府部门的政策，而非对校内业务的管理和服务，导致学校行政体系的官僚作风强，服务意识差。

第三，高校管理行政科层化。按行政科层制设计高校管理体系，形成了从政府主管部门—校领导—机关部处—院（系）—教研室（研究所）的自上而下的权力传递体系，办学决策呈现向上层集权化的态势，难以调动和发挥基层的主观能动性。

第四，学术与行政模糊化。集中表现在学术权力的不独立、行政权力对学术权力的僭越等问题上。具体表现有三点：一是行政事务与学术事务界定不清，权力分工不明，行政权力常常插手学术事务，弱化乃至替代学术权力，而学术权力也不断试图影响非学术事务；二是行政权力被滥用，学术权力作用不突出；三是制度不健全，未落实民主管理。

第五，学术管理教师边缘化。高校的学术事务的行政化决策现象较为严重，一方面政府对学校的学科设置、招生、课程、学位授予等方面有诸多政策限制；另一方面学校内部的学术决策也多由行政部门决定，学术委员会和教授会被虚体化，教师在学术问题决策上很少有发言权，只有通过谋得行政职位才能获得发言权。学术管理的教师边缘化不利于教师安心搞学术，更容易造成教师与行政之间的对立和矛盾。

"行政化"的必然结果，首先就是官场上的不良风气逐渐蔓延到大学中来，污染了学校这一方净土，形成官僚主义作风；其次是高校的社会公信力下降；再次是学术之风不正，甚至形成学术腐败。

(三) 高校行政化的根源

导致高校行政化的根本原因是官本位的历史文化环境、办学资源的政府控制和办学决策的政府操办。

1. 官本位的历史文化环境。从本质上说，高校行政化是官本位的产物。长期的封建社会，在中国形成了根深蒂固的"官本位"传统。中国大学的官级存在已久，早在1949年以前就存在，1949年以后继承并强化。在我们这个"学而优则仕"盛行了几千年的国度，除经济领域（仅限民营经济）之外，社会运行系统基本是以行政级别为导向，行政级别与社会认可、社会地位、政治待遇、资源分配等紧密相关。这种价值观根深蒂固，影响着大学内外部关系。从外部看，高校为赢得发展机遇，维护自身利益，谋求快速发展，不得不通过行政化的手段，与政府的行政机构和行政手段对接。如高校为国家和地方培养和输送干部，我国的干部任用体系是以行政级别阶梯晋升为基础，对高校来源的干部也要求一定的级别与之对应。从内部看，官本位导致了高校内部学术权力与行政权力界定不清，学术资源配置行政化。以近年国家实施的"千人计划"为例，在我们以国际可比的高待遇引进的不少华人科学家中，在提供了优越的科研和生活条件基础上，仍都看重是否有院长、主任之类的头衔，主要原因就是官本位。

2. 办学资源的政府控制。长期以来高校的办学资源主要集中在政府手中，同时政府对高等教育的投入严重不足。目前，政府生均拨款加上学费总和尚不足生均培养实际支出的一半。政府下拨经费中基础经费比例低，专项经费比例高。由于专项经费的拨放由政府部门控制，高校为获得较为充足的办学资源只能多跑政府部门进行请示和沟通，这就是所谓的"跑部钱进"。高等学校的行政级别越高，与主管部门的沟通相对越容易，越可能获得额外的办学资源，因此高等院校的行政级别化即代表了政府对一所高校办学成绩的认可程度，也是赋予那些办学质量较好的高校的一种特权。机构设置的政府同形化也是因为高校为加强与对口部门的联系与沟通，以获取更多的办学资源。由于大学的科研经费完全是竞争性的，只有符合课题指南的项目才会得到资助，因此相当部分的兴趣研究因经费缺乏而无法开展，更多所谓的冷门或是基础科学研究无人问津。

3. 大学领导的任命制度。《高等教育法》第四十条规定，"高等学校的校长、副校长按照国家有关规定任免。"我国大学校长选拔实施的是政府委任制，由于学校与政府是上下级关系，政府对学校的控制首先是组织控制，通过任命大学校长来实现。这体现了我国目前校长选拔方式存在着的明显缺陷：强化了高校的行政属性，淡化了高校相对独立的地位和特殊的大学工作性质。我国大学校长选拔制度尽管有严格的程序与选拔条件，但也容易使选拔工作程式化、条件化、教条化，如民意测验的有选择性、人选来源的小范围性等。在这一制度下，大学解决问题的职责慢慢变成是行政官僚系统和其上级的责任，学校党委及全校各成员处于决策边缘，缺乏自主办学意识，以行政思维办校。

4. 办学决策的政府操办。虽然在《高等教育法》中已经明确了高校具有七项办学的自主权，但是一直没有得到落实。目前高校在招生、学科专业设置、人员编制和岗位设置权、学费标准制定、国际合作办学等方面均受到较多政策的限制。政府部门常以"一放就乱"为口实，依然习惯于用行政命令的方式干涉学校的办学自主权。学校内部管理也同样存在这样的倾向，招生名额分配、课程设置、职称评定等学术性事务也主要由行政机构制定政策并执行。办学决策的行政操作体系通过自上而下的人事任命方式得以强化和固化，形成等级森严的科层制管理体系，从而加剧教师边缘化的现象。信息的不透明造成各级组织和部门之间的信息不对称，由于下级部门无法获得相关信息，加重了其对上级决策的依赖性。

因此，高校"行政化"的根源是多方面的，主要在于思想认识上的多元化，因而在"去行政化"的具体操作方式和手段上很难形成统一意见。

三、"去行政化"的指导思想与改革举措

中国高校要经历"行政化"到"去行政化"的历程，虽然国家层面有了指导性文件，在个别高校也进行了尝试，但由于"行政化"的历史影响惯性和涉及利益层面较广，使得高校"去行政化"步履维艰，任重而道远。目前"去行政化"的改革力度在加大，深度在加深，但同时阻力也在增加。因为现行的高校体制是通过长期发展演变而成的，有着较为稳定的结构，如果改革不慎引起原有结构崩溃，将对我国高等教育造成灾难性后果，不但使教育改革开放三十年的成果毁于一旦，也会造成人才的流失，从而影响我国全面建设小康社会的发展大局。因此，在指导思想上，一要充分估计困难，加强前期研究。高校体制改革是关系到高等教育发展的全局性和根本性问题，要预先充分估计可能发生的困难，开展广泛调研，听取各方意见，对实施方案要反复斟酌，并针对可能出现的问题做好应对预案，务必做到有备无患，万无一失。二要统筹发展全局，协调改革步伐。高校体制受制于国家政治体制，因此高校体制改革也必须在国家政治体制改革的大背景和大框架下进行。中央政府应将高校体制改革纳入国家政治体制改革方案中进行统筹考虑，制定出与国家宏观发展目标相协调的高校体制改革方案。三要总体系统设计，阶段分步实施。高校体制改革涉及面广，内部关系复杂，为了保持安定的政治局面和维持正常的大学教学秩序，改革宜采用逐步推进的方式，切忌疾风骤雨式方法。改革要在一个较为成熟的总体方案的指导下分阶段逐步推进，明确每一阶段要解决的核心问题，根据问题解决的实际情况适时调整改革的进程表，注重改革的实效，保障高校体制改革得以有条不紊地推进。从南昌工程学院的情况看，目前主要采取了以下五个方面的改革措施。

1. 完善大学制度。建立和完善大学制度，制定章程是其中的关键环节，也是确保"去行政化"改革的重要举措。大学章程是依法治校的基础。2013年9月学校党委会决定，成立南昌工程学院章程建设工作领导小组，此后的一年多时间里，校章程建设领导小组多次开会，并在多方

征集意见之后，制定《南昌工程学院章程（讨论稿）》。章程核准后，"照章办事"将成共同准则，"行政化"的部分弊端将得以逐步纠正。

2. 健全学术制度。高校"去行政化"归根结底是禁止行政命令代替学术决策，因此让学术问题回归自己的解决渠道，做强做实学术组织，建立学术委员会，实现教授治学，是高校"去行政化"的必经途径。在高校内部，应建立起科学的学术组织体系，负责教学科研人员的聘用和评价，科学配置科研经费等学术资源，真正做到学术问题由学术组织来负责。南昌工程学院建立健全学术制度，出台学术相关文件，充分发挥学术委员会的作用，在职称评定、学科建设、课题评审推荐、科研平台建设、"瑶湖杰青"评选等学术事项上行使权力。

3. 优化校内资源配置。在高校内部资源优化配置实践中，制定一定的标准，对内部资源进行公平、合理的分配，使人尽其才、物尽其用。学校在人力、财力、物力等资源的配置上，探索推进"校院二级管理"，把相关资源配置下放到各二级学院。

4. 完善权力配置机制。高校应在大学章程的规范之下行使各类权力，把政党权力、政治权力、行政权力、学术权力、学生权力和其他权力"关进制度的笼子"，使各类权力各行其道、各司其职。学校党委负责行使政党权力，把握学校的总体发展方向，但不包办一切，更不过多地介入具体的行政事务和学术事务。行政权力则主要负责具体的行政管理事务。科学研究、学科建设、教学评价与管理、职称评定、学位授予等学术事务则交给学术权力系统完成。民主权力重在监督，防止权力腐败，如"瑶湖杰青"评选规定有行政职务的领导干部不能参加，努力保证学术权力的纯洁性，减少与行政权力的瓜葛纠纷。

5. 加强民主管理。高校内部民主管理是现代大学制度的重要组成部分和重要特征。高校"去行政化"，更加需要民主的制约。其中，教代会制度是高校民主管理的基本组织形式。学校高度重视教代会，充分发挥其作用。在选举的学校教代会代表中，普通教师占多数。学校涉及全体教师利益的重大事项，经由教代会讨论通过。

四、党委领导下"去行政化，走国际化"改革试点方案

高校"去行政化"改革是我国坚持在党的领导下进行的教育改革。高校的"去行政化"，必须坚持党的领导，走国际化办学的道路，这是我国国情并符合国际高等教育发展趋势的基本要求。党委领导下的行政负责制是一种高校管理模式，针对的是领导架构，"去行政化"是更好实现管理的一种方式，而走"国际化"道路则是与世界接轨实现"去行政化"目标的必然选择。西方高校实行的是董事会领导（其中政府官员有级别）下的行政领导（校长无级别）负责制，我国高校的党委和西方高校的董事会，在高校都起领导作用。建议省委省政府、省委组织部、省教工委（教育厅）按照上述国际经验和我国实际，在我校开展党委领导下"去行政化，走国际化"改革试点，在继续推进完善大学制度、健全学术制度、优化校内资源配置、完善权力配置机制、加强民主管理五项工作的同时，增加以下五个方面的内容。

1. 加强高校党委的领导核心作用。政治正确性是行政权力的底线。在社会主义制度下，所有政治权力又都必须以执政党的权力为基础。在我国大学的治理结构中"党委领导下的校长负责制"也决定了政党权力是第一位的，学术权力、行政权力、政治权力都必须服从于政党的权力。表面上，我国大学里四种权力在分布形式上呈现出典型的倒金字塔结构。但在实际运作中我国大学里政党权力、学术权力、行政权力以及政治权力相互交织成复杂的"四边形"结构，应当以党的领导为核心，构建以学术权力、行政权力、政治权力为"三角形"的稳定结构，与我国各级地方党委特别是中央的领导构架保持一致，形成党委领导下的行政、学术、政治等权力平行的高校运行体系，由党委决定和领导"去行政化"的各项工作。破除党委权力和行政权力主导学校大小事务的局面，加强学术权力和民主权力在高校内部治理中的作用，并对这四种权力的边界进行划分，明确各自所辖的权利范围和相互之间的制约关系，党委管战略、谋全局，行政管战术、抓执行，以学术委员会为代表的学术权力抓教学、促科研，以教职工代表大会、学生代表大会为主体的民主权力抒

民意、保民生，形成四种权力各司其职、相互合作的机制，真正构建起"党委领导、行政治校、教授治学、民主管理"的内部治理结构，实现学校的科学决策与管理。

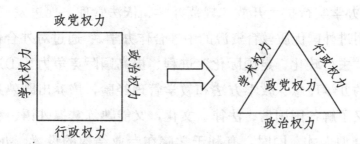

2. 建立由学校党委负责选聘校长（副校长）制度。中国大学校长（副校长）一般都采用任命制，推动高校去行政化，需要有关教育主管部门主动"放权"，减少直接参与校长（副校长）任命。在人才资源比较充裕的大学，改由校党委负责组织教授们推荐校长（副校长）；在人才资源比较缺乏的大学，改由校党委负责主持面向国内外遴选校长（副校长）。这是保证大学独立性的前提之一。因此，建议采用大学校长（副校长）遴选制度方式，其遴选委员可以由省委组织部、省委教工委（教育厅）、人大代表、社会贤达、知名校友、学校教授等社会各方面共同组成，由校党委制定校长（副校长）标准，面向社会公开征选，确定人选后报省委任命。校党委要充分调动学校各方面的积极性，特别是要请求上级党委把现有行政级别的干部安排好，按照干部管理权限，重点安排好校领导（厅级）干部；只要本人自愿，学有专长，不要级别也愿干的人，也可继续留下来。特别是在江西高校各方面人才都比较奇缺的情况下，应该打开省门，不拘一格选拔各类人才来当校长（副校长）。这样既有利于造就一批真正的教育家，也有利于逐步取消大学行政级别。

3. 构建大学管理的事业部结构。去行政化，从重构大学内部组织的角度而言，应完善建构事业部组织。第一个提出事业部制结构也适合于大学的是管理学大师亨利·明茨伯格，他把事业部制组织结构称为有限垂直分权。针对大学内部权力集中在上层的状况，建构事业部制组织，就需要放权给各学院，保证各学院有独立处理其学术事务的权力。这样，重大决策由学校党委决定，实施则由各学院（事业部）进行。学校行政部门精简、扁平化，保留其财政拨款及各个学院负责人的任免权，而将学术管理的权力委任给学院设立的学术委员会、教授委员会。

4. 扩大国际交流与合作。根据我国《中外合作办学条例》规定："中外合作办学实行扩大开放、规范办学、依法管理、促进发展的方针。国家鼓励引进外国优质教育资源的中外合作办学。"通过对外合作办学来加强学校"去行政化，走国际化"进程、提高国际竞争力。①通过引进国外先进的办学理念、教学方法和教学管理经验，培养出既熟悉国际经济运作，又了解各国国情、法律、文化，又能熟练掌握外语、科技的国际化的复合型人才。同时，有利于学院在专业结构的设置、办学模式、教学管理制度、教学方法等方面与国际接轨。②通过合作办学，大力吸引国外留学生和专家学者。一所大学的留学生比例体现着这所大学的国际化程度、发展程度和开放程度。不同肤色、不同文化背景、不同语言的人同在一间教室里学习，这充分体现出一所大学的办学实力和知名度。国际通行标准是留学生数量应该占学生总数的10%。通过国际合作，营建学校的国际化教育氛围，不断缩小高校之间的差距，在国内外提升学校的知名度。③通过合作办学，加快对对国际通行规则的认识、了解和适应，培养一批在教学上能够自如地运用英语教授专业课程，在管理上思想活跃、事业心强、熟悉教育规律、有一定国外经验的师资队伍和管理队伍。我们要在现有国际教育学院的基础上，进一步积极探索，用新观念、新政策、新形式不断加强国际交流与合作，重点推进机构合作，以南昌工程学院为基础组建"江洋大学"，打造国际合作大平台，加快办学国际化的步伐。

5. 学校党委正确行使政治权力。高校体制改革的目标，是改进和完善党的领导，尊重教育、科研和社会服务的规律，为大学自主办学提供空间，为调动大学师生的积极性创造条件。学术与政治分属不同的场域，遵循着不同的逻辑，在社会的不同部门运行。无论是逻辑上还是实践中，由于二者之间都存在着一定的张力，甚至是矛盾，一个人或以学术为业或以政治为业，很难将学术与政治兼收并蓄。马克斯·韦伯曾以"以学术为业"和"以政治为业"做过两次精彩演讲。在"以学术为业"的演讲中，他指出，"在课堂上没有政治的位置。就学生而言，政治在这里没有立足之地"。"就教师而言，党派政治同样不属于课堂，如果教师是从科学研究的角度对待政治，那它就更不属于课堂。"韦伯对学术与政治界限的严格区分反映了他那个时代大学追求独立于政治之外的价值取向。但事实上，无论是学术还是政治其含义都十分广泛，学术与政治有时的确很难区分。以大学作为组织载体，学术与政治的边界只能是相对的。世界各国，无论何种制度，学术与政治的关系从逻辑上都大致可以分为四种：一是学术与政治对立，即学术的归学术，政治的归政治；二是政治学术化；三是学术政治化；四是学术与政治良性互动，以政治为表，以学术为里。第一种状态是一种极端的假设，现实中不可能存在。第二种政治学术化是政治不成熟的表现。如果把政治问题当成一个学术问题，认为只要学术繁荣，政治自然就会昌明，那就大错特错。学术强调理解，政治注重行动。学术的影响需要时间，政治的宣传需要空间。第三种学术政治化既是政治不成熟的表现，也是学术不成熟的表现。如果一个国家把所有的学术问题都当成政治问题，只问立场，不问是非，那么不但政治无望，学术亦无望。第四种学术与政治良性互动是一种理想的状态。其前提是学术与政治的相对分离。"学术的独立自由，不仅使学术成为学术，亦且使政治成为政治。"学术有学术的规范，政治有政治的操守。学术与政治各有其不同的场域逻辑、操作规则与评价标准。由此可见，政治与学术之间不是谁为谁服务，而是不同场域的不同主宰者。无论学术政治化还是政治学术化都是极端错误的选择，在学术与政治的关系上，二者必须从对立或依附走向良性互动。

五、"去行政化"改革需要注意的一些问题

高校"去行政化"并不代表学校不接受政府的管理，而是强调政府对高校的管理要遵循办学规律，克服对高校的行政化管理方式。尽管各国高等教育宏观管理的模式不同，但是，无论哪个国家，大学都不享有完全不受约束的自由，政府总是力图保有对大学的最终控制权。政府制约大学的手段各不相同，通常包括经费导向手段，以带有目的的拨款约

束大学；质量评价手段，以规范的质量评价约束大学；规划限制手段，以签订发展合同的方式约束大学；社会参与手段，以利益相关者身份约束大学等。更加严厉的制约手段还包括：控制大学校长任命权，控制大学理事会（校董会）批准权，控制大学教授评审权，控制大学学科设置权等。世界上并不存在纯粹的大学自治。

首先，要从理顺外部关系入手。根据我国目前高等教育发展现状，借鉴国外高等教育管理的发展模式及成功经验，我国高校"去行政化"应当从完善法律法规、理顺三个关系入手。一是完善法律法规，实现高校法制化管理。高等教育的顺利运转离不开健全的法律法规作为基础保障，国家通过法律法规明确高校法人资格、办学主体地位，从宏观层面指导高校办学，同时高校在国家的法律框架下自主制定章程、细化自主办学行为。二是理顺政府与高校关系。给予高校自主权，明确高校可操作层面权限。目前高校涉及学术研究（课题等）、专业设置、招生规模及人事任免等方面的权限大都受制于教育主管部门。给予高校自主权，给予哪些自主权，怎么样实现这些权限的真正自主，必须明确和细化，真正实现高校自主和资源的合理配置。三是理顺社会与高校关系。一方面构建大学理事会制度，让社会参与大学管理。从国外高校高等教育管理方面的成功经验中可以看出，理事会制度可以更好地让社会融入高校管理中，让社会成为高校良性发展的一个助推器，更好地实现高校服务社会的公益性功能。另一方面完善信息公开制度，强化社会化监督。真正落实《高等院校信息公开条例》，进一步推进校务公开制度，深入公开公示内容，扩展公开公示平台。不仅从章程制定、人才引进、设备采购等方面公开公示，更应该深入到对学术研究方面的监督，扩展监督平台，防止学术腐败。

其次，重点推进"教授治学"。"去行政化"并不等于去行政管理、去行政人员。"去行政化"的核心是将行政权力与学术权力相对分离，实现学术自治，从而保障学术的专业性，在此领域应减少行政干预，而非由教授来主管整个学校的行政运作。学校有大量的行政管理、服务保障工作，必须有一批专职的行政人员来做。如果全盘剔除行政管理与行政人员，势必会导致教授们每日忙于应付日常行政事务，那么其学术研究的时间、精力，势必会大打折扣，也有悖于改革初衷。当前世界各国，由于政治制度与文化传统的不同，大学与政府的关系也各不相同。不过，无论如何，政府和大学并非天生就互为"敌人"。历史上，二者还曾互为"恩人"。大学赋予了民族国家统治的合法性，民族国家则复兴了近代大学。近代以来，民族国家以"政教分离"为原则，以举办公立大学为手段，逐渐掌控了所有大学。无论在历史上还是现实中，"尽管大学的重心和政府的重心分别存在于两个不同的领域里，但是它们之间的关系则是极其复杂和密切的。大学总是处于一种更加弱势的地位。它们既没有物质上和法律上的力量，也没有经济上的资源来抗拒政府的意志，而且当双方发生激烈的冲突时，它们总是无法抵挡政府的要求。"因此大学虽然有自治的传统，法治社会中政府也有控制大学的合法手段。不过政府虽然可以强制大学做它不愿意做的事情，但政府的力量也是有限的。在教育问题上它还必须依靠大学。因此，在自治与控制的博弈中，从短期看政府会略占上风，但从长期看大学一定会取得胜利，因为与政府的短视相比，大学往往更有远见；但与政府官员的视野相比，大学教授往往比较闭塞，需要以政府为中心的社会力量引导和帮助。

第三，建立"教授治学"监督体系。"教授治学"作为一种权力，也应有所限制，应在公正程序里由教授负责任地做出决定，虽接受行政机构当下的约束，但需要经受时间和真理的检验，并承担起应有的责任。这不是对高校教授能力或者说人品的怀疑和不信任，而是对权力的天然本性的规制，也是权责相适的必然要求。全美大学教授联合会（AAUP）曾于1971年就美国大学中教授参与决策的情况作过一次调查，发现教授参与决策的程度在不同大学有很大的不同，对不同类型的决策参与度也不同。比如说，在584个被调查大学中，教授参与课程决策和教员管理决策的比例最高，分别占84.08%和74.25%；教授控制教员任命、职务提升和终身教职（APT）决策和个人绩效评估决策的比例居中，40.28%；而教授参与学校财务决策的比例最低，仅为15.03%（其中参与长期预算决策的比例仅为7.02%）。美国学者McCormick和Meiners

根据这项调查所做的实证研究发现，平均而言，教授参与决策的程度越高，大学的业绩表现越差（这项研究发表于 1989 年的《法律经济学杂志》）。他们认为，只有在决策权相对集中的情况下才有可能做出高质量的决策，教授可以为管理者提供有价值的帮助，但教授集体参与决策不利于做出有效的决策，因此，一个有效的治理结构要求教员的工作应局限于投入而不是控制决策。William Brown 认为，教授对大学事务的最优参与度与决策类型有关。他把大学管理决策分两大类，一类是学术事务（academic performance），另一类是行政管理（organizational management）；前者包括课程的设置、学位的设置、业绩的考核、教员的聘用等；后者包括资源的分配、新学科的建设、教员的编制、院长的任命等。他们发现，教授参与管理学术事务的程度越高，学校的业绩表现越好；而教授参与管理行政事务的程度越高，学校的业绩表现越糟糕。原因在于：在参与学术性事务方面，教授不仅有信息优势，而且其个人利益与组织的目标不冲突，所以是有效的；相反，在参与行政事务方面，教授不仅没有信息优势，而且其个人利益往往与组织的目标相冲突〔这一研究发表于 2001 年的《经济行为与组织杂志》（Journal of Economic Behavior and Organization）〕。这些研究告诉我们，笼统地讲教授治校是不恰当的，特别是，如果教授的利益与大学的目标相冲突，让教授参与决策一定是没有效率的。一个显著的例子是学校的财务预算——如果教授说了算，教授可能集体同意把学校的资金用于他们个人的目的，如提供更大的个人办公室，降低教学工作量，提高每个人的工资水平等等，而这样做对整个大学的发展可能是非常有害的。在资金如何在不同院系之间分配的问题上存在着同样的问题。设想一下，学校从政府拿到了一笔钱，全体教授投票决定钱应该给谁。投票的结果当然是现有教授最多的那个院系最有可能会拿到钱，而事实上这个学科虽然原来比较重要但现在不重要了，不代表未来发展的方向，更不应该扩展。在这个问题上，如果教授治校，那我们的大学还怎么往前走？所以这时候，决策一定要党委来做，你人多我就不能让你投票，党委来判断哪个学科是代表未来的方向，来决定资源应该如何分配。大学的主要功能是学术研究、人才培养和社会服务，其权力边界应该与此相对应。大学自主，不等于大学的权力可以背离其基本的核心价值和功能，正如美国学者布鲁贝克在《高等教育哲学》一书中说："就像战争意义太重大，不能完全交由将军们决定一样，高等教育也相当重要，不能完全由教授们决定"。

第四，循序渐进"取消大学行政级别"。高校的行政级别不是造成高校"行政化"的主要原因，充其量不过是高校"行政化"的一个表现。从历史渊源看，高校的行政级别也不尽然都与高校"行政化"有关。从国际上看，德国大学在被法定为"国家机构"的情况下同样能够成为世界一流。在高校一直存在行政级别的情况下，为什么近几年此问题却成为社会关注的焦点之一，主要因为最近十年来我国高等教育发展迅速，高校规模急剧扩大，高校获得的资源和经费也在不断扩大，高校已经不再是"清水衙门"，人们对于高校的认识发生了很大变化。政府在分配资源和高校在分配资源方面存在着行政化的倾向，社会没有认识到高校行政化的缘起，而把矛头指向了高校领导的行政级别。高校作为学术组织，本不该具有行政级别，从长远看应当彻底地取消大学的行政级别，但必须注意方式与时机。正如中国人民大学纪宝成校长所言：取消学校的行政级别，需要有另外一种新的制度设计，要像美国一样，大学教授能直接当国务卿，不需要任何级别台阶。能够让学校更好地与外界交流对接，以利于争取到更好的制度环境和办学条件。在外部环境没有发生根本的改变，高校仍然需要依靠其行政级别与外部对接时，单方面地要求取消大学行政级别对大学自身的发展是不利的。在我国高校与政府的现存管理模式下，即使取消了高校行政级别，就能做到去行政化吗？朱清时院士任南方科技大学党委书记时就是一个具体例子，比如他去深圳市委市政府开会，工作人员不知道怎么给他安排座位。因此，在高校的行政级别在一定程度上还对外部行政权力干预高校内部事务起制衡作用，在高校办学自主权还没有真正落实的情况下，贸然取消大学的行政级别就等于为行政权力干预高校内部事务扫除了一个制衡力量，势必造成外部行政化的进一步强化和升级。高校内部管理体制改革中，并不是仅仅存在"行政化"问题，换句话说，"去行政化"并非包治百病。取消行政级别、减少政府对高校的干预、推动社会力量参与高校建设，当高校以更加自主的姿态屹立于世的时候，它要如何配置资源与权力、如何进行民主管理，将会是更加艰巨的挑战。

第五，要培育"去行政化"文化。虽然一日不取消大学的行政级别制度，大学的行政化就一日不能根除，但是这绝不意味着只要取消了大学的行政级别，我国大学行政化的问题就能全部解决。因为无论是行政权力的滥用还是行政级别的强化都只是我国大学行政化的充分条件或必要条件而不是充要条件。我国大学的行政化之所以愈演愈烈，除了行政权力和行政级别的推波助澜外，还有一个重要的"土壤"问题。如果说行政权力的泛滥埋下了大学行政化的"种子"，对于行政级别的强化就是大学行政化所结出的恶"果"，而所有这一切都离不开我国大学所特有的以官本位作为底蕴的行政文化的"土壤"。大学文化主要是学术文化。无论是斯诺关于"科学文化"与"人文文化"的两分法还是伯顿·克拉克在对"学术信念的基本类型"的讨论中提出的学科文化、院校文化、专业文化和系统文化的四分法，都是以学术活动为中心。历史上，自有大学就会有行政人员，至少也会有人扮演行政人员的角色，否则大学无法运转。学术与行政是制度化大学不可分割的两翼。但毫无疑问，大学绝不是从一开始就有行政文化，行政文化之于大学完全是后生的。"在世界上大多数国家，行政管理文化主要在国家层次上形成，因为掌握最高权力的是教育部和其它国家部门。"但是今天随着高等教育规模的增大以及功能的多样化，专职行政人员数量开始不断增多。在此背景之下，大学里分化出一大批缺乏基本学术兴趣的人，而且这些人最终将从他们自己的活动和职位中获取特殊的利益。结果独立于学术文化的行政文化就产生了。正如伯顿·克拉克所言："在学术事业和系统中最少被注意到但又变得日益重要的是行政文化从教师和学生文化中的分离。随着职业管理专家代替教授业余管理者，一系列独立的角色和利益出现了。一种独立的文化产生了。"我国大学里行政文化的产生与西方国家又有所不同。在西方国家，行政文化与大学管理的专业化和职业化有关，是科层文化的衍生物，甚至是大学自治制度必不可少的组成部分。在我国由于没有大学自治的传统，加之"无学不仕、无仕不学"以及"学而优则仕、仕而优则学"文化传统的影响，国家层次的行政管理文化畅通无阻地进入大学，并成为大学运行的潜规则。目前在我国的所有大学里，拜官主义的行政文化不仅存在而且很繁荣。越来越多的教师对从事行政工作更感兴趣。与行政文化的繁荣相比，学术文化十分淡薄，很多学科有知识没传统，有技术没文化。由于彼此之间强弱过于悬殊，我国大学里真正意义上的学术权力（文化）与行政权力（文化）的冲突极少发生。学术权力（文化）与行政权力（文化）表面和谐的背后是学术行政化与行政"学术化"的勾结与共谋。今天，我国大学的行政化从表面上看是行政权力化与行政级别化，但根子上却是大学里行政文化的不合时宜的"繁荣"。由于行政文化的蔓延和渗透，学术文化成为一种奢侈品，学术空气日益稀薄。"去行政化"的过程中取消行政级别也许很容易，但根除行政文化会很困难。由于积弊太深，当前行政式的思维方式或官僚式的做事习惯已经深入我国大学组织以及很多大学人的骨髓中，成为大学运行过程中挥之不去的"潜规则"。某种意义上，今天我国大学的去行政化与清末废科举所面临的困局不无相似之处。皇帝一纸诏书，科举制度就寿终正寝，但科举文化的阴影直到今天还未完全消失。今天我国大学的去行政化改革，中央政府一纸红头文件就可以把所有大学以及大学管理者的行政级别全部取消，但是只要行政文化的土壤没有动，官僚式的作风依然如故，人们对于以大学党委书记（校长）为代表的管理阶层的"官员"想像和膜拜就仍会延续，教师和学生"学而优则仕"的冲动就不可遏制。换言之，即便大学没有了相应的行政级别，而只要行政权力不受制约、行政文化没有更新，在相当长的时间内大学仍会一切如旧。支配这一切的不是上级的行政命令而是潜在的行政文化。那种认为一旦取消行政级别，我国大学就会浴火重生、凤凰涅槃，乃至走向世界一流的想法毫无疑问过于天真。但文化的塑造是一个精心培育的过程，不是空喊口号就能产生的。管理层一定要身体力行，在行动中体现出文化来。管理层的作为，就是文化的倡导方向，文化的倡导者一定是管理者。管理者的所作所为，关心什么，不关心什么，与大学文化息息相关，你关注什么，大家就关注什么。我国大学改革所面临的问题是一个系统性的问题，绝不是由行政级别或行政化这一因素导致的，当然也不会因为行政级别的取消或去行政化改革的成功就自动地解决。

诚然，去行政化解决不了高校改革与发展中的所有难题，也不是高校提升质量的唯一引擎，但去行政化是高校内部管理体制改革的必然要求，是均衡高校内部各种权力的有效途径，这对于实现高等教育的基本功能和发展目标，依法办好人民满意的教育具有重要意义。

第九回　捆绑会议

——在南昌工程学院传达贯彻省委群团工作会议和
统战工作会议精神暨开展领导干部违规插手干预
工程项目问题专项治理动员部署会上的讲话
（2015 年 9 月 28 日）

同志们：

刚才，校党委副书记张立青同志传达了省委群团工作会议精神和省委统战工作会议精神；纪委书记梁钢同志传达了全省开展领导干部违规插手干预工程项目问题专项治理电视电话会议精神和省纪委《关于我省 7 起违反中央八项规定精神问题的通报》，具体布置了学校"违插"专项治理工作；组织部部长黄华同志传达了《中共中央组织部关于组织人事部门对领导干部进行提醒、函询和诫勉的实施细则》文件精神。学校各级党组织、各单位要认真学习领会会议和文件精神，把握实质、抓准问题、议透措施，结合实际抓好贯彻落实。下面，我就贯彻落实省委重要会议和文件精神，讲三点意见。

一、深入贯彻落实中央和省委群团工作会议精神，切实加强学校党的群团工作

党的十八大以来，党中央高度重视新形势下党的群团工作，多次进行研究，提出明确要求。今年年初，中央下发《关于加强和改进党的群团工作的意见》。前不久，中央专门召开会议，对党的群团工作进行部署，这在我们党的历史上是第一次，具有重要的里程碑意义。习近平总书记在会上的重要讲话，从巩固党执政的阶级基础、群众基础的战略高

度，从党和国家事业长远发展的全局高度，深刻阐明了党的群团工作的一系列重大理论和实践问题，具有很强的战略性、思想性、针对性，是指导新形势下党的群团工作的纲领性文献。省委召开的群团工作会议，进一步明确了新形势下做好全省党的群团工作的重要性和紧迫性，对加强和改进党对群团组织的政治领导、思想领导、组织领导，发挥群团组织作用、推动群团组织改革创新提出了明确要求和一系列政策举措，体现了省委对群团工作的高度重视。做好群团工作，教育系统是重要领域，学校是重要阵地，教育系统广大知识分子、青少年学生是重要群体，高校是重中之重。学校各单位要认真学习领会会议精神，各级党组织特别是学校各群团部门要及时组织传达学习，重点结合中央《关于加强和改进党的群团工作的意见》，发挥学校群团工作优势，把贯彻会议精神作为重要政治任务，认真做好习近平总书记重要讲话的传达学习和宣传工作，及时总结群团工作经验，梳理分析存在的突出问题，推动学校群团工作实现新的发展。

首先，把正群团工作政治方向，增强群团工作的政治性。党的群团工作本质上是党的群众工作，是党的一项根本性、基础性工作。我们党以工会、共青团、妇联等群团组织为桥梁和纽带，广泛联系各方面群众，深入推进各领域群众工作。团结引领群众，首要的就是坚持中国共产党的领导，坚持正确方向。我们的工会是工人阶级的组织，决不能成为西方所谓的"独立工会"；我们共青团是党的助手和后备军，决不能成为国外光怪陆离的青年团体；我们妇联，是党领导下的妇女组织，也决不能成为国外的女权组织、贵夫人联合会。习近平总书记指出，群团组织要始终把自己置于党的领导之下，在思想上、政治上、行动上始终同党中央保持高度一致，自觉维护党中央权威，坚决贯彻党的意志和主张，严守政治纪律和政治规矩，经得住各种风浪考验，承担起引导群众听党话、跟党走的政治任务，把自己联系的群众最广泛最紧密地团结在党的周围。要按照中央和省委的部署要求，进一步深化对群团工作重大意义的认识，深化对党的群团工作和群团组织政治性、先进性、群众性的认识，深化对坚持党的领导、坚持正确道路的认识，坚定不移走中国特色社会主义群团发展道路。

其次，坚持问题导向，明确工作任务。要抓住巩固和拓展党的群众路线教育实践活动成果、开展"三严三实"专题教育等有利时机，通过调研走访、问卷调查、座谈等方式，既要总结梳理学校群团工作长期形成的好传统好作风，又要认真查摆学校群团工作的突出问题，提出分类指导意见和改进措施。要按照教育部党组的通知精神，研究制定学校加强和改进群团工作的政策文件，结合学校实际，分别就做好学校工会、妇委会、团委、学生会等群团工作制定专门文件，推动学校群团工作抓实抓细抓到位。特别是要按照习近平总书记出席全球妇女峰会上的讲话要求，"同步、同向、同构、同行"，不断提高学校群团工作科学化水平。

第三，坚持育人为本，发挥群团组织作用。在高校，群团工作领域宽，舞台大，作用不可替代。群团工作生动活泼，积极向上，有利于育人工作形成春风化雨、润物无声的氛围。学校要进一步加强群团组织自身建设，增强政治性、先进性、群众性，充分发挥其在培育和践行社会主义核心价值观、优秀传统文化传承等方面的重要作用。特别要注重发挥共青团在大学生思想政治教育中的作用，在重大问题上不含糊、敢发声，充分发挥党的助手和后备军作用；要完善管理体制和创新工作方法，充分发挥共青团在人才培养中的作用，极力争取青年学生的广泛认同，努力用先进的理念武装青年，用先进的工作服务青年，引领积极向上的校园氛围，满足团员青年的学习、生活、成长需求。要把学生会、研究生会打造成为学校联系学生的桥梁纽带，把学生社团建设成为学生成长的重要第二课堂。

第四，重视加强群团组织领导班子和干部队伍建设。要把政治素质好、群众公认、热心群团工作、善于做群团工作的干部，充实到群团组织的领导岗位上来，加大干部交流力度，使群团组织成为选拔干部、培养干部、输送干部的阵地。特别是对于那些年纪轻、有干劲、有能力的群团干部，要切实加大培养和推荐力度，积极向上级组织和社会各界举荐，为其提供施展才华的更大舞台和空间，更好地为党的事业和社会主义建设贡献力量。

第五，加强组织领导，完善群团工作格局。学校各级党组织要高度重视群团工作，进一步完善党建带群建的工作机制。学校各级党组织要为群团组织开展工作创造有利条件，各单位要明确群团工作负责人，落实工作责任。学校要把群团工作开展情况作为各单位党建工作的重要内容进行考核，通过各方努力，形成党委统一领导，党政齐抓共管，部门各负其责的工作格局，推动学校群团工作再上新的台阶。

二、扎实做好新时期高校统战工作，把全校的智慧和力量凝聚到实现任务目标上来

中央和省委统战工作会议对全党统一战线工作进行了整体部署，对高校统战工作提出了新要求、新任务。近年来，学校党委高度重视统战工作，积极唱响同心主旋律，统战工作影响力显著提升。九三学社支社升格为委员会，并先后受到中央委员会和省委会表彰；由统一战线成员撰写的教代会提案获得全省优秀提案二等奖和三等奖，实现申报和获奖零突破，等等；学校的统战工作做了很多积极的事情，在全省教育系统中成绩突出，连续两年被列为全省六所高校之一、受到省委统战部表彰。这些成绩的取得与大家的共同努力是分不开的，我代表学校党委对各基层单位、民主党派和党外人士付出的努力表示感谢。学校各级党组织要充分认识进一步做好新形势下统战工作的重大意义，自觉把统一战线的重要法宝地位在思想上确立起来，在实践中运用起来，再接再厉扎实推进统战工作，不断开创学校统一战线事业新局面。

（一）全面掌握中央和省委统战工作会议的重要内容

要认真学习中央统战工作会议精神，重点是学习好习近平总书记的重要讲话精神，认真学习俞正声主席、孙春兰部长在中央统战工作会议上的重要讲话，以及《中国共产党统一战线工作条例（试行）》（以下简称《条例》）。党的十八大后，习近平总书记提出实现中华民族伟大复兴的中国梦，中国梦是全中国人民、全中华民族共同的梦，要团结一切可以团结的力量，调动一切可以调动的因素，找到最大公约数，共同向实现中华民族伟大复兴这个宏伟目标迈进，今年中央统战工作会议就是在

这样的背景下召开的。会议首次以中央名义高规格召开，过去一直叫全国统战工作会议，足以见中央对新形势下统战工作的重视程度。这次会议提出了一系列新的思想、新的理论、新的观点，我们一定要认真学习领会。首先，关于统一战线的界定。《条例》把统一战线界定为"全体社会主义劳动者、社会主义事业的建设者、拥护社会主义事业的爱国者、拥护祖国统一和致力于中华民族伟大复兴的爱国者的联盟"，是界定范围最宽的一次，是最广泛的团结，是大团结、大联合。第二，关于统一战线工作重要性。《条例》明确，统一战线是"夺取革命、建设、改革事业胜利的重要法宝，是增强党的阶级基础、扩大党的群众基础、巩固党的执政能力的重要法宝，是全面建成小康社会、全面实现社会主义现代化、实现中华民族伟大复兴的中国梦的重要法宝"，实际上是讲明了在新的历史时期，如何看待统战工作的重要地位和作用。第三，明确了统战工作的意义、定位和工作原则。再一次明确了党的领导是最根本的，同时指出处理好一致性和多样性的关系问题是我们工作的重要原则，提出要把联谊交友作为工作的重要方式。省委召开的统战工作会议，规格高、理论新、政策实、方向明，省委书记强卫同志在会上强调，要深刻理解统战工作在全局工作中的重大意义、重要地位，紧密结合实际，坚持好的制度、政策和传统，拓展统战工作对象、领域和地域，创新统战工作理论、方法和机制；要最大限度地凝聚共识、凝聚人心、凝聚智慧、凝聚力量，促进广大统一战线成员形成利益共同体、事业共同体、命运共同体，为改革发展稳定提供广泛支持；要着力提高做好新形势下统战工作的思想认识，着力增强法宝、责任、创新意识，努力提高做好新形势下统战工作的本领。各级领导干部特别是主要领导同志要带头学习宣传和贯彻落实统一战线政策法规，带头参加统一战线重要活动，带头广交党外朋友，努力成为统战工作的"行家里手"。

（二）构建学校"大统战"的工作格局

中央和省委统战工作会议为我们做好高校统战工作提供了行动指南和重要遵循，下一步要结合高校实际，扎扎实实、一项一项抓落实，重点做好三方面工作：第一，把民主党派工作做好。民主党派工作是统战工作一个重要的抓手，要为民主党派开展工作提供办公场所、经费保障等，引导其健康发展。第二，要支持统战队伍加强能力建设。提高政治把握能力、参政议政能力、组织领导能力、合作共事能力、解决自身问题能力；关心和拥护党和国家的大政方针及社会生活中的重大问题，以及本院校思想政治工作和业务工作方面的重要情况，加强统战理论政策研究、学习，共同探讨在新形势下高校统战工作的新情况和新对策；并积极献计献策。积极发挥本身智力和社会影响的优势，开展服务于国家改革、发展和稳定，服务于社会主义物质文明、精神文明、生态文明建设的各项社会活动。第三，要做好学校的民族宗教工作。我们是一个多民族的国家，是大家庭，要切实做好民族团结工作。贯彻好党和国家的宗教政策，就是宗教信仰自由、依法管理宗教事务、坚持独立自主自办原则、积极引导宗教与社会主义社会相适应。国家法律明确规定了在学校里不允许有任何的宗教活动。总的要求是，加强学校党委对统战工作的领导，党委相关部门、各基层党委、党总支要高度重视，贯彻落实，共同做好凝聚人心的工作；发挥好党委统战部参谋、组织、协调、督促的作用；把统战工作贯彻到学校各项工作中，体现在党建各项活动中，着力形成党委统一领导，统战部门协调，各单位各负其责的统战工作机制。

（三）从制度上保障和完善参政议政与民主监督

积极探索有效形式。一是情况通报和征求意见制度——学校党委在进行学期工作部署、党的群众路线教育活动、中央和省委会议精神的学习贯彻、干部配备、制定"十三五"发展规划等重要工作时，都要召开党外知识分子会议，党委书记、院长亲自通报情况和征求意见。二是邀请党外人士参加学校重要会议制度——学校召开党建会、教代会、中层干部会等重要会议，要邀请民主党派负责人参加会议，并听取他们的意见，充分发挥党外人士在学校建设发展中参政议政、民主监督的作用。三是建立学校八项统战工作制度：①座谈会制度；②向民主党派、党外人士传达文件制度；③民主党派支部主委（支委）、党外代表人士参加学校有关会议制度；④党外干部培训制度；⑤同民主党派、党外人士交友联谊制度；⑥民主党派、党外人士参加学校民主管理、民主监督制度；⑦节日慰问制度；⑧经费保障制度。

（四）要做好党外知识分子工作

高校是知识分子集中的地方，也是党外知识分子集中的地方，如何抓好党外知识分子工作，各级党委责任很重，一定要高度重视，认真研究，拿出办法。中央和省委统战工作会议指出，对于党外知识分子，要充分尊重、广泛联系、加强团结、热情帮助、积极引导，这是我们做好党外知识分子工作的总要求。高校也是培养和选拔党外代表人士的重要基地，党外代表人士有相当一部分都是从高校出来的，高校一定要发挥好基地的作用，把党外代表人士培养好、选拔好。高校知识分子最密集、最集中，汇集着党外各方面代表人物，是统战工作的重要阵地。就南昌工程学院来说，学院现有教职工中有很大一部分是党外知识分子，副高以上职称的党外知识分子以及在学院中层以上领导干部中，党外知识分子所占比例非常高。这也表明：高校党外专家学者集聚，他们不单是学院学科建设带头人或学术、管理骨干，在学院的改革发展中发挥着重要作用，同时在社会中也具有一定影响。他们有较强的参政议政能力和广泛的社会联系。充分调动他们的积极性，发挥他们在社会政治生活中的作用，对广泛团结党外知识分子，加强年轻教师队伍的建设，坚持和完善共产党的多党合作和政治协商制度，维护社会稳定，推进学校发展具有重要意义。各级党组织要切实转变作风讲究方法，讲党性、讲原则、讲政治，真心实意为党外知识分子服务，与党外知识分子多来往、多交流、多联络感情，支持党外知识分子活动。

（五）增强统战成员组织活力和影响力

高校教师中的统战成员群体，生活在师生中，了解社情民意，其思想有一定深度，反映的问题既有独特性，又带有普遍性，是一支不可低估的政治力量。同时，他们工作在教学、科研和管理的第一线，有的是一个院（系）或部门的负责人，有的主持着重点实验室或教研室，有的承担了重点科研项目，是学院教学、科研和管理的中坚力量。随着高校教学、科研、人事、分配、后勤等各项改革的不断深入，不可避免地会触及一些部门和教职工的切身利益,运作过程中难免出现新的问题和矛盾。因此,我们应当发挥统战成员肝胆相照、荣辱与共、协调关系、沟通思想、化解矛盾的优势,充分发挥党派特色。按照"三严三实"的要求,做到"三个必须":必须依靠党委的领导,与时俱进,立足优势,围绕中心,服务大局;必须围绕学校发展这个主题,结合学校的实际开展统战工作,创新统战工作的"三思"(工作思路、干部思想、思维方式)与"三法"(工作方法、做事办法、具体做法);必须建立良好的党内外关系,促进民主党派与党委在思想上保持同心同德、目标上同心同向、行动上同心同行,从严从实做好统战工作,力求抓出实效。

三、抓好"违插"专项治理工作,深入推进反腐倡廉建设

省委书记强卫同志在"违插"专项治理动员部署会上强调,在全省开展领导干部违规插手干预工程项目问题专项治理工作,是深入贯彻习近平总书记对江西工作"一个希望、三个着力"重要要求的具体举措,是深入推进风清气正政治生态建设的重要步骤,是推进反腐倡廉建设的深入部署。各地各部门特别是各级领导干部要统一思想,深刻认识开展专项治理工作的重要性和紧迫性,按照省委统一部署,切实增强大局意识、责任意识,扎实做好专项治理各项工作,坚决解决我省少数领导干部权力寻租、染指工程、谋取私利等问题。当前,我校正处于建设发展的关键时期,各级各类工程项目比较多,工程类项目资金量比较大。学校各级领导干部务必站在全局和战略高度,深刻认识开展专项治理工作的重要性和紧迫性,不断增强做好专项治理工作的思想自觉和行动自觉。

首先,要严以律己,做到不该插手的决不插手。党的十八大以来,党中央吹响了党要管党、从严治党的新号角,努力压实"两个责任",不断强化党风廉政建设,并进一步加大巡视监督检查力度。今年省委第一轮巡视工作已经对 44 个县(市、区)开展了专项巡视。中央和省委两级巡视组均把"着力发现领导干部是否存在权钱交易、以权谋私、贪污贿赂、腐化堕落等违纪违法问题"作为巡视工作的重要方向。工程项目是滋生腐败的重要领域,从近些年来各级查处的腐败案件来看,很多领导

干部都与违规插手干预工程项目有着千丝万缕的联系，都在工程项目上摔了"大跟头"，为我们敲响了警钟，亮起了红灯。有一个统计数据让我们警醒：省纪委查处的十八大以来省管干部涉嫌贪腐案件有32人，其中30人都有违规插手工程问题。如果我们这个治理往前早开始五年，许多领导干部就不会走到受法律制裁的地步。如果对"违插"问题不管不问、放任自流，那领导干部总有一天丢的就不只是官帽，还会把自己丢进监牢。高校虽然是事业单位，但在大建设、大发展时期，基建项目、物资采购等各类项目非常多，我们必须引起高度重视、高度警醒。因此，全校各级干部特别是领导干部要主动适应从严治党的新常态，把这次领导干部违规插手干预工程建设项目问题专项治理作为落实从严治党的重要举措，作为践行"三严三实"的有力行动，加强预防，严厉打击，抓好整治，努力防止工程"上马"、干部"落马"的现象发生。开展此次专项治理的初衷是为了帮助干部主动查找有没有违规插手工程的情况和问题，同时给由于各种原因存在违规插手工程的干部一个改错纠错的机会，给主动纠错的干部免于处罚或从轻、减轻处罚的机会，这充分体现了党委对党员干部政治上的关心和爱护。本着"惩前毖后、治病救人"的目的，在制度设计上专门开通了自查自纠通道，从10月1日至10月31日为自查自纠阶段。自查自纠，说白了也是一种"自救"，既给9月14日全省动员会以前极少数有问题的人一次改正错误的机会、让他们悬崖勒马，也让全省干部明白，在这个时间以后"违插"就是碰"高压线"、趟"地雷阵"，插手管工程就等于抬脚进牢门；不碰不趟，自然平安无事，倘若硬去碰、硬要趟，便是咎由自取、自取其祸，不能怪组织没有事先提醒、忠告。希望大家一定要切实摆正思想、珍惜机会，放下包袱、争取主动，亡羊补牢、为时不晚。

第二，要从严治理，坚决消灭"违插"之手。这次专项治理政策性很强，面临情况和问题也千差万别、十分复杂。全校各级各部门在专项治理过程中要注重方式方法，在抓教育、抓查处、抓源头上下功夫。一是既要自查也要严查。要坚持宽严相济、教育与惩处并重的原则。一方面，要自查自纠。专项治理，重在预防、重在教育。要分项目责任单位、监管部门、治理对象三个维度进行自查自纠，真正做到教育在前、提醒在前、自查自纠在前，通过抓好教育引导，宣传政策界限，启发干部觉悟，引导干部反省。全校各级党员干部要把专项治理既当作防范的任务，又当作改过的机会，明确政策、把握界限，认真把自己摆进去，做到自我反思、自我警醒、自我纠错。另一方面，要严查实办。要高举反腐利剑、手握戒尺，将严查实办贯穿专项治理全过程，在自查自纠期间，对主动查找、如实填报，并终止退出、主动上交的，根据情节，依纪依规从轻、减轻或免于处理；对自查不认真、填报不如实、问题有隐瞒、包庇他人、拒不自纠的单位和个人，特别是在电视电话部署会议召开之后仍不收手、不收敛的，一经举报或检查中发现并查实的，坚决依纪依规从重严肃处理，绝不姑息迁就。二是既要突出重点也要全面覆盖。这次专项治理对象主要有两个方面：一方面，要抓住"关键少数"。学校领导和相关职能部门关键岗位干部掌握着工程项目的决策、政策、资金、管理等关键要素和关键环节，既是学校事业发展、推进工程项目建设的中坚力量，也是易发高发工程领域腐败的"高危岗位"。这次专项治理就是要紧紧盯住机关这些"关键少数"，一个一个过、一遍一遍滤，下大气力拔"烂树"、治"病树"、正"歪树"，正本清源。另一方面，要盯住"神经末梢"。这次专项治理我们把对象延伸到学校涉及"人、财、物"部门的一般干部，就是要从一般抓起，加大"拍蝇"力度，严厉打击在工程建设领域中的"蝇贪"，尽量挤压工程腐败的空间，为学校建设发展保驾护航。三是既要治标也要治本。要把专项治理的突击化与制度管理的常态化有机结合起来。一方面，要围绕"三个紧紧盯住"开展专项治理。紧紧盯住上级部门反馈的问题线索，紧紧盯住纪检监察部门平时掌握的问题线索，紧紧盯住此次专项治理期间群众举报的问题线索，不留"死角"和不留"盲区"。另一方面，要围绕常态长效抓好制度建设。克服"就治理抓治理"的狭隘思维，在立足长远上下功夫，进一步健全和完善好工程项目招投标、基础建设、维修项目等系列制度文件，扎紧扎密制度的笼子，下大力气构建不敢不能不想违规插手工程的长效机制，彻底铲除工程建设领域滋生腐败的土壤和条件，努力实现用制度规范权力、靠制度管人管事。

第三，要尽职尽责，综合施策让"违插"之人收手。专项治理工作涉及面广、时间跨度大、工作任务重，学校各单位和部门要切实增强大局意识和责任意识，加强领导，落实责任，统筹协调，整体推进，确保专项治理各项任务落到实处。一是要压实责任。学校各级党组织要严格落实好党委主体、纪委监督"两个责任"，特别是单位主要负责同志要切实担负起第一责任和"一岗双责"，既以上率下，带头开展自查自纠，又亲自把关，全程关注工作进展。紧紧抓住主体责任这个"牛鼻子"，自觉把开展专项治理工作作为落实主体责任的重要内容，真正放在心上、扛在肩上、抓在手上，共同推进、不拖后腿。全校各单位、各部门要有大局意识、责任意识，层层压实责任，形成工作合力，营造浓厚氛围，加强监督检查，确保专项治理各项任务落到实处。纪检监察、审计部门要坚持规定、坚持原则，秉公执纪、依法办案、严格监审，要敢于担当、敢于碰硬，敢于监督、敢于问责，紧盯工程项目，查处违规人员，抓铁有痕、踏石留印，确保专项治理不走过场、不流于形式。二是要综合施策。要加强工作督导和调度，及时通报工作进展情况以及查处情况，扎实推进专项治理工作开展；纪委、财务、监察、审计等部门是这次专项治理的重要力量，要发挥职能作用，齐心协力，统筹推进。相关职能部门要建立协调互动、信息共享的有效机制，打好系列组合拳，形成齐抓共管合力，发挥好集合效应。要坚持专项治理与常态整治相结合，突出全程监管，加强对重点领域、重点岗位、重点人员权力运行的监督检查，全面覆盖工程建设项目立项、规划、招投标、施工、验收等各个环节，实现全过程、动态化、无缝化监督管理。三是要营造氛围。各单位各部门要及时召开专门会议进行动员部署，确保专项治理工作会议精神传达到全校每一位干部，特别是要组织专项治理对象学深悟透这次专项治理的相关政策和纪律要求。要充分利用各类媒体进行宣传解读和警示教育，既让广大干部了解政策、打消顾虑，也要师生员工参与进来，还要向社会公布举报电话、设置举报箱、推行网络举报等方式，发挥人民群众的监督作用，努力在全校营造支持和参与专项治理工作的良好氛围。四是要监督检查。要把监督检查和查处案件贯穿始终，充分发挥党内巡视监督、教代会依法监督、财务审计监督、师生舆论监督的作用，采取全面检查、专项检查、随机抽查、线索核查等多种方式，认真进行排查、核查，确保查得彻底、纠得彻底。对那些责任不落实、措施不得力，不抓不管，敷衍应付，以致造成工作落空、治理效果不明显的，要挂牌督办、责令整改；对拒不自查自纠、掩盖问题，甚至干预、阻挠查办案件的，严格落实"一案双查"、责任倒查，从重处理，严肃追责。

同志们，推动学校事业改革发展，既要加强党的领导，又要凝聚各方力量；既要干部担当，又要干事干净。我们要坚守习近平总书记提出"信念坚定、为民服务、勤政务实、敢于担当、清正廉洁"的好干部标准，按照上级党组织的统一部署，以更加坚决的态度、更加有力的措施，深入贯彻落实中央和省委一系列重要会议精神，全力抓好群团和统战工作，扎实推进领导干部违规插手干预工程问题专项治理工作，以良好的党风促政风带校风，努力营造风清气正的良好政治生态，为江西实现"五年决战同步小康"做出新的更大贡献。

第十回　晓群导游

——在江西省旅发委主任丁晓群一行来校调研时的汇报
（2015 年 9 月 29 日）

尊敬的丁晓群主任、屈乾娜巡视员、丁新权副主任、各位领导：

大家下午好！

在这美好的金秋时节，我们非常高兴迎来省旅发委丁晓群主任一行莅临我校考察指导工作。我代表学校党委和全校师生向各位领导的到来表示热烈欢迎，向全省旅游战线长期以来关心和支持南昌工程学院的发展表示衷心感谢。下面，我代表学校党委向各位领导简要汇报一下学校特别是旅游方面所做的工作，请多加指导。

一、认真贯彻落实旅游强省战略

自 2013 年省委十三届七次全会召开和省委 11 号文件颁布以来，学校党委高度重视，多次召开专题党委会和党委中心组学习会，认真学习和深入贯彻省委会议和文件精神，深刻认识到旅游强省战略是省委、省政府基于我省发展旅游的比较优势和对国内外旅游业发展规律的客观判断作出的重大决策，顺应了江西经济社会发展的客观要求。省内高校尤其是作为全省唯一的水利大学，应为旅游强省特别是水上旅游多做贡献。及时提出了要用政治家的开阔视野，落实好省委关于推进旅游强省建设的文件精神；用教育家的科学思维，审视高校旅游发展态势；用管理学 SWOT 模式，分析我校水文化旅游发展。江西水资源丰富，河流密布，湖泊众多，拥有大中小型水库一万多座，发展水上旅游前景广阔，迫切需要高等院校提供人才和技术支撑，通过运用新技术和先进文化创意把湖区、库区改造成旅游景区。比如，利用我校大学生创新创业园，进一步开发水文化旅游创意工作，就大有文章可做。新余市的仙女湖，实际上是 1958 年动工兴建的江口水库，现在把库区和周边山区都建成了风景如画的"仙境"，吸引了省内外很多游客。如果用现在的水利工程建设技术，完全可以把大坝也建成像一个"仙女"的坝体，肯定能招徕更多欣赏的游客。目前江西水资源利用率不到三分之一，不论采取何种利用方式，都可把现代水利工程技术和风景名胜、文化创意结合起来，这是全省发展水上旅游的一个新亮点。

二、积极开拓学校旅游教学科研事业

作为一所坐落在中国水都——南昌、位于中国省会城市第二大内陆湖——瑶湖、与中国第一大淡水湖鄱阳湖相通、赣抚平原六干渠从"生态型、智慧型、创意型"校园穿境而过的水利院校，发展水利教学科研，服务社会水文化旅游事业，具有得天独厚的条件。一是可加快旅游相关专业建设，为旅游强省的建设培养高素质人才。发挥人才培养的优势，主动对接旅游队伍建设的需要。近年来，学校与国外大学合作培养旅游方面的人才，很受市场欢迎，现在韩国等国家的酒店管理人才很多是我们学校毕业的学生。最近我去美国迈阿密考察，这里是全世界游轮停靠最多的港口，其中的达德学院有意跟我们合作培养旅游管理人才。这将进一步整合学校旅游教育资源，加强旅游相关专业学科建设、课程建设及实训基地建设，切实办好旅游酒店高级管家班，大力推进旅游人才订单式培养，为江西省旅游服务业培养优秀的管理和服务人才。二是可加大产学研合作力度，为旅游强省的建设提供智力支持。抓住国家大力推进水利风景区建设和实施生态文明战略的有利时机，充分利用我校旅游、水利工程、水土保持、信息、通讯等专业的综合优势，加大与地方政府和相关企业的产学研合作力度，积极开展专业技能培训、旅游项目技术创新和科技攻关。当前，尤其要利用学校毗邻瑶湖的地理优势，积极参与或合作开发水上旅游、水上景观等项目，创造条件推进校湖连通工程。三是可推进水文化建设，为旅游强省的建设提供文化支撑。依托学校水利特色和水文化景观，构建水文化科普教育平台，发挥水文化传承功能。进一步加大水文化研究的人才队伍建设，形成一支高水平的水文化研究团队，提高水文化研究水平，丰富水文化内涵，为旅游强省建设烘托浓厚的文化氛围。

三、努力建设水文化旅游创意园

2013 年初，朱虹副省长在我来南昌工程学院任职前谈话时交给我三个重要任务，即文化、教育和水旅游，希望南昌工程学院能够充分发挥学校的水利特色办学优势，在推进江西省水上旅游发展中做出重要贡献。在当时的省旅游局领导的指导下，积极开拓思维，广泛开展调研，提出了依托学校的独特优势建设江西省水文化旅游创意园，服务全省水上旅游的设想。项目得到南昌市政府等单位的高度重视，引起社会各界广泛关注，葛洲坝集团专程派员来学校商洽项目合作事宜。去年 8 月初，省委常委、南昌市委书记王文涛来校调研时，更曾亲临现场视察指导，为项目建设提出了很多非常好的意见和建议。当前，恰逢江西建设生态文明先行示范区、南昌打造"中国水都"等多个国家和区域战略实施，均与"水"密切相关，重大国家战略和改革创新政策叠加的千载难逢的机遇，多重战略机遇叠加和有机结合，预示着项目建设拥有光明的前景。大家一致认为要努力将江西水文化创意园建设成为南昌水文化旅游的经典、江西水文化旅游的标杆和全国著名的水文化情景教育基地，为江西实施旅游强省战略作出应有贡献。当然，项目的推进任重而道远，工作开展过程中还存在不少实际困难，比如学校与瑶湖临湖土地所有权归属问题，项目推进的资金缺口问题等等。借此机会，恳请丁主任及省旅发委领导能够鼎力支持，帮助我校协调解决相关困难。

最后，祝丁主任一行南昌工程学院之行愉快，祝愿各位领导身体健康，工作顺利，万事如意。谢谢！

第十一回　借鉴美加

——美国、加拿大高校考察与启示

（2015 年 10 月 3 日）

应美国迈阿密达德学院（Miami Dade College）和加拿大圣克莱尔应用文理与技术学院（St. Clair College）的邀请，2015 年 9 月 15 日至 22 日，我率国际处处长揭永明、继续教育学院院长吕树清、信息工程学院院长孙辉以及土木与建筑工程学院教授欧阳球林先后赴美国、加拿大进行了考察访问。在美国期间，先考察了哥伦比亚大学（Columbia University in the City of New York）、后访问了迈阿密达德学院（Miami Dade College）、在加拿大期间，先考察了多伦多大学（University of Toronto）、后访问了圣克莱尔学院（St. Clair College）。重点是围绕合作办学、科研项目、教师培训、学生互换、师资引进和人才培养等方面对上述高校进行初步考察与相互交流，目标是跟进习近平总书记访美推动两国高等教育发展的战略构想，加快推进我校国际化教育。

一、美加两国及四所高校发展概要

美国是世界上高等教育高速发展、高度发达的国家之一。1900 年，美国还只有 977 所高等学校；但到 1950 年已增至 1851 所。此后出现高校兴建浪潮。现在美国获得认证和有学位授予权的高校达 4350 所，注册生数近 1800 万。庞大的高等教育系统以高校类型和数目众多见长；对不同类型院校服务于国家不同需求的模式之追求，其程度更是令其他国家难望其项背；超越单一的大学模式拓展高等教育是美国率先实现高等教育大众化的关键理念。公立与私立高校，文理学院与地方社区学院，研究型大学，以及区域性的院校等不同类型的大学为学生接受高等教育并再次进入大学深造创造了途径和机会。加拿大是世界上教育程度最高的国家，47%的处于工作年龄的加拿大人拥有高等教育学历；加拿大高等教育可分为四类：大学、大学学院、社区学院与技职学院、职训学院。考察的四所高校基本上代表了美国、加拿大两国高等学校的特点。

一是规模大。迈阿密达德学院建立于 1959 年，是一所州立学院。佛罗里达州最大、最多样的高级教育机构，共有 300 个专业、8 个校区及 21 个外展中心。迈阿密达德学院由综合健康技术学院、建筑及内部设计学院、航空技术学院、商学院、社区教育学院、计算机及工程技术学院、教育学院、娱乐及设计技术学院、救火及环境科学学院、司法学院、护理学院组成。60 年代中期，在校生人数达到 15000 人，成为佛罗里达州最大的高等教育机构。目前在校生超过了 165000 人，成为美国乃至全球最大的一所高校，是一所被国人高度认可、多届总统莅临演讲的高校。

二是列前茅。哥伦比亚大学（Columbia University in the City of New York），是一所位于美国纽约市曼哈顿上城的世界顶尖研究型大学，于 1754 年根据英国国王乔治二世颁布的《国王宪章》而成立，属于私立的美国常春藤盟校，由三个本科生院和十三个研究生院构成。哥伦比亚大学是纽约州最古老的大学，也是美国历史最长的 5 所大学之一。哥大校友和教职员工中一共有 101 人获得过诺贝尔奖，包括奥巴马总统在内的三位美国总统出自该校。著名校友还包括五位美国开国元勋，九位美国最高法院大法官，二十位在世的亿万富翁，二十八位奥斯卡奖获得者，三十四位国家元首，四十五位奥林匹克冠军。哥伦比亚大学的医学、法学、商学、国际与公共事务、新闻学等都在全球名列前茅。其新闻学院颁发的普利策奖是美国新闻界的最高荣誉。自 20 世纪以来，哥伦比亚大学和哈佛大学、芝加哥大学一直被公认为美国高等教育三强。在 2015 年美国大学综合排名（usnews 排名）中高居全美第四。

三是实力强。多伦多大学（University of Toronto），是一所位于加拿大安大略省多伦多市的顶尖公立大学。起源于 188 年前（公元 1827年）的国王学院 King's College，与 3 个更小的大学联盟并有享有七大学

院制，与十座教学医院有着密切关系；多大在学术及研究方面一直处于
领先地位，是整个加拿大的研究生教育中心，为整个国家供应着博士级
的人才。无论是科研经费、捐款、国家教授奖项、研究出版规模还是藏
书量等皆远超加拿大其他学府，坐拥着全北美第三大的图书馆体系。多
伦多大学出版社在加拿大乃至全北美影响深远。多伦多大学亦为美国大
学协会中仅有的两所非美国学府之一。多伦多大学每年发表的科研论文
数量在北美仅次于哈佛大学，引用数量位居世界前五。

四是重实用。圣克莱尔学院应用文理与技术学院（简称圣克莱尔学
院）成立于 1967 年，位于加拿大最南端的温莎市，与美国密歇根州底特
律市（美国汽车城）隔河相望，是一所公立高等院校。圣克莱尔学院设
有三个校区，现有全日制学生 8,500 人，注册在籍学生 24,000 人，专
职教授 320 多人，兼职教授 200 人，提供九十多个高等职业教育课程，
可授予大专文凭以及研究生证书等。课程设置注重实践操作及学生综合
素质开发，其中尤其以商学、工程、媒体设计、健康护理类等专业广受
各界好评。学院与加拿大、美国和澳大利亚等众多著名大学签订正式合
作协议，双方互认学分，学生在本校完成学业后可申请转入大学继续学
习，获得更高层次学位。同时，圣克莱尔学院与北美众多著名企业、机
构、组织保持紧密联系。2013 年，我校与圣克莱尔学院合作举办了会计
专业专科层次合作办学项目，受到社会的高度认可，是学生比较喜欢的
专业之一。

二、出访对促进我校教育国际化的重要意义

此次出访美国、加拿大，我们参观了四所院校的校园及教学科研实
习场地，进一步感受了外方的教育理念和文化，了解了外方的课程标准
与教学要求，我们感到受益良多，认为外方高校有许多做法值得借鉴，
特别是对我校应用型教育发展有所启发。

1. 高等教育国际化是世界发展的滚滚潮流。我们切身体会到学校制
定的开展国际交流，实行国际合作办学的方针是十分正确的。一方面，
高等教育国际化是世界发展的必然趋势，经济全球化，要求大量与之相

适应的人才，这种人才只有通过国际化的高等教育才能培养出来，加强国际合作办学是提高育人质量，培养适应经济全球化要求的复合型高级人才的需要。另一方面，在考察访问中，我们深切地感受到，发达国家的各级政府都鼓励高等教育机构与我国高等教育机构合作办学，提供机会与我们进行多种形式的合作。美国的高等学校如此，加拿大的高等学校也如此。

2. 推进教育国际化是学校发展的内在需要。在与外方的合作会谈中，我们感到外方对国际化人才的培养都非常重视，认为与我校合作是拓展双方国际交流的一个很好的平台。特别是迈阿密达德学院，对我校国际教育学院的深度合作意向表现出了浓厚的兴趣，加强国际合作办学存在着很强的可能性和现实性。我们要以此为契机，在办好合作项目的基础上，争取与外方共同努力开辟新的国际合作途径，推动我校教育国际化工作跨上新的台阶。

3. 提高教育质量是办好国际教育的关键。外方院校都非常注重教育质量，比如圣克莱尔学院，倡导小班化教学，突出个性化教育；迈阿密达德学院投入先进的教学设备，使学生掌握先进技术。对此，我们也需进一步加大教仪设备、实训中心投入，合理配置人力物力资源、提高教学效果。同时，要加强项目管理，明确各项工作职责，注重每一个细节的落实，保证教学质量。只有提高合作办学的质量，才能将合作项目办成品牌，才能吸引更多考生加入。

4. 探索多样化的合作模式有助于激发学校发展活力。外方的国际教育合作模式各具特色，比如迈阿密达德学院有着多元化的国际合作办学模式，从非学历教育到学历教育，形成了多样灵活的合作机制，特别是在非学历教育的拓展上很有特点，并形成了一定的规模。在这方面，我校在拓展国际教育和非学历教育过程中可以加以吸收和借鉴。

5. 通过合作加强自身改革有利于学校长远发展。国际教育的重点在于吸收先进教育理念、引进国际课程标准和加强精细化管理。在考察过程中，我们发现外方具有独特的教育理念，比如迈阿密达德学院，以紧随时代步伐的理念融入教育教学过程中，其课程设计总是根据市场变化不断作出调整，无论是教学方式还是资料编排都独具一格，特别是在调动学生学习积极性、培养团队合作能力与课程适用性等方面比较突出，这与我国应用型教育的理念相符。同时，外方也非常注重精细化管理，这不仅仅体现在合作项目的管理上，其日常管理也是如此。比如，针对有的学生进校的目的就是要学会创业，迈阿密达德学院在教学管理、教学计划与流程、课程标准制定、课程设置与编排等方面的每个环节都围绕这个目标要求进行，很具体细致，流程明晰，操作规范，值得学习和借鉴。在这些方面，我们可以借助外方来加强自身的改革，从而更好地培养具有国际视野、通晓国际规则、能参与国际事务与国际竞争的国际化人才。从长远角度讲，也有利于学校自身的发展。

总之，我们要正确分析世界高等教育和学校目前的发展形势，从有利于培养高素质人才，有利于维护本校的根本利益，有利于提升学校的竞争力和知名度等方面，慎重考虑，正确决策，选定最有利的合作伙伴，采取最有利的合作方式，最大限度地提升国际合作办学的效果。

三、美加两国高等教育管理的重要理念

"以人为本"是美加两国高等教育管理的重要理念，在办学中突出提高学生的质量，注重对学生进行个性化教育，学校的教育和一切工作都围绕学生这个主体进行。

1. 全面提高学生素质，培养创新创业能力。知识经济时代的出现为高校的人才培养提出了更高的要求，也正在引发一场如何培养学生创新能力的深层次教学改革。学生在校期间不仅要学到各种知识，更重要的是要学到如何在综合各种知识的过程中创造新知识的本领。在知识爆炸和因特网遍布全球的今天，各种各样的信息都在人的指尖上，人们获取信息的方式也有了重大的转变，传统的教学方式已不再适应新的发展。近年来美国、加拿大高校在教学改革上进行了积极的探索，加强了分析批判能力、跨学科综合能力和知识创新能力的培养；各学科专业同管理、计算机和外语教学的联系日益密切，多种形式的双学士学位不断增多；理科和工程学科更加注重让学生摄取人文与社会科学方面的知识；学生

在学期间到企业和政府部门实习越来越受到学校、学生和接受单位的欢迎和重视；开设网上课程和利用网上信息进行教学逐成风尚。美国、加拿大高校的课堂教学主要采用引导启发、问题研讨、课堂互动的方法。一是注重对学生表达、沟通能力的培养。教师讲课时，鼓励学生提问，组织学生讨论、交流，学生在课堂上可以随时提出问题与教师进行对话交流。二是重视培养学生的实践能力和动手能力。每门课都要求学生独立完成一个课题。这种课题，要求学生根据课程内容自己提出一个实验项目，经认可后自行查阅图书资料或进行实验论证，通过自己的思考和动手完成。课堂教学是高等学校对大学生进行教育的主渠道，其效果如何不仅影响到学生对知识的掌握，还直接关系到学生能力的培养。要在转变思想观念的基础上改变以往以教师为中心、由教师向学生单向灌输知识的做法，注重创新意识的培养。要以学生为主体，让学生主动参与教学过程，尽可能采用启发式、讨论式、研讨式教学方法，启发学生开动脑筋去发现问题，探索解决问题的办法，使他们善于独立思考，富于开拓创新。加强实践教学环节。为了使学生真正掌握所学理论知识并在分析、解决问题时加以灵活运用，要加大实践性教学在课程体系中的比重。同时，探索建立大学生社会实践的长效机制，把社会实践纳入教学计划，对大学生参加社会实践提出时间、内容、标准上的具体要求。进一步完善我校校外实习基地、社会实践基地建设，充分发挥这些基地在实践教学中的作用。利用"三下乡"等多种形式，组织学生深入社会、开展实践，加强与人民群众的沟通，使学生更深入地了解实际，增强社会责任感，培养实际解决问题的能力。

2. 加强校园环境建设，实现校园与自然的和谐。美加两国高校非常注重加强校园环境建设，许多学校绿树遮阴、花草簇拥；松鼠、鸽子等小动物在校园草丛中嬉戏；校园内整洁美观，胜过公园。特别是加拿大的大学，校园内古木参天、森林成片，鸟在校园道路、草地上悠闲自在地散步。充分体现出人与自然、校园与自然、人与动物之间的高度和谐。我校在绿色校园建设中，要注重校园环境建设，一是要有环境意识，把校园环境建设作为办学的重要工程之一，摆在应有的位置，纳入学校发展建设的总体规划。二是重视校园景观建设，充分遵循大自然的客观规律，特别要做好绿化美化工作，留出充分的空间种植花草树木，使校园的湖、渠、林、路、亭达到使用功能、审美功能、教育功能的和谐统一，用优美的校园景观激发大学生的热爱自然、热爱学校的感情，培养学生关爱自然、爱护环境的意识。对能体现学校发展历史和办学特色的树木、建筑、设施要有意识地加以保留、保护，增加学校的历史积淀。三是教育师生员工提高爱护校园环境的意识，从不乱丢垃圾，不随地吐痰，不损坏公物，爱护花草树木等基本道德行为做起，养成良好的文明习惯，营造人与自然、学校与环境的融洽和谐的关系。

3. 开展校园文体活动，建设浓郁的人文氛围。美加的大学非常注重开展丰富多彩的校园活动，为学生营造了一个提高综合素质与能力的良好环境。校内外教授、学者、面向本科生开设的大量讲座及专题讨论会，其内容涵盖科技、文化、政治、经济、心理、卫生、文学、艺术等各方面，在这种浓厚的学术氛围中，学生能很好地扩大知识面，激发求知的兴趣和创造力。一些设有艺术学院或艺术系的院校基本上每周都对全校学生演出较高水平的文艺节目，使学生能够感染艺术的熏陶，活跃思维。每个学校都有经正式注册登记的各种各样的学生团体组织，通过组织校内外的各种文体活动，各学生团体的学生一方面锻炼了才干、培养了能力，另一方面为其他同学不断提供在一种娱乐的气氛中相互交流与学习的机会，有利于身心健康和综合素质的提高。

四、美加高等教育的发展趋势

随着以计算机和通讯业为先导的高新技术产业的迅猛发展，全球市场的不断开放，各国间的竞争日趋激烈，而这种竞争主要表现在创新能力的竞争，即知识和人才的竞争。各国政府和企业界清楚地认识到知识和信息已成为未来经济增长的动力，换言之，现在的经济已成为信息经济（infoconomy）或教育经济（educonomy），即信息或教育成为重要的经济资源。高等院校是人才培养的主要途径，因此也是国家和社会资产的重要一部分。知识经济的勃兴对高校提出了新的更高的要求，而高校也面对社会需求来不断地调整自己。考察发现，近年来美国、加拿大高等教育在国内外各种因素的影响下呈现出如下新的趋势：

（一）政府和企业在教学与科研上获得更大的发言权

在美加两国，社会参与监督管理高校，首先体现在大学建立了以校外人士为主的董事会制度，这就避免了学校脱离社会发展的需求而完全成为由学者控制的"象牙塔"。另外，还有各种各样的协会、中间机构，如有美国研究型大学协会、社区学院协会、大学教授协会、高等院校认证协会等等，也是社会参与监督、管理学校的重要方面。长期以来大学一直被视为象牙塔，教学内容和科研方向皆由教授们来确定，教学效果和科研成果也由各校的同行来评定。20世纪90年代以来，加拿大各级政府一方面削减大学经费，另一方面又通过各种专项教育和科研拨款引导大学直接为各地实现它们的经济和社会优先发展目标服务，要求大学不断创造出新思想、新技术，培养出更多的受高等教育的人才，为提高企业国际竞争力做贡献。近年来各省政府在高科技产业强烈呼吁下，积极支持高校调整部分学科专业，重点发展社会急需的电子工程、通讯、计算机和生物等学科专业。此外负责自治高校科研的三大基金会还专门设立具体项目鼓励大学和企业结成伙伴关系，加快科研成果转化。目前各高等院校纷纷走出象牙塔，主动向企业转让技术成果，为企业解决技术难题并从中获得额外的科研经费。由于企业，特别是私人企业投入占加拿大高校科研经费的比重逐步上升，据估算目前已占20%左右，企业对高校的科研方向和课题选择产生着重要影响，针对市场需求，解决企业实际问题的应用型研究的比重有较大提高。

（二）科学协调专业设置，积极提高办学效益

美国高校学科专业结构与产业结构的关系呈现了从相互分隔到有限联系、再到主动适应、超前引领的阶段性历史演变过程。美国社会的"实用主义"价值传统以及美国高校学科专业注重联系本国社会转型和经济、产业需求调整自身结构的产生、成长路径是这一变化的根本动因。这对中国高等教育实施以规模、质量、结构、效益为主的内涵式发展道路，具有较高的借鉴价值。20世纪90年代以来，加拿大各省教育部在经

费屡遭削减的压力下，结合本地区的实际，重新审查省内大学与社区学院的学科专业布局，对个别重复设置的学科专业或实行合并或实施联合办学，鼓励各高校扬长避短，办出自己的特色，同时对重点学科专业加大投入力度，使它们脱颖而出，在国内外占有一席之地。1994 年曼尼巴托省教育与培训部在广泛调查研究的基础上，提出各高校在资源有限的条件下优先支持本省经济和社会发展需要的重点学科专业，如医疗保健、航空航天、信息与技术、环保工业、农业食品加工和旅游等。1996 年萨斯喀彻温省高等与技能培训在一份题为《公共利益与振兴萨省大学》的文件中提出了加强校际间合作，减少行政管理费用；消除重叠的专业设置和减少或停办招生少和费用高的特殊专业等 6 项改革措施。1997 年 5 月新斯科舍省最大的高校达尔豪西大学与新斯科舍技术大学合并，省教育部对集中两校人才和设备优势的计算机专业给予 3 年投入 300 万加元的支持，与此同时该部还对省内其他重点专业，如圣玛丽大学的管理专业进行了较大规模的投入。

（三）远程教育日益普及，国际"网上大学"初见端倪

据美国联邦教育部国家教育统计中心对中等后教育机构远程教育的调查，早在 1997～1998 年，美国 5020 所大学中就有 1690 所提供远程教育课程，占高等学校总数的 34％；约 166 万学生注册接受各种形式的远程高等教育，占所有类型高校在校生总数（约为 1434 万）的 11.6％。近年来，美国的远程高等教育在某些方面依然受原有高等教育体系的深刻影响，能够与传统的高等教育体系相融合，发展速度也较快。加拿大幅员辽阔，除少数大城市外，人口较为分散。为使广大居民有受教育，特别是受高等教育的机会。使在职人员能以不同方式接受继续教育，让更多的人跟上信息时代的步伐，加拿大各级政府十分重视发展远距离教育，学生可在外地学习大学或社区学院的课程，通过考试获得学位或文凭。一些学校还互相承认学分，使接受此种教育的学生有继续深造的机会。1997 年 9 月阿尔伯塔省的卡尔加里大学与安大略省的百年社区学院签订了一项合作办学协议，从 1998 年 9 月起前者的护理学院将通过因特网为后者的护士专业三年制大专毕业生开设一年的课程，学生考试合格便可

获得卡尔加利大学颁发的护士专业学士学位。目前远距离式的在职 MBA 教育较为流行，许多高校，如皇后、西安大略和大不列颠哥伦比亚大学等不仅在国内建立了一些教学基地，而且在国外也建立了一些教学点，实现了以现代化手段出口加拿大教育的目的。阿尔伯塔省专门从事远距离高等教育的阿萨巴斯卡大学，除了传统的函授方式外，还通过因特网向国内外的国家开设各种课程。学校全年招生，每个月都开始较多的新课程，学生可在他们方便的时间和地点，以他们能接受的速度来学习。由于大部分专业不要求入学考试，学习方便，费用较低，许多在职人员通过该校来提高专业水平。1997 年该校在加拿大、美国和欧洲招收了 300 多名在职 MBA 学生，是加拿大招收这类学生最多的学校。近年来在欧洲和美洲还出现一种新型的大学，即"国际大学"，这种大学没有固定校园，也不颁发文凭，但却以共同的兴趣将同一地区不同国家的学者和学生联系起来。这种新涌现出来的国际大学是全球一体化进程的必然结果，随着疆界局限逐渐被打破和新的国际关系形态的产生，高校自然要寻求某种跨越传统界限的正式联系。由加拿大、美国和中南美洲的一些高校共同组建的"美洲大学"将围绕美洲一体化在国际法与冲突解决和亚马逊盆地环境教育等方面建立教学与科研合作网；设立北美、中美和南美洲问题研究主任和政府机构管理人员设计的，研讨美洲间问题的短期进修班。目前加拿大的一些高校在与瑞典、芬兰、丹麦、挪威、冰岛和俄罗斯的高校商讨建立"北极大学"以进一步促进该地区的高校交流与合作。

五、跟进习总书记中美两国合作战略构想

2015 年 9 月 22 日至 25 日，习近平总书记对美国进行国事访问。访问期间，习近平主席与奥巴马总统举行了深入、坦诚、建设性的会谈。中美双方达成广泛共识，取得了一系列重要成果，包括中美新型大国关系、双边务实合作、亚太地区事务、国际与地区问题、全球性挑战五大类问题 49 项内容。其中，中方宣布未来 3 年将资助中美两国共 5 万名留学生到对方国家学习。美方宣布将"十万强"计划从美大学延伸至美中

小学，争取到 2020 年实现 100 万名美国学生学习中文的目标。双方支持大学智库合作，每年举办中美大学智库论坛，在两国大学和教育机构间加强合作并推动公共外交项目。双方将支持每年举办中美青年创客大赛。做好这些战略合作构想的对接工作，是我国高等教育发展特别是国际化的重大机遇。

第一，加大互派留学生规模。从 1979 年邓小平和时任美国总统卡特商定美国接收中国派遣的 10 万名留学生以来，中国越来越多的学生或公派或自费赴美留学，从早先的攻读本科、研究生已经开始向下延伸，不少家庭将孩子送到美国接受基础教育。美国国际教育协会自 2000 年开始每年都会发布一份国际教育《开放门户》报告。根据 2014 年 12 月 17 日该协会的报告显示，目前在美的中国留学生人数超过 27.4 万人，占全球留美学生总数的 31%，是 15 年前的 5 倍。同时，美国来华就读的学生也越来越多。《开放门户》2014 年报告显示，美国学生去国外学习的人数也较 15 年前翻了一番，接近 29 万人。中国已经成为继英国、意大利、西班牙、法国之后的第五大海外学习目的地，位置不断前移的趋势十分明显。大量中国学生的到来让美国学生更多地接触到中国，激发了他们去中国亲身体验的热情，同时，中美之间日益增长的文化与经贸关系是美国学生选择去中国留学的一个主要原因。当然美国学生都知道中国代表着经济上的未来，所以很多学生希望学习中国，体验中国文化，为将来从事两国之间的经贸往来做好准备。

第二，加倍项目合作鼓励莘莘学子。项目合作是当下两国教育交流的重要形式。在今年第六轮中美人文交流高层磋商中，中美双方一致同意继续实施好中美教育交流的重要项目，其中包括富布莱特项目、美中友好志愿者项目、政府代表团交换项目等。进一步推动中美学生交流和开展联合科研。中美双方将推进两国大学智库交流与合作，针对中美两国和全球面临的共同与紧迫问题，汇集中美顶尖智力资源，开展联合研究。教育部将启动"百千万"学生交流项目，在未来 5 年里，邀请 100 名美国青年精英访华游学；邀请 1000 名美国优秀大学生来华学习，支持 1000 名博士赴美重点高校留学；每年公派 1 万人赴美学习研修。

第三，加强激动人心的"十万强"。"十万强计划"最早是美国总统奥巴马2009年11月访问中国期间宣布的，国务部长希拉里2010年5月在北京正式将计划签署为双边协议，目的在于加深美中在教育、科技和体育等领域的互动合作。"十万强计划"的目标包括了高中、大学以及研究生院的学生，无论是念书还是实习都算在内。"十万强"动议主要针对两类美国学生，一是致力于培养美国下一代的中国问题专家，他们应该是在中国进行过多年学习、真正了解中国的美国人。另一类是对中国感兴趣却由于资金等条件限制无法到中国留学的美国学生，如高中生和社区学院学生等。在学科方面，以往美国学生赴华大多学习语言、历史等人文学科，"十万强"动议将鼓励更多学生赴华学习科学、技术、工程、医药等学科，同时兼顾教师等职业交流和培训。在地区方面，将推动美国留学生涉足中国大城市以外的小城市和农村地区。预计在未来四年内招揽10万名美国学生到中国留学，将目前派往中国的留学生人数加倍，以加深美中交流。

第四，加快推进中美联合办学。习近平总书记访美期间到访全球创新学院这一新型国际化大学，已充分显示党和国家的支持信号。全球创新学院由清华大学、美国华盛顿大学和微软公司共同创建，校区设在美国华盛顿州西雅图地区。对于中外高校联合办学，这不仅有利于学生交流，同时也是"教育"教育者的过程。中外合作办学将在多元化、多层次人才培养中发挥示范、探索作用。为满足日益增长的需求，中国在美国开设的孔子学院已经超过100多所，美国有数十万中小学生正在学习汉语。中国不少城市陆续开设国际高中。一些知名公立学校还利用特有资源创办国际部，使得越来越多的学生在本土就可以接触到较为国际化的教育资源。截至2014年，中国内地的国际高中、公立学校的国际部共计超过230所。国内高校与海外院校建立校际交流、进行合作办学、召开国际会议、共享教材图书等，更是风起云涌。有趣的是，海外院校在吸引中国学生的同时，也开始将教育资源向中国大陆扩散。根据美国纽约州立大学奥尔巴尼分校的"跨境教育研究小组"统计，海外院校在中国大陆建立海外分校的院校已有28所，其中美国就占据11所。约翰·

霍普金斯大学、纽约大学等都在中国大陆设立了专门的校区，面向全球招生。

第五，加深中外教育理念融合。教育部与美国有关方面、相关企业合作，组织实施"知行中国"青年领袖交流项目，邀请美国青年精英来华研修，亲身感知现代中国，了解中华文化，促进中美青年领袖之间的交流。持续推进"千校携手"项目，鼓励中美两国中小学生增进交流与合作，进一步增强环保意识，争做人文交流和绿色环境的友好使者。与美国职业篮球联盟等体育组织开展合作，包括举办体育论坛、设计开发体育课程、共同组织学校体育教师和学生运动员培训，普及和发展校园篮球，并组织开展足球训练营等，不断提高青少年学生体质健康水平。把中国 20 多岁的年轻人送到美国，把对方 20 多岁的年轻人请到中国，双方从很早的时候开始接触，了解对方的想法，知道如何求同存异，随着他们的成长，十年、二十年、三十年后，当他们成为各自行业的领军人物时，企业与企业、机构与机构甚至国与国之间的沟通交往也将更加畅通。

仔细研究上述战略举措，不难发现，习近平总书记这次访美能够更好统筹国际国内资源，进一步呼应美方关切，同时又能更好地调动国际资源，通过国内进程和外界需求的互动，交流对象将更加丰富，涵盖学生、教育工作者、政策制定者等不同群体，交流形式将更加多样，从互访、留学、研修、游学到互设机构、合作办学等，交流机构也将不断涌现，超越教育部门，发展成为跨领域、跨产业合作，有力的推动中国教育改革和发展。

第十二回 严以用权

——在"三严三实"教育专题三学习研讨会上的讲话
（2015 年 10 月 10 日）

同志们：

从 10 月开始，全校"三严三实"专题教育将开展以"严以用权"为主题的学习研讨。领导干部和普通群众的最大不同莫过于手中有权、肩上有责。对处级以上领导干部来说，能否正确履职用权是最经常、最现实的考验。全校处级以上领导干部要以深化学习、统一思想、提高认识为首要任务，充分运用"严以修身""严以律己"专题学习研讨成果，进而夯实"严以用权"的思想基础。落实"三严三实"要求，"修身"是基础，"律己"是保障，严以用权是关键。下面我结合学习"严以用权"谈三点体会。

一、要牢记习近平总书记严以用权的十个要求

习近平总书记在对"三严三实"的重要论述中曾指出，严以用权就是要坚持用权为民，按规则、按制度行使权力，把权力关进制度的笼子里，任何时候都不搞特权、不以权谋私。在中国共产党第十八届中央纪律检查委员会第五次全体会议上，习总书记又专门强调，要做到严以用权，就要遵循下面的十个要求。

一是敬畏权力。常言道："头顶三尺有神明，不畏人知畏己知。"领导干部要手握戒尺，躬身自省，经常反思自己是不是正确对待和行使了权力，时时防范权力越轨。邓小平曾告诫领导干部："我们拿到这个权以后，就要谨慎。不要以为有了权就好办事，有了权就可以为所欲为，那

样就非弄坏事情不可。"要做到严以用权，就应该坚持用权为民，心存敬畏。党的领导干部必须清楚，手中的权力是人民赋予的，权力是神圣的、高山仰止的。对手中的权力要有畏惧之心，有战战兢兢、如临深渊、如履薄冰的谨慎，保持心有所畏、言有所戒、行有所止的约束，这样才能对得起人民赋予你的权力。

二是慎用权力。权力是一把双刃剑，用得好可以为民造福、建功立业。而如果"剑走偏锋"，就会伤人伤己甚至祸国殃民。要负责任地行使权力，慎言慎行慎独慎微慎初慎终。谨慎用权的前提是要把情况都搞清楚，把问题想明白。搞清楚情况唯一的办法，就是要多调查研究、向人民学习、向专家学习、向历史学习，掌握一手资料。把问题想明白，就是要深思熟虑，集思广益，发扬民主，博采众长，把东西写出来。

三是为公用权。古语有云，"居官守职以公正为先，公则不为私所惑，正则不为邪所媚"，这说的就是用权为民。这里所指的"民"，一是代表绝大多数或大多数老百姓的利益；二是代表一部分困难弱势群体生产生活中实际困难和问题；三是指一定区域内事关改革发展稳定的重大项目和重点工作等。只有坚持权力的人民性质，权力才能发挥出服务功能。自古以来的历史说明，从政履职只有用权为公，才能得到人民的称赞和尊重，否则就会让群众不耻和诟病。每个干部都要以林则徐的"苟利国家生死以，岂因祸福避趋之"为座右铭。用权为公，守住公与私的分界线，绝不搞权力寻租、权钱交易。一定要践行党的宗旨，全心全意为人民服务。

四是依法用权。公权力行使的原则是"法无授权不可为，法有授权必须为"。就是说，法律没有明文规定的权力不得行使；法律对权力明文禁止的更不得行使；超越立法目的和法治精神行使的权力无效。但是，权力具有天然的扩张冲动，人们行使权力遇到界限才会休止。"权界"一是指宪法法律；二是指党纪党规；三是指纪律制度。用权一定要依法。依法治国，最重要也是依法治权，使权力在法律范围内活动，必须给权力运行"划红线""布雷区"，"法无授权不可为"。让权力在安全线内运行，权力周边要有"警戒线"和"高压线"。

五是履责用权。权力和责任是紧紧相连的,有多大的权力就要承担多大的责任,尽多大的责任才会有多大的作为。"责任"二字具体体现在这三个方面:一是履好业务范围内的职责。心无杂念,夙夜在公,尽心竭力干好分管工作;二是敢于担当。权力和责任是对等的,有权必有责,有责就要敢担当。该自己负责的绝不推诿、怠慢,该自己决策的绝不犹豫、含糊,做到守土有责、守土负责、守土尽责;三是切实履行好"一岗双责"和党风廉政建设主体责任。每个干部都要扎扎实实履职尽责,要把高标准履职尽责作为基本要求。日常工作能尽责,难题面前敢负责,出现过失敢担责,面对急难险重的任务要豁得出来、顶得上去。

六是务实用权。"有所畏""握戒尺",最终要落脚到"有所为"。勤政不怠,怠政如贪。勤而不廉要出事,廉而不勤要误事,不廉不勤更坏事。领导干部懒政怠政、为官不为,就是对权力的亵渎和贪污,耽误的是一方的发展,辜负的是人民群众的希望和期待。严以用权和干事创业不是对立的。严以用权不是说有权力不敢用,而是为了更好地干事,有的人感觉为官不易,所以不敢用权,为官不为,尸位素餐。当前有些地方干部懒政怠政,使权力处于休眠的状态。对此,就让他们腾出位置来给想干事、能干事、干成事的干部。

七是刚直用权。刚直用权就是面对各种歪风邪气,要敢于较真,敢于碰硬;面对重大原则问题,要立场坚定、旗帜鲜明。要用权不媚俗、不逢迎。要像海瑞那样刚直用权,具有牺牲精神。我们知道在海瑞的任上遇到一个宰相之子,这个人是一个大恶霸,仗势霸占民田,强抢民女,勾结官府,无恶不作。海瑞不畏权势,查清了有关案件,替被害人平反昭雪。本来因为恶霸的父亲是宰相,买通了宫里的太监和朝廷的官员,威胁要罢免他。当时海瑞不为所动,仍然依据法律下令处死了宰相的儿子。最后,海瑞被罢官,但是他一身正气,无惧罢官归田,所以,这种不屈服、不丧气,刚直用权,深得人民的爱戴,他的故事也流传到至今。

八是阳光用权。用权必须透明,在阳光下运行,各级干部最好的用权方法就是推进权力运行的公开化、规范化,落实党务公开、政务公开、司法公开和各领域办事公开的制度;同时,加强党内监督、民主监督、法律监督、舆论监督，让人民来监督权力，让权力在人民眼皮底下运行，干部应该逐步习惯于在聚光灯下工作。你不怕人家都关注着你，你的权力是公开的，大家就像聚焦光一样聚焦在你身上。也要习惯于在放大镜下工作。权力怎么用，不怕人家挑毛病，哪怕用放大镜来看，也不会有什么瑕疵，经得起公开检验。只要做到在阳光下运行权力，各级干部就能够经得起各种的风浪。

九是廉洁用权。用习总书记的话讲，要发财别当公务员，要当公务员，就别想发财，树立"奉公莫怨贫、为民不求名"的思想，耐得住清贫，守得住寂寞，习近平总书记要求党员干部心有戒尺，用清白二字打底，公廉二字正己，筑牢反腐倡廉的思想防线，练就一身拒腐防变的钢筋铁骨，干净做事，廉洁律己、廉洁用权。管住身边人对领导干部特别重要，不能让身边人毁了自己。古人云："不虑于微，始成大患；不防于小，终亏大德"。违法违纪的人大多数是从操守不严，品行失端开始的，对"小意识"不以为然，对"小诱惑"挡不住，所以小节不守，大节难保。防止小错成犯罪，防止小案成大案就要从平时严格要求做起，从细微之处严加防范，在小事细节上，时时刻刻提醒自己，防微杜渐，消于未萌，严防廉洁从业大堤溃之"蚁穴"。

十是公正用权。公平正义是权力使用的根本标准。权力是公器，官员代表的是人民的利益，代表国家行使权力，一定要做到公正、公平、公开、正义，而不能仅凭自己的好恶有失公允。有权力更不能任性，任性的权力肯定是破坏公平公正的。古人讲，"居官守职以公正为先，公则不为私所惑，正则不为邪所媚。"历史上的一些清官如包拯、海瑞等之所以名留青史，万民传诵，就是因为他们都是用权为民、用权为公的楷模。他们在民间留传的故事很多，我就不讲了，今天我给大家讲一个"六尺巷"的故事："六尺巷"位于安徽省桐城市西南一隅，是一条鹅卵石铺就的全长180米、宽2米的巷道。这条看似寻常的巷子，走完全程也不过四五分钟，却有着一段不平常的来历。清朝时，在安徽桐城有个著名的家族，父子两代为相，权势显赫，这就是张家张英、张廷玉父子。康熙年间，张英在朝廷当文华殿大学士、礼部尚书。张英的老家人与邻居吴家在宅基的问题上发生了争执，因两家宅地都是祖上基业，时间又久远，对于宅界谁也不肯相让。双方将官司打到县衙，又因双方都是官位显赫、名门望族，县官也不敢轻易了断。于是张家人千里传书到京城求救。张英收书后批诗一首寄回老家，便是这首脍炙人口的打油诗。"千里来书只为墙，让他三尺又何妨？万里长城今犹在，不见当年秦始皇。"家人阅罢，明白其中意思，主动让出三尺空地。吴家见状，深受感动，也出动让出三尺房基地，这样就形成了一个6尺的巷子。张家不仗势压人的做法传为美谈。

严以用权，就要严格区分公私界限，从思想上、行为上杜绝以权谋私，拒绝各种特权；严格按法办事、严守规则和制度行使权力，要把权力关进制度的笼子里；严格接受人民监督，时刻听取群众的反映和意见，及时加以改进。

二、要掌握严以用权的十大基本问题

严以用权，民是中心，权是核心，用是路径，严是标准。但还要进一步搞清楚：权力是什么？从哪里来？它为谁所用？应当如何用？等十个方面的问题。

第一，权力的概念。在古代汉语中，"权"字具有多种含义。据《广雅·释器》的解释，"锤谓之权"，"权"指一种测定物体重量的器具。它的主要意义都与重量、度量衡相关。由于"权"字与物之重量相关联，因而它被引申，喻指"权势""权贵""权柄"等某种政治、经济方面的优势力量，并表明这种力量能够起到制约他人的作用。现代意义上的"权"，就是从衡器引申为动词并获得"在审度之后作出决定"的含义而来的。权是一种力量，所以通常称之为权力。权力，顾名思义就是掌权者行使权所具有的力量，能把自己的意志、要求施加于其他人。这表现为影响、支配、制约等行为方式。人类所有的力量最终都集中于权力，一切物质的力量都是权力的工具。原子弹非常强大，要看它的按钮在谁的手里。因而，权力具有强制性，不服从的就要受到一定的惩罚。

第二，权力的来源。大概有五种不同的理论。第一种是自然论。认为权力是由个人的能力决定的，能力强就可以掌握权力。这基本上表现在原始社会的氏族阶段。在氏族社会里，有的人身材魁梧，力大无比，也能够领着大伙打仗、采集食物，起到指挥的作用，这样的人就自然而然成长为氏族的领袖，氏族的酋长，这是权力自然来源的理论。第二种神意论。宗教认为，天上有一个国家，天上的国家是神具有权力，那地上的国家是天上的国家决定的，地上的这些皇帝、国王、君主的权力是由上帝给你的。这就是权力神意论。第三种是血缘论。就是血缘关系世袭制，父亲把权力交给他的儿子，也是一种权力的世袭制，也就是家天下。第四种是契约论。契约论认为，权力是属于大家的；每个人都行使权力，不方便，也没必要。因此，大家商量一下，把这个权力委托给一些特别能干的人，但要说好你要很好地用权力给我们服务，你如果不行的话，我们要制约你，把你的权力收回来。因为你违约在先。这叫契约论。第五种是民意论。认为权力是经过大家民主选举的，然后授予某些人来行使权力。在以上五种权力来源的理论当中，很显然我们赞成的是民意论。

第三，权力的本质。事实上，权力自产生之日起，就具有双重本质：一方面权力作为社会活动的管理调节职责，是其职能本质；另一方面，权力作为人们利益谋取和维护手段，是其利益本质。原始社会没有阶级存在，权力的职能本质与利益本质是一致的，权力的职责作用是全社会性的，权力的利益作用也是社会性的。随着生产力的发展和阶级的出现，权力状况发生变化，出现了权力的职能本质与利益本质的分化与对立，这种分立状态使得权力只体现统治阶级的意志，而权力本身也直接变为少数掌权者谋取私利的手段。随着剥削制度被推翻，社会主义社会实现了生产资料公有制，阶级趋于消亡，权力成了全体人民意志的体现，权力属于全体人民所共有，人民成了权力的主体。换句话说，权力失去了它作为少数人谋利手段的性质，成为为全社会人们谋利的手段；虽然掌握和使用权力的依然是处于管理职位上的个别社会成员，但权力不归这些个别成员所独有，而只是他们履行社会义务的职责。于是，权力的职能本质也得到完全恢复，权力的职能本质与利益本质重新得到统一。

第四，权力观。权力观是指对权力总的看法。我们共产党人的权力观就是为人民服务的人生观和价值观。因而，共产党人也要用为人民服务的人生观和价值观来塑造我们的权力观。也就说，掌握权力不是为了个人或少数人谋利益，掌权者的人生意义和价值性在于为人民服务。习近平总书记指出"我认为认认真真地当好共产党的'官'是很辛苦的。我也没有听到哪一个称职的领导人说过当官真舒服"；"权力就是责任，权力越大责任也越大"。的确，正如俗话所说"无官一身轻"，只要"官帽"在头上，享清福就没可能也不可以。我这里再列举苏联垮台以后，前苏联部长会议主席尼·雷日科夫讲过一句很有哲理的话："权力应当成为一种负担和责任。当它是负担和责任时就会稳如泰山，而当权力变成一种乐趣时，那么一切也就完了"。雷日科夫针对的是原来苏联的各种弊端说的。我认为这句话是很有含义的，促使我们反思，并引以为戒。权力一定要当做一份沉甸甸的责任来看，而不是权力能给我带来欢乐、给我带来幸福，那样作为一个执政党来说，离灭亡也不远了。特别还要时刻牢记权力是把双刃剑，"挥"之不慎可能会伤及自己；权力是一团炽热的火，"燃"之不察可以将自己焚毁；权力是一泓激流的水，"掘"之不疏会招致灭顶之灾。

第五，权力的分类。权力基本上可以分为公和私这两大界别。从私的方面来看，私的权力是存在于私的领域之中。比如说，这种私权运行于家庭、亲戚、朋友之间等，所谓私事。还有一种权力是公权，存在于公共的领域，运行于团体、阶级、社会和国家等方面。把权力做公权和私权的分析以后，大家就很清楚，我们今天所讲、所研究的权力，或者说政治学研究的权力的核心问题，主要是公权的问题。孙中山曾经说过，什么叫政治？政治就是管理众人之事。所以，我们要明白权力的这两种基本分野。这就提醒大家一个非常重要的区别，也可以说从政有一个大忌，千万不能把公权用于私权。在私人的领域里用了公权，这就违反了权力的公域性质。

第六，权力行使基础。大家知道，马克斯·韦伯曾经对权力行使的基础做过三类分析。马克斯·韦伯认为权力行使的基础，第一种叫做传统型。即在原始部落酋长时代酋长怎么行使权力，建立在什么样的基础上？它的基础很简单，就是大家要服从我，因为习惯上从来就是这样做，这是一种传统，大家必须服从我，这构成了权力行使的第一种基础。第二种基础，马克斯·韦伯把它叫做个人魅力型，就是有一批领袖或者精英分子特别聪明能干，具有先知的特质。比如，有的人就被称为英雄、大领袖。他们个人具有魅力，大家都非常欣赏他们。所以，他们行使权力的基础就在于大家认为跟着他们一定能够胜利，也能够改变生活，日子越过越好。第三种是法理型。行使权力的基础是建立在法治的基础上。这就讲到当今时代的官员，特别是政治的官员，是由人民选举产生的。由人民选举产生的官员怎么行使权力？他们行使权力基础在于法律依据，是法律授予的。因此，他们起领导作用、行使权力是有法律根据的，所以被领导者必须要服从，因为不服从就违反了法律。以上是马克斯·韦伯对权力行使所做的三类分析。从这里可以看到，第三类当然是正确的，是今天需要的，也是必须强调要这样做的。

第七，权力行使方法。要德治与法治相结合，一种是行使权力一定要讲道德。孔子说得好："政者，正也。子帅以正，孰敢不正？"所以，孔子所主张的儒家学派提倡要修身齐家治国才能平天下，一句话要以德治国。在汉代的时候，有一个人叫刘宽，从他的名字上就知道这个人非常宽厚。这个人的有修养、好脾气是出了名的。有一天他坐牛车外出，半路上遇到一个人，说自己的牛丢了，非要看看刘宽的牛是不是自己的，其实就是怀疑刘宽偷了他的牛。一般人遇到别人无缘无故冤枉自己偷东西，可能早就忍不住要理论起来，理论不成可能还要大打出手。而刘宽一句话也没说，当时从车上下来后就直接步行回家了。没过多久，那个丢了牛的人牵着刘宽的牛找上门来，看到刘宽赶紧道歉，说自己的牛找到了，白白误会了他，实在是对不起，刘宽想怎么处罚他都愿意。刘宽看他这样，仍旧不气，对他说："这世界上长得相似的东西实在是太多了，认错了也是难免的，还要麻烦你亲自把牛送回来，有什么好责罚你的呢？"刘宽的这番举动和言辞可以说是相当的大度，街坊邻居听闻这件事后，都十分佩服刘宽。生活中刘宽性情温良，脾气好，在工作中同样是仁厚宽恕。汉桓帝时，刘宽官做到太守，管理着三个县的事务。每当手下的官员犯了错，他也只是稍加惩罚，从不用严刑来治理。这可以说是德治模范。一种是法治。用权要守法，守法是根本。权力由政府行使，再大也不能为所欲为；权力由干部使用，再小也不能放纵。习总书记说："任何组织或者个人都必须在宪法和法律范围内活动，任何公民、社会组织和国家机关都要以宪法和法律为行为准则，依照宪法和法律行使权力"。

第八，权力行使要求。要求是"严"，主要包括以下几个方面：①权力行使主体明确。权力行使主体的配置是否合理和明晰，是权力依法行使的前提。对于各级党和政府及其部门权力的配置，必须依据宪法和上位法的根据，做到尽可能具体化和明晰量化。什么样的权力归谁拥有，应当有法律的依据。②权力内容的确定。权力内容的确定化，换句话讲，即权力范围的界定。权力的边界就是法治，权力运行的界限要遵循法律的轨迹，按规则、按制度行使权力。"法无授权不可为"，任何级别的领导干部都没有法外之权。③权力行使规范程序。怎样才算正义地行使了权力？这个问题很复杂，但其中有一个根本原则，那就是要做到以行使程序的正义来寻求结果的正义。秉公用权是"严以用权"的基础，坚持权为民所用，公正严明就必须促进权力行使的程序化。一般来说，只有程序正义，才能达到结果正义。这就好像选择正确的道路，才能到达目的地一样。权力的行使必须依据程序化规范。

第九，严以用权内容。主要有以下几个方面：①严在决策。这个决策，指的是对发展方向和重大事项的决策。②严在用人。用人是领导干部手里一项特殊的权力，也是风险最大的权力之一。严以用人，首先是要坚持以制度用人，严格坚持选人选才的程序和标准。其次是严格控制个人的好恶和影响，不以自己的眼光评判人，不按自己的交情选拔人，不为表面现象所迷惑。③严在花钱。大到一个地方，小到一个单位，几乎每个领导干部，都有支出公款的权力。领导干部在每一次签字的时候，一定要想一想，这些钱都是纳税人的血汗，无论挥霍还是浪费，都是极大的犯罪。

第十，严以用权制度。将严以用权的各项要求内化于心、外化于行、固化于制。习近平总书记在庆祝全国人民代表大会成立 60 周年大会上指出"要坚持用制度管权管事管人，抓紧形成不想腐、不能腐、不敢腐的有效机制，让人民监督权力，让权力在阳光下运行，把权力关进制度的笼子里"。制度带有根本性、全局性和稳定性。好的制度可以使坏人变成好人，不好的制度会使好人变成坏人。有这样一个故事：18 世纪晚期，英国政府移民澳洲，由于船上拥挤不堪、条件极差，移民死亡率居高不下。对此，英国政府改变了支付制度，不按上船时的人数付费，而按下船时的人数付费。制度导向的转变，使船主自觉关心移民生存，平均死亡率直线下降。这个故事启示我们，制度是禁止更是引导，是约束更是激励。最近，我到美国高校考察访问，在双向六车道的高速公路上行驶时发现，我们五个人坐的车都在快车道上行驶，我问司机是不是中国人可以优先，他回答说，中国在美国的人太多，没有这个特权，关键是美国汽车太多，为了鼓励更多的人不一人开一辆车，政府制定了一条政策，拼车的人可走快车道。所以在制定制度的时候，引导重塑"严以用权"行为方式的制度也必不可少。著名启蒙学者孟德斯鸠曾说：一切有权力的人都容易滥用权力，这是万古不易的一条经验。权力具有天然的膨胀性，只要缺乏足够的约束、监督，任何权力都会生出腐败。要防止滥用权力，就必须以制度约束权力。

最后，总结一下对权力应该有怎样的正确的态度？习近平同志认为，马克思主义的权力观是两句话：权为民所赋、权为民所用。这从根本上解决了权力的来源，那就是权为民所赋；权力的目的，权为民所用；权力的功能，要情为民所系，利为民所谋，把这些问题都讲清楚了。

三、要谨防严以用权中出现的"十种水"

在中国经济发展新常态下，严以用权，既廉政又勤政，认真谋事、创业和做人，树立对党忠诚、干事干净、敢于担当的良好形象，这是对领导干部最基本的要求。对高等院校各级领导干部而言，严以用权就是诚恳认真地为学校持续健康发展和广大师生员工履好职、尽好责、服好务。

第一，谨防决策挖井现枯水。决策是各级组织和各级干部的重要工作职责，正确决策是保证各项事业顺利发展的基本前提。民主是提高决策能力的核心要求，是防止决策失误的根本保障。"大智兴邦，不过集众思；大愚误国，皆因好自用。"作为决策者，个人的能力是有限的，不可能各各方面都熟悉、都了解、都精通，做到万事周全。在做决策、定规划的时候，一步想不到、做不好就可能"满盘皆输"。各级组织和各级干部所做的每一项工作都事关党的事业，都涉及广大师生员工的切身利益，更不能固执己见搞"一言堂""拍脑袋"做决策，特别是要注意听取反面意见，三峡工程大江截流成功，谁对三峡工程的贡献最大？著名的水利工程学家潘家铮这样回答外国记者的提问："那些反对三峡工程的人对三峡工程的贡献最大。"反对者的存在，可让决策者保持清醒理智的头脑，做事更周全；要坚持民主集中制原则，切实发扬党内民主，坚持正确集中，凝聚全党智慧。这对各级领导干部而言，不仅是工作方法问题，更是执政能力、执政水平和党性修养的体现。要不断完善各项议事规划和决策程序，切实推进决策的科学化、民主化、制度化，特别是在一些事关全局和长远发展的重大问题上，一定要集体讨论，广泛征求各方面意见，真正使决策成为集思广益的过程，更加符合工作实际，经得起实践的检验。要进一步加强党委决策咨询工作，完善相关制度，用民主方法形成共识，提高科学决策、民主决策、依法决策水平。要积极拓展公众参与决策渠道，充分听取和吸纳社会各界意见，促进各项决策与社会需求和社会承受力相适应、相协调。

第二，谨防占据空间不降水。公权就是王道。有多大权力就要担多大责任，有多大责任就要有多大作为。"敬权"如布雨降水，就是领导干部要在最关键、最需要的时候和最困难的地方出现，以最直接、最实用、最科学的决策和方法，妥善解决广大师生员工最急切、最关心的现实问题，充分体现我们党用权如"春风化雨、润物无声"的伟大情怀。作为一名领导干部，不仅要坚持以焦裕禄、杨善洲、谷文昌等典型人物为榜样，而且要不断加强学习，认真思考，敢于担当，敢挑重任，敢涉险滩，做到既廉政又勤政；要立足当前，着眼长远，始终坚持跟着党走，科学履职尽责。被尊称为"延安五老"之一的徐特立一生为革命鞠躬尽瘁，死而后已，毛泽东在延安时期就称自己这位可敬的老师为党的"坚强的老战士"，更是一语中的地高度评价他是："革命第一、工作第一、他人第一"。这三个"第一"是毛泽东于 1937 年 11 月 30 日在延安为徐特立 60 岁生日写下的祝贺信中的核心观点，概括了徐特立光辉的一生。这位 1927 年 5 月在白色恐怖中毅然加入中国共产党、同年 8 月参加南昌起义并以 57 岁高龄参加二万五千里长征的老战士，真正是"革命第一、工作第一、他人第一"的模范实践者。令人回味的是，毛泽东在称赞徐特立"革命第一、工作第一、他人第一"的同时，也尖锐指出了"有些人却是风头第一，休息第一，与自己第一"。

第三，谨防滥用权力泛洪水。权力如流水，在沟渠之内奔涌，可灌溉田地、运输货物。倘若破堤决坝，肆意泛滥，则将淹田毁屋，破坏生态。要算好总账，面对各种诱惑风险，党员干部特别是领导干部要"吾日三省吾身"，时刻自我审视，算清人生"七笔账"。算好政治账，不要自毁前程；算好经济账，不要倾家荡产；算好名誉账，不要身败名裂；算好家庭账，不要妻离子散；算好亲情账，不要众叛亲离；算好自由账，不要身陷牢笼；算好健康账，不要身心交瘁。谨守权力边界，管住自己的心，不乱思乱想；管住自己的口，不乱吃乱讲；管住自己的手，不乱拿乱要；管住自己的身边人，不乱来乱为，做到从内到外筑牢拒腐防变的钢铁防线。科学界定每个职能部门、每个领导干部、每个有权管人管事的干部职工的权力边界，进一步规范权力运行程序、环节、过程、责任，确保做到可执行、可考核、可问责。既要公开行使权力的程序、过程和结果，让违规行为"无处藏身"，让拥有权力之人按规矩用权，按程序履职尽责；又要科学、合理、有依有据的制定各项纪律制度；又要尽快健全和完善严格、有序、持久的执行程序，形成持之以恒执行纪律制度的长效机制，确保在纪律制度面前没有特权、纪律制度约束没有例外，不断增强制度的权威性和执行力；还要让制度的"笼子"通上"高压电"，不搞"网开一面"和"下不为例"，不管什么人，权力一旦"出笼"

就要受到严惩。

第四，谨防以权谋私捞油水。这里，先讲一个故事。2015年2月6日，《光明日报》发表了一篇纪实性散文——《一位财政部长的两份遗嘱》，追忆了新中国财政部第五任部长吴波无私奉献、清正廉洁的感人事迹。吴波体谅国家困难不愿花钱维修房子而长年住在裂缝掉灰的平房；鼓励儿子们不在优越的京城生活而到艰苦地方安家落户，且不准儿子们用自己的权力、影响找朋友、熟人为自己谋好处；把平反补助费和保姆补助费全部交了党费，还拿出自己工资接济司机和困难的人；年轻时立志做"无产者"而终生不改誓言，两次立遗嘱把自己的两套房交给了国家。吴波精神是领导干部对照人生境界高低差距的镜子，这面镜子照亮了我们的灵魂世界。范仲淹有句名言"凡为官者，私罪不可有，公罪不可无"，权力是为人民服务和谋事创业的工具，不是个人谋取私利的工具。如何用好权力？本质上是用权为公还是用权为己的问题。历史充分说明，只要用权为"公"，为官就会得到人民的称赞和尊重，否则，就会让群众不耻和诟病。过去，共产党领导人民推翻蒋家王朝目的就是要夺取政权，破坏他们"公权私用家用他用"的制度基础，今天，我们要从我们过去打倒的敌人身上吸取教训，过好这"三关"。在现实工作、生活中要过好这"三关"也许会得罪不少人特别是关心和培养自己的领导、同事以及亲友。得罪他们可能被他们骂为"六亲不认"，不得罪他们就可能得罪更多干部群众。如何处理呢？历史和事实表明，坚持原则会得罪人，但不坚持原则会得罪更多干部群众。我认为，在严以律己的基础上，做到正确对待上级及其领导同志，正确对待本系统本部门的同志，正确对待熟人和服务对象，就可能更好地过好"三关"。

第五，谨防伦理道德出坏水。西方有一个叫马基雅维利的政治学家主张政治可以不讲道德，只要政治的目的是高尚的。政治目的的高尚就说明其他方面也是高尚的，所以在手段上，可以采取非常卑鄙卑劣的或者野蛮的各种方式，只要是为了高尚的目的而使用。所以，马基雅维利公开地劝君主，他写了一本《君主论》。在这本著作中，他主张君主应该同时具有狐狸和狮子的品格。狮子非常凶猛强暴，而狐狸非常狡猾、善于使用诡计。马基雅维利认为对权力使用的要求可以不讲道德。但是，权力是要讲道德的，这是基本的要求，同时要解决干部中存在的瞒上欺下，勾心斗角，阿谀奉承，拉帮结派，同流合污，诬蔑中伤，造谣惑众，阴谋陷害等等四风和不正之风，坚持依德依法办事。古话说：善恶一念间。一个领导干部能否做到严以用权，取决于用权的心态。心态反映一个人的品德与修养，心态决定一个人的成败，心态影响一个人的一生。

第六，谨防伤害百姓哭泪水。一些领导干部急功近利，为了引起上级关注，用起权来又太"任性"，凡事可做八分却做了十分，大工程大项目行要上、不行创造条件也要上，搞一大堆形象工程，劳民伤财无数。清华大学建筑学院建筑系主任许懋彦教授曾参与过西北师范大学、中国民航学校校园的规划设计，他表示，花几百万元造一个校门实在没有必要，是形象工程。从建筑的角度看，100多米长的大门与学校的其他设施很不协调，这么长的校门，里面得有多大的面积、多少房子来匹配？许懋彦说，他曾经考察过兰州某大学，在距离兰州市中心几十公里的郊外建起了一个新校区，用数千万元造了一个有看台的万人体育场。离市中心这么远，周围也没有什么社区，这个万人体育场建起来，每年可能就用两三次。这不是浪费是什么？各级组织和各级干部必须牢记，只有根植人民、造福人民，党才能始终立于不败之地。要始终牢记群众观点，多从群众的立场和角度看问题、想事情，多以问题为导向学知识、练本领，多向群众问需问策，多从群众中汲取智慧和力量，既要敢于直面困难和问题，更要善于破难题、化矛盾，为群众排忧解难。要积极探索深入群众的好办法，主动在感情上和行动上融入群众，体验群众生活、体会群众甘苦、体味群众情感，无论什么时候，群众本色不能变，群众情怀不能淡，真正做群众的贴心人。当前，更要着眼长远，多做一些打基础、利长远的实事，不贪一时之功，不图一时之名，不搞短期行为；要树立正确的政绩观，对个人名誉、地位和利益想得透、看得淡，决不能为了树个人形象搞劳民伤财的形象工程、政绩工程，多做雪中送炭的好事，多办群众牵肠挂肚的实事，多树易学习可复制的典型，少务锦上添花、华而不实的虚功。

　　第七，谨防缺乏担当没汗水。随着作风建设的深入推进，领导干部的特权思想和特权行为越来越少了，但一些领导干部身上出现了为官不为的"权力休眠"现象。有的认为，现在条条框框多了，束手束脚，履职尽责越来越难，干脆就"为官不为"；有的认为，现在"油水"没了，干和不干一个样，今天重复昨天的故事，干脆懒得去干。一些领导干部害怕枪打出头鸟，用权便不敢太"用劲"，谋事创业应做十分只做八分，可做可不做的不做，最后错失了发展良机；强调"担当"，不是提倡有勇无谋，闯"红灯"，去打擦边球，搞"规避变通"，而是学会并善于用创新思维和法治办法推动工作，是锐意创新、依法合规的"担当"，把掣肘发展的"硬骨头"一块一块啃掉，把阻碍振兴步伐的"暗礁"一个一个搬开；必须以"功成不必在我"的理念和境界，多干打基础、利长远的事情，让学校发展的步伐更加坚实、更加可持续。

　　第八，谨防牢骚满腹倒苦水。为人民大众勤为牛，就是要任劳任怨。面对困难、问题、矛盾，一些党员领导干部摆不正心态、放不平心绪，牢骚满腹生出种种"怨"来。正如石开先生在《"四怨"干部要不得》一文中指出的那样：一是怨"上"，对上级的要求、部署，往往不作理解，一上来就质疑。二是怨"下"，工作出了问题，不问具体情况，只是一味怨下级缺少执行力、没有战斗力，动不动就斥责。三是怨"别人"，总觉得别的部门、别的单位，不协作、不配合。四是怨"前任"，抱怨上一任干部基础没打好，留下"烂摊子"。孔子说："躬自厚而薄于人，则远怨矣"（《论语》卫灵公篇）。这就是说，一个人在学习、工作和生活中，若出现了问题或过错，不要强调客观，而应严以律己。首先自我反省，用责备别人的心来责备自己，严格要求自己，而对别人的责备要少一些。这里借用翻译家、文学家、戏剧家杨绛回复一位处于生活苦楚中的青年来信，她对那位青年说：你的问题主要在于读书不多而想得太多。多读一点书是化解抱怨的"良药"。知识多一点，抱怨就会少一点；宽容多一点，焦虑就会少一点。舍弃"名制"的缰锁，就会离快乐幸福近一点。为人做到无怨无悔，甘于平凡寂寞，尽心承担起自己对组织、社会、他人、家庭、自身的责任，这样的人生就达到了仰不愧天、俯不愧地、上不愧党、下不愧民的高尚境界。快乐人生从完善自己开始。你不用抱怨生活的不公，它在关上了一扇门的同时，会为你打开一扇窗。放下抱怨，以平和的心态直面仕途，就能远离诸多的烦恼；以谦卑的心态注重学习，就能弥补才识的不足；以忠诚的理想敬重事业，就能成就无憾的人生；以宽容的胸襟对待他人，就能赢得坦诚的回报；以热情的双臂拥抱生活，就能享受有限的生命。

第九，谨防激浪险滩淌污水。有承担风险，无私无畏、义无反顾的精神，有以"苟利国家生死以，岂因祸福避趋之"的胸怀，有"赴百仞之谷而不惧"的决心和勇气，是党的干部尤其是领导干部必须具备的基本素质。何谓担当，就是不计个人得失，在矛盾面前敢抓敢管、不怕碰硬，在困难面前勇挑重担、敢于负责，只要是为了党的事业、人民的利益，负着责冒着风险也要担。慎于用权和敢于用权是一个事物的两个方面。权力有风险，用权须谨慎，说的是，手握权柄，如履薄冰，要负责任地使用权力。反之，不敢负责不敢用权，不求有功，但求无过，宁可权力放空，以不作为而保证不犯错误的惜权思维，也是违背权力的本意的。敢于用权是要有一些牺牲精神的，包括真的犯错误被批评处分，包括被误解受委屈。戊戌变法时，有一个人叫谭嗣同，他面对当时那种险恶的环境，表现出了大无畏的牺牲精神。他说"各国变法，无不从流血而成，今中国未闻有因变法而流血者，此国之所以不昌。有之，请自嗣同始！"后来他英勇牺牲，把自己的生命献到了变法的祭坛上。作为一个资产阶级改良派的改革家都有这种风格品德，那么共产党员更应当这样做。带头从我做起，用自己的行动去改变环境。环境有没有不理想的地方？当然有。但是正如有人说的，一个人不能因为大街上有垃圾就像苍蝇一样活着，要坚持原则。焦裕禄的事迹非常感人，焦裕禄精神的本质就是对人民负有的使命，所做的一切是为了让老百姓的日子过得好一些，让老百姓能够活下去，关键时刻他敢于用权，甘愿接受组织处分购粮救济饥民。当时粮食的统购统销政策是不可触碰的高压线，但是与民众的现实产生冲突的时候，焦裕禄顶着违反政策的责任，毅然选择了人民。

第十，谨防新生事物泼冷水。打破长期以来惯性思维的制约和束缚。

从最近的调研情况看，一些部门和干部对新常态下出现的新情况新问题，思想上不适应。主要表现在：对互联网迅猛发展和科技快速变化带来的挑战不适应，对经济增长速度换挡期发展不适应，对市场在资源配置中起决定性作用不适应，对依法行政、依法管理不适应，对从严态势下的规矩约束不适应。这"五个不适应"问题，从根本上讲，是旧有习性带来的惯性依赖，是思想之窗没有洞开，对新事物、新信息、新趋势缺乏敏锐的感知度和接受力。只有主动从旧的条条框框中跳出来，克服惯性思维、突破思想坚冰，才能开创新的天地。大家盼改革、望改革，现在改革已经铺开了，不能叶公好龙、坐而论道，要当好改革的"工程师""施工员"，精心组织施工，一项一项地抓好落实。要统筹协调好校内外各方面资源，在人所不为中敢为、人所敢为中善为、人所善为中先为，全力推进改革创新，实现科学跨越发展。要结合实际，以深化改革、发展升级为中心，以稳中求进增质量、积极稳妥抓改革、突出特色兴学科、兜住底线保民生为原则，准确把握新常态，着力在基础建设、精细化管理等方面合力攻坚、破解难题。

同志们，大道至简，知易行难。权力越大，责任越大。各级领导干部是推进我校发展升级、绿色崛起战略的领头羊，是团结带领群众打造中国水利特色大学的主心骨，领导干部要把"严"的要求和"实"的精神在思想深处立起来，珍视并善用手中的权力，切实做到严以用权，心中有戒，不辱使命，不负重托，让权力造福人民。

第十三回　合作攻坚
——在山水林田湖研究院学术座谈会的讲话
（2015 年 10 月 12 日）

同志们：

　　为响应习近平总书记关于"山水林田湖生命共同体"的重要论述和江西省委省政府"绿色崛起"的发展战略，南昌工程学院于 2014 年成立山水林田湖研究院，致力于研究山水林田湖的合理开发利用和绿色生态环境保护问题。为了进一步深化山水林田湖研究院的工作和开展"江西绿色崛起战略"的研究，今天我们有幸请来中国社会科学院生态与环境经济研究中心的各位专家，共同举办山水林田湖研究院学术座谈会，这是学校发展历史上的一件具有十分重要意义的大事，必将有力推动山水林田湖研究院的各项工作，更加科学带动南昌工程学院各学科的协调发展。

一、中国社会科学院雄厚实力支持

　　中国社会科学院是中共中央直接领导、国务院直属的国家哲学社会科学研究的最高学术机构和综合研究中心，其前身是成立于 1955 年的中国科学院哲学社会科学部，时任中国科学院院长的郭沫若兼任哲学社会科学部主任。1977 年在中国科学院哲学社会科学部的基础上，正式成立中国社会科学院。党中央对中国社会科学院提出的三大定位是：马克思主义的坚强阵地、我国哲学社会科学研究的最高殿堂、党中央国务院重要的思想库和智囊团。在美国宾夕法尼亚大学发布的《2014 全球智库报告》中，中国社会科学院以第 20 名的成绩跻身"全球智库 50 强"，并蝉联"亚洲最高智库"。2015年1月，中办、国办印发《关于加强中国特色新型智库建设的意见》指出，"发挥中国社会科学院作为国家级综合性高端智库的优势，使其成为具有国际影响力的世界知名智库"。中国社会科学院农村发展研究所，是专门从事中国农村问题研究的国家级学术机构。成立于1995年的中国社会科学院生态与环境经济研究中心，是在农村发展研究所设置的我国最早的生态经济研究机构——生态与环境经济研究室的基础上建立的高端学术团队组成，由所长李周博士亲自兼主任的研究机构，在国内外影响巨大。

一是有明确的研究方向和研究领域。①生态经济理论与方法。研究领域是：生态经济理论，生态经济评价方法，生态经济评价工具；②生态经济管理。研究领域是：生态经济管理政策与机制，生态经济管理工具；③生态产业发展。研究领域是：生态农业、生态林业、生态畜牧业、生态工业；④生态服务评价。研究领域是：生物多样性保护、生态恢复、生态消费。注重研究中国现实中的重大生态经济问题，特别是农村的生态环境问题；注重生态经济研究与缓解农村贫困的结合；注重农村社区和农户的问卷调查与案例研究；注重生态环境数据库建设。一些生态经济研究成果在国内处于领先地位，一直保持着中国生态经济学研究中心的位置。

二是积极参与党中央和国务院咨询决策。在努力开展生态经济理论与方法、中国生态经济问题研究的同时，还参与了党委和政府部门的相关工作和相关政策制定的咨询工作，主要有《中国21世纪议程》的起草和评审工作、《中国可持续发展林业战略研究》的研究和统稿工作；我国多部与生态环境相关的重要法律、法规的修改工作；《三峡工程》《南水北调工程》《中国天然林保护工程》，《退耕还林工程》《国家级生态功能保护区规划》等一批与生态有关的重要规划的论证和评审工作；完成多项中央财经领导小组、国家计委、国家林业局、农业部、水利部、卫生部、国家环保总局、国家民委、国家海洋局等部委交办的课题和调研任务。

完成的课题主要课题为：国家发改委地区司委托课题"中国农村可

持续发展战略研究"，中国环境与发展国际合作委员会（国合会）课题
"绿色农业经济转型研究"，内蒙古发改委课题"内蒙古草原可持续发展
与生态文明制度建设"，中国科学院课题"中国的反贫困与可持续发
展"等。

三是国际交流持续广泛。组织和主持召开了一系列在生态经济学界
有重大影响的研讨会。如农村生态环境与发展国际研讨会、走向 21 世纪
的中国农村可持续发展国际研讨会、中国西部生态环境建设研讨会、全
国生态经济建设研讨会等。与美国西密歇根大学、美国密歇根州立大学、
澳大利亚国立大学、比利时根特大学等进行过合作研究和交流。此外，
还得到许多国际资助，如福特基金会资助的"生态敏感地带和经济贫困
地区的相关性研究""中国森林资源丰富地区的脱贫研究"和"生态经济
学科建设项目"；世界自然基金会资助的"中国天然林生物多样性保护和
可持续利用的政策选择的研究"；世界银行资助的"湖北小水电项目所在
地区扶贫监测"项目，亚洲开发银行委托的《水土保持战略中的扶贫研
究》；国际教育学术交流协会资助的"大众旅游对西部经济影响的研究"，
欧盟资助的"中国可持续发展管理的机制开发与能力建设"项目等。

数量经济与技术经济研究所，既是中国社会科学院经济学部八个经
济类研究所之一，也是国内唯一一家集数量经济与技术经济理论方法和
应用研究为一体的综合性国家级研究机构。包括经济系统分析、经济模
型、环境技术经济、资源技术经济、技术经济理论与方法、数量经济理
论与方法、信息化与网络经济、数量金融以及产业经济等；中国社会科
学院全院 40 个研究院所，有二三级学科近 300 个，其中国家重点学科
120 个。科研业务人员 3200 余人，高级专业人员 1676 名，学部委员 61
人。已经成为以服务党和政府决策为宗旨，以理论创新和政策咨询为主
攻方向，面向现代化、面向世界、面向未来的中国特色新型智库。

二、山水林田湖研究院的使命目标

为深入贯彻落实党的十八大、十八届三中全会精神，深刻把握贯彻
落实习近平总书记在《中共中央关于全面深化改革若干重大问题的决定》

说明中指出的"山水林田湖是一个生命共同体，人的命脉在田，田的命脉在水，水的命脉在山，山的命脉在土，土的命脉在树"的讲话精神，以及贯彻落实习近平总书记关于加强智库建设的重要批示和刘延东副总理在"繁荣发展高校哲学社会科学推动中国特色新型智库建设"座谈会上的重要讲话精神，推进中国特色新型高校智库建设，由经济贸易学院申请，校学术委员会 2014 年第六次会议审议，校党委会批准成立山水林田湖研究院。由校党委书记刘谟炎博士兼任山水林田湖研究院院长，经济贸易学院院长万义平兼任常务副院长，聘任中国社科院数量经济与技术经济研究所刘强博士任专职副院长，日常工作挂靠经济贸易学院。

山水林田湖研究院将立足江西，面向全国，以山水林田湖共同体方面的问题为导向，以南工专长为依托，以省内一流、国内知名为目标，定位于"中国特色、南工品牌、省内一流、国内知名"，将服务于科学研究、服务于政府决策作为重点，通过主动承担江西省委和国家政府部门委托的研究课题，聘请相关专家作为兼职研究人员参加课题组开展合作研究，鼓励研究院专兼职人员担任实际工作部门的顾问等措施，实现学科建设、人才培养、决策咨询的有机结合，成为江西省著名的思想库和决策咨询服务基地，为省委省政府提供决策意见，促进江西"科学发展、绿色崛起"服务。同时努力争取成为国内外知名度较高的山水林田湖研究基地、党政部门的思想库和决策咨询服务基地、学术交流和资料信息基地、高水平人才培养基地，千方百计扩大山水林田湖研究院在国内外特别是在高校中的影响力，成为一个具有南工特色的中国新型高校智库，为江西乃至国家实现"山水林田湖"大生态系统的良性循环，实现水利工程、生态资源和经济开发的效益多赢，提出前瞻性的战略思路和对策，切实发挥特色新型高校智库的作用。

2015 年 2 月江西省人民政府朱虹副省长批示，要充分利用全国大学唯一山水林田湖研究院的创新优势，带动水科学、水文化、水旅游、水经济等新型学科的发展，努力建成规划建设江西"六山一水两分田，一分道路和庄园"的协同创新中心。

三、山水林田湖研究院的领域方向

牢固树立山水林田湖是一个生命共同体的科学观念，建立提升"山水林田湖"共生共存的基本理念，形成完善"山水林田湖"共促共进的总体思路，研究出台"山水林田湖"共管共建的对策举措，建立健全"山水林田湖"共治共理的体制机制，不断增强对资源环境管制的统一性和系统性，深刻论述"山水林田湖生命共同体"的内涵和本质，科学探讨对共同体自然资源进行综合管理的路径，逐步建立系统完整的生态文明制度体系。

（一）山水林田湖资源价值定位

所谓"山水林田湖生命共同体"，其实就是这几种物质与物质运动及能量转移，以及它们之间互为依存，又相互激发活力的复杂关系，使之有机地构成一个生命共同体。田者出产谷物，人类赖以维系生命；水者滋润田地，使之永续利用；山者凝聚水分，涵养土壤；山水土地（涵盖气候与地形等）构成生态系统中的环境，而树者依赖阳光雨露，成为生态系统中最基础的生产者。通过水系和土地整理、自然生态的修复、织物的配置、防洪排涝设施等的建设，营造成一个自我循环、自然健康的"山水林田湖"，形成尊重自然、顺应自然、保护自然的浓厚氛围，发展和保护相统一的环境理念，绿水青山就是金山银山的价值观念，构建自然价值、自然资本和空间均衡的系统思维，为推进生态文明体制改革奠定物质基础和理论基础。

（二）生态系统统一规划

"生命共同体"是一种互相依存的结合，也是整体和个体辩证关系的浓缩，在环境保护和生态打造方面，表现得尤为突出。习近平总书记在一次重要会议上指出："如果破坏了山、砍光了林，也就破坏了水，山就变成了秃山，水就变成了洪水，泥沙俱下，地就变成了没有养分的不毛之地，水土流失、沟壑纵横。"一个周期后，水也不会再来了，一切生命都不会再光顾了。要按照"山水林田湖"是一个生命共同体的原则，未来自然资源由一个部门统一管理，即"由一个部门负责领土范围内所有国土空间用途管制职责，对山水林田湖进行统一保护、统一修复是十分必要的。"根据法律确定原则，规划划定界限，建立空间规划体系。法律只能确定哪种自然空间必须实行用途管制，哪类国土空间必须限制开发或禁止开发，但具体边界必须通过空间规划来划定和落实。我国是世界上规划最多的国家，但多是计划经济留下来的产业规划、专项规划，符合市场经济原则的空间规划体系还没有建立起来。城乡规划、国土规划、生态环境规划等都带有空间规划性质，但总体上还没有完全脱离部门分割、指标管理的特征，各类空间还没有真正落地，且各类规划之间交叉重叠，都想当"老大"，没有形成统一衔接的体系。要改革规划体制，形成全国统一、定位清晰、功能互补、统一衔接的空间规划体系。改革上级政府批准下级行政区规划的体制，变为当地规划由当地人民代表大会批准。增强规划的透明度，给社会以长期明确的预期，更多依靠当地居民监督规划的落实。在国家层面，要理清主体功能区规划、城乡规划、土地规划、生态环境保护等规划之间的功能定位，在市县层面，要实现"多规合一"，根据主体功能定位，划定生产空间、生活空间、生态空间的开发管制界限，明确居住区、工业区、城市建成区、农村居民点、基本农田以及林地、水面、湿地等生态空间的边界，清清楚楚、明明白白，使用途管制有规可依。

（三）发挥市场的资源调配作用

市场是决定资源配置的基础力量。要按照所有者和管理者分开和一件事由一个部门管理的原则，落实全民所有自然资源资产所有权，建立统一行使全民所有自然资源资产所有权人职责的体制。健全自然资源资产产权制度。这是生态文明制度体系中的基础性制度。产权是所有制的核心和主要内容。我国自然资源资产分别为全民所有和集体所有，但目前没有把每一寸国土空间的自然资源资产的所有权确定清楚，没有清晰界定国土范围内所有国土空间、各类自然资源的所有者，没有划清国家所有国家直接行使所有权、国家所有地方政府行使所有权、集体所有集体行使所有权、集体所有个人行使承包权等各种权益的边界。要对水流、森林、山岭、草原、荒地、滩涂等自然生态空间进行统一确权登记，形成归属清晰、权责明确、监管有效的自然资源资产产权制度。实行资源有偿使用制度。使用自然资源必须付费，这是天经地义的。但我国资源及其产品的价格总体上偏低，所付费用太少，没有体现资源稀缺状况和开发中对生态环境的损害，必须加快自然资源及其产品价格改革，全面反映市场供求、资源稀缺程度、生态环境损害成本和修复效益。我国工业用地总量偏多，居住用地偏少，比例失调。原因之一是土地价格形成机制混乱，各地为招商引资，工业用地实际出售价格往往低于基准价，甚至零地价，为弥补工业用地上的亏空，居住用地屡屡被打造出"地王"，价格畸高。要建立有效调节工业用地和居住用地合理比价机制，提高工业用地价格，从源头上缓解房价上涨压力。同时，要通过税收杠杆抑制不合理需求。当代的价格机制难以充分体现自然资源的后代价值，当代人不肯为后代人"埋单"，必须通过带有强制性的税收机制提高资源开发使用成本，促进节约。要正税清费，实行费改税，逐步将资源税扩展到占用各种自然生态空间。如，若对抽采地下水实行水资源税，就可以有效抑制过量开采地下水的行为。从国际上的诸多经验来看，作为生态环境领域的现代治理方式，环境税是保护生态环境，尤其是遏制和扭转生态环境恶化趋势的必经之路，探索并最终确立环境税制度对尚处于生态环境保护爬升阶段和致力于建设美丽中国目标的我国社会经济而言，有着极为重要的积极意义。

（四）健全国家自然资源资产管理体制

我国宪法规定，矿藏、水流、森林、山岭、草原、荒地、滩涂等自然资源，都属于国家所有，即全民所有；由法律规定属于集体所有的森林和山岭、草原、荒地、滩涂除外。相关法律规定了全民所有水资源、森林、土地等自然资源所有权的代表者。但全民所有自然资源的所有权人不到位，所有权权益不落实；监管体制上没有区分作为部分自然资源资产所有者的权利与作为所有自然资源管理者的权力。随着自然资源越来越短缺和生态环境遭到破坏，自然资源的资产属性越来越明显，市场价值不断攀升，自然资源和生态空间的未来价值、对中华民族生存发展的意义越来越重大。健全国家自然资源资产管理体制，就是要按照所有者和管理者分开和一件事由一个部门管理的思路，落实全民所有自然资源资产所有权，建立统一行使全民所有自然资源资产所有权人职责的体制，授权其代表全体人民行使所有者的占有权、使用权、收益权、处置权，对各类全民所有自然资源资产的数量、范围、用途进行统一监管，享有所有者权益，实现权利、义务、责任相统一。

（五）有效实施主体功能区制度

这是从大尺度空间范围确定各地区的主体功能定位的一种制度安排，是国土空间开发的依据、区域政策制定实施的基础单元、空间规划的重要基础、国家管理国土空间开发的统一平台，是建设美丽中国的一项基础性制度。各地区必须严格按照主体功能区定位推动发展，北京、上海等优化开发区域，要适当降低增长预期，停止对耕地和生态空间的侵蚀，开发活动应主要依靠建设用地存量调整解决；三江源等重点生态功能区和东北平原等农产品主产区，要坚持点上开发、面上保护方针，有限的开发活动不得损害生态系统的稳定性和完整性，不得损害基本农田数量和质量。自然价值较高的区域要实行禁止开发。要加紧编制完成省级主体功能区规划，健全财政、产业、投资等的政策和政绩考核体系，对限制开发区域和生态脆弱的扶贫开发工作重点县取消地区生产总值考核。

（六）完善自然资源监管体制

国家对全民所有自然资源资产行使所有权并进行管理和国家对国土范围内自然资源行使监管权是不同的，前者是所有权人意义上的权利，后者是管理者意义上的权力。我国实行对土地、水资源、海洋资源、林业资源分类进行管理的体制，很容易顾此失彼。必须完善自然资源监管体制，使国有自然资源资产所有权人和国家自然资源管理者相互独立、相互配合、相互监督，统一行使全国960万平方公里陆地国土空间和所有海域国土空间的用途管制职责，对各类自然生态空间进行统一的用途管制制度，对"山水林田湖"进行统一的系统性修复。建立自然资源资产负债表，对领导干部实行自然资源资产离任审计，建立生态环境损害责任终身追究制。生态环境成为地方政府考核新的"指挥棒"。拥有相关资源的上市公司，有望成为改革带来生态红利的分享者和受益者。

（七）建立国家公园体制

这是对自然价值较高的国土空间实行的开发保护管理制度。我国对各种有代表性的自然生态系统、珍稀濒危野生动植物物种的天然集中分布地、有特殊价值的自然遗迹所在地和文化遗址等，已经建立了比较全面的开发保护管理制度，但这些自然价值较高的自然保护地被"一山多主"，一座山、一个动物保护区，南坡可能是一个部门命名并管理的国家森林公园，北坡可能是另一个部门命名并管理的自然保护区。这种切割自然生态系统和野生动植物活动空间的体制，使监管分割、规则不一、资金分散、效率低下，该保护的没有保护好。要通过建立国家公园体制，对这种碎片化的自然保护地进行整合调整。

（八）落实用途管制

2014年中央经济工作会议指出："现在环境承载能力已经达到或接近上限，必须顺应人民群众对良好生态环境的期待，推动形成绿色低碳循环发展新方式。"这是中央对生态环境的承载能力首次用了"上限"二字。纵观会议报道全文，对消费没有用"上限"，对投资也没有用"上限"，而唯独对环境承载能力用了"上限"一词，这实则是中央在研判当前生态环境保护形势后，发出的有史以来最为严厉的警告，正确理解其中的含义事关全局。自然资源和生态空间是我们中华民族永续发展的基础条件，无论所有者是谁，无论是优化开发区域还是限制开发区域，都要遵循用途管制进行开发，不得任意改变土地用途。我国已建立严格的耕地用途管制，但对国土范围内的一些水域、林地、海域、滩涂等生态空间还没有完全建立用途管制，致使一些地方用光占地指标后，就转向开发山地、林地、湿地湖泊等。要按照"山水林田湖"是一个生命共同体的原则，建立覆盖全部国土空间的用途管制制度，不仅对耕地要实行严格的用途管制，对天然草地、林地、河流、湖泊湿地、海面、滩涂等生态空间也要实行用途管制，严格控制转为建设用地，确保全国生态空间面积不减少。

（九）建立资源环境承载能力监测预警机制

资源环境承载能力是指在自然生态环境不受危害并维系良好生态系

统前提下，一定地域空间的资源禀赋和环境容量所能承载的经济规模和人口规模。水、土地等不宜跨区域调动的资源，以及无法改变的环境容量，是一种不以人的意志为转移的物理极限，不是靠价格机制能调节的。我国不少地区在现行发展方式下的经济规模和人口规模已经超出其资源环境承载能力极限，国土空间开发强度过高，生态空间和耕地锐减，大量开采地下水，污染物排放超出环境自净能力。建立资源环境承载能力监测预警机制，就是根据各地区自然条件确定一个资源环境承载能力的红线，当开发接近这一红线时，提出警告警示，对超载的，实行限制性措施，防止过度开发后造成不可逆的严重后果。建立生态环境损害责任终身追究制，这是针对领导干部盲目决策造成生态环境严重损害而实行的制度。我国生态环境的问题与不全面、不科学的政绩观及干部任用体制有极大关系。一些地方为了一届任期的经济增长，不顾及资源环境状况盲目开发，尽管可能本届任期内实现了高增长，却造成了潜在的生态环境损害甚至不可逆的系统性破坏。建立生态环境损害责任终身追究制，就是要对那些不顾生态环境盲目决策、造成严重后果的领导干部，终身追究责任，不能把一个地方环境搞得一塌糊涂，然后拍拍屁股走人，官还照当，不负任何责任。要探索编制自然资源资产负债表，对一个地区的水资源、环境状况、林地、开发强度等进行综合评价，在领导干部离任时，对自然资源进行审计，若经济发展很快，但生态环境损害很大，就要对领导干部进行责任追究。

（十）完善生态环境资源保护制度

完善污染物排放许可制。这是依法对各企事业单位排污行为提出具体要求并以书面形式确定下来，作为排污单位守法、执法单位执法、社会监督护法依据的一种环境管理制度。排污许可制是国际通行的一项环境管理的基本制度，美国、日本、德国、瑞典、俄罗斯，我国台湾地区、香港地区都已对排放水、大气、噪声污染的行为实行许可证管理。我国在20世纪80年代末就提出建立污染排放许可制，但目前仍没有完全建立，立法层次低，许多还是政策性规定，地区之间很不平衡。排污许可制的核心是排污者必须持证排污、按证排污，实行这一制度，有利于将国家环境保护的法律法规、总量减排责任、环保技术规范等落到实处，有利于环保执法部门依法监管，有利于整合现在过于复杂的环保制度。要加快立法进程，尽快在全国范围建立统一公平、覆盖主要污染物的污染物排放许可制。实行企事业单位污染物排放总量控制制度。总量控制包括目标总量控制和环境容量总量控制。前者如，根据国家确定的主要污染物总量减排指标，分解落实到各省、自治区、直辖市，各省区市再分解到所辖的市，市再分解到县，市、县两级再分解到具体排污企业，同时，国家也对中央企业直接规定总量减排指标。后者如，我国大气污染防治法规定，在特定区域，由地方政府核定企业事业单位的主要大气污染物排放总量。总体上看，我国目前还没有建立规范的企事业单位污染物排放总量控制制度，现在的总量层层分解，具有行政命令性质，不是法定义务，特定区域和特定污染物的总量控制，覆盖面窄。实行企事业单位污染物排放总量控制制度，就是要逐步将现行以行政区为单元层层分解最后才落实到企业，以及仅适用于特定区域和特定污染物的总量控制办法，改变为更加规范、更加公平、以企事业单位为单元、覆盖主要污染物的总量控制制度。实行损害赔偿制度。这是针对企业和个人违反法律法规、造成生态环境严重破坏而实行的制度。在国土空间开发和经济发展中不可避免会出现违反法律规定、违背空间规划、违反污染物排放许可和总量控制的行为。对这些破坏性的行为，要严惩重罚，加大违法违规成本，使之不敢违法违规。我国有关法律法规中对造成生态环境损害的处罚数额太少，远远无法弥补生态环境损害程度和治理成本，更难以弥补对人民群众健康造成的长期危害。要对造成生态环境损害的责任者严格实行赔偿制度，让违法者掏出足额的真金白银，对造成严重后果的，要依法追究刑事责任。实行生态补偿制度。保护生态环境就是保护和发展生产力，就是在发展，只不过发展的成果不是生产工业品和农产品，而是生态产品。生态产品生产者向生态产品消费者出售生态产品，理应平等交换、获得收入，这不是施舍或救助。生态产品具有公共性、外部性，不易分隔、不易分清受益者，中央政府和省级政府应该代表较大范围的生态产品受益人通过均衡性财政转移支付方式购买生态产品，这就是生态补偿。所以，要完善对重点生态功能区的生态补偿机制。同时，对生态产品受益十分明确的，要按照谁受益、谁补偿原则，推动地区间建立横向生态补偿制度。这样，才能使保护生态环境、提供生态产品的地区，不吃亏、有收益、愿意干。

同志们，如果说"心肺肝胆脾胃肾"等是一个人的五脏六腑，维系着每个人生命的延续，那么，"山水林田湖"就是人类的五脏六腑，维系着人类这个物种的生存、繁衍与发展。"山水林田湖"是一个生命共同体的思想，不仅深刻揭示其生命特征的一面，教育引导人们以珍爱生命般的人性关怀善待之，而且深刻揭示其共同发展的一面，教育引导人们以一体同心的理性手段厚待之。理解与把握这一重大思想的核心是着眼"生命"，关键路径是"共同"。只要中国社科院大力支持，学校挖掘内部潜力，注重加强山水林田湖研究院"品牌意识"、全方位拓展影响力，在不久的将来中国高等院校中必将诞生一支雄厚的研究力量。"品牌意识"指的是山水林田湖研究院要坚定明确的使命和目标，围绕这样的目标来构建整体的形象和影响力，在全球范围内加强品牌的传播和推广。山水林田湖研究院建立和发展的目的就是要影响政策和舆论，服务国家发展战略。山水林田湖研究院的影响力可分为"向上""向下""对内"与"对外"四个维度。"向上"指的是山水林田湖研究院对政策决策者的影响力；"向下"指的是山水林田湖研究院要影响社会、教育公众，要与各大媒体建立良好的信息传播机制，通过大众传媒影响世界，尤其是要重视互联网和各种新兴媒体力量；"对内"是指山水林田湖研究院在国内的影响力；"对外"则是强调国际影响力，为了拓展国际影响力和话语权，山水林田湖研究院要与世界大学、各国智库建立起密切的合作及交流机制，这样一方面有利于全球化背景下全球性问题的战略应对，另一方面，可以为国家大外交战略建立一条重要通道，充分发挥公共外交作用。

第十四回　国际论坛
——在 2015 年国际青年水土保持论坛上的致辞
（2015 年 10 月 16 日）

尊敬的江西省政协副主席李华栋先生，尊敬的江西省人民政府副秘书长宋雷鸣先生，尊敬的世界水土保持学会主席李锐先生，各位领导，各位来宾，女士们，先生们：

大家上午好！

深秋时节逢盛会，桂花飘香迎嘉宾。今天，我们在美丽的中国水都——南昌的瑶湖之畔隆重举行 2015 年国际青年水土保持论坛。此时此刻，南昌工程学院群贤毕至、蓬荜生辉。在此，我代表全校两万多名师生员工，向来自 20 个国家和地区的各位专家学者、各位领导、水土保持界青年才俊表示热烈的欢迎！向给予这次国际学术论坛鼎力支持的各有关单位致以诚挚的谢意！

本次论坛是由世界水土保持学会、国际泥沙研究培训中心、中国水土保持学会、江西省科学技术协会、江西省水利厅主办，南昌工程学院承办的一次高水平、高规格学术会议。它不仅为我校创造了与国内外水土保持领域专家学者难得的学习交流机会，而且增进国际间的学术交流与合作，促进学校特别是水土保持等相关学科的发展。南昌工程学院作为新中国最早的水利院校之一，前身是创建于 1958 年的江西水利电力学院，原为国家水利部三所直属院校之一，现为水利部与江西省人民政府共建院校，是一所以工学为主，理学、农学、管理学、文学、经济学、艺术学等多学科协调发展的水利特色院校，形成水利水电工程、水土保持与荒漠化防治、园林、测绘工程、水文与水资源工程、农业水利工程、地质工程等较为完整的水利水电学科专业体系，拥有以国家级大学科技园，省级协同创新中心、省级重点实验室、省级工程研究中心等为代表的高水平教学科研创新服务平台，特别是学校毗邻我国第二大省会城市内陆湖——瑶湖，与我国第一大淡水湖——鄱阳湖相通，拥有得天独厚的地理区位优势和独一无二的亲水近水条件，拥有目前为止全国唯一的山水林田湖研究院，我校的水土保持是学校历史悠久、特色鲜明、实力雄厚的学科之一，20世纪90年代曾是水利部重点学科，现为教育部"卓越工程师培养"试点专业和省级人才培养模式创新实验区，拥有国家一级社团——南方水土保持协会，为我国水土保持特别是南方水土保持方面做出了积极贡献。

水土保持是一项带有全局意义的工作，是实现可持续发展的重要内容，是人与自然和谐相处的重要标志，也是建设生态文明社会的必然要求。在地球生态环境日趋严峻的今天，加强水土保持领域科学研究和学术交流，提升水土保持领域科技水平，是摆在我们每一位水土保持专家学者面前的一项重要课题和光荣使命。

我们今天举办的2015年国际青年水土保持论坛，是水土保持领域的一次学术盛会。论坛以"青年——水土保持的未来"为主题，就水土保持教育与科技发展、工程建设与水土保持、新技术新材料在水土保持中的应用等方面进行深入研讨与交流。同时，论坛期间还将举办青年联谊会，为世界各国水土保持的青年科研工作者提供交流和联谊的平台。知识的交流、智慧的碰撞、信息的互动，必将带来一场思想盛宴和学术大餐。

借此机会，向长期以来对我校办学给予热情帮助和大力支持的各位领导、专家学者，各位朋友，表示衷心的感谢！希望各位领导、专家学者对我校的教学、科研、学科建设等提出宝贵意见和建议。

最后，衷心地祝愿2015年国际青年水土保持论坛取得丰硕成果！"有朋自远方来，不亦说乎"，祝愿各位领导、嘉宾身体健康，工作顺利，万事如意！

第十五回　阵地建管

——在学校精神文明建设领导小组工作会议上的讲话

（2015 年 10 月 19 日）

同志们：

这次全校精神文明建设领导小组会议，是学校党委新调整领导小组后召开的一次重要会议。党的十八大以来，中央对于宣传思想政治工作给予了高度重视。在过去的 2014 年，根据全党开展群众路线教育实践活动和省委、学校党委的工作部署和要求，面对学校发展升级和广大师生员工的殷切期待，我校精神文明建设工作高举旗帜，围绕中心，服务大局，巩固阵地，将科学理论和正确舆论贯穿始终，将道德培育和文明创建引向深入，将能力建设摆在重要位置，为学校的建设和发展营造了良好的思想舆论氛围，为争取获得省级精神文明建设先进集体奠定了扎实的基础。希望大家再接再厉，认真做好以下三个方面的工作。

一、围绕中心，突出重点，扎实推动精神文明建设工作再上新台阶

学校是精神文明建设的重要阵地和窗口，促进学校的建设发展和教育质量的不断提高，是学校精神文明建设最重要的内在要求和艰巨任务。做好学校精神文明建设工作，首要任务就是认真学习好习近平总书记一系列重要讲话精神，特别是关于宣传思想和精神文明建设工作的重要论述，在全面、系统、深入学习的基础上，着力领会基本内涵、核心要义和思想精髓，深刻领会贯穿其中的立场观点方法，用讲话精神统一思想和行动，指导和推动学校精神文明建设。

一要围绕学校中心工作，紧密结合学校发展过程中出现的重点热点难点问题，注重理论联系实际，注重解决实际问题与推动重点工作相结合。要发挥报纸、网络等校内舆论阵地的重要作用，加强重要新闻的报道力度，让全校师生对学校发展有更深刻的获得感。同时要认真做好广大师生思想政治工作，有针对性地加强形势政策教育，引导师生理性客观地看待经济社会发展和学校建设发展中的困难和矛盾，把思想和行动统一到中央的重大决策和部署上来，自觉维护学校和社会的安全稳定。

二要发挥高等教育在文化传承创新中的重要作用，担当推进社会主义精神文明建设的历史责任。今后我们要结合实际认真贯彻落实这一重大使命，重视发挥文化育人作用，把大学文化建设当做提升学校软实力和核心竞争力的重要工作来抓。进一步加强校园文化建设，要在完善校园道路标识、楼宇命名等环境规划的同时，提升校风、校训、教风、学风等理念的凝练和宣传教育程度，努力培育团结和谐、积极向上的校园文化，为学校精神文明建设注入新理念、新思想。特别是要注重培育浓郁校园水文化氛围，充分发挥水文化引领校园、教育师生、推动发展的重要作用，为全校师生创造一个优美、和谐的学习和工作环境。

三要把培育和践行社会主义核心价值观作为凝魂聚气、强基固本的基础工程，提升青年学生的思想道德素质，使社会主义核心价值观内化于心、外化于行，成为广大青年学生的价值追求和自觉行动。青年学生的社会主义核心价值观培育好了，我们才能说他们人生的"第一个扣子"扣好了。因为年龄特点，大学生体格已经健壮，但心智尚未完全成熟，面对五光十色、鱼龙混杂的社会现实，经常会无所适从。需将社会主义核心价值观应用到学校教学中，促进学校教学科研等各项工作的完善，促进学生诚信和教师师德的建立。

二、增强阵地意识，牢牢掌握精神文明建设工作的领导权和话语权

习近平总书记强调，我们的同志一定要增强阵地意识。网络阵地是高校精神文明建设的关键点。当今时代，互联网（尤其是移动互联网）

已经融入社会生活方方面面，深刻改变了人们的生产和生活方式。如何做好高校网络宣传思想工作，已成为摆在我们面前的突出问题。做好高校宣传思想工作，关键是要占领网络阵地，用正面的声音主导这块阵地，用正面的形象占领这块阵地。课堂讲坛是高校宣传思想工作的主阵地。要抓好课堂讲坛的阵地管理，严格落实好"学术研究无禁区、课堂教学有纪律"这一要求，把坚持党的基本路线、遵守国家宪法法律、履行教师义务作为教学基本要求，坚守政治底线、道德底线、法律底线与学术底线。为扎实推进社会主义核心价值观建设，不断提升大学生的道德素养和文明程度，当前特别要注重积极探索道德教育的新途径、新方法，以"道德讲堂"为载体，大力加强大学生道德养成教育，增强道德教育的针对性、实效性和吸引力、感染力。

一是创新理念。理念创新是一切创新的先导。有了理念的新飞跃，工作才会上台阶、上水平。育人为本，德育为先。要坚持把立德树人作为育人的首要任务，打破当前学校德育知性和灌输模式的弊端，切实增强德育的实效性，要以图书馆、学术报告厅、逸夫楼和部分学院会议室等为"道德讲堂"载体，大力开展体验式德育活动，把"道德讲堂"作为加强学校精神文明建设、提升师生道德素养的有力抓手和重要平台。要进一步明确"道德讲堂"活动由学校文明领导小组办公室统一领导，以党委（党总支、直属党支部）为单位建立组织网络，要求各单位把开展"道德讲堂"活动纳入重要议事日程，并指定专人负责，形成上下互动、部门联动、师生齐心推动的工作格局。

二是创新内容。"道德讲堂"，强调参与者的道德体验，按照唱一首道德主题歌曲、观看一部先进事迹短片、诵读一段中华传统道德经典、学一点生活礼仪、讲一个道德故事、作一个道德承诺和送一份吉祥等环节开展，使学生通过参与活动启迪心智，在参与的过程中去感受、领悟和内省，将道德认知内化并通过行为外化，从而实现道德认知、道德情感和道德行为的融合发展。要把"说什么"与"怎么说"结合起来，把"怎么看"与"怎么办"结合起来，以师生喜闻乐见的方式开展宣传，讲师生喜欢听的话，说师生乐意知道的事，既讲大道理，也讲小知识。要接地气，让广大青年学生喜欢听，听了信，信而行。

三是创新手段方法。现在是信息社会，多媒体、自媒体、全媒体，微时代，秒时代。所以要创新工作方法，用当代最先进、最流行的方式方法，用师生最容易接受的形式，做好宣传思想政治工作，最大限度地吸引广大师生员工参与我们的活动，常抓不懈，一抓到底，抓出成效，抓出品牌。建设道德讲堂就是学校搭建思想道德建设新平台，把思想道德建设的内容项目化、实践化，以"身边人讲身边事、身边人讲自己事，身边事教身边人"的形式，广泛普及社会主义核心价值理念，把勇于创新、奋发向上、诚信友爱的优秀品格融入到学生的血液中去，在潜移默化中不断提升师生文明素质，推动形成"我为人人、人人为我"的校园好风尚，为深化全国文明单位创建，构建和谐校园奠定强大的思想道德基础。

三、创新工作方法，切实增强效果，不断提高精神文明建设水平

做好高校精神文明建设工作，关键在人、在队伍。要按照讲政治、管队伍、守纪律的要求，大力加强宣传思想战线干部队伍建设，引导宣传思想战线干部做到心中有党、心中有民、心中有责、心中有戒。

一是加强政治建设。做好宣传思想和精神文明建设工作，讲政治是第一位的要求。要建立意识形态工作责任制，强化高校宣传思想战线干部的政治责任。要严明政治纪律、宣传纪律，增强政治意识，恪守政治规矩，坚定政治立场，坚持什么、反对什么，提倡什么、抵制什么，都必须旗帜鲜明，做到遇到矛盾敢于亮剑，碰到问题及时处理，困难当头敢打硬仗，做全媒体时代积极发声的"正能量"代言人。为了充分发挥道德讲堂在大学生思想道德教育中的作用，我们在今后的具体工作中要尽量争取各方支持，多形式、多角度开展活动，积极引导学生热爱祖国、热爱人民、热爱中国共产党，帮助学生筑梦、追梦、圆梦，让一代又一代年轻人成为实现中华民族伟大复兴"中国梦"的建设者与实践者。

二是加强作风建设。素质关键看作风硬不硬。要进一步巩固党的群众路线教育实践活动成果，宣传思想战线干部要坚持高标准、严要求，抓作风、改作风，带头弘扬正气，持续抓好马克思主义新闻观教育，积极开展新时期新形势下新闻宣传、思想政治教育等方面的理论研究工作。要采取多种形式开展讲堂活动。为了加大讲堂活动的影响面，践行"知行合一"，可以采取多种形式开展活动，让学生走出课堂，走出校门，到社区、到工厂、到军营、到农村，将书本上的知识与实践活动融为一体，让道德活动在实践中得以升华。要加大讲堂内容"三进"工作。结合学校工作实际，通过开设必修课、公选课、网络选修课、学生课外实践等形式，让讲堂内容进教材、进课堂、进学生头脑，变不定期的讲堂活动为日常的学习生活活动，让开设讲座要求学生被动学习变为学生主动学习，让道德内容潜移默化影响学生、熏陶学生。

三是加强能力建设。把提升综合能力作为宣传思想队伍建设的重要着力点，把日常学习和教育培训相结合，把"务虚"与"务实"相结合，提高宣传思想战线干部的工作谋划能力、理性思考能力、宣传鼓动能力、文字表达能力，在理论上、笔头上、口才上练就"几把刷子"，成为让人信服的行家里手。要加大投入力度，发动群众广泛参与，形成合力。为了将这一优势资源打造成大学生培育良好道德品质、开展道德实践的有效载体，要进一步争取各级领导高度重视，争取社会各界广泛参与，整合各类资源，开设各种类型、各种规模、各种形式的讲堂，让举办道德讲堂成为工作常态，让参加讲堂学习成为生活所需。只有保证了数量和质量，才能实现讲堂影响人、鼓舞人、熏陶人、培养人的功能，才能充分发挥道德讲堂净化人心、启迪心灵的作用。

总的要求是，要把加强课堂讲坛、网络阵地、道德讲堂等思想宣传工作阵地建设作为重点，校级文明单位评选作为精神文明建设工作的重要抓手，学校坚持一年一复查、两年一评选，以省级文明单位评比为契机，进一步完善校级文明单位建设实施意见和评比细则，积极引导不同类型、不同性质的单位结合自身特点开展创建工作，强化日常管理和督导，实施"创、管"结合，推动文明单位创建活动常态化。

第十六回　时起文明

——在江西省第十四届文明单位考核汇报会上的致辞
（2015 年 10 月 21 日）

尊敬的聂时起部长，尊敬的省考核工作组各位领导：

今天，各位领导代表省直机关文明办莅临我校考核省级文明单位创建工作，在此，我代表全校两万多名师生对各位的到来表示热烈的欢迎和衷心的感谢！

南昌工程学院前身为创建于 1958 年的江西水利电力学院，2004 年更为现名，现为国家水利部和江西省人民政府共建大学。学校拥有瑶湖和彭家桥两个校区，占地面积 2046.9 亩，是全国第一批公共机构节能示范单位、江西省"园林化单位"和"文明单位"，继续争创省级文明单位是学校多年的梦想。近年来，我校文明单位创建工作坚持以学习贯彻党的十八大，十八届三中、四中全会精神为主线，以培育和践行社会主义核心价值观为重点，以中央和省文明委有关精神文明建设要求为指导，以《江西省文明单位建设和管理若干规定》和《江西省文明单位测评标准》为参照，不断拓展创建领域，丰富创建形式，完善创建内容，特色突出，亮点纷呈。

一是领导重视、齐抓共管，创建工作的组织推动机制明显改善。形成了主要领导负责抓、分管领导具体抓、相关部门协同抓、师生员工参与抓、各级干部层层抓的工作格局。学校成立了精神文明创建工作机构，做到了有机构、有人员、有活动、有奖惩，确保了创建工作落到实处。

二是载体丰富、氛围浓厚，师生行为文明有了明显进步。学校把学习习近平总书记系列重要讲话精神作为党委中心组学习的重要专题，抓实教职工政治理论学习。在广大师生中大力开展"中国梦"和社会主义核心价值观主题教育活动，思想建设成效显著。积极开展"身边好人榜"活动，打造"道德讲堂"新平台，开展"最美大学生"评选活动，举办"与信仰对话"报告会，提高了师生的文明素质和道德水平。积极开展法治宣传教育，依法行政、依法办事，推动了学法用法守法活动深入开展。积极开展诚信考试、诚信还贷等诚信主题教育活动，积极开展文明礼仪教育活动，举办文明礼仪知识讲座，制定文明行为规范，崇尚文明之风溢满整个校园。

三是活动扎实、效果显著，一切为了群众的创建理念明显增强。以学雷锋志愿服务为着力点，成立了众多志愿服务队，建设了南昌工程学院志愿服务系统，实现了志愿服务活动的电子化、智能化管理；常态化开展大学生志愿者暑期科技文化卫生"三下乡"社会实践活动，积极开展帮扶空巢老人和留守儿童等活动；成立了网络传播志愿服务队，通过QQ群、微博、微信等阵地，传播精神文明正能量。积极开展文明餐桌、文明交通、文明旅游等主题教育实践活动。积极开展"导师带徒""一帮一"等形式的结对帮扶活动。热心参与社会公益事业，积极开展扶贫、帮困，送温暖、献爱心，义务献血等活动。在重大节庆日和纪念日积极开展"我们的节日"主题教育活动，在师生中组织了丰富多彩的文化体育活动。

四是环境优美、管理科学，校园面貌有了明显改观。校园管理规范有序，内外环境清洁整齐，无脏、乱、差现象，常态化坚持绿化、美化工作。"水比瑶湖清，树比周边绿，天比校外蓝"，不仅为师生创造了良好的学习工作和生活环境，而且为广大社会提供精神文明建设服务项目。

肯定成绩的同时，我们也清醒的认识到，"整体"不能代表"局部"，高地不能替代洼地，"亮点"不能掩盖"弱点"，创建工作还存在着许多不足。精神文明建设不是百米冲刺，而是持久的马拉松，是一个长期的过程、一个持续不断努力的过程。我们将继续努力，抬高底部，拓宽瓶颈，加长短板，把解决突出问题、注重源头治理，作为精神文明建设的主攻方向。

　　这次省级文明单位考核测评活动，既是对我校文明单位创建工作的全面考核和检阅，更是对我校精神文明建设工作的鼓励、鞭策和促进。希望考核组对我校的文明创建工作多指导，多提宝贵意见。我们决心以此次迎检为契机，在文明单位创建方面更加努力工作，不断巩固和提升文明单位创建的层次和水平，为建设文明和谐，向善向上的南昌工程学院提供精神动力、道德支撑和思想保障。

　　最后，再次对省考核工作组的辛勤工作表示衷心感谢！

第十七回　河海两江

——江苏省南京市高校考察报告

（2015 年 10 月 27 日）

我趁参加河海大学百年校庆之际，考察访问了地处江苏省南京市的南京师范大学、南京林业大学、南京审计学院、南京艺术学院等高等院校。亲身感受到这五所大学办学的鲜明特色，深切体会到南京市大力支持高校发展带来的巨大变化，初步了解到江苏省高等教育位列全国前茅的基本经验；更加深刻地认识到，河海等五所大学早是南昌工程学院学习的标兵，南京正是南昌支持高等教育发展的榜样，江苏高等教育现代化更是江西急起直追的楷模；高度重视和大力发展高等教育，是缩小江西省与江苏省"两江"差距的根本途径。

一、因水而为，河海向南工传授的好经验

2015 年 10 月 27 日，是河海大学的百年华诞，中国水利高等教育的百年盛典。河海大学缘水而生、因水而为、顺水而长，这是我国历史上第一所培养水利技术人才的高等学府，是辛亥革命以后南京第一所招生开课的公立高等学校，从 1915 年创办"河海工程专门学校"起始，到 1952 年组建成为新中国第一所独立建制的、规模最大的高等水利院校——华东水利学院，再到 1985 年恢复传统校名"河海大学"成为国家培养水利水电人才最重要的基地，直至今日成为世界上水利学科设置最齐全、综合实力雄厚的高校。

一是水利特色领先。河海大学是以水利为特色，工科为主，多学科协调发展的全国重点大学，是国家首批授权授予学士、硕士和博士学位，

实施国家"211工程"重点建设、国家优势学科创新平台建设以及设立研究生院的高校，拥有水文水资源与水利工程科学国家重点实验室和水资源高效利用与工程安全国家工程研究中心。水利工程、土木工程学科综合实力处于全国领先位置，水利工程学科总体实力最强，支撑及相关学科门类众多。河海大学的发展得到了党和国家的重视和关怀。1985年，河海大学建校70周年时，邓小平同志亲笔题写校名；1995年80周年校庆，江泽民同志为学校题词："面向未来，开拓进取，进一步发展水利教育事业"；2005年90周年校庆，温家宝同志视察学校并作重要讲话，以"献身、求实、负责"的水利精神对学校寄予了殷切期望。2015年100周年校庆，恰逢党的十八届五中全会在北京召开，中共中央政治局委员、国务院副总理刘延东致信祝贺，希望河海大学争创国际领先的水利学科，努力建设有国际影响力的高水平有特色大学。对未来百年如何发展，河海大学又及时提出了：一要顺应传统水利向现代水利转变；二要探索水利向水拓展；三要推进河向海延伸；四要加快国内向国际迈进，锐意改革，开拓创新，为中国水利事业和经济社会发展提供更加坚实的保障。

二是水利学科齐全。河海大学设有水文水资源学院、水利水电学院、港口海岸与近海工程学院、土木与交通学院、环境学院、能源与电气学院、计算机与信息学院、机电工程学院、物联网工程学院、力学与材料学院、地球科学与工程学院、理学院、商学院、企业管理学院、公共管理学院、法学院、马克思主义学院、外国语学院、体育系等专业院系和大禹学院（拔尖人才培养学院）、国际教育学院、远程与继续教育学院。学校拥有1个一级学科国家重点学科（水利工程），7个二级学科国家重点学科，2个二级学科国家重点学科培育点，10个一级学科省级重点学科，46个二级学科省级重点学科；6个国家级以及省部级重点实验室，10个国家级以及省部级工程研究中心；15个博士后流动站；12个一级学科博士点，66个二级学科博士点；35个一级学科硕士点，198个二级学科硕士点；12种硕士专业学位类别，其中工程硕士专业学位涉及19个工程领域；52个本科专业。各类学历教育在校学生48679名，其中研究生 15406 名，普通本科生 19917 名，成人教育学生 12932 名，留学生 424 名。

三是综合实力雄厚。河海大学现有教职工 3415 名，具有高级职称的教师 1143 名，博士生导师 372 名；现有中国工程院院士 2 名，双聘院士 15 名。"中组部海外高层次人才引进计划（千人计划）"入选者 8 名，教育部"长江学者奖励计划"特聘教授 7 名、讲座教授 1 名，国家杰出青年科学基金获得者 8 名，"国家级教学名师奖"获得者 3 名，国家级有突出贡献的中青年专家 8 名，"百千万人才工程"国家级人选 9 名，教育部"新世纪优秀人才支持计划"入选者 23 名，江苏省有突出贡献中青年专家 10 名，入选江苏省"333 高层次人才培养工程"、江苏省高校"青蓝工程"等省级人才计划培养对象近 300 人次。"长江学者和创新团队发展计划"创新团队 5 个、"江苏高等学校优秀科技创新团队" 3 个、"青蓝工程"科技创新团队 7 个。学校承担了一大批国家层面重点、重大研究计划和重点、重大工程科研项目。其中一批科研成果取得重大突破，达到国际先进水平，获国家级科技成果奖 30 项，部省级科技成果奖 505 项。河海大学按照"2011 计划"的总体要求，大力推进协同创新，获批立项建设江苏省高校协同创新中心 4 个。

四是国际交流与合作广泛。河海大学是国家首批授权可授予外国留学生博士、硕士、学士学位的学校，已为 50 多个国家和地区培养了千余名博士、硕士与学士，与 20 个国家和地区的 57 所大学建立了校际协作关系。参加河海百年校庆的国外学校代表 70 多个，他们表示，河海大学在国际学术领域的崛起令人印象深刻，学术影响力日渐增长，在百年发展中，为全球水利电力事业健康快速发展作出了巨大贡献，在国际上享有极高声誉。

五是文化积淀深厚。在河海大学百年校庆庆祝大会上，3000 余名师生自编自导自演了大型团体操《大哉河海》，通过人才蒸蔚起、工学昌明时、智者惟乐水、毋负邦人期四个篇章，气势磅礴地展示了河海百年发展的恢弘华章，深情激昂地诠释了"大哉河海奔前程，毋负邦人期"的价值追求。还有三个精神支点——爱国爱水、务实重行，艰苦朴素、实事求是、严格要求、勇于探索，献身、求实、负责，一个精神实质——上善若水、笃学敦行，四个具体层面——水润万物的奉献精神、海纳百川的博大胸怀、精研求真的学术风格、务实重行的教育传统，在河海百年的发展中融为一体，共同构成了河海精神文化体系，共同诠释了什么是"河海精神"，共同构筑了历代河海人的精神家园，不断鞭策着每一个河海人奋发前行，不断进取。

总结河海大学的办学成效和经验，作为一所特色鲜明、底蕴深厚的高等学府，一百年，惠泽江河；一百年，育才 20 万。"哪里有水，哪里就有河海人；哪里有水，哪里就有河海人的贡献。"已成为河海人闪亮的标记和名片。南昌工程学院要像河海大学总结百年历程一样，总结近 60 年的发展历史，为校庆 60 周年做好准备。既要看到成绩，对 60 年办学成就、优良传统和精神面貌进行全面的梳理和回顾，从中提炼经验，积极探索既出人才、又出成果的大学之路；更要发现不足乃至失误，从中吸取教训，对办学成果进行全方位、立体化、系统性的彰显，既要把镜头留给厚重、荣耀与辉煌，更要面向基层、面向一线，把版面留给普普通通的广大师生和校友，把他们的真善美、把他们智慧和力量很好的呈现，以此振奋全校师生员工的精神状态，凝聚海内外校友的力量，提升学校的国内外影响。

——未来发展的勾勒和思索。跟进河海发展的历史轨迹，朝着他们引领的方向，首先要把南昌工程学院的名字改好，"江海"既体现水利学科特色，又展示江西区域特点，还表明像河海一样的办学方向，应该是这个大学的名字首选。其根本任务是培养人才，其发展有自身独特的逻辑和规律。很多在办学过程中积淀形成的有价值的东西，如大学精神、办学理念、学科品牌、人才培养、学术影响力、文化氛围等等，都是一所大学整体面貌、风采、特色及凝聚力、感召力和生命力的体现，是长期教育教学实践的结果。要充分认识到大学教育是长线事业，扎扎实实做好前瞻性的战略布局，为可持续的发展做好准备，把今天的发展作为明天进步的坚实台阶。南昌工程学院已经有了近 60 年的办学历史，在未来的建设中间我们更需要有一个长远的打算和考量，为下一个 60 年注入更丰富的内涵、更精彩的内容。我们要在关注国家需求、时代呼唤、高等教育发展规律、人类社会发展规律的认识基础上，布局好学校未来学科发展的增长点，有所为有所不为，达到一个真正的新的学术生态的平衡和综合效应的体现。并以此为牵引，在队伍建设、人才培养、科学研究、文化传承与创新等方面坚持更高的标准，把"江海"办成特色更加鲜明的大学，谱写学校改革发展的崭新篇章。

——文化的传承和创新。水利是一个专业，也是一种文化。随着社会快速发展，水利不仅要为农业服务，更要为整个国民经济和社会发展服务。我们不仅要保障水安全、做强水工程、发展水经济，而且要优化水环境、营造水景观，弘扬水文化，逐步建立以"水文化"为特色的文化体系。无论是江西水利电力学院时期，还是南昌水利水电高等专科学校时期，都有许多文化传承和创新。既是对历史传统的一种积淀和传承，又是对当下现实的一种扬弃与创新。"江海"文化建设需要系统总结60年的办学思想和办学经验，继承优良的、有生命力的文化传统，在对办学历史的梳理上、大学办学规律认识上、办学理念的凝练上、现代大学制度的建设上、水利精神的弘扬上有更多的思考。要推动文化观念的更新，推进教育的国际化进程，打开更广阔的文化视野。努力在传承与创新的统一中实现历史传统、时代精华和国际潮流的融通，不断丰富"江海"文化的内涵。

——大学精神的挖掘和再塑。大学精神是一所学校发展的精髓和灵魂，也是学校自身气质与品位的集中体现。南昌工程学院60年的历程，有着深厚的文化积淀和独特的精神传承，特色鲜明，独树一帜。每一个南工人都是这种精神的熔铸者和承载者，用实际行动践行大学精神是我们义不容辞的责任和义务。我们要有更开放的心态、更广阔的胸怀，不仅仅从南昌工程学院的发展进程中，更要从中国高等教育的发展、世界高等教育的发展中，从对现代大学精神、现代大学制度的体验对接中去萃取、挖掘这样的一种最本质的东西。大学精神集中体现了大学的凝聚力和向心力，是推动大学发展壮大的力量，是引导大学走向未来的内在动力。如果没有富有个性的大学精神，一所大学就难以有强大而持久的生命力。因此，再塑大学精神时，要在充分挖掘传统文化资源、紧密结合时代要求的基础上，认识和遵循大学发展的客观规律，在中外大学精神的对比中，根据学校发展的理念、战略和规划，抓住 60 年校庆这一契机，不断对既有的大学精神进行吸纳、扬弃，建构具有"江海"特色和个性的大学精神，在心灵深处给予我们深刻的启迪，在行动上赋予我们强劲的前行动力。

二、教育为基，南昌向南京学习的基本点

考察表明，南京市是我国著名的历史文化古都，发挥教育事业在国民经济和社会发展的基础性、先导性、全局性作用，具有悠久的历史传统和丰富的宝贵经验。多年来，南京市坚持实施科教兴市、教育优先战略，为了率先基本实现教育现代化，更好地为"两个率先（即江苏省率先全面建成小康社会，率先基本实现现代化）"服务，按照"三个集中、一个疏散"的城市建设布局方案，及时提出了拓展城市框架，调整老城功能，加快现代化中心城市建设的重要举措，初步建成一个整体功能完善、人文生态环境优良、建筑别具文化特色，在国际上有较大影响、国内第一流的现代化教育名城。2011 年 7 月中共南京市委又作出关于聚焦"四个第一（人才为第一资源、教育为第一基础、科技为第一生产力、创新为第一驱动力）"实施创新驱动战略打造中国人才与科技创新名城的决定，将科技、教育、人才资源优势转化为科技创新创业优势，率先走出一条具有南京特色的"创新驱动、内生增长、绿色发展"之路，确保在省内第一批进入基本现代化行列的战略选择。

（一）三城鼎立

2001 年，南京各类高等院校已达 48 所，万人拥有高校学生数比例是上海的 3.8 倍，北京的 2.7 倍。但由于大多数高校位于老城区，用地空间狭小，无法适应发展需要。江苏省适时提出由省市共建南京大学城，通过高校和人才的聚集，增强科教竞争优势，提高科技研发能力，发展高新技术产业。以大学城建设带动新市区发展。到目前南京市已有三个大学城，分别是位于栖霞区的仙林大学城，江宁区的江宁大学城和浦口

区的浦口大学城。

1. 仙林大学城。仙林大学城规划占地面积 47 平方公里，是全国最大的大学城，现已有南京师范大学、南京大学、南京财经大学、南京邮电大学、南京中医药大学、南京森林警察学院、南京理工大学紫金学院等 16 所高校；在校学生 18 万多人。

2. 江宁大学城。江宁大学城规划面积 27 平方公里，包括河海大学，东南大学，南京航空航天大学，南京工程学院，中国药科大学，正德学院，南京医科大学，江苏海事职业技术学院，金陵科技学院，南京晓庄学院，中国传媒大学南广学院等 15 所高校；目前江宁大学城及周边在校师生有 25 万左右。

3. 浦口大学城。浦口大学城规划面积 4 平方公里，包括南京信息工程大学、南京工业大学、南京审计学院、南京农业大学、江苏第二师范学院、南京铁道职业技术学院、江苏警官学院、南京大学金陵学院、东南大学成贤学院等 9 所高校，在校生达 10 万多人。

南京市的大学城规划是有前瞻性的，大学城自建立之初就是站在城市发展的高度，而不是仅仅把大学集中起来就了事。十多年前，大学城曾是南京市郊一片清冷之地，而现在这里却是大学云集、中小学密布。无论是 3 岁的小孩，还是 30 岁的博士后，在这里都可以找到受教育的场所。

(二) 内外双赢

南京师范大学除了拥有东方最美校园——随园校区、紫金校区两个老校区以外，还是仙林大学城里的老大哥，占地 3000 多亩。新校区的建设对于学校发展空间的扩大、对提高办学规模和教学科研水平，加强学科建设打下了坚实的物质基础，实现了从单个校区办学向多个校区办学协调发展的历史性跨越。在使大学办学条件发生翻天覆地变化的同时，又推进创新型开发区建设，加快了南京经济技术开发区二次转型，从外延扩张向内生增长转变，从投资拉动向创新驱动转变，从粗放经营向创新发展转变，显著提升开发区内生发展能力和辐射带动能力。仙林在建的创业创新载体已达 200 万平方米；紫金（仙林）科创特区、南大科学园、江苏生命科技创新园、紫东国际创意园、高校科技园等一大批创业创新园区如雨后春笋般崛起；从大学城变身科技城的仙林，拉开了将大学资源转化为现实生产力的大幕。针对南京艺术学院的办学特色，南京市大力支持南京工程学院将分布在老城区的三个校区集中搬迁到江宁大学城，并将其毗邻南京艺术学院的老校区（原南京电力高等专科学校）全部留给南京艺术学院，不仅两个大学的空间和规模扩大了，而且使南京艺术学院成为南京市老城区一个高层次的文化艺术传播中心。

（三）一城三圈

在大学城建设的基础上，着力优化区域创业创新生态，促进科学技术研究和技术成果的开发应用，形成以高新技术孵化基地、高层次创业创新人才集聚基地、高端科技型企业总部基地、国际科学活动基地为特色的区域创新中心和宜学宜研宜业宜居的区域城市中心。以"仙林科学城"为例，建设发展范围以仙林大学城规划 80 平方公里为核心区，构建"一城三圈"的功能架构，"一城"即仙林大学城，"三圈"分别为：围绕创新在高校，打造以高校、科研院所、企业研发中心等为主体的科学创新圈；围绕创业在园区，打造以紫金（仙林、新港）科技创业特别社区和孵化器、创新平台、现代服务业集聚区为主体的创业孵化圈；围绕产业化在开发区，打造以液晶谷等为主体的产业发展圈。到 2015 年，科技服务业占现代服务业比重达 70%，集聚高层次人才 5 万多人，研发投入占 GDP 比重达 4.5%，科技进步贡献率达 60% 以上。力争到 2020 年，将三个大学城建成创新体系基本完善，自主创新能力明显增强，创新投入、创新应用、创新成效、创新环境等位居国内领先水平，具有世界影响力的国际化开放式创新型的科学新城。

（四）四园同创

2012 年 6 月南京市委对大学城的空间布局进行了重新规划，提出"四园同创、融合发展"（"四园"即创新力强的校园、竞争力强的智园、幸福和谐的家园和环境一流的生态园）作为建设科技城的基本路径，搭起校地发展互帮、人才互派、活动共办、信息互动、资源共享、园区共建的合作平台。仅仙林大学城就已建设 9 个大学科技园，促进近 50 名高端人才带项目、带技术、带团队创新创业，包括诺贝尔奖得主阿龙教授等。南京大学城市场，已成为越来越多企业关注的市场。考察表明，随着中国高等教育的普及，大学城高校市场将会是企业的一块非常具有战略意义的市场。这不仅体现在高校市场人数和需求越来越多，更体现在高校是一个具有一批高素质的人群和一块非常具有规律性组织的群体。而高校市场的巨大空间更是让许多懂得经营的个体及企业追逐向往。

（五）六个转变

南京市根据大学城发展的战略要求，积极推进工作职能和工作重心的"六个转变"，即从集聚高校向培植产业转变；从重点服务教育教学向全面推动创新创业转变；从拉开城市框架向完善功能配套转变；从景观打造向文化提升转变；从大规模投入向精细化管理转变；从城市建设管理单一职能向激发高校优势资源释放综合功能转变。各级党委、政府都把推进科技创新创业工作摆在全局工作的战略位置，强化科技创新创业责任分解，分区域、分年度量化具体目标任务，制定落实政策措施，推动科技创新创业有力有序有效实施，制定扶持科技创业、鼓励自主创新的配套政策，完善财政性创新创业资金的使用机制，集中资金对重点产业和关键技术创新提供支撑，按照"行政效率最高、行政收费最少"的要求，不断深化行政审批改革，简化审批程序，下放审批权限，提高服务效率。

20世纪90年代，大学城在我国各地迅速崛起。南昌市也在进入21世纪后建起三个高校园区：有时叫前湖、瑶湖、昌北校区，有时叫红角洲、昌东、双港校区。与西方发达国家相比整整晚了50年，与我国沿海发达地区比晚了10年，与南京大学城相比城市化水平相差很大，有的像乡镇，有的沦为学生的"村落"。迫切需要按大学城的要求进行升级。《教育大辞典》中对大学城的定义为："围绕大学建立的社区。人口一般在5～10万。可为大学生提供良好的学习环境和便利的食宿、交通等条件，为高等教育提供生存、发展的适时的、充足的物质与精神资源"。要借鉴国内外成果经验，集中省市资源，尽快建设好南昌市瑶湖、前湖、双港大学城。

——建立大学科技园区，走"产学研"发展之路，使高等教育、科研、高新技术产业发展三者融为一体。依托于高等学校比较成熟的研究成果和人才优势，可以大大降低产品初创期研发的成本和风险。产学研一体化的实质在于利用这一优势，在大学城建立起开放的合作机制。产学研的有机结合最早可以追溯到二战期间的美国，由于战时军事科研需要，高等学校开始与工业界联合承担政府研究项目，战后，这种关系得到了进一步加强。在发达国家，高等学校与工业界的联合被认为是国民经济发展的重要因素。1951 年，美国斯坦福大学开辟了学校工业园，使教学活动、科研成果与工业园的发展双向互动，彼此推进，最终形成了世界一流的技术和知识密集型工业开发区——"硅谷"。后来，美国的麻省理工学院、英国的剑桥大学等，也在 20 世纪 80 年代开始了产学研一体化的尝试，开辟了一些既有社会效益，又有经济效益的研究项目，如新型材料的运用、人工智能的研究和发展、生物化学的广泛应用等。高等院校要充分发挥自身的优势，可以通过产业化经营的方式如自主创新、产品研发、成果转让、合同研究、专利出让、联合科研、联合培训等，使我们的智力资本转化为现实的生产力。比较可行的发展之路，就是建立大学科技园区，同时它也是大学城服务社会功能的具体体现，也体现着大学城科技创新与转化能力的强弱，大学园区的科研开发成果要对高新科技企业起辐射作用，同时促进高新科技产品的生产、运用进而转化为生产力。且"产学研合作"早在西方的大学城就已经实施得很好，且对经济、社会的贡献我们也有目共睹，对南昌市来讲，效仿国外成功的模式来发展自己的大学城，对于本地的经济无疑是会有促进的作用。

——建设公共服务生活区，科学合理规划、努力实现资源共享，走可持续发展之路。大学城建设在用地规划方面，要有高校教职工住宅（有产权住房）小区、中小学、商场、医院等配套服务建设；要在尽量做到以不破坏生态环境为条件，努力建成绿色生态大学城环境的前提下，充分利用新校区的土地资源，吸引国家部委来投资建设成人教育培训中心，这是一条增加高等教育投资、改善高校办学条件的新途径。因为，一方面随着知识更新的步伐加快，在职教育将蓬勃发展；另一方国家禁止在风景旅游区建培训中心，高校是首选之地。大学城本身就具有资源共享的功能，我们应该以资源共享为目标，注意节约资源，走可持续发展的道路。教育投资的边际收益略低于物质投资的边际收益，所以说，要加大南昌大学城的教育投资在 GDP 中所占的比重，优化南昌市的投资结构，以一定的投入量获得较多的产出量。江西的教育投资不仅在总量上严重不足，结构也不合理，因此，优化教育投资结构的问题应该引起重视。从南昌大学城来讲，要依据市场经济和社会经济发展的要求，调整院校的专业设置，并努力使教育投资主体向多元化发展。

——建设文化创意园。文化的传承和创造是大学城的精神内核，需要入城高校积极响应、加强交流互动，在不断提高教学科研水平的同时，开展丰富的校园文化活动。大学城文化不是一朝一夕建成的，需要点点滴滴的不断积累，最终形成富有区域特色、校际特色，甚至是学科特色的文化传统。大学城不仅仅有着教书育人的功能，其对整个城市的文化积淀也起着至关重要的作用。不同高校间、高校与社区间要多多进行文化交流活动，这对整个大学城区域的文化的内涵的提升有促进作用。南昌大学城也应该多多关注其文化的建设，坚持以人为本，继承与创新相结合的原则，构建出园区内生生互动、师生互动、和谐自由氛围的大学文化。

大学城要实现可持续发展，要实现各高校资源的优化配置与共享，就要不断健全和完善大学城管理制度。南昌大学城的运转要采用政府支持、企业投资、市场化运作、社会化服务的全新模式，这是经过了充分研究和论证的前所未有的开创性的全新机制。大学城管理模式的典型是成立大学城管理委员会，负责处理大学城的公共事务，协调各大学、科研机构、产业部门、交通安全等有关事务，并对各大学、科研机构、产业机构进行监督。大学城管理委员会应该由代表国有投资主体、社会投资主体和各办学投资主体的利益相关主体组成。管理委员会与各高校均为一级法人，对大学城建设要进行统筹规划，同时要兼顾各方的利益。管理委员会要对大学城的建设与管理制定发展规划和年度计划；要对政府投入的国有资产保值、增值负责；要对大学城发展、管理等重大事项

（包括资产运作）决策；要协调大学城与学校、学校与学校、大学城与所在城市的关系；要在宏观层面上协调各个利益主体之间的利益关系，保证资源共享的实现。

三、改革为先，江西向江苏学习的主旋律

2015 年江苏省共有普通高校 134 所，其中本科高校 51 所，在校生超过 181 万人，均居全国第一；高等教育毛入学率达 47.1%，比全国平均高出 17 个百分点。高等教育逐渐实现了由规模扩张、外延发展向内涵建设、质量提升转变，建立了较为完善的研究型、应用型、复合型及技术技能型等人才培养体系，高等院校主要内涵建设指标仅次于北京、跃居全国第二位，展现了江苏由高等教育大省向高等教育强省挺进，推进高等教育改革发展的鲜明轨迹。

——"快"是江苏高等教育发展的鲜明特点。早在 1996 年，江苏即在全国率先扩大招生规模，推动高等教育跨越式发展；2000 年，江苏在全国率先进入高等教育大众化阶段。从 2000 年到 2010 年，全省普通高校从 71 所增加到 126 所，在校生从 47.5 万人增加到 177.49 万人，高等教育毛入学率达 42%。为适应高等教育规模扩大的实际，江苏坚持发挥政府主导作用，广泛吸纳社会资金，大规模新建、迁建或扩建高校，高校办学条件明显改善。江苏高等教育实现了从小规模、简陋型办学向大规模、高标准办学的跨越式转变，也为顺利实现从精英教育转向大众化教育奠定了坚实基础。

——"改"是江苏高等教育的基本经验。2008 年以来，江苏高校准确把握高等教育发展的新趋势，以建设高教强省为目标，以提升服务能力为导向，以加强内涵建设为重点，以人才培养为根本，以提升质量为核心，扎实推进高等教育综合改革。2010 年江苏省被国务院确定为国家高等教育综合改革试点省，2011 年教育部和江苏省人民政府签署共建国家高等教育综合改革试验区协议。2014 年省委出台《关于深化教育领域综合改革的实施意见》，着力在"四个紧密结合"上下功夫：一是坚持立足当前与着眼长远紧密结合；二是坚持整体推进与分类指导紧密结合；

三是坚持综合改革与单项改革紧密结合;四是坚持改革力度与社会可承受程度紧密结合。对12所高校下放管理权限,扩大高校办学自主权。

——"放"即是江苏高等教育以开放促发展。借鉴国际高等教育先进办学理念和管理经验,积极利用国内国际两种资源、两个市场,出台相关优惠政策,引进国际优质教育资源,扎实推进中外合作交流。推进国际合作培养人才,将中外合作办学项目的学科、专业、课程和师资队伍建设,纳入省和学校教学质量提升工程建设,初步构建了与国际接轨的课程体系。省政府出台《留学江苏行动计划》,设立"茉莉花留学江苏政府奖学金",并逐年扩大奖学金总量,到江苏留学的外国学生规模以年均13%的速度递增,去年全省有45所高校和科研院所共招收来自164个国家的留学生,全省外国留学生教育规模总数超过2万,中外合作办学项目达307个(全国第一),已建成教育对外开放先进省份。

——"投"即是增加高等教育的发展投入。从2010年起,江苏省每年投入10亿元,在全省高校实施优势学科建设工程,建设一批国内领先、国际有影响的高水平学科,全面提升高等教育水平和高校服务经济社会发展的能力。目前,122个立项学科的财政投入和自筹经费累计达到51.1亿元。从今年起,省财政将每年拿出5000万元,重点资助300名左右高校中青年骨干教师、5个左右的团队赴境外进行深造,重点支持聘请外籍知名专家学者来苏任教,省属高校聘请外国文教专家连续多年保持2000人左右的规模。南京审计学院利用独特的办学优势和新校区的空间优势,吸引国家审计总署在校内投资5亿多元,建设全国审计干部培训中心,成为国民教育与成人教育融合的试点。过去,苏南地区高校集中,而苏北高校偏少。为适应经济社会发展,江苏省利用规范独立学院发展的契机,适时调整高等教育布局。继无锡太湖学院第一家规范改制为民办本科高校后,南京林业大学南方学院等都分别从母体学校迁出,到苏北、苏中的市、县独立规范办学。目前全省已有独立学院26所。此举措不仅优化了高等教育布局,而且吸引了市、县政府和社会力量对高等教育的投入。

——"联"即是建立名校结盟发挥高教资源集聚优势。2011年,南京仙林大学城高校教学联盟成立，联盟里的 5 所高校资源共享、学分互认、教师互聘、学生互派、课程互选，惠及 10 多万师生。最近，江苏又在探索联盟内高校间的转学，打破考生一考定学校、定专业的现状。建立高校与科研院所、行业企业、高新技术开发区联合培养人才的机制，全面推行学分制和弹性学制，推行跨校、跨区域、跨类型的学分互认，推行主辅修制、双专业制、多项技能等级证书制，推行本科学生导师制。建立高校区域合作育人机制，深化合作办学试点，推进教学联合体建设。

——"分"即是分类评估优化教育结构。江苏根据研究型、教学研究型、应用型等不同侧重点，确定高校发展类型，制定高校分类发展规划，发挥政策指导、资源配置和绩效评价的作用，引导高校科学定位、特色办学。在评估机制上，对应实施高等学校类型评估、学科专业特色评估、人才培养质量评估和办学总体绩效评估。以特色建设促进质量提升，推进高等教育高水平、多样化发展。科学建立高校分类体系，实行分类管理、分类指导和分类服务，形成各自的办学风格，在不同层次、不同领域办出特色、争创一流。

——"提"即提高教师整体素质和业务水平。全力支持高校申报国家海外高层次人才引进计划、长江学者奖励计划、国家杰出青年科学基金等项目，着力培养优秀拔尖人才、学术带头人和骨干教师。建立教学激励机制，引导教师潜心教学，强化教学业绩考核，培育一批教学名师和优秀教学团队。加大对优秀中青年教师的培养、使用力度，鼓励他们脱颖而出。实施高校优秀中青年教师留学计划、学术大师和特聘教授引进计划，支持高校面向世界引进顶尖人才、学术大师，支持具有硕士、博士学位授予权的高校选聘 400 名"江苏特聘教授"。实施高层次创新创业人才引进计划，面向海内外引进一批业务水平高、学术造诣深、能带领本学科赶超国际国内先进水平的杰出人才。

——"精"即构建具有江苏特色的课程体系。把课程教学改革作为实施素质教育的关键措施来抓，加强课程和教材建设，精选课程内容，优化课程结构。职业教育课程注重造就具有创业创新创优素质的技能型人才，注重学生职业道德、职业素质培养。高校课程与经济社会发展紧密联系，形成有利于学科交叉融合的课程体系。强化课程教学管理，严格执行课程计划，确保开齐开足开好规定课程。实施教育信息化推进工程，探索网络环境下的教学模式，加强信息技术与学科课程的整合，已建成门类齐全、内容丰富的学科课程资源和学习资源库，高等教育建成一大批网络课程。

——"全"即坚持德育为先能力为重全面发展。切实把德育融入学校、家庭和社会教育的各个方面，将大学生思想政治教育摆在首要地位，大力开展理想信念教育，用中国特色社会主义理论体系和社会主义核心价值体系引导学生树立正确的世界观、人生观和价值观。弘扬以爱国主义为核心的民族精神和以改革创新为核心的时代精神，培养学生服务国家、服务人民的社会责任感和创新创业创优精神。加强道德教育，强化道德修养，培养良好品质。加强公民意识、文明礼貌、可持续发展和民族团结教育，重视劳动教育、安全教育、生命教育、国防教育，培养社会主义合格公民。

——"强"即服务发展能力显著增强。形成基础学科、应用学科、新兴交叉学科等多类型重点学科，以及各类重点学科协调发展的学科体系，在经济社会发展急需领域建成若干重点学科群。大力推进高校协同创新，立项建设 59 个"江苏高校协同创新中心"、培育建设 12 个"江苏高校协同创新中心"，全省高校建有部省级工程（技术）研究中心 131 个，立项建设 5 个高职院校"工程技术中心"，建设省高校重点实验室 50 个、建设 20 个全国高校学生科技创业实习基地，总量均居全国第一。江苏高校 29 项成果获国家科学技术进步奖，占全国 10.9%，63 项成果获教育部科学研究优秀成果（科学技术）奖，占全国 20.5%。在国家社科基金项目评选中，江苏省高校共获立项 257 项（排第二）；在教育部人文社会科学研究项目评选中，江苏省高校共获立项一般项目 281 项（居第一）。

考察表明，这一系列举措使江苏高等教育发展由"快"向"优""华丽转身"，在规模扩张的基础上实现了内涵发展和质量提升。在高等教育国家级教学成果奖中，江苏高校获奖 79 项，特等奖和一等奖总数全国第一；在教育部公布的全国高校科研优秀成果奖（科学技术）中，江苏高校获奖数为75项，获奖总数居全国第一。人才培养模式创新实验区51个、教学团队86个、教学名师38位，质量建设各项指标均居全国第二；在教育部公布的高校学科排行榜中，江苏共13个学科专业排名全国第一，仅次于北京。

教育部数据显示，截至2015年5月21日，江西省共有普通高等学校97所，其中本科院校42所（公办本科院校29所），专科院校55所。与江苏省相比，江西省高等教育还存在诸多困难和问题，突出表现在总体发展水平滞后，人才培养质量与全省经济社会发展的要求有差距，学科专业结构与区域发展和产业转型升级的要求有差距，高校自主创新能力与服务经济社会发展的要求有差距，高校自主办学和自我管理的能力与建设现代大学制度的要求有差距等。为尽快缩小差距，加快推动江西省高等教育发展上水平、上层次、上台阶，现就学习借鉴江苏省高等教育的经验和做法，提出如下建议。

（一）加强专业改革与建设，提高教育教学质量

紧密结合产业部门需求设置、优化专业结构。要重点结合江西省支柱产业、战略性新兴产业需求，着力构建与经济社会发展互动，与招生、培养、就业联动的学科专业体系及动态调整机制，要进一步完善本科专业设置的咨询、评价、信息发布、预警与退出等机制。建立高校毕业生就业和重点产业人才供需年度报告制度。要依据办学定位、学科特色和服务面向，明确专业培养目标和建设重点，推进教学团队、课程教材、实践资源等专业内涵建设，深化培养模式、教学方式、教学管理等环节的综合改革。加强高校相近专业、高校间同类专业的合作，开展以专业类、专业群为主体的重点专业建设，建设一批满足江西省产业结构优化调整需要、彰显高校办学水平与特色的本科专业类和专业群。建立专业评估和认证制度。省教育厅要定期开展对各校的专业评估和认证，各校也要根据本校的实际情况列出计划，对本校所设置的所有专业分期分批地进行评估，建立激励与淘汰机制，对与经济社会发展契合度低的学科专业关停并转。

（二）推进人才培养体制改革，探索多样化的人才培养模式

要进一步确立"把成才的选择权交给学生"教育理念，建立"大类招生，分流培养"的人才培养模式，尊重学生的主体性，强调学生的自主选择权，努力培养具备合格道德水准、良好沟通能力、科学思辨方法、合理知识结构和一定专业技能的高素质专门人才。围绕多样化人才培养需求，以提升学生能力为导向，对课程体系进行梳理完善，初步建立通识课程、专业课程和开放性课程三大课程模块，构建内容丰富、形式多样、开放共享的课程体系。倡导启发式、探究式、讨论式、参与式教学，鼓励研究性教学。本科院校国家和省级特色（示范）专业、国家级、省级专业综合改革项目试点必须带头开设研究性教学示范课程。推行基于问题、基于项目、基于案例的教学方法和学习方法。加强综合性实践科目设计和应用，支持学生开展研究性学习、创新性实验。要按照"政府推动、行业指导、校企合作、分类实施"的原则，分行业、分类型、分步骤、有重点地实施卓越工程师、卓越教师、卓越医生、卓越法律人才、卓越农林人才、卓越新闻人才等教育培养计划。鼓励高校在自然科学和人文科学专业开设双语课程并逐步增加数量，加强课程内容与国际通用职业资格证书的对接，要有计划地组织学生赴国外知名大学修学、访学，大力提高具有海外学习经历的在校生比例。

（三）强化实践育人工作，培养学生的实践能力和创新精神

要把实践教学与理论教学摆在同等重要的位置，全面落实实践教学的基本要求，根据不同专业和人才培养要求，科学构建实践教学体系，制定实践教学方案、实践教学标准和实践成绩考核办法，合理增加实践教学比重。构建国家级、省级、校级全方位多层次多元化的大学生创新创业训练体系，依托高新技术产业开发区、工业园区和大学科技园等，重点建设一批大学生创业实习基地。省教育厅要建成一批省级大学生创业教育示范校、一批省级创业实践基地和孵化基地、一批大学生创新创业示范基地、并遴选一批创新创业教育导师，要积极建立相应的基地并遴选一批创新创业教育导师。每年支持不低于 50 项大学生创新创业训练计划项目，并争取更多项目进入国家省级大学生创新创业训练计划，制定激励教师学生的政策并加大经费投入积极支持开展各类大学生创新竞赛、学科竞赛和科技竞赛活动，推动大赛国际化。探索将创新创业成果、学科大赛成果与教师工作实绩、学生毕业论文挂钩的政策和措施。

（四）加大高端人才的引进、培养力度，使人才留得住、用得好

要围绕学校办学定位和学科专业建设的需要有针对性地引进高端人才和领军人物，充分依托国家"千人计划""万人计划"和江西省"百千万人才引进计划"等人才项目平台，采取"走出去、请进来"的方式，与国内外知名院校开展多层次，全方位的合作与交流，吸引一批国内外有较大影响和较高学术地位的学术带头人和学术骨干来校工作，优化师资队伍。建立激励与约束并重的机制，力求引进一个人才，带动一个团队，发展一个产业，提高人才的投入产出比，促进重大成果产出。完善退出机制，建立教学"门槛制"，评估合格才能走上讲台，实行教学与科研岗位"能上能下""非聘即转"的动态管理，对不能为人师表的人员实行"一票否决制"。实现能进能出、能上能下，增强用人活力。要建立以竞争、流动为核心的人事管理机制、人才评价机制和科学合理的分配激励机制，形成有利于优秀人才脱颖而出，吸引和稳定拔尖人才充分发挥聪明才智的氛围。完善教师分类管理和分类评价办法，按照不同类型教师的岗位职责和任职条件，制定聘用、考核、晋升、奖惩办法。鼓励高校探索以教学工作量和教学效果为导向的绩效考核机制，根据学校类型和教学岗位类别，制定具体考核标准，分层次、分类别对教师教学工作业绩进行考核。基础课教师考核教学任务、教学质量、教研成果和学术水平等情况；实验课教师考核指导学生实验实习、教学设备研发、实验项目开发和实验教学研究等情况；创新创业导师考核指导学生创新创业训练、实践等情况。

（五）推进优质教学资源共建共享，提高江西省整体教学水平

要积极推进高等学校数字校园建设，全面实现高校教学、科研、管理、服务和文化建设的网络化、信息化和数字化，充分利用信息技术加速实现各种优质教育资源的集成共享。加强网上教学平台和教学资源库建设，完善数字化教学支持、使用、评价等服务系统，促进信息技术与

教学的深度融合，推进基于网络的人才培养模式和教学内容、教学方法的改革，分学科专业大类建设满足学生自主学习需要、能提供全方位学习支持和服务的网上教学平台和教学资源库。依托高校教学联盟、教学联合体、整合区域性或同类型高等学校相关教学资源，探索优质教育资源共建共享机制。构建和完善高校学分互认体系，推进学生跨校、跨专业选课，实现教师互聘、课程互选、学分互认。完善各高校教学联动发展机制，建设高等教育教学联动发展项目，积极推进学生交流访学、学分互认和高校数字图书共享。要紧密结合全球高等教育发展的趋势，特别是大学教学改革的新动向、新技术、新模式，不断深化大学课程与教学改革，为学生提供更多的、个性化的选择；应深入研究在线学习与混合学习模式，积极探索将开放教育资源、世界大学名校公开课、中国大学视频公开课等课程资源运用于大学内的课堂教学改革和人才培养过程之中，制定切实可行的大学教学信息化战略与政策。

（六）强化教学科研管理创新，完善科技成果转化体制

要加大科研体制机制改革的力度，研究制定本校科技评价制度，实现分类评价和开放评价。基础研究要以原始创新性成果和创新性人才培养为评价重点；应用研究要以关键技术和核心技术突破、自主知识产权成果、经济社会效益等为评价重点。产业化开发项目要以技术、产品的成熟度和市场反应为评价重点。鼓励科技人员在不同领域、不同岗位做出特色，追求卓越。要更加重视科技评价中的过程评价和团队评价，更加重视团队的实质贡献，合作精神和创新潜力。同时，要加快推进高校科研项目经费预算、间接成本补偿、劳务费使用以及增加高校科研稳定支持力度的制度安排，完善科研服务与监管体系。

（七）深化校地战略合作，提高全面服务能力

要努力实现科研指导思想从重视成果导向解决问题导向的转变，提升高校创新能力和服务经济社会发展能力。要积极搭建创新平台，主动融入区域发展，政产学研一定要有效联动一定要互相支撑，高校一定要将推动经济社会发展作为自己的神圣职责。重点解决一些科研项目"上不着天""下不着地"，不切合地方经济社会发展实际等问题。大力推动

在产业结构优化升级等重大项目中，与相关科研机构、企业和地方政府联合攻关。探索"学校团队＋地方企业"共建研发平台，"特色优势学科专业＋龙头企业"共建研究院的校企合作模式。完善"政产学研用"机制，以科技为引领、以项目为抓手、以市场为导向、以资产为纽带、以分配为杠杆来推进产学研有机融合。支持高校通过专利许可、技术转让、产品开发、技术入股等方式以股份制等多种形式参与分配，鼓励高校科技成果在省内转化。支持各高校与行业、企业、科研院所和地方建立产业技术创新战略联盟，创办产业实体，共建创新平台。支持高校学生参与科技创新研究和自主创业，鼓励高校教师承担企业技术攻关项目，具有明显经济或社会效益的重大横向项目视同级重点科研项目，并计入教师科研工作量。坚持分类评价，对高校中的基础研究、技术开发和成果转化、科学普及等不同类型科技活动同等重视。从评价体系上引导高校将科技创新从"以出成果为目的"转变为"以解决问题为目的"，与现阶段国家和江西省区域经济社会发展需求相适应，改变重形式、轻效果的单纯量化考核评价方式。

（八）深化综合改革，完善内部治理结构

要理清高等教育改革发展思路，破解体制机制障碍，为提高质量提供持续和稳定的保障。形成比较完善的内部治理结构、权力监督机制，加强内部管理，推进学校自身治理体系建设和治理能力现代化建设发展。进一步完善师生权利、组织框架、决策机制、学术管理和民主管理机制等内容，构建决策、执行和监督相互协调相互制约的科学管理制度，形成依照章程管理学校的体制和氛围。高校应以章程建设为核心，系统梳理高校内部管理体制，推动高校整体改革，为提升质量提供制度保障。通过章程制定构建社会参与的长效机制，使章程为社会搭建参与学校治理的平台，通过章程将本科教学和构建人才培养体系，上升到章程层面，保障其执行力。要落实学院教学、科研和管理自主权，做到学术至上，教授治学，学院相关事务由教授委员会、教学委员会、学位委员会、学术委员会负责处理。扩大社会参与，建立学校与社会良性互动机制，总结推广高校组建理事会或董事会的有益经验，充分发挥行业协会、专业学会和基金会等各类社会组织在高等教育公共治理中的作用，形成社会支持和监督学校发展的长效机制。

根据江苏省的经验，江西要加快高等教育的发展，最主要的是要增加对高等教育的建设投入。积极争取国家和省有关方面的经费投入和政策支持，完善以举办者投入为主、受教育者合理分担培养成本、高校要设立基金会接受社会捐赠等多渠道筹措教育经费的机制，优先保障教学投入。要加强对内涵建设的投入，本科院校内涵建设支出比例不低于25％。完善捐赠教育激励机制，积极引导社会力量捐资助学，改善教学基本条件，设立奖教基金。完善非义务教育培养成本分担机制，确保生均财政拨款等增量部分优先用于师资队伍、学科、实验室等方面。各高校在加大经费投入的同时要提高经费的使用效率，在学校建设中也要注重自力更生开源节流，发挥自己的特长和优势，节约经费，合理使用经费，避免不必要的浪费。

第十八回　特步足球

——在 2015～2016 特步中国大学生足球联赛①
江西赛区揭幕式上的欢迎词
（2015 年 11 月 2 日）

尊敬的国家教育部学生体育协会薛彦青副主席、江西省教育厅曹连平副巡视员、江西省体育局李小平副局长、各位领导、各位来宾、裁判员、全体运动员、工作人员：

大家下午好！

今天，2015～2016 特步中国大学生足球联赛江西赛区在我校隆重开赛。我代表南昌工程学院两万多名师生员工，向出席本次开幕式的各位领导和来宾以及兄弟学校的教练员、运动员、裁判员表示热烈的欢迎！并向为此次足球联赛顺利举办付出心血的国家、省市有关部门的负责同志、参赛单位以及全体工作人员表示衷心的感谢！

"重体"是南昌工程学院半个多世纪办学的一贯传统，"重水"是中国水都水利特色大学的基本要求。我校始终强调大学生要有强健的体魄、能跋山涉水，将体育教育作为人才培养重要组成部分，坚持开展丰富多彩的阳光体育运动，广大师生积极参与，体育锻炼蔚然成风，体育事业蓬勃发展，实现了由点到面的质的飞跃。在今年参加的体育竞赛中，学校男子、女子定向越野队分获高水平组团体总分第二名、第三名的好成

---

①　特步中国大学生足球联赛是由中国大学生体育协会和中国足球协会主办、特步（中国）有限公司冠名、国内唯一官方认可的 11 人制大学生足球赛事，也是丰富当代大学生文体德智相结合的最佳平台。特步中国大学生足球联赛充分展现了大学生足球竞技水平，培养了未来足球市场，储蓄了后备力量，推动了中国足球事业蓬勃发展，同时它也搭建了企业回报社会、支持公益事业、展示企业文化理念、提升企业形象及美誉度等方面广阔的舞台。

绩，在普通组比赛中更是实现三连冠；桥牌队在江西省第二届高校桥牌比赛中包揽全部 5 个项目的第一名，在全国比赛进入前 8 名；男子排球队获得江西省大学生排球锦标赛第二名。特别是校男子篮球队在 2015 年获得 CUBA 阳光组中国大学生篮球联赛江西赛区选拔赛冠军后，代表江西省高校参加全国总决赛最终获得第四名，同时被授予"体育道德风尚奖"运动队称号，为江西高校争得了荣誉。

足球运动是一项世界性的体育运动，也是最具影响力的体育活动，在学校的开展有着悠久的历史和广泛的影响。全国大学生足球联赛迄今已经举办了 16 届，社会影响力不断扩大，对倡导和引领大学生积极参加体育锻炼，有效地推进高校体育文化建设发挥了重大作用。我校从 2007 年至今连续承办了 9 届全国大学生足球联赛江西赛区的比赛。近年来，我校认真贯彻落实习近平总书记关于发展足球事业的重要指示精神，把发展足球上升到学校战略高度，努力提高足球运动水平、特别是举办足球赛事的能力。作为东道主，再次欢迎全省兄弟院校的足球健儿们齐聚南昌工程学院，我校将认真履行承办单位的职责，扎实做好比赛的各项工作，通力协作、热情服务，为校园足球的发展做出新的贡献。

最后，预祝本届比赛取得圆满成功！谢谢！

第十九回　立平安稳

——省教育厅高校安全稳定工作评估会议致辞
（2015年11月5日）

尊敬的魏立平组长及考评组各位专家：

大家上午好！

在全院上下正掀起学习宣传贯彻党的十八届五中全会精神，全面深化学校各项改革的关键时刻，很高兴迎来了省教育厅高校安全稳定工作考评检查组的各位领导和专家，莅临我院对安全稳定工作进行全面检查。首先，我谨代表全院师生，对检查组的到来，表示热烈的欢迎和衷心的感谢！

南昌工程学院是国家水利部和江西省政府共建的水利特色大学。随着学校办学层次和规模的提升，安全稳定工作也带来新的挑战。我院历来高度重视安全稳定和综合治理工作，把学校安全稳定工作作为头等大事和重要政治任务来抓。2011年以来连续4年获得"全省社会治安综合治理目标管理先进单位"荣誉称号。近一年来，在省委、省政府的正确领导下，学校紧紧围绕改革、发展、稳定大局，认真贯彻落实全国、全省综治维稳工作会议精神，始终坚持"预防为主、防治结合、群防群治、齐抓共管"的方针和"安全稳定是第一责任"的思想，紧紧围绕"创建和谐平安校园"这条主线，以"发案要少、秩序要好、内部稳定、师生满意"为目标，以落实责任、完善体系、健全机制、夯实基础为重点，认真落实安全稳定各项措施，切实维护学校正常的教学、科研和生活秩序。全院未发生危害国家安全和社会稳定的重大政治事件、影响社会稳定的大规模群体性事件、影响恶劣的重大刑事案件、影响恶劣的重大安全生产事故，学校总体上形成了和谐平安稳定的良好局面，促进了学校教育事业的科学发展。

安全稳定工作是一项只有起点没有终点的工作。今天，各位领导和专家莅临我院检查，既是一次挑战，更是一个契机。希望检查组的专家们，能够以专业的角度，对我院的安全稳定工作情况，特别是在安全建设和管理方面，多提宝贵的意见。我们将以这次检查为新的起点，以检查促进建设，以检查推动安全工作水平的提升，努力构建平安和谐校园。

最后，再次感谢检查组的到来。祝各位身体健康、工作顺利！

第二十回　决胜纲领

——在校党委中心组学习党的十八届五中全会精神时的讲话
（2015 年 11 月 5 日）

同志们：

　　中国共产党第十八届中央委员会第五次全体会议，于 2015 年 10 月 26 日至 29 日在北京举行。全会听取和讨论了习近平受中央政治局委托作的工作报告，审议通过了《中共中央关于制定国民经济和社会发展第十三个五年规划的建议》（以下简称《建议》）。习近平就《建议（讨论稿）》向全会作了说明。《建议》稿于 11 月 3 日由新华社全文播发。今天，重点传达十八届五中全会的主要精神、省委贯彻全会精神的重大部署和学校党委会讨论的贯彻意见。

一、十八届五中全会的主要精神

　　十八届五中全会和历次五中全会一样，主要还是三方面内容：一是总结上一个五年规划，二是制定下一个五年规划，三是调整人事。尽管反腐让人事调整备受关注，但会议的核心还是制定"十三五"规划。按照惯例，五中全会对由发改委牵头制定的"十三五"规划建议初稿进行审议，并提出修改意见，然后以党的文件形式正式发布《规划建议》，明年 3 月两会后再发布完整版的《规划纲要》（政府文件）。虽然正式的规划尚未出炉，但从会议内容可以发现"十三五"规划的亮点。

　　（一）提出"六个必须"发展原则

　　必须坚持人民主体地位，必须坚持科学发展，必须坚持深化改革，必须坚持依法治国，必须坚持统筹国内国际两个大局，必须坚持党的领导。学习贯彻落实十八届五中全会精神，需要把握正确的政治方向，为夺取全面建成小康社会的胜利提供政治保障。

（二）明确新的五大发展理念

全面建成小康社会，需要牢固树立并切实贯彻"创新、协调、绿色、开放、共享"五大发展理念。可以说，五大发展理念的提出，将引起我国发展全局的一场深刻变革。从理论上看，从"矛盾发展观"到"发展是硬道理"，从"科学发展观"到十八届五中全会所提出的"创新、协调、绿色、开放、共享"的发展理念，是既一脉相承又与时俱进，这是对马克思主义发展观的继承和新发展。

（三）经济保持中高速增长

2020 全面建成小康社会，GDP 增长目标可能下调。大家最关心的问题是 GDP 目标定 6.5% 还是 7%，会议公报和规划建议不会公布这个目标，但从其中的表述能够看出一些端倪。"十二五"目标是"平稳较快发展"，"十三五"目标是"中高速增长"，"实现到 2020 年国内生产总值和城乡居民人均收入比 2010 年翻一番"，按照这个目标，假定 2015 年增长 7%，未来五年我们只需要年均 6.5% 的增长速度就可以，这意味着个别年份甚至可以低于 6.5%。从客观上说，随着潜在增长速度的下行，继续保持 7% 的增速也有难度，所以增长目标很可能下调，但至少也要达到 6.5%。

（四）首次提出贫困县全部摘帽

习近平总书记曾多次指示要精准扶贫，"十三五"规划明确了扶贫目标：完成我国现行标准下近 7000 万农村贫困人口的全部脱贫，实现"一个都不能少"的真正意义上的全面小康，贫困县全部摘帽，解决区域性整体贫困。这些重要论述都是首次提出。

（五）强化体制机制改革创新紧迫性

提出要加快形成引领经济发展新常态的体制机制和发展方式，到 2020 年各方面制度更加成熟更加定型，国家治理体系和治理能力现代化取得重大进展。

（六）突出了一批国家战略措施

明确提出了要实施网络强国战略，实施"互联网＋"行动计划，发展分享经济，实施国家大数据战略，实施一批国家重大科技项目，在重大创新领域组建一批国家实验室。提出要加快建设制造强国，实施《中国制造二〇二五》，实施工业强基工程。强调要实施军民融合发展战略，形成全要素、多领域、高效益的军民深度融合发展格局，奉行互利共赢的开放战略加快实施自由贸易区战略，实施食品安全战略，完善人口发展战略，全面实施一对夫妇可生育两个孩子政策，深入实施人才优先发展战略等等。

（七）全会规定的"七大要求"

一是必须深化对发展规律的认识，完善党领导经济社会发展工作体制机制，加强党的各级组织建设，强化基层党组织整体功能。二是要动员人民群众团结奋斗，贯彻党的群众路线，提高宣传和组织群众能力，加强经济社会发展重大问题和涉及群众切身利益问题的协商，依法保障人民各项权益，激发各族人民建设祖国的主人翁意识。三是加强思想政治工作，创新群众工作体制机制和方式方法，最大限度凝聚全社会推进改革发展、维护社会和谐稳定的共识和力量。四是加快建设人才强国，深入实施人才优先发展战略，推进人才发展体制改革和政策创新，形成具有国际竞争力的人才制度优势。五是运用法治思维和法治方式推动发展，全面提高党依据宪法法律治国理政、依据党内法规管党治党的能力和水平。六是加强和创新社会治理，推进社会治理精细化，构建全民共建共享的社会治理格局。七是牢固树立安全发展观念，坚持人民利益至上，健全公共安全体系，完善和落实安全生产责任和管理制度，切实维护人民生命财产安全。实施国家安全战略，坚决维护国家政治、经济、文化、社会、信息、国防等安全。

遵循"七大要求"，是我们决胜阶段走完全面建成小康社会全部行程的胜计良方，是我们托起全面建成小康社会创造幸福生活的成功举措。

二、省委贯彻全会精神的重大部署

10 月 31 日，省委召开全省领导干部会议，传达学习党的十八届五中全会精神，部署贯彻落实工作。要求全省各级党组织和广大党员干部认真学习、深刻领会、坚决贯彻党的十八届五中全会精神特别是习近平总书记重要讲话精神，充分认识一年来党中央治国理政取得的新成就新经验，进一步增强与党中央保持高度一致的自觉性和坚定性；充分认识"十三五"时期面临的新形势新任务，进一步坚定实现"两个一百年"奋斗目标的信心和决心；充分认识中央贯彻五中全会精神新部署新要求，进一步做好江西省当前和今后一个时期各项工作。

（一）要坚持"发展升级、小康提速、绿色崛起、实干兴赣"的发展思路，着重处理好速度与质量的关系

首先要保持一个较快的发展速度，紧紧扭住发展这个第一要务不放松，不断壮大全省的总体实力和竞争力。党的十八大以来，江西经济发展呈现出多年未有的良好崛起态势：去年，全省 GDP 增速列全国第七位；今年前三季度再传捷报，全省 GDP 增长 9.2%，高于全国 2.3 个百分点，仍居全国和中部省份前列。"十三五"期间，江西要把经济发展目标定高一点，跳起来摘桃子，不断激发大家的干劲，形成你追我赶的良好态势。在加快经济发展速度，尽快实现总量扩张的同时，要更加注重提升经济质量和效益，做到发展速度和质量效益相统一、总量增长和结构优化相协调，实现以比较充分就业、提高劳动生产率、投资回报率、资源配置效率为支撑的发展，不断推动经济发展方式从粗放型向集约型转变。全面建成小康社会，不仅仅是经济发展达标，更重要的是群众切身感受达标，是不断增强群众的全面小康实现感、美好生活的获得感。制定"十三五"规划时，江西要高度重视民生，更加重视解决公平的问题，把共同富裕摆上更紧迫日程，采取有力措施完善收入分配机制，缩小"三大差距"，逐步提高贫困地区、中低收入群体的收入水平，尤其是提高一线岗位、产业工人和普通劳动者收入比重，更多关注弱势群体，防止利益和阶层固化，真正跨越"中等收入陷阱"。要更加重视提高公共

服务质量，紧紧围绕养老、医疗、教育、食品安全、生态环境等，提升公共服务水平，着力解决群众日益增长的多元物质文化需求与政府公共服务能力之间的矛盾，不断增强群众的获得感和幸福感。

（二）坚决打赢扶贫攻坚战

江西实现全面小康，最大的短板在农村特别是革命老区、贫困地区。在编制规划的时候，要采取超常举措，拿出过硬办法，按照精准扶贫、精准脱贫要求，用一套政策组合拳，确保在既定时间节点打赢扶贫开发攻坚战。今年 6 月初，江西召开了全省精准扶贫攻坚现场推进会，出台了《关于全力打好精准扶贫攻坚战的决定》，发出了扶贫攻坚最响亮的动员令，就是要立下愚公志，打好攻坚战，确保 2020 年之前全部完成扶贫攻坚任务。为此，"十三五"期间，江西将以更实的导向、更实的工作、更实的作风，坚持在内外兼修上下功夫，致力打好三大攻坚战：针对有劳动能力的，加大扶持创业、转移就业和发展产业的力度，打好产业扶贫攻坚战；针对生存条件恶劣的，加大移民搬迁、交通和安全用电、饮水等基础设施改善力度，打好安居扶贫攻坚战；针对完全丧失劳动能力的，兜住民生底线，打好保障扶贫攻坚战。同时，江西将完善考核评价体系，创新约束、考核和退出机制，引导各级干部牢固树立正确的政绩观，强化"摘掉贫困帽子"为荣、"摘不掉贫困帽子"为耻的思想，把主要精力和各类资源放在提高贫困人口生活水平、减少贫困人口数量、改善贫困地区生产生活条件上。

（三）推动产业结构调整取得重大突破

产业结构优化升级是提高我国经济综合竞争力的关键举措。江西将坚定不移地推动发展升级，以新型工业化为核心，着力发展现代农业和现代旅游业两大综合性产业，努力推动一二三次产业协调发展，实现"1＋2＋3＞6"的效果。这两年，江西大力发展战略性新兴产业，调整修编了十大战略性新兴产业规划，并在全省规划了 60 个工业重点产业集群，取得了明显成效。"十三五"时期，江西将坚持走新型工业化道路不动摇，深入推进信息化与工业化深度融合，以做大规模、增强实力为目标，以优化结构、聚焦发展为路径，以创新驱动、转型升级为动力，既保持工业发展的良好势头，又不断推动工业化向更高层次、更高水平迈进。要加快改造提升传统产业，充分利用高新技术和先进适用技术，大幅度提高技术装备水平，不断延长产业链条，增强综合竞争能力，使之继续发挥对经济发展的支撑作用。农业是稳民心、安天下的战略性产业。习近平总书记指出，同步推进新型工业化、信息化、城镇化、农业现代化，薄弱环节是农业现代化。作为农业大省，江西高度重视农业的发展，提出"对农业再认识，促农业再出发"。"十三五"期间，江西将继续深化农业农村改革，在保障国家粮食安全的前提下，加快建设现代农业产业体系、生产体系、经营体系，加快培育新型农业经营主体，不断壮大农业龙头企业，大力发展现代农业示范园，推动人才、资本、科技、市场、管理等优势资源进入现代农业，进一步解放和激活农村生产力，实现由农业大省向农业强省的转变。党的十八大以来，江西着力建设旅游强省，旅游收入和人数逆势上扬，取得了明显成效。江西不能满足于门票经济的较低层次，而是要立足旅游业发展的制高点，及早谋划推动发展休闲度假旅游和智慧旅游等高级业态，进一步推动旅游产业集群发展，延长旅游产业链条，推动旅游市场一体化建设，真正让江西旅游产业强起来，发挥对经济发展的带动作用。同时，要大力加快现代服务业的发展，积极培育新业态和新商业模式，打造新的经济增长点。

（四）着力打造生态文明建设的江西样板

生态文明建设是未来发展的重点，要扎实推进生态环境保护，让良好生态环境成为人民生活质量的增长点，成为展现我国良好形象的发力点。江西生态环境基础较好，"十三五"期间，江西将在近几年实施绿色崛起战略取得的成绩基础上，认真贯彻中共中央、国务院《关于加快推进生态文明建设的意见》，以生态文明先行示范区建设为契机，把绿色发展指标体系纳入"十三五"规划，完善生态补偿机制、建立差异化考核评价体系等4个领域改革，加大对限制开发和禁止开发区域均衡性转移支付和奖励补助力度，加快推动自然资源资产产权制度等改革，努力打造生态文明建设的江西样板，为建设美丽中国提供有益的可复制的经验做法。江西将启动一系列生态建设工程，深入实施"五河一湖"环保整治行动，开展污水处理设施和配套管网建设行动，进一步提高鄱阳湖总体水质。开展土壤保护和污染治理行动，重点推进土壤重金属污染修复工程。开展造林绿化提升行动，加快林业生态建设，实施森林质量提升工程、新一轮退耕还林工程、天然林保护工程以及鄱阳湖国际重要湿地生态效益补偿试点等一批林业生态工程。江西将大力推动绿色生产。发挥节能与减排的协同促进作用，继续削减主要污染物排放总量，不断减少存量、遏制增量、控制总量，始终保持总量下降的势头。新上项目凡是能评、环评不达标的，坚决实行一票否决制。按照减量化、再利用、资源化的原则，加快建立循环型工业、农业、服务业体系，提高全社会资源产出率。加强资源节约，节约集约利用水、土地、矿产等资源，加强全过程管理，大幅降低资源消耗强度。

（五）把实施创新驱动战略摆在更加突出的位置

江西要紧跟国家战略性新兴产业发展政策动向，继续加大创新驱动投入，鼓励企业特别是龙头企业把创新摆在第一位，敢于加大研发投入，着力打造研发机构、研发团队，提高自主创新能力。支持企业借助外力，紧紧依靠"学"和"研"的支持，以技术入股、联合开发、购买成果等形式，主动与高校、科研院所组建协同创新联盟，着力打造分工明确、风险共担、利益共享的创新链。创新驱动，政府要主动引导、善于引导。江西将不断加大体制机制创新力度，着力围绕产业链部署创新链，围绕创新链完善资金链，在资金投入、平台建设、信息服务、人才激励、产权保护等方面下功夫，为产学研用结合营造良好的环境；将不断健全完善产学研用各个环节均受益的利益分配机制，为创新之"火"加足利益之"油"，着力加强利益联结机制建设，通过股权激励、科技成果处置权和收益权改革等，在全社会形成创新光荣、科技致富的正确导向；将不断引导高校和科研院所与全省发展战略、市场需求紧密结合起来，既加大基础学科、前沿技术的研究，又围绕发展升级深化应用研究，建设市场导向的技术创新体系，完成从科学研究、实验开发、推广应用的三级跳，加速创新成果转化。当今世界已进入信息化时代，移动互联网、大数据和云计算的飞速发展，以前所未有的力量推动着经济社会变革。我们将积极抢抓机遇，加强顶层设计，统筹信息基础设施建设、信息技术开发和信息资源应用，进一步把发展现代服务业特别是生产性服务业摆在重要位置，推动研发与设计、软件与信息服务、质量控制、现代物流、金融创新等知识密集型服务业与先进制造业深度融合，为"中国制造"走向"中国智造"贡献江西力量。

三、学校党委会讨论的贯彻意见

按照省委要迅速兴起学习宣传贯彻五中全会精神高潮的要求，校党委以高度的政治自觉，于11月3日召开党委会先学一步、深学一层，专题研讨。大家一致认为，"创新、协调、绿色、开放、共享"的五大发展理念，为我国经济社会发展指明了方向，也为高等教育提供了基本遵循。学习领会十八届五中全会精神，要贯彻落实到学校的具体工作中，要紧紧围绕"怎样建设水利特色大学，建设什么样的水利特色大学"这一根本问题，按照办"有学科特色、有文化品位、有责任担当、有创新精神、有远见卓识"大学的要求，提出以下五个方面的贯彻意见。

1. 要迅速掀起学习贯彻五中全会精神的高潮。各级党组织要按照中央和省委的统一部署，采取中心组学习、专题研讨、辅导讲座等多种形式，组织广大党员干部认真学习、深刻领会、准确把握全会精神。各级干部要切实履行好主体责任，主动思考和谋划学校和本单位的"十三五"发展，与学校党政同心同德、攻坚克难，做到谋大势、做实事、敢担当、不出事，为创建省内知名、有特色、高水平水利类大学努力奋斗。《中国共产党廉洁自律准则》《中国共产党纪律处分条例》的颁布具有重大的历史意义和现实意义，是中央全面从严治党的具体体现，校院两级领导干部要做遵规守纪的表率，各院系级党委、党总支、直属党支部书记要切实落实全面从严治党主体责任，迅速组织广大党员开展学习活动，做到党员全覆盖，做到入耳入脑入心，通过学习唤醒广大党员对党章党规党纪意识。

2. 要高质量编制好学校"十三五"规划。各级各部门要深入学习已经颁布的中央"十三五"规划《建议》，按照十八届五中全会要求，紧密结合学校实际，认真负责地为修改完善好学校"十三五"规划积极建言。要联系各自的工作，对照中央要求进一步完善发展思路，制定好各自领域的发展规划。应该在学校规划中明确我校"十三五"主要任务是"申硕改大"获得硕士学位授予权和更名为大学；要全力以赴确保学校2017年顺利通过专业硕士研究生培养试点验收工作；要围绕"申硕改大"的硬性条件（研究生人数、国家级奖励和科研经费等），认真分析学校存在的差距，在"十三五"期间予以重点攻关建设；《建议》稿说明中涉及的许多问题都与我校的专业密切相关，如水资源问题，能源问题，水土流失问题，污染问题等。要高度重视专业结构调整和培养方案的修订；要围绕《建议》稿重点问题，加强学科建设的规划。以学科建设为抓手，组织学科团队，开展较大科研攻关。

3. 争取学校有更多项目纳入中央和省市"十三五"规划。要加强与中央部委的联系沟通，争取更多支撑江西未来发展的重大产业、重大项目、重大平台纳入国家"十三五"规划盘子。要积极争取将"申硕改大"列入江西省"十三五"教育规划；要仔细研究十八届五中全会精神，按照国家和省里重大需求，认真分析我校科研资源，立足人才资源、设备资源、研究基础，组织强的团队从事科学研究；要组织团队研究水利和生态的重大问题，及时向水利部和省里建言献策，为省里的规划作出贡献；要密切关注我国"一带一路"重大战略实施，紧紧围绕国家和地方重大需求，依托学校办学特色和优势积极策应相关项目；与企业合作是大学开放办学的重要方面，要在深化校企合作的深度和广度上下功夫，加大与企业联合申报项目、培养人才的合作力度。

4. 要确保圆满全面完成全年目标任务。各级各部门要进一步振奋精神，真抓实干，切实加大对学校党委决策部署的落实力度，切实加大对工作中矛盾困难问题分析解决的力度，切实加大对工作中不严不实问题的严肃纠正力度。要对照年初确定的目标任务进行梳理，算好项目账，算好民生账，算好改革账，看清差距，找准不足，下大力气采取针对性措施，确保实现发展预期目标。学校领导班子成员督促分管部门、单位加快落实学校年度任务，要充分利用本年度最后两个月时间查余补缺；

学校党委（校长）办公室要对各单位贯彻落实学校年度重点工作任务进行督查督办；学校应该坚持每年及时颁布工作要点。

5. 积极谋划学校的改革举措。要敢于用创新的思维谋划学校的发展，坚持稳中求进协调推进学校各项事业。要用开放的态度迎接各种机遇和挑战，用开放的态度对待批评和不同意见。全面深化改革做好顶层设计是关键，要考虑出台综合改革的总体方案；要根据实际，每年明确1～2个重点改革项目，逐步推进改革的不断深入；全面深化改革关键在人，要从干部队伍入手，要鼓励和引导干部主动作为，切实改进工作作风，提高工作效率；要及时梳理中央、省市下拨到学校的各类项目资金，提高资金利用率；校内外调研要明确主题、突出重点，强化调研考察的实效性，特别是要注意调研考察成果的利用。积极推进学校共享机制建设，最大限度发挥学校各种资源的作用。建立共享平台和机制建设，尤其是人才的合作和设备的共享。创新重点学科建设和团队建设的管理体制，快速发展重点学科和科研团队。建立开放、共享的本科教学质量监控体系。认真研究学校短期工作目标和长期目标的协调发展问题。

第二十一回　立足水土
——在南方水土保持研究会成立 30 周年
暨学术研讨会上的致辞
（2015 年 11 月 11 日）

尊敬的张新玉巡视员、段虹副司长、廖瑞钊副厅长，各位领导、各位专家、各位来宾、各位代表，同志们：

大家上午好！

在新中国成立以来我国首部国家级水土保持综合性规划批复实施之际，我们十分高兴地迎来"南方水土保持研究会成立 30 周年暨学术研讨会"在我校胜利召开。这次会议的召开，给我们提供了向全国各位领导专家学习的机会，拉开了贯彻落实《全国水土保持规划（2015—2030年）》的序幕；我们深受鼓舞，备受鞭策。首先，我代表南昌工程学院对会议的召开表示热烈的祝贺！向来自水土保持战线上的各位专家、各位代表表示热烈的欢迎，并致以诚挚的问候和美好祝愿！

今天，瑶湖迎宾馆高朋满座。这里是南方水土保持教学科研的重要起点之一，来自全国 100 多位嘉宾汇聚一堂，回顾历史，共谋发展良策，创新水保大计，是一件令人鼓舞、值得期待的事情。早在 2012 年 1 月，习近平同志在对长汀水土流失治理工作的批示中就指出，"水土流失治理正处在一个十分重要的节点上，进则全胜，不进则退"，"要总结经验，推动全国水土流失治理工作"。党的十八大以来，党中央、国务院致力于扭转严峻生态形势和经济增长资源环境代价过大的现实。习近平总书记就生态文明建设提出了一系列新思想、新观念、新论断，强调"良好生态环境是最公平的公共产品，是最普惠的民生福祉""生态兴则文明兴，生态衰则文明衰""绿水青山就是金山银山"等。水土流失是我国重大生态环境问题，是制约我国经济社会可持续发展最为突出的问题之一，因此，水土保持是生态文明建设的重要内容，是治理江河、改善生产生活条件和生态环境的一项根本性措施。搞好水土保持、保护水土资源、维系良好生态环境是我们共同的责任。水土保持研究会在当前国家经济社会发展的大势下，大有作为，大有可为。刚才，南方水土保持研究会第五届名誉理事长、老校长王志锋同志作了《南方水土保持研究会工作》报告，稍后国家水利部水保司张巡视员、人事司段副司长、省水利厅廖副厅长等领导将要发表重要讲话、副校长樊后保同志将介绍南昌工程学院水土保持学科建设情况；下午，各位专家将要发表最新理论研究成果。这里，我就近年来学校为水保教学科研注入新动力、提供新引擎方面作个简要介绍。2014年初，我们按照习近平总书记"山水林田湖是一个生命共同体"的重要论断，成立了全国第一个山水林田湖研究院，组织校内外社会科学领域的研究力量，启动对推动南昌工程学院文科类学科发展，驱动涉水人才、科技、创业、金融、产业、文化等诸多高端要素集聚，提升涉水要素协同创新，力图抢占全国新的治水制高点，为进一步创新水科学、确定涉水领域话语权、打造国家级智库奠定基础。目前，山水林田湖研究院立足江西省、面向全国，认真落实党中央、国务院关于生态文明建设的决策部署，按照省委把江西省打造成全国生态文明示范区的要求，从生态与环境经济研究角度切入，在环境评估、生态补偿、循环经济、清洁发展、低碳发展等方面提出政策建议。

——要研究山水林田湖共同体思想理论。江西省素有"六山一水两分田，一分道路和庄园"之称，山林面积占64.2%，但山区经济发展一直比较缓慢，山区似乎成了制约江西省经济社会发展的"短板"。我们将以"山水林田湖是一个生命共同体"的思想理论引导这个问题的研究，使全省上下都认识到山区不仅不是江西省的"累赘"，相反是宝贵财富。通过统筹经营和合理开发，完全可以让山区为江西省整体发展作出更大贡献。

——要提高水保学科在社会科学中的地位。以小流域为单元实施山、水、田、林、路、渠综合治理的理论与技术体系是我国水土保持长期生产实践和科学研究中形成的，在我国水土保持学科中具有核心地位，其以科学性、系统性、生产性和社会公益性为特色，在兼顾水土保持措施的生产和防护双重功能基础上，通过综合配置，在防治水土流失的同时促进了小流域经济的发展。小流域综合治理不仅在自然科学领域，而且在社会科学，特别是在生态经济方面具有扎实的理论基础。山水林田湖研究院要依托这一重要理论基础，从社会科学角度研究水土保持以及突出的生产功能，并努力使之与生态建设相结合，以不断深化和丰富其内涵，同时在开发建设项目、生态修复等方面拓展其学科外延。

——要提升区域水土流失治理层次。比如赣南曾经是全国水土流失最严重的地区之一，通过采取"山顶戴帽、山腰系带、山脚改种"的方式对茶果园进行补植，在山顶营造阔叶林，涵养水土；在缓坡的山腰套种脐橙等保土保肥具有经济效益的树种，建立绿色隔离带；在坡壁种植百喜草等优良草苗，在山下引种狼尾草等覆盖弃土边坡，建设一批既保持水土又可以休闲观光的生态茶果园；有的区域以水域（水体）或水利工程为依托，利用具有一定规模和质量的风景资源与环境条件，开展观光、娱乐、休闲、度假或科学、文化、教育活动，在改善民生福祉等多方面发挥了显著作用。

——要形成完善"山水林田湖"共促共进的总体思路。所谓共促共进，是指各种力量要协同发力，也可以说是源头意义上的并驾齐驱，同时这种力量要尽可能均衡有序，也可以说是发展结果的统一协调。江西地貌丰富、地形复杂，为统筹协调地发展"山水林田湖"提供了绝好的自然空间。发展高效生态农业，在水网平原地区可以重点发展以粮畜渔为基础，蔬菜、瓜果等经济作物相结合的生态农业；在丘陵盆地可以发展立体种植、农牧渔相结合的生态农业；在山地丘陵，可以着力发展以名茶、名果、笋竹、药材、高山蔬菜等作物立体种植为主体的生态农业。

——要研究出台"山水林田湖"共管共建的对策举措。所谓共管共建，一方面是指对自然资源要管建结合、以建促管，确保资源可持续开发利用；另一方面是指用途管制与生态修复要充分尊重大自然的整体性与系统性特征，不能顾此失彼。江西省要致力于加强水源保护、水土保持、维持生物多样性等提供生态产品的能力，以共管共建的举措保持生态系统的完整性。既推进天然林保护，治理土壤侵蚀，维护重建湿地、森林等生态系统，增强水源涵养，又大力推行节水灌溉，发展旱作节水农业。限制陡坡垦殖和超载放牧，同时努力维护生物多样性，实现野生动植物资源的良性循环和永续利用。

——要建立健全"山水林田湖"共治共理的体制机制。所谓共治共理，一方面是指完善监管体制，统一行使所有国土空间用途管制职责，使国有自然资源资产所有权人和国家自然资源管理者之间既相互独立、相互监督，又相互配合、相互促进；另一方面是指探索建立统一权威的部门负责领土范围内所有国土空间用途管制职责，对山水林田湖进行统一保护与统一修复。推动江西省进一步从体制层面上建立一个激励和约束相结合的长效机制，实现环境保护从以行政手段为主向综合运用经济、技术和行政等多种手段的转变。在水土流失防治方面，推动江西省预防、保护、监督、治理和修复相结合，因地制宜，因害设防，优化配置工程、生物和耕作措施，形成有效的水土流失综合防护体系。

各位领导、各位专家、同志们，雄关漫道真如铁，而今迈步从头越。我相信，随着全国生态文明建设和江西绿色崛起的步伐加快，以及南昌工程学院的发展壮大，山水林田湖研究院的发展机会和空间领域将会越来越大。这次南方水土保持研究会学术会议在我校的召开，不仅为水土保持学科建设增添了新的动力，而且为山水林田湖研究院的工作指明了新的方向。学校一定会紧紧抓住这次难得的契机，进一步完善规划、搞好配套、制定政策、加大投入，为我国实施山水林田湖生态保护和修复工程、共同促进人类文明繁荣进步做出新的贡献。也相信在不远的将来，江西省不但在经济领域能从中部地区崛起，在水土流失治理和生态环境改善方面也能够走到前列。

最后，希望与会各位领导专家在校园多走走、多看看，指导全校的改革与发展，对学校工作多提宝贵意见。特别是对这次大会有什么具体服务要求，我们将尽最大可能地提供支持和保障。预祝本届大会圆满成功！祝大家工作顺利、生活愉快、身体健康、万事如意！谢谢大家！

第二十二回　政高策强

——在学习贯彻国家住建部陈政高部长来赣宣讲党的十八届五中全会精神报告座谈会上的讲话

（2015 年 11 月 12 日）

同志们：

今天上午，中央宣讲团党的十八届五中全会精神报告会在南昌滨江大会堂举行。中央宣讲团成员、住房和城乡建设部部长陈政高同志就党的十八届五中全会精神作宣讲报告。省委书记强卫同志主持报告会并发表重要讲话。要求全省干部群众要把学习宣传好、贯彻落实好十八届五中全会精神作为当前最重要、最紧迫的政治任务；要按照中央和省委总体部署，加强领导、精心组织、周密部署，把学习宣传贯彻工作抓紧抓实抓好；要认真组织学习，运用集中研讨、专题培训、辅导讲座、座谈交流等多种形式，组织广大党员干部认真研读文件，领会精神实质，掌握精髓要义；要紧密联系实际，抓紧修改完善"十三五"规划及各专项规划，坚定不移地把全会精神贯彻好、落实好；特别是对住建部陈部长提出的"对教育怎么强调都不过分"，做好建设厅与建设部的试点对接工作，抓好高等教育创新要从教材抓起提出了明确的要求。为了把这项工作落到实处，今天下午省政府办公厅、省住建厅立即派来了曹铭文、齐虹、肖志飞等同志亲临学校指导，我们一定要把各级领导的指示落实好，把绿色城镇化理念转化为学校改革发展实践。

一是抓好"海绵"城市试点的参与工作。下雨导致的城市内涝是多年来困扰城市居民的一大烦恼。为解决这一重大民生问题，国务院办公厅印发《关于推进海绵城市建设的指导意见》（国办发〔2015〕75 号）。

2015 年财政部、住房城乡建设部、水利部联合启动了"海绵"城市建设试点工作，要经过第十三个五年的努力，使我国城市的雨水问题得到很大的改善。积极参与"海绵"城市的建设，以低影响开发建设模式为基础，以防洪排涝体系为支撑，充分发挥绿地、土壤、河湖水系等对雨水径流的自然积存、渗透、净化和缓释作用，实现城市雨水径流源头减排、分散蓄滞、缓释慢排和合理利用，使城市像海绵一样，能够减缓或降低自然灾害和环境变化的影响，保护和改善水生态环境；"海绵"城市建设以水为主线，以城市规划建设和管理为载体，构建城市良性水循环系统，增强城市水安全保障能力和水资源水环境承载能力。学校有关部门与学院要积极行动起来，把对接"海绵"城市建设的主要任务进行部署和责任分解。要参与制定"海绵"城市建设实施方案，参与城市河湖水域空间管控的研究，因地制宜，做好河湖水系连通规划，参与城市水生态治理与修复的技术方案的制定，参与建设雨水径流调蓄和承泄设施的建设工程，参与城市防洪排涝体系的构建，参与城市水资源管理与保护的具体措施，参与城市水源保障和雨洪利用的科学研究，参与城市水土保持与生态清洁小流域治理的教学科研。这里特别要强调一下，有关学院要引入碳排放测算教学。

我国是世界上最大的碳排放国，国务院已决定建立中国特色的碳交易市场，在我国内部首先实现公平的碳排放权交易。"海绵"城市建设能够在很大程度上减少碳排放，因为我们传统的外地调水，特别是长距离供水需消耗大量的能源资源，属高碳排放的工程。如果把"海绵"城市建设模式引发碳减排拿到碳交易市场上进行交易变成现金，则可以有效减少项目的投资，形成稳定持久的投资回报。

二是抓好城镇污水处理水安全研究。城镇污水处理系统承载着城镇卫生防疫、防治水害、污染减排、环境保护、资源再生的基础功能，对于城镇可持续和健康发展必不可少。多年来，城镇污水处理领域一直缺少系统的科学研究。学校水安全与可持续发展软科学研究基地，要组织学校各方面力量研究水安全问题，最大限度地保护原有河流、湖泊、湿地、坑塘、沟渠、树林、公园草地等生态体系，维持城市开发前的自然水文特征。对传统粗放城市建设模式下已经受到破坏的城市绿地、水体、湿地等，综合运用物理、生物和生态等技术手段，使其水文循环特征和生态功能逐步得以修复和恢复。我国很多地方结合点源污水治理的同时推行"河长制"，对治理水污染，改善水生态起到了很好的效果。特别是农村实行规模化养猪以来，许多乡镇猪场规模达到几万头，并把猪粪作为肥料直接排到湿地中去，造成了水体严重污染。要把这样的废弃之地重新规划设计为湿地景区，把养猪场变成充满自然野趣的休闲胜地，更重要的是大幅度降低出水口水体的 COD 浓度，起到调节削污作用。同时，对污水处理费与污水处理运营服务费以及污水处理费征收标准的制定原则、用途及补贴机制、信息公开等均做出研究成果。要明确污水处理设施运营服务费的概念，即通过招投标或委托合同等方式确定的、政府向城镇污水处理运营单位购买服务的费用。为政府购买服务等多种形式吸引社会资金参与投资、建设和运营城镇排水与污水处理设施建设，提供投融资平台。要明确污水处理费征收标准的制定原则：不应低于城镇污水处理设施正常运营的成本。运营成本除包括正常污水处理费用外，还应涵盖污泥处理成本。如果通过系统地研究，将会对城镇排水与污水处理行业的良性循环和健康发展，促进民间资本参与城镇排水与污水处理设施建设运行产生积极的推动作用。

三是引入弹性城市和垂直园林建筑的精细化设计教学。所谓弹性城市，是指城市能够准备、响应特定的多重威胁并从中恢复，并将其对公共安全健康和经济的影响降至最低的能力。弹性城市涉及方方面面，从城市应对气候变化引起水资源短缺的弹性来看，一旦把水循环利用起来，每利用一次就等于水资源增加了一倍，利用两次就增加了两倍，以此类推。如果通过反渗透等技术，实现水资源的 N 次利用，就可以做到城市建设与水资源和谐发展，这就是一种水资源弹性。新加坡目前就已经达到了此类弹性城市的标准。该国从马来西亚调水基本上作为一种水保障，并把调来的水加工成纯净水返销到马来西亚去；在本国内，则通过中水回用、海水淡化、雨水利用，基本能满足民众生活和产业用水问题，这就是 N 次用水的一种体现。总之，弹性城市在水方面的要求，就是尽管外界的水环境发生了变化，都可以保持城市供水系统的良好运转，这也是现代科学技术对解决城市水资源短缺的一种创新。如果把中水和雨水在建筑中的充分综合利用，就可以把整个园林搬到建筑上去，即垂直园林建筑。这种建筑能将雨水充分收集利用，实现中水回用，那么，排到自然界中的水体污染物几乎为零，所有的营养素都能在建筑内循环利用，并且绿色植物还能够固定二氧化碳。如果城市广泛推广垂直园林建筑，不仅可以显著减少地表水径流量，还会营造出一个非常美妙且可以四季变化的城市景观。南昌是中国水都，南工是水利大学，毗邻中国省会城市第二大内陆湖——瑶湖，校园围墙东面还有几百亩待开发的荒地、鸭棚、墓地，以及有点异味的湖汊，根据省委省政府领导的指示，省水利厅、省旅游局已进行考察认证，规划了水文化旅游创意园，其中有世界水城的建设项目，只要国家住建部大力支持，完全可以建成江西省一绝的城市景观。

四是科学引领"海绵"城市建设智慧化。如果说，雨水管网、调蓄、下渗等内涝防治工程设施是硬件基础，那么以排水防涝设施地理信息系统为代表，先进的数字化管理手段就是促进我国城市排水防涝能力飞跃的软件保障。随着我国城市规模越来越大，一座城市的排水管网可长达数万公里，面对这些日益复杂、埋藏在地下的排水系统，传统的依靠经验、图纸的管理手段，已经难以适应现代化城市建设与管理的要求，更难以给出系统、科学、准确、及时的规划与管理建议。而通过运用计算机技术、数字模型分析、地理信息技术等，可有效地分析并解决排水设施规划、改造、建设与运行管理中各种错综复杂的问题，变被动应对为主动预警处置，变看不见的风险为可预测、可感知的形象内容。从发展趋势来看，建立排水设施地理信息系统，提升排水设施管理的标准化、信息化、精细化水平，是我国未来城镇排水与污水处理行业的发展方向。学校信息工程学院要与国家正在开展的智慧城市建设试点工作相结合，利用物联网、云计算、大数据等信息技术手段，使原来非常困难的监控参量变得容易实现。未来，我们将实现智慧排水和雨水收集，对管网堵塞采用在线监测并实时反应。通过遥感技术对城市地表水污染总体情况进行实时监测；通过暴雨预警与水系统智慧反应，及时了解分路段积水情况，实现对地表径流量的实时监测，并快速做出反应；通过集中和分散相结合的智慧水污染控制与治理，实现雨水及再生水的循环利用等。此外，在建筑智慧化方面，可以通过公共建筑水耗在线监测，显示公共建筑水耗、能耗的排名情况。将水耗情况在媒体进行公开排名，有助于建筑管理单位和产权单位清楚的认识水耗情况，主管部门可以要求对水耗最高的建筑进行强制性改造，明确控制性指标性和针对性措施，从而推动整个城市的水循环利用和用水效率的提升。在这方面，新西兰和澳大利亚做得非常好，低影响雨水设计系统通过数字模型和信息化技术的精细化管理，能够把 GIS、云计算这些技术落实到位，并将其作为一种手段，使"海绵"城市智慧起来。比如，通过网格化、精细化设计将城市管理涉及的事、部件归类，系统标准化等使现场管理反应快、准、好。在此基础上，再推行城市公共信息平台建设，通过智慧城管平台，主动发现问题，并有预见性地应对。最后，通过物联网智能传感系统，实现实时监测。通过借鉴以上优化设计，可以使我国城市迅速地、智慧地、弹性地来应对水问题。

五是创新推进"海绵"城市建设绿色化。新型城镇化建设是国家今后的重点战略方向，是实现人口、经济、资源和环境相协调的生态文明的城镇化，必将直接推动绿色建筑、绿色建材的高速发展。一座城市的魅力也不在于有多"高大上"，关键是要有品质，是一个天蓝、地绿、水清的绿色城市。现在的问题是绿色建筑发展已经遇到瓶颈，公众不懂绿色建筑，更不了解如何运行。现在要让绿色建筑走出神秘空间，让公众参与设计和运行。从水的科学利用入手，城市建设应减少硬化面积、改进城市绿化带模式，使其具备收水功能。比如，用透水材料替代沥青水泥，可提高地面渗透率；将城市绿地建成下凹式的，可大量储蓄雨水。此外，还可利用房顶、地下蓄水池等滞留雨水，将分散的、局部的排水管道与下洼式的城市绿地和公园以及城市中的湿地、河流等自然水系统相结合，建立起具有综合生态系统服务功能、维护成本低廉的雨洪管理的生态基础设施。学校林业专业的教学科技人员要与土木建筑学院密切配合，抓好建材比拼，让竹木建筑的优势尽显。与其他建筑材料相比，竹木是一种极好的可再生资源，可永续再用。随着竹木加工业的发展，很多速生材也可用于建筑结构中，大大缩短再生产周期。在传统建筑材料的制造过程中，每年消耗近百亿吨的矿物资源，同时还要消耗全国总能耗 15% 的能源，造成严重的资源短缺和环境污染。竹木作为建筑材料，在施工建造过程中能耗、污染方面远远小于建造砖、石和混凝土类建筑物，是很好的绿色材料。竹木的韧性好，且竹木结构住宅自重轻，地震时吸收的地震力也相对较少。即使在强烈的地震中整体结构出现变形，也不会散架或垮塌。经实验表明，竹子的顺纤维抗拉、抗压强度分别达 170MPa 和 60MPa，其比强度和比刚度均高于钢材，以我国现有技术手段，可用竹子盖到 10 层高楼。竹木导热系数小，一般竹材的导热系数为 0.30W/m·k 左右，具有良好的保温隔热性能。若要达到同样的保温效果，竹材需要的厚度是混凝土的 1/15，是钢材的 1/400；在同样的厚度条件下，竹材的隔热值比标准的混凝土高 16 倍，比钢材高 400 倍。此外，竹结构建筑的年平均湿度变化范围，保持在 60%～80% 之间，这与最佳居住环境相对湿度 60% 左右的指标最为接近。竹结构及配套部件易于定型化、标准化，实现构件的工厂预制和现场装配化施工，现场作业少，施工速度快，可大大提高资金的投资效益，实现住宅建筑技术集成化、产业化和工业化，提高住宅的科技含量。由于竹子本身具有强度高、韧性好、刚度大、变形小、尺寸稳定、性能优良等特点，所以由其构成的竹木建筑特性、结构取材、环境效益以及在住宅建筑中的使用功能、设计、施工、综合经济方面都具有优势。同时，竹木建筑更能彰显房屋主人的不凡品味，能够更好地感受自然。但在建筑材料业内人士看来，中国建筑材料行业的绿色革命还未真正来到，从产品、技术到产业链，中国的建筑材料产业仍与发达国家存有差距。除了顶层设计之外，政府还需落实规范、细化标准，并对环保企业进行扶持，使企业走出利润与环保间的夹缝困境。同时，还需加强全民环保意识，形成以政府为引导、社会为基础、产业为动力的绿色建筑材料发展环境。

　　加快建设资源节约型、环境友好型社会，形成人与自然和谐发展的现代化建设新格局。这是党的十八届五中全会为未来 5 年的中国描绘的一幅生态文明建设蓝图。未来 20 年，我国的城镇化率将提高到 70％以上，城镇人口还会净增 3 亿人。中国人口以世界上前所未有的规模和速度向城镇集中，这无疑意味着，在让数以十亿计的人口享受到现代城市文明成果的同时，也必然面临着世界上前所未有的生态难题。因此，为新型城镇化寻找一条符合中国国情的发展之路，已刻不容缓！

第二十三回　水文渗透

——在水利部水文局第十二期领导干部理论培训班
开学典礼上的欢迎辞
（2015 年 11 月 15 日）

尊敬的水利部水文局林祚顶副局长、省水利厅朱来友副厅长、各位领导、各位学员、同志们：

大家上午好！

在水利部人事司、水文局的关心和支持下，我校非常荣幸地迎来了全国 80 多位水文局长，欢迎您们来校参加为期八天的领导干部理论知识培训。我代表学校全体师生员工，祝大家在校学习好、生活好！

当前，是我国全面建成小康社会的关键时期，水利事业正处在由传统水利向现代水利、可持续发展水利加快转变的关键阶段。水文教育工作作为水利和经济社会发展的基础和支撑，既面临难得机遇，也面临严峻挑战。水是生命之源、生产之要和生态之基。从实现中华民族伟大复兴和永续发展的全局出发，党的十八大首次把"美丽中国"作为生态文明建设的宏伟目标。十八大以来，习近平总书记强调建设生态文明、维护生态安全的有关重要讲话、论述、批示超过 60 次，其中有相当一部分是关于水安全的。十八届五中全会为未来 5 年的中国描绘了生态文明建设的蓝图。水文信息是经济社会发展不可或缺的基础性、资源性、公益性信息，信息准确与否，直接关系到经济发展的质量和效益以及人民群众的生命财产安全和生活水平。历史赋予水利高等教育特别是成人教育和广大水文工作者更加光荣而艰巨的任务，迫切需要高等院校培养更多的水文人才，需要水文教育工作者牢固树立绿色发展的理念，加快水利教育教学改革步伐，需要水文成人教育培训全面贯彻落实"大水文"发展理念，以更加饱满的热情、更加充足的干劲、更加务实的工作不断提高水文教育科学内容和服务能力，为推进民生水利新发展、服务经济社会新需求作出新的贡献。

我校创建于1958年时名叫江西水利电力学院，1987年成为水利部直属的南昌水利水电高等专科学校，2004年恢复本科办学，并更名为南昌工程学院。半个多世纪以来，我校始终坚持"围绕水科学、打造应用型"的特色办学之路，努力把学校建成水利特色鲜明、省内有优势、国内有影响的高水平应用型工程院校。学校水文与水资源工程专业的培养目标，是培养具有扎实的自然科学、人文科学基础，掌握水文水资源及水环境方面专业基础知识与专业技能，有创新精神的高级专门应用人才。能在水资源高效优化配置及高效利用、工程水文预报、水资源开发与保护、环境保护等部门从事勘测、规划、设计、预测、预报、施工、管理、技术经济分析以及教学和基础理论研究的高级工程技术人才。主要就业方向是到各部委、省、市、大流域机构及水利、能源、交通、环保、国土规划、城市防洪、水土保持等部门及其下属单位从事水资源规划与调度、水利水电工程的勘测规划、设计、研究和管理工作。特别是在给排水工程方面，该专业培养坚持社会主义道路，德、智、体全面发展，掌握中、小城镇给水排水专业岗位所必需的基础理论、基本知识和使用技能，有较强实践能力和处理问题能力，获得工程师初步训练的给水排水专业技术岗位型人才。

通过本期培训，你们将成为我校校友，愿大家为学校的发展出谋划策，为学校与全国水文单位架设起联系的桥梁，为水文人才的培养加强合作，并取得丰硕的成果。

最后，祝各位学员学习进步、事业有成！谢谢大家！

第二十四回　九江四水

——在党委扩大会上传达学习贯彻中共江西省委十三届十二次全会精神时的讲话

（2015 年 11 月 25 日）

同志们：

昨天下午，中共江西省委十三届十二次全体会议圆满完成各项议程闭幕。省委书记强卫主持闭幕大会并讲话。此次会议的主要任务是深入贯彻落实党的十八届五中全会精神，听取和讨论省委常委会工作报告；审议通过《中共江西省委关于制定全省国民经济和社会发展第十三个五年规划的建议》（以下简称《省委规划建议》）。11 月 23 日上午开幕大会上，省委书记强卫作重要讲话，省委副书记、省长鹿心社就《省委规划建议（讨论稿）》作说明。会议期间，与会代表围绕强卫、鹿心社同志的讲话和《省委规划建议（讨论稿）》进行了分组讨论。我有幸参加了九江分组讨论，亲身感受了"九江四水（武汉大学水利专业毕业的鹿心社省长、九江市具有丰富治水经验的市县委书记、江西唯一水利大学的教育工作者，在中国水都——南昌滨江会堂）"集中参加讨论的热烈场面，收获很大。下面我结合学校实际，把会议精神传达贯彻如下。

一、从强卫书记讲话中领会省委十三届十二次全会的主要精神

省委十三届十二次全会认真总结了一年来的工作，充分展现了江西贯彻"四个全面"战略布局的生动实践，全面体现了落实习近平总书记"一个希望、三个着力"重要要求的实际成效，基本明确了江西"十三

五"时期经济社会发展的指导思想、目标任务和战略举措，对于江西实现"五年决战同步全面小康"奋斗目标、走出一条具有江西特色的绿色发展新路子，具有十分重要的现实意义和历史意义。会议精神主要集中在省委书记强卫同志的讲话中。

总的要求是，当前和今后一个时期全省的一项重要政治任务，就是深入学习党的十八届五中全会精神，贯彻落实习近平总书记治国理政战略思想体系，始终在政治上、思想上、行动上与党中央保持高度一致，坚决按照党中央指引的方向奋勇前进。

——要坚持增强定力与顺势应变相统一，牢牢把握变与不变的关系，善于观大局、谋大势、抓大事，牢记发展是硬道理，是解决一切问题的关键，紧紧抓住重要战略机遇期，始终坚持加快发展不松劲、转型升级不动摇，集中力量把江西的发展搞好。

——要坚持目标导向与问题导向相统一，紧紧围绕"五年决战同步全面小康"，继续把扶贫攻坚牢牢抓在手上，把棚户区改造等涉及人民群众切身利益的大事办好，下大力气解决特殊群体的特殊困难，努力实现人民群众获得感更强的同步全面小康。

——要坚持谋划当前与布局长远相统一，持续全面深化改革创新，深入推进发展升级，尤其是把生态环境保护好，把生态文明先行示范区建设好，奋力走出具有江西特色的绿色发展新路子。

——要坚持部署举措与强化保障相统一，进一步加强和改善党对经济工作的领导，提高把握方向、谋划全局、提出战略、制定政策、推进改革的能力，团结带领广大干部群众攻坚克难、开拓前进。

关于历史方位，省委十三届七次全会提出，我省正处在加速发展的爬坡期、全面小康的攻坚期、生态建设的提升期。"十三五"时期，"三期"省情进一步呈现"六期融合"的新特点，即经济转型升级的关键期、迈向全面小康的决战期、区域开放融合的深化期、生态文明建设的提升期、全面深化改革的攻坚期、法治江西建设的推进期。这些新特点，鲜明指出了我省所处的历史方位。

关于目标实现，我省已经站在了更高的起点上，特别是随着国家战略叠加优势、独特区位优势、绿色生态优势和风清气正政治生态优势的进一步凸显。"十三五"时期，历史性机遇和任务挑战是全方位的、前所未有的。只要始终保持战略定力，坚持不懈努力，"十三五"末一定能够把一个充满活力、人民富裕、环境优美的江西呈现给人民。

关于发展标准，要以提质、增效、升级为中心，紧紧围绕"投资有效益、产品有市场、企业有利润、员工有收入、政府有税收"的要求，积极主动调结构、转方式，进一步提高劳动生产率、投资回报率、资源配置效率，进一步增强产业竞争力、市场占有率，努力培育高端要素、高端产业、高端产品，真正实现更高质量、更有效率、更加公平、更可持续的发展。

关于发展动力，要以创新、改革、开放为动力，坚持以科技创新为核心，选准主攻方向，加大研发投入，加快发展以技术、品牌、质量为核心的新产品、新产业和新市场。特别要注重培育创新氛围，营造创新生态，推进理论、制度、文化等各方面创新，让创新发展成为全社会参与的宏伟事业。要紧紧扭住市场这个核心，统筹推进改革开放，进一步完善市场机制、健全市场体系、形成市场规则、拓展市场空间，努力构建有利于创新发展的新体制，把我省打造成内陆双向开放的开放高地。

关于新型工业化，就是要把工业发展的重心转移到产业升级上来，更加注重运用新技术改造提升传统产业，更加注重培育壮大新能源、新材料、生物医药、现代装备制造等战略性新兴产业，更加注重创新驱动、"两化"融合，更加注重集聚集群集约发展，不断提升工业发展层次和水平，更好发挥新型工业化在国民经济中的核心带动作用。

关于农业现代化，必须加快推进农业发展方式转变，加快建设现代农业产业体系、生产体系、经营体系，加快培育新型农业经营主体，不断壮大农业龙头企业，大力发展以"百县百园"为重点的现代农业示范园区，推动农业"接二连三"新业态、新模式不断涌现，实现由传统农业大省向现代农业强省的转变。

关于现代服务业，要推动现代服务业加速发力，突出做大做强金融服务业，重点发展物流、电子商务等行业，积极培育信息科技、研发设计、商务咨询新兴行业，促进产业逐步由生产型制造向服务型制造转变，实现服务业与工业、农业等在更高层次上的有机融合。

关于基础支撑，按照"统筹规划、适度超前"的原则，在"十三五"打一场基础设施建设的攻坚战，这有利于拉动投资增长，有利于促进省内各区域板块协调发展，有利于对接"一带一路"和长江经济带战略，必将为实现第二个百年奋斗目标奠定坚实基础。

关于区域发展，区域布局要科学合理。所谓科学，就是要遵循经济规律，继续坚持非均衡发展战略，坚定不移地推进昌九双核发展，坚决实现"做强南昌、做大九江、昌九一体、龙头昂起"的目标。所谓合理，就是要在坚持优先发展方向的同时，兼顾各方均衡发展。要大力实施赣南等原中央苏区振兴发展战略，推动各地围绕战略定位，你追我赶、竞相发力，错位发展、共同前进。

一是要解放思想，着重破解发展难题。围绕加大省委省政府决策部署落实力度、加大经济工作矛盾困难问题分析解决力度、加大不严不实问题严肃纠正力度，在破解难题中不断更新观念、开拓视野。

二是要加强学习，着重提高领导素养。各级领导干部一定要静下心来，扑下身子，如饥似渴地提升能力素养，切实解决"不会干"的问题，自我加压，在工作实践中学习，挤出时间来学习，加快提高专业素养和科学决策能力，不断增强工作的预见性、主动性和创造性。

三是要狠抓落实，着重提高执行能力。认真践行"三严三实"，善于进行时间管理，对认准的事情，必须"马上就办"；要突出重点、统筹兼顾，结合实际、深化细化，久久为功、持之以恒，真正把中央和省委各项任务干成功、干漂亮。

四是要敢于担当，着重发扬实干作风。深入推进党风廉政建设和反腐败斗争，坚持标本兼治，积极探索推进制度创新和强化党内监督的有效途径，从源头上消除腐败滋生土壤。始终坚持正确的用人导向，为干实事的人撑腰鼓劲，让干成事的人得到使用，不断把风清气正的政治生态建设引向深入。

二、从《省委规划建议》中探索江西"十三五"时期高校发展的主攻方向

省委十三届十二次全会通过的"十三五"规划建议提出，推动高等教育内涵式发展，加快建设一批有特色的高水平大学、优势学科和专业。根据《省委规划建议》，科学编制江西省高等教育"十三五"改革和发展规划具有十分重要的意义，"规划"既是"十三五"期间我省高等教育的指导性纲领，也是未来江西高等教育深化改革的保障。

希望规划能充分汇聚专家的智慧，从不同视角对我省高等教育问诊把脉，在专家学者和省教育厅之间，搭建起稳定的合作桥梁；希望规划能突出问题导向，注重科学性、前瞻性、针对性和预见性，以创造性思维摆脱思维定势，破除观念束缚，让高校和高校的管理者开拓视野；希望规划能总结经验，按照稳定规模、根植省情，调整结构、夯实基础，优化布局、提升层次，错位发展、突出特色的总原则，深入研究，科学设计，做到论证有理有据，有新思路、新举措，能着眼未来，有助于高校全面提高自身办学实力。力争在"十三五"时期，通过资源的合理配置，促进我省高校的国际交流与合作化进程。同时，处理好大学的内涵建设和服务社会的关系，使专业结构与服务区域经济社会高度契合，让高校成为推进我省创新驱动发展战略的生力军，更好服务地方产业发展，为精准扶贫注入强劲动力。值得强调的是，"十三五"是我省高等教育全面深化综合改革，推进核心竞争力主要指标取得阶段性重要成果的关键时期。高校科学编制"十三五"规划，必须从以下三个方面加强统筹谋划。

(一)做好"十二五"规划总结

如何科学全面的总结"十二五"？可以简单概括为"三找"——找不足，找差距，找信心。

找不足，就是找我们缺少什么指标。哪些指标该有、该达到，而我们没有、没达到。对照"十二五"规划的目标和任务，哪些完成了，哪些没完成，为什么没完成？例如全省研究生规划是3.6万人，实际完成

不到3万人，是目标定高了，还是落实出了问题？通过分析原因，查找工作上的不足，总结经验教训，为"十三五"规划的编制提供借鉴。

找差距，就是找我们还差在哪些方面。只讲江西高校落后一句话不行。哪些指标我们虽然也有了，但是还有差距。例如高校特色新型智库建设，既要对标世界一流大学，也要横向看兄弟院校的发展情况，查找我们的差距。一定要选好参照系，确定清晰的目标。基于学校的目标，各学院的目标是什么、各学科的目标是什么？与目标相比，我们的差距在哪？查清产生差距的根本原因，找出制约发展的关键问题。

找信心，就是要找准希望在哪个层次。现在江西没有"985"和部属院校，可不可以提建设"两个一流"大学，回答应该是肯定的。要准确判断学校的发展状态，目标确立了，问题找到了，差距清楚了，"十三五"的突破口也就找到了，发展路径也就清晰了，建设"两个一流"大学的信心也就有了。可以说，"十二五"规划的总结是"十三五"编制的前提，它既是对各学院、各单位"十二五"规划完成情况考核的主要依据，也将作为"十三五"资源配置的重要参考。

（二）准确研判当前的机遇和挑战

编制好"十三五"规划，每一所高校还必须紧紧围绕"三新"——新形势、新变化、新矛盾去深入分析自己面临的现状，充分认识外部环境的特征和深刻变化，以及我们面临的战略机遇和风险挑战。

以南昌工程学院为例，新形势是什么？从国际形势来说，是高新技术快速发展交叉融合的战略机遇期、水科学跨界发展的战略机遇期、国家经济转型的战略机遇期三流交汇。从国家战略来说，生态文明建设、长江经济带、互联网＋都与学校密切相关。从教育事业发展来说，我省高等教育正在讲究的是"以质图强、急起直追"。这些新形势给我们带来了前所未有的机遇。

新变化是什么？从外部环境来看，基础研究目前已经是衡量高校建设水平的重要标志，面对激烈的外部竞争，我们既有的方式能否继续保持发展势头？我们如何既能保持水利特色、应用型工程技术优势，又能在基础研究方面有所作为？

基于新形势和新变化，我们面临怎样的新矛盾？我们在体制机制、运行方式等方面，要如何作出相应调整和谋划，又怎么来打破制约发展的瓶颈？总之，高校内部外部多重矛盾交织，既是挑战也是机遇，我们要善于应对和处理矛盾，将矛盾转化为建设"两个一流"大学的动力。

（三）科学谋划"十三五"规划

科学谋划"十三五"规划，首先必须把握好三个原则。

一要放眼世界、对标一流。要敢于瞄准世界一流大学的指标，也要善于借鉴国内兄弟院校的好经验好做法。在编制"十三五"规划时，务必以更宽的视野、更大的气魄，充分发挥自身优势，敢想敢试，形成新理念、找到新方法、走出新路子。

二要强化质量、突出特色。如南昌工程学院作为行业性特色明显的大学，面对整个评价体系的转变，必须不断强化办学特色，坚持水地天、经管文融合，寻找适合自身的发展道路，赢得更为广阔的发展空间。

三要创新机制、整合资源。从根本上打破束缚、释放活力。如南昌工程学院可围绕山水林田湖研究院等新型交叉研究中心来配置和整合学校资源，充分发挥人、财、物的最大效益，推动学校转型发展。

其次，科学谋划"十三五"规划，必须做好"三个适应"。

一要适应国家战略发展需求。"美丽中国""海洋强国"和"一带一路"发展战略吹响了建设生态文明，加速走向"深蓝"，建立国际共同体的号角，为水利高等教育发展提供了广阔的舞台。水利高等教育要积极适应国家战略发展需求，不断强化水利特色、多学科协调发展，在服务与贡献中谋求发展，并引领水利行业发展，为实现伟大"中国梦"提供更加坚强的智力支撑和科技保障。

二要适应现代水利改革需求。党和国家关于深化水利改革的重要部署，为水利深化改革注入强大动力，也为中国水利高等教育发展指明了方向。水利高等教育要顺应新的治水思路，在加快推进水利现代化进程，提升国家水安全保障能力上，加大改革力度，优化学科专业布局，创新教育教学体系，构建新型人才培养模式，为提高水利发展的全面性、协调性和可持续性，在重要领域和关键环节取得决定性成果作出新的贡献。

三要适应高等教育改革需求。国家深化高等教育综合改革，为水利高等教育改革勾画了蓝图。2010 年，《国家中长期教育改革和发展规划纲要（2010－2020 年)》颁布，描绘了宏伟的教育改革发展画卷，开启了我国教育改革新的历史征程。十八大以后，高等教育改革的攻坚方向和重点举措进一步明确。水利高等教育要纲目并举，条分缕析，坚持走以提高质量为核心的内涵式发展道路，为建设高等教育强国贡献力量。

第三，科学谋划"十三五"规划，必须处理好三个关系。

一要处理好全面深化改革与"十三五"规划的关系。全面深化改革是实现建设世界一流大学远景目标的措施和手段，"十三五"规划是对未来五年学校各项事业发展的战略性目标和部署，全面深化改革是"十三五"规划的重要抓手、推手、先手，"十三五"规划是学校不断深化综合改革的阶段性的安排和目标具象化战略。二者有机统一，相辅相成。

二要处理好学院改革与学科改革的关系。一般而言，学科是学院建制的依据，也是学院建设和发展的基础，学院改革的基本内容之一就是大力建设其承载的学科，以学科的发展带动学院的发展。但学科并不是绝对的"三八线"，也不是某个学院的专属。推进学科改革就是要打破学院之间的藩篱，坚持"跨界大交叉思维"和"宏观整体思维"，以学科整个知识体系为基础在全校范围内统筹和配置资源，提升学科整体实力。要认真分析世界一流大学、一流学科的基本特征，院系核心指标和学科建设核心指标要严格与之对应，统筹推进学院改革和学科改革。

三要处理好一流学科与一流大学的关系。一所大学的学科情况是其学术能力、办学水平和核心竞争力的重要体现，学科建设是学校发展的龙头。世界一流大学必须拥有一批世界一流的学科，没有一流学科，一流大学就是无源之水、无本之木。就南昌工程学院现状而言，追求大而全的学科门类不现实也不可能，必须加强对学科的规划和布局，分析我们现有基础和水地天与经管文融合的办学特色，集中力量办大事，重点建设有能力、有特色的优势学科和具有发展潜力的新兴学科，着力推进学科交叉融合，实现若干学科达到国内一流水平，扎实推进国内一流大学的建设。

三、从九江分组讨论中明确江西水利特色大学在"十三五"时期的目标任务

省委十三届十二次全会期间，参加九江小组讨论的除了省委副书记、省长鹿心社外，还有省委常委、统战部长蔡晓明，省人大常委会副主任魏小琴，副省长、九江市委书记殷美根主持。今年以来，九江深入推进沿江开放开发、昌九一体化和共青先导区建设，经济继续保持良好的发展态势：主要指标稳中有进，工业发展势头强劲，重大项目快速推进，重大战略扎实推进，改革创新深入推进，民生福祉不断改进；"十三五"期间将围绕"做大九江"的目标，牢牢把握国家建设长江经济带、长江中游城市群和生态文明示范区建设的战略机遇，全力推进鄱阳湖生态经济区建设、沿江开放开发和昌九一体化，为促进全省绿色崛起、建成全面小康社会作贡献。

（一）突出创新驱动，构建"九江四水"核心共进体

九江依托水（即赣江水、鄱水、余水、修水、淦水、旴水、蜀水、南水、彭水）的强大优势，数百年来经济社会发展处于江西的"龙头"地位。近年来江西充分利用九江地处四省交界处、拥有152km长江岸线、区域得天独厚的优势，对接长江经济带、长江中游城市群等国家战略，作出昌九一体、龙头昂起的决策部署，把九江和南昌作为江西省支撑经济崛起的"双核"来打造。在"双核"中尽快植入一个"两个一流"的水利大学"芯片"，必将加快创新驱动步伐，实现"五个协调共进"。

——创新驱动与经济发展协调共进。以创新驱动为引擎，以转型升级为路径，以生态增值为导向，实现生态效益、经济效益、社会效益的共同提升。一方面，要把生态优势转化为发展优势，在各领域唱响"水是生命之源、生产之要、生态之基"主旋律，借助绿色生态的品牌影响力，吸引高附加值项目落地，吸引优秀人才集聚，打造全国知名的绿色产业基地。另一方面，要把增长效益转化为生态效益，始终坚持保护优先，运用新理念谋划绿色产业，运用新技术提升生产方式。

——创新驱动与产业转型协调共进。要以创新驱动倒逼产业转型，

以产业结构优化推动资源利用方式转变，走科技含量高、经济效益好、资源消耗低、环境污染少、人力资源优势得到充分发挥的现代产业发展道路。推动各地立足资源禀赋、产业基础，走错位竞争、差异化发展道路；在集聚中促转型，按照"抓点、连线、扩面、健体"的要求，加快发展工业、农业、旅游业和现代服务业产业集群，促进园区集约发展；在创新中促转型，加强技术创新、产品创新、体制机制创新，为产业转型升级提供强大推动力。

——创新驱动与新型城镇化、新农村建设协调共进。要把创新驱动理念融入到新型城镇化和新农村建设之中，合理布局城乡空间，尽量减少对自然的干扰和损害，形成农村园林化、城区景观化的秀美风貌。注重挖掘地域特色，逐步实现一个市县一个规划、一张蓝图，努力构建集约高效的生产空间、宜居适度的生活空间、山清水秀的生态空间；不折不扣地把好规划落实到城乡建设中，尤其重视"地下工程"、尊重自然格局、注重整体推进；强化日常化管理，梳理出老大难问题，采取针对性的措施逐步解决，使我省城乡都成为"干干净净、漂漂亮亮、井然有序、和谐宜居"的美丽家园。

——创新驱动与民生幸福协调共进。要增进人民群众的生态福祉，让良好生态环境成为生活质量的新增长点。持续深入推进"净空、净水、净土"行动，高度重视食品安全，使群众呼吸到新鲜的空气，喝到干净的水，享受灿烂的阳光；要把生态保护、产业发展、扶贫搬迁有机结合起来，大力发展绿色产业，发展农村电子商务，切实增加群众收入，让群众过上富裕生活；要广泛开展生态文明宣传、生态科普活动，大力开展绿色创建行动，积极倡导植绿护绿、低碳出行、绿色消费等生活方式，在全社会营造尊重自然、热爱自然、善待自然的良好氛围。

——创新驱动与提高社会治理体系和治理能力现代化协调共进。牢固树立底线思维，加紧划定生态红线、水资源红线、耕地红线，在生态环境脆弱的地区，有序实现耕地、河湖休养生息，严格项目环评，完善环境监测网络，发挥考核导向作用，从严控制高耗能、高污染、资源性项目。

（二）突出枢纽联动，构建"五河一湖"中心协同体

鄱阳湖水利枢纽位于九江市境内河段上，距上游的南昌88公里。它是鄱阳湖上第一座大型水电站，也是集世界上最大大流量、径流式发电以及航运、灌溉、水产养殖等功能于一体的水利枢纽之一。项目"调枯畅洪""江湖两利"的设计思路将把"五河一湖"（赣江、抚河、信江、饶河、修河、鄱阳湖）变为江西的一个中心协同体。鄱阳湖水系完整，流域水资源丰富，流域年降水量约1645mm，经湖口站出湖入江的多年平均水量为1436亿 m³，入江水量占长江年径流量的15.5%。鄱阳湖水利枢纽工程运行后，拟分为江湖连通期、鄱阳湖闸蓄水期、三峡水库蓄水期、补偿调节期、低枯水期5个时段进行不同的调度。其中，江湖连通期（4月1日～8月31日）闸门全部敞开，江湖连通；鄱阳湖闸蓄水期（9月1日～9月20日）利用鄱阳湖洪水尾巴下闸蓄水，水位一般控制在16～17.5m；三峡水库蓄水期（9月21日～10月31日），将闸前水位由17.5m降至16m左右；补偿调节期（11月1日～12月31日）和低枯水期（次年1月1日～3月31日）按下游用水需求和候鸟习性科学调控水位，达到合理利用水资源、保护生态环境、促进经济社会发展之目的。

——进一步完善两港及江西省内河航运体系。九江港作为长江干线港口，是国家推进"长江航运现代化"建设的重点发展港口之一，加快长江航运现代化是未来十年内河水运的新目标。九江港不仅是江西省唯一一个通江达海对外开放的国家一类口岸，还是水陆联运国家级主枢纽港和长江中下游重要港口，服务范围辐射江西全省和毗邻的鄂、皖、湘等地区，成为众多企业原材料进口和产成品出口的战略通道。江西省每年近50%的铁矿石、41%的原油和60%的原煤均经九江口岸进口，75%以上的集装箱也经由九江港中转至上海港后运往世界各地。由此可见，九江港在全省外向型经济和交通大格局中具有不可替代的地位和作用。以九江港为龙头，重点加强长江九江段、赣江中下游、鄱阳湖湖区的港口码头建设，加快九江、南昌等港口综合枢纽建设，强化枢纽的辐射、集聚和带动作用。强化腹地大宗散杂货的组织配置功能。重点建设长江

（江西段）、赣江、信江"两横一纵"高等级航道和鄱阳湖湖区高等级航道，同步建设区域性、地区性航道，构建层次分明、干支相连、通江达海的航道网络；加快重要枢纽节点建设，以进出港航道和大型专业化码头泊位建设为重点，实现枢纽节点与通道的紧密衔接。

——进一步促进两港资源整合，科学培育喂给港。发挥九江港、南昌港对周边港口尤其对省内港口的带动作用，将赣江、信江等内河港口群作为两港的喂给港，畅通航道与集疏运体系，协调分工与合作；注重港口经济腹地的扩张，重视省内及周边集装箱生成量大的地区，通过战略合作、企业联盟或合资合作等形式，吸引周边地区货源向九江港聚集；引导省内"无水港"建设，优先利用九江港口岸发展海铁、江海等多式联运，并出台优惠政策，吸引周边地区货物经九江港进出；加强九江港至长江中上游港口的集装箱班轮小支线建设，增强九江港口岸向上海港口岸的喂给能力，积极为上海港口岸国际集装箱业务服务，带动九江港集装箱业务的发展；加强九江港与上海港口岸船公司的合作力度，吸引更多的船舶所有人到九江设立机构；增加九江至上海支线航班，提高九江港至洋山港区直达航班的运行水平。

——进一步壮大临港产业，搭建综合物流产业平台。港口经济的发展离不开产业集聚，通过与港口周边地区产业基地的联动发展寻求产业支撑，按照"大项目——产业链——产业基地"的产业升级路径，引进规模大、技术含量高、附加值高、带动能力强的大项目，将单一化产业转变为多元化产业群，推动企业向特定生产区域集聚，进而形成若干主业突出、产业链完整、特色鲜明的产业密集区；重视铁路、公路对水运口岸物流的集疏作用，加快发展与港口物流业相配套的公路主枢纽系统，构建口岸物流服务网络；大力发展以集装箱为主的现代物流业，对水路集装箱进出口运输给予与海铁联运同等的优惠政策，对集装箱运输公司给予一定补贴，对省内外向水运口岸集疏运的集装箱车辆路桥通行费降低收费标准；积极加强与公路、铁路、航空等领域的横向合作，以及与海关、商检、银行、保险等机构的纵向合作；拓展物流配送中心、仓储中心等功能，重点扶持以交通、仓储、船舶代理、货运代理等专业服务为主的第三方物流企业，保证物流链畅通、高效运行；以产业聚集为基础，吸引船舶运输、仓储、贸易、制造、第三方物流、货运代理、中介、金融等产业链中的各行业共同建设完整、畅通的物流运营平台。

（三）突出示范带动，构建山水林田湖生命共同体

九江有大江、大山、大湖，还有著名的庐山西海。拓林水库是在永修县柘林镇筑坝拦截修水而形成的以防洪、发电、灌溉、养殖为主要功能的大（一）型水库。库区流域面积 9340km²，占修河全流域面积 14700km² 的 63.5％，多年平均流量 255m³/s，多年平均年径流量 80.6 亿 m³。水库正常蓄水位 65.0m，相应库容 50.17 亿 m³；设计洪水位 70.13m，相应库容 67.71 亿 m³；校核洪水位 73.01m，相应库容 79.2 亿 m³（总库容），是目前国内已建成土坝库容中最大的水库。武宁的山、水、林、田、湖，不仅构成中国最美的湖光山色、国家重点风景名胜区，而且成为江西推进生态文明建设的示范样板，更是落实习近平总书记关于"山水林田湖是生命共同体"思想的实践基地。今年 11 月 2 日，省委在武宁县召开全省生态文明先行示范区建设现场推进会，使人们从实地感受到，建设生态文明，首先看水，基础在水，水生态文明是生态文明的核心组成部分。九江水域总面积 500 万余亩，具有其他地市无法比拟的水资源优势。要立足优美的生态条件，在现有的基础上继续探索，大胆创新，不断在推进绿色崛起、生态文明建设上迈出新步伐，取得新成就。

——加大生态保护力度，打牢绿色发展基础。坚持保护优先，切实加强源头预防，抓好污染综合治理，全面节约和高效利用资源，本着对人民群众、对子孙后代高度负责的态度，下决心把生态环境保护好，把环境污染治理好，不断巩固提升生态优势，建设天蓝、地绿、水净的美丽江西。

——大力发展生态经济，提升绿色发展水平。充分发挥生态优势，加快构建生态有机的绿色农业体系、环境友好的绿色工业体系、集约高效的绿色服务业体系，大力发展循环经济，着力培育壮大绿色生态经济。

——积极创建生态家园，共享绿色发展成果。以"净化、绿化、美

化"为重点，加大力度提高城镇人居环境质量；大力开展农村环境集中连片整治，深入推进和谐秀美乡村建设；积极开展生态创建活动，加快建设美丽宜居村镇，创建宜居宜业的生态家园。

——着力创新生态机制，增强绿色发展动力。围绕破解本地区生态文明建设的瓶颈制约，先行先试、大胆探索，完善生态红线管理制度，健全生态补偿制度，创新河湖管理与保护制度，健全资源环境和生态保护市场化机制，加快构建有利于生态文明建设的制度体系，增强绿色发展动力活力。

——加强生态文化建设，凝聚绿色发展共识。大力倡导生态文明理念，形成崇尚生态文明的社会新风尚；推进生活方式绿色化，积极引导绿色消费、节约消费、适度消费；提升生态文化品牌，进一步凝聚全社会绿色发展共识。

——健全生态法治体系，强化绿色发展保障。建立县（市、区）级以上三级"河长制"，明确了对辖区内河流污染治理的责任制。积极开展"多规合一"试点，提高规划执行水平。完善生态环境监测网络，加大环境执法力度，严格实行责任追究制度，构建监管统一、执法严明、多方参与的环境治理体系，着力解决污染防治能力弱、监管职能交叉、权责不一致、违法成本过低等问题，为推进绿色发展提供法治保障。

环环相扣，层层推进，千年"醉"美江西，正以打造生态文明建设江西样板的勇气与智慧，努力求索一条具有江西特色的绿色发展新路。对我们学校来讲，也是建设"两个一流"水利特色大学的一条康庄大道和重大历史机遇。我们常说要赢在转折点，制定"十三五"规划，就是要找准支撑学校转型发展的关键支点。我们要按照"三严三实"专题教育的要求，严字当头，关键在于"严"上，严格要求，严肃态度，严密组织；实字压轴，最终落到"实"上，目标要实，步骤要实，行动要实。总之，要以严和实的精神制定好"十三五"规划，扎实落实，从而推进学校各项事业的改革发展。

第二十五回 气象更新

——江西省气象学会第十二次会员代表大会开幕词

（2015 年 11 月 27 日）

各位代表、各位来宾、同志们：

在全省上下深入学习党的十八届五中全会精神、贯彻落实省委十三届十二次全会精神、起步迈进我省"十三五"伟大征程之际，江西省气象学会第十二次会员代表大会今天在这里隆重召开。这是江西省气象学会的一次盛会，也是江西气象行业的一件盛事。省气象局、省科协、省民间组织管理局和中国气象学会的领导亲临大会指导，请允许我代表江西省气象学会第十一届理事会，向莅临大会的各位领导和嘉宾表示热烈的欢迎！向本次大会的胜利召开表示热烈的祝贺！

出席本次代表大会的正式代表，包括通过选举产生的会员代表，通过推荐产生的第十二届理事会候选人，以及即将卸任的第十一届理事会常务理事，有着广泛的代表性，既有来自全省气象行业各有关业务、科研、教育、管理等部门的科技工作者，还包括与气象工作密切相关的 35 家省直单位、高等院校、科研机构和军事等部门的领导和专家。无论是为江西气象事业做出了重要贡献的老一辈气象科技工作者，还是正在气象及相关行业各自岗位上努力工作、取得突出成绩的中青年科技工作者；无论是一贯积极关心、支持江西气象学会工作的各级领导和专家，或是默默无闻、常年在气象学会工作一线上做出积极贡献的学会专兼职干部，今天大家齐聚南昌共商江西气象学会工作发展大计，目的只有一个，那就是为把江西省气象学会建成更具特色和社会影响力的现代气象科技社团而共同努力。在此，我谨代表第十一届理事会，向全体与会代表和嘉宾表示热烈的欢迎和衷心的感谢!

自 2010 年 12 月江西省气象学会第十一次会员代表大会召开以来,江西省气象学会团结、带领和依靠广大气象及相关领域的科技工作者,开展了大量富有特色和成效的工作,为深入推进我省气象现代化建设,促进气象科技创新和人才建设,强化社会公众气象科学素质,提升气象为江西经济社会发展的科技支撑能力做出了积极贡献!各项成绩的取得,离不开省科协、省民间组织管理局、省气象局的正确领导和中国气象学会的精心指导,得益于各理事单位和社会各界始终如一的关心支持,更是第十一届理事会认真履职、全省气象及相关领域广大科技工作者积极参与、专兼职学会工作者默默奉献的结果。在此,让我们以热烈的掌声,对所有关心支持省气象学会工作的各级领导、对所有为省气象学会事业作出贡献的科技工作者和各界人士表示深深的谢意!

本次代表大会的主要任务是:以邓小平理论、"三个代表"重要思想、科学发展观为指导,深入贯彻党的十八大和十八届三中、四中、五中全会以及习近平总书记系列重要讲话精神,认真总结江西省气象学会第十一次会员代表大会召开以来的工作经验,按照"四个全面"的战略部署和"五大发展"的全新理念,牢牢把握深化社会组织改革新机遇,主动适应气象部门改革发展新常态,面向江西经济社会发展和气象现代化建设大局,面向气象及相关领域科技工作者,面向气象科技前沿,制定学会工作发展思路,明确学会今后四年的基本目标和中心任务,凝聚各方力量与智慧,不断提升学会服务能力,积极承接政府转移或委托职能,全面提升支撑江西气象事业发展整体实力,为增强气象科技创新能力、服务全民科学素质提升、助力江西气象事业和江西经济社会发展发挥更大的作用。

本次大会的主要议程有:听取和审议第十一届理事会工作报告;修改《江西省气象学会章程》;选举产生第十二届理事会及其领导机构;颁发江西省气象学会荣誉证书,表彰先进等。这些议程和工作都是顺利完成下一届理事会工作的基础保证。

各位代表,同志们,党的十八大开启了中华民族伟大复兴的新征程,党的十八届五中全会吹响了冲刺第一个百年奋斗目标、实现全面小康社会的进军号；2013 年 7 月省委十三届七次全会提出了江西"发展升级、小康提速、绿色崛起、实干兴赣"十六字方针，近日召开的省委十三届十二次全会提出了"提前翻番、同步小康"的总目标。和着民族复兴的铿锵脚步，"文节俱高"的江西、发展风劲的江西、优势正显的江西、干劲犹酣的江西，有决心、有能力与中华民族一同收获属于自己的光荣与梦想。省气象学会各项工作也将提升到一个新的高度，为推进江西气象事业科学发展，实现江西绿色崛起作出新的更大贡献！

预祝本次代表大会圆满成功！

谢谢大家！

第二十六回　国防庆文

——在"弘扬伟大抗战精神，同心共筑强大国防"全省
青少年学生国防教育主题活动颁奖大会上的致辞
（2015 年 11 月 28 日）

尊敬的省军区政治部张庆文副主任、省教育厅曹连平副巡视员、团省委伍复康副书记及各位来宾：

上午好！

今天，非常高兴"弘扬伟大抗战精神，同心共筑强大国防"全省青少年学生国防教育主题活动颁奖大会在南昌工程学院举行，这是对我校国防教育工作的极大鼓舞和鞭策。在此，我谨代表学校党委和全校 2 万多名师生员工对活动的举行表示诚挚祝贺，向部队首长、各级领导、获奖的部分老师、学生代表们的到来表示热烈的欢迎，并致以崇高的敬意！

2015 年是中国人民抗日战争暨世界反法西斯战争胜利 70 周年。在青少年学生中开展有关国防教育方面的活动，通过重温那段血与火的悲壮历史，引导人们在深切缅怀那些在争取民族独立和自由过程中英勇献身的烈士们，同时也让人们清醒地看到，当今世界依然很不太平，国防形势正在发生着深刻演变，国际力量对比、全球治理体系结构、亚太地缘战略格局和国际经济、科技、军事竞争格局正在发生历史性变化。我们既面临发展的难得历史机遇，也面临许多新问题、新挑战。我们要铭记历史，珍爱和平，居安思危，开创未来，切实加强国防建设和国防教育，富国强军，朝着中华民族伟大复兴的目标奋勇前进。

国防教育是国家为防备和抵抗侵略，制止武装颠覆，保卫国家主权、统一、领土完整与安全，对全体公民进行的一种具有特定目的和内容的

教育活动。加强国防教育工作，是应对复杂多变的国际形势，拓展和深化军事斗争准备，维护国家安全稳定的迫切需要，是促进经济建设与国防建设协调发展，实现富国强军目标的必然要求，是建设社会主义核心价值体系的有力举措。我校一直以来非常关心、支持国防建设，在培养国防后备力量等方面，特别是在创新国防教育形式上，真抓实干。按照习近平总书记提出的"加强国防教育，增强全民国防观念，使关心国防、热爱国防、建设国防、保卫国防成为全社会的思想共识和自觉行动"的要求，认真贯彻《国防教育法》《全民国防教育大纲》，坚持把国防教育工作纳入学校发展总体规划、列入教学计划，采取有效措施，加强对大学生的国防教育。

国家意识是党的十八届五中全会首次提出的国防教育新理念，要在增加国家硬实力的同时注重提升国家软实力，不断增强发展的整体性。既要增强富国和强军的硬实力，又要弘扬中华传统美德，增强社会责任意识、科学精神、法治意识、国家意识、社会诚信等软实力。国家意识具有强大的文化感召力和辐射力，是国家深层次发展的内在动力。一个人有强烈的国家意识，就会心有国家、情系国家，意识到作为国家公民负有的责任和使命。国家意识愈强，愈能激发各族人民回报社会、建设国家、变革现实的热情。学校要担负起相应的使命，对学生进行国家意识的培养教育，教师要肩负起培养国家的建设者的重大使命，要教给学生以光明与希望，要为学生指明人生奋斗的方向，提高学生基于对自己祖国的历史、文化、国情等的认识和理解，逐渐积淀形成一种国家主人翁责任感、自豪感和归属感，为实现中华民族伟大复兴的中国梦贡献力量。

我们相信，在中共江西省委、省人民政府、省军区的正确领导下，在各级国防教育机关的具体指导下，南昌工程学院将继续扎实做好国防教育工作，广大有志青年一定能成为国防建设的主力军，为国防和军队建设贡献力量。

最后，预祝此次颁奖活动圆满成功！谢谢大家。

第二十七回　平安校园

——在学校 2015 年校园安全稳定工作会议上的讲话
（2015 年 12 月 1 日）

同志们：

　　今天，学校召开安全稳定工作会议，主要任务是：贯彻落实中央和省委领导重要指示、上级关于校园安全稳定工作会议精神，总结工作，分析形势，部署任务，全面推进平安校园建设，确保校园安全稳定。刚才，荣有副校长传达了全省社会治安防控体系建设工作会议精神，通报了我校年初以来的安全稳定情况，保卫部（处）长阎成瑜同志部署了我校近期几项重要工作。近年来在同志们的共同努力下，我校较好地完成了校园安全稳定工作的各项繁重任务，为学校的各项改革、建设和发展，做出了积极贡献，得到了全校师生的肯定和上级主管部门的好评。在即将过去的一年，我校能够有一个安定团结、健康有序的发展局面，是各部门、各单位高度重视，扎实工作，全体师生员工积极参与、支持与配合的结果。在此，我代表学校党委，对一直以来努力工作在校园安全稳定工作一线的同志们表示诚挚的问候！对一直以来关心、支持校园安全稳定工作的各单位、各部门和各位同志表示衷心的感谢！根据会议安排，下面，我讲三点意见：

一、居安思危，自我加压，时时绷紧安全稳定这根"弦"

　　一个稳定和谐的校园，是维护学校正常教育、教学、科研及生活秩序的必要保证。有安全才能有学校的稳定与和谐，才有学校的改革与发展。我们必须落实习近平总书记强调的"管行业必须管安全、管业务必须管安全"的要求，进一步认清形势，进一步增强做好校园安全稳定工作的责任感和使命感，时时绷紧安全稳定这根"弦"。

一是要把中央和省委社会治安防控体系建设工作会议精神落到实处。全国社会治安防控体系建设工作会议于今年 9 月 23 日在大连召开，会议要求深入贯彻习近平总书记系列重要讲话和关于公共安全重要指示精神，主动适应新形势，切实增强风险意识，以提高人民群众安全感和满意度为目标，以理念、体制机制、方式手段创新为动力，完善立体化社会治安防控体系，切实提高维护公共安全能力水平，促进社会安定有序、国家长治久安。11 月 16 日江西省委召开全省社会治安防控体系建设工作会议，省委书记强卫同志强调指出，习近平总书记关于公共安全工作的重要指示，站在党和国家全局的高度，深刻揭示了公共安全的极端重要性，对提高维护公共安全能力水平提出了新要求，为进一步深化平安建设指明了方向、提供了遵循。各级党委、政府要认真学习、坚决贯彻，各地各部门要树立新思维，把公共安全工作与"保障社会公正、促进社会诚信、维护社会秩序"三大重点任务有机结合起来，培养办事依法、遇事找法、解决问题用法、化解矛盾靠法的法治习惯；以创新思维，不断破除那些不合时宜的老模式、老框框、老习惯；以底线思维，强化忧患意识，增强工作的前瞻性、主动性。要运用新手段，更加注重运用科技信息手段，推动立体化社会治安防控体系有效运转，提高动态化、信息化条件下驾驭社会治安局势的能力；更加注重运用法律道德手段，坚持经济调节、行政管理、法律规范、道德教化、心理疏导相结合，促进刚性与柔性、他律与自律相统一；更加注重运用风险管控手段，建立研判、预警、防范风险苗头和隐患先兆的机制，提高对风险动态监测、实时预警能力，及时切断风险链。要构建新格局，各级党委和政府要加强领导、强化责任机制、做实基础工作、凝聚共管合力，努力形成党委领导、政府主导、综合协调、相关部门齐抓共管、社会力量积极参与的维护公共安全新格局。特别是要结合制定"十三五"规划，在更高起点上统筹设计好社会治安防控体系，推动把公共安全建设纳入经济社会发展、城乡建设规划，做到同规划、同部署、同落实。

　　二是要迅速将孟建柱同志视察江西时的重要讲话精神落到实处。中共中央政治局委员、中央政法委书记、中央综治委主任孟建柱同志，于今年10月17日至22日来到江西考察调研。他深入乡镇、社区、企业和政法综治单位，考察经济社会发展，走访基层干部群众，看望一线政法干警，召开基层干部座谈会，就进一步做好政法综治工作、深化司法体制改革、维护社会稳定等听取意见建议。考察过程中，孟建柱同志发表的重要讲话，充分肯定了江西政法工作取得的成绩，对进一步做好政法工作提出了殷切期望，为做好当前和今后一个时期的工作指明了方向。对高校的工作孟建柱同志也十分关心，他走进南昌大学前湖校区、江西师范大学瑶湖校区的实验室，了解最新科研成果。他对簇拥而来的大学生说，要珍惜青春年华，在优美安静的校园里勤奋学习，早日成为社会有用人才。他虽然没有时间来我们学校，但安排了我"以书汇报"，据他身边的工作人员告诉我说，他对我书中提出的平安校园建设：要坚持综合治理的方针，法德同治的方略，三严三实的措施，万无一失的要求给予了充分肯定。我们要深刻领会孟建柱同志的讲话精神实质，把他对我们学校的关心和厚爱转化为指导和推动当前各项工作的动力。

　　三是要把全国社会治安综合治理现场会在我省召开的准备工作落到实处。明年是中央政法委在我省召开全国社会治安综合治理现场会的大考之年，平安江西、法治江西如何接受检阅面临考验。这些年来，我省社会治安大局稳定，人民群众安居乐业，公共安全形势总体是好的。在2014年度全国综治考评中，我省荣获总分第一名的好成绩，连续11年考评为优秀省。教育为民生之首，保障校园安全稳定，是维护社会稳定的重要基础。因此，校园安全已经成为全社会关注的热点和焦点。党中央、国务院、教育部、省委省政府、省教育厅始终高度重视高校安全工作，定期开展安全专项整治和安全大检查，下发专门文件和制度，对学校的安全工作提出明确要求。教育部部长袁贵仁同志曾经说过："一个没有安全保障的学校，绝对是一所不合格的学校，一个不具备安全意识的老师，绝对是一个不称职的老师。"从大局讲，落实校园安全稳定工作既是一项政治任务，又是法律所赋予的神圣职责，是保稳定、保发展，办人民满意教育的现实需要。没有学校安全，就没有全国社会治安综合治理现场会在我省的召开！

我们要清醒地看到，受国际国内各种复杂因素影响，我省公共安全问题复杂性不断加剧，新的隐患增多，防控难度加大。各地各部门要充分认识当前公共安全面临的严峻形势，进一步增强工作的紧迫感、责任感，拿出务实管用措施，坚决防止发生重大公共安全事故，全力确保全省社会大局和谐稳定。从刚才通报的我校安全稳定情况来看，今年发生了2起火灾事故、1起刑事案件、1起经济纠纷案件、67起治安案件、3起交通事故，暴露了我校公共安全方面存在的问题，给我们敲响了警钟，必须引起我们的高度重视，切实肩负起维护校园安全稳定的政治责任，确保一方平安，为学校发展创造安全环境。

二、提档升级，从严从实，处处把好安全稳定"关"

空谈误国，实干兴邦。抓安全稳定工作，一定要发扬实干精神，从点滴抓起，从细节着手，经常抓，抓经常，一件一件把工作做实、做细，管到位、管到底，努力构建学校安全稳定"铜墙铁壁、天网地网"。

（一）深入推进校园治安防控体系建设"提档升级"工作，不断提升师生员工安居乐业的安全感和满意度

根据省委常委、省委政法委书记周萌同志在全省社会治安防控体系建设工作会议上的讲话精神，推进社会治安防控体系建设工作的核心是"提档升级"，目标是提升人民群众的安全感和满意度，途径是把握"一个统筹"、推进"两网"建设、打造"三大平台"、织密"四张网络"。我们一定要按照省委政法委确定的这个思路和目标任务，紧密结合学校实际，深入推进我校治安防控体系建设工作。

——统筹整合学校资源力量，形成党委领导、综合协调、广泛参与、齐抓共管的校园治安防控工作格局。校综治办（保卫部、处）作为综治工作牵头单位，要当好党委、行政的参谋助手，加大统筹协调力度，精心谋划，扎实推进学校治安防控体系建设，力争取得更大成效。

——始终坚持改革、发展、稳定"三位一体"同步抓。把治安防控

体系建设纳入学校正在研究制定的"十三五"事业发展规划当中，认真做好安防基础设施、技防设备、应急装备的立项建设规划，做到统筹安排、整体推进。要充分利用现代信息技术，不断提升学校治安防控数字化、网络化、智能化水平，精心打造学校治安防控示范工程。

——扎实推进技防物防建设，实现"天网"与"地网"的有机融合。要保证学校安防基础设施和监控设备的经费投入，进一步加大校园视频监控系统的建设力度，将最早一批建设的模拟信号视频监控系统升级改造为数字化高清视频监控系统，实现与后期建设的数字化高清视频监控系统联网对接。要继续增加校园室内外视频监控探头的密度，确保校园重点要害部位和人员密集活动场所视频监控探头的覆盖率达到100%。要按照上级有关文件要求，设立反恐防暴应急管理专项经费，配置足够数量的反恐防暴应急处置设备和消防灭火器材，进一步完善校内交通基础设施和设备，升级警用装备配置，加大校园机动化巡防力度。

（二）切实加强综治维稳工作信息化平台建设，为维护校园公共安全提供有效服务

要按照省委政法委提出的"纵向贯通、横向集成、互联互通、共享共用、安全可靠"的综治工作信息化综合平台建设要求，主动适应大数据、新媒体的时代要求，积极运用现代信息技术，充分发挥互联网络、微博、微信、QQ群等新兴传播工具在平安校园建设中的信息综合运用功能，加强综治维稳工作信息化平台建设，建立统一联动、互通共享的校内公共安全信息管理与服务平台，及时向校内各单位和师生员工发布信息资讯、解读政策法规、宣传安全知识、开展法制教育、传送综治信息，进行互动交流，实现信息互通、资源共享、高效集成的目标，提高综治慰问工作效能，提升综治工作信息化水平。

（三）不断织密单位内部治安防控网络，确保学校的公共安全和大局稳定

加强单位内部治安防控网络建设是社会治安防控体系建设的一项重要内容，也是应对当前复杂校园治安环境的客观需要。要将学校治安防控的"大网络"与校内各单位内部治安防控的"小网络"紧密结合，形

成网格化、全覆盖的治安防控网络。学校各单位要切实加强对本单位内部公共安全重点部位的安全防控和可能引发事端的重点人员的教育管控，认真落实各项安全防范措施，加强矛盾纠纷和安全隐患的排查整治，认真对待和解决师生员工的合理诉求，最大限度地把矛盾和问题隐患解决在单位内部和萌芽状态。

三、落实责任，通力协作，人人扛起安全稳定责任"担"

校园安全稳定不是一个部门的事，也不是一个人的事，而是人人有责，必须全员抓、抓全员，必须明确责任，落实责任，做到守土有责、守土负责、守土尽责。一年一度的省综治考评工作即将启动。综治考评既是对学校综治维稳工作成效的检查考核，也是对学校各单位履行综治维稳主体责任、各级领导干部履行"一岗双责"的检查考核，是对学校改革发展稳定成果的检阅。省综治考评事关学校改革发展大局，事关每位教职工的切身利益，学校各单位一定要高度重视，认真对待，强化责任，明确任务，查漏补缺，扎实推进，认真做好迎接省综治考评的各项准备工作。

一要强化责任落实。全校上下必须进一步强化责任，建立和完善"一把手"工程、党政同责、一岗双责、全员参与、齐抓共管的责任机制。进一步强化各单位、各部门、各校区安全稳定工作，按照"谁主管谁负责""谁使用谁负责""谁的辖区谁负责""谁的人员谁负责"的原则，学校党政领导班子成员按分管战线负总责，各单位、各部门党政"一把手"对本单位、本地区安全稳定工作负总责。进一步明确各级干部、教师、职工和学生的安全稳定责任制和岗位要求，按照岗位要求落实安全稳定责任制。教师要以育人为本、安全为先，学生要以素质为本、安全为先，职工要以人为本、安全为先。要把安全稳定工作的责任和措施层层分解落实到每个单位、每个区域、每个班级、每个岗位、每个人，定岗、定责、定人，明确责权利，层层签订责任状，层层传导压力，一级抓一级，级级抓落实，做到安全稳定工作人人有责任、层层有人抓、处处有人管。

二要强化责任考核与责任追究。要进一步健全和落实校园安全稳定工作考评体系，切实把安全稳定工作列为各单位、各部门和干部考核的重要内容，并把考核结果与干部晋职晋级、奖惩直接挂钩。要严格落实责任追究，对因思想不重视，工作不到位，措施不落实，存在重大安全隐患，或者导致发生重大事件、案件的，必须依法依规进行责任追究。这里我要特别强调一下冬春火灾防控工作，刚才成瑜同志已经对我校冬春火灾防控工作进行了部署，希望大家认真贯彻落实。火灾防控工作关系到师生员工生命财产安全和学校的安全稳定，责任重大。各单位要按照学校冬春火灾防控工作实施方案的部署和要求，迅速动员部署，层层落实责任，认真查找隐患，及时落实整改。校保卫部（处）要加强协调、指导和督查，及时发现和处理火灾防控工作中存在的问题，及时总结和推广火灾防控工作先进经验，及时报送火灾防控工作进展情况。对于在火灾防控工作中思想不重视、责任不落实、措施不到位的单位主要负责人和直接责任人给予通报批评；发生火灾事故的，依法从严追究有关人员的责任。

三要强化督导检查。各单位要进一步建立健全综治维稳工作督查机制，定期或不定期地进行督导检查。通过明察暗访、重点督查、联合检查、突击检查等方式，认真检查本单位内部综治责任是否明确，任务是否落实，制度是否健全，技防物防是否完备，安防措施是否到位。对检查出的问题和隐患要列出问题清单，制定整改措施，逐项进行整改，限期整改到位。对问题突出的单位和部位，相关单位领导要亲自负责，强化措施，跟踪督办，严格验收，不走过场。

四要强化齐抓共管。各级班子要把安全稳定工作纳入重要议事日程，定期分析安全稳定形势，认真研究和部署安全稳定工作，定期研究解决安全稳定工作的实际问题。各单位要继续以建立健全综治工作体系为重点，进一步加强单位综治领导小组建设，充分发挥领导小组的组织协调作用，加强单位综治工作的沟通联络，明确工作职责，理顺工作关系，健全工作机制，形成上下联动、部门协调、相互配合、齐抓共管的工作格局，坚决防止出现协调不到位、职责不明确、工作推诿扯皮、事情无人落实的现象。各单位要结合自身在安全防范、内部管理的实际情况，制订各项安全责任措施、内部安全管理机制，实现按章办事、依规理事。

五要强化制度建设。根据不同时间、不同地点、不同环境，不断完善、健全各项规章制度和内部安全管理机制，增强各项制度的科学性和可操作性，使安全稳定制度刚性化。①建立安全稳定工作例会制度。校、院两级定期召开安全稳定工作例会，全面了解各部门、各单位安全稳定工作情况，及时研究、部署、解决工作中存在的问题。②健全隐患排查及整改制度。校、院两级定期对存在的影响安全稳定的各类隐患进行认真排查，相关部门及时、有效地消除安全隐患，建立台账，进行跟踪，督促整改。共同增强安全防范能力，杜绝各类事故的发生。③实行重大活动报告备案制度。各部门在举办重大活动时要对安全工作负总责并进行安全稳定评估，及时报告备案，以防止发生各类突发和群体性事件。④严格安全稳定工作奖惩制度。学校每学年对各部门、各单位的安全稳定工作进行检查，把安全稳定工作作为二级机构综合目标管理考核的重要内容，实行安全稳定工作"一票否决"制度。⑤不断推动安全稳定工作制度创新。

同志们，安全稳定责任重于泰山。在繁忙的工作中，今年即将进入收尾阶段。安全稳定与工作成效是1和0的关系，安全出了问题，其他一切成效都是零。从近期来看，我们要高度重视，扎住这一个月的安全稳定篱笆；从长期来看，2016年学校改革发展面临新的机遇和挑战，任务繁重而艰巨。做好2016年安全稳定工作意义重大。各单位、各部门尤其是广大领导干部要进一步强化安全稳定的责任意识，加强底线思维，时刻绷紧安全稳定这根"弦"，主动适应新常态，勇于担当，敢于负责，从严从实，不断提高学校安全稳定工作水平，为学校新时期的改革发展做出新的更大的贡献！

第二十八回　监督延伸

——在第四期特邀党风廉政监督员聘任仪式上的讲话
（2015 年 12 月 8 日）

同志们：

按照学校党委的安排，今天我们在这里举行第四期特邀党风廉政监督员聘任仪式，并对全校党风廉政建设监督工作进行安排部署。经校纪委征求意见，有关单位推荐，校党委决定，有九位同志被校党委聘任为第四期特邀党风廉政监督员，这既是各位监督员的光荣，也是校党委和全校师生员工对大家的信任。在此，我代表校党委向大家表示热烈的祝贺！希望受聘的各位同志要倍加珍惜这个荣誉，以对党和人民高度负责的态度，结合自己的本职工作，利用自己的身份和优势，积极投身纪检监察和反腐倡廉工作。下面，我就做好监督员工作讲几点意见。

一、提高认识，坚持和完善党风廉政监督员制度

党的十八大以来，中央保持反腐败的高压态势，坚持"老虎""苍蝇"一起打，既坚持查处领导干部违纪违法案件，又切实解决发生在群众身边的不正之风和腐败问题。这些违法违纪典型案例，给我们这样一个警示：没有监督的权力必然导致腐败，强化监督，加强党风廉政建设和反腐败斗争势在必行；党风廉政监督员认真履行监督职责，积极承担监督义务，共同推进党风廉政建设和反腐败工作深入开展，十分必要；继续坚持和完善党风廉政监督员制度，加强和改进党风廉政监督员工作，意义重大。

——坚持和完善党风廉政监督员制度，是深入推进民主政治建设的

需要。毛泽东同志曾经指出："只有让人民起来监督和批评政府，政府才不敢松懈，只有人人负责，才不会人亡政息。"广泛吸收社会各界人士参与国家政治生活，发挥其参政议政作用，是发展社会主义民主政治，建设社会主义政治文明的内在要求。从社会各界人士中聘请党风廉政监督员参与纪检监察和反腐倡廉工作，既有利于社会各界了解党风政风的情况，为他们参政议政创造有利的条件，也有利于党和政府更广泛地了解民意、集中民智，更好地推进民主政治建设。

——坚持和完善党风廉政监督员制度，是深入推进反腐倡廉建设的需要。坚决惩治和有效预防腐败，关系人心向背和党的生死存亡，是党必须始终抓好的重大政治任务。深入推进反腐倡廉建设要做的工作很多，但其中很重要的一条是形成权力运行监控机制，强化对权力运行的监督和制约。聘请党风廉政监督员参与反腐倡廉建设，既是发挥民主监督作用的重要渠道，也是发挥人民群众在反腐倡廉中作用的重要形式；既有利于把党内监督与党外监督、专门机关监督与群众监督有机结合起来，形成监督合力，也有利于拓宽对党员干部的监督渠道，进一步强化对权力运行的监控，促进反腐倡廉各项制度和措施的落实。

——坚持和完善党风廉政监督员制度，是加强和改进纪检监察工作的需要。纪检监察机关肩负组织协调党风廉政建设和反腐败斗争的重要职责，必须在党委的领导下切实加强自身建设。聘请党风廉政监督员参与反腐倡廉和纪检监察工作，既是纪检监察机关自觉接受人民群众监督的重要形式，也为纪检监察机关密切联系群众提供了桥梁和纽带。这不仅有利于纪检监察机关接受人民群众的监督，更好地依纪依法履行职责，而且也有利于纪检监察机关及时掌握人民群众对纪检监察工作的意见、建议和要求，更好地加强和改进纪检监察工作。多年来的实践也证明，党风廉政监督员在参与纪检监察工作的过程中，不仅及时向纪检监察机关反映了人民群众和社会各界对反腐倡廉的想法和要求，而且也从不同的角度给纪检监察机关提出了许多好的意见和建议，对进一步加强纪检监察机关自身建设、加强和改进纪检监察工作起到了积极作用。

二、珍惜荣誉，认真履行党风廉政监督员神圣职责

受聘担任党风廉政监督员，既是一种崇高的政治荣誉，更是党和人民的高度信任，是一份神圣的政治责任。希望受聘的同志珍惜荣誉、牢记重托，以饱满的政治热情和昂扬的工作姿态，切实履行职责。既要及时发现机关作风建设和党风廉政建设工作中存在的问题，也要善于分析思考积极提出合理化建议，帮助和督促机关整改提高；既要勇于举报干部作风建设中存在的不良现象和问题，也要善于宣传基层各单位的好做法、好事迹、好风气；既要多了解和反映群众的意见和要求，也要多向基层和群众宣传干部作风建设情况，加强情况交流，多做协调工作，相互沟通思想，融洽工作关系，促进作风转变。具体来说做到"四要"。

一要加强学习，提高素质。要加强理论和政策学习，加强党纪法规和纪检监察业务知识的学习，做到在是非面前有辨别能力，在诱惑面前有自控能力，在警示面前有反思能力；要把握监督规律，提高监督水平，做到敢于监督和善于监督。

二要立足本职，强化监督。切实把好监督关口，盯牢关键岗位，盯紧重点时节，盯住重点事件，对违反党纪政纪的行为，要及时提供线索，做到权力行使到哪里，监督就延伸到哪里。

三要深入基层，联系群众。党风廉政建设监督员是学校各个层面和群体的代表，具有面向基层、联系广泛的优势，大家要积极宣传学校党风廉政建设的部署和成效，努力赢得广大师生员工对党风廉政建设和反腐败工作的理解和支持。同时，要紧紧围绕党风廉政建设的重点工作和师生员工关注的热点问题，广泛收集意见建议，及时向学校党委和纪委提供"第一手资料"，为党风廉政建设献计出力。

四要遵纪守法，树好形象。这是履行好党风廉政监督员职责的基本条件和起码要求。每一位党风廉政监督员都要时时处处严格要求自己，自觉在思想上、政治上、行动上同党中央保持一致，牢固树立全心全意为人民服务的根本宗旨，严格遵守纪检监察工作程序和工作纪律，遵纪守法、廉洁奉公，以身作则、依法办事，以良好的形象，促进党风政风

的好转，扩大党风廉政监督员的社会影响力和辐射力。

三、讲究方法，注重党风廉政监督员工作实效

要紧紧围绕学校党委的中心工作，加强对党政领导班子及其成员特别是主要负责人贯彻执行党的路线、方针、政策，贯彻执行民主集中制、选拔任用干部制度，以及贯彻落实党风廉政建设责任制和勤政廉政情况的监督检查，推进群众反映强烈问题的有效解决，保证党的路线方针政策的贯彻执行，使党风廉政监督员制度真正成为下情上达的"直通车"，反腐倡廉的"监督哨"，了解干部的"显微镜"，发展升级的"助推器"。

一是自身定位要"当"。党风廉政监督员工作不是一般性工作检查，也不同于专项督察，更不是专案调查。这种工作性质的特殊性要求党风廉政监督员必须要处理好与被巡视或受监察单位的关系，营造一个有利于党风廉政监督员工作的氛围和环境。

二是反映情况要"实"，坚持实事求是的工作作风。党风廉政监督员工作不带框框，不凭印象，不掺感情，是非优劣都要以客观事实为依据，要把群众反映的问题，特别是一些重大问题的情节原委搞清楚。

三是评价结论要"准"，坚持客观公正。评价结论是否客观准确，是检验党风廉政监督员工作质量高低的重要标志。监督员对每个单位的监督结论，都要坚持集体研究，从大量的材料和谈话记录中归纳梳理，分析提升，充分肯定成绩，突出工作特色，找准主要问题，提出改进建议。党风廉政监督员在工作中发现问题，要及时反映，但必须有依有据，切忌道听途说，主观臆测。

四是反馈后要"改"，促进党风廉政监督成果转化。巡视和监察的目的是要发现问题，发现问题的目的是为了改进工作。因此，对所巡视单位和监察事项的整改情况，党风廉政监督员都要跟踪了解，从而有效推动被巡视单位和监察事项的整改工作。

四、加强领导，建立党风廉政监督员工作长效机制

校纪委作为党风廉政建设的日常管理机构，要加强对监督工作的管

理和服务。

一要加强监督工作的制度建设。不断完善党风廉政建设监督员的调研咨询、检查评议、反映检举等工作制度，推进监督工作的规范化和制度化。要努力学习和借鉴外地好的工作经验和做法，对监督员的聘期、例会、情况通报和奖惩等制度配套措施，要逐步加以健全和完善，推进这项工作长期化、规范化、制度化。要建立高效处理机制和情况反馈制度，对监督员反映的问题和意见，要及时调查处理，做到件件有着落，事事有回音。

二要加强监督工作的载体建设。积极组织党风廉政监督员参与相关的重大会议、监督检查和调查研究等活动，充分发挥他们在重大决策和建设管理等工作中的监督作用。

三要加强监督工作的平台建设。采取参加培训、订阅资料、研讨交流等形式，使党风廉政监督员全面了解纪检监察业务知识，提高他们的监督能力。要经常性听取和重视他们的意见建议，为他们的监督工作提供力所能及的环境和条件。

五、关心支持，为党风廉政监督员履职提供优良环境

受聘的党风廉政监督员既有政治素质方面的要求，又有所处部门的工作层面的条件要求，因此，作为党风廉政监督员既要担负部门的工作职责，又要履行党风廉政监督员义务职责，从某种意义上来说是增加了同志们的工作量，增加了额外的负担，但只要大家从党性原则的高度去认识，就会觉得是一种政治责任，是职责所在，就不会有负担感，校纪委也要真切理解党风廉政监督员的不便和难处。

一是积极帮助解决监督员遇到的困难。在个人生活方面，大家有困难的，校纪委领导没有体察到的，请大家直言不讳提出，只要我们有条件有能力解决的，一定积极解决，万一没条件解决的也可以帮助大家想办法出主意。

二是切实维护他们的正当权益和工作积极性。对于工作方面履行职责遇到干扰和报复的，校纪委要毫不迟疑的站出来，坚决维护党风廉政

监督员的工作权利。

三是对在监督工作中表现突出的同志，要在适当的时候给予表彰和奖励。校纪委要经常关心党风廉政监督员成长进步，真正从政治上、工作上、生活上关心爱护党风廉政监督员。总之，校纪委要在大家的工作中关注你们，关心你们。

同志们，做好党风廉政建设监督员工作，意义重大，责任重大。相信在大家的积极工作和共同努力下，监督员工作一定能够有益地促进学校党风廉政建设，为学校教育事业的发展提供坚实的纪律监督和保证。

谢谢！

第二十九回　十堰丹江

——出席"中国·丹江口水都论坛"考察报告

（2015 年 12 月 15 日）

在南水北调中线一期工程顺利运行一周年之际，"南水北调水源地绿色发展——中国·丹江口水都论坛"12 月 12 日至 13 日在湖北省十堰市丹江口举行，来自中国科学院、中国工程院的院士、专家学者共计百余人参加论坛。我作为全国水利类院校唯一获邀代表参加论坛活动；和与会专家深入到丹江口水库大坝、丹江口库区、农夫山泉丹江口生产基地、南水北调工程展览馆考察学习；会后还趁机到华中农业大学、中国地质大学、武汉音乐学院、湖北汽车工业学院、湖北医药学院、荆楚理工学院、长江大学、湖北科技学院等八所高校进行了学习交流，收获很大。

一、目睹了世界上最宏大的引水工程

长江是世界第三、亚洲第一长河，长江干流长 6397 公里、流域面积 180 万平方公里，长江拥有 9600 亿立方米的水资源；在汉江支流中上游闪耀着一个水利史上的传奇名字——丹江口水库。作为南水北调中线工程核心水源区和丹江口水库大坝加高工程所在地，湖北省十堰市为工程建设付出了重大牺牲；为了南水北调中线工程正式通水进京，沿线 7 个省市特别是湖北、河南两省作出了巨大贡献。

（一）一代伟人的伟大构想变成现实

"南方水多，北方水少，如有可能，借点水来也是可以的。"1952 年 10 月 30 日毛泽东主席以一个战略家的眼光，用如椽巨笔勾勒出"南水北调"宏伟蓝图。1958 年 9 月 1 日丹江口水利枢纽工程开工，湖北、河南两省所属的襄阳、荆州、南阳 3 个地区 17 个县的 10 余万民工挑着干粮，带着简陋的工具，汇集到丹江口工地，用扁担、筐子、小木船，运载着黏土、砂石，历时十年把汉江截流。1968 年，丹江口水库大坝第一台 15 万千瓦机组投产发电。1974 年，丹江口水利枢纽初期工程全部完成。此时的丹江口大坝总长 2.5 公里，坝顶高程 162 米，装机容量 90 万千瓦。水库蓄水运行 30 多年，经历过几次大洪水考验，大坝安如磐石。大坝加高工程于 2005 年 9 月开工，历经 8 年的建设，丹江口大坝"长"高了近 15 米，从 162 米加高至 176.6 米；水库正常蓄水位由 157 米提高到 170 米，库容达到 290.5 亿立方米，成为迄今世界水利史上最宏大的跨流域引水工程。让十堰人自豪的是，该市境内河流来水占丹江口水库总来水量的 90%，丹江口水库库岸线长 4000 多公里，十堰占到 70%。丹江口大坝附近水质透明，水面宽阔，风平浪静，使水库具有防洪、发电、灌溉、航运、养殖、旅游等综合效益。最为显著的是防洪效益，自水库建成几十年来，共拦蓄、削滞汉江上游发生的上万立方米每秒的洪水 59 次。解除和缓解了湖北武汉、襄阳等 23 个县市 1 亿多人口及 1860 多万亩耕地的洪水威胁，其抵御洪水的能力达到了百年一遇的标准。

（二）一座跨世纪移民的历史丰碑

南水北调丹江口水库移民，是我国水利建设史上继三峡工程之后最大的移民迁安工程。上世纪五十年代动工兴建丹江口水库初期工程时，迁移人口 38.2 万人，其中相当一部分移民是后靠安置。2003 年启动丹江口水库大坝加高增加移民 22.4 万，其中很多人是丹江口水库移民的二次、三次移民。2009 年启动的丹江口移民完成安置 18.2 万人，迁到武汉、荆州、黄冈等地开始全新的生活。丹江口市古称均州，老均州城的位置就在原来的均县镇。1958 年，随着丹江口大坝动工修建，2000 多岁的老均州城沉入万顷碧波，均县镇迁至水畔的老集镇。2011 年，由于大坝加高、水位上涨，均县镇再次迁移，搬到 10 公里外建起了新集镇，成为全湖北南水北调工程中唯一一个整体迁建的镇子。在共和国的历史上，一座城镇因兴修水利两次整体搬迁，还绝无仅有。南水北调，使得古城已从水下或岸上的物质外壳，升华为一种气干云天的精神象征：奉献、付出、不计得失。正如著名作家梅洁女士向十堰赠送的丛书"南水北调三部曲"（即《山苍苍，水茫茫》《大江北去》和《汉水大移民》）。它展现的温柔情感，它注解的移民品格，它见证的历史变迁，它接续的文化承传，必将随着南水北调这项世纪工程的雄起，巍巍然于河海天地间。

（三）一条南水北调的千里干渠

总干渠全长 1241.2 公里。总干渠自河南省南阳市淅川县陶岔渠首引水，沿已建成的 8 公里渠道延伸，在伏牛山南麓山前岗垄与平原相间的地带，向东北行进，经南阳过白河后跨江淮分水岭方城垭口入淮河流域。经宝丰、禹州、新郑西，在郑州西北孤柏咀处穿越黄河。然后沿太行山东麓山前平原，京港高铁、京广铁路西侧北上，至唐县进入低山丘陵区，过北拒马河进入北京境，过永定河后进入北京区，终点是玉渊潭。天津干渠自河北徐水县西黑山村北总干渠上分水向东至天津西河闸，全长 142 公里。总干渠渠首设计水位 147.2 米，终点 49.5 米，全线自流，主要控制点水位、流量为：控制点或渠段设计流量（立方米/秒）设计水位（黄海标高）（米）渠首～方城 630（加大 800）147.2～137.8 过黄河 500 119.5～106.0 进河北 415 91.3 进北京 70 61.1 进玉渊潭 40 49.5 天津干渠 70 64.9～2.7 黄河以南渠道纵坡 1/25000；黄河以北 1/30000～1/15000。渠道全线按不同土质，分别采用混凝土，水泥土，喷浆抹面等方式全断面衬砌，防渗减糙。渠道设计水深随设计流量由南向北递减，由渠首 9.5 米到北京 3.5 米，底宽由 5.6 米～7 米。

在历经 50 多年的论证、规划，耗时 11 年建设的南水北调中线一期工程，于 2014 年 12 月 12 日 14 时 32 分开始正式通水。经过一年的平稳运行后，丹江口水库已累计往京津冀豫等北方城市供水超过 21.7 亿立方米，受益人口达到 3800 多万人。丹江口市按照建设"中国水都"的战略构想，在确保国家水资源安全的同时，水源地经济、社会、生态持续发展。十堰市生态文明建设在省内居于先进水平。人均 GDP 达到 3.92 万元左右，服务业增加值占地区生产总值比重达到 37%；单位 GDP 能耗比 2010 年下降 16%，主要污染物排放量比 2010 年下降 7.3%；空气质量指数（AQI）达到优良天数占比 85%，水功能区水质达标率达到 92%，城镇污水集中处理率和垃圾无害化处理率分别达到 90％和 97％；森林覆盖率达到 68％，森林蓄积量达到 8612 万立方米，水源区水土保持治理和植被覆盖率生态指标得到进一步改善；公共交通出行比例达到 37％，资源节约和生态环保投入占财政支出比例达到 3.5％。实现了"南北两利、南北双赢"。

二、见证了山水林田湖生命共同体典范

南水北调中线工程使所在地山川丘陵、河流湖泊、城镇村落原有格局发生了重大的变化，如何按照美丽中国和生态文明建设的要求重整山河、传承历史，是摆在当代人面前的重大课题。沿线湖北、河南等省市按照习近平总书记关于"山水林田湖生命共同体"的科学论断，高标准、高水平、高速度推进以山、水、林、田、湖为主要内容的规划布局建设，形成许多可供借鉴的经验。湖北省十堰市提出的"外修生态、内修人文"，科学回答了十堰转型跨越发展的目标取向、运作方针、根本方法和有效路径。"外修生态"，就是尊重自然、顺应自然、保护自然，实现人与自然和谐发展。"内修人文"，就是弘扬世界先进文化、中华优秀文化和地方特色文化。"外修生态、内修人文"战略思想具有首创性、高瞻性、统领性和操作性，是山水林田湖生命共同体理论与十堰具体实践相结合的产物，闪耀着马克思主义哲学的光辉，凝聚着广大干部群众的实践智慧。

山。自南水北调中线工程开工建设以来，湖北省十堰市先后投资 100 多亿元对污染企业实行关、停、并、转，坚持多措并举把 2400 多万亩青山变成涵养水源的绿色宝库。到目前，十堰市累计完成荒山造林 600 余万亩、退耕还林 100 余万亩、天然林保护 1000 余万亩；公路绿化达标里程达 5000 多公里；城区新建公共绿地 487 公顷；全市森林覆盖率达到 53％，远远高于全国、全省平均水平。十堰先后获得"全国绿化十佳城市""国家园林城市""国家卫生城市""国家生态功能示范区""全国生态文明先行示范区""联合国环境署中国区环境规划优秀示范城市"等荣誉。建成一条长达 429 公里的环丹江口库区、跨越丹江口市、郧县、郧

西、武当山特区四地的"十堰秦巴山库区生态环保路"。这条路，带来的不仅是交通条件的改善，更是产品、资源优势转化为经济优势的致富路，是带动结构调整、转型发展的环保特色路，它的建成通车成为十堰经济社会发展的新亮点。

水。确保丹江一泓清水永续北送，这既是京津冀乃至全国人民的共同期盼，又是南水北调核心水源区十堰人民庄严的政治承诺。国家发改委编制《丹江口库区及上游地区对口协作规划》，包括水源区和受水区建立长期合作模式、跨区域生态补偿机制等内容，确保丹江口水库水质常年保持在Ⅱ类饮用水标准，可以直接鞠一捧饮用！湖北省委省政府在十堰召开现场办公会，研究部署生态环保、水质保护等工作，支持丹江口库区转型发展，确保一库清水永续北送。十堰市首先以评估促发展，保持优势，弥补不足，确保丹江口水库水质；其次做好顶层设计，明确发展思路，科学制定生态建设规划，一张蓝图走到底。在水源地安全保障区，重点开展神定河、泗河等重污染河流污染治理，建设生态清洁型小流域，进一步降低入库污染负荷；在水质影响控制区，重点开展面源污染防治、尾矿库等风险防控及小流域综合治理；在水源涵养生态建设区，重点开展水土保持和生态修复。根据《丹江口库区及其上游水污染防治和水土保持规划》，计划投资10大类共283个项目，重在对水污染治理和水土保持项目的建设。特别是生态技术的应用，在堤防工程建设中发挥着非常重要的作用，对于河道系统的生态平衡恢复起到了关键作用，使水利工程做到生态化，工程与自然融为一体，保护好丹江水质起到了重要作用。

林。河南省南阳市提出把南水北调生态林业建设工程作为全市生态文明建设的重点工程，把丹江口水库水源地和南水北调干渠沿线作为生态建设主战场，最大限度增加森林植被、提高水源地及干渠沿线生态承载能力，全力构筑绿色生态屏障。采用常绿与落叶相结合、乔灌与地被植物相搭配，以游园标准在185.5公里长的干渠两侧营造各100米宽的生态林带，打造集景观效益、生态经济效益和社会效益于一体的生态廊道；采取植树造林、封山育林、森林抚育改造等措施，建设生态防护隔离林带，做好保护水库水质的过滤器和净化器；加强水源地困难区域宜林地造林，采用人工造林、封山育林等方式，努力增加森林面积，提高水源涵养能力；加强中幼林抚育和低质低效林改造，提高森林生产力，维护生物多样性，增强生态防护功能。创造了领导重视程度最高、投资规模最大、设计起点最高、建设标准最高、绿化速度最快、群众参与人数最多、绿化效果最好等 7 个林业生态建设之最，努力构筑点（渠首）、线（干渠）、面（水库）立体布局的高效生态经济示范区林业体系，把南水北调中线干渠廊道建设成生命之渠、生态之渠、文化之渠，建成南阳大地上一道靓丽的风景线。

田。2012 年 8 月，湖北省委省政府启动了鄂北水资源配置工程，规划利用以丹江口水库湖北用水份额润泽鄂北旱区，列为省水利"一号工程"。鄂北是湖北省有名的干旱地区。受地理位置和地形影响，该区域降水量偏低，不仅雨水少而且蓄水能力差，地下水贫乏。鄂北地区从 1949 年到 2009 年的 60 年间，平均两至四年发生一次干旱，2009 年至 2013 年发生了历史罕见的"五连旱"。为南水北调中线工程而加高的丹江口大坝，抬高了取水口水位，这让丹江口水库的水通过水渠全程自流到鄂北地区成为可能。在解决北方缺水问题的同时，也为鄂北岗地拔掉"旱根子"带来了千载难逢的机遇。该工程项目的输水线路总长近 270 公里，全线自流引水，规划年引水量 14 亿立方米，利用受水区 36 座水库进行联合调度，设 24 处分水口，惠及 482 万人口，保证了 469 万亩耕地的农业和生活用水，使昔日"水贵如油"的鄂西北"三北"和豫西南南阳盆地（南襄盆地）都变成了远近闻名的商品粮基地。

湖。丹江口水库是面积达 1050km² 的亚洲第一大人工淡水湖，素有"亚洲天池"之称。库区淹没范围涉及湖北省丹江口市、郧县、张湾区、郧西县和河南省淅川县。水库水面最宽处在被淹没的李官桥镇一带，东西宽为 20 多千米；最窄处在关防滩一带，两岸夹峙不足 300 米；库区水位最深处在湖北省丹江口市与河南省南阳市淅川县之间台子下的省界江心，深达 80 余米。南水北调近期从汉江中上游的丹江口水库引水 95 亿立方米，远景引水 130 亿立方米。为减缓中线正式调水后对汉江的影响，南水北调建设同时规划了引江济汉工程，主要是引长江水补充汉江因调水而减少的水量，规划年均输水 37 亿立方米，其中补汉江水量 31 亿立方米，补东荆河水量 6 亿立方米。同时在水源区建立长效的"生态补偿"机制，进一步保证有水可调，水质优良，安全调水。

地理学告诉我们，地球上的山水林田湖为人类和各种生物生存提供了空间。这种生存空间是自然的、系统的、有限的、动态的。"生态"是指地球上山水林田湖中一切生物的生活状态，是人类赖以生存和发展的基础。生态经济学理论认为，人与自然和谐，生态系统良性循环，人类发展才能获得永续的发展空间。在过去相当长的时期内，以物质财富的增长为动力的传统发展模式，在一定程度上破坏了人类赖以生存的环境基础。世界工业文明在取得辉煌成就的同时，也因人类征服自然而引发了全球性的生态危机。地球上的山水林田湖再也没有能力支持工业文明的继续发展，需要开创一个新的文明形态来延续人类的生存，这就是"山水林田湖生命共同体"。当今，建立"山水林田湖生命共同体"已成为南水北调工程追寻的目标，十堰核心水源区已进入建设"山水林田湖生命共同体"的新时代，找到了一条人与自然和谐发展、生态与经济"双赢"的道路。其核心要义，就是以人与自然和谐相处为准绳，大力建设以资源环境承载力为基础、以自然规律为准则、以可持续发展为目标的资源节约型、环境友好型社会。

三、学习了高校围绕南水北调谱写的新篇章

我国南水北调工程纵贯长江、淮河、黄河、海河四大流域带，渠线长，包含项目多（由 150 多个设计单元工程、2700 多个单位工程组成），涉及面广，是一个巨大而又复杂的系统水利工程。既需要包括水利工程学科在内的众多学科领域的科技支撑，也需要大量的科技和管理人才，有的延伸至对文化等方面的探讨。特别是南水北调工程建设还需要填补国家和行业技术标准的诸多空白，需要许多高校科研单位自主创新，为水利特色大学提供了广阔的发展舞台，奠定了我国把水利建设成为世界一流学科和一流大学的重要基础。

（一）水利科技创新规模与难度国内外均无先例

南水北调工程建设在勘察、设计、施工、建设、运行等环节需通过科学研究解决的技术难题，譬如丹江口大坝加高工程中新老混凝土结合，复杂地质条件下穿黄隧道工程的关键技术，超大口径 PCCP 管道结构安全与质量控制、大型灯泡贯流泵关键技术与泵站联合调度优化，膨胀土地段渠道破坏机理及处理技术，大流量预应力渡槽设计和施工技术，中线工程输水能力与冰害防治技术等等，都需要国内外众多高校强大的科研技术力量努力攻关，填补国家和行业技术标准的诸多空白。正如我2013 年考察的武汉大学，是一所综合性重点大学，在水利工程、资源环境、测绘遥感、计算机与自动控制以及经济管理等学科领域具有鲜明的特色和优势，尤其在渡槽、涵洞等大型渠道建筑物、渠系运行调度及自动化管理等工程技术方面具有厚实的研究积累，为南水北调工程的建设和管理作出了贡献。这次考察的华中农业大学等八所高校，也分别发挥各自的特色优势提供了许多科技支撑。比如，为解决中线水源地黄姜生产造成的水资源污染问题，华中农业大学等院校，从几个不同的技术路线出发，进行黄姜生产工艺研究，解决黄姜生产中污染的问题，现在已经取得成熟科技成果。考察表明，通过南水北调工程，水利技术装备应用水平和综合效益也得到了提高。"通过对荷兰、日本等国泵站技术的引进、吸收、再创新，新建的泵站有效解决水往高处流的问题，其技术已经达到了国际一流水平。"南水北调办公室的同志说，泵站的制作、运行及安装技术已经向外输出。还有大型灯泡贯流泵、大型渠道施工成套设备新技术等科技攻关项目借鉴国外先进技术同时，开展国际国内协作生产，采用消化、吸收、自主创新研制的方式，开发适合我国国情的设备及施工成套技术。通过科技推广以及科技成果的产业化不断提升技术创新能力，走出了一条引进——吸收——再创新的路子，成功研制了性能更好、更易操作、质优价廉、具有自主知识产权的成型设备，填补了我国在该领域的空白。这些设备除成功运用到南水北调东线、中线工程及其他水利水电工程，还出口到巴基斯坦、委内瑞拉等国家，经济效益十分显著。

（二）众多高校与南水北调展开全面合作

为充分发挥高校的人才与学科优势，顺利完成南水北调工程的建设任务，同时为今后南水北调工程的运行管理做好科技和人才储备工作，武汉大学等许多高校都与国务院南水北调工程建设委员会办公室协商决定，双方建立全面、长期、稳定的战略合作关系，国务院南水北调工程建设委员会办公室优先聘请高校有关专家参与南水北调工程建设的技术咨询和技术服务工作；高校聘请国务院南水北调工程建设委员会办公室及其附属单位有关技术管理专家担任兼职教授，不定期到高校讲课。双方建立固定的联系管道，及时通报科技信息，共同策划组织有关南水北调工程建设与管理中关键技术问题的科研项目；高校积极向国务院南水北调工程建设委员会办公室通报有关科技成果，国务院南水北调工程建设委员会办公室向高校提供有关南水北调工程科技需求信息，在公平竞争的原则下，优先邀请或委托高校承担有关的科技攻关或研究开发工作。由南水北调中线干线工程建设管理局、武汉大学等单位完成的大流量预应力渡槽设计和施工技术研究，系统地解决了南水北调中线大流量渡槽设计施工中的关键技术问题，已全面应用于南水北调中线工程湍河、沙河及洺河等十九座大流量梁式渡槽工程设计，架槽机及造槽机已成功应用于湍河、沙河及双洎河渡槽的施工。南水北调中线工程已全线通水，渡槽工作状态良好，达到设计要求，取得了显著的社会及经济效益，成果整体达到国际领先水平。特别值得一提的是，工程建立了先进的科技交流和成果共享机制。科技成果作为一种公共资源，由成果形成的单位和有关试用单位共享，广泛应用到工程当中去，保证了成果的高效性，还为高校提供现场实习教学基地。高校积极推荐优秀毕业生到国务院南水北调工程建设委员会办公室及其所属单位就业；优先为国务院南水北调工程建设委员会办公室及其所属单位在职人员攻读硕士、博士学位、MBA、EMBA、MPA以及各种形式的非学历教育和培训提供支持。

（三）南水北调在高校大学生心中树立丰碑

在湖北高校考察中，几乎所有接受采访的大学生都表示听说过或者了解南水北调工程。中国地质大学（武汉）的学生张某说："我了解它

（南水北调）的路线和意义，是一项大型惠民工程。"现在就读于武汉音乐学院一位学生，在听到"南水北调"一词时，很是好奇，在得到解释后，则惊叹南水北调路线之长与科技的先进；从网络、报纸、广播上了解了一些南水北调相关新闻，听说保护了很多文物，很想有机会去看看，毕竟和自己专业有关。就读于长江大学的某学生："看过很多网上关于南水北调的资料，感觉工程能有效地缓解了南涝北旱的问题；但对南方地区发展是否有负面影响呢？南方枯水期时人口密集的地区用水也有困难，对我们南方的水会不会有影响？南方水价会不会上涨？"目前就读于荆楚理工学院某学生说"南水北调的水源属于长江水系，相信水质绝对没有问题，近期，看了很多关于南水北调工程中水质保护的新闻报道，对水质保护充满信心，对南水北调工程原理很有兴趣。""应该好好保护水质，尤其是水源地的生态保护，我们要按照十八届四中全会中的'依法治国'和五中全会的'十三五'规划纲要精神，把保护水质上升到法律的高度。"湖北科技大学学生李某坚定地说。考察湖北八所高校的部分大学生，像南水北调这样浩大的工程，到底需要多少工程师、机械师、管道工、电焊工、卡车司机、农民工……他们不得而知，但穿行在中国的那条美丽的玉带他们会记住，是一代代从事水利科技教育的人、埋头苦干的人、拼命硬干的人以一个群体的形象照亮"正史"，站立成一排排"中国的脊梁"！特别是地处十堰市内的高校紧密结合丹江口开展南水北调教书育人。湖北医药学院"汉水丹心"暑期社会实践队深入到宜城市邓林农场和荆门市屈家岭管理区，对南水北调丹江口库区移民进行了心理健康状况的调研。湖北汽车工业学院思源·绿之行暑期社会实践团队，进行关于水资源环保利用的相关知识，并进行水资源保护方面问卷调查，同时也通过采访了解南水北调工程给人民生活带来的改变，用自己的行动来号召更多的人参与到节水、保水的行动中，践行"守一江清水润京津，共享绿色新能量"的护水理念。除了通过对学生的考察了解外，还通过八所高校内文字、图片、视频等形式，通过报纸、电视、微博、微信、客户端等媒介，揭秘了南水北调中线工程许多核心技术难题、沿线生态、人文、经济现状，乃至全方位了解这项国家战略工程的台前幕后故事。

第三十回　新建联盟

——在全国部分理工类地方本科院校第十次研讨会上致辞
（2015 年 12 月 17 日）

尊敬各位领导，各位来宾，联盟高校的朋友们：

大家上午好！

在全党掀起学习贯彻十八届五中全会精神高潮之际，全国部分理工类地方本科院校第十次研讨会在我校隆重召开，我谨代表本次会议的承办单位——南昌工程学院，对大会的召开表示热烈的祝贺！向各位远道而来的领导和嘉宾表示诚挚的欢迎！向多年来关心、支持和帮助南昌工程学院发展的各级领导和各兄弟院校表示衷心的感谢！

南昌工程学院前身是创建于 1958 年的江西水利电力学院，曾为国家水利部三所直属院校之一，现为水利部与江西省人民政府共建院校。学校现有教职工 1300 余人，其中专任教师 977 人，三分之一以上有高级职称，三分之一有博士学历；在校生规模 2 万人，其中研究生 200 余人、本专科生 18000 多人，士官生 500 余人；设有 15 个教学院（部），开设本科专业 48 个，其中有 1 个国家级特色专业（水利水电工程）和 7 个省级特色专业，7 个"卓越工程师教育培养计划"专业。现有省"十二五"重点学科 6 个，拥有国家级大学科技园 1 个，省级协同创新中心、省级重点实验室等省级科研平台 7 个，每年约有 20 项国家基金项目立项，年均纵向科研经费 2000 万元。建校 57 年来，学校始终坚持面向地方和水利行业，大力培养高素质应用型人才，先后输送各类人才 5 万余人，特别是恢复本科教学十余年来，坚持"围绕水科学，打造应用型"的办学理念，坚持理论基础实、实践能力强、综合素质高的应用型高级专门人才培养定位，提出"2＋N＋1"的应用型人才培养模式，并在应用型人才培养改革、教学内涵建设、质量保障体系和产学研合作等方面积极探索，人才培养成效明显，毕业生就业率稳定在江西省前列，毕业生受到用人单位广泛好评，学生在全国"挑战杯"等科技技能竞赛中屡获佳绩，在刚刚结束的第十四届"挑战杯"中，我校选送的《基于无人机的裂缝险情检测系统》再次夺得全国自然科学类一等奖的好成绩。当前，全校上下正在为早日将南昌工程学院建设成为水利特色鲜明，省内有优势、国内有影响的高水平应用型工程大学而不懈奋斗。

江西是我国高等教育比较落后的省份之一，不仅建设高水平大学和一流学科非常迫切，而且办好应用型和新建本科院校也异常紧迫，面对高等教育发展的新形势、新任务，应用型本科院校在办学基础、办学定位、转型发展、学科专业、师资力量、支持条件等方面都面临着共性的问题，亟须通过特定的平台来进行研究和探讨。我们非常荣幸能够加入全国部分理工类地方本科院校联盟，对于学校改革发展和应用型人才培养，可以说是"如鱼得水""蛟龙入海"。全国部分理工类地方本科院校联盟研讨会为各地新建理工类本科院校合作搭建了重要平台，为各高校间优势互补、资源共享、共推改革、共谋发展构建了长效合作机制。半年一次的联盟研讨会，不仅有效推进了理工类地方本科院校之间的交流与合作，而且有力促进了全国地方应用型本科院校的协同发展与机制创新。

新建本科院校携手共进，高扬发展风帆破浪前行！作为大会承办单位，我们十分珍惜这个难得的学习交流机会，真诚希望各兄弟院校留下宝贵经验和做法，进一步推动新建地方本科院改革发展的全面探索与实践，促进新建本科院校的教育教学和应用型本科人才培养水平的提高，加强区域高等教育的联动发展。我们相信，有国家教育部和省市主管部门的关心支持，有我们不断创新创业的责任和激情，有我们的团结协作，全国新建理工类地方本科院校一定会迎来更加美好的明天！

最后，预祝本次研讨会圆满成功！祝各位领导嘉宾在南工度过愉快的时光！

谢谢大家！

第三十一回　廉洁永华
——在第三次党风廉政建设理论研讨会上的讲话
（2015 年 12 月 25 日）

同志们：

　　基层党风廉政建设是我国党风廉政建设的重要组成部分，是提升党在人民群众中形象的重要基石。高校既是中国共产党组织的基层单位，也是知识理论创新的重要高地；不仅要求"不出问题"在社会上树好廉洁形象，而且要能"出新理论"为全党廉政建设服务。高校纪检监察工作还要站在"四个全面"战略布局高度、不断适应大学"两个一流"建设的新要求，思考和探索党风廉政建设的新特点和新规律。今天，我校在这里举行第三次党风廉政建设理论研讨会，既是深入推进学校廉政文化建设、丰富党风廉政建设理论的重要活动，也是学校加强纪律建设、全面从严治党的重要举措。

　　刚才，对获奖的同志进行了表彰奖励，与会的同志们也共同研讨交流了部分获奖文章及如何把纪律和规矩挺在前面的观点。在会前，我还看了校纪委编辑的《把纪律和规矩挺在前面》（南昌工程学院第三次党风廉政建设理论研讨会论文汇编）论文集。这些论文质量较高，很多同志的文章既有对理论的思考，又有对实践的总结，有一定的深度和广度，对推动纪律建设的实践有借鉴和指导意义；有的论文还从多角度、跨学科对党风廉政建设和反腐败工作进行研究，提出很多有价值的观点和对策建议，是近年来我校党风廉政建设和反腐败工作理论研究成果的集中反映。今天出席研讨会的同志，既有长期战斗在一线岗位、具有丰富实践经验的纪检监察工作者，也有从事多年党风廉政建设和反腐败研究工作的专家学者，大家一起研讨和交流在经济新常态下如何开展全面从严治党，在新形势下如何开展党风廉政建设和反腐败工作等问题，相信一定能取得新成果。特别是省纪委第七纪检监察室刘永华主任还做了重要讲话。希望大家认真贯彻刘主任的讲话精神，以扎实的举措和务实的行动落实"把纪律和规矩挺在前面"的要求，为学校的事业发展提供坚强的纪律保证。

研讨会的时间虽短，但议程紧凑、内容丰富、气氛活跃，呈现了这样几个特点：一是组织精密。学校纪委对这次活动高度重视，不仅进行了广泛的动员和深入的推动，而且对报送的文章进行了认真的评选和甄别。学校各级党组织也非常重视，进行了专门布置，有的单位负责人还带头撰写论文。二是主题突出。研讨活动将"落实把纪律和规矩挺在前面的要求，加强纪律建设"作为主题，抓住了当前推进党风廉政建设的关键所在，同志们也围绕着这一主题，积极撰写文章和开展研讨。三是作用重大。这次研讨会必将有力推动我校各级党组织及纪检监察工作者适应新形势、新发展、新要求，坚守责任担当、强化监督执纪、创新方式方法，在推进学校治理体系和治理能力现代化中发挥积极作用。会议开得很成功，我代表学校党委对研讨会的召开和获奖的同志表示热烈的祝贺！对省纪委第七纪检监察室刘永华主任等领导亲临会议指导表示衷心的感谢！下面，我就如何加强学校党风廉政建设研究谈几点意见。

首先，要提高党风廉政建设理论研究认识。我们党始终高度重视理论建设，充分发挥理论对事业的强有力指导作用。党风廉政建设理论研究，是为党风廉政建设提供理论指导的重要基础性工作。各级党组织要进一步提高思想认识，将党风廉政建设理论研究摆在重要位置，不断深化对新形势下理论工作特点和规律的认识，扎实开展党风廉政建设理论研究工作。党员领导干部要以身作则带头开展研究，在全校形成深入实际调查、注重理论研究、理论联系实际的浓郁氛围，以理论研究不断推动反腐倡廉工作水平的提高。理论的价值在于应用。党风廉政建设理论研究要坚持和弘扬理论联系实际的学风，紧紧围绕中央和省委关于党风廉政建设和反腐败斗争的重点工作，围绕学校教育事业发展的中心，着眼于马克思主义理论的运用和对实际问题的理论思考，抓住大家普遍关注的问题，进行深入研究和分析。

第二，要夯实党风廉政建设理论研究基础。党的十八大以来，以习近平同志为总书记的党中央对加强党风廉政建设和反腐败工作提出了一系列的新论述和新思想，摘自习近平同志 2012 年 11 月 15 日至 2014 年 10 月 23 日期间的讲话、文章、批示等 40 多篇重要文献组成的《习近平关于党风廉政建设和反腐败斗争论述摘编》，是进一步深化党风廉政建设和反腐败斗争的理论武器，深入而系统地学习这些新论述，增强政治敏锐性，是做好党风廉政建设理论研究的基础性工作。在吃透上情的同时，我们还要努力摸清下情，深入到廉能建设、风险防控和纪律监督的基层一线，多渠道、多形式的了解真实情况，掌握一手材料，从实践中汲取动力，为理论研究提供事实依据。要进一步完善党风廉政建设理论研究工作机制，建立健全目标管理考评制度、优秀论文评选表彰制度、优秀成果推荐和应用制度、研究成果归档制度等等。要充分依托学校人文社科专业力量和优势，积极吸收一批既具有一定理论水平、又热心党风廉政建设研究工作的同志致力于党风廉政建设理论研究工作，培养和形成一支"专职与兼职纪检干部相结合、专业研究人员与实践工作者相结合"的坚持正确方向、理论功底扎实、善于联系实际的党风廉政建设理论研究队伍。加强研究团队建设，促进联手协作，形成研究合力，推动党风廉政建设理论研究上台阶上水平。

第三，要创新党风廉政建设理论研究理念。创新是理论研究的灵魂和不竭动力，理论研究只有不断创新，才能不断有所突破和有所发展，也才能更好地适应形势发展的要求。因此，学校党风廉政建设理论研究要密切关注中国特色社会主义事业的新发展和反腐倡廉形势的新变化，深入研究党风廉政建设的新情况和新问题，不断开拓新的研究视野，探索新的研究思路，创建新的研究机制，使党风廉政建设理论研究更好地体现时代性、把握规律性和富于创造性。全校广大纪检监察干部，要用五中全会提出的"创新、协调、绿色、开放、共享"发展理念指导纪检监察理论创新和工作实践，推动党风廉政建设和反腐败工作全面发展，为落实"十三五"规划提供纪律和作风保证。要紧密联系自身实际，带头把纪律和规矩挺在前面，严格内部监督执纪，扎实开展"三严三实"专题教育，坚持高标准，守住纪律底线，做到打铁自身硬、正人先正己。要以"忠诚、干净、担当"为准绳，以更高的标准、更严的要求，加大对纪检监察干部的教育、管理和监督力度，不断提高运用法治思维、法治方式解决问题的能力，着力提高管理规范化、能力专业化水平，坚决防止"灯下黑"问题，为巩固和发展党风廉政建设和反腐败工作新常态提供坚强的保障。

第四，要形成党风廉政建设理论研究文化。当前，高校在廉政文化建设方面已做了不少工作，并取得了一定成效。但尽管千教育万教育，有些人还是抵御不住金钱的诱惑。一位犯了错误的高校领导在自省中说："学校确实开展了各种反腐倡廉教育，但我的躯壳在现场，却没有入耳，更谈不上入心。"当思想道德的约束抵御不了金钱物质的诱惑时，教育的效果就要大打折扣。这反映了当前部分高校反腐倡廉教育注重实效不够的问题。要有效解决部分人心理失衡、道德失序、行为失范、价值失向等问题，必须进一步转变反腐倡廉教育观念，必须继续在中国文化的土壤中吸取新的营养、寻找新的力量、拓展新的途径、创造新的载体，增强教育的亲和力、感染力和实效性，让广大党员干部、师生员工最大限度地接受教育，筑牢防腐拒变的思想道德防线。否则，贪如火，不遏则燎原；欲如水，不遏则滔天。要按照党风廉政建设的新要求，做到党风廉政建设实践推进到哪里，党风廉政文化建设就延伸到哪里，自觉为反腐倡廉工作服务。我校是一个水利特色鲜明的工程应用型高校，水既是传统形成的办学优势，也是文化建设的重要载体，学校在办学过程中注重凸显水的特色，做足做好水文章，形成了以水文化为核心的具有鲜明特色的校园文化。比如从自然角度看水的特点：一是不仅自己运动，还推动其他物一起运动。二是经常地不停地寻求自己的路。三是遇障碍则气势更大。四是不仅洗净自己，还洗刷其他各种污浊。如果把这些特点和廉政文化研究结合起来，可以发现我们优秀的纪检监察干部就有这些特点。可见水同样包含丰富的廉洁意象和内涵，学校党风廉政建设理论研究要充分挖掘水文化深刻内涵，诠释水的智慧、褒扬水的美德、弘扬水的精神，形成既具有普遍性特征又具有独特水特色的廉政文化研究创新体系。

第五，要聚焦党风廉政建设理论研究重点。术业有专攻。满把抓豆子，抓的多漏得多。转职能、转方式、转作风，是纪检监察工作的自我革命，关系到纪检监察工作的运行模式，只有"艰难转身"才能"华丽转型"。纪检监察工作"三转"的核心要义是聚焦中心任务，突出主业主责，强化监督执纪问责。适应党风廉政建设和反腐败斗争新常态，纪检监察工作大有可为，也必须有所作为。在工作理念上，要强化责任意识，积极协助党委加强对政治纪律、政治规矩、组织纪律等方面的监督检查，以严格的执纪监督问责，服务保障党委中心工作，推进科学发展大局。廉政建设是一个永恒主题，需要常抓不懈、标本兼治；根本在于制度建设。通过制度，以解决人民群众反映强烈的突出问题，增强反腐倡廉的决心和信心；通过自查，引导党员干部把学廉与思廉、践廉结合起来，常修为政之德、常怀律己之心、常思贪欲之害、常弃非分之想，由"不能腐败""不敢腐败"向"不愿腐败"转变。对党员领导干部，要突出官德教育，以制度促廉，重视人格锤炼，引导他们自重、自律、自警、自省，党支部要肩负起在完成各项工作中的监督作用，坚持在制度面前人人平等，严格要求，严明奖惩。监督领导班子和党员领导干部在制度框架内履职尽责，监督一般党员干部按照党章要求对照自己，行使权利和义务，进一步改进机关作风，提高效能建设，为党建工作迈上新的台阶提供坚实的保证。

同志们，党风廉政建设理论研究的意义重大，作用巨大。高等院校作为我省哲学社会科学研究的重要阵地，关注实践挑战，关注理论前沿，出思想出对策，发出智库之声，是本职工作。希望同志们进一步加强党风廉政建设理论的学习、研究、创新和宣传，为推进学校党风廉政建设和学科建设提供有力的智力支持和学理支撑。

谢谢！

第三十二回　严解实剖

——关于南昌工程学院领导班子不严不实问题表现的报告

（2015 年 12 月 27 日）

根据中共江西省纪委机关、中共江西省委组织部《关于开好"三严三实"专题民主生活会的通知》（赣组字［2015］104 号）的精神和省委办公厅《关于在全省县处级以上领导干部中开展"三严三实"专题教育实施方案》（赣办发〔2015〕13 号）的要求，南昌工程学院领导班子认真查找不严不实问题，多次在党委会、党委中心组学习会议上讨论，并召开学院层面座谈会、相关部门、单位座谈会、基层党组织座谈会、离退休人员座谈会、"两代表一委员"和党外人士征求意见座谈会，在全校范围内征求各个层面对学院领导班子不严不实问题表现的意见，集中点明"不严"的表现是"教育者不受教育、担责者不负责任、奉献者不愿奉献"，"不实"的表现是"作风不实、为人不实、学问不实"。具体表现如下：

1. 修身不严问题的具体表现。有的理论学习不够深入，理论水平有待提高，学习缺少系统性计划，只是利用例会的时间进行理论学习，学习的主动性和学习效果不理想，对学习内容理解不深；有的先锋模范作用发挥不充分，存在工作态度不认真、精神状态不佳等现象；有的信仰迷失，精神缺"钙"，认为共产主义理想太遥远，过好自己的日子才最现实，精于自我设计；有的情趣低俗、学风不浓、玩风太盛，贪图物质享受，热衷于吃喝玩乐；有的失德失范现象严重，台上和台下各一套，说与做各一套；有的政治上不够坚强，把自己混同于普通老百姓，在党不言党、在党不爱党、在党不为党，有的对贯彻中央、省委大政方针不以为然、不当回事，直接表现就是蜻蜓点水、不抓落实；有的对意识形态苗头性倾向性问题不敏感，缺乏政治洞察力，对错误言论不敢管、不愿管、不会管；有的对社会上散布的负面言论不批驳、不制止、不纠正，甚至还随声附和、随波逐流；有的不琢磨事、光琢磨人，对提拔的干部不看他工作怎么样，总是研究他走了什么旁门左道。

2. 用权不严问题的具体表现。有的摆不正位置，搞不清身份，对各方面服务不积极、不主动、不自觉、不到位；从服务基层和群众来看，有的门好进了、脸好看了，但事情还是难办；有的领导干部存在"中梗阻"现象，对群众要办的事情打太极、踢皮球；有的不讲民主集中制，作风霸道，听不进不同意见，搞家长制、一言堂，个人说了算；有的滥用职权，以权谋私，利用职权谋取不正当利益；有的对职权内的责任长期不负责，教职员工对有些问题重复提，但得不到解决，办事效率低下；办公会议有变成推卸责任的会议之嫌，会风也不是很正；到底什么事情要上办公会议规定不明，浪费所有领导干部的时间；老校区门卫形同虚设，许多社会车辆也能进入停车，导致本校职工都没有停车位，停车也非常不方便，门卫管理需要规范和加强；公租房装修材料质量差，水电等三天两头出故障，维修困难；下水道堵塞，污水四溢，长期无人解决。

3. 律己不严问题的具体表现。有的不守纪律、不讲规矩，想执行就执行，想怎么来就怎么来，把纪律要求当"儿戏"，让纪律制度成了"稻草人"；有的与中央、省委不能保持一致，对上级的部署，口号喊得响、落实轻飘飘，甚至有的不但不落实，还喜欢在背后说三道四、品头论足；有的喜欢道听途说、捕风捉影，偏信谣言、不信正听，甚至热衷于传谣造谣；有的自由散漫，长期不参加组织生活，个人重大问题不报告，外出不请假、不说明；有的将纪律和规矩视为"自助餐"，对组织决定搞"选择性服从"，顺其心愿的就服从，不合心愿的就不服从。

4. 谋事不实问题的具体表现。有的大局意识不强，对学校的长远发展缺乏考虑，对学校改革发展稳定的长期性、艰巨性、复杂性认识不足，盲目乐观、麻痹大意，缺乏忧患意识和长期作战思想；有的把着眼点着力点当口号，缺乏底线思维，不能做到稳定与发展两手都要抓、两手都要硬；有的作风飘浮、好高骛远，制定政策、谋划工作不遵循客观规律，想问题、作决策脱离实际；有的重"显绩"、轻"潜绩"，不愿做基层建设、师生工作等打基础、利长远的事；有的传统官本位意识较强，注重形式主义，讲究官场排场厉害，官威较高，注意高大形象，教职工不易接近；有的深入基层讲威风，没有跟随不下来，且深入基层不够，抓工作浮在面上。建教工商品房住房的问题，还有没有希望？一直没有回答。特别是有关老校区地皮开发的事宜，以前提过开发设想，现在不了了之，学校应该给广大职工加以详细地解释和说明。还有，老校区如果不建，在新校区会不会建？广大教职员工等待一个满意的答案。学校的数据库不能有效满足教学科研的需要，尤其是近两年招聘了大量博士，他们对数据库的要求会更高，迫切需要学校丰富数据库，解决教师查阅文献的方便。

5. 创业不实问题的具体表现。主要表现为境界不高，劲头不足，效率不快，落实不力。有的思想解放不够，思路跟不上时代，思想存在"代沟"，工作缺乏开拓性，不敢闯、不敢试、不敢创新；有的眼界不宽，缺乏信心，习惯于自己与自己比，再怎么干也超不过其他老牌大学，于是自甘落后、甘拜下风；有的工作标准不高，缺乏竞争意识，不善于在全国的大格局中找标杆、定目标，只求过得去、不求过得硬，拿不出实招硬招，创不出特色亮点；有的能力欠缺，工作畏难，自身能力素质不高，又不肯学习，工作怕吃苦；有的患得患失、不敢担当，遇事"难"字当头，遇难"退"字当先，碰到矛盾和问题要么东闪西躲，要么"击鼓传花"，抢着做易出政绩的事情，不愿做艰苦细致的工作；有的认为自己能力水平高，对组织上有不切实际的期望，一旦未获提拔重用，便会产生埋怨情绪，工作消极；有的对要求部署的工作不是马上办、立即办，而是拖拖拉拉，推一推动一动，甚至推而不动；有的光部署、不落实，对工作推进过程中出现的问题，发现不及时、督导不及时、解决不及时；有的缺乏钉钉子精神，干工作三分钟热度，前紧后松，虎头蛇尾；有的"光打雷不下雨"，一些重点工作、重点项目长时间停留在规划中、停留在报告中。如新校区年青教职工小孩看病难的问题，子女小学初中入学的问题长期没有得到解决。

6. 做人不实问题的具体表现

有的对党不忠诚，说一套、做一套，表里不一；有的宗旨意识淡薄，忽视群众利益、漠视群众疾苦，缺乏对群众的深厚感情，甚至脱离群众、高高在上、盛气凌人；有的不讲团结，不讲民主，处世庸俗，双面做人。有的奉行利己主义，以自己利益为中心，不能顾全大局；有的不善于听取各方意见，不按照民主集中制原则行事，搞"一言堂"，容不得别人批评，听不进不同意见；有的奉行庸俗哲学，认为"老实人吃亏"，言行不一、见风使舵，不想干事、只会来事，为人圆滑、八面玲珑，做事只是花拳绣腿、表面光鲜；有的找门子、拉关系，千方百计谋求对自己的关照；有的对组织不讲实话，不如实报告个人重要事项；有的眼里没有群众、没有同事、没有下级，妄自尊大，自以为是；有的奉行好人主义，不敢坚持原则，对干部身上出现的问题不批评不教育，睁一只眼闭一只眼，甚至以"爱护干部"为名搞"网开一面"。

以上列举的问题既有一定的普遍性，有的也只是个别干部身上的个性问题，具体到每一个单位、每一名干部，存在的问题也不尽相同。要紧密联系单位和个人实际，往深里找，往细里查，既要找共性问题，也要找个性问题，把问题找准找实找具体。要深入进行剖析，弄清问题性质、找到症结所在、制定整改措施。有什么问题就解决什么问题。什么问题突出就重点解决什么问题，以解决问题的成果来检验专题教育的成效。

附：个人不严不实问题表现
（2015 年 12 月 27 日）

在南昌工程学院"不严不实"问题的发生，主要责任在党委书记；既要战胜"四大危险"、经受住"四种考验"，又要以从严的精神管党治党、以实的作风干事创业；面临改革发展稳定的任务之重前所未有，矛盾风险挑战之多前所未有。总的来看，学校这几年党的建设成效、干部作风转变有目共睹，但对照"三严三实"这个标尺，还有不少问题值得重视。

一、修身不严问题的具体表现

严以修身，本质是严以修心。修心的最高境界——以百姓之心为心。"民之所好好之，民之所恶恶之"，这是我们入党从政的出发点和落脚点。做到这一点，要把握三个字：学、省、修。"学"，就是学好党的科学理论，学好总书记的重要讲话；但在政治理论方面学习不够深入，科学理论方面学习深度不够，大政方针方面学习标准不高，马克思主义经典著作研究不深；理论学习缺乏主动性系统性，理论联系实际、指导实践不够。"省"，就是不断反省自己，经常把自己的所思所想和所作所为，在脑子里过过电影；就是不断修正错误，有错就认，知错即改。但还没有能够按照焦裕禄、孔繁森、谷文昌这样的标杆和榜样，加强党性锻炼，提升思想境界。"修"，就是利用优秀传统文化来修身提高涵养。阅读农耕和水文化多一点，但重读中华传统文化经典较少，对其他方面的文化研究不多，缺少对中华文化的独特创造、价值理念、鲜明特色的深层理解，不能将中华优秀传统文化来要求自身。

二、用权不严问题的具体表现

严以用权，最根本的是使权力行使符合规则、符合制度。但没有时刻提醒大家我们党没有特殊党员，没有法律之外的绝对权力，任何人都不能凌驾于法律之上；没有时刻警惕大家权力是把双刃剑，权力越大，越要低调，越是权大，越要谨慎；没有时刻提醒大家反对用权任性，也要防止另一种倾向，就是把敢于决断、敢于负责、敢于担当与任性等同起来；没有时刻要求大家任何时候，只要对党和人民事业有利，符合规则，符合制度，问心无愧，就要敢于担当。对于教师反映较多的问题，如老校区开发、关心青年教师成长、重视教学工作等，研究不深入，解决不到位。对具体问题分析不足，采取行政命令方式的惯性还没完全根除，自上而下确定目标、分解任务、层层加码的现象还有存在。对于基层反映上来的困难和问题重视不足，解决不及时。

三、律己不严问题的具体表现

严以律己，主要是廉洁自律。自己能坚持做到官以不贪为宝，民以清官为宝。还经常要求班子成员学习已查处的案件资料，警示领导干部严以律己，廉洁从政，并要特别注意：贪腐绝不能有第一次。针尖大的窟窿能透过斗大的风，千万不要拿小贪不当回事，小贪收不住，就会成大贪。腐败朋友是靠不住的。领导干部要亲商、爱商、敬商，对民营企业要支持，对老板反映的问题要解决，但不能勾肩搭背，搞权钱交易。但在遵守党的政治纪律方面，自己只满足于在大是大非问题和党中央、省委保持高度一致，对于社会上的不当言论和消极现象抵制不够，纪律意识、政治意识存在抓而不实，抓而不紧，虚功多，实功少。

四、谋事不实问题的具体表现

谋事要实，就是要从实际出发谋划事业和工作，不好高骛远，不脱离实际。在当前复杂严峻的形势下，面对艰巨繁重的任务，想问题、作决策、办事情，更要始终做到这一点。民之所需、民之所欲、民之所困，是各级领导干部的谋事之基。争取要用群众看得见的实效取信于民。但深入基层一线少，调查研究不够。调研存在重形式、轻实效现象，例行公事式调研多，走马观花，"解剖麻雀"式调研少，调查研究成果未得到充分运用和转化。联系实际不够紧密、责任意识有所淡薄。习惯于就事论事，对工作中的部分新情况新问题研究不深，研究不透，解决不力。

五、创业不实问题的具体表现

创业要实，集中体现在奋发有为地为老百姓办事，让老百姓有获得感上班子成员可以有这缺点、那缺点，但不干事是最大的缺点、最不能容忍的缺点。老百姓痛恨贪污腐败，同样痛恨尸位素餐。要求学校各级干部都要珍惜现有的平台，以踏石留印、抓铁有痕的精神和劲头，干出一番经得起历史和人民检验的政绩。但关心干部职工不够，思想政治工作做得不细。听取党员干部职工的意见不及时不全面，对党员干部思想状况和基层干部生活情况了解不全面，帮助干部职工解决实际困难不多。一方面开拓创新意识过强，思维方式过于活跃，不习惯按经验考虑问题和办事；另一方面工作原则性有余，灵活性不够，不善于转化缺乏新思路新办法、缺乏敢为人先勇于争先的人和事。

六、做人不实问题的具体表现

做人要实，就是任何时候不做亏心事，对组织、对同志都问心无愧。

时刻告诫班子成员无论是做官，还是为人，最可贵的是忠诚、善良、公道、阳光。与人为善必自善，与人为恶必自恶。作为领导干部，要时刻站在组织的大家庭角度做人做事，不进个人的小圈子。出以公心、心底无私、公开透明，就能让绝大多数人理解、信服。但不愿意触及深层矛盾，抵制不良风气不够坚决彻底。有"明哲保身"思想，动真碰硬的正气和勇气不够。做人要实，核心要解决坚守本分的问题。实在常在，老实忠诚才能让组织让同志让群众信任。本本分分地做人为官，才能展现共产党人的人格力量。

第三十三回　辞旧迎新
——在学校教职工迎新联欢会上的新年致辞
（2015 年 12 月 29 日）

老师们、同学们、朋友们：

　　羊歌盛世方报捷，猴舞新春又呈祥。在这辞旧迎新的美好时刻，我谨代表学校，向一年来在教学、科研、管理服务等各个领域辛勤耕耘、默默奉献的广大教职员工，在学业上取得优异成绩的莘莘学子致以热烈的祝贺；向一年来关心、支持、帮助学校不断发展的各级领导、各界友人致以衷心的感谢；向离退休老同志和各界校友致以亲切的慰问。

　　时序更替，岁月如歌。即将过的 2015 年，是南昌工程学院发展过程中具有重大意义的一年。学校深入学习贯彻党的十八大和十八届三中、四中、五中全会精神，在全校党员干部和全体教师中开展了"三严三实"主题教育活动，提高了素质，统一了思想，转变了作风，凝聚了力量。我们坚持创新发展、内涵发展、特色发展，抢抓机遇，深化改革，学科建设成效明显，教学质量稳步提高，科研实力不断增强，内部管理机制进一步完善，办学条件得到改善，意识形态和思想文化建设迈上新台阶，社会声誉逐年提升。学校取得的点滴成就，凝聚着全体师生员工的辛勤与汗水，凝聚着广大校友的深情与厚意，凝聚着社会各界的关心与支持。让我们感到特别欣慰的是，老师学生特别努力，以优良的教风带学风，坚持德育为先、育人为本，促进学生健康成才和就业创业，毕业生创业人数连续两年居全省高校十强，学生首次获得全国"挑战杯"一等奖，获得首届全国高校工程造价技术及创新竞赛团体及个人多个一等奖，获得大学生篮球联赛"阳光组"全国第四名，信息工程学院尤吉庆同学获得全球公认为 IT 业最权威的 CCIE 证书。学生呈现"进出口双旺",毕业生到党政机关、国企事业单位人数持续增加,常规就业率不断攀升,高于全省平均两个百分点。教学标兵王颖老师、创新创业优秀学生代表双超军、徐莉等先进典型释放无限魅力。让我们感到更加振奋的是,社会各界特别给力,许多省部级领导、教育家、科学家给予学校厚望。先后有中国工程院院士院长、华中农业大学院士校长、国务院副秘书长、教育部部长、农业部部长、水利部部长、住建部部长、省委书记、省政协主席、省委常委、副省长、南昌市委书记等领导当面指示、亲笔批示、亲临学校指导工作。有的指导学校要搞好"十三五"规划,尽快做好"申大更名"的准备工作;有的指示学校要办好水利特色大学,为江西生态文明建设贡献人才科技力量;有的批示要为新校区配套建设教职工商品房、中小学幼儿园、解决教职工子女就学购物就医等生活困难。各级领导同志的高度重视和亲切关怀,对全体师生员工是巨大的鼓舞和激励!

"寄语洛城风日道,明年春色倍还人"。2015 年悄然揭过,2016 年即将开启。新的起点召唤使命与担当,伟大目标凝聚信心和力量。2016 年是"十三五"的开局之年。面对高等教育千帆竞发、百舸争流的态势,我们深知,未来征程上仍有许多困难和挑战,但是我们一直心怀梦想,一直充满信心,唯有奋楫直行、开拓进取,才能无愧于这个伟大的时代。"产生于过去的现在,孕育着伟大的未来"。站在新的历史起点,已经取得的成就、正在推进的改革、将要实现的目标,赋予我们更加坚定的道路自信、理论自信、制度自信,给予我们迎难而上的奋进力量。即将到来的 2016 年,让我们轻装上阵、携手并进,拿出"众人拾柴"的心劲、"抓铁有痕"的韧劲、"勇毅笃行"的稳劲,以更远的战略视野、以更强的拼搏精神、更高的工作热情,同心同德、同心同向、同心同行,不断推动学校科学发展!

祝愿全体老师、同学、广大校友、各界朋友,在新的一年里工作顺利!身体健康!阖家幸福!万事如意!

祝愿南昌工程学院明天更加美好!祝愿伟大祖国更加繁荣昌盛!

预祝演出圆满成功,谢谢大家!

第三十四回　谈供给侧
——在传达全省经济工作会议暨扶贫
开发工作会议精神大会上的讲话
（2015 年 12 月 30 日）

同志们：

12 月 28 日上午，省委召开的全省经济工作会议开幕，省委书记强卫同志主持会议并讲话，还有省长鹿心社同志报告全年经济工作；28 日下午至 29 日上午分组讨论；29 日下午省委书记强卫同志主持会议并总结讲话，同时召开扶贫开发工作动员部署会议。省委要求全省上下坚决贯彻中央扶贫开发工作会议决策部署和习近平总书记的重要要求，举全省之力打赢产业扶贫、安居扶贫、保障扶贫三大攻坚战，确保到 2018 年，全省基本消除绝对贫困现象，井冈山市等有条件的革命老区贫困县率先实现脱贫摘帽；确保到 2020 年，现行扶贫标准下贫困人口全部脱贫，贫困县全部摘帽。这是省委向中央立下的"军令状"，是向人民作出的庄严承诺，必须不折不扣落实到位。下面，我主要传达这次全省经济工作会议精神和浅谈高校贯彻落实的初步意见。

一、2016 年经济工作的关键词——供给侧

2016 年是"十三五"规划的开局之年，经济工作将在统筹国内和国际两个大局的基础上，按照"五位一体"的总体布局和"四个全面"的战略布局要求，牢固树立和深入贯彻落实创新、协调、绿色、开放、共享的发展理念，主动适应经济发展新常态，坚持稳中求进的总基调，坚持稳增长、调结构、惠民生、防风险，坚持宏观政策要稳、产业政策要

准、微观政策要活、改革政策要实、社会政策要托底，全面完成去产能、去库存、去杠杆、降成本、补短板五大重点任务，重中之重是加强供给侧结构性改革。

（一）供给侧改革的历史沿革

改革开放后相当长的时期里，我国的发展重点都在需求侧，而以 2015 年 12 月 18 日至 21 日在北京召开的中央经济会议为转折点，未来一段时期经济发展的重点将转向供给侧。

1. "供给侧改革"的出现。要想搞清楚供给侧，首先要明白'侧'是什么意思。所谓"供给侧"的"侧"字并不是"侧重"，而是"端""一端"的意思。"供给侧"原名是 Supply－side，也可以说是供给端、供给方等。"供给侧"这一理念来自于中国的"新供给"，"新供给"是中国式"供给学派"的简称，是中央所倚重的宏观调控体系的新一套理论话语。2015 年 11 月 10 日，中共中央总书记、国家主席、中央军委主席、中央财经领导小组组长习近平在中央财经领导小组第 11 次会议上首次提出，要"在适度扩大总需求的同时，着力加强供给侧结构性改革，着力提高供给体系质量和效率，增强经济持续增长动力，推动我国社会生产力水平实现整体跃升"。国务院总理李克强在"十三五"规划纲要编制工作会议上指出，"要在供给侧和需求侧两端发力促进产业迈向中高端"。"供给侧"与"需求侧"相对应。需求侧有投资、消费、出口三驾马车，三驾马车决定短期经济增长率。而供给侧则有劳动力、土地、资本、创新四大要素，四大要素在充分配置条件下所实现的增长率即中长期潜在经济增长率。而结构性改革旨在调整经济结构，使要素实现最优配置，提升经济增长的质量和数量。

2. 供给侧改革的背景。2007 年以来，中国经济增速逐年下滑。从需求侧看，外需中，全球出口增速 10 年见顶回落，过去三年持续零增长，中国较难独善其身，而低成本优势不再，令低端制造业向东南亚转移不可避免。内需中，2011 年人口结构出现拐点，2012 年人口抚养比见底回升，2013 年地产销量增速持续下行，工业化步入后期，投资增速持续下行。2015 年以来央行 5 次降息降准、发改委新批基建项目规模超过 2 万亿，但投资依然萎靡。而在消费领域中，则呈现出较为明显的供需错配：国内消费增速拾级而下，但中国居民在海外疯狂扫货。研究报告显示，2014年中国消费者全球奢侈品消费达到1060亿美元，占全球奢侈品销售额近一半。每到假期，总见媒体报道中国人在国外抢购奶粉、手包、化妆品，甚至马桶盖。国内航空客运增速缓慢下行，但跨境出游却持续高增长。旅游消费本来是中国最有潜力的市场，但"黑一日游""青岛虾"等宰客事件的屡屡出现对旅游消费造成了极大的负面影响，越来越多的中国升级性消费需求在外溢。这意味着，当前中国经济面临的问题，并不在短期需求，而在中长期供给。

3. 国际供给学派成功典型的借鉴。纵观世界经济历史，美国曾在20世纪70年代陷入滞胀，英国也在20世纪70～80年代面临滞胀叠加结构性问题的窘境。作为供给学派的典型实践，"里根经济学"（Reaganomics）和"撒切尔主义"（Thatcherism）分别采用减税和国企改革等措施帮助经济走出衰退的泥淖。里根学派的核心是减税。以"里根经济学"为例，1981年里根就任美国总统后，提出"经济复兴计划"，主要措施包括降低税率、减少政府干预、缩减政府开支、紧缩货币供给。其中，个人所得税边际税率从70%降至28%，提高了可支配收入，增加了劳动供给意愿，也推动消费上行；而企业所得税率从46%降至33%，直接提高了企业盈利，也提高了企业投资意愿。里根经济学大获成功，令美国经济迎来"大稳健"时代，也为美国长期经济增长打下了坚实基础。值得强调的是，中国"供给侧结构性改革"并非简单复制供给学派的"供给管理"，而是希望通过改革实现经济结构的调整和优化，从而避免潜在增速的大幅下行，其实质是党的十七届三中全会"全面深化改革"在要素领域的延续和聚焦。

（二）供给侧改革的总体思路

所谓"供给侧改革"，就是强调要通过改革促进创新、提高生产效率和提高产品市场竞争力的方式来促进经济增长，而不是再靠"刺激政策"提升总需求的套路来促进经济增长。

1. 供给侧改革的四条主线。供给侧改革将分别在劳动力、土地、资本、创新四条主线上推进。中共中央政治局会议分别针对化解房地产库存、应对产能过剩、防范金融风险和降低企业成本作出了打好四个"歼灭战"的部署。习近平总书记在中央财经领导小组会议中明确指出，要促进过剩产能有效化解，促进产业优化重组；要降低成本，帮助企业保持竞争优势；要化解房地产库存，促进房地产业持续发展；要防范化解金融风险，加快形成功能健全的股票市场。

2. 供给侧改革的重点是优化劳动力配置。首先，放开生育政策，补充人口红利。中国过去的主要增长动力来自于充足的劳动力，2012年开始15～64岁劳动年龄人口的总数和占比都出现了下降，人口老龄化现象愈发明显，截至2014年底，60岁以上老年人口已达2.12亿，占总人口的15.5%。十三五规划建议提出，全面实施一对夫妇可生育两个孩子政策，这将成为未来劳动力要素改革的基础，在进一步释放生育潜力的同时，减缓人口老龄化压力，增加劳动力供给，补充人口红利。

其次，户籍制度改革，化解地产库存。户籍制度改革将是劳动力要素改革的重中之重，其目的在于促进劳动力要素的跨地区流动。十三五规划建议明确提出户籍人口城镇化率加快提高。中国城镇化率质量不高主要体现在户籍人口城镇化率不高。城镇现在约有7.5亿常住人口，其中2.5亿左右的人没能在城镇落户，2.7亿农民工，买房比例仅1%。早在2014年7月，国务院就已出台《推进户籍制度改革的意见》，但进展缓慢。当前二三线城市地产库存居高不下，户籍制度改革和住房制度改革双管齐下，不仅有助于提供有效供给、加快城镇化进程，也将创造需求、消化地产库存。

第三，服务业大发展，缓解就业压力。服务业是未来中国经济和社会的双重稳定器，淘汰落后产能意味着制造业部门就业承压，而服务业则可吸纳就业，因而创造条件、促成劳动力的跨部门流动，也将是未来劳动力要素改革的重要方向。根据统计局数据测算，第三产业每增长1个百分点能创造约100万个就业岗位，比工业多50万左右。而考察企业就业状况，2007年以来，服务业PMI就业在绝大多数时期高于制造业

PMI 就业指标，这意味着服务业就业状况好于制造业，将成为未来主要的就业容纳器。

第四，促扶贫重教育，提升人力资本。除增加劳动力供给、促进劳动力跨地区和跨部门流转外，提高劳动力素质也是劳动力要素改革的重要内容。其具体措施包括以下两方面：一是贫困人口脱贫。十三五规划建议明确提出，要在现行标准下农村贫困人口实现脱贫、贫困县全部摘帽、解决区域性整体贫困。我国现行脱贫标准是农民年人均纯收入按 2010 年不变价计算为 2300 元，2014 年现价脱贫标准为 2800 元。按照这个标准，2014 年末全国还有 7017 万农村贫困人口。而通过实施脱贫攻坚工程，实施精准扶贫、精准脱贫，7017 万农村贫困人口脱贫目标是可以实现的。二是加大教育投入力度。今年 4 月初，中央深改小组召开第 11 次会议，审议通过《乡村教师支持计划（2015－2020）》，并强调要"让每个乡村孩子都能接受公平、有质量的教育，阻止贫困现象代际传递"。而今年以来，国务院常务会议也陆续通过一揽子教育法律修正案草案，并部署落实教育领域改革措施。

3. 供给侧改革的焦点是优化土地和资本配置。首先，土地制度改革，加速确权流转。土地制度改革的核心方向是提高土地的使用效率。农村土地流转以确权为基础，以放活经营权流转为目的，从而提升土地要素的流动性。同时，放活农村土地经营权流转意味着未来廉价的农村、土地用地供给瓶颈将打开，也有助于抑制地产泡沫、加速地产库存去化。

其次，降低四大成本，改善资本回报。资本要素改革的方向之一是提高资本回报率，因而高成本是供给侧的最致命硬伤。以工业企业为例，2014 年底规模以上工业企业主营业务收入中，主营业务成本占比高达 86%，各种税费占比 9%，主营利润占比仅 5%。持续收缩的需求叠加高企的成本、费用，令企业盈利雪上加霜。而在需求整体不佳的大背景下，未来唯有依靠降低成本来改善企业盈利、提升资本回报。我们预计，未来将从以下四个方面降低企业显性成本：①继续推进资源品价格改革，降低企业原材料成本；②实施减税降费和加速折旧，降低企业财税成本；

③推进利率市场化，结合降息降低企业财务成本；④实施养老保险体系改革，降低企业人力成本。

第三，淘汰落后产能，提升资本效率。资本要素改革另一个方向是提升资本使用效率，其目的也同样是改善企业盈利。而产能利用率和主营活动利润率高度相关。2011年以来，中国工业企业产能利用率持续下滑，企业盈利也同步恶化，反映资本使用效率低下。2013年新一届政府执政以来，产能去化就已开始，伴随去产能延续，未来企业盈利有望随产能利用率回升而得到改善。国企将是去产能的主要承担者。然而，一个不容忽视的事实是，各类企业中国有企业以最高的资产负债率和最低的资产周转率、最低的主营收入利润率，实现了收入、利润的最大幅下滑。这意味着，各类企业中，国有企业盈利能力最为堪忧，产能过剩最为严重，未来也将是产能去化的主要承担者。但淘汰落后产能的过程将有可能造成大批国企员工下岗，因而发展服务业吸纳就业也将是必然的选择。

4. 供给侧改革的着眼点是提升全要素生产率。全要素生产率是指产量与全部要素投入量之比；全要素生产率的来源包括技术进步、组织创新、专业化和生产创新等。产出增长率超出要素投入增长率的部分为全要素生产率（TFP，也称总和要素生产率）增长率。全要素生产率的提高首先有赖于创新意愿的提升，而股权市场天然提供了鼓励创新的激励机制。而以创新著称的美国，也正是依靠资本市场哺育创新。值得注意的是，在"四个歼灭战"中，习近平总书记对建设股票市场的论述最为详尽：要防范化解金融风险，加快形成融资功能完备、基础制度扎实、市场监管有效、投资者权益得到充分保护的股票市场。这意味着，改革融资体制，促进直接融资发展，将是未来的重点方向。鼓励两众两创，提升创新转化。全要素生产率的提升同样需要有便利的资源和宽松的成长环境，从而提高创新者的存活率和创新产品的转化率。预计未来以下三方面改革将同步推进：①推进产学研结合，从而提高创新成果工业转化率。②为创业企业提供更为便利的资金支持，譬如私募股权和创业投资。③实施针对创新型企业的税收优惠和费用减免，譬如研发费用抵税等。

5. "供给侧改革"的关键是推进政府的制度创新。在美国总统里根的任期上，供给学派达到了其历史高峰，甚至一度被称为"里根经济学"。而里根最负盛名的言论莫不就是"政府不能解决问题，它本身就是问题"。里根主张缩小政府规模，限制政府权力，反对国家对经济活动的干预和管制。因此，今年中央经济工作会议在供给侧改革的号召下，更多鼓励政府在经济活动中的合理地位，在激活市场动力的同时，也不降低政府监管的力度，使供给侧的制度改革和结构调整成为稳增长的方法和路径，更好地为促进稳增长服务。改革行政体制，降低制度成本。政府在"供给侧改革"中同样大有可为，降低"制度性交易成本"，保护市场这只"看不见的手"，具体改革力度由强到弱依次是加强反腐、打破垄断、放松管制。中国企业不仅面对来自原材料、税费、财务、人力等领域的显性成本，更面临来自上述领域的隐性成本。以反腐为例，新一届政府执政以来狠抓反腐，落马官员人数有增无减，预计未来也将在这三个领域进一步推进改革。国企作为中坚力量，通过合并重组提升竞争力，将为经济增长提供长期动力。

(三) 供给侧改革对经济的主要影响

从供给端推动经济发展最明显的优势是，如果政府从供给端马上就有所作为，那可以对整个社会总需求带来一定拉力，这是非常有效的刺激经济的手段。一是影响供给品质。现在中国随着居民收入提高，消费结构在升级，越来越多的新消费涌现，但现在的问题是，国内的供给能力适应不了居民消费结构升级的需要，或者是适应不了居民对优质消费品和服务的需要。为什么？不是中国人没有消费能力，而是中国的很多产品和消费环境着实让人不放心。我们要努力创造新供给，这种新供给不光是从无到有，还有一个从低质到优质的转变。二是影响中国杠杆率。中国式转杠杆。供给侧改革同样将对中国杠杆率产生影响：产能去化意味着企业部门杠杆率将持续下行，户籍制度改革和二三线城市地产库存去化意味着居民部门杠杆率将持续下行，减税降费和财政支出提升意味着政府部门（主要是中央政府）的杠杆率将大幅上升，而防范和化解金融风险和企业降低财务成本意味着金融部门杠杆率将缓慢上升。三是影响经济结构。加速经济结构转型，重新分配经济蛋糕。从生产的角度看，供给侧改革将激发消费倾向，导致第三产业在经济中的占比进一步上升，而第二产业中的传统工业部门占比将明显收缩。而从收入的角度看，供给侧改革将引发经济蛋糕的重新分配：减税将导致生产税净额占比下降，加速折旧和产能去化将导致固定资产折旧占比短期上升、长期趋降，降低成本和产能去化将导致企业营业盈余占比上升，加速劳动力跨地域、跨部门流转以及提高人力资本，将导致劳动者报酬上升。

"处大事贵乎明而能断，不明因无以知事论断"。实现"供给侧改革"良好开局，从根本上说就是要正确认识经济大势、准确研判经济态势，做到因势而谋、应势而动、顺势而为。

二、江西经济工作会议主要精神

深入贯彻中央经济工作会议特别是习近平总书记重要讲话精神，深刻把握经济发展新常态和结构性改革条件下经济发展客观规律，对江西各级党委政府和领导干部来说，就是要以习近平总书记"一个希望、三个着力"重要要求为引领，深入实施"发展升级、小康提速、绿色崛起、实干兴赣"十六字方针，认真贯彻"十三五"发展规划，着力提高经济工作的运作能力和操作水平。要改变过去大兵团作战、粗放式操作的老套路，充分发挥政府和市场作用，以创新、改革、开放为动力，以科学整合资源要素为手段，以转型升级为方向，更多依靠政策导向引导市场行为，更多依靠创新创造提高全要素生产率，更多依靠资本运作解决投入问题，更多依靠集聚集群集约发展提高资源配置效率，更多依靠法治思维化解发展矛盾，努力实现速度和质量效益相统一、改革发展稳定相协调的发展。

第一，发挥好投资的关键作用。要优化投资方向，按照有利于增加供给、满足需求、优化结构、改善民生、保护生态原则，加大对重点战略、产业、区域、项目投资力度，提升投资有效性。要严格把控产能过剩、重复建设、破坏环境投资。要解决好资金来源，保持政府投资合理力度，引导和带动社会资本加大投入。

第二，发挥好金融的杠杆作用。金融是我省经济发展必须要补的课、要过的关。各级领导干部一定要拥抱金融、学习金融、运用金融，有效发挥好政府投融资平台的作用，用好产业引导基金，加快金融市场发展，积极鼓励、引导、帮助企业上市，切实发挥好金融"四两拨千斤"的杠杆作用。

第三，发挥好平台的集聚作用。工业园区、综合保税区、出口加工区等区域性发展平台是引爆项目主战场、产业升级发动机，要站在全省层面，加强顶层设计、科学布局，全面整合产业链、价值链、物流链，加强督导，防止只戴帽子、慢迈步子现象，增强平台实力、拓展功能，发挥更大集聚带动作用。

第四，发挥好创新的引领作用。要紧紧扭住"打通产学研利益共享通道，充分调动研发和生产两头积极性"突破口，充分运用市场机制，整合研发资源，以项目经理制度为抓手，以重点产业集群为主攻方向，不断提升产业集群发展水平。要培育发展众创空间，扎实推进，务求实效。

第五，发挥好企业的主体作用。要帮助企业克服困难、跨过转型门槛，根据不同企业实际情况"量身定做"帮扶方案，提供更加精细化、更有针对性帮助。要引导企业更加重视技术创新，提高产品附加值。要从制度层面激发企业家精神，坚定其信心。

第六，发挥好开放的带动作用。如何巩固、拓展和延伸招商引资成果，继续新优势、保持好势头，是扩大开放的重点任务。要改变旧有思路和方法，围绕产业链条招商，壮链、补链、延链，运用商会招商、协会招商、以商招商等形式，充分发挥我省战略优势、区位优势，提升招商引资科学性、针对性和实效性。

第七，发挥好改革的催化作用。推进改革取得实效，要害在找准问题，关键在政策要实。要继续深化简政放权、商事制度、国企国资、土地制度等改革，积极推进财税体制改革、金融体制改革、价格市场化改革。要充分发挥地方的积极性，鼓励各地进行差别化探索，发挥基层的首创精神，加强指导和督导地方改革。

第八，发挥好法治的保障作用。应对错综复杂的风险隐患，必须坚持法治化思维，依法预防、化解和处置。要紧紧抓住社会公正、社会诚信、社会秩序三个重点，完善法律法规，严格追究责任，构建可预期、可控制、可追溯的公共安全体系，提高动态预警能力，强化责任落实，进一步加大法治江西建设力度。

既要看到经济形势的复杂性、严峻性，把困难估计得充分一些，把措施考虑得周全一些，做到未雨绸缪、有效应对；更要看到经济运行的积极变化和有利条件，坚定信心、保持定力。深入挖掘内需潜力，着力扩大有效投资，加快释放消费潜力，促进出口稳定增长，大力帮扶实体经济，多管齐下稳定经济增长；坚持以创新引领发展，深入实施创新驱动发展战略，启动实施创新驱动"5511工程"（在5年内，使行业［部门］高层次的人才数达到50左右、次层次的人才队数到500人左右，引进100名左右的高层次人才，形成1000名左右的次层次人才），突出重点产业领域创新，推进大众创业万众创新，加快经济增长动力转换；深化重点领域改革攻坚，深化政府管理、市场体系、国资国企、财税和金融体制以及农业农村等领域改革，进一步释放改革红利；扩大全方位对外开放，对接参与国家重大战略，统筹"引进来""走出去"，创新对外开放体制机制，促进开放型经济提质增效；加快转型升级步伐，深入推进新型工业化，大力推进农业现代化，提升服务业发展水平，推动产业向中高端迈进；实施协调发展战略，促进区域经济协调发展，大力推动城乡统筹发展，加快县域经济发展升级，提高区域和城乡发展水平；加强生态文明建设，加强环境保护治理，大力发展绿色经济，培育绿色生态文化，健全生态文明制度，大力推进绿色发展；加大保障改善民生力度，大力推进脱贫攻坚，加大就业促进力度，提高社会保障水平，加快发展社会事业，切实加强社会治理，不断增进人民群众福祉。

三、供给侧改革下高校的四大担当

"所当乘者势也，不可失者时也"。作为培养和提供人才（包括教师及学生）的最终环节，广大高校显然属于供给侧的一部分，如何适应时代潮流，如何培养出社会需要的人才，如何将科技知识有效地转换为生产力，高校理应有所担当和作为。结合我校的一些探索与实践，我的理解就是要切实肩负起引领、改革、开放和创新四大责任重担，实现人才培养的结构性改革。

（一）跟进时代潮流，引领"供给侧改革"，掌握和创新发展经济学理论。

最近，"供给侧"俨然成为一个在网络上异常火爆的词汇，虽说"供给侧改革"更多的是出现在经济领域，但作为教育界人士，不能置身事外。"供给侧"改革应用到教育领域，是早晚的事。从发展趋势来看，高校很有可能被应用到除了经济领域之外的更多领域，成为社会的灯塔。从"需求侧"管理为主过渡到聚焦"供给侧"改革的经济新常态，已经给高等教育提出了新的要求。认识新要求、适应新要求、引领新要求，是当前和今后一个时期我国高等教育发展的大逻辑。目前，我国在校大学生3559万人，位居世界第一，高等学校2824所，数量仅次于美国。但现实情况却是学生总是抱怨找不到适合自己的工作，用人单位也吐槽学校培养的人才与社会脱节，用得好用得住的人才匮乏。我认为，教育供给与需求之间的主要矛盾不是需求不足，而是有效供给不足。我国有句老话，"再穷不能穷教育"。大部分家庭对孩子教育很舍得投入，对孩子教育消费的需求都尽可能给予满足，其他消费都可以让让步、等一等。正如我们看到的和切身感受到的，近年来我国教育消费快速升温，市场需求不断被激活。当前，市场上各类艺术培训、语言培训、职业技能培训、资格认证培训遍地开花。互联网教育成为投资热点，在线教育行业风生水起。同时，因难以满足教育消费的需要，不少人纷纷走出国门。例如，中国留学生为美国每年直接提供超过44亿美元的收入，中国留学生为澳大利亚创造的产值在所有出口创汇产业中名列第一。当前我国教育产业不缺乏有效需求，不缺乏蓬勃的消费动力，缺少的是有效的教育资源供给，缺少的是优质的教育资源供给。如何深入了解当前青少年学生的内心真实想法，如何更有针对性地开展更有效的教育教学工作，已经成为摆在广大教育工作者面前的一道现实课题。从"供给侧"改革的角度来说，要求现代教育工作者必须适应时代要求，与时俱进，从教学手段到教学内容都要与这个网络时代全面接轨，不能让学生认为"老师OUT 了"。要引领供给侧改革，特别是从事经济学科专业教学的教师，要以新供给经济学的兴起为契机，提高自身的教学科研水平，为我国经济理论创新做贡献。在经济学中，供给与需求是同时存在的一对关系。总体而言，需求管理是总量管理，侧重于在反周期概念下，各个年度短期视野内调节经济生活中银根的松和紧、施行总量的刺激或收缩。供给管理更多地着眼于中长期和全局的发展后劲，考虑不同角度的结构优化，区别对待、突出重点、兼顾一般、协调匹配等，而且需要引入制度供给问题，把物质生产力要素与人际生产关系变革打通来寻求优化方案，显然，供给管理的复杂程度远远高于需求管理。当前中国很多深层次改革仍未全面开展和取得积极性成果，如资源型产品价格形成机制改革、新一轮价税财改革、中小企业融资机制改革等等。这些改革都能够帮助企业对冲成本上升的压力，增加总供给，从而提高经济活力，既有利于控制住物价，又有利于保住增长的可持续性。可以说，以"制度供给"释放"制度红利"，是中国未来 10 年、20 年最需要着力争取的因素，也是超越西方凯恩斯主义和供给学派的偏颇，正确发挥"供给管理"的价值，促进中国经济转型的关键条件。"新供给"从提出"供给侧"理念到进入决策、执行层面，前后不过两三年，有分析惊叹这堪称奇迹，并预料若中国果真实现了"十三五"确立的各项目标，"新供给"一定可以成为有中国特色、世界气派的新发展经济学，并载入史册。中国即将成为全球第一大经济体，中国的智库如果吸取日本教训，要求其经济学家群体始终站在理论前沿；中国各大高校承担的国家、省市社科基金项目，如果能转化为智库成果，这将是一种体现历史担当的高瞻远瞩。

　　（二）加快以市场为导向的学科专业调整，面向需求，改革供给结构。

　　高等教育是由需求和供给两个方面决定规模的。近几年，我国高等学校的年毕业生加上未就业的每年需就业人数在 900 万左右。大量毕业生涌向劳动力市场，加上高等学校专业结构的不适应情况以及相对集中的城市就业趋势，使劳动力市场大学生开始呈现"溢出"现象。特别是高校专业同质化严重，市场需求已近饱和，而新的专业结构调整没能及时跟进，致使某些企业急需的专业人员，在高校却无人可招。调整高等教育供给侧结构已成为高等教育深化改革的重中之重，是教育整体性改革的突破口。一方面要提高教育供给端的质量、效率和创新性，使其更贴近学生的消费需求和消费习惯，做到既能满足学生个性发展的需要，又能对准未来社会的需求。这就具体落实在对教育领域原有供给、服务的改造和转型上，在培养方式、专业部署、课程设置、考试评价、就业指导以及社会主义核心价值观的践行等众多领域，努力调整改善原有教育供给中的僵化、单一、缺乏个性和吸引力、脱离学生实际、不尊重和保护学生爱好和成长的做法，实现育人减负的"降成本"、人才培养的"高效率"、评价考试的"扬长与补短"、就业创业的"产能提升"等。只有教育的供给端实现转型升级了，有效的教育供给、精准的教育供给、创新的教育供给才能够真正解决"办人民满意教育"的问题，仅仅靠减少、降低和限制手段，是不能满足人民群众对高质量教育的期待和需要的。另一方面要丰富教育供给品种结构，为学生提供丰富、多元、可选择的教育资源、教育环境和教育服务模式的新供给侧结构，替代和打破原有单一的培养模式、统一的课程资源、僵化的考试评价供给结构。因为教育最核心的质量不是擅长"加工"而是善于"发现"，发现每一个孩子的禀赋，并进一步保护、支持其成长，这是教育应有的属性。这就具体落实在诸如"面向学生的课程设置和拓展资源的社会实践"替代和优化"统一开设的课程和程式化的社会实践"，"管办评分离的教育治理"替代和优化"职责不清的教育管理"等一系列改革的着力点上。只有教育的供给侧实现丰富多元可选择，才是对学生和人民群众需求的最大尊重，才有可能不再用规定、纪律和号召去"引导"需求；实现教育改革从"需求侧的拉动"到"供给侧的推动"的根本转变。

（三）开放办学提升学生国际竞争力，拓展需求，面向世界。

我国加入 WTO，用国际规则、国际资源、国际合作倒逼中国经济与国际接轨，为中国经济崛起、为供给侧改革奠定了坚实的基础。2014 年 10 月 29 日，李克强总理在国务院常务会上部署推进消费扩大和升级，提出"提升教育文体消费，完善民办学校收费政策，扩大中外合作办学"，为教育供给侧改革埋下了伏笔。2014 年 11 月 11 日，习近平主席在 APEC 会议提出的跨境教育新倡议。这两大政策宣示，为扩大和升级以中外合作办学为标志的跨境教育服务（即教育供给侧改革）提供了重大机遇。教育部已经废止对于自费出国留学中介机构的特许经营审批。引进国际理念、国际标准、国际资源、国际资本，发展跨境教育服务产业，必将对进入深水区的教育改革，尤其是教育供给侧改革带来新的促进作用。发展跨境教育，推动教育供给侧改革的趋势应该是以能力建设和质量保障为价值导向，促进人员的跨境流动、项目的跨境流动和机构的跨境流动。一是大量引进境外能力建设优质教育资源。围绕"中国制造 2025"规划确定的战略目标，引进急需、实用的境外教育资源可以加快个人能力建设。二是全面构建跨境教育服务质量保障体系。借鉴和引进境外教育服务的成熟经验，建立跨境教育服务标准化体系，科学合理地确定我国教育供给侧改革的参照系，既可为能力建设提供质量保障，又可以维护国家教育主权。三是大力推动跨境教育服务业产业化进程。让社会资本参与跨境教育服务的产业化进程，可以为跨境教育服务产业的可持续发展注入新的动力。

（四）积极营造有利于大学生创新创业的外部环境，培养创新人才，服务国家重大发展战略。

加强供给侧结构性改革，是适应和引领经济发展新常态的重大创新，是适应国际金融危机发生后综合国力竞争新形势的主动选择，也是适应我国经济发展新常态的必然要求。当前，我国经济发展已步入转型创新创业阶段，迫切需要加快创新创业人才的培养，为经济提质增效和产业转型升级提供强有力的智力支持和人才保障。高校作为创新创业人才培养的主阵地，要以创新创业教育改革为突破口，在培养和提高学生创新创业能力的同时，有力牵引教育教学的全方位改革。科学合理设置专业，健全专业随产业发展动态调整的机制，重点提升面向现代农业、先进制造业、现代服务业、战略性新兴产业和社会管理、生态文明建设等领域的人才培养能力，在实现高等教育多样化的同时，突出高等教育综合化的发展趋势，在"宽口径，厚基础"的前提下，加大学生实际能力的培养，加强文理学科之间的渗透，增加边缘学科和交叉学科的比例，开设选修课允许学生跨学科跨院（系）甚至跨校选课；增加学科类型完善科类结构，合并或裁减一些设置不合理、重复设置的专业，克服专业划分过细过窄的现象，从而实现以专业的综合化促进学院的综合化；选择在线教育的方式，找优秀企业里的人才给学生上课培训，由企业提供大量实用前沿的课程，创业不仅仅被视为创办一个企业，而是渗透于师生生活中的一种思维方式和行为模式，是创造性地开拓或者破坏旧有规则，需要针对性地教育，以促进社会的创业氛围，培养创业者；要使创业教育成为一个基础性的、全球性的教育学概念，培养和提高学生的创业素质，包括创业意识、创业能力、创业心理品质和创业知识等，承担着企业家、职业经理人、职业化员工、高素质人才的培养和素质提高等重要支撑作用；要积极响应"大众创业、万众创新"国家战略，实施"高精尖创新中心和鼓励学生自主创业"替代和优化"僵化管理科研项目和计划分配"等具体措施，催生"互联网＋"、分享经济、3D打印、智能制造等新理念，以及互联网金融、互联网交通、互联网医疗、互联网教育等新业态；要积极推动形成政府、机构、高校、企业、园区、师资、大学生、创业者整合对接，形成"互联网＋创业园区"，让每个企业都可以用自来水般的价格拥有自己的网络商学院。互联网发展带来的红利，特别要珍惜互联网正由传播平台与交易平台端向产品端发展，产品端则正在朝更为丰富多彩的服务业形式与快速响应性的经济形态发展。在这一背景下，新服务与新产品、新技术与新模式都具有巨大的机会。如果说前一段我们经历的是离海平面一米深的广泛而活跃的互联网创业，那么今后一段时间内，中国创业者将向水深十米与百米处进发。从产品全面革新、服务全面垂直深化、资源配置重新架构的角度来看，"双创"大潮才刚刚开始。

毋庸置疑的是，在经济新常态的背景中，在供给侧改革的视野下，高校应以引导、升级社会需求为己任。教育的产出从社会意义上讲，就是培养人；从经济意义上讲，就是生产劳动力。无论是培养人也好，生产劳动力也好，教育都要讲求需求的原则。需求是高等教育改革和发展的根本支撑点。需求有显性需求和隐性需求两种：显性需求主要表现在劳动力市场和毕业生的就业率上，隐性需求主要表现在劳动力市场的人才储备和新科学、新技术、新产品的研制与开发上。教育既要重视与现实生产力发展水平相一致的显性需求，更要重视超越现实生产力，代表未来更先进的生产力的隐性需求。只有这样，才能发挥教育为发展生产力服务，促进生产力发展的作用；才能体现教育具有生产力和上层建筑双重属性的特点。

第三十五回　志刚意坚
——在学院领导班子"三严三实"专题民主生活会上的发言
（2016 年 1 月 4 日）

尊敬的省教育纪工委杜志刚书记、省委组织部人才处刘寒松调研员、省教育纪工委乔金霞副书记、江西师大方立处长，各位领导、各位老师：大家下午好！

按照省纪委机关、省委组织部、省委教育工委的统一安排，今天我们召开学院领导班子"三严三实"专题民主生活会。首先，我代表学院党政班子和全体师生，对亲临学院指导的杜志刚书记、刘寒松调研员、乔金霞副书记、方立处长表示热烈的欢迎！同时，也恳请各位领导对我们工作的不足给予批评指正。

一年来，南昌工程学院把开展"三严三实"专题教育作为重要政治任务，突出学习"三严三实"、践行"三严三实"主题，把深化学习教育放在首位，做到学而信、学而用、学而行，取得了很好的成效。一是立足学院实际，学原文悟原理。学院党委根据实际情况，科学设置专题教育模块单元，切实提高了领导干部的思想认识。首先设置主题单元，每个专题开展 3 次集中学习研讨，每次安排安排 2 位校党委班子成员作中心发言，3 至 5 位处级干部作心得体会发言，其他与会人员结合所学体会，围绕主题踊跃发言。其次设置自学单元，学院从党建经费中拿出 2 万多元，为全学院副处级以上干部购买了 600 多本"三严三实"专题教育学习书籍。第三设置培训单元，结合工作实际，学院党委在处级干部培训、党政办主任及机关党务工作者培训班学习中设置"三严三实"专题教育模块。二是突出领导带头，查问题找不足。学院领导班子成员带头讲"三严三实"专题党课、带头在专题学习中作中心发言、带头深入师生中间调研、带头查找不严不实问题，学院副处级以上干部都查找了个人不严不实问题表现，制定了整改方案和台账。三是强化责任担当，解难题求实效。学院扎实开展不严不实问题整改。在查找问题的过程中，有教师反映报账是个"老难题"，经过研究，学院计财处从 12 月 1 日开始试运行网上预约取号报账系统，大大节省了教职工办理财务报账业务的等待时间，提高财务工作效率，构建了和谐高效的财务报账关系。对"不严不实"问题进行整改后，学院认真总结工作成效，制定《南昌工程学院领导干部践行"三严三实"行为规范》。学院坚持两手抓、两不误，把开展"三严三实"专题教育与学院中心工作紧密结合起来，与完成各项工作目标任务紧密结合起来，做到专题教育与日常工作有机融合、相互促进。通过"三严三实"专题教育，把全学院领导干部激发出的工作热情和进取精神，转化为做好各项工作的强大动力。

学院党委高度重视本次专题民主生活会，会前进行了充分准备，坚持一个步骤不少、一个环节不省、一个标准不降，紧扣会议主题深化学习提高认识，查摆"不严不实"问题着力找准找实，通过召开座谈会和个别访谈，以及组织各基层党委、党总支、直属党支部、相关部门、民主党派、统战团体广泛征求师生对学院领导班子"三严三实"专题民主生活会的意见和建议共 192 条。认真撰写对照检查材料，广泛开展交心谈心，为开好民主生活会奠定了坚实基础。省纪委、省委组织部、省委教育工委领导认真审阅我院"三严三实"专题民主生活会方案，对开好这次会议提出了具体的要求，为开好民主生活会提供了有力保证。

今天上午，学院领导班子进行了"三严三实"专题民主生活会深化学习环节。首先是集中学习，主要内容有：深入学习习近平总书记关于党员领导干部践行"三严三实"的新思想新观点新要求、习近平总书记在中共中央政治局专题民主生活会上的重要讲话、党章和《中国共产党廉洁自律准则》《中国共产党纪律处分条例》等规章制度、中组部《"三严三实"专题教育情况通报（第 18 期）》、省委关于加强作风建设、营造良好从政环境的要求。其次是通报学院领导班子 2014 年度民主生活会整改落实情况。第三是对开好民主生话会提出要求。通过深化学习，学院领导班子成员掌握了"三严三实"的核心要义、认清了不严不实的严重危害、强化了从严从实的行为规范，查缺补漏、巩固成果，打牢开好专题民主生活会的思想基础。

今天的民主生活会，希望大家在剖析问题上要深刻实在，开展批评要坦诚到位。通过批评与自我批评，使我们每个人都能进一步增强宗旨意识，牢固树立群众观点，自觉加强党性修养和作风建设，使会议真正开出好氛围、好效果。

今天下午的会议共有四项议程：

一是我代表班子进行对照检查；

二是班子成员一个一个进行对照检查，听取批评意见；

三是请省教育纪工委杜志刚书记点评；

四是我作表态发言。

下面，按照会议议程，进行会议第一项，由我代表班子进行对照检查。

……

进行会议第二项，领导班子成员个人进行对照检查，班子成员逐一开展批评。（说明：每名班子成员对照检查结束后，其他班子成员要对自检的领导，逐一开展批评，要开门见山，直奔主题，重点突出，内容实在，不谈成绩，只讲问题。）

南昌工程学院领导班子"三严三实"民主生活会对照检查材料

（2016年1月4日）

根据中共江西省纪委机关、中共江西省委组织部《关于开好"三严三实"专题民主生活会的通知》要求，紧紧围绕"严以修身、严以用权、严以律己，谋事要实、创业要实、做人要实"的要求，联系班子实际，深入查摆问题，现就班子的对照检查材料汇报如下。

学院党委认为领导班子是一个团结、务实、清廉的集体，能够自觉同党中央保持一致，班子成员团结协作，在重大问题和重大决策上坚持民主集中制，遵守《中国共产党廉洁自律准则》等党内规章，认真贯彻落实习近平总书记系列讲话精神特别是关于"三严三实"专题教育的重要指示，紧密结合习总书记对我省提出"一个希望、三个着力"的工作要求，务实高效地推动学校事业发展，在人才培养质量、高层次人才引进、科研平台建设、科学研究水平、党风廉政建设等工作上都取得了明显成效，但经过深入检查反省，我们发现还存在一些问题。突出表现在：

一、对照"三严三实"检查情况

（一）在修身不严方面

学院领导班子在政治上是坚定的，但在遵守党的政治纪律、政治规矩和组织纪律方面有待加强。认为领导班子成员业务性强，工作量大，认真做好业务就够了，只要在政治问题上不犯错误就行了，在读原著、学原文、悟原理方面停留在文字上的表面理解，没有深入细致地去分析思考、指导实践；在学习中央、省等有关文件精神上，对新时期党的路线、方针、政策的深刻内涵把握不够；班子成员虽然对贯彻落实党的各项方针政策、纪律规定能够做到态度坚决、严格执行，但对于一些具体的制度规矩执行还存在不到位的地方。

（二）在用权不严方面

学院领导班子能够正确行使自己的手中权力，始终把组织赋予给个人的权力用来谋事创业，但存在依法治校氛围不够浓厚，制度落实不够有力等现象；对权力运行的制约监督不够有力，干事创业、攻坚克难方面还存在能力不足；一定程度上也存在着对权力的认识不够和如何用权力来帮助教职工解决实际困难的问题。在班子中存有把岗位仅当做组织对自己的肯定，对"权为民所赋，权为民所用"的理解不够透彻，工作中对组织负责多、对上级负责多，但对基层、对师生员工负责却往往做得不够到位，对于教职工重复提的有些问题得不到解决，特别是教职工反映的关乎教职工切身利益的问题，如学校彭家桥校区的利用问题，班子成员没有合理地利用各种机遇来解决好；班子中也时有对权力行使不够主动，不愿担当、不敢担当，有时存在"有权不用"的情况。

（三）在律己不严方面

学院领导班子能够按照党的各项规章制度严格约束自己，能够始终把纪律教育摆在首位，但是在工作开展过程中存有对一些纪律"放松"的现象。贯彻民主集中制还需更加严格，对干部执行组织纪律的教育监督需要加强；在落实党风廉政建设主体责任和监督责任方面，落实"两个责任"需要更加严格，惩防体系建设仍需加强；贯彻执行中央八项规定和省委实施办法还有薄弱环节，执行八项规定精神标准不高，作风建设自我要求不够严格等；在工作八小时以内要求严格，八小时以外要求就相对放松，没有始终做到以一名党员领导干部的标准严格要求自己。

（四）在谋事不实方面

领导班子存在创新意识不强的倾向，抓内涵建设不够扎实，抓工作推进不够过硬；工作中不能始终坚持高标准、严要求、求实效，开拓创新少，缺少对学校事业改革发展的顶层设计和长远规划的系统研究，如关于"十三五"期间学校奋斗目标的确定问题研究不够；在推动学校事业发展上，有办法、有路子，但提升学科建设水平的思考不够深入，举措不够精细；在工作中存有深入基层调研意识不够强，与普通教职工交流不够，提出的工作思路和制定的规章制度时有与基层单位"错位"现象；在谋划年轻干部选拔、培养上思想还不够解放；工作中缺乏创造性地推进学校事业发展和为教职工服务的工作举措，关于如何推进学校两级管理、教职工中午用餐质量、教职工发展条件和环境创造、教职工子女入托、彭家桥校区的管理等问题，没有创新的思维和创新的举措，导致这些问题在教职工中反映比较强烈；班子成员有时服务全局意识还不强，不能很好地站在全局角度谋划思考自身工作，也没有立足自身实际来有效服务全局；有时还存在惯性思维，工作中习惯"按部就班"，"差不多就行"，存在为了完成任务而完成任务的现象，没有切实根据实际情况创造性地开展工作。

（五）在创业不实方面

领导班子主动作为意识还不强，在高等教育发展新常态面前时有老思路、老办法的情况出现，难以适应高等教育新常态下发展好学校各项事业的要求。班子在工作过程中存有执行力不够，以会议落实会议的现象；班子成员对深入推进教育综合改革的认识不深，提出了改革的愿望，在行动上还不够坚决，有时积极性、主动性也不够，缺乏一定的主角思维和担当意识，九个专项小组基本上成为"最后一公里"；班子成员有时奋斗干事的激情不足，平时循规蹈矩做事，工作中遇到问题存在讲困难的多，想办法的少，缺乏攻坚克难、勇于创新的"精气神"和推进学校事业发展的紧迫感和责任感。

（六）在做人不实方面

班子成员在修身做人上始终能够把"德"放在首位，做到"慎独、慎微"，但是在具体工作过程中，存在服务措施不够实，抓干部作风不够实等现象，一定程度上存在怕得罪人、怕影响团结、怕伤同志之间感情的心里包袱，在对他人评价时，时有不能如实开展"批评"，乐于充当"老好人"，随大流，你好我好大家好的现象。

二、存在问题的原因剖析

针对上述这些"不严不实"问题，领导班子深刻反思，不漠视、不回避、不推卸，紧密联系思想和工作实际，按照"三严三实"要求对问题产生的原因进行了深入剖析。主要是以下四个方面：

一是理论学习不够重视。部分班子成员平时在具体事务上投入精力较多，不同程度地忽视了政治理论学习，业余时间用于看书写论文搞研究，用于政治学习的时间不够充足，或者学习要求不高，放松了自我修养的提高，不能严格按照共产党员领导干部标准要求自己、真正拧紧思想信念这个"总开关"，加之受社会上错误观念和不良风气的影响，导致思想有所滑坡、精神有所缺"钙"，不严不实的问题随之而来。

二是宗旨意识有所淡薄。通过扎实开展"三严三实"专题教育，领导班子进一步深化了群众观点、强化了宗旨意识，但现在看来，领导班子深入群众做得还不够，群众观点树得还不牢，全心全意为人民服务的宗旨意识没有真正在每位班子成员心中牢牢扎根。没有真正和师生打成一片，缺乏全心全意为人民服务的宗旨意识。同时与师生员工谈心交流少，直接听取师生意见不及时不全面，对校属单位的干部思想状况和生活情况了解不全面，帮助干部职工解决实际困难不够主动及时。

三是纪律观念有所弱化。纪律意识的强弱反映党员的理想信念坚定与否，关系到对党的先进性的认同感。在严格执行纪律方面，自觉主动性还不够，认为作为领导干部，只需要管好身边人身边事就行了，对自己作为党员领导干部更应带头遵规守纪的意识还不够强。特别是在法治思维和廉洁自律方面，还没有真正形成良好的自觉意识，切实形成提高法治素养、坚持依法办事的习惯，对把纪律和规矩挺在前面、严守党的政治纪律和政治规矩的认识也还不够深刻，不自觉地产生了一些懈怠和麻痹思想，这就很容易发生工作松劲。

四是党性修养有所松懈。一直以来，领导班子成员都能够始终坚持加强党性修养，但主动性自觉性还不够，在增强党性锻炼方面提升不快。领导班子成员平时在工作、思想和学习上自我要求过宽、自我约束过松，对自觉加强自身党性锻炼的重视程度不够，在工作中有时会把共产党员谦虚谨慎、戒骄戒躁、艰苦奋斗的优良传统忘记，归根到底是世界观、人生观、价值观没有拧紧关牢。

三、整改和努力方向

将"三严三实"精神作为指导班子建设和学校工作的总要求，进一步建立问题清单，明确整改责任，细化整改措施，不遗余力地把整改工作抓紧抓实抓细抓出实效。

一是加强理论学习。党委要切实把思想政治学习放在首位，不断完善学习制度，加强学风建设，以学习型党组织建设为抓手，完善校、院两级中心组集中学习制度，领导班子和领导干部带头学习交流、带头研究重大理论课题、带头加强党性修养，坚定理想信念，增强政治定力，努力做到知行合一。

二是强化顶层设计。党委要坚持道路自信，坚定开启建设"有一流学科的水利特色大学"的信心和决心，在深入调研、汇聚共识的基础上，科学编制"十三五"规划，进一步引领未来发展，将创新、协调、绿色、开放、共享的发展理念贯穿于学校改革发展稳定各项事业中去。

三是贯彻以人为本。党委要加强领导班子成员联系基层、服务师生制度建设，畅通民意渠道。在推进改革发展的同时着力提升师生群众的获得感。采取多种途径改进学生的学习和生活条件，满足教师教学和学生学习的需求，不断提高教职员工的福利待遇和幸福指数。

四是树立大局意识。党委要强调班子成员分工不分家，加强日常沟通、交流和谈心，互相关心、互相支持，班子成员主动平衡好管理工作和自身专业发展之间的关系，把主要精力投入到学校管理中，努力成为懂教育的政治家和讲政治的教育家。

五是严格干部管理。党委要多渠道多层次多侧面深入了解干部，把好选拔任用关。提高各级干部办学治校能力，弘扬从严从实作风；落实全面从严治党要求，加强干部队伍建设，夯实干部工作基础，提高干部工作规范化科学化水平。

六是严明政治纪律。党委要进一步严肃党内政治生活，在执行党的政治纪律、政治规矩方面形成上行下效的良好局面和从严从实的浓厚氛围。牢记宗旨意识，坚持秉公用权；树立法治思维，坚持依法用权。

七是守护清正廉洁。党委要切实履行好主体责任，主动适应全面从严治党新常态，切实抓好党风廉政建设；时刻不忘把廉洁从政作为主线，切实把廉洁为民融入到工作全过程；不断增强勤政廉政意识，使拒绝腐败的决心成为一种本能；自觉遵规守纪，严守行为底线。

八是狠抓工作落实。党委要坚持一切从实际出发，实事求是，牢固树立正确的政绩观，将改革举措变为实实在在的行动，全面提升学校在人才培养、科学研究、社会服务和文化传承方面的能力和水平，创造出经得起检验的业绩。

"三严三实"民主生活会个人对照检查材料
（2016 年 1 月 4 日）

按照这次民主生活会要求，以践行"三严三实"为主题，2015 年以来，我认真组织参加了学院"三严三实"专题教育活动，深入学习了习近平总书记一系列重要讲话精神，学习了党章和《中国共产党廉洁自律准则》《中国共产党纪律处分条例》等规章制度，并结合自身思想和工作实际，进行了深刻地自我剖析和查摆交流，明确了今后的努力方向。现将有关情况报告如下，请各位领导和同志们提出批评意见。

一、存在的问题

关于修身不严的问题，主要是政治理论学习不够深入、领悟不够透彻，用中央和省委重大经济社会发展方针政策指导学校发展不全面、不具体，仅仅停留在传达一些新出台的具体政策、法规条例、规定的部分章节、条款上，结合自身工作和学习实际转化吸收能力不强，进行认真思考、深入调研，拿出具体的可操作性方案不多，距把上级党的方针政策和工作部署落实要求差距较大。

关于用权不严的问题，主要是建立健全依法治校、遵章办事、按规用权的长效机制刚刚起步，有效监督党员、干部遵守政治纪律、政治规矩和组织纪律的机制还不够完善。有时正确处理民主与集中的关系还不够精准，部分单位"三重一大"事项"集体决策、分工落实"的民主集中制执行不坚决，决策和执行中程序性、规范性不足。碰到新情况、新问题凭经验考虑问题多，意见听取和调查研究不充分、不周全。

关于律己不严的问题，主要是求真务实的精神不够，工作中偏重于看得见的重点工作、主要事情。有时认为"想到"就是"做到"，计划措施虽然周密，一抓到底却不经常，存在追求形式，不重实效问题。接到工作任务，有时首先想到的是怎样尽快完成，特别是任务多、压力大的时候更是如此，存在着应付以求过关的想法，影响了工作效果，没有时刻以高标准严格要求自己。

关于谋事不实的问题，主要是缺乏有效统筹兼顾、存在顾此失彼的问题，谋划工作重长远、轻当前，工作执行重部署、轻落实，做长远规划目标远大难以实现，解决眼前现实问题能力不足有尾巴；深入基层一线不够，与教职员工交流沟通不深入，对民情民意把握不精准，导致工作决策脱离群众实际需求，服务群众事项缺乏实效性。

关于创业不实的问题，主要是存在"二次创业"的想法很多，开拓创新力量不足，缺少主动作为和担当责任的使命感，特别是在面对新老校区、创新创业园区和一流特色学科建设等新事物时，没有充分发挥主观能动性，局限于上级布置什么就做什么，有时产生的新想法也只是停留于心动而无行动的状态。不愿打破原有框框，求稳怕难，对一些时间短、任务紧、要求高的工作往往存在优质时达不到高效，高效中难以达到优质。

关于做人不实的问题，主要是存在"好人主义"思想，怕得罪人、不敢较真，如对上面提意见时，怕提的过于尖锐，患得患失；在对下面提要求时，怕过于严格，影响工作情绪，习惯讲成绩多、讲问题少，存在报喜不报忧的心态。

二、存在问题的原因剖析

对照"三严三实"要求，深刻反思自身存在的突出问题，不管是被动适应，还是随波逐流，都是主观上出了问题。

1. 理论学习不够扎实。在理论学习方面有所放松，对继续用理论知识武装头脑的重要性和紧迫性认识不足，持续学习积极性和自觉性不高，认为需要腾出更多的时间和精力来抓大事、办实事，从而导致自己在思想上放松了学习；自身运用理论指导实践的能力有限，没能很好地运用马克思主义立场、观点和方法来分析、解决实际问题，导致工作中有依赖思想，满足于自身的知识和经验。

2. 宗旨观念不够牢固。自己虽然出生在底层、成长在基层，但后来长期在机关工作，深入基层了解民意少，调查研究不够，时间长了，对群众就疏远了，感情也就淡化了。这几年返回高校基层事业单位工作后，平时大量的时间精力用在处理事务性问题上，早晚周末到教室、宿舍走走，看见学生都在认真看书做作业又不愿打扰，多数老师又因不住在学校而很少看见，久而久之，滋生脱离群众高高在上的不良习惯，对自己的群众观点缺少必要的反省，没有真正把宗旨观念落实到日常工作中去。经常把上级要求的、领导交办的工作作为重点，认真抓好推进落实，把群众反映的、难以量化的工作作为次要工作，投入的精力较少。现在作为一名在高校工作的党员，只有把自己融进到为群众服务中，才能实现其自身价值。但误以为这两年学校在全国排位前进都超过三位数了，再怎么开展工作都难以为群众产生直接的经济效益，因此对群众比较关注的问题总以为是中央和省委教育部门领导斟酌的事，对群众疾苦了解不多，反映甚少。究其根源，就是全心全意为人民服务的宗旨意识淡薄了，在思想深处没有解决好"为了谁，依靠谁，我是谁"的问题。

3. 党性修养不够到位。结合多年的工作实践，片面认为自己的党性修养比较强，放松了加强党性锻炼的主动性和自觉性。在遵守党的政治纪律、政治规矩和组织纪律，落实党风廉政建设主体责任等方面存在不足。在相关工作的推进上，思想还不够解放，满足于惯性思维，创新意识不强，有时误以为，在高校工作多是条框内的工作，只要循序渐进，按照上级要求处理好平常事务就完事大吉，不需要创新。在推进改革发展的力度与高水平大学建设目标之间存在差距，在日常工作上，充分发挥分管负责人的作用，注重统筹协调，但还存在一些不到位的地方；整体工作的推进还不够平衡，对照科学发展的要求还有差距。

三、今后努力的方向和改进措施

通过对照检查，自我剖析，使我更加清醒的认识到自身存在的问题和产生这些问题的根源，也更增强了我改进不足、提高修养的动力，在今后的工作中将从以下几方面改进和提高。

1. 加强政治理论学习，增强党性修养素质。把加强政治理论学习摆在自身建设的首要位置，重点学习习近平总书记治国理政系列重要讲话及中央和省委重要会议精神，学习党的路线方针政策以及最新理论，切实增强政治敏锐性和鉴别力，以理论上的清醒，促进政治上的坚定。坚守共产党人的精神追求，坚持用科学理论武装头脑，不断增强学习理论的主动性、自觉性，不断提高自身的思想文化素质和修养。真正做到学有所思、学有所悟、学有所用。在学好政治理论知识的同时，努力掌握当代社会新发展的各种新知识，更新知识结构，为创造性地开展工作奠定扎实的知识基础。

2. 增强宗旨意识，做到勤政廉洁。把个人价值的实现与社会需要、群众需求紧密结合起来，坚持党的事业第一、人民的利益第一，保持和发扬党的优良传统和作风。要深入基层，联系群众，倾听群众意见，努力做到善于克服消极思维、模糊认识所造成的各种束缚，破除急躁情绪，迎难而上，坚持把维护好、实现好、发展好最广大人民的根本利益为出发点和落脚点，把为人民尽职尽责作为衡量工作的根本标准，在任何时候任何情况下，全心全意为人民服务的宗旨不能忘。认真倾听群众的呼声和愿望，努力解决群众关注的热点难点问题，不断密切与群众的血肉联系；坚持党的民主集中制，团结同志，胸襟开阔，光明磊落。落实党员领导干部廉洁自律的有关规定，时时处处自重、自省、自警、自励，从一点一滴的细微之处筑牢思想道德和党纪国法两道防线，保持党员领导干部勤政廉洁的良好形象。

3. 进一步务实创新，增强工作实效。坚持以共产党员先进性的标准严格要求自己，大力发扬实事求是、求真务实的作风。做到思想上不断进步，观念上不断更新，工作上不断创新，在谋划发展、研究政策、推进工作时更加贴近基层、贴近群众、贴近实际。坚持解放思想、实事求是、与时俱进，在科学理论的指导下，通过实现学习方式、工作理念、工作手段和工作机制的创新，最终达到工作成效的不断提高。要不断总结和完善工作经验，提出新思路、新方案，拿出新举措，开创工作新局面。始终围绕党的中心工作，贯彻落实上级党政各项决策和部署，严格执行各项规章制度，尽职尽责做好各项工作。

最后，恳请各位领导和同志们多提批评意见，我一定虚心接受，并在今后的工作中认真加以改进。

……

进行会议第三项，请省教育纪工委杜志刚书记进行点评。

……

进行会议第四项，由我作这次民主生活会的作表态发言。

专题民主生活会既是涵养党性的思想整装，又是锤炼作风的自我磨砺，是学院党委按照中央、省委要求进行积极健康的党内政治生活的一次难得实践。我们这次民主生活会，准备充分，主题鲜明，组织周密，充满了紧张、严肃、活泼、和谐的气氛，起到了统一思想、改进作风、增进团结的作用，开得很成功，是一次高质量的民主生活会，为学院"三严三实"专题教育进一步推进创造了条件。

今天下午的会议环节，班子成员能够站在全局和战略的高度，充分认识坚持用好批评和自我批评的武器、提高领导班子解决自身问题能力的极端重要性，自觉把思想和行动统一到中央、省委精神上来，自觉用对照检查自己、指导推动工作，以实际行动为学院广大干部师生树立标杆、作出示范。在批评和自我批评环节，大家的发言都能够紧扣"三严三实"主题，紧密结合修身做人、用权律己、干事创业实际，分别查找了自己的"不严不实"问题表现。自我批评敢于解剖自己、相互批评坦诚相见。在查摆不严不实问题的基础上，我们的党委成员能够运用马克思主义的立场、观点、方法，从世界观、人生观、价值观入手，从理想信念、宗旨意识、党性修养、政治纪律等方面，剖析问题产生的原因，认清问题实质，深刻入理，虚实结合，触及了灵魂。都提出了今后的努力方向和整改措施。

针对下一步整改阶段，我提四点要求：

一是要加强学习，坚持立根固本，强化政治意识、党性观念、理想信念、宗旨意识，努力做社会主义政治家、教育家。要坚持"三严三实"专题教育，学院上下继续深入学习习近平总书记系列讲话精神，进一步增强开展"三严三实"专题教育的思想自觉和行动自觉。要把习近平总书记的讲话精神作为统一思想认识的重要指引、作为专题教育的重要内容、作为加强和改进作风建设、坚定理想信念的重要指导，切实做到真学真懂、真信真用、真抓真改。

二是要牢记主体责任，从严管党治党，把这次民主生活会作为推动党建工作，真管真严、敢管敢严、长管长严的一次重要实践，着力改进和加强学院党委班子建设和党风廉政建设，形成抓党建促发展、促改革、促法治的新合力。要搞好"回头看"，认真搞好民主生活会情况通报，及时召开情况通报会，并向上级部门上报民主生活会报告。学院要在会议召开后 15 天内，向省纪委、省委组织部、省委教育工委上报专题民主生活会情况。

三是要抓好民主生活会查摆问题整改工作，对民主生活会查摆出的问题逐条研究，切实以中央、省委要求和师生期待为动力，坚持务实为本、真改实改、改出变化、改出成效。要消除"闯关""过关"思想，切实把各项整改措施落到实处。对民主生活会上查找出的问题，要制定整改任务书，列出问题、整改、责任"三个清单"，排出时间表，明确牵头领导和单位，一项一项地抓落实。对师生反映强烈的问题，要开展专项治理，研究具体措施，制定出台制度，形成长效机制。同时，要继续用好批评和自我批评这个武器，及时总结专题教育中形成的新认识、新经验。

四是要带头务实重干，进一步增强履职尽责、敢于担当的责任感和使命感，进一步提高攻坚克难的能力，着眼于水利特色大学和一流学科建设，深化改革创新，确保干在实处。要以这次民主生活会作为新开端、新动力，认真做好今年学院各项工作，要一手抓专题教育，一手抓学校中心发展工作，以专题教育推进学校中心发展，以学校中心发展工作检验专题教育成效，做到两手抓、两手硬、两丰收、两推进，切实把专题教育的成果落在学院提内涵、强校风、促发展的方方面面。

今天的会议到此结束，谢谢大家！

第三十六回　肝胆相照
——在党外人士情况通报会上的讲话
（2016 年 1 月 7 日）

各位专家、教授，大家上午好！

刚才各位民主党派和无党派代表人士结合各自的专业特长和各自的研究领域作了很好的发言。大家的发言紧扣落实中共十八届五中全会"五大发展理念"的主题，结合我省经济建设社会发展和高等教育的特点，既有综合宏观理论分析，又有可操作的具体思路，既有理性思考，又有实践建议，既有高科技发展战略，又有实际生活中的百姓关切，既表现出建言献策的积极性，又表现出从自身做起贯彻落实"五大发展理念"的热情。这充分表明，我校民主党派和无党派代表人士，对如何贯彻落实习总书记的重要讲话精神进行了深入的思考和研究，这些建议和意见倾注了大家大量的心血，凝聚了大家的智慧，我们将分类梳理，认真吸纳。同时借此机会，我代表学校向各民主党派、统战团体所有成员表示衷心的感谢！

长期以来，党外知识分子都是参与学校改革、建设和发展的重要力量，活跃在国家经济建设的各个领域，为国家富强、民族振兴和人民幸福积极贡献智慧和力量，并为学校的发展做了大量工作，赢得了良好声誉。党的十八大以来，以习近平同志为总书记的党中央高度重视统一战线工作，提出了一系列重要思想，作出了一系列重要部署。特别是 2015 年 5 月 18 日至 20 日党中央召开中央统战工作会议，习近平总书记发表重要讲话，中共中央颁布实施《中国共产党统一战线工作条例（试行）》，标志着统一战线事业进入新的发展阶段。2015 年 9 月 28 日学校党委召开统战工作会议，要求扎实做好新时期统战工作，把全校的智慧和力量凝聚到实现任务目标上来，在搞好学校教学科研和服务江西经济建设方面进一步发挥重要作用。在这里必须充分肯定的是，大家以高度的事业心和强烈的责任感，为学校的发展做了大量有益的工作。但是，我们也要清醒地看到，我校和省内高校特别是发达省份先进高校相比，无论是学校人才培养、教学科研等内涵建设，还是服务经济社会发展水平都有很大差距。浙江的"985工程"院校只有浙江大学一所，但是浙江高等教育对经济的贡献率在全国是走在前列的，科技进步奖浙江大学一家拿的比我们江西高校总和还多。现在，我省高校发展正面临"前甩后追、不建则停、不进则退、不升则降"，必须迎接严峻的挑战，更应抢抓改革发展的机遇，追赶超越，才能确保江西高校建设高水平大学和一流学科的战略发展，完成大众创业、万众创新，创新驱动发展的战略任务。创新是一个民族的灵魂，习近平总书记多次强调，如何把"中国制造"变为"中国创造"，这的确需要一代又一代科教工作者不懈努力奋斗。高校教育不但有育人的职责，更有创新的引领要求，承载着历史责任和使命担当。今年是"十三五"的开局之年，希望我校的党外知识分子从各自教学研究领域出发，围绕国家和我省经济社会发展"十三五"规划以及教育改革发展建言献策、多做贡献。

一是要加大党外代表人士的培养、选拔和使用力度。习总书记指出，"党外知识分子工作是统战工作的基础性、战略性工作"，"党外代表人士工作的重点是科学使用、发挥作用，关键是要加强培养、提高素质"。要进一步提高政治意识和政党意识，要关心政治了解大势，更要了解学校发展大势，找准在学校发展中的事业切入点，保持进步性，与中国共产党同心同向同行；要加强学习，做好本职工作，要做本领域本行业的代表人物，发挥代表人士在各自工作岗位上的示范和带头作用；要有担当意识，敢于履行政治和社会责任，靠积极作为来赢得地位。有才就要为，有为才有位。从党中央到江西省委都希望大家有才有为，也有许多平台位置恭候大家展示才华。如对南昌大学光电效应实验室，省里给了大力支持；东华理工大学陈焕文，把质谱科学与仪器重点实验室搞得有声有色，省里也专门给了项目启动费；省里对我校的工作也很关心，科技厅批准我校微纳驱动与控制研究所改为江西省精密驱动与控制重点实验室，学校从九三学社社员中选拔正处级主任。我在对机械与电气工程学院院长黄志开同志任前谈话时明确指出，首要的工作是抓人才和师资队伍建设，不仅要从外面大量引进人才，还要扎实培养利用好现有的人才队伍；既要有党内的，也要有党外的；既要有男同志，也要有女同志。他马上推荐了一个机械与电气工程学院的九三学社社员、博士、副教授王翠女士。王教授主要从事电力电子技术、高压大功率变流器的研究，2015 年给长沙海赛电装科技有限公司研发一台直流 600 伏地面电源装置，现正使用于沈阳铁路局长春车辆段，可以为铁路客车提供三种不同电压的电源，已具备智能型启停功能。2015 年为长沙海赛电装科技有限公司研发的 IGBT 测试台，现正应用于中国中车成都车辆厂。2015 年 10 月，中国铁道科学研究院领导王华胜等率各列车制造厂和运行局对 IGBT 测试台进行了检查验收，并要求各列车制造厂在生产中应用。该项技术很有应用前景，希望学校科研部门做好服务工作，也能争取上级有关部门的支持。

二是要推进科技成果转化为社会生产力。我校是以工科为主的应用型高校，在工艺、设计、高端制造和发达国家有差距，但水利工程实用技术并不落后。现在国家对职业教育大力发展，鼓励转型发展，提高到了一个很高的程度，这也是借鉴了德国职业教育的经验，德国制造是世界公认，取决于德国职业教育的发达。我校信工学院研制的无人机，省委书记强卫同志都很感兴趣，可否再前进一步，争取省部给予大力支持，不管是水利行业还是国防领域，都会发挥巨大作用。要在推进产业结构调整转型中发展自己，特别是为提升产业链，提高科技含量，打造经济发展的升级版，培养新型战略性产业、引领新型城镇化多做贡献，这是江西经济社会发展转型升级的战略任务。土木与建筑工程学院积极紧跟国家"海绵城市"建设的步伐，发挥土建学科在城市基础设施建设的优势，主动作为，结合江西省萍乡市"海绵城市"国家试点城市，土建学院道路与桥梁工程教研室积极参与萍乡市的"海绵城市"建设，与萍乡公路勘察设计院合作，开展城市道路路面渗水、排水、蓄水等课题项目研究，使城市道路建设生态化，为萍乡市的"海绵城市"试点建设积累经验，提供技术支撑，为江西地方经济社会发展事业作出应有的贡献。

三是要积极建言献策发挥智库作用。高校作为我国哲学社会科学事业的主力军，是建设中国特色新型智库的重要力量，理应走在智库建设前列。据省教育厅统计，我校 2015 年获得省部级领导批示数量位列全省高校前茅，既为全省经济社会发展作出了应有贡献，又提升了学校的社会影响，还扩大了大家的知名度。要深入贯彻落实好中央和省委《关于加强中国特色新型智库建设的意见》，尽快把学校的智库建立起来，明确智库建设整体规划、科学布局和功能定位，统筹整合优质资源，充分发挥战略研究、政策建言、人才培养、舆论引导、公共外交等五大功能。各民主党派、统战团体要充分发挥好自身优势，围绕中心，服务大局，立足校内，放眼校外，主动对接，开展多层次、多形式、多领域的调查研究，本着高度负责的态度，说实话、道实情、出实招，提出切实可行的对策、建议，为学校、党派团体的上级组织乃至省委、省政府的民主决策、科学决策提供有力的依据。大家要向江西省政协常委、民盟江西省委常委、我校工商管理学院院长邓丽明女士学习，她前两个月出席省政协十一届十四次常委会议时，作了"加强农业面源污染防治，保护农村水环境"的专题发言，得到郑为文副省长的肯定和高度评价，多次点名赞许，并认为省政协委员的发言，提出的情况与问题客观实在、分析到位，提出的措施针对性、操作性强。

同志们！发挥好党外知识分子的作用，事关学校改革发展的全局，事关江西绿色崛起的成败。团结带领广大党外知识分子，投身到学校的振兴大业中，是统一战线的重要职责，也是学校的重要使命。希望广大党外知识分子，在各级党委的带领下，齐心协力、勇于担当，为江西高水平大学和一流学科建设贡献更多的智慧和力量，实现中华民族伟大复兴的中国梦作出新的更大贡献！

谢谢大家！

第三十七回　老当益壮

——在 2016 年离退休干部迎春团拜会上的致辞

（2016 年 1 月 12 日）

尊敬的各位老领导、老同志、老师们：

　　三九寒冬聚，相逢乐无穷。在这一元复始，万象更新之际，我们欢聚一堂，辞旧迎新，看望各位老领导、老同志，向大家通报过去一年的工作，畅谈新一年的发展思路。

　　过去的 2015 年，在省委、省政府的正确领导下，我们深入学习贯彻党的十八大和十八届三中、四中、五中全会精神，扎实推进"三严三实"专题教育活动，全校上下同心协力，抢抓机遇、攻坚克难、埋头苦干，在教育教学改革、科学研究与社会服务、人才队伍建设、水文化研究创新、国际合作与交流、内部管理服务等方面保持了较好的发展态势，较好完成年初学校确定的工作目标任务，呈现出团结和谐、风清气正、干事创业的良好局面。全校离退休干部发挥自身优势和特长，为学校的事业发展积极建言献策，以实际行动支持学校的改革和发展，在此，我代表全校教职员工向为学校发展奉献青春、贡献余热的离退休老同志表示衷心的感谢和最崇高的敬意！

　　老同志是革命的宝贵财富。我们党历来尊重和爱护老干部，高度重视老干部工作。党的十八大以来，以习近平同志为总书记的党中央对老干部工作提出了一系列重要思想，作出了一系列重要指示，2014 年 11 月 26 日，习近平总书记亲切接见全国离退休干部先进集体和先进个人代表并作饱含深情的讲话，指出老干部工作是非常重要的工作，在我们党的工作中具有特殊重要的地位，承载着党中央关心爱护广大老同志的重要任务。各级党委和政府要从传承党的优良作风、弘扬中华民族传统美德的高度，认真做好新形势下老干部工作，把党中央关于老干部工作的各项方针政策一项一项落到实处，总书记的重要讲话充分体现了党中央对老干部工作的高度重视和对离退休干部的亲切关怀，体现了党和人民对老同志历史贡献的充分肯定，对做好老干部工作寄予了殷切期望。大学是尊师重教的文明高地，尊老敬老既是高校发展的传统美德，也是我们党的光荣传统优良作风。我们要始终对老同志保持敬重之心，发自内心地尊重老同志，把老同志的历史贡献和功勋业绩铭记于心；倾注关爱之情，周到细致体贴入微地服务老同志；多做务实之事，切实解决好老同志最关心最直接最现实的问题，努力营造尊老敬老的良好氛围。

"饮水思源，绿叶系根"。在学校发展的每一步历程中，广大老同志在各自工作岗位上，默默奉献了人生的美好年华，做出了光辉的历史功绩，创造了宝贵的精神财富，学校的每一步重要发展都凝聚着老同志的开拓和奉献，饱含着老同志的创造和积累，浸透着老同志的心血和汗水，没有老同志的长期奋斗，没有老同志打下的坚实基础，就没有学校今天蓬勃发展的大好局面。

"莫道桑榆晚，为霞尚满天"。学校过去的发展离不开老同志的付出与贡献，学校将来的发展同样离不开老同志的智慧与人脉支持。在新的2016 年，学校要深入学习党的十八届五中全会精神，认真贯彻创新、协调、绿色、开放、共享五大理念、精心谋划学校"十三五"规划；学校要做到开好局、起好步，争取更多支持、更高层次项目和教学成果，开启有一流学科的水利特色大学建设；学校要适应新常态、再上新水平，离退休工作要力争走在全省同类高校的前列：一是要进一步完善离退休工作部门职能，加强统筹协调，形成服务管理的工作合力，提升离退休服务管理工作的质量和效率，保障老同志退休生活"老有所依"；二是要进一步加强离退休干部党组织建设，建立健全组织生活制度、学习制度和管理等制度，充分发挥离退休干部教职工党组织凝心聚力的作用，发挥老同志理想信念坚定、政治觉悟高、辨别是非能力强的政治优势，做到"离岗不离党、退休不褪色"，继续履行党员义务，积极参加学习活动和组织生活，"老有所学"；三是要进一步为老同志活动搭建老科协、关工委、文娱活动团体等平台，加强保障，使老同志能够充分展示智慧和才能，发挥余热，始终保持政治坚定、思想常新、理想永存，深入开展老干部工作为党的事业增添正能量理论研讨活动，发挥自身的经验优势、威望优势，大力支持学校各项工作，"老有所为"；四是继续落实好离退休干部的各项政策，落实好老同志的政治待遇和生活待遇，把工作做到广大老同志心坎上，切实解决好老同志的实际困难，让老同志安享幸福生活，"老有所养"；五是继续组织好老同志参观城市建设和新农村建设成果，在全面建成小康社会的伟大征程中，"展示阳光心态、体验美好生活，畅谈发展变化"，切身感受伟大祖国日新月异的中国梦，组织丰富多彩的适合老同志身体特点和兴趣爱好的文体活动，做到"月月有活动，人人能参与"，在"老有所乐"中幸福生活。

"金猴献礼增福寿，喜鹊报春鸣瑞祥"，在中华民族的传统佳节——猴年春节即将来临之际，我代表学校党委和行政向大家拜个早年，祝大家新年快乐、阖家幸福、健康长寿！

谢谢大家！

第三十八回　述职点评

——2015 年度学校基层党组织书记党建述职会结束时的讲话
（2016 年 1 月 13 日）

同志们：

开展党委书记抓基层党建工作述职评议考核，是按照中央和省委部署要求，落实全面从严治党、加强党的基层组织建设的重要举措。今年是我们学校第一次开展基层党组织书记抓基层党建工作述职评议考核。为开好这次党建述职会，校党委组织部拟定了《南昌工程学院基层党委（总支）书记抓基层党建工作述职评议考核实施方案》，为防止偏离主题、走神散光，校党委专门下发《关于开展 2015 年度基层党组织书记抓基层党建工作述职评议考核工作的通知》，要求述职重点围绕履行基层党建工作主体责任、基层党建突出问题整改落实、基层党建工作投入保障等情况进行述职。大家按照述职评议考核要求，坚持把功夫下在会前，在对近年来的基层党建工作情况进行深入调研，进一步听取意见，梳理分析所在单位基层党建工作中的突出问题，研究提出推进解决办法措施的基础上，亲自动手撰写述职报告。校党委组织部严格审核述职报告、层层把关、防止"跑偏题""掺水分"，将各位的述职报告汇编成册。我花两天时间认真看完了，集合每篇述职报告形成的总体印象是，既展示出了本单位本部门基层党建工作的成效和特色亮点，更查摆出了问题，大家没有评功摆好，每个人都列出了问题清单和责任清单，充分体现了大家抓基层党建的政治自觉和行动自觉。

今天这次会议，六位基层党组织书记作会议述职，其他同志都作书面述职；出席会议的有校党委领导班子成员、所有基层组织和部门的党委、党总支、直属党支部书记或负责同志、党政办主任（或组织委员），以及熟悉了解基层党建工作情况的党员、群众代表共 70 余人；会议采取书记述职，领导或基层代表现场提问、学校党委书记点评、与会人员测评的方式进行；参会的党委书记、基层代表，围绕基层党建工作中存在的最突出问题、基层党员群众平时最关注的热点难点问题，进行现场提问，由书记现场作答，针对性强，让各位书记心里感到了压力，思想上受到了触动。大家明显感到这次会议，既是一次学校基层党建专项述职评议会，也是一次基层组织建设推进会；各级党委抓基层党建工作这根弦绷得更紧了，各项工作的推进更加扎实有力了。总的看来，成效还是比较明显的，主要体现在以下八个方面。

一是形成了大抓基层的氛围。各党委和主要负责同志能够认真履行主体责任，层层签订目标责任书，一级抓一级，一级带一级，压力层层传递、责任步步传导；组织部门坚持从抓薄弱环节、抓重点难点、抓要害部位入手，加强过程跟踪、进度督查、通报曝光力度，及时发现和解决工作中存在的问题。可以说，各级党组织抓基层党建的劲头越来越足，大抓基层的导向越来越深入人心。

二是党建"第一人"责任非常明确。按照"全面从严治党"的要求，书记抓党建的责任落实到位，工作保障、督导指导、"三会一课"等工作制度健全完善，基层党建创新工作亮点突出。扎实开展"三严三实"专题教育。深查"不严不实"问题，以"严"的态度和"实"的精神修身做人、用权律己、干事创业，牢记岗位担当，切实履职尽责。

三是以宗旨意识促进作风转变。坚持眼睛向下、重心下移，着力解决党员思想"僵化"问题、班子"软化"问题、党员观念"老化"问题和组织"弱化"问题，以宗旨意识促进基层党组织作风、党员作风的转变，切实提高基层领导干部的执政能力、基层组织战斗堡垒作用和党员模范带头作用，帮助基层办实事、解难题。如水利学院扎实开展"连心"工程，密切党群干群关系。学院每个党委委员联系一个相关支部，所有教工党员根据学科、专业的相关性联系一名党外群众、一个专业班级、一名特殊学生，取得了很好的效果。

四是增强领导班子团结和凝聚力。基层党组织书记带头，坚持从正确的思想路线出发，运用实事求是的马克思主义理论观点，正确认识基层党组织班子团结的重要性，始终保持清醒的头脑，自觉维护班子团结的动态平衡，科学分析和准确解决班子团结上存在的深层次矛盾和问题，不断提高班子团结的质量和水平。经贸学院运用"四深化""四培育"党建思想政治工作方法，倡导"快乐学习、快乐工作、快乐生活"的党建文化，有效促进了班子的和谐团结，工作团队活力倍增。

五是服务大局的思路非常清晰。坚持了把党建工作放在全校教育事业发展的大局中来考虑、来谋划、来推进，组织实施了基层党组织"五星创评"系列活动，通过党建工作促进了学生的考研、就业，充分发挥了各级党组织和广大党员的战斗堡垒和先锋模范作用。人文与艺术学院组织党员专业教师打造"'全媒体之家'党员服务中心"，有力促进了学生专业实践能力的提升。工商管理学院在党建工作中探索建立"1234"党员（人才）志愿辅导学生考研机制，充分发挥教师党员的先锋模范作用。

六是用创新思维打造特色品牌。各基层党组织能够结合实际，积极推进"基层党建活力提升工程"建设，打造本单位党建特色品牌。继续教育学院积极开展学院和函授站党员活动创新模式探索，指导省内外函授站设立党支部，切实保证了基层党组织的完整性和战斗力。外国语学院在指导学生党支部开展经常性的微党课教育、创新学生党员党内组织生活形式、开辟微信平台的同时，创造性地把学生创新创业教育作为党建工作新抓手，取得了很好的效果，培养出像徐莉同学这样的杰出创业大学生。土木与建筑工程学院党员教师刘凯指导 8 位学生完成的作品《基于无人机的裂缝险情检测系统》荣获全国第十四届"挑战杯"竞赛一等奖，创下我校参加"大挑"以来的历史最佳成绩。

七是优化组织构架建好队伍。开展了党总支、直属党支部委员或增补委员选举，调整教工党支部和学生党支部设置，不断优化党的基层组织架构，配强基层党组织队伍。机关党委为了更好地开展工作，对机关党支部进行了较大力度的调整，理顺了工作关系，形成责任的有效传导。机关党支部书记均由部门处级党员领导干部担任，发挥他们在机关党建工作中的重要作用。

八是以党建带群团建设。开展丰富多彩的实践活动，校医院组织全校教工 200 余人参加 2015 年度职工"妇幼知识竞赛"，组织医院人员开展强身健体户外活动 3 次，营造了一种政治上关心爱护、工作上严格要求、生活上廉洁自律和谐宽松的工作环境，促进了党员干部职工队伍建设。

当然，除了工作特色和亮点，从大家的述职中可以看出，学校基层党建工作中还存在不少问题。集中体现在一些党委和少数领导干部，在履行抓党建主体责任上仍然存在五个认识误区。一是欠缺的教育观。不少基层党组织对党员存在"重发展，轻教育"的问题，使得不少党员缺乏基本的党章意识、纪律意识，组织的管理监督，如同牛栏关猫、进出自由。如何解决好师生的理想信念问题，没有放在立德树人的首要位置，进入思想、进入工作还有些差距。这里最缺少的，就是那种在为国家、为人民、为社会服务中成就人生追求的社会担当。二是错误的对立观。有的把抓党建和抓教学科研、抓民生工程对立起来，认为抓了党建会影响教学科研，特别是强调从严治党、反腐败、抓政风建设会影响学科建设，对发展有制约，有消极影响，这种思想在个别人脑子里是存在的。三是片面的割裂观。有的没有看到基层党建工作与抓改革、发展、稳定、民生的内在联系和辩证统一关系，认为抓党建和教学科研是两回事，党建是党建，民生是民生。把党建和教学科研割裂开来，使党建工作变成负担，变成额外任务。四是消极的等靠观。有的认为我校的基层党建历史欠账多、矛盾积累多、解决难度大，对财力要求这么高，就存在畏难情绪和等靠拖的思想。有的基层干部，特别是有些单位负责同志，认为基层党组织活动场所是在搞形式主义、都是形象工程，甚至妄加菲薄、乱加议论，顶着不办，对学校申报省部级各种奖项负面影响极大。五是扭曲的政绩观。有的还没有把"抓党建是最大政绩"的思想树立起来，不能摆正显绩与潜绩的关系，抓首责主业的意识树得不牢，抓基层党建认识不高、精力不集中，认为抓基层党建短期难见效，即便有成效也是隐形的，更愿意抓来得快、容易见效的工作。这些认识误区和偏差，有的是个别问题，有的则带有一定普遍性，但都给整体推进我校基层组织建设带来了严重思想阻碍，必须破除。

大家实事求是的态度和对问题的清醒认识，为对症下药、抓好整改打下了坚实基础。党建工作是一切工作首要，党建工作抓不好，其他工作不会有起色，抓党建是本职，不抓党建是失职。述职评议不是评功摆好走过场，重点是找准问题解决问题，大家能找准问题就是解决问题的开始。各级党组织书记，必须增强管党治党意识，把抓好基层党建这份责任放在心上、抓在手上、管到份上，用责任传导压力，用压力推动落实，真正扛起"第一责任"，针对问题难题，盯紧薄弱环节，聚焦重点难点，直面破解消除。要坚持动真格、真问责。不严明责任、不追究责任，从严治党只能成为一句空洞的口号。各党委和组织部门要加大督促检查力度，采取定期、不定期抽查或专项督查等方式，跟踪督导，强力推动重点任务落实。加大整改推进力度，各党委书记要根据点评要求和述职承诺，列出整改清单，逐项抓好整改落实。加大问责追责力度，对管党不严、治党不力、问题突出的部门特别是"一把手"，要严格追究、严肃问责，坚持"不靠谱的干部就要靠边"，对没有抓好、问题较多、主责落实不力的，坚决不提拔重用。要注重真抓实干，对那些喊空口号、摆花架子、造"盆景"作秀，评议考核中基层党员群众反映差的要限期整改，情况严重的要严肃问责，不称职的要进行组织调整。要坚持抓根本，根本抓。深刻认识基层党建与"四个全面"战略布局的辩证关系，切实找准工作的方向和路径。"四个全面"战略布局是党中央在新形势下治国理政的基本方略，是推进党和国家各项工作的总引领、总目标和总方向。党的十八届五中全会提出了我国"十三五"时期的奋斗目标和"五大发展"理念，也紧紧围绕"四个全面"战略布局。省委十三届十二次全会按照推进"四个全面"战略布局要求，提出了未来五年的发展任务。无论是落实"四个全面"战略布局，还是实现"五大发展"，都与基层党建紧密相关、密切相连。因此，我们基层党组织要深刻认识基层党建与"四个全面"战略布局的辩证关系，对标衔接、积极作为，切实找准工作的方向和路径。

1. 要找准基层党建统揽党员教育的制高点。新的形势要求党建工作要勇于占领制高点，重视教育引导党员将个人的价值取向紧贴新常态，紧跟新的时代步伐，与新的时代脉搏一起跳动。就矫正价值取向来说，当前要着力强化党员意识。所谓党员意识，就是党员对党的性质、宗旨、历史使命以及党的理论、路线、方针、政策的认同和对自身先进性践行的意识，是政治觉悟和党性的集中体现。通俗来讲，也就是从理论上认同党，感情上热爱党，行动上维护党，利益上捍卫党。陈云同志曾指出："共产党员要时刻牢记自己是党的人，是'特殊材料'制成的人，是紧握右拳宣过誓的人，是'随时准备为党和人民牺牲一切'的人。"这是对党员意识的最好诠释，应成为每名党员的座右铭。判断党员意识的强弱，我觉得，有"三个标志"：第一，平时是否有党员的样子，率先垂范、以身作则；第二，大是大非面前能不能坚定立场，自觉以党的旗帜为旗帜，以党的方向为方向；第三，任务面前是否敢喊"我是共产党员，我先上""看我的，跟我来"，勇挑重担、冲锋在前，带领群众克服艰难险阻、高标准完成任务。

2. 要找准基层党建全面深化改革的落脚点。全面深化改革，薄弱在基层、落实在基层。当前，高校基层党建工作还存在着体制机制的问题，破解难题需要改革创新，应对挑战需要改革创新，面对新形势新要求需要改革创新，基层党建工作一定要与全面深化改革同频共振、互动双赢。基层党组织要及时回应群众关心的思想认识问题，教育引导干部群众凝心聚力促进改革；要着眼于基层党建制度体系建设，教育引导干部群众履职尽责推动改革；要不断深化对基层党建工作规律的认识，把基层优势转化为改革发展优势，把基层活力转化为改革发展活力，教育引导干部群众革故鼎新服务改革。

3. 要找准基层党建依法治校的契合点。全面依法治校，基础在基层，重点在基层。运用法治思维和法治方式推动发展，全面提高党依据宪法法律治国理政、依据党内法规管党治党的能力和水平，是十八届五中全会提出的明确要求。基层党组织离群众最近、与群众接触最多，提高基层干部和群众的法治观念、法治素养，不断提高基层社会治理法治化水平，推动形成群众安居乐业、社会安定有序的良好局面，是实现全面依法治校的重要基础和重点任务。

4. 要找准基层党建全面从严治党的着力点。全面从严治党，固本在基层、关键在基层。抓好基层党的建设不仅是全面从严治党的题中应有之义，更是固本之举。必须把全面从严治党贯穿于党的建设各方面、全过程，在全面全程上下功夫，在"关键少数"上下功夫，在制度落实上下功夫，在作风建设上下功夫，从严加强基层组织建设，大力整顿软弱涣散党组织，充分发挥基层党组织战斗堡垒作用和党员先锋模范作用。要注重品牌引领，以"连心、强基、模范"三大工程引领党建工作。要注重整合力量，健全基层党组织建设责任体系。要注重以点带面，善于发现和培育典型，用基层经验推动基层工作，对一些试点工作要加强总结，及时推广。

5. 要找准基层党建融入中心工作的发力点。进一步做实抓手，利用好平台载体，做到谋划党建工作时，主动放到大局中思考。当前要着力树立三种理念：一要树立创新创业理念。大学教育创新创业变革新时代，给大众创业万众创新提供了难得的历史性机遇。对此，党建工作要瞄准大学生创新创业这个新高地，打好创新驱动攻坚战。二要树立科技创新理念。我们的党建工作者要善于引领人们学习新理念、新技术、新知识。尤其要重视突出互联网、大数据、智能技术等创新发展模式的学习研究，使之成为党建工作创新发展的新引擎。三要树立"党建＋"理念。融入中心抓党建，加中心工作、加重点任务、加社会治理、加日常工作，力求加一项实一项，抓一项成一项。

同志们，全面从严治党永无止境，抓基层打基础须臾不可放松。会上十分钟，会下一年功，作为第一责任人，只有切实强化责任意识，抓好党建这块"责任田"，才有底气站到台上，把一年的成果晒出来让同志们考评。党委（党总支、直属党支部）书记只有切实履行树立导向之责、谋篇布局之责、示范推动之责、兜底解难之责，才能深入贯彻习近平总书记全面从严治党战略思想，进一步理清思路、创新举措、加大投入、强化责任，努力促使基层组织有活力，党员干部做表率，师生员工得实惠，各个方面都取得实实在在的更大成效。

第三十九回　坚守良知

——在 2013 级硕士研究生毕业典礼上讲话
（2016 年 1 月 16 日）

尊敬的各位来宾、各位老师、亲爱的同学们：

大家好！

今天，是一个特别的日子，是一个具有纪念意义的日子，我们很高兴在这里隆重举行 2013 级硕士研究生毕业典礼暨学位授予仪式。在此，我谨代表学校向同学们经过辛苦学习和工作，圆满完成硕士阶段的学业，即将开始人生新的征途表示衷心的祝贺！同时，向几年来辛勤培育和关爱研究生成长的导师们、学院和职能部门的同志们表示诚挚的谢意和亲切的问候！

依依惜别之际，往昔历历在目。三年前，同学们怀揣梦想从祖国的四面八方来到江西这块红土地，来到中国水都英雄城南昌，相聚在南工这座美丽的校园。在这里，你们践行"自强不息，格物致知"的校训，经过严格系统的思维训练和学术探究，学到了系统的专业知识，培养了对问题质疑的能力，养成了独立思考的思维方式，提升了追求幸福生活的能力，磨炼和淬火出更加成熟的风采；在这里，你们留下了许多美好的青春记忆，有辛勤的汗水也有稠载的收获，有失败的懊恼也有成功的喜悦，有苦涩更有欢乐。可以说，研究生的学习生活，必将成为你们生涯道路上最难忘、最坚实、最富有激情的青春岁月。

"长风万里送鲲鹏，对此可以酣高楼。"从今天起，你们将继续人生的远航，继续为个人的荣耀、为母校的荣耀、为国家的荣耀而努力奋斗！此时此刻，我想对大家提四点希望。

（一）按照"三严三实"要求做人

"三严三实"首先讲的是严以修身，修身讲的就是做人。今后你们每天都面临一件事情，就是如何与各种人相处，而保持本分和谦让是一切的开始。古语说的"谦亨"和《易经》中的"平天下、保国家、善自身"的大道就是礼让和谦虚。你们已经完成了硕士的学业，从学历和学位上讲，已经达到了很高的层次，可以说你们通过努力已经使自己成为同辈中的佼佼者。因为你们已经拥有了令人羡慕的"原始积累"，但是一旦踏入社会，你们就要勇于打碎自己，时常反省不足。要遵从古训——吾日三省吾身，用内心的"火眼金睛"来审视自己。无论世事如何变幻，都要脚踏实地，不仅要时常仰望星空，而且切记要为他人、为社会切实地做点什么。要从小事做起，戒骄戒躁，攻克每一个难题，积小胜为大胜，在社会这个大舞台里找到自己的角色，实现自己的人生价值。2014 年度国家最高科学技术奖得主，被称为我国"氢弹之父"的于敏院士，从拿着计算尺从事复杂的计算开始，几十年如一日从事高度机密的科学研究工作，他的学术成果几乎没有发表在公开的场合，甚至连他的名字在很长时间都不为人知，但这并不影响他做出让国人自豪，让世界震惊的成果。

（二）按照"学富五车"标准读书

"立身以立学为先，立学以读书为本"。你们虽然从学校毕业了，但你们的知识财富积累才刚刚开始，要学习的东西还很多。希望大家今后无论在什么岗位，都应该使学习成为一种习惯。近年来，党中央多次强调"建设全民学习、终身学习的学习型社会"。胡适先生也说过，"人与人的区别在于八小时之外如何运用。有时间的人不能成功，挤时间的人才能成功。八小时之内决定现在，八小时之外决定未来。"我们今天生活在移动互联网时代，科技的快速发展和各种时尚正在影响和改变着我们的生活，社会上的诱惑很多，作为一个受过严格学术训练和良好教育的青年，我们一定要沉下来、静下来，多读书、读好书。在世界多极化、经济全球化深入发展，文化多样化、社会信息化持续推进的当今，人类面临的社会问题也越来越复杂，综合性、系统性、整体性特征越来越明显，多学科的交叉、融合、协同成为必然趋势。因此毕业之后，无论大家继续攻读博士研究生，还是从事社会其他领域的工作，都需要有"跨学科"的心态，突破学科的藩篱，开拓视野、放开胸怀，多进行一些宏观涉猎，善于从诸多的学科中汲取养分、扩展思维框架。

（三）按照"七下八上"经历成长

人生如同世界杯，打完小组赛还有淘汰赛，打完淘汰赛还有半决赛和决赛，想要问鼎冠军，需要从理论到实践、从基层到上层假以时日进行实践与磨炼，"七下八上"螺旋式上升不断超越自己。毛泽东同志曾说过：读书是学习，使用也是学习，而且是更重要的学习。他是这样说的，也是这样做的。他善于从实践到理论、再从理论到实践，经过不懈地探索和思考，写出了《实践论》《矛盾论》《论持久战》等不朽著作，指导了革命实践。自古以来，读书人追求"学以致用、博施济民"，不仅博学、慎思，更要经世、笃行。"纸上得来终觉浅，绝知此事要躬行"。只有把书中的为人之道、做事之道放进心里、身体力行，并且不断从实践中感悟和反思，才能真正丰富思想、锤炼睿智。你们当中有的会走向各种企事业单位，担负起服务社会的神圣职责；有的会进入党政机关，从事管理工作。不论选择哪一种生活，希望你们要时刻有危机感，没有危机是最大危机，满足现状是最大陷阱。面对变化的世界，要有坚持矢志不渝的信念，要保持勇于创新的精神，适应时代发展的新要求，不断增强个人竞争能力。

（四）按照"九全十美"心态生活

如何谋划人生、创造历史？要按照"十全十美"的要求练好十种功夫。一是在"高"字上求全求美，练登高望远、胸襟开阔之功，争做凌云之志之人；二是在"谋"字上求全求美，练顺时而为、因势而动之功，争做时事善谋之人；三是在"思"字上求全求美，练能思善断、决策高瞻之功，争做潜心思辨之人；四是在"实"字上求全求美，练实事求是、真抓实干之功，争做担当有为之人；五是在"换"字上求全求美，练身在兵位、胸为帅谋之功，争做换位高参之人；六是在"快"字上求全求美，练追求效率、立说立行之功，争做求真务实之人；七是在"简"字上求全求美，练删繁就简、开门见山之功，争做下笔简约之人；八是在"趣"字上求全求美，练宽宏大量、快乐工作之功，争做兴趣致胜之人；九是在"创"字上求全求美，练与时俱进、善于创新之功，争做求新图变之人；十是在"德"字上求全求美，练善悟人生、道德高尚之功，争做厚德载物之人。但在未来的生活中，你们往往难以做到"十全十美"；因而放弃一个有"九全十美"也行，但"德"字绝对不能丢，这是立身之本、成事之基，特别是当你们对成功无比渴望时，必须意志坚定，坚守住"道德与法律"的底线，逾越了这个底线，将会为此付出巨大的代价，会受到应有的惩罚。生活中这样的警示太多了。当前国家正在全面推进依法治国，希望同学们能做知法守法、遵守道德的典范，争做践行社会主义核心价值观的典范。

依依惜别，言犹未尽。同学们！三年的求学时光转瞬即逝，未来的日子必须靠你们自己去打拼。当你们事业有成时，请不要忘记告诉母校和老师，你们的成长和进步，这是一种跨越时间和空间、超越物质和金钱的回报，我们期待这种回报。当你们遇到困难时，请不要忘记母校永远是你们的靠山和后方，无论今后你们身在何方，母校永远是你们的家。同学们，一定要记得常回校看看！

最后，我衷心祝福同学们：猴年启程，前程似锦！

谢谢大家！

第四十回　四看八出

——2016年党委务虚会导言
（2016年1月18日）

同志们：

　　务虚会是党委议事决策的一项重要内容，也是提高党委科学决策、民主决策、依法决策水平的有效途径。1978年12月至1979年3月召开的理论工作务虚会是中国共产党召开的第一个理论工作务虚会，"四项基本原则"就是邓小平在该次会议上提出的理论。今年我们学校党委务虚会的主题是"三严三实整改和2016年工作思路"，这是上周二党委会研究决定的。大家要围绕这个主题，本着高度负责的态度，充分发表意见；不能心中无数、漫无边际，想到哪议到哪；要有第一手素材，使务虚会"虚"而不空、"虚"中有实。两天时间要努力争取做到"四看八出"。

　　——"三严三实"看整改，植入灵魂既开花又结果。整改任务事关学校改革发展，事关教职工的切身利益，工作要求高，任务重，干部关心，群众关注。各单位要坚决按照《三严三实专题教育实施方案》落实相关工作，把没有做好的工作继续落实好，做得不好的工作整改好，做好的工作要求做得更好。在今年初召开的民主生活会上，我代表党委领导班子提出了加强理论学习、强化顶层设计、贯彻以人为本、树立大局意识、严格干部管理、严明政治纪律、守护清正廉洁、狠抓工作落实等八个方面的整改措施，还提出要将"三严三实"精神作为指导班子建设和学校工作的总要求。这里再强调一下，我们一定要强化责任，精心组织，扎实推进，确保整改工作取得实效。一是要明确整改责任。每一项整改任务都明确牵头领导。班子成员要亲自抓，精心组织，切实履行好第一责任人的职责；要注意从宏观上把握，从细节上推进，带头研究制定方案，带头解决问题，带头整改落实，自觉接受群众监督，把发挥领导干部的带头示范作用贯穿始终，推动整改工作取得干部受教育、发展上水平、群众得实惠的实际成效。任务涉及的责任单位要认真梳理《任务分工》提出的整改意见，主动认领相关问题，逐条逐项进行检查，加快制定各类制度体系，扎紧制度笼子。涉及整改落实的部门要高度重视、周密部署，明确整改责任、整改要求和整改时限，做到压力层层传导，责任层层落实。各单位要对照整改工作方案，逐项拉出清单，明确责任，对每项任务都要做到定人员、定时间、定任务，确保16项整改任务不折不扣落实到位。要强化时间观念和效率意识，在保质保量的前提下，整改工作往前赶，能快改就快改，能早改要早改，确保在规定期限内完成整改任务。要发扬讲认真、"钉钉子"精神，一个问题一个问题认真抓整改，一个环节一个环节全力推进整改，确保不留尾巴、不出现反弹。二是要加强督促检查。职能部门要切实加大督促检查力度，采取有效措施追踪任务进展，建立整改落实台账、整改进展通报等制度，营造浓厚氛围，用干部群众的满意度、学校改革发展的成果来检验整改落实工作成效。要深入掌握情况，及时发现问题，全力督导落实，对进展缓慢、整改不力的单位，要及时通报，确保教职工反映的问题事事有回应、件件有着落，让师生员工看到实实在在的整改成效。三要统筹兼顾推动工作。要把整改工作与学校、本部门、本职工作结合起来，统筹兼顾、合理安排，不仅要认真完成各个环节的任务，还要用心抓好日常工作。通过整改促进各项工作的开展，用各项工作的实际成果来衡量和检验整改落实的成效，切实做到"两手抓、两不误、两促进"。

——透过现象看本质，正确判断学校发展趋势。最近几年，我们充分展现了南昌工程学院团结进取、勇于开拓的精神风貌。我们集中全党智慧和全校师生力量，以改革为动力，在江西省高校中率先成立全面深化改革领导小组，坚持把促进学校事业全面发展作为第一要务，推动深化教育教学综合改革。坚持鲜明导向，重点突破，把水利学科优势融入国家需求，不断提升办学实力。坚持创新引领、体制驱动，推进创新创业教育，更加关注青年学子的全面发展；深化人事制度改革，更加关注青年教师的成长成才。坚持依法治校、依章办学，完善内部治理结构，提高办学治校能力。坚持关注民生、改善民生、共享发展，不断提升广大师生员工的获得感与幸福感。坚持狠抓落实、全面发展，圆满完成"十二五"计划的各项主要任务。一是关于"水特色"。这是学校 58 年悠久办学历程中形成的最重要的办学特色。我们秉承、发扬和光大"水"科学，不仅在"水"内涵中深化，至少包含技术、文化、哲学三个层次；而且在"水"外延上拓展，既立足水又不囿于水，逐步将水的渗透力扩大到各个学科领域。二是关于"多科性"。从学科布局和数量上讲，学校已经具有多科性大学特征：多科性，学科一般不少于 5 个；层次性，以某一个或两个学科为核心学科形成有梯度的学科群；互补性，不同学科之间优势互补；渗透性，学科之间相互渗透；发展性，根据社会的需要与学科本身的发展，学科梯度可以发生变化，非核心学科可能发展为核心学科，核心学科也可能成为非核心学科。三是关于"应用型"。学校抓住水利、交通等基础设施建设大发展的历史机遇，在应用技术、科技开发和工程项目等方面的实力充分彰显。但我们没有因为在工程项目和应用技术类学科上的优势，将学校自觉或不自觉地定位成专业应用型甚或职业技能型。建设学术导向而不是应用技术和职业专业导向的水利学科群，已经成为我们共同的觉悟和使命。特别是在创新创业教育、大学科技园建设等方面，我们在全省都做得有点名气，已经突破了教学型、应用型的界限，研究型大学的称号我们不敢当，教学研究型的雅号我们也还不够格，但实际上我们是一个有科技创新能力的水利特色鲜明的教学创新型大学。

——一分为二看问题，集中讨论是否"更名改大"。这个问题的重要性、必要性、可行性，大家都非常清楚。这几年学校发展比较快，在全国的排位两年前移了 186 位，听上去确实鼓舞人心。但是，相当一部分教师和干部对快速发展的重要意义认识还不够深刻，积极主动思考利用这一重大进步"更名改大"、提高办学层次还不够深入，若干部门和学院的工作状态还没有与"位"俱进，与"更名改大"目标还有差距。这一方面说明大家的思想还没有统一到学校的整体发展战略目标上来；另一方面也说明，某些单位的实际行动还不完全符合"更名改大"大学建设的要求。我在近两个月的调研过程中，也发现学校上上下下有两种思想倾向：一种是盲目乐观论。大家也看到了，按照中国校友网发布的《2016年中国大学评价研究报告》，在全国700多所公办本科高校里，我们南昌工程学院综合排名375位，按照这个排名，我们已经进入全国"大学"行列，只要我们打报告申报教育部门就会同意批准。另外一种是盲目悲观论。觉得我们南昌工程学院正式更名为大学条件不具备，跟河海、华水等水利大学没法比，特别是与国内高水平大学相比差距更远，和传统的大学申报条件对比也有很多缺项，相当一段时期内根本不可能实现"更名改大"目标。这种盲目乐观论和盲目悲观论在一些干部、一些教师，甚至一些领导中都并存。这种思想认识的分歧会导致我们不能凝心聚力，导致我们的很多行为不能与学校的要求高度一致，也导致我们的执行力存在很多问题。盲目乐观论和盲目悲观论，表面上看是学校发展目标的取向不同，但是，我认为归根结蒂是指向南昌工程学院要不要建成水利特色大学，要不要发展这个问题。

——纷繁复杂看重点，一流学科创建列上议程。2015年10月24日，国务院正式印发《统筹推进世界一流大学和一流学科建设总体方案》，一流学科建设提升到国家战略层面，这是高等教育发展的里程碑事件。12月26日，南昌大学召开首届学科建设大会，殷美根副省长出席会议并讲话，省级领导出席高校学科建设会议尚属首次，充分体现了省委省政府对全省高校建设"一流学科"的高度重视和殷切期盼，也为我校冲击省内或者行业一流学科提供了前所未有的机遇。这种从"学科建设"到"重点学科建设"、从"重点学科建设"到"一流学科建设"的渐次强化逻辑对我校的发展尤其具有现实意义。在目前激烈竞争的态势下，我们能否在新一轮建设中抓住机遇、赢得先机、实现跨越发展，必需统一思想，转变观念，立即行动起来，用习近平总书记的系列重要讲话，特别是来江西考察时提出的系列思想来引领我们的各项工作。党委要统揽全局、协调各方，要强化顶层设计，集聚资源，实施重点突破；所有干部都要对党忠诚、敢于担当，为了学校的事业，学校领导干部要敢想敢做敢担；学校的总体发展要站位高远、目标科学、办出特色、办出水平；学校要坚定不移地走改革开放之路，走合作办学之路，走国际化办学之路；学校要培养和引进一批学科领军人才，加强重点学科建设，加强重点平台建设，提高本科生质量，扩大研究生数量，提高毕业生就业率；南昌工程学院所有的干部职工要增强使命感和责任感，要凝心聚力、团结干事，集中到一流学科创建工作上来。

通过"四看"，意思只有一个，就是南昌工程学院要发展，要正视差距；要明确方向，要奋发有为。所以，我要求每个领导干部，特别是领导干部中的关键少数，要认真的践行"三严三实"的要求，在水利特色大学建设中对党忠诚、敢于担当：对党忠诚就表现在对党的事业忠诚、对学校的忠诚、对岗位的忠诚，要与学校保持思想和行动的高度一致，不折不扣的执行学校各项决定；敢于担当就是要始终保持闯的劲头，敢为人先，敢于涉险滩，越是形势严峻，越是任务艰巨，越要勇于担当，敢于担责。

一要解放思想出闯劲。要破除固步自封的思想，树立开放意识；要破除因循守旧的思想，树立创新意识；要破除得过且过的思想，树立进取意识；要破除小团体利益至上的思想，树立大局意识；要破除急功近利的思想，树立实干意识；要破除服务地方、应用研究是低水平的思想，树立江西需要就是国家需要、服务江西就是服务国家的意识。只有打破这些思想的禁锢，摆脱这些条条框框的束缚，大胆地闯，大胆地试，才能一步一步实现"十三五"规划制定的战略目标。

二要增大能量出动力。学校发展的动力，来自于大家奋发有为的精气神，来自师生员工的齐心协力，来自发展资源的充分保障。当今世界已不再是"火车跑得快，全靠车头带"的单一动力时代，而是整体给力的"动车组"分布式协同动力时代，这就要充分调动全校每位师生员工的积极性、主动性和创造性；多渠道、多层次、全方位争取一切可获得的外部资源，做大增量，盘活存量，为发展的保障支撑提供强有力的物质动力。

三要凝心聚力出活力。大家都知道，世间一切奇迹都是能够创造出来的。要实现这个宏伟的目标、这个战略目标，靠十几个校领导肯定不行，而是要充分地依靠书记、院长、处长、学科带头人、学术带头人、骨干教师等等这些中坚力量，特别是要依靠广大师生员工，包括离退休的老领导、老同志，要依靠大家的理解和支持。以合理的激励机制、科学的评价体系、严格的绩效考核来激发每一个人的积极性和创造性，而且要用实实在在的民生工程，让每人能够切实感受到学校发展带来的实惠，让每人都能更加自豪、更有尊严、更感幸福，焕发出激情与活力。

四要转变作风出实效。要发扬钉钉子的精神，以踏石留印、抓铁有痕的精神去干工作，靠实招、实干、实绩去树立形象，干部特别是领导干部，一定要转变萎靡不振的精神状态，改变不作为、不担当的作风，做到勇于担当、敢于肩负时代的使命；要全面从严治党，切实转变作风，努力营造让干部放心做事、放手做事、放胆做事、放权做事的工作环境，让想干事的人有机会，让能干事的人有舞台，干成事的人能够有激励，以旗帜鲜明的用人导向，激励广大干部真抓实干，建功立业。这也是学校进行干部使用的目标导向，党委会以旗帜鲜明的态度，会以旗帜鲜明的用人导向来激励大家。

五要你追我赶出速度。当今世界竞争日益激烈，对于发展机遇、发展资源和发展占位的争夺已趋白热化，现在比拼的已不是速度而是加速度。须知，我们在努力，别人也在努力；我们在迅猛发展，别人也在大发展，如果没有足够大的加速度，发展的结果很可能仍是"等距离落后"，甚至极有可能由于"马太效应"而使得我们和一流高校的差距进一步放大！只有以时不我待、只争朝夕的劲头加速发展，学校才能够完成迎头赶上乃至后来居上，才能实现超常规、非线性的跨越式发展和战略性赶超。

六要改革创新出实绩。要改革完善管理体制和运营机制，要转化职能和转变管理方式，重心下移，资源下沉，实现从学校办大学到学院办大学的转变。处长们的职责也要转变，要实现从分配资源到服务基层并进行指导、督导转变。此外，要按照精简高效的原则进行机构调整，首先就是要加强具有顶层设计功能的高教发展中心，围绕国家和区域发展的战略需要，优化学科布局，进行资源重组，定向引进高端人才；要改革和完善选人用人机制，加大引进、稳定和培养人才的力度，特别是年轻教师；要通过加强国际合作，提升国际化水平，来促进人才培养机制的改革创新。

七要重点突破出高峰。围绕国家战略定位，要充分利用我们江西省特殊的省情优势和南昌工程学院人才优势、学科优势、办学地位优势，以主动服务国家战略、服务江西发展为导向，实施差异化发展战略、非均衡发展战略，靠速度爆发、速度突破、速度冲刺以加快发展的速度，来带动量的扩大和质的提升。要通过选择重点学科，培养重点平台，获取重大项目，形成重点突破：在重点学科上我们要优先考虑特色学科、优势学科的培育和倾斜；在重大项目上，要力争获得"十三五"国家重大专项，力争在国家新型智库建设中有所作为；在重大科研成果的发表和获奖上，要取得新的突破。

八要整体提升出实力。核心是要把学科实力搞上去，关键是要把研究生学位授予权拿下来。不仅要在全面确立人才强校主战略、国际化战略、数字化战略等方面加大战略推进，而且要在工科登峰、理科强基、文科跨越、交叉振兴等方面加大具体措施。要整体提升人才培养、科学研究、社会服务、文化传承与创新的水平，打造核心的竞争力，提高学校的综合实力，提升对国家和区域发展的贡献力和支撑力，扩大学校在国内外的影响力。

总之，我们要坚定信心，要抓住机遇，要顺势而谋，要乘势而上，通过学校跨越式的发展，实现水利特色大学建设的目标。

今天我开头就讲这些内容，谢谢各位。

第四十一回　与位俱进

——在学校 2016 年党委务虚会结束时的讲话

（2016 年 1 月 19 日）

同志们：

一年一度的党委务虚会，经过与会同志两天的努力已经圆满结束。这次会议既关乎学校"三严三实"主题教育的活动成效，又涉及学校改革发展战略性、全局性和方向性的重大问题；会议开得很有意义，很有成效，达到了预期目的。大家能够抓住主题、聚焦重点、发扬民主、集思广益，进一步凝聚了共识，汇聚了智慧，集聚了力量；大家发表很多很好的意见和建议，虽然务虚会不做结论，但我们要认真整理总结，加强对相关问题的分析和论证。可以说，这两天会议既是一次思想碰撞的务虚会，也是一次推进工作的务实会，既解决了我们思想层面的认识问题、意识问题、决心问题，也解决我们操作层面的思路问题、举措问题、行动问题，必将为学校下一步改革发展注入新活力。下面，根据会议安排，我对会议进行总结，主要是把 2016 年的工作归纳为"五个一"。

一、绘好一张蓝图，切实做好学校"十三五"发展规划

"十三五"是学校创建水利特色鲜明创新型大学的关键时期。要鲜明地高举"更名改大"的旗帜，把五年发展大学的蓝图展现出来。根据《普通高等学校设置暂行条例》和教育部有关规定，"大学"应当是学科比较综合、教学科研水平比较高、具有相当规模、主要培养本科及本科以上专门人才的高等学校，比"学院"的要求高。学院改大学有七个要求：100 名以上正教授；8000 名本科在校生；三大学科门类，每门有三

个以上专业；有 10 个以上硕士研究点；国家基金项目获奖 20 项以上；教师中硕士博士比例占 42% 以上；科研课题经费在 600~2000 万元。我们要对照这些要求分别采取不同的对策，已经达到或者超过的要做得更好、精益求精，没有达到的要做到缺什么补什么、一点不漏，大家感觉到差距比较大的要举全校之力攻克难关、万无一失，为达到国家规定的"大学"标准创造条件。

一是办学规模稳定逐步提高质量。面对国家高考招生制度的重大改革，可能目前用以衡量生源质量的分数标准不再作为唯一的依据，那么将以什么样的标准来判断生源的质量，我们要做好研究。认真做好参加教育部教学审核评估的各项准备工作；落实"以评促建、以评促改，以评促管、评建结合，重在建设"的方针，巩固本科教学工作的成果，全面提高学校的本科办学水平。要全面梳理学校专业硕士研究生培养试点工作开展情况，认真对照评估验收的各项指标查余补缺，确保顺利通过试点评估验收，为硕士授予权单位申报奠定基础，多渠道拓展研究生培养渠道，大幅度提高研究生办学规模。

二是学科专业齐全配置更科学。从学科建设来看，一流学科建设已经势在必行。要在人才队伍和科技创新上下工夫，着力解决学科建设中存在的短板。扎实做好专业评估、建设工作。认真做好"十三五"专业建设与评估规划；强化专业内涵建设，探索学科与专业建设的良性互动机制；有序推进工科专业认证工作；深入推进专业核心课程建设；试行在线开放课程的学分认定；鼓励有基础的课程深入开展全方位的改革。

三是教学与科研平台上档次出成果。高水平教学科研成果奖励的问题，这与项目来源和推荐渠道有很大的关系，是"广撒网"的推进，还是需求特色突破，需要创新思维。要依托国家级大学科技园和大学生创新创业园，完善"一园两区"的功能布局，点面结合推进"众创空间"的建设。要整合学校创新创业教育资源，逐步理顺相关体制机制，形成齐抓共管的格局。

此外，还需要在基础设施，实习、实训场所，办学经费、领导班子方面达到国家规定的要求。

二、制定一个方案，切实安排一流学科创建规划部署

一流学科建设作为高校强化内涵建设的龙头，也是"十三五"规划的核心重点。我们必须把一流学科建设作为一项系统工程来抓紧、抓实，努力凝练学科特色，明确学科发展路径，尽早谋划制定学校一流学科建设的实施方案，为下一步全力推进一流学科建设打好基础、赢得先机。

一是要加强一流学科建设的顶层设计。学校领导班子必须切实担负起学科建设的顶层设计责任，加强学科发展体系的顶层设计，把握学校学科发展的大局，明确学科发展的目标，优化学科结构，强化优势特色。要把一流学科建设作为加强内涵建设的核心工作，作为事关学校长远发展、提升学校核心竞争力的战略举措，认真贯彻落实教育部推进一流大学和一流学科建设的文件精神，根据江西省的总体部署，结合我校发展实际，坚持"有所为有所不为"的发展思路，进一步优化调整学校一级学科的布局，整合优势特色学科资源，重点支持水利工程冲击国内一流、其他省级重点学科建省内一流，校级重点建设学科创建特色培育学科。要在学科定位、学科建设内容、时间表和路线图等方面进一步论证、细化，全面分析问题、梳理学科"家底"，明确建设重点，推动一流学科建设不断深入。

二是要切实做好一流学科建设的特色凝练。加强优势特色学科建设，是学校保持核心竞争力的根本途径，是增强地方院校综合实力、提升学科建设水平、提高办学质量的必然选择。统筹推进一流学科建设，必须瞄准国家重大战略需求，聚焦国际学科发展前沿，巩固现有的学科优势点，培育新的学科增长点，以学科方向汇聚学科队伍，打造学科平台。要按照差异化发展战略，筛选培育优势特色学科，尽量做到与强校、强势学科相避开，选择我们长期办学积淀的特色学科进行建设。要按照"升大"基本条件，适度压缩工科、发展应用性理科、强化管理学科，调整学科结构和学科研究方向，形成理工类院校"升大"三大支撑学科，鼓励建设"学科群"以形成学科拳头。要突出服务地方和行业的思想，围绕制约区域经济社会发展的关键技术和水利行业重大现实问题开展应

用研究，实现特色学科建设与服务区域经济社会发展的双赢。

三是加强一流学科的人才队伍建设。没有一流的大师就没有一流的学术队伍，没有一流的队伍就没有一流的学科。学科建设的关键是选好学术、学科带头人，建设好学术队伍。根据这两天讨论的情况，我们接下来可能不能依靠"解决配偶工作"这些政策来吸引人才来，要创新引进机制，下大力气在高层次人才上有所突破。在培养和造就一支学历结构、学缘结构、职称结构和年龄结构合理的学科队伍上下功夫，大力推进"人才强校"战略的实施，进一步创新学科人才队伍聚集机制，采取超常规措施，按照"不求所有，为我所用"的原则，与时俱进调整人才引进政策，通过内培、外引及柔性人才制度等措施，吸引校内外优秀人才，包括已经退休的知名专家教授参与到特色学科建设中来，组建一支校内外相结合、老中青相结合的高水平学科队伍。要通过学科整合资源，发现人才，把优秀人才聚集到学科队伍中来，形成结构合理的优秀学科团队。

四是健全一流学科建设的运行机制。坚持建设与管理并重，遵循国际通行的学科评价标准及建设管理规则，创新学科建设的新模式、学科管理与运行机制。要与国家和省协同创新建设战略需求以及国家高等教育综合改革实施紧密结合，与推进我省加快发展的新兴产业形成关联，与地方有关人才、科技、教育、文化等重要工程或项目有机衔接，促进学科交叉融合与合作，促进政产学研用合作。要加强学科建设的绩效考核和过程管理，强化全程监管和全程跟踪审计，我们在强调对各教学单位学科建设中乱花钱的追究的同时，对不充分利用学科建设经费也要问责。要建立公平客观的绩效评估机制，完善学科带头人负责制，对重点学科实施重绩效、重成果的目标管理以及滚动发展、优胜劣汰的动态管理；要以完善学校人事分配制度改革为契机，不断完善学科建设激励机制，建立学科带头人和学术骨干的绩效考评、津贴和奖励制度，提高学科骨干成员的工作积极性和生活待遇。

三、列出一张清单，切实制订学校民生工程具体安排

以全面启动60周年校庆的筹备工作为龙头，切实加大投入，稳步推

进基础与民生工程建设，逐步改善校园环境，积极提高教职工、离退休同志待遇，构建平安校园、智慧校园，着力提升师生员工学习、工作和生活条件。

一是积极做好校友工作。启动 60 周年校庆筹备工作，成立筹备工作领导机构；进一步健全校友工作机构框架，推动校友会组织的审核备案工作；鼓励和支持各地校友开展活动，强化与校友的沟通与联系；扎实做好秩年校友返校服务工作。

二是以改善校园环境为抓手，统筹规划，积极运作，大力改善校内基础设施，加大校园环境建设，推进校园美化绿化工程；有序推进学校建筑物外墙翻修亮化工作；切实满足师生意愿，扩建职工活动场所，完善校园交通设施；加快推进校园基本建设，做好瑶湖校区部分建设调整立项工作，力争下半年开工建设 2~3 栋教学实验用房。努力使新校区面貌焕然一新。

三是以建设"智慧校园"为目标，加快推进无线网络全覆盖，积极推进校园服务 APP 应用开发，启动学校发展核心数据管理与服务平台，加强网络教学资源库建设，建立开放灵活的教育资源公共服务平台，全面服务学校事业发展。

四是以确保安全稳定为根本。探索建立干部任用综治一票否决制度；深入推进校园治安防控体系建设"提档升级"工作，不断提升师生员工安居乐业的安全感和满意度；切实加强综治维稳工作信息化平台建设，为维护校园公共安全提供有效服务；不断织密单位内部治安防控网络，确保学校的公共安全和大局稳定。

五是以提升职工幸福指数为基准，深入推进人事分配制度改革，总结首轮绩效工作改革的成效和经验，梳理试行过程存在的问题，完善绩效工资实施方案；推进养老保险制度改革，实施职业年金制度；继续深化职称评审制度改革，发挥职称评审的杠杆和导向作用；理顺学校各类人员的管理，调动各层面的积极性。要在学校财力和政策许可范围内，以普惠制为原则，尽最大努力提升教职工收入水平。健全离退休党组织，探索建立老科协、关工委，积极处理老同志遇到的实际问题，做好离休干部排忧解难和帮扶工作。

四、扎紧一个笼子，切实加强学校党风廉政制度建设

制度建设是反腐败的治本之策、根本之道，也是实现反腐倡廉建设战略目标的必然选择。要按照中央和省委的部署要求，结合学校的实际，制定和完善一批管用有效的制度，编制制度之笼，实现法治之治。

一是要落实主体责任。学校各级党组织要深刻认识落实党风廉政建设主体责任的极端重要性和紧迫性，全面把握主体责任的主要内容，突出抓好落实主体责任的重点工作，建立健全落实主体责任的责任体系，严格按照党风廉政建设责任分工。要落实党风廉政建设"一把手"工程，各级党政主要负责人要做到既"挂帅"又"出征"，既"明责"又"追责"，明确主体责任和监督责任清单；党政主要负责人要带头落实，敢抓真管，真抓实干，做到重要工作亲自部署，重大问题亲自过问，重点环节亲自协调，重要案件亲自督办；要始终坚持问题导向、需求导向、目标导向，深刻把握"两个责任"内涵，自觉破除不想抓、不会抓、不敢抓的问题，坚守"主阵地"，种好"责任田"，自觉抓好党风廉政建设工作。

二是要健全制度机制。着力健全党内监督制度，加强"三重一大"民主决策机制的贯彻落实，完善选人用人管人制度，加强领导干部监督和管理，敦促领导干部按本色做人、按角色办事；要着力深化体制机制改革，推行权力清单制度，强化内部流程控制，防止权力滥用；要着力完善监管制度，加强对各级领导班子的监督，加大审计监督力度。强化岗位廉政风险防范工作，防范在先、关口前移，健全廉情预警机制。通过改革创新完善体制机制，使制度更完善、监督更有力，把权力真正关进制度的笼子里。

三是要强化监督问责。领导干部要带头执行制度，以身作则、以上率下，言必信、行必果，树立良好导向。要加强党性和道德教育，积极培育和践行社会主义核心价值观，大力弘扬中华民族优秀传统文化，加强廉政文化建设，让规矩、纪律、制度等观念内化于心、外化于行，为

制度执行提供思想保证和文化支撑。要以执纪问责四种形态为基本遵循，让制度笼子通上"高压电"，加大制度执行的检查督促和惩戒力度，对违反制度的行为零容忍，严格追究责任，防止"破窗效应"，坚决维护制度的严肃性和权威性。

四是扎实推进学校章程的贯彻落实。要采取切实有效的措施，扎实推进《章程》的学习宣传和贯彻实施。要加大学习宣传力度，增强贯彻实施《章程》的自觉性和主动性，凝聚师生员工共识，为全面推进《章程》的贯彻实施奠定坚实的思想基础。不断完善制度体系，以《章程》为准则，全面清理学校各项规章制度、管理文件，抓紧制定或修订具体规定，形成科学完备的内部治理制度体系。要健全执行监督机制，牢固树立《章程》意识，自觉贯彻《章程》、认真执行《章程》，按照《章程》规定，实行依法办学、科学管理、民主决策。

五、填好一张安排表，把中央"抓党建是最大政绩"要求落到实处

按照基层党委（党总支）书记年终述职制度化、常态化的要求，进一步落实习近平总书记关于全面从严治党的要求，巩固和深化党的群众路线教育实践活动和"三严三实"主题教育实践活动成果，牢固树立"抓党建是最大政绩"的意识，落实好党建第一责任人责任，切实履行管党治党职责，推动基层党建各项任务有效落实，为学校改革发展提供强有力的组织保障。

一是以学习贯彻十八届五中全会精神为主线，加强思想政治建设。深入学习贯彻党的十八届五中全会和习近平总书记系列重要讲话，把学习作为理论武装工作的突出任务，用党的最新理论成果武装头脑、指导实践、推动教育综合改革。践行社会主义核心价值观，引导广大教育工作者树立正确的教育理念，把立德树人这一根本任务落到实处。扎实推进依法治教、依法治校工作。加强师德师风建设，大力宣传优秀教师先进事迹，树立师德先进典型。进一步规范教师从教行为，提升师德建设实效。

二是以"强基、连心、模范"工程为抓手，提升党建工作实效。进一步健全基层党组织，做好基层党委换届选举工作；深入推进"星级"基层党组织评选工作，做好软弱涣散基层党支部整改工作；探索建立校领导"一对一"联系博士青年教师制度，帮扶青年才俊成长；切实抓好创新型党组织建设，以基层党组织设置、党员队伍建设、提高发展党员质量、基层党组织活动、基层党组织工作机制、党内民主建设等作为重点，因地制宜开展党建项目创新活动。

三是以党建文化品牌建设为亮点，增强基层组织活力。推进党建文化品牌建设，加强"水文化""创新创业文化"和"红色文化"品牌创建工作，突出党建文化"姓党姓教"的品牌属性，推进党建文化建设品牌化、特色化、系列化发展。扎实开展党建课题研究，鼓励和支持各基层党组织精心选择适合校情的党建课题，加大党建调研工作力度，认真开展调查研究，提升党建科学化水平。

四是以提升干部管理能力为重点，加强干部队伍建设。完善干部选人用人机制，探索建立干部"能上能下"的渠道，激发干部的积极性和创造性；加大干部的交流使用力度，继续推动干部挂职锻炼交流工作，加大年轻干部的提拔任用力度。要以基层党委书记述职为契机，切实加大干部考核力度，提高干部依法依规办事的意识；发挥党校在干部教育培训的阵地和载体作用，坚持主要领导上党课制度，加强干部革命精神教育，完善干部网络学习机制，强化干部教育培训，提升干部能力水平；注重发挥先进典型的示范引领作用，以建党95周年为契机，评选表彰一批先进基层党组织、优秀党务工作者、优秀共产党员。

五是以服务教育发展大局为中心，加强统战、群团工作。进一步完善党建带群建的工作机制，增强群团工作的政治性，发挥群团组织在育人中的重要作用，努力为群团组织开展工作创造有利条件，加强群团组织领导班子和干部队伍建设，组织召开第十届团代会和第十三届学代会。要支持统战队伍加强能力建设，从制度上保障和完统一战线参政议政与民主监督，做好党外知识分子工作，增强统战成员组织活力和影响力，着力构建学校"大统战"的工作格局。坚持教代会制度，充分发挥工会的桥梁纽带和协调监督作用，推进学校民主管理，切实关心教职工的身体健康，维护教职工正当权益，做好职工维权、维稳、帮扶工作。

六是以营造教育发展环境为导向，加强宣传阵地建设。进一步加强与各级各类新闻媒体的沟通与联系，加大在省级以上媒体的宣传力度，借力新闻媒体扩大学校宣传的范围和影响，为学校改革发展创造良好的舆论环境。加强重点热点工作宣传，抓住重要时间节点，策划系列针对性强的宣传报道，开展教育特色鲜明、影响深入广泛的宣传文化活动，深入挖掘、大力宣传教育系统先进师生典型，加强正面引导，积极宣传教育改革发展情况，主动回应教育热点问题，提升学校的影响力和美誉度。建立健全舆情监测机制，及时研究掌握网络舆情，建立健全教育突发事件新闻报道快速反应机制，主动发布新闻信息，传递发展正能量。

同志们，2016年是充满挑战与希望的一年，也是深化发展大有作为的一年。我们相信，只要我们各级领导班子凝心聚力，充分相信和紧紧依靠广大教职员工，上下一心、同心同德，改革创新，奋力拼搏，就一定能够圆满完成今年的各项工作，不断开创南昌工程学院改革发展的新局面！

第四十二回　统揽全局

——党委书记党建工作述职报告

（2016 年 1 月 20 日）

我 2015 年继续担任学院党委书记，努力按照党建"第一责任人"的职责要求，紧紧依靠中央"从严治党"全面加强党对高校领导的政治背景，充分运用全国重点大学和"超 985 大学"研究生院的学习经历，积极传承在江西省委工作 30 多年的优良作风，通过在中央党校和国家教育行政学院学习高校领导管理理论提高业务水平，赴国内外高校考察学习和走访上级主管部门开拓工作视野，研究部署党委重大决策和学院改革发展重要活动，全面领导和推进学院各项工作，开创了增加党委书记责任担当的新局面。根据省委组织部的统一部署，我就履职情况向省委教育工委进行专题述职。

一、主要工作和特色亮点

今年以来，我深入学习贯彻党的十八大、十八届三中、四中、五中全会和习近平总书记系列重要讲话以及省委系列会议精神，立足学院大局，围绕全面从严治党这条主线，带领班子成员认真依照岗位目标责任要求，大力推进党建工作跨台阶、上水平。

1. 首在与党中央保持一致，贯彻落实好省委大政方针。坚持绝对忠诚的政治品格，坚持高度自觉的大局意识，坚持极端负责的工作作风，确保党中央路线方针政策和省委决策部署贯彻落实到学校，力争第一时间把上级党委会议精神传达到党委班子成员，努力将上级党的方针政策和学校基层的实际相结合，不断增强贯彻落实上级精神的针对性、实效性。

2. 肩在担当主体责任，带头履行"第一责任人"职责。严格落实党委中心组学习制度，全年组织开展 12 次中心组（扩大）会议，先后 39 次主持召开党委会研究部署学院党建工作，约谈各级党组织书记 18 人次，梳理党建方面的突出问题 20 多项，全程指导完成了整改任务。

3. 背在依靠党委集体领导，加强党委领导班子建设。在各项会议讨论研究工作时，坚持做到不抢先发言定调子、不压制发言堵路子、不强制拍板作决定，在民主集中的基础上，对重大问题做到有主见不主观、能果断不武断，从而充分调动了班子成员的能动性和积极性。

4. 胸在装着师生员工，切实加强基层党组织建设。按照基层服务型党组织"六有"目标和"五星创评"评定的 8 项指标，在全院共评出五星基层党组织 10 个，四星基层党组织 40 个，三星基层党组织 48 个；在学院实施基层党建品牌项目、党组织生活示范项目、党员教育特色项目、党建工作示范点项目 14 项，着力打造学院基层党建品牌，提升全院基层党建工作活力；在全院评出 19 个"先进基层党组织"，10 名"优秀党务工作者"，58 名"优秀共产党员"，获批第五批江西省高校示范性党员活动室 1 个。

5. 心在谋划育人为本，牢牢把握意识形态主导权。发展党员做到"五个三"：落实党委、党总支、学生党支部三级责任，建设专兼职组织员、辅导员、学生党支部书记三支队伍，实施启蒙教育、基本理论教育和先进性教育，实施联系人制度、公示制度、票决制度，抓好培养环节、发展环节、预备期教育环节，100%完成发展党员计划。党委出台《关于进一步加强和改进新形势下宣传思想工作的意见》，开设"道德讲堂"，着手建设师德评价体系；开展 22 个不同类型的社会主义核心价值观主题教育。

6. 手在把握严实相济，深入开展"三严三实"专题教育。带头讲"三严三实"专题党课、带头在专题学习中作中心发言、带头深入师生中间调研、带头抓好问题整改，开好班子民主生活会，查找不严不实问题，制定切实可行的整改方案和台账。制定《南昌工程学院领导干部践行

"三严三实"行为规范》。

7. 腿在跑步服务青年，构建大学生创新创业教育新模式。设立"百川讲堂"示范工程，邀请知名企业家来院做创新创业类报告43期，吸引近万人次参与；建立大学生创新创业园实践平台，建设2800平方米的大学生创新创业园，承接各级各类大学生创新创业项目375项；全国第十四届"挑战杯"课外学术科技作品竞赛获一等奖1项。

8. 脚在不停深入调研，谋划学院"十三五"发展。我撰写的《跨越大学新步伐》《河海两江》《谋后而定》《把绿色城镇化理念转化为学校改革发展实践》《南京市大学城建设的经验和启示》等考察报告，得到十多位省部级领导肯定和批示。

二、2014年度述职承诺兑现情况

首先，切实加强基层党组织建设。将基层组织建设纳入学院总体目标考核，完善党建工作考核体系，扎实开展书记抓基层党建工作述职评议考核工作。

第二，切实加强干部队伍建设。通过竞聘、组织提名和推荐提名等方式，提拔处级干部7人、科级干部16人；平移交流处级干部3名、科级干部6名，促进干部队伍有序流动和优化配置。

第三，切实加强人才队伍建设。引进博士30人（其中海归博士3人），派出教师攻读博士学位15人，委培博士毕业返校6人；博士学位人员由2013年的88人增加到230人，占比由9.8%增长为21.5%。

第四，切实加强作风建设。完善作风建设的责任机制、教育机制和监督机制，推动作风建设常态化、长效化。

第五，切实加强党风廉政建设。落实好党委主体责任和纪委监督责任，签订党政干部廉政责任书，加强干部廉洁自律监督监察，落实领导干部财产及重大事项申报制度。

三、当前基层党建工作存在的突出问题和原因分析

（一）当前基层党建工作存在的问题

1. 党组织的地位和作用在少数基层单位有待加强。少数干部不愿意

做党务工作，主要精力集中在业务工作上；个别单位党的组织软弱涣散，党组织活动较少，支部活动被干部职工活动或教研室活动所代替。

2. 少数基层党组织抓中心议大事能力有待加强。有些同志片面认为，基层党组织就是研究基层党建、党内表彰奖励、党员发展等问题，未能将年度工作计划、贯彻上级重大决策、阶段性重大工作同业务工作齐抓共管。

3. 部分党员先锋意识有待加强。有的党员只顾局部利益，缺乏全局观念；有的党员工作缺乏热情和积极性；有的党费也要催缴，还有的甚至连党费也不愿意按规定标准缴纳。

（二）存在上述问题的主要原因

1. 高校二级管理机构与地方不一致。基层党组织权威性不强，对不履行职责和存在问题的基层党组织成员多是进行批评教育，对经教育不改却又达不到党纪国法处理的党员束手无策。

2. 少数党员干部政治思想理论学习不积极。部分党员干部不善于用新方法解决新问题，因循守旧，致使工作停滞不前。

3. 密切联系广大师生员工不到位。在倾听工作服务对象意见方面还存在着不足，在分析基层党组织一些具体问题时缺乏针对性和操作性。

四、解决问题的办法措施及工作目标

（一）解决问题的办法措施

1. 提高认识，创新党建工作理念。坚持以高压态势全面从严治党，以改革创新的精神全面推进基层党建工作。围绕发展抓党建，抓好党建促发展，把基层党建工作做到干部职工关心的热点上、难点上，体现在各项业务工作的落实上，形成与业务工作相互渗透、互相促进的局面。

2. 创新体制，健全党建工作机制。坚持党建工作"两手抓、两手都要硬"的方针，建立党建工作绩效考核评价机制，落实党员教育管理制度。

3. 强化管理，落实基层党建责任。实行分级负责，一级抓一级，努力构建党组织领导带头抓党建，行政领导重视支持抓党建，党务工作者自觉主动抓党建，形成从上到下层层抓党建的新局面。

(二) 2016 年学院党建工作目标

1. 适应全面从严治党新常态，强化理论武装。从严抓好政治思想教育，持续深入加强作风建设，继续推进基层党建活力提升工程。按照项目建设要求，紧扣主题，将项目抓细、抓实、抓活，推出一批党建亮化品牌。

2. 适应高等教育新常态，优化干部队伍。加大年轻干部的培养力度，促使各类优秀人才脱颖而出，注重干部教育培训和锻炼培养，切实提高干部队伍整体素质。

3. 适应作风建设新常态，落实"两个责任"。加大党风廉政建设第一责任人的职责，进一步加强对重要工作和敏感岗位的监督。

(三) 精心谋划"十三五"各项工作

1. 建立党委统揽学校全局的体制机制。坚持马克思主义立场、观点，准确把握高校发展方向性、创新性、主体性和开放性的时代特征，通过党建引领做好顶层设计，把人才培养、教学科研、社会服务、文化传承有机统一于学校党委领导的旗帜下，实现学校党委领导权威与中央和省委的相对一致。

2. 认真把握好规划重点。认真把握学校发展环境和阶段特征，策划一流学科建设、彰显水利特色，努力实现"更名改大"目标。

3. 广泛听取意见建议。提高规划编制的透明度和参与度，广泛听取社会各界人士的意见建议，使规划决策更科学、更民主。合理安排进度，按照时间节点统筹安排，高标准完成"十三五"规划蓝图。

第四十三回　顶层设计
——南昌工程学院 2016 年工作要点
（2016 年 3 月 2 日）

2016 年南昌工程学院工作总体思路是：全面贯彻党的十八大和十八届三中、四中、五中全会精神，科学把握习近平总书记视察江西提出的新希望和"三个着力、四个坚持"的总体要求，贯彻落实省委书记强卫同志"创新创业、放飞梦想"、省长鹿心社同志"望南昌工程学院办出特色，不断提高教学科研水平"、副省长殷美根同志"请小华书记，仁荪厅长就南昌工程学院'更名改大'予以指导支持，以促其争创特色学科专业，争创水利特色大学"的重要批示，按照省委、省政府和全省教育工作会议部署安排，扎实做好各项工作，努力实现"十三五"事业发展良好开局。

一、坚持加强党的领导，提升办学治校能力

1. 认真学习"五大发展理念"。学校领导班子要把学习"五大发展理念"作为首要任务、带头学习，举办处级干部、科级干部、普通党员等层面学习轮训班，实现学习全覆盖，以创新、协调、绿色、开放、共享理念统领学校改革发展。深化创新理念，实施创新驱动发展战略，激发学校活力；深化协调理念，优化发展机制与环境；深化绿色理念，凸显水科学比较优势；深化开放理念，拓展教育资源与途径；深化共享理念，突出文化引领学校发展与社会进步。

2. 紧跟推进"双一流"大学建设方针。根据党中央、国务院战略部署和全国教育工作会议精神建设"双一流"（一流大学、一流学科）的前

进方向和着力重点，江西提出的建设好特色高水平大学和一流学科专业的新的更高要求，努力争创"双特"（水利特色大学、特色学科专业），争建"新一流"（一流学科专业）。坚持"双特战略"向"新一流"进军，有效对接现代水利基础产业以及经济社会发展需求，进一步优化学科结构，优化基础应用互动、文理互融的学科体系，聚焦特色方向，形成优势学科群。坚持"三大供给侧改革"向"新一流"靠拢，通过干部、师资、生源供给侧改革的实际行动来彰显改革成效，围绕资源配置的优化、资源获取能力的增强、资源产出效益的提升三个方面来做文章，调整和变革学校内部各项规章制度。坚持"四大职能"提升向"新一流"看齐，提升人才培养质量、科学研究能力、服务社会能力、文化传承与创新能力，全面履行大学功能。

3. 着力贯彻落实省部领导批示精神。按照深刻领会、掌握要义、突出重点、务求实效要求，把各级领导批示、指示全部落到实处。学工部（处）、团委、学生会、大学科技园等单位重点落实省委书记强卫同志批示，研究生处、教务处、科研处等单位重点落实省长鹿心社同志批示，土木与建筑工程学院等单位重点落实国家建设部部长陈政高同志批示，高教中心等单位重点落实水利部部长陈雷同志、农业部常务副部长余欣荣同志、湖北省常务副省长王晓东同志、江西省副省长殷美根同志批示，工会、后勤保障处、基本建设处等单位重点落实省委常委、南昌市委书记龚建华同志批示，所有单位都要采取有效措施，积极主动将各位省部、市厅领导以及社会各界对学校的关心转化为工作新举措。

4. 务必抓好"两学一做"学习教育。认真贯彻习近平总书记关于"两学一做"学习教育重要指示和全国"两学一做"学习教育工作座谈会精神，按照中央和省委开展"学党章党规、学系列讲话、做合格党员"学习教育的部署，以党支部为基本单位，以组织生活为基本形式，以落实党员日常教育管理制度为基本依托，精心组织实施。加强分类指导、突出问题导向、强化示范带动，推动各级党组织把学习教育融入日常、抓出成效，切实增强政治意识、大局意识、核心意识、看齐意识。

5. 坚持强化党风廉政建设。认真落实党风廉政建设"两个责任"，进一步健全责任体系，认真履行"一岗双责"；全力配合省委对我校的巡视工作，抓好巡视反馈意见的整改落实；加强廉政教育和廉政文化建设；加强党内监督，落实任前廉政谈话、诫勉谈话、约谈和校内巡查等制度，运用好"四种形态"，加强对一把手的监督；认真落实中央八项规定精神，持续深入纠正"四风"；加强学校信息公开工作；加大对科研经费、招生录取、基建工程、招标采购等方面的监管力度，强化流程控制，健全财务运行机制，加强审计监督；继续推进"红包"常态化治理和领导干部违规插手干预工程项目问题专项治理；以零容忍态度反腐败，加强信访核查，加大对违纪和腐败案件的查处力度，坚持"一案双查"；支持纪检监察部门深化"三转"，强化监督执纪问责。制定《关于落实把纪律挺在前面要求的意见》（赣发〔2016〕3号）实施办法，抓好工作落实。

6. 持续推进优良学风建设。抓好大学生"责任意识、学业意识、创新创业意识"等三项意识教育，推进"养成教育工程、素质提升工程、校园精品活动工程"三大工程建设；继续打造"学风建设月""读书文化月"活动特色品牌，建立校、院、班三级读书会，开辟网上、网下读书沙龙，开展读书节系列活动；引导班级建设紧扣专业、突出亮点，开展"先进班集体"评选和"优良学风班级"创建活动；大力挖掘、培养和宣传学生典型，突出学生典型的引领示范和朋辈教育作用。

7. 扎实加强思政与宣传工作。深入开展中国特色社会主义、"中国梦"宣传教育、社会主义核心价值观和中华民族优秀传统文化教育和国防教育，着力培养学生社会责任感、创新精神、实践能力；围绕纪念建党95周年、红军长征胜利80周年等重大事件和重要节点，开展主题教育活动，坚定理想信念，弘扬时代主旋律；着力构建思想政治教育按年级分层推进的有效机制；扎实推进依法治教工作，规范教师从教行为，全面落实教师考核、职称评聘、评先评优中师德一票否决制；加强重点、热点工作宣传，策划系列针对性强的专题报道，加大在省级以上媒体的宣传力度；建立健全舆情监测机制，及时研究掌握网络舆情，主动回应教育热点问题，建立健全教育突发事件新闻报道快速反应机制。

8. 努力加强干部队伍建设。做好基层党组织领导班子换届工作；推进干部制度改革，探索建立干部"能上能下"工作机制，出台《推进领导干部能上能下若干规定（试行）》；构建有效管用、公开透明的选人用人机制，加大培养选拔年轻干部、女干部和党外干部力度；完善干部定期交流制度，加大干部校内外交流力度；加强干部执行力建设，探索建立干部问责制度，完善干部考核测评指标体系，改进考核方法，重视考核结果运用；完善干部教育管理机制，加强干部革命精神教育，坚持主要领导上党课，推进干部教育培训工作制度化、规范化；完善干部网络学习机制，提升干部能力水平。

9. 全面加强统战、群团和老同志等工作。进一步完善党建带团建的工作机制，打造学习型、服务型、创新型团组织，加强群团组织领导班子和干部队伍建设，改善群团组织工作条件，组织召开第十次团代会和第十三届学代会；落实教代会代表巡视工作制度，推进工会制度法制化建设，组织召开学校三届二次"双代会"，做好职工维权、维稳、帮扶工作；加强统战队伍能力建设，做好党外知识分子工作，增强统战组织活力和影响力，保障统一战线参政议政与民主监督，构建学校"大统战"的工作格局；健全离退休党组织，为老同志活动搭建老科协、关工委等平台，做好离休干部排忧解难和帮扶工作。

10. 大力推进"党建＋"工作。贯彻全省"党建＋"工作推进落实会议精神，努力实现党建工作与学校各项事业发展的深度融合；深入推进"连心、强基、模范"三大工程，着力在创新载体、健全机制、强化功能上下功夫；严格落实党建工作责任制，推进基层党组织书记抓党建工作专项述职评议考核常态化；严格规范党内组织生活，落实好党员领导干部双重组织生活制度；探索建立校领导"一对一"联系博士青年教师制度；评选表彰一批先进基层党组织、优秀党务工作者、优秀共产党员，开展两年一次的党员先锋岗评选和宣传活动；召开学校第一届党代会 2016 年度会议。

二、做好学校"十三五"发展规划，推进重点项目的实施

11. 制订实施学校"十三五"规划。有序推进规划的宣传和实施。

组织好各专项规划和教学单位的规划制定与实施。编制好"十三五"规划实施细则，做好重点任务的分解和细化，落实责任部门和责任人，为全面实现"十三五"规划目标开好头、起好步。探索构建融二级学院及其实验室、专业与课程、学科与平台、教学与科研等为一体的学校核心竞争力监测评估体系，着力实现多方面、多层级、多角度跟踪"十三五"学校发展动态，科学正确评估发展成效。

12. 推进学校章程的贯彻落实。加大学习宣传力度，增强贯彻实施《章程》的自觉性和主动性，凝聚师生员工共识。以《章程》为准则，全面清理学校各项规章制度、管理文件，抓紧制定或修订具体规定，形成科学完备的内部治理制度体系，做到依章办学。

13. 确保以优良状态通过本科教学工作审核评估。对照教育部《普通高等学校本科教学工作审核评估范围》，按照《江西省普通高等学校本科教学工作审核评估方案》要求，坚持"以评促建、以评促改、以评促管、评建结合、重在建设"的方针，科学制定教育教学质量提升计划和审核评估工作方案，突出内涵建设和特色发展。积极开展教学工作大数据分析，完善教学质量科学监控体系。认真开展自查、自评、自纠工作，补齐教育教学工作中存在的短板，确保以优良状态通过审核评估。

14. 做好专业硕士研究生培养试点终期验收准备工作。全面落实《南昌工程学院关于研究生教育质量提升的若干意见》，成立验收工作领导小组，制定验收工作方案，统筹开展验收工作；加快研究生实践基地建设步伐，启动研究生赴国外参加工程实践工作；加强研究生教育全过程规范化、标准化建设，督促研究生优质课程和教改课题的实施；筹备南昌工程学院研究生教育成果展，全面总结和梳理专业硕士研究生培养试点工作开展情况，对照终期验收标准和要求逐项对照检查，着重特色凝练，做好彰优显特、查余补缺工作，为迎接试点终期验收打下坚实基础；启动编制硕士学位授予权单位建设方案，积极申报硕士学位授予权单位和硕士学位授予点。

15. 注重加强校园文化建设。提升校园文化建设的价值引领实效，通过加强平台、机制、项目和文化等各项建设，繁荣"第二课堂"，突出

"水文化""红色文化"主流意识文化建设，打造"大学生文化艺术节""科技文化节""百川讲堂"等文化活动精品，开展"青马工程""与信仰对话""与人生对话"报告会、"团支部会客厅"等文化交流活动；推动学校青年志愿者行动科学发展，不断提升大学生社会实践活动、雷锋活动月"格桑花行动"等活动的质量和成效，凝练一批具有学校特色、青年学生喜闻乐见的校园文化品牌项目。

16. 启动"更名改大"相关工作。按照殷美根副省长批示要求，积极对接省委教育工委、省教育厅有关政策，开展"更名改大"相关调研论证，梳理"更名改大"需要解决的问题，为"更名改大"奠定基础。

三、坚持优化结构主攻方向，全面提升教育教学质量

17. 加强专业与课程建设。制定南昌工程学院专业建设质量提升计划，支持水利水电工程做好工程教育专业认证申报工作，鼓励更多其他专业参加工程教育专业认证；继续做好参加省本科专业综合评价工作，分专业梳理整改 2015 年参加全省本科专业综合评价和校内自评中存在的问题，结合专业评价结果、招生就业情况以及教学管理状态，逐步加大专业动态调整的力度，扶强扶优，优胜劣汰，继续提高新生生源质量；强化精品课程、专业核心课程建设，鼓励教师编写专业特色鲜明的校本教材，切实加大力度建设和引进一批优质"慕课"课程，试点建设慕课专用教室，建设试卷库管理软件系统，全面开展试卷质量评估认定工作；加强军事教育专业建设，完善办学条件，适度扩大招生规模；继续做好成人教育和非学历教育工作，开展"互联网＋"继续教育试点工作。

18. 提高实践教学质量。全面落实《南昌工程学院关于强化实践教学工作若干意见》；按照审核评估要求，加强设计性、综合性实验和实验室开放工作，强化实习实训效果，提升毕业论文（设计）质量；开展实践教学专项督导；开展实验室建设质量评估与整改工作；按照特色鲜明、规范好用、稳定便捷的要求，优化和完善校院（部）两级校外实践教学基地建设和管理工作；力争九月份前启用工程实训中心，年底音乐大厅投入使用；启动水工实验大厅、结构实验大厅和艺术实践大厅等校内实

践基地的建设工作；建成实验仪器设备管理系统，提高实验设备的使用率与共享率；出台实践教学队伍建设和管理相关办法。

19. 推进大学生创新创业教育改革。制定《南昌工程学院深化创新创业教育改革实施方案》，整合和优化创新创业教育资源配置。完成南昌工程学院国家大学科技园的整体搬迁，推动大学生创新创业"众创空间"建设工程，提升大学生创新创业园区综合服务能力；依托省级以上科研平台，建设一批大学生创新实验室，形成大学生创新创业"一园两区多室"的整体架构；高水平打造学校创新创业教育师资队伍，培养和聘用一批创新创业指导教师；构建符合学校人才培养特色的竞赛体系（国家级、省级、校级、院级四位一体的竞赛体系），推进大学生创新创业教育活动有效开展；积极组织参加第二届全国"互联网＋"大学生创新创业大赛、"创青春"大学生创业大赛和第十五届"挑战杯"大学生课外学术科技作品竞赛等比赛。

20. 加快教育国际化进程。加强与国内外科研机构、高校的交流与合作，提升跨国人才交流频次；积极申报国际合作本科专业，增加招生人数；完善国际合作专业人才培养方案；在国际合作专业教学中，适度提高外籍教师比率与双语教学课程比率；探索招收留学生的可行路径，力争在交换生方面实现突破；探索建立专业硕士国外实习的稳定渠道。

四、加强水利特色大学建设，争创特色学科专业新一流

21. 高起点做好学科顶层设计。围绕实施我校争创特色学科专业、争创水利特色大学"双特"战略，进一步论证各学科定位，明确学科建设重点、时间表和路线图；优化学校一级学科的布局，适当调整专业结构，逐步形成工学、管理学、文学三大主要专业学科门类，为学校办学层次的提升打下坚实基础；整合优势特色学科资源，做好省高校学科联盟首批牵头学科——水利工程的建设工作；重点支持水利工程学科争创省级优势型建设学科，力争 4 个左右的一级学科进入省级成长型建设学科或培育型建设学科行列；选择一批潜力大、基础好、团队强的一级或二级学科作为校级重点建设学科；围绕省级优势型、成长型、培育型学

科和校级重点学科的布局，加强其他支撑学科的建设，构建水利特色鲜明且具有一定前沿性的学科群。

22. 高要求做强学科建设管理。坚持建设与管理并重，遵循国际通行的学科评价标准及建设管理规则，创新学科建设的新模式、学科管理与运行机制；加强学科建设的绩效考核和过程管理，强化全程监管和全程跟踪审计；建立公平客观的绩效评估机制，完善学科带头人负责制，实施重点学科绩效成果目标管理，推动重点学科滚动发展、动态管理；完善学科建设激励机制，建立学科带头人和学术骨干的绩效考评、津贴和奖励制度。

23. 高质量做实科技创新平台。落实好各新增省级以上科研平台建设方案，着力推进国家地方联合工程实验室、江西省生态水利协同创新中心、水文化研究中心、山水林田湖研究院及省级重点实验室、工程研究中心的建设工作；新增省级以上重点科研平台 12 个；启动工程检测中心、分析测试中心、土木建筑设计中心和水质检测中心的前期论证工作，加大对科研仪器设备的投入力度；依托省级以上科研平台，突出服务地方和行业，着力于关键技术和水利行业重大现实问题开展应用研究；修订和完善横向科研项目管理办法，力争国家级科技项目数和全年纵横项科技经费再创新高；推进资源共享与项目整合，鼓励教师申报科技奖励，明确省级以上科研平台必须申报省级科技奖项，力争在科技成果方面取得新的突破。以人才、机制和项目建设为抓手，加强智库建设，服务地方经济社会发展。

24. 高规格做大学科人才队伍。坚持人才强校战略，进一步做大人才总量，推进"教师教学能力提升、双师型教师队伍、高层次人才引育"三大工程建设；加大对青年教师的培养力度，继续鼓励青年教师提升学位层次，适度扩大青年教师出国访学和进修的规模，落实青年教师赴大型国企、央企和上市企业顶岗实践的政策，建立健全"访问学者"和"访问工程师"制度；制定教师资格认定实施办法，修订客座教授聘任与管理办法；充分利用江西省青年拔尖人才培养计划，做好"瑶湖杰青"特聘岗位聘任工作；围绕我校特色学科或优势学科，依托"瑶湖学者"

特聘岗位，下大力气继续引进或柔性引进千人计划学者、长江学者、国家杰出青年学者、国务院学位委员会学科评议组成员等学术带头人和学科领军性人才；着力推进学科团队建设，启动优势学科团队培养计划。

五、坚持问题导向和师生为本，推进民生工程落细、落小、落实

25. 加强后勤保障服务体系建设。进一步改善幼儿托管中心软硬件环境；采取有效措施，确保教职工收入水平稳步提升；加快推进北田径场等运动场地建设，完成室外运动场改造、亮化升级；扩建职工活动场所；完善校园交通设施，科学规划校内停车位；启用校门智能化管理系统，实施社会机动车辆校园通行和停放收费管理，开展校园交通秩序专项整治；完成第三食堂改造、招标工作，推进教职工食堂环境改造；完成彭桥校区停车场和住宅区道路改造；筹建快递综合服务中心；更新配备校医院医疗器械，增设儿科等诊疗项目，扩大彭桥校区医务所规模，提升医院医护保障能力。

26. 深入推进人事制度改革。深入推进人事分配制度改革，总结首轮绩效工资改革的成效和经验，完善绩效工资实施方案；推进养老保险制度改革；实施职业年金制度；继续深化职称评审制度改革；理顺学校各类人员的管理，建立健全编制外聘用人员考核、管理及薪酬制度，修订教职工考勤与请假规定。

27. 加强校园环境设施建设。全力做好彭桥校区恢复全日制办学各项工作，有序推进各项办学设施的修缮工程，力争今年下半年正式开班办学；加快推进校园基本建设，开工建设文理楼、综合服务楼和生物技术楼，做好科技大楼（原科技园）、游泳馆的可行性论证和规划编制工作；加大校园环境建设力度，做好校园"五化"升级，推进校园树木专题园建设，做好校内"六干渠"段的水景开发，有序推进学校建筑物外墙翻修美化、图书馆周边亮化和部分道路铺设沥青工作；大力改善校内基础设施，推进水电智能化管理平台和地下管网数字化建设，建立不动产管理信息化系统，完成节能监管平台一期工程；实现校园无线网络全

覆盖，做好校园服务 APP 应用开发，启动学校发展核心数据管理与服务平台，加强网络教学资源库建设，建立开放灵活的教育资源公共服务平台。

28. 做好毕业生就业创业服务。围绕国家重大发展战略和区域经济发展战略，引导毕业生到基层就业，到战略性新兴产业、现代服务业等领域就业创业；做好大学生征兵工作；优化就业创业指导服务，加强就业指导课程建设，强化职业生涯规划引导；利用"互联网＋"技术，建立精准推送就业服务机制；开创就业市场新模式，努力开拓优质就业市场，引进更多高质量的就业单位，举办多种形式招聘活动，为学生提供更多的优质就业岗位。

29. 扎实做好校友工作。成立校友工作办公室，进一步健全校友工作机构框架，推动校友会组织的审核备案工作；鼓励和支持各地校友开展活动，强化与校友的沟通与联系，推动校友创新创业论坛的举办；扎实做好校友返校服务工作。做好彭桥校区"小红房"的维修改造工作，按照"修旧如旧、保持原貌"的原则，建设"校友之家"和校友业绩展览室；成立南昌工程学院发展高层论坛暨六十周年校庆筹备工作领导小组，开始相关的筹备工作。

30. 维护校园安全稳定。加强学校的风险防控体系建设，提高校园安全防控能力；加大校园安全稳定隐患排查和依法整治工作力度，全力做好反暴恐工作，落实应急处置预案，做好重要节、会、敏感节点的维稳工作；完善教育舆情处置和通报工作制度，加强综治工作信息化平台建设；修订校内综治维稳目标管理考评办法及考评标准，完善综治维稳工作机制；做好新、老校区外租店面的清理、整顿工作；深入推进校园数字化治安防控体系建设"提档升级"工作，推进两校区校园视频监控升级和联网改造，不断织密校园内部治安防控网络，确保学校公共安全和大局稳定。

第四十四回　重上井冈

——在全校学习贯彻省委井冈山会议精神大会上的讲话
（2016 年 3 月 3 日）

同志们：

　　党的十八大以来，全国人民紧密团结在以习近平总书记为首的党中央周围，按照"五位一体"（经济建设、政治建设、文化建设、社会建设、生态文明建设）总体布局和"四个全面"（全面建成小康社会、全面深化改革、全面推进依法治国、全面从严治党）战略布局，扎实推进创新、协调、绿色、开放、共享发展；江西人民认真学习贯彻习总书记"一个希望，三个着力"（希望江西取得新的更大的成绩、着力推动老区加快发展，着力推动生态环境保护，着力推动作风建设）的时代要求，坚定不移加强党的建设、坚定不移深化改革开放、坚定不移持续改善民生、坚定不移维护社会安全稳定、坚定不移推进科学发展；南昌工程学院坚决贯彻落实党中央和省委的决策部署，推动师资队伍、人才培养、科研能力、文化建设、校园环境和治理水平六个发展升级，开展群众路线教育实践活动和"三严三实"（严以修身、严以用权、严以律己，谋事要实、创业要实、做人要实）专题教育，近两年实现在全国 700 多所公办本科大学排名前移 186 位、在江西 23 所公办本科院校中进位赶超速度第一的目标。正当学校回顾 2015 年工作，总结经验、寻找差距、谋划未来五年甚至更长时间又好又快发展的关键时期；正当学校进入 2016 年又遇放寒假的关键时段，省委召开了一系列重要会议，其中包括省委领导干部学习习总书记视察江西时重要讲话精神会议、在井冈山举办的全省市厅级主要领导干部学习贯彻党的十八届五中全会精神专题研讨班、省

委理论学习中心组学习（扩大）报告会、省纪委十三届六次全会、全省
教育工作会，给学校工作指明了方向、提供了遵循、振奋了精神、增添
了力量。一是提高了对党的十八届五中全会精神的认识。通过深入学习
领会习近平总书记在省部级主要领导干部专题研讨班上的讲话精神，又
从我国发展历史和国际空间两个维度，深刻了解到经济发展进入新常态
的内在必然性。当前要注意克服三种倾向，其一，新常态不是一个事件，
不要用好或坏来判断；其二，新常态不是一个筐子，不要什么都往里面
装；其三，新常态不是一个避风港，不要把不好做或难做的工作都归结
于新常态。习近平总书记关于新常态的经济战略思想有三个关键词，经
济发展新常态是逻辑起点，供给侧结构性改革是现实路径，五大发展理
念是思路引领，丰富和发展了中国特色社会主义政治经济学。二是加深
了对习近平总书记视察江西重要讲话精神的理解。省委书记强卫同志在
井冈山会议上，将一年来习近平总书记两次对江西工作提出的重要要求
进行梳理、阐释，讲清了逻辑联系，讲透了核心要义，帮助我们系统全
面地把握和理解了习近平总书记对江西工作提出的新的希望和"三个着
力、四个坚持"（坚持用新的发展理念引领发展行动，坚持做好农业农村
农民工作，坚持把共享理念落到实处，坚持弘扬井冈精神）的总体要求，
特别是强卫书记将习近平总书记对我省工作的更高要求概括"一个样板、
一个前列、一个地位、一个领跑、一个更大作为"，精准、深刻、透彻，
是我们贯彻落实习近平总书记视察我省重要讲话的方向与抓手。三是找
到了学校成绩单的理论政策依据。通过重温马克思关于"科学只有她成
功地应用数学的时候，才算达到了完善的地步"的重要思想，学习全国
教育工作会和教育部部长袁贵仁同志关于大学排名的重要解释："教育部
没有对大学进行综合排名，因为涉及因素太多。"民间机构、国际组织确
实有排名，但你愿意参考就参考，不愿意就不要参考。不过"教育部确
实存在一些单项工作，有谁做得好做得差之分，"被国内外大学排名机构
利用起来了。推进教育"管办评分离"，工作验评引入第三方评价，这是
构建现代学校管理制度的基本方向。大学排名是一种大学评价。从哲学
的角度来讲，评价的对象是事物的价值而不是事物本身。因此，作为一

种评价活动，大学排名的对象理应是大学的价值而不是大学本身。所谓大学的价值指的是大学是否以及在多大程度上满足了人们的需要，而大学质量正是属于价值范畴。因为大学质量反映的是大学与人的需要之间的关系。综上所述，国内外机构对大学排名对象的认识是基本正确的。事实上，将大学质量视为排名对象不仅仅在理论上正确，从高等教育的发展趋势来讲也更有意义。四是明确了我校在全国高校中的位置。中国校友会网发布的"中国大学排行榜"显示，南昌工程学院在全国的排位由 2014 年前移 158 位的基础上，2015 年再前进 28 位；尽管 2016 年仍然位居全国第 375 位，但排名位置大幅度靠前，引起社会各界的高度关注，优秀的生源、优秀的师资、经费的投入、社会声誉等资源开始增加。"虚心使人进步，骄傲使人落后"。就我校目前的排名位置和办学实力，再大的进步也只能激励我们更加谦虚的学习，不仅要向排名在我校之前的先进大学学习，而且要虚心向排名暂时屈居我校之后的广大高校学习，特别是要向近两年进位赶超速度全国第一（2014～2016 年进步量 191 位、全国排名 426 位）的沈阳工程学院学习、近一年进位赶超速度全省第一（2015～2016 年进步量 31 位、全国排名 402 位）的井冈山大学学习。五是坚定了发展目标信心。根据党中央、国务院和全国教育工作会议部署安排建设"双一流"（一流大学、一流学科）的前进方向和着力重点，按照省委省政府和全省教育工作会议提出的建设好特色高水平大学和一流学科专业的新的更高要求；盯住"一流"、弱鸟先飞，建设"双特"（水利特色大学、特色学科专业），保"二"争"一"（保"双特"：水利特色大学、特色学科专业，争建新一流；保进位赶超速度全省第二，争取再第一）。为了更好地实现这个目标，下面我结合学校 2016 年的工作讲三点意见。

一、弘扬井冈山精神"总动员"，深入学习贯彻习近平总书记视察江西时的重要讲话精神，进一步激发全校干部教职员工干事创业的巨大热情

春节前夕，习近平总书记来到江西吉安、井冈山、南昌等地，深入我省乡村、企业、学校、社区、革命根据地纪念场馆视察，看望慰问广大干部群众和驻赣部队，充分体现了习近平总书记对老区人民的无限关怀，对江西工作的高度重视，这对我们来说，是莫大的鼓舞、极大的激励。习近平总书记在视察期间对我省工作作了系列重要指示，2月1日至3日习总书记考察行程刚结束，4日上午省委召开常委扩大会议、下午召开全省领导干部会议，6日省委下发《关于认真学习贯彻习近平总书记在江西考察工作时重要讲话的通知》（赣发〔2016〕4号），2月26日至28日，省委在井冈山举办全省市厅级主要领导干部专题研讨班。时隔15年，省委再次在诞生伟大井冈山精神的中国革命摇篮发出最强动员令，如号角、似战鼓，对我们开启学校发展新征程，具有重大指导意义。

——要贯彻习总书记"让井冈山精神放射出新的时代光芒"要求，将井冈山精神融入学校各项工作，用井冈山精神武装党员干部头脑，努力在弘扬井冈山精神上走前列。习近平总书记视察我省重要讲话赋予了井冈山精神新的内涵，也为我们树立了看得见、摸得着的标准。我们要紧密联系工作实际，大力传承红色基因，把弘扬井冈山精神转化为"五年决战同步全面小康"的强大动力。要紧密联系党员干部思想实际，用井冈山精神铸牢"岿然不动"的信念；要紧密联系改革创新实际，用井冈山精神激发敢闯敢干的胆识；要紧密联系从严治党实际，用井冈山精神传承艰苦奋斗的本色；要紧密联系群众工作实际，用井冈山精神凝聚万众一心的能量。省委书记强卫同志在井冈山会议上强调，弘扬井冈山精神，最重要是落到加强党的建设、巩固党的基层基础上来，切实增强各级党组织在弘扬井冈山精神建设中的责任，强壮党的执政根基。在全国教育工作会议上，教育部部长袁贵仁同志明确指出，办好中国的事情，关键在党；教育工作面临的形势越复杂、任务越繁重，越要加强党的领导；坚持社会主义办学方向，始终把握高校意识形态领导权、管理权和话语权，切实把培养社会主义事业合格建设者和接班人的根本任务落到实处。

——要贯彻习总书记"自觉把新发展理念作为指挥棒用好"的要求，切实把思想认识统一到创新、协调、绿色、开放、共享的五大发展理念上来，对"十三五"规划发展的思路举措进行再梳理再谋划，确保新发展理念贯穿于学校发展的全过程、各方面，新发展理念管全局、管根本、管方向、管长远。既要贯彻"双一流"（一流大学、一流学科）建设方针、又要突出培养"双型"（技能型、应用型）人才，既要坚持"双进"（与时俱进和与位俱进）、"双轮"（深化改革和依法治校）驱动，又要推动"双创"（大众创业和万众创新）、"双特"（水利特色大学、特色学科专业）建设，始终坚持中高速增长取其高、稳中有进求其好，使学校快速发展和同步提高质量成为今后几年发展的新走势，师资队伍、人才培养、科研能力、文化建设、校园环境和治理水平持续升级达到全国中等大学的新层次，逐步凸显在全省高校改革发展中的新形象；学科专业要紧跟世界新一轮科技革命和产业革命的潮流，紧跟高校高度竞争、机遇无限的时代，厚植发展新优势，提升发展新境界，培育跨越式发展新动力，形成科学发展新格局，探索持续发展新模式，开拓未来发展新空间，抓好特色争建新一流。

——要贯彻习总书记"集中力量做好普惠性、基础性、兜底性民生建设"要求，从群众最关心的问题入手，补齐民生短板，努力解决好与群众息息相关的民生问题。坚持实施民生工程"以人为本、统筹兼顾，量力而行、雪中送炭，突出绩效、共建共享"原则，按照《南昌工程学院领导班子"三严三实"专题民主生活会征求意见汇总》和省政府关于2016年实施民生工程的要求，层层压实责任，强化资金保障，持续提升建后管养和绩效管理水平，强化序时推进和过程管控，坚持问题导向，加强宣传引导，以项目化手段、工程化措施继续大力实施民生工程，发挥基层和群众对民生工程的推动作用，创建民生工程"人人参与、人人尽力、人人享有"的格局。各位领导干部和有关职能部门要按照职责分工的要求，建立工程数字化档案，做到工程上图、数据入库，实时更新、动态监管，切实限期落实到位，使全校教职员工在民生工程共建共享发展中有更多获得感。

——要贯彻习总书记"做好治山理水、显山露水的文章"要求，加快推进生态文明先行示范区建设，为打造美丽中国的江西样板作出新的贡献。治山理水是中国古代苑囿建造过程中所采用的极其重要的造园艺术手法。苑囿，又称皇家园林，它是封建帝王为自己建造的园林，是皇帝进行游玩、享乐、理政、朝臣、寝居等活动的重要场所。在苑囿中通过治山理水等造园艺术手法的运用，使苑囿达到了虽由人作，宛自天开的美妙境界。苑囿中的治山是指利用苑囿范围内的自然山来造景的造园艺术手法。我校是地处中国水都南昌瑶湖之畔的水利大学，校园内虽然没有山，但我们心中要有山——江西"六山一水两分田，一分道路和庄园"的自然地理概貌，山水是相连的整体——有山才有水，要有治山的理念。习近平总书记多次对我省生态环境和自然美景给予高度肯定，这次在讲话中又引用了多位诗人赞美江西的绝句，吟诵了毛主席的多篇诗词，还讲了"庐山天下悠、三清天下秀、龙虎天下绝"，亲自为江西做了最大的广告。苑囿中的理水是指在苑囿中修造各种水体，或者是利用苑囿范围内的自然水来造景的造园艺术手法。"六干渠"是南昌工程学院校园内最宝贵的财富之一，穿境而过的渠水是校内园林的"血液"。要因地制宜建设好校内"六干渠"：常年活水流、水比瑶湖清，两岸常青绿、四季有花开，移步有新景、处处是文化，校内其他水面的处理曲折有度，宽窄相宜，分聚得当，循环流动，有池如镜，喷泉如帘；校内水面同其他园林要素之间的配合，要主次分明、相互映衬，或以表现水面为主，则其他园林要素，如亭、台、舫、榭、堤、桥及各种建筑小品，成为水景的点缀；或以某个重点景观为主，如教学楼等体量高大的物体，则水面就成为衬景，并根据宾主地位，随宜布置各种景物。合理规划校园公共文化空间，广建读书角，做显山露水文章。更主要的是要面向社会、服务全省，努力在探讨治山理水上出思想，在研究显山露水上出思路，在发展绿色产业上出成果，在完善绿色制度上献良策，在弘扬绿色文化上建真言，以绿色发展引领教育风尚。

——要贯彻习总书记"公共安全连着千家万户"要求，扎实做好安全稳定工作。发展是第一要务，安全是第一保障。今年中央政法工作会在江西召开，维护校园安全稳定，较之以往任务更重。要层层分解落实安全稳定责任，尤其是要把责任落到各级领导头上，形成全面的安全稳定责任体系和平安校园建设机制，时刻绷紧安全稳定这根弦。要加强学校的风险防控体系建设，提高安全教育教学能力，探索应急演练基地建设，坚决抵御境内外敌对势力、邪教组织、宗教势力和分裂势力对学校的渗透破坏活动；要开展校园安全稳定隐患排查和依法整治工作，全力做好反暴恐工作，做好重要节、会、敏感节点维稳工作。完善学校舆情处置和通报工作制度。如果发生安全稳定事故，要严格按照事故原因的分析和责任的划分对相关责任人开展严肃的行政责任、党政纪和刑事责任的追究，尤其强化事故单位相关责任人刑事责任的调查处理，要用严厉的处罚和严肃的责任追究推动解决"严格不起来、落实不下去"的问题。通过校风树立，实现以良好的校园秩序和优美的校园环境为主要标志的校园文明程度的显著提高，使学校育人环境进一步改善。

明大势才能谋大事，新作为要有新理念。没有全面准确的理解，就没有坚定有力的落实。现在江西全省各地各部门学习热情很高，但如何全面准确理解，还要进一步提高认识。80 多年前，我们的祖辈跟着毛泽东上井冈山，是为了开辟中国革命根据地；15 年前，我及家人参加井冈山会议，是为了紧跟省委"思想大解放、对接长珠闽"和建设"三个基地、一个后花园"的战略举措；今年，我代表大家参加井冈山会议，一定要确保南昌工程学院全面贯彻落实好省委的战略部署，贯彻五大发展理念，推进三个供给侧改革，提速六个发展升级，促进"双特"又好又快发展，为江西经济社会发展做出更大的贡献。

二、精准施策打好"攻坚战"，在供给侧改革中有新作为，促进学校快速健康发展和优化升级

自从去年底中央经济工作会议召开以来，习近平总书记在全国多次提到供给侧结构性改革，供给侧管理成为宏观管理的新思路。正如大文豪雨果说过："当一种新思想的时代到来之时，世界上任何力量都阻挡不了。"特别是在日益开放和一体化的全球环境下，科技能力和技术工人的增长已经成为国家竞争力的检验标准，高等教育在经济增长中所起的作用日益明显，高等教育机构不仅帮助培养劳动力的认知和技术技能以使他们在劳动力市场上富有竞争力，同时高等教育机构也是研究的引擎，能够带动创新、创业和生产力的发展。从此意义上讲，高等教育在自身发展的同时所带来的技能与研究，是保障经济增长的两个供给侧。所以习近平总书记指出，教育也要搞供给侧结构性改革，避免供需失衡的现象。从江西高等教育实际看，供给结构不合理仍是当前的主要矛盾。供给侧改革的核心是提高供给质量，关键是推进结构调整，重点是矫正要素配置，目标是扩大有效供给。而于我校"供给侧"改革而言，集中体现在生源质量决定着学校的起点高度、师资队伍影响着学校的人才培养水平、领导干部改变着学校的未来前景，其作为供给侧所提供的更高级的"产品"要真正能够符合未来社会发展需求的人才，还要切实推进以下三个供给侧改革。

（一）干部供给侧改革

伟大领袖毛泽东同志曾经指出："政治路线确定之后，干部就是决定的因素。"用现在的话来说，领导干部就是高校改革发展最重要的供给侧。

一是要坚持把思想政治建设放在首位。坚持不断提高马克思主义理论水平，增强中国特色社会主义的道路自信、理论自信、制度自信；牢固树立正确的世界观、权力观、事业观，坚定政治立场，明辨大是大非，增强政治敏锐性和政治鉴别力；要强化看齐意识，自觉向党中央看齐，向党的理论和路线方针政策看齐，始终在思想上政治上行动上同党中央保持高度一致，进一步增强各级党委领导班子的凝聚力和战斗力。

二是要提高领导科学发展的能力。作为学习领袖的高校领导，需要满足更高的期望、肩负更大的责任和应对更复杂的环境，学校管理必须超越微观管理层面，迈向更高层次的引领发展。学习领袖的角色已经远远超越了一名单位管理者的角色，作为学习领袖的高校领导必须站在教育系统的最前沿，要有建立百年名校的思维与规划，引领教育潮流和学校发展，成为一所学校也是一个学习型组织的旗帜。作为学习领袖，学校领导当然主要聚焦于对学校教师及其教学的管理，但也应该在与其他学校、社区、组织的合作中发挥重要作用，具备超越学校范围的领导力，还必须加强与外界的合作、构建合作网络、分享资源或者共同开展工作。

三是要深化干部选拔任用制度改革。严格掌握选拔标准和任职条件，坚持五湖四海、任人唯贤，坚持德才兼备、以德为先，坚持注重实绩、群众公认，按照社会主义政治家、教育家的要求和信念，坚定为民服务、勤政务实、敢于担当、清正廉洁的好干部标准，做好各级各类干部选拔任用工作，加大培养选拔年轻干部、女干部和党外干部力度。各级领导班子要形成年龄、经历、专长、性格互补的合理结构，增强整体功能和合力；领导班子专业结构要与本校主要学科门类相适应，年龄结构要形成梯次配备。坚持多种选拔任用方式并举，构建有效管用、简便易行的选人用人机制。

四是要强化培养培训。推动领导干部立足本职、勇挑重担，在实践中锻炼成长。注重在急难险重任务中培养锻炼干部，特别是把有发展潜力的干部放到关键岗位、困难和矛盾突出的环境中经受考验、积累经验。有计划、有目的地安排后备干部在学校党政之间、机关部处与基层院系之间换岗交流，注重多岗位锻炼干部，促进干部在服务国家和地方经济社会发展中拓宽视野、增长才干，提高领导干部的素质和能力。

五是要以良好的精神状态工作。巩固群众路线教育实践活动和"三严三实"专题教育，不断创造新经验。要严明责任，把目标任务分解到部门、落实到岗位、量化到个人，消除改革"中梗阻"，打通落实"最后一公里"。领导干部要在抓落实上起好示范表率作用，坚持重大问题亲自调研、亲自部署、亲自协调、亲自督办。严守有权不可任性，坚持信任不能替代监督，牢记严管就是厚爱的道理，加强对执行情况的监督检查，力戒议而不决、决而不行、行而无果，提高工作执行力。

（二）师资供给侧改革

高校是培养人才的机构，也是特别需要人才来支撑的机构。高水平的师资队伍是支撑一所高校持续发展的中坚力量，也是促使一所高校跨越式发展的关键所在。近年来，我校教师队伍状况虽得到明显改善，但与学校发展的现实需求还不相适应，与人才培养质量提高的内在要求还不相适应，成为制约学校发展的瓶颈性障碍，影响到学校后发优势的凸显，进而影响建设具有一流学科特色鲜明大学的进程。无论是从我校的发展现状看，还是从未来的发展前景看，建设一支高素质、高水平的师资队伍都是当前面临的极为迫切的任务。

首先，要尽快改变"教师在课堂上不如手机"的地位。课堂教学的供给侧，就是学校与教师侧，这里，同样需要一场结构性变革。教师渊博知识的有效供给与有效利用是这场变革的核心与关键。全程探究式、平等互动式的课堂教学模式将是必然方向。偏离了这种方向，大学课堂教学的没落将势不可挡。现在多数老师停留在最原始的授课方式上，学生在课堂上绝大部分是低头看手机。教师作为教育教学实践的主体，就如当今的经济改革，供给过剩，不和需求，按老思路一味"送家电下乡"式的刺激需求是毫无益处的，更是没法根本解决问题的。因为问题并非出在需求侧。青春韶华来校求学，对知识的渴求何须证明！关键是供给什么、如何供给。要站在师资供给侧改革的新起点上，对外，在国内外招聘优秀年轻教师；对内，现有教师结合自身专业优势，在多重职业发展路径下寻求发展。从专业地位、主体地位、学术地位、社会地位等方面提高教师在教学中的地位，激励广大教师争做有理想信念、有道德情操、有仁爱之心、有超机之能、有扎实学识、有为人师表的好教师。

其次，要更加明确教师的发展定位。教师的发展定位与高校的人才培养、科学研究、社会服务和文化传承创新密切相关，其本质可以归纳为知识的产生和知识的传播。其中，人才培养是中心工作；科学研究除了服务于国家重大科技需求外，也是提高人才培养质量的重要支撑，还是人才培养的重要载体；社会服务和文化传承创新是人才培养和科学研究功能的延伸。要始终坚持以教学为中心，以科学研究促进教学水平提升的办学理念。每位教师必须坚持把教学作为首要任务，不断更新教育理念，深化教学改革，提高教学水平，提升知识传播的效率，着力于培养知识丰富、本领过硬的高素质专门人才和拔尖创新人才。大学是人才培养和科学研究的中心，大学教师也兼具科学研究和人才培养一岗双责的重任。没能力或不愿意从事科研的人往往强调教学的重要性，没能力或不愿从事教学的人往往强调科研的重要性。大学教师不能把教学和科研截然分开，既要以良好的科研成就提高教学质量，又要用高质量的教学提升科研水平。

第三，要科学合理设置教师岗位。要注意研究放开二孩生育政策后可能会出现的教师编制不足，以及女教师因生育请假增多等新情况，提前制订相关对策。从博士比例、性别比例、年龄结构和知识结构四个方面优化师资队伍，有效解决年龄断层、职称断层等问题；根据学校的教学科研和学科专业建设任务，按照针对性、需求性原则，适度对岗位设置进行调整；强化教师的学科意识，让每一位教师都有自己的学科归属。做到岗需结合，人尽其才，才尽其用，充分发挥岗位的最佳效能，创造条件让更多的"隐性人才"转化为"显性人才"。注意扶持优势，强化重点，向中青年骨干教师倾斜及特色学科专业、新兴学科倾斜，优先支持教学科研的发展重点，形成有利于吸引优秀人才的环境，努力培育特色鲜明，优势突出的科研团队和教学团队。

第四，要通过有为实现有位。以教师自身的"有作为"保证教师队伍的生命力，要鼓励和支持广大教师投身创新创业教育改革，配合实施好"大学生创业引领计划"，办好全国大学生创新创业大赛等各类赛事，推动建设大学生创新创业服务平台、大学生创业孵化园、实践育人创新创业基地；承担国家重大科学基础设施和国家地方联合实验室建设任务，参与国家重大科技计划项目，持续推进"2011计划"促进科技成果转化；切实把国家大学科技园、重点实验室、工程中心等平台的效益发挥出来。增强社会贡献力，提升创新能力和服务经济社会发展能力，重点解决一些科研项目"上不着天""下不着地"，不切合地方经济社会发展实际等问题。在国际舞台上争高低，不能自拉自唱，不能自说自话。

第五，要使教师管理到位。对照建设现代大学制度要求，现在我们最大的问题还是教师管理比较粗放。要树立以"教师发展为本"的管理理念，创造有利于教师发展的硬环境和软环境。把青年教师纳入培训规划，落实青年教师培训制度，实行"访问学者"和"访问工程师"制度。实施柔性管理，以用为本，建立选才、励才的新机制，以规范到位的管理保持教师队伍的竞争力。同时继续出重拳治理违法违规和有损师德的行为。对严重违反师德的教师，坚决依法依规严肃处理。在教师考核、职称评聘、评先评优中，全面落实师德一票否决制。

（三）生源供给侧改革

巧妇难为无米之炊，生源是高校的生命线，而优秀生源则是推动大学提高声誉的基础动力之一。大家都非常清楚，学校尽管已经有招生细则了，如何招到理想的优秀的学生，还需要下很大的功夫。要高度重视招生工作，做到全员参与、落实责任，熟悉政策、突出重点，点面结合、广泛宣传，采取多种渠道、多种形式，面上吸引更多考生关注，点上吸引高分考生报考。在具体工作中切实做到"发挥十大优势、强化三个特效"。目前来看，我校招生工作的优势主要有以下十个：一是地理位置优越。学校坐落于江西省会南昌，具有便利的交通优势、较强的文化优势和地缘优势，对省内外考生有较强的吸引力；二是学科专业优势明显。学校成立于 1958 年时名称为江西水利电力学院，有着近 60 年的本科办学历史，学科专业优势明显。学校拥有国家级特色专业 1 个，教育部卓越工程师教育培养计划专业 4 个，教育部卓越农林人才教育培养计划专业 2 个，省级特色专业 7 个，省级专业综合改革试点项目 5 个，江西省卓越工程师教育培养计划专业 5 个，江西省卓越农林人才教育培养计划专业 1 个。三是办学层次升级提高。两届硕士研究生在学校毕业，标志着学校办学层次进一步提升。一本批次招生不断拓展，先后有水利水电工程、电气工程及其自动化、土木工程 3 个专业被批准列入我省一本批次招生，均在当年超额完成招生计划。2015 年，经河北省考试院同意，以上 3 个专业列入河北省一本批次招生，实现了外省一本招生的历史性突破，打破了在外省只有"大学"才能进入一本批次招生的惯例，并且招生计划全部在一本线上完成。四是定向培养直招士官不断发展。作为被总参谋部和教育部批准的定向培养直招士官试点院校，是全国 34 所试点院校中 5 所本科院校之一，与武警、海军、火箭军等多个部队建立了合作关系，生源涵盖江西、山东、湖北、安徽、四川、甘肃等多个省份，在校士官生 500 余人。五是考生专业满足度高。学校始终坚持科学招生、阳光招生、廉洁招生的工作理念，努力打造阳光高招。始终坚持以考生为本，在录取过程中，尽量满足考生所填报的专业，提高了专业满足度。让绝大多数同学录取到了自己理想的专业。六是生源质量稳步提升。近年来，学校生源质量稳步提升，在各省投档线继续走高，特别是录取一本线上考生取得巨大突破，规模比去年翻了两番。七是就业质量高，毕业生薪酬排名靠前。本科平均就业率连续 6 年列全省高校前十强，创业人数连续两年位居全省高校前十强。另据第三方麦可思公司的调查数据，我校 2013、2014 届毕业生就业率均在 94% 以上。根据人工智能公司 iP-IN．com 发布的《2015 年 iPIN．com 中国大学薪酬排行榜》前 200 位大学中，我校位居全国第 165 位，江西省第 7 位，连续多次被评为江西省普通高校毕业生就业工作评估优秀单位和先进集体。八是社会各界支持力度大。学校原隶属于水利部，现在为中央与地方共建院校，社会各级支持力度大，特别是省部共建力度加大，水利部、住建部、农工部都将进一步加强对学校的支持力度，学校发展将会进入一个更高平台。九是办学条件不断优化。学校环境优美，教学资源充沛，学习生活条件良好，教室、图书馆均配备空调，本科生学生宿舍为四人间，有独立卫生间、空调和热水器，在全国高校中处于领先地位。十是招生宣传体系完善。在做好常规宣传项目的基础上，通过拍摄制作招生宣传片，开发微博、微信公众号，参与省考试院组织的升学在线百所重点中学招生宣传等途径，构建了从平面、电视、网络、新媒体、电话，到中学、考点等多位一体的招生宣传体系。但同时我们也要清醒地认识到，当前学校在知名度方面尤其是在主要生源地江西省内来讲，与昌大、师大、财大等省内高校相比，仍有较大差距，个别偏远县的高中师生甚至没听说南昌工程学院的名字。即使是与处于新余市的江西工程学院等民办高校相比，学校在知名度上也不占优势；一旦江西工程学院比我们提早改成江西工程大学，社会上恐怕没有人会怀疑我们是它在南昌的二级学院。学生、家长、社会各界对学校的传统优势学科及人才培养特色等缺乏了解，如对学校的水工、土木、机电、信工学科知之甚少，学校的卓越工程师培养计划等还需进一步加强宣传。广大教职工对生源在建设高水平大学中的重要性和争取优秀生源的紧迫性认识不足，在加强宣传，吸引生源这项工作上主动性不足。要进一步争取各大学排名机构的"大学排行榜"对我校招生工作的特效帮助。一是大学排行榜像根"指挥棒",指导学生选择我校就读。据调查,现在70%以上的高考考生及家长填报高考志愿是根据大学排行榜决定的。在人们心目中,大学排行榜中位置靠前的大学,必然拥有雄厚的师资力量,优良的学风、校风。像我们这样排名在大学中间、发展比较快的学院就成了中等偏上分考生的合适目标。二是大学排行榜像台"检测器",让考生迅速辨别出学校类型。目前考生填报志愿首先是要力争上大学,还叫学院的大学自然就要往后考虑;在考生确认自己上"大学"无望的情况下,才看哪个"学院"排名靠前。但现在全国叫工程学院、理工学院、工学院的大学很多,不仅名字容易混淆,而且办学性质难以区分、办学质量高低难辨。考生只要上网查大学排行榜,我校公办本科大学较高质量的特征就被定位显示了。三是大学排行榜像把"望远镜",能使考生从中展望学校未来发展走向和毕业后的预期收益。目前我校不仅排名大幅靠前,而且早已被各类大学重重"包围",很多学生对学校"更名改大"充满信心。只要全校师生共同努力,说不定录取通知书是"南昌工程学院"发,毕业证就是"江X大学"(待研究报批,既体现江西地域特征、又显示水利特色)发了。大家可以预测排名靠前的"江X大学"生源质量有多高。

地基打得实,楼才砌得高。如果有优秀的学生,一流(优良)的条件,一流(优秀)的师资,领导干部现代的管理和教育理念(一流的管理),有什么理由培养不出来优秀(一流)的学生?所以,习近平总书记在我省视察期间,多次强调发挥人的作用、调动人的积极性。他在南昌大学强调,江风益创新团队十九年磨一剑,如果我们都能这样,立足本职岗位,十年磨一剑,我们国家就会扎扎实实地跨越式发展。

三、统筹兼顾"弹钢琴",切实加强水利特色大学和特色学科专业建设,增强学校发展的整体性协调性

要深入学习贯彻省委书记强卫同志"创新创业、放飞理想"、省委副书记、省长鹿心社同志"望南昌工程学院办出特色,不断提高教学科研

水平"的重要批示精神，以及省教育厅厅长叶仁荪同志的重要批示："能得到省长这样的批示实属不易！需要厅里支持帮助的，请尽管吩咐！谢谢！"，把各级领导对学校的关心厚爱转化为干事创业的动力。全省教育工作会要求高校围绕支柱产业、特色产业、高新技术产业的发展方向，调整学科结构布局，实施特色高水平大学工程，本科高校转型发展工程，加强一流学科专业建设。对我校而言，冲击高水平大学和一流学科的条件差距较大，更主要的是需要聚焦质量、聚集能量、蹄疾步稳、精准进发，通过"双特"（水利特色大学、特色学科专业）建设提升学校实力；需要在政策措施、落实细则和具体要求上做详尽研究布置"更名改大"，彰显水利大学的学科特色、中国水都的校园特色、江西省属的地方特色、省部共建的强势特色、公办主体的所有制特色和开放多科型大学的时代特色。要坚持以水利特色大学和一流学科专业为目标，突出学科专业建设重点，优化学科结构，凝练学科发展方向，打造更多学科高峰。把特色学科专业建设作为可持续发展的龙头和深层次突破的基础。特色学科专业建设目标是提高学校培养高层次专门人才、解决经济建设和社会发展重大问题的能力，提升总体办学水平。其主要任务是在短期内取得标志性的教学科研成果，建成一支结构合理、在省内外有一定影响的高水平学术队伍，把特色学科专业建成人才培养基地。针对特色学科专业目前存在的主要问题，依据一些大学成功的经验，采取以下对策推进特色学科专业的建设与发展。

一要建设好学科队伍。学科队伍建设是特色学科专业建设的核心，一个学科如果没有一支实力雄厚、结构合理、能力较强、学术水平较高的梯队，要把学科专业建设好是不可能的。尽管近年来我校不少院（系）陆续培养出了一批青年学术骨干，拥有一批获得博士学位和教授职称的年轻学术带头人，但要论及其在国内或国际学术领域的学术水平和地位，严格来讲真正具有较高知名度的年轻学术带头人尚属凤毛麟角，从数量上看，学科梯队中年轻化、高学历、高职称的学科带头人为数也不多。个别学科梯队结构不尽合理，缺乏适当的学术带头人，有些学科已出现带头人后继无人的现象。迫切需要提高学科带头人的水平和素质，发挥他们在学科队伍中的中坚和支柱、导向和统率作用。要站在建设特色大学和一流学科的高度，依托硕士学位授予学科、省级协同创新中心、省级特色学科专业和国家重点实验室等平台，在抓好学术骨干和青年博士引进的基础上，重点引进院士、长江学者、杰出青年基金获得者等高层次人才，尤其要注重高水平学术团队的整体引进。要重视学术骨干和青年人才的培养，实施青年人才培养计划，培养一批学术基础扎实、创新能力强的中青年学术骨干。

二要把握准科研方向。研究方向是特色学科专业发展的基石和关键，它将约束并带动学科专业建设的其他各项工作的开展。研究方向如果选不准，就很难出好成果，很难有强的竞争力。学校在选定特色学科专业的时候，应依据本学科学术前沿动态、发展趋势和自身条件，确立至少三个稳定的、相对独立又相互联系、相互依托的学术研究方向。多年来，我校学科专业建设一直限于一些传统学科，而一些重要的基础学科和新兴学科、交叉学科始终没有得到较好的培育，从而造成一些院（系）结构单一，布局欠合理，学科涉及面过窄。高水平的特色学科专业数量不多，基本上处于各学科"单兵作战"的状态，缺少学科间的合作与交流，难以形成高水平的规模效应，学科的群体优势得不到发挥。在学科专业建设过程中，要紧紧盯住学科发展的趋势和学科前沿的动态，坚定地把握学科专业建设的目标，使学术研究方向在学科专业建设中不断创新，更具特色。理工类学科要面向重大社会需求，鼓励学科交叉、渗透与融合，鼓励与企业、科研院所协同合作，努力提高承担重大科研项目的能力，培育产出高水平的科研成果；人文社科类学科要着眼于引领社会、服务社会，围绕经济社会发展中的重大理论和现实问题积极开展创新研究，积极开展政策咨询、企业服务等活动，不断提高科研创新能力。要积极拓展国际科研合作领域，推动省级以上特色学科专业、平台、基地与国际知名高校在人才培养、科学研究、学术交流等方面开展合作，增强学科的国际竞争力。

三要服务经济社会发展。学科专业建设应紧密结合地方经济，突出应用性，立足于经济社会发展。特色学科专业建设必须充分发挥地方的资源优势，为地方经济和社会的发展做出贡献。现在，全社会对继续教育、终身教育需求非常旺盛。今年要重点加强平台建设和各类教育相互衔接贯通制度建设。重点是围绕江西优势主导产业、战略新兴产业、现代服务业及重大工程项目，遴选一批优质精品专业，推进校企合作办学、合作育人，共建应用技术研发团队、工艺与产品开发中心、高水平实训基地，培养亟须新型技术技能人才。推进卓越人才系列培养计划。要抓住国家扩大专业学位研究生教育的契机，增加专业学位类别，扩大研究生教育规模，推行产学研联合培养研究生。完善科研组织形式，加强学科交叉，促进协同创新，积极申报承担国家和省级重大攻关项目。完善学校智库资助支持机制，引导应用型人文社科基地向战略研究型智库转变，增强学校创新资源对经济社会发展的驱动力。

四要完善基础设施。国外著名大学之所以能培养高质量的人才，出高水平的科研成果，很重要的一点，就是因为他们拥有先进的实验室、先进的科研仪器设备。反之，如果一个教学条件落后，设备陈旧，仪器老化，缺乏现代化教学手段的基地，不可能有高水平的研究成果和培养高素质的人才。要完善政府、社会、学校相结合的共建机制，形成多元化投入、合力支持的格局，鼓励有关部门和行业企业积极参与、加强与我校合作，通过多种方式支持特色学科专业建设。积极筹措资金，加大对基本条件、仪器设备等的建设力度，形成现代化、网络化、数字化的图书资料服务基地，进一步完善学校学科专业建设与发展条件。要抓住国家加大教育经费投入的机遇，以省级特色学科专业专项资金建设项目、中央财政支持地方高校专项建设项目为契机，积极争取各类学科专业建设经费。建立健全学科资产配置、使用、处置管理制度，提高资产的使用效益。

五要完善管理体制。特色学科专业建设是一项复杂的系统工程，科学的管理是学科专业建设顺利发展的重要保证。只有制定明确的学科专业建设管理规章制度，才能保证学科专业建设的连续性和长期性，依法管理，建立学科专业建设的奖惩制度，保证学科专业建设遵循学科发展的规律，从而不会因学校某些因素的改变而影响学科专业建设的正常运行，也保证了学科专业建设的管理有计划、有步骤地进行。要建立一套科学、规范、操作性强的学科评估指标体系，定期对特色学科专业建设工作进行检查、评估，对在学科专业建设中做出成绩的予以表扬奖励，对存在的问题及时解决。用标准加强引导、加强监管、加强问责。要坚持公开是常态、不公开是例外，本科教学评估报告、专业评估报告、教学质量年度报告、就业质量年度报告、教学质量常态监测数据都要向社会公开，并成为今后加强和改进一流大学一流学科专业建设的基本数据。其目的就是以科学的评估理论和方法指导特色学科专业建设管理的实践，重点促进学科专业建设的不断完善和提高。这样特色学科自然就变成了重点学科。

所以，最后还要强调的，也是从事高等教育的同志都非常清楚的，重点学科专业数量和质量是高校办学水平的重要标志，它体现了学科发展的方向。但是，这并不意味着忽视一般学科的建设和发展，应当依靠重点学科专业的建设带动相关学科的发展。从另一个方面说，如果没有非重点学科专业建设的发展，重点学科专业建设就会陷于孤立，就会限制学科的发展。按照当代科学技术发展趋势的内在逻辑，重点学科专业建设要出大成果，必然要实行学科联合攻关，在重点学科专业周围聚集起一批相关学科，重点学科专业建设会带动、促进非重点学科专业的发展。而对那些可能转化为重点学科专业的一般学科，要积极加以扶持，使其尽快成为重点学科专业，这样学校的整体水平才会上台阶、上档次、上水平，促进多学科协调发展。

金猴奋起千钧棒，玉宇澄清万里埃。五年看三年，三年看头年。做好今年工作，事关"十三五"起好步、开好局，意义重大。到 2018 年，学校要庆祝建校 60 周年，努力实现"更名改大"目标，这是全校广大师生和校友的梦想。尽管前进途中还存在着许多困难，有高山，有深壑，但这个目标一定要实现，也一定能够实现。让我们大家一起怀揣大学梦想，不懈拼搏努力吧！

第四十五回　巡视监督
——在省委第四巡视组巡视南昌工程学院
工作动员会上的表态发言
（2016 年 3 月 8 日）

尊敬的谢一平组长、吴小瑜副组长、李启真专员、巡视组的各位领导、同志们：

省委第四巡视组来南昌工程学院开展巡视工作，充分体现了省委对南昌工程学院的高度重视和全体干教职工的关心，必将更好地帮助我们发现问题和改进作风，更好地推动南昌工程学院改革发展，我代表南昌工程学院党委表示坚决拥护！代表全校两万多名师生员工表示热烈欢迎！刚才第四巡视组组长谢一平同志对巡视工作的要求具体、语重心长，深刻阐述了开展巡视工作的重大意义，指出了巡视工作要求、工作内容、巡视重点，讲话充分体现了党中央、省委关于巡视工作的精神和要求，不仅是对这次巡视工作的深入动员，也为我们上了一堂生动的党风廉政教育课，具有很强的思想性、指导性和针对性。另外，在今天开会前，第四巡视组几位领导还与我进行了充分沟通交流，说明了巡视任务并认真听取了学校的意见。全校各级领导干部一定要充分领会谢一平组长的讲话精神，严格落实巡视组的各项要求，精心安排、协调配合，全力确保省委巡视组顺利开展工作。下面，我代表学校党委向全校各级领导干部和全体党员提出四点要求：

第一，端正思想，提高认识，以高度的政治敏感严肃认真对待省委的巡视。

党的十八大以来，党中央将巡视工作摆在了前所未有的高度，明确了聚焦全面从严治党，紧扣"六大纪律"、深化"四个着力"，从厚植党执政的政治基础高度，深化政治巡视，发挥利器作用，坚决维护党中央集中统一领导。省委对做好新时期党风廉政建设和巡视工作高度重视，坚决贯彻落实中央部署要求和巡视工作条例，紧盯党的领导弱化、党的建设缺失、全面从严治党不力等"三大问题"，推动被巡视党组织认真贯彻党的路线方针政策和中央、省委的决策部署。这次省委第四巡视组来我校开展巡视监督，是对我校各项工作的"全面体检"，也是对学校各级党员领导干部廉洁自律的"政治体检"，更是对我校党风廉政建设工作的"综合会诊"。我们一定要把接受省委巡视组的监督检查当作一次加强党性锻炼的机会，一次检验工作成果的机会，一次加快推进全校教育教学改革发展的机会，迅速将思想行动统一到省委决策部署上来，统一到省委巡视组的工作要求上来，切实增强接受巡视监督、支持巡视工作的自觉性和坚定性。学校各级领导干部，特别是领导班子成员、机关各处室和二级单位主要负责人要带头本着客观、公正、负责的态度，自觉接受巡视组的巡视检查，坚决服从巡视组的安排，努力配合完成好这次巡视任务。

第二，严守纪律，全力配合，确保巡视工作顺利开展。

全校党员领导干部要把配合支持巡视工作作为当前一项重要政治任务，切实为巡视组开展工作提供一切便利。一要做到领导带头，主动接受巡视监督检查。要从学校领导、部门领导做起，在执行中央八项规定、省委作风建设要求和个人廉洁自律、落实主体责任等方面，既要当好反映情况、自查自纠、改进提高的模范和表率，又要认真履行党委的主体责任、党委书记的第一责任、分管领导分管责任，真正把接受巡视监督的过程作为寻找差距、改进工作的过程。全体党员要本着对党负责、对教育事业发展负责、对自己负责的态度，实事求是地汇报工作、反映情况，不夸大成绩，不隐瞒问题，不回避矛盾，客观、真实、准确地提出意见和看法，让巡视组充分了解我校领导班子和干部队伍建设的状况，全面掌握我校各方面工作的实际情况。二要强化纪律要求，不得擅离岗位。要坚决贯彻省委巡视工作"没有不可问的事，没有不可找的人"的要求。在巡视工作开展期间，学校各级领导干部特别是中层以上干部、关键岗位的同志要合理安排好工作和时间，不得随便离开工作岗位，更不能擅自外出。三要做好沟通协调，服从巡视安排。在巡视期间，巡视组的领导同志要召开多次重要会议、广泛与干部群众进行个别谈话、查阅大量文件资料。学校联络小组要严格按照要求，提前策划、精心组织，不折不扣、按时保质地完成好巡视组交办的各项工作。

第三，直面问题，及时整改，保障巡视工作成效。

学校近年来在改革发展方面取得了一定的成绩，但我们不可避免的也会出现一些问题。巡视工作的最终成效是体现在整改落实上。全体干部教职员工要敢于直面巡视组"诊断"出来的问题，认真查找问题的"症结"，对症抓药、对症下药、巩固疗效。一要强化主体责任。把纪律建设摆在更加突出位置，坚持高标准和守底线相结合，使党建真正从宽、松、软走向严、紧、硬。锲而不舍落实中央八项规定精神，扭住"四风"不放，抓住重要节点，紧盯享乐奢靡，言出纪随、从严执纪，牢牢抓住主体责任这个"牛鼻子"，强化日常管理监督、抓早抓小，以问责倒逼责任落实。二要强化问题的整改。重点对执行政治纪律和政治规矩情况、利用教育资源寻租腐败情况进行监督检查，紧盯资金管理、资产处置、资源配置、科研经费和工程项目等方面反映突出的具体事项。凡是发现的问题，都要集中整改，即知即改，件件有答复；凡是巡视组提出的建议，都要认真研究，及时落实，事事有回音；凡是涉及违纪违法的案件，不管涉及什么人，都要认真查实，按规定处理。对有问题反映的领导干部，要在党的民主生活会上对照检查。同时，要对照巡视组反映的问题，自查自纠，深刻剖析，举一反三，在制度流程上查缺补漏、消除风险和隐患。三要建立长效机制。贯彻执行廉洁自律准则和党纪处分条例，结合中央和省委有关文件精神，完善党内监督的相关制度，不断探索强化党内监督的有效途径。实施问责制度，让失责必问成为常态，要把问责作为全面从严治党的重要抓手。问责一个、警醒一片，没有问责就难有担当。有权必有责、失责必追究。

第四，抢抓机遇，加快发展，推动学校各项事业迈上新台阶。

党的十八届五中全会规划了我国未来五年的发展蓝图，省委十三届十二次全会和井冈山会议对全省改革发展提出了新的更高要求和奋斗目标。我们要深入学习习近平总书记系列讲话和视察江西的重要讲话精神，全面贯彻落实习总书记"新的希望、三个着力、四个坚持"总体要求，紧紧抓住江西生态文明先行示范区建设等重大国家战略实施以及"十三五"规划给学校带来的机遇，把创新、协调、绿色、开放、共享"五大发展理念"转化为"六双实际行动"：全面贯彻落实党中央、国务院"双一流"（一流大学、一流学科）建设方针、满足地方经济社会发展需要突出培养"双型"（技能型、应用型）人才，适应高等教育激烈竞争与学校快速发展的需要做到"双进"（与时俱进和与位俱进），坚持"双轮"（深化改革和依法治校）驱动增添学校发展原动力，服务经济发展新常态推动"双创"（大众创业和万众创新）、举全校之力参与"双特"（水利特色大学、特色学科专业）建设，进一步提高学校科学发展能力和工作水平。我们恳请巡视组各位领导对学校各项工作多批评、多指导、多提宝贵意见和建议，严肃指出我们工作中存在的问题和不足。我们一定会珍惜和把握好这次巡视监督的重要机遇，充分利用好开展巡视工作创造的良好政治环境，全面推进学校党风廉政建设和各项重点工作，绝不辜负省委的关怀和期望！

最后，祝愿巡视组的各位同志在南昌工程学院巡视期间身体健康、工作顺利！谢谢大家。

附：南昌工程学院工作情况汇报

根据巡视工作的要求，我代表南昌工程学院党委就学校改革发展情况和巡视的四个方面情况，向省委巡视组汇报如下：

一、南昌工程学院改革发展情况

南昌工程学院原为1958年创建的江西水利电力学院，2004年更名为南昌工程学院，现为江西省与水利部共建大学，全校共有二级机构70个（含党群、行政、业务、教学单位和科研院所），校领导10位，在编处级干部 114 人、科级干部 121 人；学校教学单位 15 个，全日制本专科学生 17652 人、研究生 138 人、成教生 6700 人，专任教师 975 人。近年来，学校坚持以改革为动力，促进办学实力不断提高，根据中国校友会大学排行榜，我校 2016 年在全国排名为 375 名，比 2014 年前移 186 位，进位赶超速度全省第一，办学层次实现了新飞跃。

——教育教学改革不断深入。提出创一流本科教育的理念，推进应用型人才培养多元化，探索人才培养新途径，加强课程、专业建设，积极推进专业硕士研究生培养。三年新增本科专业 5 个，3 个专业列入一本批次招生，获得省级精品课程 12 门，省级教学成果奖 5 项，高等学校水利类专业教学成果二等奖 1 项，研究生教育中期检查获专家组"优秀"评级。

——科学研究水平不断提升。学校在学科平台建设、方向凝练、团队建设等方面加大投入。完成了 6 个省级重点学科验收，获得省级以上科研平台 8 个，其中国家地方联合工程实验室、江西省协同创新中心各 1 个，目前学校省级以上科研平台达到 12 个；获得省级科技创新团队 1 个，国家基金项目 48 项、教育部高校人文项目 6 项，获得省科技进步奖 4 项，高校科技成果奖 5 项，省社会科学优秀成果奖 10 项。

——师资队伍力量不断充实。学校人才引进"双百"工程、校内博士培养、教师出国访学、人才特聘岗位遴选等工作都取得良好成效。学校引进博士和培养博士 132 人，新增 4 人入选江西省百千万人才工程人选、1 人享受国务院特殊津贴、4 人获批省二级教授、34 人次获批国外访问学者项目、10 人入选江西省"远航工程"项目。

——人才培养质量不断提高。注重提高生源质量，加强考风学风建设和学生创新创业教育和素质教育。本科生平均考研率为 9.05%，毕业生平均就业率达到 86.78%；共有 320 个项目 1459 人次获得省级以上科技创新和技能竞赛奖励，获得全国第十四届"挑战杯"竞赛一等奖 1 项，获得全国大学生篮球联赛"阳光组"第四名，有 1 名学生先后获得"中国青少年科技创新奖"和"中国大学生自强之星"的荣誉称号，1 个科技创新团队获得全国大学生"小平科技创新团队"。

——大学校园文化不断繁荣。深入挖掘学校特色文化内涵，做好水文化、红色文化、廉政文化三篇文章，有序推进凸显学校特色的文化精品和文化景观建设，营造良好的文化育人环境；开展丰富多彩的校园文化活动，学校荣获第七届全国高校校园文化建设成果三等奖、江西省高校校园文化成果特等奖。

——和谐校园建设不断加强。畅通信息渠道，规范党务、校务公开，想方设法提高教职工收入水平，着力改善师生学习工作生活条件。完善学生帮扶体系。落实就业工作"一把手"工程。完善分级管理、责任落实、全员参与的综治管理模式，加快推进数字化安防体系和综治平台建设，学校连续三年获得全省综合治理先进单位。

二、关于学校领导班子及其成员执行党风廉政建设责任制和廉洁自律规定的情况

近年来，学校坚决贯彻执行中央和省委关于党风廉政建设的一系列决策部署，深入推进学校党风和干部队伍作风建设，扎实开展党的群众路线教育实践活动和"三严三实"专题教育，深入开展"连心、强基、模范"三大工程；加强基层党组织建设，重视党员活动场所建设，注重提高党员发展质量，两年共发展党员1262人，努力为学校改革发展稳定提供坚强保证。

一是履行主体责任，坚持把党风廉政建设与学校工作同部署、同落实。学校党委全面落实党风廉政建设责任制，班子成员严格履行"一岗双责"，年初签订责任书，年终书面报告落实责任制情况。校党委将党风廉政建设列入学校年度工作要点、纳入年底考核重要内容，与学校事业发展同研究、同部署、同检查、同考核。学校充分利用党委会、党代会年度工作会、新学期工作会、党委理论中心组学习会等形式及时传达学习中央、省委和省纪委有关会议精神，研究部署党风廉政建设工作。组织校属各单位签订党风廉政建设责任书。坚持实行领导干部年度述职述德述廉述法制度。加强党风廉政建设工作考核。加强"把纪律和规矩挺在前面"教育，编印《把纪律和规矩挺在前面》学习读本并组织处级以上的干部进行考试。加强廉政文化建设，学校被省纪委、监察厅命名为江西省廉政文化建设示范点。

二是履行监督责任，强化权力运行的制约和监督。严格执行《廉政准则》，认真落实个人有关事项报告、函询、诫勉谈话、任前廉政谈话、约谈等制度。加强重点岗位和关键环节监督，构建机关业务单位和教学单位廉能管理工作模式。对新任及从外单位调任的处级干部建立廉政档案。制定校处级领导干部经济责任审计规定，建立相关单位联席会议工作机制，开展部分校属单位主要领导经济责任审计。加强机关部门服务事项清单执行情况开展监督。对学校重大工程建设项目及 2000 多万元实验仪器设备采购全过程监督，对人才引进、职称评审、招生考试等进行现场监察。着力推进"红包"问题常态化治理工作，组织各单位党政负责人签订红包治理责任书、全体教职工签订承诺书。认真严肃开展领导干部违规插手干预工程项目问题专项治理工作，努力推进基建工程和政府采购领域工作制度化、程序化、规范化。

三是严肃认真，做好信访举报核查处理工作。修订完善信访制度，畅通举报渠道，设立实体和网络举报箱，开通校领导信箱实时反馈渠道，加强信访件处理，严肃处理违纪违规问题，加强与属地检察部门联系与合作。近三年来，共受理核查群众信访举报 70 件，对违规收受"红包"给予行政记过处分 1 人，共有 2 人受到党政纪处分。

三、关于落实中央八项规定精神加强作风建设的情况

中央八项规定和省委实施细则颁布以来，学校领导带头引领新风正气，全体干部职工身体力行，树立了学校干部队伍为民务实清廉良好形象。

首先，制定并印发贯彻落实中央八项规定精神监督检查的暂行办法。学校纪委组织相关单位对落实中央八项规定精神和纠正"四风"问题开展经常性监督检查，并要求各单位开展自查自纠。同时，按季度向省纪委报送落实八项规定情况，无被上级纪委发现并查处违纪违规问题情况。

其次，落实领导干部婚丧嫁娶事宜等情况"两报告一承诺"制度。学校党委根据八项规定及其相关文件精神，要求领导干部婚丧嫁娶事宜等情况需向纪委报告，校纪委做好登记备案监督工作。

第三，对全校范围内的公务用车、会议、接待、因公出国等情况落实定期报表制度。坚持厉行节约，坚决反对铺张浪费，制定了接待管理办法，接待严格按照规定执行。开展公务用车整治工作，严格执行"公车双休日集中停放、节假日封存"的规定，开展校内公车专项检查并通报结果，尤其注重对节假日期间的公车使用情况的检查并及时通报检查情况，对于节假日期间不按规定停放公车的单位进行约谈。

第四，开展办公用房清理整改工作。开展了清理办公用房情况专项检查，明确有关标准和清理整治要求，对超过标准的办公用房做到了整改到位。

四、关于严明党的政治纪律特别是与党中央、省委保持高度一致情况

学校领导班子坚决贯彻中央和省委的重大决策部署，在大是大非面前始终和党中央保持高度一致，坚持以社会主义核心价值体系武装全校师生，凝聚师生共识，确保政令畅通。

一是始终保持政治坚定性。学校高度重视党的十八大、十八届三中、四中、五中全会和习近平总书记系列重要讲话精神的学习宣传贯彻，高度重视省委系列会议和井冈山会议精神的学习贯彻落实。校党委中心组自觉把习近平总书记重要讲话作为学习的重要内容。组织领导干部在总书记关于立德树人、关于高等教育发展等一系列重要论述上深化认识、凝聚共识，切实做到把思想和行动统一到中央的重大决策部署上来。

二是始终坚定社会主义办学方向。把理想信念教育放在首位，始终坚持党的教育方针，以人为本、立德树人，把深入开展中国特色社会主义宣传教育和理想信念教育作为校园宣传教育的主旋律，深入开展形式多样、内容丰富的主题教育活动，不断推进思想政治教育内容、形式和载体创新，大力弘扬和践行社会主义核心价值观。切实加强思想政治理论课教学，要求把党的十八大以来的中央精神融入课堂。全校广大师生精神风貌积极健康向上，涌现了一批优秀师生典型。

三是始终把密切党群干群关系放在首位。党的群众路线教育实践活动中，广泛深入查摆问题，抓住群众反映最强烈、最反感的"四风"问题，加大整治力度，抓好建章立制，出台领导班子民主生活会整改落实方案、群众路线教育实践活动专项整治工作方案，从体制机制上堵塞产生"四风"问题的漏洞。省委第十六督导组对我校教育实践活动给予充分肯定，江西日报、江西教育电视台等新闻媒体多次报道我校教育实践活动的做法和成效。扎实开展"三严三实"专题教育，组织全校126名副处级以上领导干部认真参加"三严三实"专题教育活动，覆盖面达到100%，领导干部工作能力和水平得到新的提升。

四是全面深化学校教育教学改革。学校把改革作为主旋律，成立综合改革领导小组并按照校领导的不同分工，又分别成立专项改革领导小组，围绕教育教学、学科建设、人才引进、基本建设、后勤管理等工作开展改革，学校党委经常听取各专项小组的工作情况汇报，学校事业改革工作取得了良好成效。

五是坚决贯彻落实省委重大决策部署。深入学习习近平总书记系列讲话和视察江西的重要讲话精神，全面贯彻落实习总书记"新的希望、三个着力、四个坚持"总体要求，紧紧抓住江西生态文明先行示范区建设等重大国家战略实施以及"十三五"规划给学校带来的机遇，把创新、协调、绿色、开放、共享"五大发展理念"转化为"六双实际行动"：全面贯彻落实党中央、国务院"双一流"（一流大学、一流学科）建设方针、满足地方经济社会发展需要突出培养"双型"（技能型、应用型）人才，适应高等教育激烈竞争与学校快速发展的需要做到"双进"（与时俱进和与位俱进），坚持"双轮"（深化改革和依法治校）驱动增添学校发展原动力，服务经济发展新常态推动"双创"（大众创业和万众创新）、举全校之力参与"双特"（水利特色大学、特色学科专业）建设，进一步提高学校科学发展能力和工作水平。

五、关于执行民主集中制和干部选拔任用工作情况

（一）执行民主集中制方面

学校领导班子不断强化党性原则，认真执行民主集中制。

1. 不断提高坚持民主集中制的自觉性。学校严格执行《党委会议事规则》和《校长办公会议事规则》等相关规章制度，明确党委书记和校长在党委会、校长办公会上末尾发言，较好地完善了班子内部的工作分工、议事、决策规则和程序，切实做到用制度管权、按制度办事、靠制度管人，使学校领导层决策的整个过程充分体现民主集中制精神。

2. 专题民主生活会质量高、效果好。在群众路线教育实践活动和"三严三实"专题教育活动中，学校领导认真贯彻落实中央、省委关于开好专题民主生活会的有关精神，学校领导班子每位同志聚焦"四风"问题和"不严不实"问题，开门见山、直奔主题，不遮遮掩掩，严肃开展批评与自我批评。在群众路线教育活动中，每位同志都收到 10 条次以上的意见和建议，班子及各位成员都明确了集中整改的思路，提出了"四风"方面和教育事业发展方面具体整改措施。在"三严三实"专题教育活动中，每位同志都收到 9 条次以上的意见和建议，并按照要求提出了整改措施。

3. 凝聚班子集体的战斗力。学校始终坚持党委领导下的校长负责制，坚持集体议大事、定方向、谋大局，形成了坚强的领导核心。学校的重大决策、干部任免、重要建设项目安排、大额度资金的使用等，都做到坚持"集体领导、民主集中、个别酝酿、会议决定"的原则，都提交党委会集体研究。班子成员之间严格按制度办事，互相信任、互相理解、互相支持、互相帮助，自觉维护和执行民主集中制。

（二）干部选拔任用工作方面

2013 年以来，根据工作需要，党委对处级干部进行调整充实 25 人次。具体情况是：2013 年提拔处级干部 4 名；2014 年提拔重用处级干部 2 名，轮岗交流处级干部 5 名；2015 年提拔处级干部 4 名，轮岗交流处级干部 6 名；2016 年 1 月提拔处级干部 4 名。这些干部的提拔重用、调整充实都严格按照《党政领导干部选拔任用工作条例》和有关规定进行，符合干部任免的任职条件和要求，并及时履行了职数审核程序。

1. 认真贯彻执行干部条例，确保干部选拔任用工作规范有序。对照《干部选拔任用工作条例》，严把动议关、推荐关、考察关、决策关、纪律关等"五关"。推行竞争性选拔干部机制，营造激励优秀人才奋发向上、脱颖而出的良好氛围。加大干部交流、轮岗力度，促进干部队伍的有序流动和人才资源的合理配置，提高干部队伍的整体素质和工作效能。认真做好处级干部转任非领导职务工作，规范了调研员的管理工作。

2. 坚持从严管理，推动干部监督管理常态化。开展个人有关事项集中报告、补报、审核工作。认真落实干部选拔任用工作有关事项报告制度，实行"凡提必核，凡动必核"，防止"带病提拔"问题的发生。加强干部档案专项审核工作。规范领导干部因私出国（境）管理工作，出台《南昌工程学院处级干部出国（境）管理暂行规定》，对干部个人因私出国（境）证件做到"应收尽收，集中保管"。严格执行干部请假制度。进一步完善处级干部年度考核工作。深入开展领导干部"吃空饷"问题专项整治"回头看""跑官要官、说情打招呼问题"自查自纠、"教育实践活动深化整改回头看"等活动。

在看到成绩的同时，我们也清醒地认识到，学校的各项工作与省委的要求，与全校师生对加快教育发展的期望相比，还有不小差距。

一是班子自身建设还需加强。以科学理论武装头脑、指导实践需要进一步努力，在学习中央、省委等有关文件精神上，对新时期党的一些路线、方针、政策的深刻内涵把握不够；班子成员结合当前高等教育发展的新常态，把握和分析高等教育发展形势不够，学习和跟进当前高等教育理论不够，运用当前高等教育新理论、新方法来推进学校教育教学改革不够；学校领导班子在利用学校学科和人才优势为江西经济社会发展做贡献的方法不多；领导班子存在创新意识不强的现象，抓内涵建设举措不多、思路不宽，抓工作推进力度不够等；工作中不能始终坚持高标准、严要求、求实效，开拓创新不够，缺少对学校事业改革发展的顶层设计和长远规划的系统研究；在提升学科建设水平的思考不够深入，举措不够精细；在工作中深入基层调研意识不够强，与普通教职工交流不够，提出的工作思路和制定的规章制度时有与基层单位"错位"现象；领导班子的整体活力需要进一步增强，相互之间的工作方法、工作思路发生化学反应比较缓慢；班子为教职工解决实际问题和民生问题的工作水平需要进一步提高，对于群众反应比较多的问题，如学校彭家桥校区的利用问题，班子成员没有合理地利用各种机遇来解决好；学校领导班子和下属单位的领导班子，在遵守党的政治纪律、组织纪律和廉政纪律方面，存在主观上认为大政方针与自己无关，自己不可能违反政治纪律，思想上轻视、态度上忽视，缺乏警醒自觉的现象。

二是党风廉政建设还需加强。少数领导干部对于党风廉政建设的认识不到位，认为高校的领导干部与其他部门的领导干部有所区别，没有用事业发展的高度去对待党风廉政建设；有些单位和少数教职工对党风廉政建设不够重视，总是认为高校只要做好了教书育人工作，其他工作包括党风廉政建设都是相对次要的；党风廉政建设的主体责任意识还不强，对党委主体责任和纪委监督责任在认识上还不到位，个别领导干部责任意识还不强，在具体实施时，工作任务边界还不够明晰，相关部门之间在某些问题上还存在扯皮推诿现象，一些党组织和职能部门没有把党风廉政建设的主体责任真正扛在肩上、落到实处；党风廉政建设工作开展不平衡，有的领导干部对党中央管党治党的战略决策认识不清，对学校党委的部署落实不到位；"三转"后，监督机制还有待于进一步完善，方法还有待于进一步改进；领导干部的作风不实问题仍然存在，一些单位还存在纪律松弛、管理不规范、责任心缺失等现象，对于学校布置的工作，有些单位只是简单的应付，消极处理的现象也时有存在，有的党员和干部还存在做表面和纸面文章、工作不负责任、推诿现象，在其位不履其责、混日子过；有的干部和教师对党纪政纪、法规制度缺乏敬畏，纪律意识淡漠，不敢腐、不能腐和不想腐的氛围还没有真正形成，营造风清气正的育人环境还任重道远；科研人员对科研项目经费预算编制的重要性认识不足，在执行过程中一定程度上存在不严格按预算开支的现象。

三是八项规定执行还需严格。有些干部艰苦奋斗意识淡薄、勤俭办学意识不够，一些公务活动和公务接待不能完全做到按标准、按规定接待；通过开展党的群众路线教育实践活动，会议、文件和部门组织的活动明显减少，师生对此比较满意，但又有反弹的苗头，主要表现在学校会议组织召开上，教职工反映还存在会议召开多、落实少，领导会议讲话时间长，实际内容少，存在为开会而开会、以会议落实会议、以文件落实文件的现象；在干部队伍中，对党风、政风和社会风气一些消极面，缺乏清醒认识和正确判断，自我要求约束不严，对发生在身边的一些请客送礼等不正之风抵制不力；少数领导干部执行力不够，对于学校党委行政布置的工作，存在着不敢抓，不敢管，怕得罪人等情况，导致有些工作只是停留在嘴上、停留在文件上，而没有取得实际成效；少数领导干部了解民情不够，工作作风不够扎实，校领导中仍存在深入基层不足、了解情况不全面、倾听群众呼声不够等问题；少数领导干部在工作落实推动上缺少一抓到底的决心，闯劲不足，抓工作还不够扎实，存在小心谨慎、求稳怕乱、等待观望等思想。

四是民主集中制还需坚定。在举行研究和讨论学校工作会议中，有时会因为时间紧、任务重等因素的影响，有的议题讨论不够充分，有的议题存在议而不决、决而不行的现象；在干部选拔任用上，偏重民主推荐方式，学院干部在提名环节中主要采取海推、召开处级干部大会投票推荐方式推出人选，提名方式比较单一；在干部考察过程中，存在一些提拔任用干部的特点没真实地得到反映，这主要受制于考察手段不够丰富、谈话过程"碍于情面"的顾虑等原因；对干部管理方面也有所松懈，部分干部推诿扯皮、敷衍塞责、得过且过的现象时有发生；在管理干部上存有怕担责的现象，同时也存在干部管理制度操作性不强，不适应新形势发展需要，没有及时进行修订完善的问题。

我们将以这次省委巡视组赴校开展巡视为新的起点和契机，严格按照中央、省委巡视工作相关要求，真诚接受巡视组的巡视监督检查，在继续总结工作中好经验、好做法的同时，突出查找问题、及时加强薄弱环节的工作，不断推进学校改革发展事业。

我的汇报就到这里，不当之处，请批评指正。谢谢大家。

第四十六回　省委考核

——在南昌工程学院 2015 年度省管领导班子和
领导干部考核民主测评大会上的主持词
（2016 年 3 月 22 日）

省委考核组的各位领导、同志们：下午好！

为深入贯彻落实省委 2015 年度省管领导班子和领导干部考核工作的有关要求，进一步落实群众对学院领导班子及学院改革发展的参与权、监督权和评议权，不断增强院领导班子及领导干部的办学治校能力和水平，推进学院各项事业的又快又好发展，今天下午，我们在这里组织学院领导班子成员、中层正职和具有正高职称的教师召开 2015 年度领导班子和领导干部考核民主测评大会；省委第十考核组一行 6 人莅临我院检查、指导考核工作。参加会议的考核组领导有，副组长：省委组织部新闻宣传处处长陈琰；成员有：申道义、钟毅、王磊、涂红梅、王允

在此，我代表学院党委、行政及全院师生对省委第十考核组各位领导到我院考核、检查、指导工作表示热烈地欢迎和衷心地感谢！

省委检查考核通知下发后，学院党委高度重视，及时召开党委会传达贯彻，提高思想认识，研究落实文件精神，认真回顾实事求是总结了 2015 年度学院领导班子工作和落实党风廉政建设责任制情况，撰写了领导班子成员的个人年度述职述德述廉述法报告。

按照考核组工作的安排，召开民主测评会议以后，接下来还要找领导班子成员和相关中层正职进行谈话，请相关人员做好谈话准备。

今天大会主要有四项议程：一是由省委考核组副组长陈 琰同志作动员讲话；二是由我代表领导班子作年度工作总结，并汇报党委和本人落

实党风廉政建设主体责任以及本人廉洁自律情况；三是由院党委副书记、院长金志农同志就本人履行主体责任及个人廉洁自律情况进行述责述廉，由院纪委书记梁钢同志就纪委和个人履行监督责任及个人廉洁自律情况进行述责述廉；四是对领导班子及领导干部进行考核测评和民主评议，对领导班子和党政正职、纪委书记落实党风廉政建设责任制以及党委书记落实党建工作责任制情况进行民主测评，对干部选拔任用"一报告三评议"工作进行民主评议。

具体议程（略）。

附1：2015年度南昌工程学院领导班子和领导干部考核测评会发言

下面，我就2015年度学院领导班子工作总结、党委和本人落实党风廉政建设主体责任以及本人廉洁自律等方面情况作个简要汇报，敬请各位领导和同志们批评指正。

一、南昌工程学院2015年度领导班子工作情况

2015年，学院领导班子深入学习贯彻党的十八大、十八届三中、四中、五中全会精神和习近平总书记系列重要讲话精神，全面加强党的领导，围绕立德树人根本任务，聚焦学院奋斗目标，按下全年工作七个"快进键"，全面深化综合改革，全面提升学院核心竞争力，各项事业发展取得新的成就，呈现出蓬勃发展的良好态势。

（一）树立创新理念，孕育科学发展新动力

学院坚持把创新摆在发展的核心位置，深入贯彻落实省委书记强卫同志对学院提出的"创新创业、放飞理想"要求，让创新贯穿一切工作，让创新在学院蔚然成风。

一是创新高等教育发展理论。以推进学习型领导班子建设为目标，通过召开相关会议对上级精神及时传达贯彻学习，认真抓好党委中心组集体学习、聘请校外领导专家辅导学习、广泛开展在线学习以及外出考察学习等形式，深入学习领会中央和省委的决策部署，对最新重大理论成果，做到学深学透、入心入脑，进一步提高学院领导班子成员理论水平和谋划发展的能力。一年来，学院领导班子成员累计撰写理论文章和调研报告30多篇，主持省部级以上课题研究3项，出版专著4部。

二是创新高等院校管理制度。高度重视学院章程制定工作，多次召开会议进行研究、部署，确保《南昌工程学院章程》顺利获得省教育厅核准并颁布实施，开启了学院依法治校新时代。同时，以章程颁布实施为契机，扎实推进各项制度的"废、改、立"工作，全年共完成100余项制度的制定修订工作，学院内部治理结构进一步完善。

三是创新基层组织建设活动。开展"五星创评"活动，实施基层党建活力提升工程，着力打造基层党建品牌。实施"模范"工程，开展庆祝中国共产党成立94周年表彰活动，着力营造学先进的浓厚氛围。开展基层书记抓党建述职工作，组织6个二级学院党委（总支、直属党支部）书记进行会议述职，其他党委、党总支、直属党支部书记进行书面述职。做好党员教育工作，提升党员发展质量，全年发展党员585人，其中"双高"人员2名，100%完成发展党员计划。学院机关党委党员活动室获第五批江西省高校示范性党员活动室光荣称号。江西教育电视台《党建好声音》专题报道我院学生社区党建工作，充分肯定党建育人的特色和成效。

四是创新干部选拔任用机制。严格对照《干部选拔任用工作条例》，把好动议关、推荐关、考察关、决策关、纪律关，扩大干部选任工作的民主、公开、透明，进一步提高了选人用人公信度和科学化水平。全年提拔处级干部4名、科级干部16名。积极探索竞争性选拔干部机制，通过竞聘方式选拔正处级干部1名、副科级干部6名；加大干部交流、轮岗力度，交流调整处级干部6名、科级干部6名，促进干部队伍的有序流动和人才资源的合理配置。

五是创新高校作风建设路径。认真开展"三严三实"专题教育，学院领导班子成员带头讲党课、带头深入查找存在的不严不实问题。按照要求圆满地完成了专题学习研讨、深查"不严不实"问题、征求意见、谈心谈话、专题民主生活会、落实整改等工作，制定实施《南昌工程学院领导干部践行"三严三实"行为规范》，组织党员干部534人下基层开展"连心"活动，对口联系教研室、班级、楼栋、寝室等 617 个，结对帮扶师生 754 个，下班级、楼栋、寝室数 2138 次；指导毕业生考研 125 起，帮助毕业生就业 1655 起。干部作风建设水平得到新的提升。

（二）树立协调理念，哺育持续发展新活力

学院在 2014 年全国大学排行榜排名提升 158 位后，2015 年在全国排名再进 28 位，列全国第 375 名，进入全国公办高等本科大学中等发展水平元年。

一是立德与树人同时并举。学院党委出台《关于进一步加强和改进新形势下宣传思想工作的意见》，大力开展理论武装、大学生思想政治素质培育、思想政治理论课质量提升、哲学社会科学育人、网络思想政治教育创新、思想舆论引领、师德建设、形象宣传塑造、队伍建设、制度完善十大工程建设，把增强学生的社会责任感、创新精神和实践能力作为重点任务贯彻到教育全过程，在保护学生好奇心、尊重学生差异性、树立学生自信心、培养学生意志力方面下功夫，筑牢广大师生的共同思想基础。

二是教学与科研同样抓紧。积极推进本科教学工程项目建设，不断提高研究生培养质量，推进教学运行管理的精细化，学院科学研究水平持续向好。全年获得省级以上项目 170 多项，纵向科研经费达 1600 多万元，国家基金项目首次突破 20 项，成功获批省级 2011 生态水利协同创新中心和省重点实验室各一个，特别是继 2014 年获得国家级大学科技园之后，2015 年我院国家级科研平台又获丰收，国家地方联合创新平台顺利获批。学院省级以上科研平台总数达到 11 个。

三是创新与创业同步推进。出台《南昌工程学院关于进一步加强实践教学工作的若干意见》。设立"百川讲堂"示范工程，邀请知名企业家来院做创新创业类报告 43 期，吸引近万人次参与；建立大学生创新创业园实践平台，建设 2800 平方米的大学生创新创业园，承接各级各类大学生创新创业项目 375 项；全国第十四届"挑战杯"课外学术科技作品竞赛获一等奖 1 项。学院"工程检测与结构设计创新团队"荣获共青团中央、中国青少年发展基金会评选的 2015 年度全国大学生"小平科技创新团队"称号,全国仅有50支学生创新团队获此殊荣(江西省仅2支)。《中国青年报》《江西日报》、江西电视台、江西教育电视台等新闻媒体都给予报道,产生良好社会反响。

四是统战武装群团同上台阶。认真贯彻落实中央统战工作会议精神,召开全院统战工作会议,积极支持和鼓励党外人士参政议政、建言献策,重视党外干部的选拔培养和使用,构建党委统一领导、统战部牵头协调、各有关部门、各基层党委各负其责的大统战工作格局。武装工作获全省国防教育示范基地、江西高校兵役登记试点、高校民兵基层党的组织建设试点单位、全省高校武装工作先进单位等光荣称号,在江西省高校国防后备力量建设评比中排名第一。认真贯彻落实中央党的群团会议精神,召开学院群团工作会议,紧密围绕保持和增强政治性、先进性、群众性,着力提升我院群团组织的引领力、凝聚力、服务力和创新力。

五是数量与质量同时提高。学院坚持内涵发展,提高自身办学能力。突出优势学科,重视特色强校。坚持育人为本、质量为先,提高人才培养质量。研究生数量大幅度增加,本科生一本招生比例扩大,毕业生考研率和就业率连续三年稳步提升,2015年分别达到10.45%和87.74%,毕业生薪资排行列全国165位江西第7位。

(三)树立绿色理念,培育特色发展新优势

学院召开南方水土保持研究会成立30周年暨学术研讨会和国际青年水土保持论坛,传承南方水土保持中心的科教优势,推进水是生命之源、生产之要、生活之本、生态之基的学科优势,发挥水利学科对绿色发展的支撑和保障作用,让水利科技更好地润泽华夏、造福人民,使水利大学人才培养永葆生机活力。

一是加强绿色校园建设。按照"集约精致有内涵"的要求,结合校址地处中国水都瑶湖之畔、赣抚平原六干渠穿境而过的生态资源禀赋和人文特色,将校内"六分林草,三分校舍,一分水面"打造成具有水利特色的景观风貌、建筑色彩和教学环境,以水为基,以渠为脉,将水、渠作为绿色发展的突破口和关键点,在"渠"边下功夫丰富历史文化,在"水"字上做治山理水文章,围绕绿色、低碳、节能进行科技攻关,推进节能工程建设，加大基础设施建设投入，努力把校园建成师生的家园和生态乐园。

二是开展绿色文化教育。通过环境熏陶、学科渗透、社会实践、道德践行等途径，从政治生态、公务活动、社区服务、学校教育等方面，开展绿色教育，强化"绿色"渗透，增强环境意识，培养提高全院师生员工绿色行动能力，挖掘体现水利教育特色文化、民俗文化和休闲文化等人文元素，将生态建设与绿色教育相结合，形成独具特色的水文化。

三是打造绿色信息通道。学院总体带宽从 4G 升级到 5.5G，大幅改善师生上网体验；完善学院网络的扁平化改造，持续降低后续维护费用；完善并升级迁移站群平台，保障各网站安全；部署校内云存储试验平台，并且进行推广服务科研；升级教学平台服务教学；更新 OA 系统、安卓和苹果手机版本上线；完善人事系统、学生网上离校系统、评估中心评估系统、网上植物园等数字化信息系统的建设，增强水宝宝 APP 功能。

四是倡导绿色服务消费。优化调整教育教学资源和实验室布局，做好资产入库工作，对投资金额达到 50 万元实验室建设项目及 10 万元以上的单台设备进行专家论证。继续开展中央与地方共建实验室建设工作，完成国培项目专项资金项目。进一步加强实验室对外服务工作，按照《南昌工程学院实验室对外服务管理办法》，实验室对外服务逐步走上正轨。有序推进公务用车改革，加大公租房配租力度，建设食品安全检测实验室，提升后勤服务保障能力。确保全校941根电线杆、299个垃圾筒的垃圾广告能得到及时清理，杜绝校园"牛皮癣"现象的发生。

五是树立绿色校园新风。加强综治工作，狠抓安全值班、校园巡查、重点防控，不间断开展隐患排查与整改工作，组建校园 110 接警监控指挥中心，开通"平安南工"微信公众平台，推进校园视频监控系统升级，完善校园交通管理，不断织密治安防控体系，全年没有发生恶性案件，学院连续三年获得全省综合治理先进单位，着力建设温馨和谐校园。

（四）树立开放理念，强育优化发展新格局

打造多层次、宽领域、全口径的对外开放态势，不断提高学院开放化程度和国际化水平。走出去、请进来，积极引进优质人才资源，加强国内外教学、科研合作，借鉴国内外先进教育理念和教育经验，促进学院改革开放，提升学院在国内外的影响力和竞争力。

一是引进博士等高层次人才。坚持院领导亲自带队赴全国招揽人才，全年引进和培养博士38人（其中海归博士4人），学院博士学位人员比例达到22.64%。柔性特聘含长江学者特聘教授、国外高水平大学终身教授在内的4名知名专家为"瑶湖学者"，院内选拔聘任4名优秀青年教师为"瑶湖杰青"，1人入选江西省百千万人才工程人选。积极开展博士后创新实践基地建设工作，获批1个江西省博士后创新实践基地，实现省级人才平台零的突破。

二是派干部教师外出考察学习。全年选派14名处级以上干部到校外参加培训；组织党政办主任及机关党务工作者40多人前往井冈山接受"传承红色基因"教育。组织50名教师前往北京师范大学参加暑期骨干教师教育教学创新能力高级研修班。8名教师赴国外访学，6人获批国外访问学者项目。

三是与校外企事业单位广泛合作。与武警、海军、二炮等多个部队顺利签署了合作培养协议，面向安徽、江西、四川、甘肃等省份招收定向培养直招士官生320名，圆满完成招生计划，招生质量走在全国试点院校的前列。合作建设实践教学基地，与大型科研院所、国企央企合作培养本科生和研究生。

四是提升国际化办学水平。继续开拓本科层次的中外合作办学项目，申报的与韩国光州大学合作开展本科层次办学项目成功获得教育部批准，该项目计划今年开始招生。制订和完善切实可行的、具有我院特色的中外合作办学培养计划和考评体系，建立具有国际合作办学特色、强调应用能力的模块化教学与教材体系，实现人才培养从重专业知识向重专业能力转变。

（五）树立共享理念，厚育普惠发展新成果

全心全意依靠教职工办学，实现发展成果共享，稳步有序地提高教职工待遇。以"院领导接待日"为抓手，认真开展群众诉求办理工作，把"办学以教师为本，教学以学生为本"思想落到实处。

一是广泛听取师生服务需求。把学院事业发展同维护和实现师生员工的根本利益结合起来，把发展的成果体现在拓展教职工成长空间和提高教职工生活水平上。高度重视师生的合理诉求，认真解决师生员工最关心、最直接、最现实的利益问题，切实提高师生的生活质量、发展潜能和幸福指数。

二是塑造"阳光财务、积极财务"。强化预算管理，优化经费投入结构。推出《财务报账手册》，包括134个教职工日常咨询较多的疑难问题，21个报账流程，10个与日常报账密切相关的文件。实施网上取号预约报账，实现财务报销时间的"私人订制"，解决广大教职工报账排队等候时间过长的问题，方便快捷提高报账效率。

三是招生、资助政策继续向落后地区生源倾斜。认真落实招收农村和贫困地区学生专项计划，完成国家专项（面向江西省贫困地区）定向招生23名、地方专项（面向江西省农村地区）定向招生3名、"南疆单列计划"（面向南疆地区）定向招生1名，这些招生指标投放的都是一本专业。进一步拓宽农村和贫困地区学生享受优质教育资源的渠道。

四是实施精准扶贫。做好贫困村东乡县王桥镇菱塘村定点包扶工作，选派2名有较强工作能力的干部组成驻村工作队。捐赠资金13.4万元，为菱塘村修建长为1083米水泥路，改善村交通落后现状；学院领导走访九户建档贫困户，获得菱塘村老百姓的好评。

二、学院党委落实党风廉政建设主体责任情况

学院党委作为党风廉政建设的责任主体，坚持把党风廉政建设同学院中心工作有机结合，做到同部署、同计划、同落实，全面履行领导责任和主体责任。

一是切实履行主体责任。坚持把党风廉政建设摆在突出位置，年内多次召开党委会，专题研究党风廉政建设工作；进一步强化党风廉政建设的组织领导，根据学院人员变化和工作需要，及时调整学院党风廉政建设责任制暨惩治和预防腐败体系建设工作领导小组成员，增设党办主任兼任廉政办副主任，进一步发挥党办在落实党委主体责任中的作用；研究制定《南昌工程学院2015年党风廉政建设和反腐败工作要点》，制定学院 2015 年党风廉政建设和反腐败工作任务分工，明确党委领导班子成员和有关部门的责任清单，并着力按计划推动落实。

二是加强纪检监察工作。学院党政主要负责人认真履行第一责任人职责，党委书记、院长对反腐倡廉重要工作亲自部署、重大问题亲自过问、重点环节亲自协调、重要信访件亲自批示、督办。经常听取纪委工作汇报，在工作条件、经费等方面提供保障。调整优化纪检监察机构设置，将纪检监察室调整设置为纪委办公室（监察室），强化纪检工作的开展。为纪委解决谈话办案工作用房，支持纪委开展信访核查工作。在年度工作会、教代会、中层干部会和党委中心组学习会上，多次强调部署党风廉政和反腐败工作；通过座谈会议、书面报告等形式，经常主动向省委和省纪委汇报主体责任落实情况。党政主要负责人坚持管好班子、带好队伍，无处级以上干部因违纪违规被上级查处和被上级点名批评或通报的情况。

三是建立健全责任体系。牢固树立不抓党风廉政建设就是严重失职的意识，落实领导干部"一岗双责"。学院党委主要负责人与班子成员、院领导班子成员与分管（联系）单位主要负责人签订党风廉政建设责任书，院属各单位与科室、岗位工作人员签订责任书，形成权责明晰、逐级负责的党风廉政建设责任体系。加强对基层单位、部门执行责任制情况的监督、检查，由党委班子成员亲自带队检查 42 个党风廉政建设责任单位工作落实情况，强化考核结果应用，表彰 10 个先进单位的同时，约谈考核评分靠后的单位党风廉政建设责任人，进一步压实党风廉政责任。

四是创新监督管理机制。开展个人有关事项集中报告、补报、审核工作；认真落实干部选拔任用工作有关事项报告制度，做到"凡提必核，凡动必核"，干部选任工作做到纪委提前参与，没有发生"带病提拔"的问题；认真开展干部配备情况和干部职数配备情况梳理；开展干部档案专项审核工作，圆满完成干部档案的审核工作；规范领导干部因私出国（境）管理，出台《南昌工程学院处级干部出国（境）管理暂行规定》，做好处级干部以及重要岗位科级干部因私出国（境）备案工作，对报备干部个人因私出国（境）证件做到"应收尽收，集中保管"，严格开展因私出国（境）管理工作；严格执行干部请假制度，出台《南昌工程学院关于进一步规范干部请假事宜的规定》；进一步完善处级干部年度考核工作，对年度考核结果排名较后的处级干部进行诫勉谈话，形成良好的用人导向和制度环境。

五是开展党风廉政教育。举办党风廉政建设理论研讨会，以"守纪律、讲廉洁、勇担当"为主题，组织开展基层党组织负责人讲廉政党课，开展廉政微党课竞赛活动，推动基层党组织负责人主体责任落实；认真举行民主生活会，开展批评和自我批评；集体学习《把纪律和规矩挺在前面》，并于年终组织书面测试；在入党积极分子培训和重点发展对象培训中，都安排党规党纪教育活动。开展廉政文化建设，拨付专项经费建设廉政文化活动室——清风苑，提高廉政文化与水文化的结合度、师生员工的参与度，拓展廉政文化活动阵地，引导广大师生在参与中自觉增强廉洁意识，努力优化风清气正的育人生态。

三、本人落实党风廉政建设主体责任以及廉洁自律情况

我严格按照省委党风廉政建设工作领导小组的要求，始终坚持"标本兼治、综合治理、惩防并举、注重预防"的方针，从思想教育、制度建设、强制监督、落实责任等方面入手，认真落实党风廉政建设主体责任。

一是坚持"六大纪律"，做到党风廉政常抓不懈。紧扣党的政治、廉洁、组织、群众、工作和生活纪律，着力发现有令不行、有禁不止，阳奉阴违，拉帮结伙等问题，对症下药、有的放矢、精准打击、形成震慑。牢记"一把手"负总责，以身作则、廉洁自律，引导干部树立正确的权力观，带领全校上下始终保持着共产党人的蓬勃朝气、昂扬锐气、浩然正气，自觉在思想上、行动上与党中央保持高度一致。

二是坚持"三严三实"，做到一年363天在校工作。结合群众路线教育实践活动和"三严三实"专题教育的开展，大力加强党风廉政建设的宣传教育，着眼于防范，立足于未然，以一系列针对性较强的主题教育活动为契机，丰富教育内容、改进教育方法，不断提高干部队伍整体素质，筑牢党员干部职工廉政的思想防线。组织全体干部教职工上廉政党

课，带领大家学习党风廉政建设的有关规定，谈对党风廉政建设重要性的认识及加强自身修养、提高拒腐防变能力的体会，要求全体党员干部要有岗位成才的决心、有踏实肯干的作风、有为民服务的理念、有积极进取，开拓创新的意识。

三是坚持"一尘不染"，做到捧一个心来不带一根草走。在继续坚持廉政承诺、民主生活会、重大事项申报、谈心谈话、述职述廉等制度的同时，进一步建立和规范了各项管理制度，基本建立起以制度建设统领全校工作的长效机制，从而把党风廉政建设纳入制度化轨道，把每个党员干部的行为纳入制度管理的范畴。带头接受社会监督、组织监督、纪委监督、群众监督、舆论监督。

总结回顾一年来的工作，虽然学院的建设发展成绩显著，党委和本人在落实党风廉政建设主体责任上强化担当、狠抓落实，但我们也清醒地认识到，我们的工作还存在一些问题和不足。比如，学院领导班子的理论学习还不够深入，特别是联系学院改革发展实际产生的理论成果比较少；领导班子破解制约学院发展深层次难题的办法还不够多；领导班子紧密联系和服务师生的常态化、长效化机制还不够完善，等等。2016年是"十三五"起步之年，省委强卫书记、鹿心社省长对南昌工程学院寄予厚望，学院党委领导班子有信心通过开展"两学一做"学习教育、"党建＋"，全面贯彻党的教育方针，努力为学校事业发展开好局、起好步。

附2：2015年度述职述德述廉述法报告

根据省委组织部干部四处《关于做好2015年度省管高校领导班子和领导干部考核工作的通知》精神，要求各单位的领导干部向全体干部教职工进行述职述德述廉述法报告，接受公开监督。下面，我根据要求就个人述职述德述廉述法情况向上级领导和全体干部教职工予以报告：

一、坚持以学为本，提高把握全局能力

我把学习从个人习惯上升到责任担当，把广泛学习和重点学习结合起来，把学与思、学与用、学与干结合起来。

1. 把学习作为履职的根本。坚持学习马克思主义政治理论和党的方针政策不放松。重点围绕党的十八大、十八届三中、四中、五中全会以及习总书记系列重要讲话精神，组织党委中心组集体学习 10 多次，撰写读书笔记超过 10 万字。每逢中央和省委重要精神、重大决策部署出台，都第一时间召开党委会进行集中学习，尽快传达贯彻落实到基层。

2. 用博学的追求充实自己。坚持从书本中学，在学习党的基本理论的同时，广泛学习哲学、历史、优秀传统文化，学习做好本职工作所必需的各种新知识、新技能，切实提高战略思维、创新思维能力。坚持从实践中学，把改革发展的第一线、服务群众的最前沿作为增长才干、开拓创业的最好课堂和广阔舞台。坚持向群众学，把人民群众当作最高明的老师，真正做到问政于民、问需于民、问计于民。

3. 学以致用做到知行合一。注重学习与思考相结合、学习与工作相结合、学习与实践相结合，写成《跨越大学新步伐》专著一部（中国水利水电出版社 2015 年 9 月出版，列为国家水利部"省部共建"大学参考书）。勇于开拓创新。既学习前人，又突破前人；既博采众长，又独立思考。抓住关键环节。抓住"牵一发而动全身"的重点工作，采取有效措施加以突破，以点带面，推动全局。正确处理好形式与内容、过程与效果的关系，以对人民负责的态度，一步一个脚印地推进和抓好每一项具体工作。

二、坚持以德为基，提高德性修养水平

深刻认识领导干部德性修养的重要性，在坚守道德情操、理想信念、正义良知上带好头、领好向，把德育贯彻落实到学校中去、让立德树人的导向在教学实践中体现，用中国梦和中国特色社会主义凝聚人心、汇聚力量。

一是用通达的心态调理自己。修身养性首在养心、调理内心。凡事看得开、控得住、拿得起、放得下、想得通，常保内心的平和安宁，以平常心态对待周围一切。在工作不评功摆好、不做表面文章，开会讲短话、讲实话，用事实、实例、数字说话，开短会、开高效会，实际讨论、解决问题。

二是用反思的利刃警醒自己。做到"四畏、六慎"。畏党纪，坚持自警自省；畏国法，坚持依法办事；畏"天理"，坚持按客观规律办事；畏百姓，坚持利为民谋。慎始，防止思想道德防线被突破；慎言，言必适时、言必适情、言必适度；慎好，对有利于官德修养的则育之，不利于官德修养的则弃之；慎权，掌权为公，执政为民；慎平，谨防在困境、险境、恶境之中容易做到谨慎小心，格外警惕，而在顺境、佳境之中容易息心懈志，忘乎所以；慎友，谨慎交友，冷静交友，从善交友，选良交友，择廉交友。

三是用笃行的办法检验自己。做到思想上不打擦边球，行动上不碰高压线，把个人兴趣、爱好、欲望等，严格控制在时代的道德范围之内；强化使命感和责任心，积极实施对师生的道德教育和引导，弘扬良好的社会公德、职业道德、个人品德和家庭美德；通过召开师生座谈会、网络舆情排摸等方式，及时了解师生思想动态，增强思想政治道德教育的前瞻性和针对性。

三、坚持以干立身，全面到位履职尽责

围绕立德树人的根本任务，全面加强党的建设和领导，全面深化综合改革和实施依法治校，全面推进内涵建设和外延拓展，稳中有进、稳中有好，完成了全年主要目标任务。

（一）贯彻中央部署，扎实开展"三严三实"专题教育。大力践行"三严三实"各项要求，推进专题教育活动深入开展。一是坚持学习交流。带头讲"三严三实"专题党课。针对"严以修身、严以律己、严以用权"三个专题，制定学习方案，每个专题都集中学习三次以上。二是坚持问题查摆。深入基层开展专题调研，并就如何落实举行专题交流会，查摆"不严不实"问题，并逐条剖析原因，制定个人问题清单和整改落实台账，及时公示公开。三是坚持整改落实。边查边改，立行立改。以党风建设引领校风教风学风建设。

（二）把握发展大局，确保学校办学方向。深入学习贯彻习总书记关于高校党建工作重要批示精神，努力担当学校党委工作的责任。把握我国高等教育发展的新常态，进一步解放思想、凝聚共识；把握经济转型升级的新要求，服务国家和区域经济社会发展；把握深化综合改革的新机遇，努力突破深层次体制机制障碍；把握学校未来发展的新趋势，切实做好"十三五"规划。

（三）完善决策机制，确保班子有序运行。指导制定并公布《南昌工程学院章程》，完善学院党委会议及院长办公会议的议事规则、议事程序，进一步完善党委领导下的院长负责制，发挥基层党组织引领意识形态和促进教学科研发展的骨干作用，营造"求真务实、心齐气顺"的良好氛围，确保学院各级领导班子高效有序运行，确保国家法律法规和省委、省政府的决定、决议得到全面的贯彻执行。

（四）坚持党管干部，加强干部任用监管。认真贯彻落实《党政领导干部选拔任用工作条例》、四项监督制度和相关政策法规，完善干部选拔任用和教育管理的规章制度。注重公正、突出民主，坚持将民主的原则贯穿于干部选拔任用工作的始终；注重公开、突出透明，做到需要公开选拔的具体岗位公布、程序透明公开，结果公告公示；注重监督、突出管理，不定期对干部工作作风、工作纪律等进行跟踪抽查，对发现苗头性问题及时进行警示谈话和批评教育。

（五）坚持党管人才，大力培养师资队伍。柔性特聘含长江学者特聘教授、国外高水平大学终身教授在内的4名知名专家为"瑶湖学者"；聘任4名优秀青年教师为"瑶湖杰青"；增加博士教师39人（其中海归博士4人），新派出15名教师攻读博士学位；教师赴国外访学8人，6人获批国家公派出国留学、江西省"百人远航工程"等国外访问学者项目，选送119名教师参加工程实践、岗前培训、高级研修班；获批1项江西省博士后创新实践基地，实现省级人才平台的突破，2016年开始招收博士后进站。

（六）推进教学改革，提高人才培养质量。按照省委书记强卫同志视察学校时提出"创新创业，放飞理想"要求，围绕学生成长中心，依靠教师发展根本，发挥学科专业特长，突出创新创业重心，用特色专业办学院，用特色学科办大学，彰显水利大学特色，尊重各类学生差异，扎实练好内功，纵深内涵发展，提高办学质量，努力办成品牌，上好每一门课，教好每一名学生，在理论和实践两个层面创新探索，努力构建现代大学创新创业教育体系。

（七）注重面向社会，培育咨政服务智库。加强与中国社会科学院、各类大学科研院所的联系与合作，通过专题调研等形式，提高学院教学科研能力；开启"旋转门"引进政界人才，促进知识和学科结构优化。我撰写的《河海两江》《毛泽东南水北调和习近平山水林田湖生命共同体思想结晶的光辉典范》等考察报告，得到10多位省部级领导肯定和批示。省委副书记、省长鹿心社同志批示：祝谟炎同志新春愉快！望南昌工程学院办出特色，不断提高教学科研水平。

（八）借力拓展合作，开辟学校发展空间。通过不断深化与政府、社会、高校之间的互动交流合作，对学校科学发展进行多方位拓展。我撰写的《南京市大学城建设的经验和启示》，提出建立大学科技园区，走"产学研"发展之路；建设公共服务生活区，要有高校教职工住宅（有产权住房）小区、中小学、商场、医院等配套服务建设；建设文化创意园。省委常委、南昌市委书记龚建华同志批示：谟炎书记的研究报告很有针对性和指导性，对我市加强高校园区的建设提供了重要遵循。请市发改委在编制"十三五"规划纲要时吸收其要义，力促高校园区建设提升整体水平。为学校民生项目建设奠定基础。

（九）坚持公平公开，完善目标责任管理制度。按照"以评促建、以评促改、评建并举、重在内涵"考评目标，科学设置学校院（部）教学工作状态评估、院（部）学生工作状态评估、社会治安综合治理考评和落实党风廉政建设责任制检查考核等专项工作考核评估指标体系的评价项目和观测点，以各专项评估工作促进和保障学校年度重点工作的完成。通过量化打分，科学反映各部门工作业绩，推动全院工作上质量、上水平。

（十）紧密联系群众，保障教职工民主权益。认真落实教职工代表大会制度，实现学院重大决策事项全部由教职代会审议通过。选举产生第三届工会委员会、经费审查委员会委员，通过第三届教代会专门工作委员会、女职工委员会、劳动争议调解委员会委员，发挥教职工行使民主管理和民主监督权力的作用。对困难职工给予人文关怀，全年走访慰问病、丧、困、生育等职工及家属 130 人次。组织大龄单身职工联谊会，组织职工健康体检，开展生日祝福活动，倡导教职工进行体育锻炼，进一步保障了广大教职工的合法权益。

四、坚持以廉为守，严防死守"防火墙"

切实履行党风廉政建设第一责任人的职责，落实主体责任，积极主动作为，有力有效地将党风廉政建设要求落到实处。

（一）落实党风廉政建设责任制。认真学习中纪委全会精神，贯彻落实惩治和预防腐败体系《工作规划》和省委《实施办法》，执行《中国共产党党员领导干部廉洁从政若干准则》和省委《实施办法》等，落实"一岗双责"，加强纪检监察队伍建设，提高监督履职能力，认真处理群众信访反映的问题，严肃查处违纪违法行为，从制度机制上保证和促进学校党风廉政建设。

（二）扎实推进作风建设。认真贯彻落实中央《八项规定》、中纪委各项禁令和省委"二十条规定"，巩固深化纠正"四风"成果，严肃开展领导干部违规插手干预工程项目问题专项治理，推进"红包"问题常态化治理工作，切实把上级有关规定落实到行动上，形成了层层抓落实、一级抓一级的工作格局，推动了作风建设活动的有序开展。

（三）严格带头廉洁自律。没有违反公共财物管理和使用的规定、假公济私、化公为私；没有超标准接待和用车，没有用公款支付与公务无关的娱乐活动费用；没有违规干预和插手各类招投标、采购工作，没有违反规定收送现金、有价证券和支付凭证及贵重物品的现象。

（四）开展党风廉政教育。认真举行民主生活会，开展批评和自我批评；集体学习《把纪律和规矩挺在前面》，并于年终组织参加书面测试；举办党风廉政建设理论研讨会，以"守纪律、讲廉洁、勇担当"为主题，组织开展基层党组织负责人讲廉政党课，开展廉政微党课竞赛活动，推动基层党组织负责人主体责任落实。

（五）开展廉政文化建设。提高廉政文化建设的师生参与度，引导广大师生在参与中自觉增强廉洁意识，努力优化风清气正的育人生态。加强了廉政文化活动阵地建设，发挥好党校的主阵地作用，在入党积极分子培训和重点发展对象培训中，都安排党规党纪教育活动。

五、坚持以法为循，做依法治校的践行者

突出抓好各类相关法律法规的学习理解，在学法、懂法的基础上，正确运用好法律，切实在依法治校上取得新进展。

（一）提高自身法律素养。坚持学法、知法、用法，对工作所涉及的法律知识应知尽知，依法决策、依法办事、遵章守纪。

（二）开展普法宣传教育。充分利用宣传栏、校园网等宣传平台，定期开展法制宣传活动，积极利用各类会议、培训，采取多种形式，对师生开展普法教育，处理师生反映的热点、难点问题，针对师生反映的问题依照有关法律法规给予分析、说服和解答。

（三）民主管理依法决策。坚持民主集中制原则和"三重一大"等有关规定，学校的重要决策、重大项目安排、重要人事任免及大额资金使用坚持集体研究决定，不断增强依法治校观念，力求决策民主化、科学化、规范化、制度化。

（四）做好综治维稳工作。以创建和谐平安校园为主线、健全综治维稳工作机制和提升师生员工安全感和满意度为目标，健全综治维稳工作目标管理责任制，建立法制安全宣传教育、群防、物防、技防、消防等"多位一体"的校园治安综合防控体系。2013年以来连续被评为"全省社会治安综合治理目标管理先进单位"。

（五）严格做好保密工作。加大保密先进技术产品的应用力度，努力提高保密技术现代化水平。制定并完善《南昌工程学院保密工作制度》《南昌工程学院计算机保密制度》《密码电报管理工作制度》等相关制度，进一步规范各单位保密工作职责要求。定期检查保密环境和涉密载体，及时消除失泄密隐患。全年无任何失泄密事件发生。

六、存在问题及努力方向

在看到成绩的同时，我们也清醒地认识到学校事业发展上的一些薄弱环节。如党的基层组织建设有待进一步加强；省部共建的深度有待进一步拓展；教育教学质量有待进一步提高；办学条件有待进一步完善；精细化管理水平有待进一步提升等。我们将直面新形势、探索新思路，着力提升和增强学校的办学活力、发展动力、创新力和向心力，坚持政校企合作、产学研结合、特色化发展的战略，全面提升服务能力，充分发挥学院培养人才、协同创新、服务社会、引领文化的社会职能，同心同德、开拓进取。

第四十七回　蹲点帮扶
——在省教育厅郭奕珊副厅长来我校调研时的汇报
（2016 年 3 月 31 日）

尊敬的郭奕珊副厅长、各位领导、同志们：

大家上午好！

首先，我代表学校党委和两万多名师生员工对郭厅长一行莅临我校视察工作表示热烈的欢迎，对省委教工委、教育厅长期以来关心和支持南昌工程学院发展表示衷心的感谢。

南昌工程学院作为新中国最早建立的水利院校之一，除了目前我国水利大学具有的以水利为特色，工科为主，理、经、管、文、艺、农多学科协调发展的办学格局，具有当今国内水资源开发、利用、治理、配置、节约与保护方面专业设置齐全的基本特征外，还具有全国其他水利院校少有的显著特点。正如老舍先生早在 70 多年前所说的："一个大学或者正像一个人，它的特色总多少与它所在的地方有些关系。"

一是校址区位条件优越。学校地处中国水都——南昌，具有"西山东水"的自然地势，是一座名副其实的水城，拥有异常丰富的水资源，江、河、湖、溪、渠、湿地、水库和地热等多种水形态集聚；新校区位于昌东瑶湖高校园区、与全国第二大省会城市内陆湖——瑶湖毗邻相通，鄱阳湖水利枢纽工程竣工之际，便是校内乘船通江达海之时。自武汉水利电力大学合并到武汉大学之后，在全国单独建制的公办水利本科大学都不具备滨水条件，环视世界也没有发现第二所依一个两万多亩淡水湖泊而建的水利大学。集中连片面积超过 2000 亩的校园，前后都可下地铁，左右均能上高速，乘飞机 2 小时便可达国都，实属举世无双。

二是校内六干渠独特。水渠在人类历史上作为人造以及天然水源的最主要运输（引流）载具（方式）之一，同时也是水利院校锦上添花的水景观和活教材。江西省 50 年代修建的大型水利枢纽工程——赣抚平原第六灌溉渠从我校穿境而过，校内段全长 1500 多米，两岸绿树成荫、渠水清澈，既有像浙江大学新校区内人工水系的巧妙构思，又有像三峡大学校园内求索溪天然的潺潺流水。六干渠两岸的建筑物，既有反映历史上著名水利工程建设的杰出人物雕塑、文化长廊，又有建筑优雅、外观形象大坝等水利工程的教学楼。自校友捐赠建设的图书馆屹立在六干渠之畔后，年年不断有校友捐赠建设各种纪念建筑物。去年有的校友在渠旁栽大树，今年有的校友在渠边建凉亭。生生不息的六干渠在悠悠时空中，两岸将刻下一道道新的年轮。既印记着全校师生奋斗的足迹，也荡漾着探索者激越的豪情，更映射着水利大学欢欣的希望。在国内独一无二。

三是校区水文化彰显。充分利用江西红色文化、水文化资源积淀深厚的优势，在不断丰富校内水文化广场内涵的同时，又增添了纪念毛泽东"水利是农业命脉"发表 80 周年、庆祝南水北调工程顺利通水说水石等景观；加强校园文化建设，增强文化自觉和制度自信，站在人类宏观文化学的高度，从广博的现代社会生活中寻找水与文化的结合点；从以人为本的生活理念扩展现代水文化的阐释空间；从自身的单元文化视野中走出，参与以水为载体的各项创造思维活动，以"上善若水""智者乐水"的基本道德规范引领风尚；坚持用水利行业精神引领水利文化产品的创作与生产，把水利行业精神鲜明地体现在水文化产品和水文化活动中；将水文化上升到引领人类生存发展的意识层面去构建现代水文化，形成推动社会进步、引领文明进程、具有水文化特色的大学精神和大学文化，在省内独树一帜。

四是校园绿色化明显。依水而建的校园依托学校水土保持与荒漠化防治重点学科建设基础，彰显南方水土保持中心技能，按照"数字化、花园式、生态型"要求，栽种树木达 300 多种（其中国家一级珍稀树种 5 种以上），林草茂盛，鸟语花香，有水的地方景色最美，气候宜人，四季可游，特别是春天来校园踏青观景的人最多。坚持践行生态文明要求的全局部署，不仅考虑景观的优美，也考虑校园的可持续发展。对于学校在建的工程项目，抑或正在运营中的项目，都积极运用生态理论进行建设和管理，特别是对于能源系统和水系统尤其注重优化和节能，营造爱护生态环境的良好风气，倡导有利于环境的消费方式，真正将绿色校园的构建落实到行动上，重视对学生生态文明意识及可持续发展理念的培养，积极塑造与倡导绿色文化所蕴含的公平、责任、可持续发展等核心价值观。

五是校企合作双赢。发挥应用型工科院校的特长，带着教学科研项目把企业作为教研的实践基地，企业把用人的需求、培养的方向等信息带给院校，使院校在完成正常的教研任务的前提下，带着"定单"，为企业培养贴近工作实际的人才；按照"政府主导、行业指导、学校自主、企业参与"的合作模式，和葛洲坝等大型企业集团建立稳定的合作关系，形成"人才共育、过程共管、成果共享、责任共担"的长效机制，师生从独特的涉水科学视角探索人类对水科技产业的开发，将水文化与创意设计结合激发创业者的灵感，开创水利工程与人文艺术相结合的创新创业，服务地方水利风景区建设，推动水文化旅游产业兴起，创新高新技术产业发展。

六是校地融洽和谐。发挥地处南昌市高新技术开发区唯一公办工科本科院校优势，创立国家级大学科技园，大力推进大学生创新创业基地建设，服务高新技术开发区各大产业转型升级，深受企业和政府关爱；高新区要与学校建立"硅谷与斯坦福"式的关系，南昌市要将学校打造成南昌发展核心增长级的桥头堡，省政府要求学校成为水资源开发利用，特别是水上旅游产业中心、鄱阳湖生态经济区建设、振兴原中央苏区和生态文明先行示范区等国家战略的策源地，中国社会科学院、河海大学等著名学府要为学校输入"985""211"院校"基因"以及"优势学科创新平台"和"特色重点学科项目"等；内外环境顺风顺水，学校"三·八"欢快、"五·四"欢腾、"九·十"欢庆，时起文明、日积月累、岁岁平安，干部乐业、教师乐教、学生乐学，形成优良的校风、教风、学风；学校人才培养特色、学科建设特色、科学研究特色、文化传承与创新特色、社会服务特色凸显。

我们也清醒地看到，当前我国正处在实现经济转型升级全面建成小康社会的关键时期，而创新型社会的建设对于实现经济转型有着至关重要的作用，国家对创新型人才和科技创新的需求空前高涨。《中共中央关于制定国民经济和社会发展第十三个五年规划的建议》提出"使若干高校和一批学科达到或接近世界一流水平"的目标后，国务院 11 月 5 日发布《统筹推进世界一流大学和一流学科建设总体方案》，进一步明确了任务路径。我国高校亟待在坚持中国特色、立足自身优势的基础上，发力迈进。高等教育提升质量，实现内涵式发展，建设世界一流大学和高水平大学已成为重要的国家需求。如何抢抓发展先机，推动学校实现跨越发展，要求我们必须登高望远，认真思考事关学校长远未来的重大命题。最近，学校掀起学习贯彻十八届五中全会精神高潮，师生们在热议申报省市和国家"十三五"规划项目的具体内容，其中有三个方面的问题恳请教育厅协调和帮助解决。

(一) 加快南工"申大改名"，由被"包围"向大"突围"进军

根据第三方教育数据咨询和评估机构——麦可思发布的 2015 年中国大学排行榜显示，南昌工程学院综合排名 403 位，前后均被众多大学"包围"，全国 1958 年就是本科办学的公办院校、现在仍冠以"学院"的仅我校一家。一方面，充分说明我校的办学实力和水平逐渐得到社会各界的认同，极大地鼓舞了学校改革发展的士气。另一方面，我认为这更多是对我们的一种督促和鞭策。如何在大学的重重"包围"中"突围"，实现"申大改名"，这是"十三五"期间摆在学校面前的重要课题和历史使命。这不仅需要全校师生员工付出艰苦卓绝的努力，更需要省委教育工委、省教育厅的坚强领导和大力支持，将南昌工程学院"申硕"和"改大"列入江西"十三五"教育发展规划，举全省之力予以重点推进。

首先，从客观需求来看。2010 年中央颁发关于加强水利建设的 1 号文件，国家确立水是生命之源、生产之要、生态之基的战略。近年来，习近平总书记先后作出关于"山水林田湖是一个生命共同体"和"节水

优先、空间均衡、系统治理、两手发力"的治水思路，赋予了新时期治水的新内涵、新要求、新任务，为新时期水利事业发展指明新方向。"美丽中国""海洋强国"和"一带一路"发展战略吹响了建设生态文明，加速走向"深蓝"，建立国际共同体的号角，为水利高等教育发展提供了广阔的舞台。服务江西经济社会发展特别是鄱阳湖水利枢纽工程、中国水都建设、长江经济带、生态文明先行示范区等国家战略实施的现实需求，建设一所高水平水利特色大学是适应我省高等教育发展的迫切要求，也是回应老区人民对优质高等教育资源的热切期盼。随着经济社会的不断发展和物质生活水平的不断提高，人民群众不仅盼望加快解决防汛抗旱、城乡供水与排涝、水土保持等问题，而且希望从建设和谐的人水关系中获得精神的愉悦，从高质量、高品位、个性化的水文化服务中得到理性的启迪，水利特色大学在省内外的被关注度越来越高。

其次，从学校发展来看。适应国家战略需求，保障国家水安全，引领水科学发展，是水利高等教育新一轮的责任与使命；要根据国家对水利特色大学建设的战略需求和自身发展定位，确立道路自信的定力。中国的高等教育结构不是宝塔形，而是图钉形，由"211工程"和"985工程"重点建设仅有112所，其余2400多所高校的发展也要统筹考虑。建议各级教育主管部门要注意照顾到各种不同类型的学校，让不同层次的学校都有争创一流的环境。从省内高校来看，随着赣南师范学院、景德镇陶瓷学院改大成功之后，各方面的成熟经验也比较多；南昌工程学院作为曾经的水利部属院校，有全国兄弟部属水利院校"更名改大"的成功经验可借鉴。

第三，从"申大"条件来看。对照教育部2006年颁布的《普通本科学校设置暂行规定》，南昌工程学院已经基本达到或者具备冲刺的条件。在校生规模方面，当前学校在校生人数1900余人。科研经费及奖励方面，近年来学校先后获得两次国家教学成果二等奖，每年纵向科研经费超过1500万元。学科平台方面，学校现有省级重点学科6个，国家级平台1个、省级平台7个；学位点方面，学校已经开展了水利工程和动力工程两个领域的研究生培养，到2018年将共有5届研究生毕业。但有两个方面迫切希望得到教育厅的大力支持：一是硕士学位授予权单位的申报，目前学校只是试点单位，只有授予权才能表明真正意义上的硕士点；二是研究生数量，当前学校研究生规模只有 160 多人，按照 5% 的比例折算，学校至少要有 800 名左右的研究生，因此希望教育厅在研究生招生名额分配方面给予倾斜。

（二）加大省部"协同支持"，由仅"单建"向多"共建"迈进

南昌工程学院作为原水利部直属院校之一，历经部属——地方管理——共建等管理模式的变迁，以 2008 年 10 月江西省人民政府与水利部签订共建南昌工程学院的协议为标志，我校再次成为江西最早实现共建院校的原部属院校之一，但由于种种原因，共建进展缓慢，配套政策基本没有，与教职工的期望差距很大。省内共建院校有好几所，但情况各有不同。江西理工大学是叶厅长的老根据地，有雄厚的共建基础、创造了很多共建经验，加上杰出校友中有党和国家领导人，各方面的支持力度都有雄厚的背景；江西财经大学一直是本科院校，虽然下放到地方，但有很多优秀校友在财政部工作，联系非常广泛和密切，项目和资金比较容易争取到位，共建与直管区别不大；江西师范大学是新增共建院校，共建"获得感"比较强；井冈山大学有"红色"品牌，比较容易讲好"中国故事"。而南昌工程学院，一方面下放到省政府管理以后，在水利部直属时期吃惯"小灶"的思想和习惯还存在，另一方面水利部直属时期人才培养层次比较低，现在大多校友深耕基层，导致与水利部的联系渐行渐远，甚至断绝了联系，"共建"变成"空建"，并无实质内容。作为原部属院校，教职工与水利部的情感深厚，在这方面的呼声很高。希望教育厅能够帮助协调省政府和水利部落实共建协议，建立江西省人民政府与水利部共建联席会议制度，研究南昌工程学院改革发展的相关事项，推动共建协议的落实，支持南昌工程学院加快发展。

一是希望省政府能够按照共建协议，将南昌工程学院作为配合国家战略实施的省属重点高校给予支持。在学科建设、人才培养、科学研究等方面给予更多的政策扶持，支持和推进南昌工程学院根据国家有关规定做好硕士授予权单位的建设工作，帮助学校不断提高学校办学层次和

水平，使其更好地服务于地方经济建设和水利事业发展。

二是希望教育厅填补我校协同创新中心空白。国家实施2011协同创新中心计划后，我校高度重视，第一时间成立了三个校级协同创新中心，并根据学校水利办学特色，积极联系相关协同单位，全力申报省级协同创新中心。但在我省先后四批50个协同创新中心评审中，南昌工程学院均落选了，成为我省少数没有协同创新中心的本科院校。虽在最后一批协同创新中心评审后，补增我校生态水利协同创新中心为省级协同创新中心，但最为关键的建设经费却需要自筹，变成一个"空同"中心。今年2月11日，我借参加全省旅游产业发展大会之机，曾向朱虹副省长汇报我校协同创新中心申报事宜，提出要充分利用我国唯一山水林田湖研究院的优势填补我校协同创新中心空白，得到朱虹副省长的认同，他在我呈报给他的材料中批示"同意"。恳请教育厅能够按照朱虹副省长的批示精神，考虑到南昌工程学院的特殊情况和新的重大历史使命，追加一个社科类协同创新中心——"山水林田湖"协同创新中心，并由省财政划拨相应的建设经费。

三是希望积极推进全省水利高等教育资源的整合。省教育厅曾按照强卫书记和朱虹副省长的重要批示，提出"做强做大南昌工程学院很有必要"，"学校具有发展升格为大学的潜力和基础"，建议"加大省内水利水电高等教育资源整合"，"整合南昌大学、江西农业大学、东华理工大学、江西省水利职业学院等学校水利人才培养和科学研究资源"，"仿照教育部对口支援西部地区高等学校计划模式，支持南昌工程学院做大做强"。朱虹副省长在回复意见中作出"同意"的重要批示。但自2014年1月份朱虹副省长作出批示至今，一直没有下文，恳请教育厅协调推进此事。随着高校内涵建设的深入，教育条块分割、重复设置、布局不合理等弊病开始暴露，有些院校有发展平台，但受制于客观基础条件；有些学校基础条件优越，但缺乏发展空间等等。应该说这些学科专业都会有选择"明主"做大做强的主观愿望，只是缺少有效的沟通途径，或者说有些需要省教育厅乃至省政府协调解决的问题。

四是希望加快推进省内高校调整联合。在改革的诸多形式中，合并重组无疑是组建多科性、综合性大学，迅速提高高校综合实力的最佳形式。武汉大学、四川大学、武汉理工大学、华中科技大学等都是合并发展的经典范例。现在，每年除了教育部高校设置考察合并院校之外，各省市均会对本省高等教育资源进行优化重组，推动一些院校合并。江西省作为高等教育落后省份，要在短时间内提升高等教育整体水平，打造高水平大学，必须走资源重组、同盟联合的道路，利用地缘、业缘等便利条件，加强本科院校之间以及本科院校与专科院校、中职院校的交流与联系，推动优质办学资源整合。因此，希望教育厅能够通盘考虑，统筹协调，以南昌工程学院等办学特色鲜明的本科院校为基础，推动院校之间的优势互补、联合、融合，以此推动我省高等教育的跨越发展，为江西经济社会发展提供多人才支撑和智力支持。

五是希望水利部一如既往的支持和关心南昌工程学院的发展，在国家、行业重点实验室或工程中心的申报建设、与水利部下属流域机构和科研院所的联系和合作以及水利领域科研项目申报研究等方面给予学校更多的指导和政策支持。特别是希望尽快建立互派干部挂职锻炼制度。由水利部选派司（局、处）级领导或者水利专家到学校挂职锻炼，动员和鼓励离退休的领导干部到学校担任领导。由我校选派年轻优秀的厅（处）级干部到水利部各司（局、处）挂职锻炼，在水利部磨砺锤炼、增长才干、建功立业。

（三）加强院校"涉水学科"，由有"特点"向强"特色"升级

要以水利特色为目标，努力提高特色优势学科的质量和建设水平，在水利学科引领发展的同时，实现若干优势学科快速发展、跨越式发展。为顺应国家新要求和水利事业、高等教育发展的新形势，希望省教育厅大力支持我校，力争在水利特色大学建设方面做到"五个增强"。

一是增强"大水利"格局。要以"适应水利需求，推动内涵发展"为主线，实现从单项到整体、从表层到深层、从增量到存量的改革，要将水利与资源、环境、生态、经济、文化以及法律、外交等方面相统筹，推动水利高等教育内涵建设，更好地服务于现代水利事业发展。

二是增强"创新型"扶植。主动适应传统水利向现代水利转变，不

断优化学科结构，扶植水利新兴学科、边缘学科和交叉学科发展；创新人才培养模式，使人才培养更有针对性、适用性；加强师资队伍建设，促进教育教学质量提升，为院校人才培养提供重要保障，培养造就适应水利发展需要的领军人才、创新型人才和用得上、留得住的应用型人才，为现代水利事业发展提供人才保障。

三是增强"广协作"能力。凝聚各方力量，突破自主创新的体制机制性障碍，推动水利创新力量融合，在跨学科、跨尺度、跨地区的重要科学问题和关键技术方面取得突破。加强与地方政府、水利科研院所、企事业单位的协同，使创新成为驱动发展的内生动力和主导力量，努力取得重大创新成果，推进科技治水，为现代水利事业发展提供科技支撑。

四是增强"全开放"布局。努力适应水利工程领域国际化进程，塑造具有国际视野的水利专门人才，培养具有国际工程理念的复合管理型人才，提升本土化人力资源水平。进一步加强与涉外企业合作，拓展国际教育规模，提升国际教育质量，为加快现代水利事业"走出去"步伐贡献力量。

五是增强"互联网＋"载体。提升水利高等教育信息化水平，构建终身教育体系，为基层水利人才加强学习、提高技能、提升素质提供保障。充分发挥水利学科优势，利用现代信息技术，在新的平台上为水利行业，特别是为基层培养大批高素质技术技能人才，提升水利行业队伍整体水平。

我先汇报到这里，没讲清楚的请我们的班子成员补充，不当之处敬请郭厅长、各位领导批评指正。

最后，祝郭厅长一行南昌工程学院之行愉快，祝愿各位领导身体健康、工作顺利、万事如意。谢谢！

第四十八回　灌输理念

——在省委党校干部"五大发展理念"轮训班上的动员讲话
（2016 年 4 月 8 日）

同志们：

党的十八届五中全会强调，实现"十三五"时期发展目标，必须牢固树立并切实贯彻"创新、协调、绿色、开放、共享"的发展理念。"五大理念"是一个有机整体，相互结合，共同发挥作用。如果说"创新"是动力、"协调"是关键、"绿色"是要求、"开放"是条件的话，那么，"共享"则是目的。这是关系我国发展全局的一场深刻变革，对于高等教育特别是我们南昌工程学院的发展都具有重大现实意义和深远历史意义。

一、创新发展激发改革新动力

创新是发展的动力。大学作为创新型国家建设的重要阵地，也是实现国家和民族永续性发展的重要支撑。大学作为创新的主体之一，不仅要提高教育质量、培养创新型人才，而且要持续不断地生产出符合社会发展趋势、能够解决经济社会中重大战略问题的新思想、新观点、新理论和新知识。大学只有主动适应国家和地区的需要，才能在这个过程中得到更好发展。英国的牛津和剑桥这两所老牌大学，曾经因长达一个世纪的自我封闭、与时代需求严重脱节而使学校陷入衰退，这就是警示。创新理应是大学推动自身强校升位的内生动力。全面提升创新能力，是对大学领导干部抓改革、谋发展能力的一次集中考验。我们应深刻地审视自己已形成的办学传统和办学特色，在创新发展思路、更新发展理念上下功夫，敢于"破旧"，敢于改革，并将之融入依法治校全过程。

　　首先，要把创新和社会需求结合起来。全面提升学校的创新能力，更好地发挥服务国家和地方经济社会发展的作用。3月25日下午，省委理论学习中心组围绕"推进供给侧结构性改革"主题举行集体学习（扩大）会。强卫、鹿心社、刘奇、黄跃金等省委、省人大、省政府、省政协领导同志，省法院、省检察院主要负责同志出席。省委常委、省委秘书长朱虹主持。国务院发展研究中心副主任王一鸣应邀作辅导报告。他全面介绍了"推进供给侧结构性改革"的内涵、出台背景、重大意义、定位、重点和精神实质，对江西推进供给侧结构性改革提出了建设性建议。其中对我印象最为深刻的是，他提出了"颠覆性"创新，目的是驱动发展。也可以说，过去的改革，是"不破不立"，现在的创新，是"无中生有"。而这回的创新，不止是原来说的科技创新，或国务院总理李克强所提的"万众创新"，而是包括技术、机制、模式、发展方式的全方位创新。当然，最重要也最难的是制度创新，要创出的是"新发展动能"。结合我们学校的实际，什么是"颠覆性"创新的内容，大家要结合自己的工作实际，提出具体的内容；我先带个头，结合我的工作岗位，我认为学校"颠覆性"创新的一个重要内容就是"更名改大"，认真贯彻落实好省政府副省长殷美根同志的重要批示："请小华书记，仁苏厅长就南昌工程学院'更名改大'予以指导支持，以促其争创特色学科专业，争创水利特色大学。"3月25日上午，省委巡视办主任彭光华同志来校看望在校巡视的第四巡视组，同时也给我们学校建设水利特色大学提出了明确的要求，就是要结合地方经济社会发展需求进行重大创新。他调省委工作之前曾任赣州市委常委、宣传部长，是赣南主管教育的最高长官，他结合自己如何指导江西理工大学、赣南师范大学发展的实际，认为地方院校也可以建"一流"。比如赣南的钨举世闻名，江西理工大学能把钨产业搞上去，那也应该具有世界一流学科名分。赣南脐橙面积现在超过美国，赣南师范大学能把脐橙产业搞上去，当然也应该成为具有脐橙特色的世界一流学科。他还勉励我们，也可以抓住水利特色，做好一流学科的文章。赣州古城是一座宋代建成的城市，具有罕见、成熟、精密的古代城市排水系统，是现代"海绵城市"的鼻祖，把那运行上千年的"福寿沟"原理总结出来，不也是世界一流学科吗？这也是当代地方重大需求，现在各级地方党政负责同志，不仅担忧农村防汛抗旱，而且更为担心城市防洪，随着城市化进程的加快，城内洪涝问题越来越突出。这样一个超级大问题导向，对水利大学来说确实是一个千载难逢的发展好机会，所以去年11月12日上午在滨江大会堂听完国家住建部陈政高部长来江西宣讲党的十八届五中全会精神报告后，下午我就请省政府办公厅、建设厅等部门的领导同志，还有我们学校土建学院等单位的同志开了一个座谈会。我谈了一些粗浅的学习体会，后来寄给陈政高部长，他做了重要批示。接下来如何进一步"颠覆性"创新，那就是土建学院党委书记许明和院长徐斌同志负责的事了。

其次，要把创新和综合改革结合起来。通过全面深化综合改革，大力推进学校在组织管理、人事制度、人员考评、科研模式、资源配置方式以及创新文化建设等方面的改革，有效释放人才、资源等创新要素的活力。只有拥有一批领军的、可以在科研教学等方面不断加以创新的人才，才能支撑起一流学科的持续发展。现在我们提出要"盯住一流、创建双特"，那么既要考虑如何向一流大学学习，又要思考本校铸就特色学科优势。比如，"2011计划"没有把全部项目都设在传统的一流大学里面，而在我们这样一般中流大学中也有一个，原因就在于把握住了自己的优势学科和特色学科。要抓住教育部"2011计划"和智库建设的战略机遇，加大投入、重点建设，推动学校跨学科基地和平台的建设。同时，充分发掘和推进资源整合，大力推进开放合作体系建设下的协同创新，把学校部分基地、协同创新中心、科技创新平台建设成影响和服务国家与地方经济社会发展的重要智库。

第三，要把创新和教育环节结合起来。教育过程中的环节创新是根本所在，要深入到教育环节和教学之中，归结起来就是推动人才培养的创新。人才培养创新中的一个关键点就是培养方案和课程设置。培养方案是人才培养的基本"蓝图"，是学校实现人才培养目标、保证人才培养质量的基础性文件，也是学生进行学习规划、学校进行教学组织与管理和课程建设规划的主要依据。创新培养方案要做到"六个注重、十大改进"：一是注重通识教育，确立适合理工科学生和人文与经管类学生选修的两类通识教育核心课程；二是注重大类培养，构建公共基础和学科基础平台课程；三是注重个性发展，灵活设置特色专业方向和各类选修课程；四是注重实践与创新教育，以学生实践能力与创新能力培养为导向，加强创新性实践环节；五是注重科研与教学紧密结合，将最新科研成果融入教学之中，设置学科前沿课程、学科体验实验等；六是注重本硕贯通，以优化知识结构为重点，设置本科生和研究生层次递进的课程和通选互认课程。在新培养方案的制定过程中，学校要在完善培养目标、优化知识结构、重构课程体系、推进大类培养、强化创新教育、加强实践环节、鼓励个性发展、打造新生体验、扩大国际交流、打通本硕课程十个方面进行有效改进。人才培养方案要根据形势发展及时做出调整以期更好实现办学目标。人才培养方案的制定与课程设置关系密切，在制定课程设置时要结合市场需求和学校的办学定位，对课程设置进行大胆的探索和创新，完善相关细则，使之更趋合理和具有更强的可操作性，将对提高人才培养的质量和实现办学目标具有不可替代的作用。一旦进入培养方案和课程设置，接下来的就是教学问题。多年来我们对这个问题是忽略的。我可以说，假如不在教育过程、不在教学环节、不在培养方案、不在课程设置的创新上花大力气，中国高等教育的创新是不可能真正达到目标的，创新型人才的培养也不可能真正取得实际的效果和效益。

二、协调发展开拓改革新领域

发展是一个系统工程，其中协调发展理念即是形成平衡发展结构的科学方法论。协调发展应成为我们破解教育结构难题，进而全面提高教育质量的思想利器和实践指南。国务院总理李克强今年 1 月 15 日在对教育工作批示中提出三个"进一步"（进一步深化教育综合改革，优化调整教育结构；进一步缩小教育资源配置的城乡、区域、校际差距，继续提高贫困家庭学生上重点大学的比例；进一步提升教学和研究水平，重视加强创业创新教育，大力发展现代职业教育，培育更多管用实用的高技能人才、创新人才和拔尖人才，为全面建成小康社会发挥好关键支撑作用），深刻阐明了大学要想获得全方位协调发展，需要宏观层面抓好学校与外部关系的协调，微观层面抓好学校内部的协调，"磁铁般"统筹学校内外各种资源以形成最终合力。

（一）在教育供给侧结构性改革中开拓新领域

高等教育作为全民教育事业的基本构成，是整个教育体系人才输送的主出口和教育服务社会的主接口。高等教育不是中等教育和职业教育的扩大和拔高，有其自身的层次定位、发展规律和治理的独特性。改革开放 30 多年来，我国高等教育取得了举世瞩目的长足进步。现在中国有 2500 多所大学、3000 多万学生，居世界第一，已成为名副其实的高等教育大国。但在快速发展的同时，在经济社会发展取得巨大进步、经济升级、产业转型的时候，发现当前教育领域供给侧产品还不能满足群众日益增长的多样化、个性化需求，说明中国的高等教育结构不合理。国家的经济结构、产业结构不尽吻合，它直接引发出另外一种后果，一边大学毕业生比较难得找到一个适合的岗位，另外一边用人单位比较难得找到一个合适的人才。解决这个问题的办法就是优化结构，提高质量，来满足经济社会对高等教育的需求，满足人民群众对教育多样化的需求，所以教育部要推动普通大学向应用型转型，从培养理论型人才转到培养技术、技能型人才，来适应当前经济转型的需要，来适应地方经济社会发展的需要。转型的关键是调整专业设置，可能有的学校因为设置专业的投资成本大而设的少，包括工科、理科，相对文科成本就比较低，这个结构就是和国家的经济结构、产业结构不尽匹配。与此同时，我国数以亿计的进城务工人员，却不能通过职业教育和培训切实提高自身收入水平。中职学校招生难，又无法吸引有学习需求的农民工走进校门，原因在于当前针对农民工的职业教育效果不佳，用人单位和农民工都缺乏积极性。针对目前的教育形势，在 2016 年全省教育工作会上，省政府副省长殷美根同志明确指出，学前教育要补课创新，基础教育要巩固提升，职业教育要打造特色，高等教育要争创一流。作为一所正在向江西高等教育第一方阵迈进的大学，既要提升办学层次、仰望星空，又要倡导学以致用、服务基层，在我们这个还叫学院的大学，就可以感受到大学、大师，还可以学到过硬的本领，创新和扩大教育服务多样化供给。一是充分发挥工程应用型办学优势，扩大成人教育学院办学规模，提高职业教育培训水平。二是消除社会资本进入教育领域的"门槛"，放宽对民间教育资本和办学硬件进入的限制，进一步保护和调动社会力量参与和支持办学的积极性。三是提升军事教育学院教育的服务质量与效率，鼓励其成为军事科学教育的重要提供方。四是推动教育服务与"互联网＋"深度融合，探索开发各类"互联网＋教育＋相关行业"产业，培育教育市场新热点。五是以"双创"为契机，鼓励教育创业投资，促进创业创新型教育企业快速成长。在确保教育公益性属性前提下，允许各类资金投入教育领域，探索混合所有制，促进市场更有效配置资源。

（二）在探索大学内部管理运作模式中开拓新领域

一般说来，大学的内部管理主要包含师资力量、学科整体水平、优势学科、教学设施与设备、科研设施与设备、财政投入、校园环境、学校声誉、历史传统、知识产权、科研成果等要素的统筹协调，关键在于构建科学决策、权力制衡、民主参与、有效监督的大学治理结构，形成系统完备、科学规范、运行有效的制度体系，建立基于治理过程控制，由内部评估和外部监督构成的内部治理自律机制。

推进大学章程实施。大学章程是连接国家法律法规和大学内部规章制度的纽带和桥梁，是学校依法自主办学、实施内部治理的基本准则。在大学章程的实施过程中，要注重将实施学校"根本大法"的过程，变成盘点学校家底、研究现代大学制度体系、寻找大学治理"痛点"的过程，塑造大学灵魂精神、弘扬大学文化价值、传承办学优势特色、凝聚办学理念共识；要结合综合改革的不断深入，加快推进有关制度的废、改、立、释工作，凡是不符合章程精神或在章程中没有依据，不适应学校改革发展实际要求的制度文件，都应及时废止或修订。通过加强章程建设，加快建立形成以办学理念共识（大学传统精神及文化价值取向）、大学章程（学校制度的总纲）、管理制度（学校各项工作的具体规范）整合构成，层次清晰、内容规范，有自身特色的现代大学内部治理制度体系。

完善学校决策机构。大学治理的核心是决策权力的分配。我国大学的决策机构与行政管理机构难以严格区分，且对内部重大事务的实际决策中没有明确的权限边界。在这种情况下，首先通过加强大学党委的集中领导，完善校务会、教授委员会以及工会、学代会、教代会等制度，建立健全学校重大决策的民主协商机制。其次，需要解决好大学决策权力的合理分配问题。如进一步扩大教师的治学权和决策参与权；提升和发挥学生作为大学决策的利益相关者和大学内部治理参与者的作用。再次，需要完善决策支撑体系，加强学校、学部和学院学术委员会和教授委员会等学术权力组织；推动健全事业发展规划、学科专业建设、人事、财务、基建等管理方面的工作委员会，形成有效的辅助决策机制。同时，还可通过相关协同办学方式，吸收校外人士提供决策咨询等。

健全整体运行机制。科学合理地配置办学与管理权限，并健全相应机制，保障大学整体的有效运行。如改革传统领导模式与成员构成模式；规范学校领导集体的议事规则与程序；逐步完善二级学院的运行管理体制。明确界定行政权力与学术权力的运行领域边界，拓展和保障学术管理中教师和基层学术组织参与的空间。合理划分学校、院系的管理权限，将学科和课程的调整设置权、科研项目管理权、教师聘用权等委托给学院（系）组织一级，加快建立以学院为管理重心的管理运行体制，切实扩大院系办学自主权。

积极拓宽参与渠道。加强民主自治的制度建设，保障师生参与管理，实现共治和善治，更多发挥学术组织、群众组织、党派组织作用，打造民主办学的学术共同体。拓宽师生参与民主管理、民主监督的渠道和方式。研究、审议学校宏观发展走向，有发展规划委员会、教职工代表大会；涉及学术事务的政策意见，都交给校学术委员会讨论、决策；人才培养、课程设置，听教学指导委员会的；分钱花钱，由不同相关学科老师组织的预决算管理委员会与职能部门共同定规则、行监督。

（三）在塑造有效大学办学竞争环境中开拓新领域

外部资源包含大学所处的地理位置，所在地区的经济、科技、政治地位，自然环境，文化环境，政策制度，校友队伍，战略联盟，科技与教育中介组织，合作企业，以政府部门为代表的其他外部利益相关群体（中央和地方政府、教育行政部门、社会公众）和其他大学等要素。当前要通过简政放权有效落实地方高等教育统筹权和大学的办学自主权，包括地方和大学的招生、人事、经费使用、教育教学、学位授予等各种自主权利；努力形成关联度高、互为支撑、结构合理、协调发展的办学生态。

促进思维转轨。自从我们由国家水利部办学转为省部共建、以省为主的管理体制后，学校办学定位面临着来自行业与地方的双重压力。要立足水利，面向全国，主动服务于江西生态文明示范区和学校所在地南昌中国水都建设，为区域经济与社会发展及相关行业提供人才与智力支撑。比如在保障农村饮水安全方面，参与实施农村饮水安全巩固提升工程，对已建工程进行配套、改造、升级、联网，健全工程管理体制和运行机制，进一步提高农村集中供水率、自来水普及率、水质达标率和供水保证率；在人才培养上，要培养适应经济与社会发展，特别是厚基础、宽口径、强能力、高素质的应用型高级专门人才。比如在防洪薄弱环节建设方面，毕业生能到江河重要支流和中小河流治理、山洪灾害防治、病险水库水闸除险加固、重点易涝区治理、重点蓄滞洪区建设等岗位发挥技术骨干作用；在学科专业上，要重点扶持与区域经济和社会发展以及水利行业现代化密切相关的学科专业，形成特色鲜明的优势学科专业群，促进多学科协调发展。针对目前在部分水利工程里，技术人才并不缺乏，可管理人才并不是很充足的现状，重视经济管理人才引进及培养，对管理人员进行工程、旅游、经济、会计、外语及法律等方面内容培养，同时要制定合理激励措施鼓励学水利工程技术专业的人才也学经济管理，让他们为水利经济的科学发展做出贡献，从而有效促进水利经济的合理科学发展。

打响质量品牌。作为一个有深厚"三农"情结的教育工作者来说，对教育教学质量的重要性有一个形象的比喻：学校的教学工作相当于国家的农业基础地位，教学质量是大学的生命线，因此必须坚持教学的中心地位不动摇。狠抓教学团队建设，并通过开展校企合作人才培养和拓展"大学生创新创业园"等举措，提升水利优势专业品牌地位。毕业生既能设计最严格水资源管理制度，又能参加水资源消耗总量和强度双控行动。有的参加总量控制方面的工作，加快推进江河水量分配，强化规划和建设项目水资源论证，建立国家水资源督察制度以及水资源承载能力评价与监测预警机制，形成水资源节约保护和高效利用的倒逼机制。有的参加强度控制方面工作，加强用水定额和计划管理，健全取水计量、水质监测和供用耗排监控体系，全面推进农业、工业、服务业和城镇生活节水，参与实施雨洪资源利用、再生水利用、海水淡化工程。还有的参加政策支撑方面工作，大力推行合同节水管理，开展水效领跑者引领行动，健全节水法规和技术标准体系，完善节水财税优惠政策，把节水作为约束性指标纳入政绩考核，建立节奖超罚的长效机制。

加强科技服务。学科建设是一个系统工程，科研不仅是学科建设的"牛鼻子"，而且也是保障教学质量的"活水源"，不能把教学与科研对立起来，只教不研，路越走越难，只研不教，路越走越窄！学校科研工作的基本思路：一是建好平台，大力建设重点实验室、人文社科研究基地以及优势学科实验室；二是建好团队，积极吸纳人才；三是建好基地，围绕建设"资源节约型、环境友好型社会"的规划与需求，承担重大研究课题。学校科技服务的重大领域：强化系统整治，连通江河湖库水系。参与实施江河湖库水系连通工程、国土江河综合整治、提升水资源水环境承载能力。支持构建江河湖库水系连通格局，恢复自然连通与人工连通相结合，因地制宜建设水网工程，服务构建布局合理、生态良好、引排得当、循环通畅、蓄泄兼筹、丰枯调剂，多源互补、调控自如的江河湖库水系连通体系。研究推进江河湖库水系综合整治，坚持以流域为单元，结合国土江河综合整治，创新江河湖库治理模式，建立流域生态补偿机制，构建河湖绿色生态廊道，打造安全型、生态型河流。研究优化江河湖库水系调度，统筹考虑防洪、供水、发电、航运、生态等目标，协调好上下游、左右岸、干支流、调出调入区关系，按照兴利服从防洪、区域服从流域、电调服从水调的原则，科学制定调度方案，优化水库群联合调度，充分发挥江河湖库水系的综合效益。

三、绿色发展开辟改革新境界

习近平总书记在"十三五"规划建议的说明中讲了九个重点问题，其中三个是有关绿色发展的。这说明绿色发展方面的改革力度最大，新办法最多。绿色发展理念的推进、绿色发展路径的明确、绿色发展措施紧锣密鼓地出台，标志着我们党治国理政的能力提升到了一个新境界。对于教育来讲，绿色的含义要更广泛一些。对于水利高等教育来说，要有"渗透式"绿色发展理念，助推形成绿色的教育生态。比如说在教育理念上，怎么适应当代社会发展的需要，适应当代中国特色社会主义建设的需要，适合现在培养人才的需要，推动"绿色"发展，增强尊重自然、顺应自然、保护自然的绿色发展能力，为子孙后代留下天蓝、地绿、水清的生产生活环境。

绿色发展必须贯彻到加快转变治水兴水管水思路之中。水是生态之基、绿色发展之根。要从协调推进"四个全面"战略布局上审视水利工作，从国家总体安全观上认识水安全保障，从实现"两个一百年"奋斗目标上谋划水利改革发展，全面贯彻新时期水利工作方针，加快从传统水利向现代水利转变。适应经济社会发展要求，调整和完善水利发展布局与发展方式，同时在规划设计、工程建设、体制机制和政策举措等方面全面跟进、同频共振，统筹解决好水短缺、水灾害、水生态、水环境问题。加快构建有利于实现绿色发展的机制，加快构建有利于提高水资源配置效率、提高水利发展质量和效益的机制，加快构建有利于充分调动各方面治水兴水积极性的机制，以机制的落地推动发展理念的落实。

绿色发展必须充分发挥水利基础性先导性作用。我国经济发展进入新常态，呈现速度变化、结构优化、动力转换的明显特点。认识新常态、适应新常态、引领新常态，是当前和今后一个时期我国经济发展的大逻辑，需要努力实现多方面工作重点转变。水利是经济社会发展的命脉，必须在适应和引领新常态中勇于担当、大有作为。适应和引领新常态，必须充分发掘水利建设吸纳投资大、产业链条长、创造就业机会多，不会造成重复建设、产能过剩等问题的优势，加大投资力度，提高投资效率，更好发挥水利投资对经济增长的拉动作用。适应和引领新常态，必须进一步优化水资源配置格局，着力增强重要经济区和城市群水资源水环境承载能力，提高水资源要素与其他经济要素的适配性，促进形成新的增长点、增长极和增长带。适应和引领新常态，必须加强水资源安全风险防控，充分发挥水资源管理红线的刚性约束作用，以用水方式转变倒逼产业结构调整和区域经济布局优化，推动循环经济、绿色经济和低碳经济发展。从打赢脱贫攻坚战看，我国贫困地区分布与水资源禀赋条件高度相关，很多地方穷在水上、难在水上，脱贫的出路和希望也在水上，必须着力加快贫困地区水利发展，让一方水土养得起一方人，促进贫困地区如期实现脱贫目标。

绿色发展的重点必须放在抓紧补齐水利基础设施短板上。我国幅员辽阔，各地自然禀赋、水资源条件、发展水平不同，水利发展不平衡问题十分突出。全面建成小康社会，迫切需要加快补齐补强水利基础设施短板。必须围绕协调发展补短板，牢牢把握我国区域发展总体战略，服务"一带一路"建设、京津冀协同发展、长江经济带建设三大战略和东、中、西、东北"四大板块"协调发展，聚焦中西部贫困地区，补强水利薄弱环节，破除水利瓶颈制约。必须树立问题导向补短板，紧紧围绕全面建成小康社会新要求，认真总结水利改革发展实践，深入查找水利突出问题和软肋，加快解决直接关系民生的水利问题。必须坚持远近结合补短板，既要面向今后 5 年，为全面建成小康社会提供坚实水利支撑，又要考虑更长时期发展要求，在打基础、增后劲、利长远上下功夫，为加快现代化建设提供水安全保障。

绿色发展必须进一步提高水利支撑保障能力。水利是农业现代化的根基，也是新型城镇化的血脉，实现城镇化和新农村建设双轮驱动，必须着力推进城乡水利基础设施均衡配置和水利基本公共服务均等化。从推进现代农业发展看，尽管我国粮食产量连创新高，但仍然产不足需。在农业资源环境约束增强和全社会对农产品质量安全要求提高的形势下，必须树立大农业、大食物观念，大力推进农业供给侧结构性改革，实施藏粮于地、藏粮于技战略，坚持不懈加强农田水利建设，持续夯实现代农业基础，着力提高水土资源的利用效率和效益，着力提高农业质量效益和竞争力，确保重要农产品有效供给，实现绿色发展和资源永续利用。从提高城市发展持续性宜居性看，人口集中、城市扩张、产业集聚、生活方式变革等新态势，对供水保障、防洪排涝、资源环境提出了新要求，必须统筹推进城市供水安全体系、防洪排涝体系、生态空间体系建设，努力打造人水和谐的宜居城市。

绿色发展必须贯彻到"地球村"的整体之中。我国陆地边界全长约2.28万公里，和周边国家共享有40余条跨国界河流。我们倡导的绿色发展不仅要实现地方绿色发展，建设美丽中国，还要为全球生态安全作出贡献。环境问题不仅是一国的内部问题，也是一个世界性难题。树立绿色发展理念，既要立足本土，又要放眼全球，要把地方、国家和世界的可持续发展作为一个整体来考量。那些只顾局部生态利益、无视整体生态利益，只顾地方生态安全、无视全球生态安全，都是治标不治本之策，不是真正意义上的绿色发展。一些资本主义国家天蓝、地绿、水净，但备受诟病，一个重要的原因就是这些国家都是依靠强盗式掠夺和污染转嫁才实现了生态相对良好。这不仅明显有违环境正义原则，同时也是不可持续的，因为当今的人类已经是一个"命运共同体"。中国作为一个负责任的大国，既要着力把本国的事情办好，努力改善本土的环境状况，提升本地区、本国人们的环境幸福指数，也要致力于维护世界生态安全。

四、开放发展拓展改革新格局

改革开放之初，邓小平同志就提出"三个面向"，这就是用最大的开放理念来引导现代教育的发展。由于有这样的气魄和眼光，30多年来"开放"一直成为引领教育发展的重要理念。习近平同志在起草"十三五"规划的建议稿时，进一步强调要"坚持立足国内和全球视野相统筹，既以新理念新思路新举措主动适应和积极引领经济发展新常态，又从全球经济联系中进行谋划"。我们学校在开放办学进程中尽管存在很多先天不足，但教育开放是时代赋予的要求，如果开放步伐跟不上就会被社会和时代淘汰；因而要找到自身优势，凸显办学特色，并以此为抓手来推动"国际化"开放。

颠覆传统教育理念。教育国际化对大学和社会的第一个冲击就是教育理念发生变化。要通过各种方式和途经，在学校现有教学与管理人员中广泛宣传国际化办学理念，改变他们传统的教育教学与管理理念，引导他们接受新思想，并使新理念和新思想融会到他们的教学管理实践中。其中最主要的就是以学生为中心。那么如何能够实现以学生为中心？国外学校提倡构建"师生学习共同体"，通过教师的引导、师生之间的互动、学生之间的合作，来实现教学目标。过去，知识传播是在课堂进行的，老师讲，学生听；而知识内化的过程，就是把知识转化为自己能理解的东西的过程，是在课后完成的——通过看书、做习题、老师辅导答疑等。现在这个过程要反转：知识传播过程在课前和课下进行，比如大量的阅读，比如基于互联网的自学；而在上课时，来解决知识内化的过程，教师就不是一个人满堂灌了，而是组织引导学生进行讨论，协作解决问题，进行探究式的学习。所以，教育国际化最根本的影响在于对传统教育理念的颠覆。此外，教育国际化对学校的教学组织、教学管理、课堂教学模式，乃至教室布局都会带来冲击。一个讲台、一块黑板或一个屏幕、一排排课桌椅的以教师为中心的传统的教室布局，正在被越来越多的便于分组学习、讨论式学习的教室布局所取代。也就是不少学校尝试的"翻转课堂"，采取研讨式的教学方式，三五个学生一个组围坐在一起，教师也没有什么讲台；上课时，教师穿插在各个组之间，引导学生讨论。有的学校要求"10＋35"。即一节课45分钟，教师讲授的时间不能超过10分钟，其他35分钟都要通过学生的合作学习，包括讨论、一起做习题等方式，来完成教学任务。实际上我讲的这些，现在已经不是理念上的问题了，国内外很多学校已经在做了。这里面可以看到教育国际化的作用，绝不仅仅是把学生送到国外留学的问题。为此，要用国际化办学理念进一步加强师资和管理队伍建设，对现有教学管理人员加强培训力度，创造条件选派中青年教师和管理人员到国外进修和短期培训，学习先进的教学和管理理念、掌握先进的教学模式和方法；积极引进具有国际化办学理念和国外留学背景的教师和管理人员，尤其要尽可能创造条件吸引取得国外博士学位和具有国外科研实践经验的人员来校任教，同时要爱护和支持他们的国际化办学想法。

课程教材国际化。高等教育国际化的内容涵盖很多，但最重要的内容还是课程的国际化。邦德（S. Bond）在谈到课程国际化的重要性时认为"有关高等教育国际化的元素接近 20 个，但其中没有一个元素的地位可以与课程国际化相提并论。"目前很多新建地方本科院校在专业课程国际化的建设过程中主要有三种常用形式。一是聘请外教授课。聘请来自欧美等发达国家的外教，使用国外原版教材，采取国外大学常用的考核方式。这种形式的特点是实施起来相对简单，只要找到专业对口的外教即可，无需积累，无需底蕴。但这不具备传承性，很难让这门课程延续下去，因为一旦教授此门课程的外教离开，也就带走了这门专业课程国际化成果的主要内容。二是由中国教师用英文或者中英双语授课。由国内英语水平较高的教师担任专业课程的授课教师，采用国外原版教材，参照国外的课程实施和考核方式是另一种比较常见的专业课程国际化的形式。这种形式具有传承性，而且授课质量会随着时间的推移逐渐提高。三是学生到国外合作大学参加专业课程学习。随着我国经济实力的增强，越来越多的人有机会到国外求学，而且国内的"1＋3""2＋2""1＋2＋1"等双校园模式的快速发展也使得很多家庭经济状况一般的大学生在大学四年中有一年或者两到三年的时间到国外大学学习，这实际也是一种专业课程的国际化。这种形式学生可以直接享受国际化课程，学生学习的各个方面与国外课程没有太大差别。

培养国际通用人才。加强外语教学，开设有关国际重大共同性问题的课程，设置研究区域性国际问题的系科，注意培养从事国际事务和国际问题研究的专门人才，使之具有从广阔的国际视角和全人类的视角处理事务的知识和能力。如果在中国的大学就可以把学生培养成具有国际视野的人才——具备外语能力、国际沟通协作能力、跨文化理解能力，这对他们将来在国内工作也好，到国外发展也好，都是一个很好的基础。当前，我国正在推进"一带一路"建设，规模将至少覆盖全球 60% 的人口，重点涉及 26 个国家和地区，拥有约 21 万亿美元的经济总量。"一带一路"的核心是互联互通，交通、水利基础设施建设是基础和前提。重大水利工程建设进入了大规模投入、加速度推进的新阶段，重大农业节水工程、重大引调水工程、重点水源工程、江河湖泊治理以及新建大型灌区工程都有必要纳入规划并有序建设。这些国家重大战略的实施使水利工程建设面临前所未有的重大发展机遇。比如，作为全球规模最大、产业链最完整的电力建设企业——中国电建业务覆盖基础设施全领域，懂水熟电，擅规划设计，长施工建造，能投资运营，多年征战国际市场，也积累了大量的国际营销和项目实施经验，作为国家高教领域的水利工程学科专业，就可考虑在主动服务国家重大战略中大力推进国际化战略，培养适合到这类企业就业的人才。

建立双向交流平台。教育国际化，双向交流才有生命力。2014年初，习近平总书记发表"支持出国，努力回国，来去自由，发挥作用"十六字方针。2014年底召开全国留学工作会议，习近平对留学工作做了重要批示。这次会议首次提出"出国留学与来华留学并举，充分利用国内与国际两种资源"。进行广泛的人员国际交流，并派遣、支持本国教师和学生出国留学、进修、讲学、研究，或接受、邀请外国教师和学生从事此类学术活动。鼓励中国的学生走出去，也欢迎国外在中国合作办学。现在有很多国际化的教育机构，包括中学里的国际班、国际部，大学共建的中外合作办学机构等。另一方面，我们还要吸引更多外国留学生到中国来留学。而且来了不要光学语言，还要吸引他们攻读学位。现在一些"985"学校已经开设了纯英文课程，或开设了国际硕士和国际博士项目，招生对象是外国留学生，不用懂中文，只要会英语并达到学业要求就可以了。进校之后，课程用英语讲授，教师平时用英语指导，论文开题用英语，最后论文撰写和答辩全用英语完成。有人认为自然科学缘起于西方，我们在这方面招国际生没有优势，其实，每所学校的学科专业的优势和特色不同，都可吸引更多不同国家留学生到中国留学。

明确国际化目标。高等教育的发展既适应本国的需要，又注意适应世界形势发展的需要，既保持发扬本国的传统与特色，又注意吸收国际高等教育的经验。在教育界说某一大学已经"国际化"，就意味着：第一，该大学具有相当高的学术水平和教育质量，因而得到其他民族和国家的承认和重视；第二，该大学教育内容具有相当的广度和深度，能够培养"面向世界"的优秀人才。科研力量比较雄厚，地区性、全球性的研究课题占很大比重，科研成果在国际上有重大影响；第三，该大学管理制度有足够的弹性，能够向世界开放、与各国交流，既能输送本国学者和留学生，又能接纳外国学者和留学生；既能扬己所长，远播海外，又能借他山之石以攻玉，进行消化与吸收。这样一个"国际化"了的大学是先进的、开放的、充满活力的。它正是人们为适应今天的竞争、迎接未来的挑战而孜孜以求的、近乎理想的大学教育模式。大学国际化趋势表明，为学生提供国际化教育，为大学培养国际化人才，无论是对于学生而言，还是对于大学而言，都不是一种选择，而是一种必需，更是一种追求。

值得强调的是，很多时候，人们将全球化与国际化是混用的。实际上全球化更加强调全世界范围的趋同，强调淡化个性，抽离不同国家、地区、民族的特色文化元素，形成一个适用于全世界的"产品"。国际化则强调双向的交流与提升，不仅不会淡化个性，而且通过一系列国际化措施取得吸收、传播、发扬各国各民族优秀文化成果的结果。与经济领域不同，教育作为培养人的社会活动，必须受一定社会的经济、政治、文化所制约，并为一定社会的经济、政治、文化的发展服务。因此，教育只能国际化不能全球化。

五、共享发展强化改革新导向

共享是中国特色社会主义的本质要求。必须坚持发展为了人民、发展依靠人民、发展成果由人民共享，按照人人参与、人人尽力、人人享有的要求，完善制度安排、强化政策兜底、引导社会投入，体现公平正义，增进人民福祉，实现共同富裕。在大学谈共享发展，则要坚持以办人民满意的教育为前提；要坚持群众观点，尊重师生员工，广泛听取意见，集中智慧和力量办大学；要坚持不断改善民生，着力解决改革发展中出现的矛盾与问题，把改革发展的成果体现在拓展教职工成长空间和改善教职工学习生活条件上，体现在提高学生就业率和就业质量上，不断增强师生员工的获得感。今天我简单讲讲大学教育资源"有效性"共享，就是要通过各个单位各个部门的通力合作，从而实现共同使用教育资源，提高教育资源的利用率，达到少花钱、办好事的目的。

（一）增强教育资源共享观念

教育资源共享是指各大学内部、各大学之间实现教学资源的共享，它不仅包括图书资源、网路资源、实验设备、运动设备等物力资源的共享还包括师资共享等多种形式。实施教育资源共享可以在少增加或者不增加教育投入的前提下，最大程度的发挥现有人力、物力、财力及信息资源的作用，提高大学办学的效率和教育教学的质量。近年来，我校加大投入逐步增加教育资源，仅加强实验室建设、通过学校自投和争取中央财政支持，年均保持2500万元以上的投入力度，到目前全校已建成34个实验中心194个实验室。但教学仪器设备总值仅1.6亿元（生均9000元），和国内先进、省内领先大学的实验室条件相比差距仍然较大，大家对学校有限的教育资源能否满足人才培养的质量忧心忡忡。出路在于不断增加教育资源，并提高利用率；更主要的是要求学校管理层要树立资源共享的全局观念，打破自我封闭、自我发展的格局，相互合作，扬长补短，发挥整体优势。每一所大学，都只是在某些学科或某些专业上具有办学优势，所以应着重引进重点学科、重点专业的人才，形成核心的教育资源，对于本校的非重点课程完全可以通过和其他学校实现资源共享解决，通过各个大学的相互合作，建立一套发挥各自优势的良性运行机制。同时，政府有关部门及各高校领导必须充分认识到教育资源共享是新时期提高教育质量的内在需求，必须高度重视改变目前大学教育资源共享的现状。一是院校内部共享多、学校之间共享少。很多大学的资源仅供本校师生使用，不对外开放，比如说图书馆，绝大多数大学的图书馆都是凭学生证和教师证借阅书籍，更不用说实验室这种高成本精细化的教育设施，这对我国高等教育的发展人才素质的提高是极为不利的。二是教师共享的机会多、学生共享的机会少。学生在教育资源共享时无论是从共享渠道还是从共享内容方面都是非常有限的，尽管他们对教育资源尤其是优质教育资源有着强烈的需求，这对大学的人才培养目标是极为不利的。三是资源共享层次低、领域单一。已实现共享的教育资源内容不够丰富、层次相对较低，导致学生参与的积极性不高。目前大学园区和大学联盟的建设，使教育资源共享在形式上取得了一定进展，但是校际间的交流共享仍停留在基础层面上，例如一些低成本的开放设施和选修课程等，领域相对单一。还有很多教育资源没有实现共享，仍有待于开发和利用，比如学校的高端实验室、图书馆、名师讲堂以及师资的交流等合作共享活动等等。各个大学应树立全局观念，打破部门所有、画地为牢的本位思想，把教育资源看成各兄弟院校的共同财富，实现资源的有效整合与交换，消除信息资源孤岛，积极参与共建共享工作。一方面，它可以促使各个大学强化自身优势，在竞争中形成自己的精品课程和品牌专业。促进专业间的不断交流与互动，防止学科和专业的僵化，使得学科链被有效地打通。另一方面，激烈的竞争在某种程度上会促进学校的资金投入，努力建设高水平的师资队伍，同时为学生提供更加自由开放的学习平台，形成一套属于自己的文化理念，为国家的经济建设培养高素质的专业人才。

（二）开拓大学资源共享领域

校园文化成果共享。校园文化建设的共享性首先体现以人为本，坚持人本发展理念，突出文化育人功能，实现科学精神和人文精神的辩证统一。在共享层面上，首先，表现为文化内部成果的共享性。校园文化建设要贴近教育目标、贴近中心工作、贴近广大师生，形成全员共同参与、共担文化责任、最终让文化发展的成果惠及在校的全体师生。其次，扩大文化成果的共享，做到"各美其美，美美与共"。比如从 2014 年以来，南昌工程学院坚持每年都要举办以"展廉洁画卷 颂清风正气"为主题的教职工廉政文化作品展，作品类型多样、内容丰富，展现出水文化与廉政文化相结合的特点。但很遗憾的是仅在行政楼一楼大厅短期展览，很多师生要求将其在校园内通过雕塑等形式固化下来，日积月累会成为学校一部题材丰富的教科书、举世瞩目的文化展示基地。纪检监察部门可作为廉政文化的教育基地，宣传教育部门可作为精神文明的示范基地，农业部门可作为农耕文明的传承基地，最后将是人民群众争相观看的"心廉水洁、品行端正、教学相长、清白育人"的模范高教基地。

构建网络平台共享。建设网络共享环境形成全方位的共享体系，成为构建大学资源共享不可或缺的工具。一方面，网络在教育资源收集、分类整合、协调配置、评价反馈等方面担任重要角色。另一方面，网络是校园资源传递的载体和传播者，教师和学生通过网络实现对校园资源的更新和访问，并通过网络对一些实体资源进行管理，如：网络在大学图书馆方面的应用。因此，构建网络共享平台是大学实现资源共享的重要途径。例如，美国很多大学在进行资源共享实践时，就格外重视网络共享环境的构建，以印第安纳大学系统为例，印第安纳大学下属有八所分校，它们享有共同的网络图书馆，学生和教师通过个人的用户名和密码识别身份进行登录，在网络上不仅可显示某一书籍及所藏图书馆，使学生和教师能够轻易享受到校外藏书，从而增强教师的知识积累提高学生的整体素质。教师需要将学校教学资源平台和精品课程网站有机结合起来，恰如其分地开展网上教学，弥补传统课程教学的不足，尽可能为校内外学习者提供便捷的学习平台和学习条件。

大学与科研院所资源共享。实践表明大学与科研院所资源共享平台的建立对现有的大型科学仪器、设备、设施、科学数据、科技文献、自然科技资源等进行整合、重组和优化，充分利用国际资源，加快实现资源的信息化、网络化，建立适当集中与适度分布相结合的资源配置格局起到了重大而深远的影响。通过建立共享平台对大型科研仪器设备等资源进行重组和建设，构建开放、共享、高效、体系完备的物质和信息服务系统，改变大学及科研院所各自为政、单兵作战的格局，充分利用现有仪器设备，综合集成，优化配置，减少重复购置，提高大型、贵重仪器设备使用效率，做到物尽其用。在科研人才培养的过程中充分发挥科研院所的优势，将高等院校的理论优势与科研院所的实践优势相结合，互相取长补短，发挥各自优势共同培养新型科研人才。

大学园区教育资源共享。在大学园区实施教育资源共享，能最大程度的节省资源，实现优势互补，提高教育效益，增强教学效果，避免不必要的浪费，保证资源朝集约化的方向发展。同时可以使各个大学的专业种类大幅度增加，学生可以根据自己的兴趣爱好选择自己喜欢的专业学习，大大激发学生学习的积极性，提高大学的整体教育教学水平，实现各个大学培养适合社会需要的复合型人才的培养目标。

（三）构建大学与社区资源共享机制

大学与社区共享发展从本质上来讲，是一种不同主体之间形成的合作关系，合作的基础在于对各自的需求和利益的尊重。像我校地处瑶湖校区高等教育资源集聚度较高的地方，社区、地方政府和大学围绕加强区、校融合，是大学资源共享发展的重中之重。大学与社区的互动发展，是一个相互促进、相互支撑的互动发展过程，也是一个在相互矛盾和冲突之中，不断形成新的平衡和新的协调的过程。大学与社区的合作不是一般意义上的合作，而是一种战略的合作。战略具有全局性和长期性，通过体制、机制创新，以共同的智慧和胸怀，实现二者的共同发展、和谐互动，从而通过区校互动发展走出一条促进周边社区发展、提升城市能级水平的新路子。一是大学与社区要明晰自身的角色和功能定位，在互动发展中各自承担起自己的社会功能，寻求利益平衡和构建战略合作平台的关系。二是政府要创新对大学与社区互动的决策、运作和实施机制，建立有效的利益平衡机制和交流互动机制，为大学与社区的融合发展提供良好的制度环境。三是拓展大学与社区联动发展的模式，推进社区与大学资源共享机制建设，释放大学的智力资源和创新能量。四是公共社区要加强为大学提供公共服务的职能，创造一个适宜居住、交流、休闲、研究、创业的生态、社会环境，共同推进城市和谐社会建设。

总之，创新、协调、绿色、开放、共享五大发展理念是一个互相联系、相互促进的统一整体。没有创新，就谈不上发展；没有协调，发展就会失衡；没有绿色，发展就没有底蕴；若不开放，发展的品质难以提升；缺少共享，发展的价值就会偏移。我们要以五大发展理念为办学统领，让风景这边独好，学校才会迎来又好又快发展的美好明天，让党放心，让人民满意。

第四十九回　专项巡视

——南昌工程学院选人用人工作专题汇报

（2016 年 4 月 14 日）

尊敬的省委组织部选人用人专项检查组各位领导：

近年来，学校党委认真贯彻落实《党政领导干部选拔任用工作条例》《关于加强干部选拔任用工作监督的意见》和《党政领导干部选拔任用工作监督检查办法（试行）》等一系列法规文件精神，坚持正确的用人导向，不断完善选人用人机制，有效防范用人上的不正之风，干部选人用人工作取得了较好的成效。现将十八大以来我校选人用人工作有关情况汇报如下：

一、基本情况

（一）领导干部配备情况

1. 处级干部结构状况。我校处级干部职数为 158 个，其中，正处级 66 个、副处级 92 个。学校党政机关部门正处级职数 17 个，副处级 25 个；教学及教辅等单位正处级职数 49 个，副处级 63。现已聘（任）处级干部 114 人，其中正处级干部 55 人（含调研员 4 人），副处级干部 59 人（含副调研员 1 人）。已任党政机关部门正处级 16 人，副处级干部 14 人，已任教学及教辅等单位正处级干部 34 人，副处级干部 47 人。学校女干部有 33 人，占处级干部总数的 29%。党外干部 21 人，占 18%。目前空缺正处级职数 16 个，空缺副处级数 31 个，主要空缺岗位集中在科研机构。

2. 科级干部结构状况。我校科级干部总职数 137 个，已聘科级干部

119 人，其中正科级干部 83 人，副科级干部 36 人。已聘任党政机关部门正科级干部 36 人、副科级干部 14 人；已聘任教学及教辅等单位正科级干部 47 人，副科级干部 22 人。我校科级女干部 49 人，占 41%。党外干部 13 人，占 11%。目前我校科级干部职数空缺 18 个。

通过排查，我校没有超职数配备领导干部现象，也无机构编制管理"三超两乱"问题。

（二）十八大以来选人用人工作情况

十八大以来（自 2012 年 12 月起至今），我校通过考察任命、竞争上岗方式选人用人 91 人，其中考察任命 79 人，竞争上岗 12 人。通过竞争上岗的处级干部 2 人，科级干部 10 人。2012 年 12 月，提拔处级干部 4 名；2013 年提拔处级干部 4 人，科级干部 41 人；2014 年提拔处级干部 2 人，科级干部 15 人；2015 年提拔处级干部 4 人，科级干部 16 人；2016 年提拔处级干部 4 人。

二、主要做法

（一）认真学习贯彻《党政领导干部选拔任用工作条例》，始终坚持科学正确的用人导向

一是认真学习新修订的《党政领导干部选拔任用工作条例》。按照省委组织部的要求，学校采取通过党委中心组学习、党校培训、专题讲座、组织生活会等多种方式，分层组织全校干部学习《党政领导干部选拔任用工作条例》，力求做到"领导干部熟悉、组织干部精通、干部群众知晓"。

二是坚持党管干部原则。我校把"党管干部"作为干部工作的根本原则毫不动摇、坚定不移地予以坚持，能够正确把握党管干部与发扬民主的辩证关系，在干部工作中充分发扬民主，提高选人用人的公信度。同时，把党管干部原则贯穿干部选拔任用全过程。

三是树立正确的用人导向。坚持五湖四海、任人唯贤，坚持德才兼备、以德为先，注重实绩、群众公认，着力解决选人用人中的唯票、唯分、唯年龄问题，在干部选拔任用过程中，采取多种选人方式，既有选

任形式，也有竞聘方式。各个环节均严格按照规定的原则、程序、标准和要求进行操作，确保干部选任工作公平、公正、公开，树立正确的用人导向。

（二）严格规范，全程把好干部选拔任用关

一是严把资格审核关。坚持把《党政领导干部选拔任用工作条例》规定的资格条件作为"硬杠杠"，不逾越、不突破，确保符合《党政领导干部选拔任用工作条例》规定的要求。对人选的年龄、学历、资格等进行严格审查，不符合条件的一律取消资格。对拟提任干部的档案进行认真审核，对档案中问题没有解决的，不予提拔任用。2015 年，学校重点开展了处级干部档案专项审核工作，对相关问题进行了认定，对材料不齐全的补齐了相关材料，提前做好干部档案审查工作。

二是严把组织推荐考察关。把民主推荐、民主测评作为干部选拔任用必须履行的程序，在考察中扩大干部民主测评、谈话人员范围，征求相关部门人员意见，延伸考察触角，切实落实干部群众的选择参与权。

四是严把公示关。把被考察对象基本情况、反映情况联系方式等内容予以公告，把选拔任用全过程置于全体干部职工的监督之下，实行"阳光操作"，防止干部"带病上岗"。

五是严把讨论决定关。坚持票决制，做到党政一把手末位表态。党委会上由党委组织部逐个介绍拟任人选的提名、推荐、考察等情况，每位党委成员充分发表意见和看法后再进行票决。

六是严把干部选拔任用工作纪实关。在干部任免工作中，做到各项操作程序规范、记录齐全、手续完备、资料完整。高度重视干部选拔任用工作的纪实工作，实行"谁办理，谁负责"。对干部选拔任用工作全程记录，有关材料及时归档，做到提任干部一人一本选拔任用全过程纪实材料。

（三）严肃纪律，狠抓干部选拔任用工作监督落实

一是构建干部监督"预警器"。干部选拔任用工作中，做到纪委全程参与监督，提拔前，书面征求纪委意见。建立健全干部选拔任用和监督管理各项制度，规范和落实领导干部任前廉政谈话、诫勉谈话、信访谈

话、函询制度，对发现苗头性问题及时进行警示谈话和批评教育。如2015年，党委组织部就对3名干部进行了提醒谈话。

二是构建干部监督"过滤网"。严格实行"凡提必核"的规定，对拟提拔人选、后备干部人选、转任重要岗位人选的个人有关事项报告进行核实，如果有问题，在问题没有查清前，不予提拔，有效防止"带病提拔"现象的发生。2015年，共对21名处级干部的个人有关事项报告进行了核实。

三是构建干部监督"净化机"。强化领导干部经济责任审计工作。坚持对在任、离任领导干部进行经济责任审计，促使领导干部自我约束、自我完善，增强纪律观念，促进廉政建设。十八大以来，共对21名处级干部进行了经济责任审计。开展集中清理整治领导干部出国（境）专项活动，集中管理证件（护照、往来港澳通行证、大陆居民往来台湾通行证）113本。

（四）强化干部培养，为学校发展提供人才支撑

一是领导高度重视。学校党委对干部培养工作列上重要议事日程，以增强干部干事创业本领为目标，开展了形式多样、重点突出的干部培训。

二是加强校内培训。制定有针对性的教学计划，做实校内干部培训。充分发挥党校主阵地作用，采取党校培训、专题辅导、研讨交流等多种培训形式，提高领导干部的自身素质。

三是拓展校外培训。充分利用国家教育行政学院、省委党校、江西干部网络学院、教育工委党校培训平台，定期选派干部参加培训，增强干部教育培训的针对性和实效性。

三、存在问题及建议

学校虽然在干部选拔任用方面做了大量工作，也取得了一些成效，但与上级组织部门的要求还有较大的差距，在干部选拔任用工作中我们也发现了一些不足，主要表现在以下几个方面：

一是干部梯队结构不够合理。我校处级干部平均年龄48岁、科级干

部平均年龄 37 岁。干部队伍出现老化趋势，省委组织部要求推荐 42 岁以下的年轻正处级优秀干部，我们推荐不出符合这个年龄段的人选。干部队伍年龄偏大有多种原因，有历史因素，也有现实因素。到现在为止，到退休年龄的干部比较少，空缺的处级岗位较少。

二是干部交流轮岗的力度不够。学校平时干部交流轮岗少，多集中在干部换届。由于 2012 年底开展全员聘任时，没有对干部做大的调整，一直到现在也没有做大的调整。十八大后，根据省委的精神，一般不宜做大的调整，只能个别交流。有些处级干部到了交流轮岗的时候，不愿交流到其他岗位，有些干部过多考虑到新的专业性又比较强的岗位，难以适应工作。自 2013 年以来，我校处级干部交流轮岗只有 11 人，科级干部交流有 29 人。

三是建议多关心学校领导干部的成长。学校专升本以来，外校交流提拔到我校任职的校级干部有 10 多人，而我校交流提拔到外单位担任厅级干部的只有 2 人。希望省委组织部能够多关注学校干部的成长。同时，随着学校自主办学权的增大、学科的发展，有些院系需要在原有的基础上整合拆分成新的学院，希望在教学单位干部编制上适当增加一些职数。

总之，学校党委将以这次省委巡视组专项巡视检查为契机，进一步深化我校干部人事制度改革，制定好"十三五"干部队伍建设规划，按照省委组织部的有关规定，制定干部"能上能下"实施办法，进一步完善干部考核办法，完善干部选拔任用工作制度，建立健全后备干部动态管理机制，加强后备干部队伍建设，不断创新选人用人的工作方式方法，努力选准人、用好人，为学校教育事业的发展提供强有力的组织保障。

谢谢大家！

第五十回　放飞理想
——在南昌工程学院第一届党代会 2016 年度会上的报告
（2016 年 4 月 15 日）

各位代表、同志们：

现在，我代表中共南昌工程学院委员会向大会作报告，请各位代表审议。

这次中共南昌工程学院第一届代表大会第五次年度会议，是学校党委贯彻中央和省委"两学一做"部署、开启"十三五"发展之年召开的一次重要会议。大会的主题是：全面贯彻党的十八大和十八届三中、四中、五中全会精神，深入贯彻习近平总书记系列重要讲话精神，牢固树立"创新、协调、绿色、开放、共享"发展理念，围绕实施我校争创特色学科专业、争创水利特色大学"双特"战略，深化综合改革，抢抓发展机遇，加快内涵发展，提高办学质量，沿着党中央指引的办好一流学科、一流大学"双一流"道路奋勇前进！

一、2015 年工作回顾

一年来，在江西省委、省政府的正确领导和上级主管部门的关心指导下，学校党委带领全体师生员工，顺利完成学校 2015 年度党代会确定的工作部署，全面完成"十二五"目标任务，各项事业迈上新台阶。

（一）坚持党要管党、从严治党，谱写党建思政和党风廉政建设工作新篇章

全面从严治党纵深推进。认真抓好《中国共产党廉洁自律准则》和《中国共产党纪律处分条例》的学习贯彻落实，严格按照中央八项规定和

省委有关要求，认真落实党风廉政建设责任制，完善"一岗双责"、落实"两个责任"，持续深化"三转"，充分运用监督执纪的"四种形态"，探索在学校建立不敢腐、不能腐、不想腐的体制机制。加强对学校重点工作、重点领域、关键环节的监督检查力度，持之以恒抓"四风"，强化监督执纪问责，做到发现一起，查处一起，对情节严重者所在党组织进行问责。

思想政治工作扎实有效。坚持用社会主义核心价值观教育引导师生员工，开展"三严三实"专题教育活动。以思想政治理论教育教学为主渠道，以团学工作为主阵地，教育引导学生养成正确的政治观点和人生价值取向。加强学生感恩、责任、奉献意识教育；开设"道德讲堂"，举办师德师风建设专题报告会，加强传统美德、新时代的德性修养教育，引领学生以德修身、以德润才、以德成业，实现德才兼备、全面发展。

基层组织建设成效显著。开展基层党组织书记抓党建工作述职评议考核，深入推进学习型党组织建设，加强组织员队伍建设，抓实党员队伍教育管理，开好民主生活会，开展党建活力提升工程，完善党建品牌创建，培育党建工作特色和亮点，基层党组织战斗堡垒作用和党员先锋模范作用不断增强。机关党员活动室获评为第五批江西省高校示范性党员活动室。

干部队伍素质能力得到提高。认真贯彻《干部选拔任用工作条例》，完善选拔任用机制，工作程序民主、公开、透明，强化干部实绩考核。抓好干部教育管理，进一步提升岗位能力、发展能力、协同能力，始终保持工作学习力和执行力；提升干部队伍管理服务水平，强化服务意识，改善服务态度；开展形式多样的业务培训，鼓励岗位成才，不断提高干部队伍的整体服务质量和水平。

统战武装群团和离退休老同志工作有声有色。加强工会、共青团等群团组织建设，不断健全统战团体及民主党派组织建设。完善校院两级教代会制度，涉及学校重大决策和师生切身利益的事项均提交教代会审议。重视离退休老同志的政治生活、精神状态和身体健康，开展丰富多彩的文体活动，让离退休老同志"老有所乐、老有所学、老有所为"。国防教育成效明显，征兵工作和后备力量建设稳步推进。全面做好校友工作，充分调动各界人士为学校改革发展贡献力量。

校园文化建设积极有为。重视文化育人工作，开展文化品牌创建，强化宣传舆论阵地建设，开设官方微博、微信，注重师生典型宣传，讲好"创业故事"，大力开展水文化宣传教育，引导青年学生"爱国修身、爱水利业、爱校求知"，继承和发扬"献身、负责、求实"的水利精神，加强水利特色廉政文化建设，多篇报道获各类新闻奖。

（二）坚持提升内涵、拓展外联，实现学校各项事业发展升级

大力推进一流本科教育。全面开展校内本科专业综合评价工作，通信工程、英语专业作为首批参加江西省综合评价专业，分别名列第四和第六名，居省内领先地位。招生就业呈现"进出口双旺"态势。本科毕业生考研率和就业率连续三年稳步提升，分别达到10.45%和87.74%，毕业生薪资排行列全国165位、江西第7位。研究生办学规模不断扩大，2015届研究生就业率100%。师资队伍不断优化，博士比例显著提高，完善岗位设置、分类聘任、专业技术职务评聘体系，深化绩效工资制度改革，人才队伍活力得到有效激发。学科建设水平不断提高，学科定位和发展路径更加明晰。在省学位办组织的全省高校"十二五"重点学科验收评估中，全省135个重点学科评出18个优秀，我校水利水电工程学科是其中之一，也是35个二级学科中唯一优秀，同时还被省教育厅评为该学科联盟牵头学科。我校定向直招士官教育快速发展，得到海军、火箭军、武警总部、武警水电部队的高度认可和好评。科研力量不断壮大，协同创新填补空白，科研平台和科技成果明显增加，围绕山水林田湖生命共同体发展建言献策。搭建创新创业平台，培育组建师生创业团队81个。拓展交流合作，国际化进程明显加快。加强国际化办学平台建设，国际学术交流增多，国际合作领域不断扩大。改善办学条件，服务保障水平显著提高。

（三）坚持抓好顶层设计、制度创新，在抢抓机遇的发展新路上继续前行

强化谋划领引，学校发展思路更加清晰。高度重视战略规划对学校

事业发展的引领作用，不断创新高水平应用型工程大学的水利特色，积极探索学校列全国第 375 位后继续向前迈进的发展路径。

加强班子建设，总揽全局能力得到提高。坚持民主集中制，完善党委会议事规则；规范班子理论学习，组织专题调研，加强务虚研讨，科学研判形势；坚持理论联系实际，实施校领导联系基层单位制度，推进重点难点问题的有效解决，发展执行力不断提高。

颁布实施《南昌工程学院章程》，夯实学校依法治校基础。推进校内制度创新、管理体制改革，内部治理体系逐步完善。

通过一年的改革发展实践，我们在办学治校上形成了"八个一"的重要成果。达到了一个新层次：进入全国公办本科院校中等发展水平；绘就了一幅蓝图：《南昌工程学院"十三五"规划》；凝练了一个宗旨：学生为本、教师为重、学科为基、学术为要；明确了一个主题：从应用工程型向创新应用型转变发展；确立了一个目标：从工程学院向特色大学提升发展；明晰了一个使命：服务国家水利建设，致力于生态文明、生态科技、生态产品领域和江西生态文明示范区的人才培养与科学研究，并以此服务与引领社会；拓宽了一种视野：站在校门口，放眼全世界，"野旷天低树，江清月近人"；彰显了一种精神：自强不息、格物致知，"创新创业，放飞理想"。

各位代表、同志们！学校 2015 年度党代会以来的一年，是我们在创新应用型水利特色大学建设道路上开拓探索、奋勇前进的一年，是不断推进发展升级、提升综合实力的一年，是加快崛起、实现重大跨越的一年。这一年成绩的取得，离不开省委、省政府的正确领导，离不开省委教育工委、省教育厅的悉心指导，离不开南昌市和社会各界、兄弟院校、广大校友的大力支持，离不开学校历届领导、离退休老同志打下的坚实基础和各民主党派、统战团体的热情参与，更离不开全体共产党员和广大师生员工的共同努力。在此，请允许我代表中共南昌工程学院委员会，向上级党组织、各级领导、各界朋友和广大校友，向学校老领导、离退休老同志，向各民主党派、无党派人士，向全校师生员工，致以崇高的敬意和衷心的感谢！

二、学校发展面临的机遇与挑战

在回顾工作的同时，我们也要审时度势，抓住"十三五"规划实施的有利时机，按照多年来学校探索的办学思路和奋斗目标，实现宏伟办学蓝图。力争经过五年左右的努力，建设一批具有优势、特色的学科专业，培养一批影响较大的领军人才，获得一批层次较高的科研项目与成果，多项核心办学指标位居全国同类高校前列，办学质量、办学效益和综合实力全面提高，跻身硕士学位授权单位，初步建成国内创新应用型水利特色大学。

（一）要把党中央五大发展理念转化为学校发展的新实践

要深化创新理念，以创新发展激发教育活力。推动"引导性、全面性、颠覆性"创新，积极实施创新驱动发展战略。通过创新，助推学生成长成才；通过创新，提升学科建设水平；通过创新，激发院（部）教学活力；通过创新，树立学校良好形象。

要深化协调理念，以协调发展优化教育结构。人才培养强化合力育人，科学研究强化协同创新，学科建设强化交叉集成，对外交流强化合作双赢，学校管理强化共同治理，服务社会强化校地共进。

要深化绿色理念，以绿色发展引领教育风尚。坚持立足水利优势，服务绿色文明；坚持把优势打造成特色，把特色打造成品牌，继续凸显学校比较优势。在绿色发展等方面大力推出一批品牌项目，示范引领社会绿色发展潮流。

要深化开放理念，以开放发展拓展教育资源。坚持面向世界、全面开放，提高层次、优化结构，强化合作、多元发展，以人才培养质量提升为根本，全面提高教育质量和科研水平。

要深化共享理念，以共享发展促进文化引领。以培育和践行社会主义核心价值观为根本，传承水利大学的文化引领；弘扬水科学文化，用创新文化引领学校发展与社会进步。

（二）要把习近平总书记关于"双一流"大学建设的宏伟构想转化为学校发展的新纲领

国务院《统筹推进世界一流大学和一流学科建设总体方案》，是继"985 工程""211 工程"之后，国家加强高等教育的又一重大举措，也是当前和今后一段时期高等教育发展改革的行动纲领。要求学校立足实际，坚持强化水利特色，着力推进学科组织化建设，提升学科整体水平。

"双特战略"要向"新一流"（一流学科专业）进军。有效对接现代水利基础产业以及经济社会发展需求，进一步优化学科结构，优化基础应用互动、文理互融的学科体系，聚焦特色方向，形成优势学科群。

"三大供给侧改革"要向"新一流"（一流学科专业）靠拢。要以尽快通过干部供给侧改革、师资供给侧改革、生源供给侧改革的实际行动来彰显改革成效。要围绕资源配置的优化、资源获取能力的增强、资源产出效益的提升三个方面来做文章，要围绕这三个方面来对学校内部各项规章制度进行调整和变革。

"四大职能"提高要向"新一流"（一流学科专业）看齐。不断提高学校人才培养、科学研究、社会服务和文化传承水平，全面提升人才培养质量、科学研究能力、服务社会能力、文化传承与创新能力，全面履行大学功能。

（三）要把省委书记强卫等省部领导对学校的关心转化为工作的新举措

自 2015 年五四青年节省委书记强卫同志视察我校大学生创新创业园寄语"创新创业、放飞理想"以来，先后有 20 多位省委省政府和国家部委领导批示和亲临指导。省长鹿心社同志批示"望南昌工程学院办出特色，不断提高教学科研水平"。省人大常委会副主任谢亦森同志批示"相信工程学院能大展宏图，桃李满园，为江西加快发展，为水利事业振兴再创佳绩！"省政府副省长殷美根同志明确批示："请小华书记，仁苏厅长就南昌工程学院'更名改大'予以指导支持，以促其争创特色学科专业，争创水利特色大学。"要把各级领导的关心转化为改革发展的动力，激励全校师生员工不断探索、追求卓越。

在看到难得历史机遇的同时，也要清醒地认识到面临的严峻挑战。学校的发展离高等教育与经济社会发展的要求、离省委省政府的期望、离师生创新创业的发展需求还有差距，前进道路上还面临很多困难和问题，主要表现在：①学校改革发展的战略共识需要进一步强化，对高等教育发展形势的把握需要进一步落实到行动，党员干部和师生员工的创新意识、改革意识、市场意识、协同意识有待进一步加强，特别是干部科学规范管理的能力和执行力亟待增强；②有些基层党组织工作职责定位不清，工作目标不明，存在治党不严的情况；③学校管理体制机制有待完善，基层办学活力亟待激发，人财物等资源配置亟待优化，基础设施建设进程亟待加快，整体办学绩效需要进一步提高；④学科组织化程度不高，高层次人才总量仍然不足与师资集聚度较低并存，跨学科协同创新机制还需进一步完善；⑤科学研究水平、创新创业能力与国家和区域发展重大战略需求还有较大差距，标志性成果和支撑政府决策的原创性成果亟待培育，服务社会的贡献度需要进一步提高；⑥专业对接产业链的适切度需要进一步提升，专业结构需要持续优化；⑦教学经费和精力投入需要进一步加大，教学投入绩效的路线图、时间表需进一步明晰；⑧学用不一、知行不一、形神不一的问题还比较突出，学校师生顽强拼搏优良传统和党员干部"三严三实"宝贵精神等需要进一步弘扬，水特色文化建设需要不断加强，师生文化自觉需要进一步提高。

三、2016 年主要工作

2016 年是"十三五"的起步之年，我们深感使命在肩，责任重大。加快学校发展，关键在党，关键在各级领导班子。要贯彻落实"全面从严治党"战略部署，全面加强学校党的工作，努力在以下十个方面取得新进展，全力开创学校事业发展的新局面。

（一）进一步加强党的领导

贯彻落实中共江西省委教育工委《关于加强新常态下高校党的建设工作指导意见》（赣教党字［2016］33 号），全面加强党的领导，坚持和维护党委的领导核心地位，确保学校社会主义办学方向。坚持党委把方向、谋全局、管大事，统一领导学校各项工作。认真贯彻执行民主集中制，坚持集体领导和个人分工负责相结合，健全科学民主决策机制。落实基层党组织党建主体责任，对各基层党组织进行绩效考评，把科学有效的考核作为推动主体责任落实的重要手段，着力打造创新型党组织。贯彻落实中央、省委统战工作会议精神和《中国共产党统一战线工作条例（试行）》，继续加强党外代表人士队伍建设，加大党外代表人士培养使用力度，进一步落实党员领导干部与党外代表人士联谊交友工作，充分发挥统战成员在学校改革、发展、稳定和服务地方经济社会建设中的积极作用。落实群团工作会议精神，强化工会、共青团和学生会等群学组织的领导和建设，充分发挥他们在团结、引领群众，关心群众生活，维护教职工合法权益，参与民主管理，实行民主监督中的重要作用。组织开好第十次团代会和第十三届学代会。配齐配强团学干部队伍，逐渐优化团学干部结构，切实强化团学干部队伍建设。加大党管武装力度，继续发挥离退休老同志在学校党的组织建设、青年教师培养、学生教育管理、教学督导等工作中的作用。

（二）扎实开展"两学一做"学习教育

认真贯彻落实中央和省委《关于在全体党员中开展"学党章党规、学系列讲话，做合格党员"学习教育方案》，各级党组织要把握学习教育的重点内容、方法措施，起到领导、组织、推动的作用，以党支部为基本单位，以组织生活为基本形式，以落实党员日常教育管理制度为基本依托，精心组织实施。加强分类指导、突出问题导向、强化示范带动，推动各级党组织把学习教育融入日常、抓出成效。通过学习教育，要进一步坚定理想信念，提高党性觉悟；进一步增强政治意识、大局意识、核心意识、看齐意识，坚定正确政治方向；进一步树立清风正气，严守政治纪律、政治规矩；进一步强化宗旨观念，勇于担当作为。要结合省委巡视组反馈意见中提出的问题，结合"两学一做"学习教育做出部署，把巡视整改抓实，把"两学一做"学习教育抓实，真正开创学校工作新局面。

（三）大力培养高素质创新型专门人才

牢固确立人才培养在学校工作的中心地位，全面实施本科专业质量提升计划，加强实验室、实习实训基地、实践教学共享平台建设。认真做好审核评估工作。按照《教育部关于普通高等学校本科教学评估工作的意见》要求，积极推动本科教学提升计划，建立学校质量检测监控动态评估平台，加强教学基本状态数据库建设，实行教学质量常态数据分析与检测，紧紧围绕审核评估中重点审核的"五个度"内容，深化教学改革，加强教学硬件条件建设，完善教学管理工作，确保以优良状态接受年底的本科教学工作审核评估。做好成人教育、职业教育工作。深入推进多样化人才培养模式改革，支持学生参与各类国家级、省级竞赛，加强学生毕业论文（设计）指导与管理；加大学生考研的指导和支持力度，力争本科毕业生考研入取率持续提高；加强学生就业和创新创业能力建设，确保毕业生就业率稳定在全省平均水平以上。

（四）大力提高学科建设水平

进一步确立学科建设在学校工作中的龙头地位，提高人才、学科、科研三位一体的创新能力和水平。着力解决好教学、科研两张皮问题，并将学科建设、专业建设统一到人才培养这个中心目标上来。注重发挥马克思主义学科领航作用，促进工学与经、管、理、文、农、艺等学科交叉融合。以在建硕士点学科、省级重点（培育）学科为基础，推进学术学位硕士点建设；加强专业学位硕士授权学科建设，力争尽早获得硕士学位授权。加强重点实验室、协同创新中心等科技创新平台建设，积极争取承担国家级科技项目及省级重大科技项目，推进各级各类科技项目质和量提升，广泛争取横向项目，努力实现纵横向科研经费同步增长，力争获得具有重大社会影响的标志性成果。以人才、机制建设和项目为抓手，加强智库建设，服务地方经济社会发展。

（五）大力加强高水平师资队伍建设

坚持人才强校战略，努力造就规模适度、素质优良、高效精干的人才队伍。实施"教师教学能力提升工程"。建立青年教师教学导师制度、教师转岗制度。设立教学优秀奖和杰出教学奖，培育青年教师教学能手和教学名师。加大对省级以上教研课题、省级以上教学成果奖的支持和奖励力度。实施"双师型教师队伍建设工程"。聘用企业家、企事业单位具有较强实践能力和较高理论水平的人员，来校就任兼职教师。促成教师在相关科研院所、企业挂职、实践，支持教师参加专业实践技能认证与培训。实施"高层次人才引育工程"。以多种形式和渠道选聘境内外知名专家学者来校挂职或兼职讲学，开展学术交流和合作研究。通过培养和引进，大幅度提升青年教师具有博士学位的比例。

（六）大力推进开放合作办学

加快教育国际化进程。加强与国外高校合作，借鉴和引进国外先进的教学模式、课程体系、教学方法和管理经验，实施在校生国际交流能力提升计划，学生出国留学人数逐年提高。依法依规开办中外合作办学项目，扩大国际合作生规模。有计划地选派教师到国外一流院校进修或访问，增强教师国际合作交流能力。拓展合作范围和领域，积极利用省部共建政策，提升学科、师资、科研建设水平，加强与省内外其他相关院校的交流与合作，充分借鉴其办学经验，尽快形成比较优势。

（七）巩固扩大精神文明建设成果

加强精神文明和校园文化建设。深入贯彻落实学校《关于进一步加强和改进宣传思想工作的实施意见》，构建纵向贯通、横向协调的大宣传格局。进一步加强舆论宣传阵地的建设和管理，充分利用网络新媒体，提升校园媒体的传播力、引导力、影响力；健全舆情监测机制，加强舆情研判工作，健全新闻发言人机制，统一把握宣传口径，做好舆情应急处置和引导工作。通过党（团）日活动、主题班会、报告会、志愿服务活动、文体活动等形式，开展社会主义核心价值观主题教育活动。利用"道德讲堂""百川讲坛"、大学生文化艺术节等阵地，围绕纪念建党95周年、红军长征胜利80周年等重大事件和重要节点，进行宣传教育，坚定理想信念，弘扬时代主旋律，传播向上向善的正能量。加强网络思想教育工作，形成线上线下互动互补的思想政治教育格局。实施校园文化品牌化建设工程，进一步打造高层次、高品位、精细化的文化校园，建设彰显水利特色、传递人文精神的文化体系。

（八）改善办学条件构建和谐校园

围绕水利特色大学重点领域的实际需求，不断改善办学条件、强化服务保障。不断改善师生员工的学习、工作和生活条件，让改革红利和发展成果最大限度地惠及师生。加强教职工尤其是离退休人员的养老保险、医保等社会保障工作，丰富业余文体生活，加强人文关怀，促进师生员工身心健康。实施安居计划，解决教师住房难的问题，改善学生生活条件。实施关爱计划，畅通校园绿色通道，不让一个学生因贫困失学。不断完善以财政拨款为主、学生缴费、科研服务和社会捐资为辅的多渠道收入结构。坚持开源节流并重，加强成本核算，提高资金使用效率。完成相关教学楼、实验楼等建设工作，加强图书资源、数字图书馆建设，推进"智慧校园"建设。加强国有资产管理、审计和采购招投标工作，提高资产管理水平与使用效益。加强监察工作，推进执行力建设，确保运行高效。加强人防、物防、技防建设，加强校园及周边环境综合治理，构建和谐平安校园。

（九）全面加强干部队伍建设

健全选人用人机制，优化干部队伍结构，建立干部能上能下、能进能出、注重实绩、充满生机活力的干部选任、管理教育、监督评价等机制；依据中央出台的《领导干部能上能下若干规定》和我省即将出台的实施细则，制定出台《南昌工程学院领导干部能上能下工作办法》；研究制定《2016～2020年干部中长期培训教育计划》。加强各级党委理论中心组学习，组织召开学习经验交流研讨会；贯彻落实中央《关于党委意识形态工作责任制的若干意见》，加强对意识形态工作的领导、引导和管理，进一步规范哲学社会科学报告会、研讨会、讲坛、论坛等活动的管理，切实提高意识形态领域的领导力。全面加强干部能力素质建设，不断提高各级领导班子的办学治校能力，以更高的领导水平、更好的精神状态、更强的战斗能力，团结带领全体师生员工，推进"党建＋"落地见效。

（十）努力提高学校现代化管理水平

贯彻落实学校《章程》，进一步强化章程的"基本法"地位和效力，加快完善学校的规章制度体系，形成以章程为纲领的健全、规范、统一的内部制度体系。强化制度刚性，坚持有"法"必依，确保学校章程及各项制度的严格执行。探索"精机关、大学院"的架构模式，机关着力于战略谋划和资源统筹；学院全面统筹本学院的人才培养、学科建设、科学研究、队伍建设、社会服务以及其他各种公共事务；推动学校外部环境治理体系建设，建立起学校与政府、社会相适应的新型关系。全面系统梳理党群、行政、业务、教学单位职责，理顺关系、调整结构，优化教育教学组织结构、学科专业结构、人力资源结构、职能部门结构，推动管理重心下移，强化院（部）的主体地位和基础作用，提升自主决策水平，激发基层学术组织活力，增强服务社会和获取资源的能力。

各位代表、同志们！美好蓝图令人憧憬，宏伟目标催人奋进。惟有志存高远，才能激发动力；惟有目标远大，方可激发斗志。全校各级党组织、全体党员要把思想和行动统一到中央、省委、学校党委的决策部署上来，把落实作为增强党性的重要体现。让我们在省委、省政府的坚强领导下，团结带领全校师生同心同德，振奋精神，求真务实，攻坚克难，为建成高水平的创新应用型水利特色大学而努力奋斗！

谢谢大家！

第五十一回　两学一做

——南昌工程学院"两学一做"学习教育动员大会讲话
（2016 年 5 月 5 日）

同志们：

今天，我们召开全校"两学一做"动员大会。在全体党员中开展"学党章党规、学系列讲话，做合格党员"学习教育，是党中央为深化党内教育作出的又一重要部署。今年以来，习近平总书记多次就"两学一做"学习教育作出重要指示，充分反映了以习近平同志为总书记的党中央坚定不移推进全面从严治党的坚定决心和政治定力，具有很强的思想性、政治性、指导性和针对性，为我们开展学习教育提供了根本遵循。4月 6 日，全国"两学一做"学习教育工作座谈会在京召开，刘云山同志、赵乐际同志发表重要讲话，对学习教育工作进行部署；4 月 19 日，省委召开全省"两学一做"学习教育动员部署会议。省委书记强卫同志作了重要讲话，明确指出了怎么学、怎么做、怎么抓的问题，既有系统性又有操作性，为全省开展学习教育指明了方向；省委副书记刘奇同志就贯彻落实会议精神作了特别强调，对开展学习教育提出了具体要求。我们一定要学习好、贯彻好、落实好。下面，我就抓好全校"两学一做"学习教育工作，讲三点意见：

一、站位战略全局，充分认识开展"两学一做"学习教育的重大意义

"两学一做"学习教育是全党的一项重大政治任务，是党中央深化党的思想政治建设的又一重要部署，着力推动从严治党从"关键少数"向

广大党员拓展，从集中性教育向经常性教育延伸，体现了我们党环环相扣、步步深入推进全面从严治党的坚实步骤，彰显了我们党真管真严、长管长严的优良传统。我们一定要从政治和全局的高度提高认识，切实把开展"两学一做"学习教育作为推动党内教育常态化、制度化的重要实践、推进党的最新理论成果武装全党的重要任务、推进改革发展稳定各项工作的重要保证，作为加强对党员干部教育、建设高素质干部队伍的难得契机，巩固和发展我校全面从严治党的良好局面。

第一，深刻认识开展"两学一做"学习教育是加强思想建设的重要举措。求木之长者，必固其根本。思想政治建设是党的根本性制度，是我们党的重要优势。党的思想建设之所以放在组织建设、作风建设、反腐倡廉和制度建设之前，就是因其具有基础性、先导性作用。我们党能够经得起各种风险挑战，从一个胜利走向另一个胜利，就是因为始终把思想建设牢牢抓在手中。思想上的关口是最重要的闸门，思想闸门不紧，行为做派就会漏风。我们一些党员干部之所以出问题，一个共同的原因，就是漠视思想政治建设，不学党章、忽视党规、淡忘党员身份，在党不言党，不按规定交纳党费；政治意识淡薄、政治责任感缺乏，信仰不真信、修身不真修、当"两面人"；口无遮拦、乱评妄议中央，等等。"两学一做"学习教育，其目的就是解决管党治党失之于宽、失之于软的问题，让党员干部始终在思想上政治上行动上与党中央保持高度一致。通过群众路线教育实践活动、"三严三实"专题教育，我校绝大多数党员干部在党性观念、实干精神上更加坚定扎实，但仍有一些党员在思想、组织、作风、纪律等方面，尤其是思想政治方面存在突出问题。比如看齐意识不强，形式在党、思想掉队，纪律不彰、干劲不足等问题。有的群众观念淡漠，为民宗旨淡化，为群众办事不上心不主动；有的安于现状，不思进取，不愿"多事"，怕担责任；有的缺乏自律，放任私欲，失德失信。对领导干部来讲，有的不守政治纪律，不讲政治规矩；有的不学无术，肚子里没货，工作长期打不开局面，还文过饰非；有的奉行"好人主义"，落实全面从严治党责任不力。我们要抓住思想建设这个根本、党性教育这个核心、道德建设这个基础，以"两学一做"学习教育推动党内教育融入到日常政治生活中，不断补精神之钙、固思想之元、培为政之基。

第二，深刻认识开展"两学一做"学习教育是加强作风建设的有力保障。党的十八大以来，围绕全面从严治党，党中央作出了一系列重大部署。从制定实施八项规定，到开展教育实践活动和"三严三实"专题教育，从强力肃贪反腐、正风肃纪，到完善各方面的规章制度等，打出了一整套从严治党的组合拳。全面从严治党的核心是加强作风建设，在全党营造一个风清气正的政治生态。作风建设关乎党的生死存亡，关乎人心向背。新形势下，推进"五位一体"总体布局、"四个全面"战略布局、贯彻五大发展理念靠坚强的作风保障，建设"双特"水利大学也要靠坚强的作风来保障。学习教育的过程是照镜子、调整状态、提升党性的过程，也是解决问题、改进作风、积蓄动能的过程。中央办公厅印发的"两学一做"学习教育《方案》中明确指出，要带着问题学，针对问题改，着力解决一些党员精神不振的问题，主要是工作消极懈怠，不作为、不会为、不善为，抓好不严不实突出问题整改，推动党的作风不断好转。好作风是改出来的。只有通过学习教育，才能校准思想之标，真正明白我们该做什么，不该做什么，我们的作风方面存在的问题是什么，应该从哪些方面抓起改起。"两学一做"是作风建设的"升级版"，不仅是"三严三实"的深化和延伸，还是践行"三严三实"的具体方法。"两学一做"就是要通过经常性的学习教育，不断锤炼党性修为，让广大党员懂规矩、明底线、守纪律，形成"严"的自觉、"实"的常态，把作风建设抓得严严实实，打造一支铁一般信仰、铁一般信念、铁一般纪律、铁一般担当的党员队伍，为建成水利特色大学提供坚强有力的作风保障。

第三，深刻认识开展"两学一做"学习教育是推动事业发展的根本要求。一个地方有一个好的党员干部队伍，发展就不可限量。党员是党的组织、党的生活、党的工作、党的建设和党的事业的主体，在党的一切活动中起着关键作用。"两学一做"就是在夯实我们党的基础，就是要建设一支听党的话、跟党走的队伍，把每个党员的能力素质都提高了，把每个细胞都有效激活了，我们的事业才能不断前进。我们党是一个拥有 8800 多万党员、440 多万个基层党组织的大党，队伍如果不能齐步走，我们的事业就不可能协调推进，中华民族伟大复兴的中国梦就会落空。党员的素质要过硬，合格是底线。这次学习教育的落点，就是要教育广大党员做合格党员，党员要合格就要经常接受学习教育，打牢底子，与时俱进。"学者非必为仕，仕者必好学"，领导干部要把学和做相结合，不断加强自身学习。世界上唯一不变的就是一切都在变化，事业前进的道路上充满了机遇和挑战。高校的知识型领导干部容易以自己的"经验"为思想核，导致决策的非科学化；以"壳"为思维之户，难以积蓄智慧之源；以自我为中心，容易降低组织的执行力；以"表"为思维之实，容易导致决策的偏颇；以"极"为思维脉络，难以客观分析事务。要强化创新理念，努力形成"空"的思维的最佳模块，培养自己"变"的思维，"立体思维"以及"科学事实"的思维。对于我们学校来讲，虽然向水利特色大学迈进的步伐越来越快，但越往后越是难啃的骨头，必须有一支忠诚可靠、有勇有谋、敢闯敢试的党员队伍。各级党组织及班子成员要按照"三容""四个相互""五要五不要"的要求做好支部工作。"三容"，即要容人之个性、容事之分歧、容人之言语；"四个相互"，即要在政治上相互信任不猜疑、思想上相互交流不隔阂、工作上相互支持不旁观、失误上相互体谅不指责；"五要五不要"，即作为党政"一把手"和分管工作的"一把手"，要当班长不当家长、要果断不要武断、要总揽不要包揽、要诚心不要疑心、要推功揽过不要文过饰非。目前，我校有 118 个基层党组织、1723 名党员，我们要通过学习教育，推动全面从严治党的要求在每个阵地落地生根，使每个党组织坚强起来，成为事业发展的战斗堡垒，使每一名党员真正名副其实，成为组织肌体的健康细胞。

二、把握目标要求，增强"两学一做"学习教育的针对性和实效性

习近平总书记重要指示、中央和省委方案、强卫书记重要讲话和省委教育工委、学校党委方案，明确了这次学习教育的总体要求、目标任务、方法步骤。归纳起来就是，开展"两学一做"学习教育，基础在学，

关键在做，学要带着问题学，做要针对问题改，最终要体现在推动中心工作、促进事业发展上。要把"学、做、严、改、促、立"贯穿起来，做到学做互进、严改并举、促立合一，确保学习教育任务落到实处。

一是夯实打牢"学"这个基础，着力解决一些党员理想信念模糊动摇的问题。要把学习党章党规、学习习近平总书记系列重要讲话作为一种政治责任、一种精神追求，把握学习重点，完善学习方法，务求学习实效，在学习中提升政治素养、锤炼坚强党性。学习党章重在树立党章意识。党章是党的根本大法，是管党治党的总遵循，是全党必须遵守的共同行为规范。认真学习党章、严格遵守党章，是加强党的建设的一项基础性经常性工作，也是每一名共产党员的应尽义务和庄严责任。从实际情况来看，我们一些同志虽然入党多年，但却从来没有把党章逐字逐句、完完整整地通读过一遍；有一些同志对党员的权利义务、党的组织制度说不清楚、道不明白。这次"两学一做"学习教育，之所以要把党章作为首要的学习内容，就是要让广大党员明确基本标准、树立行为规范，全面深入领会党的性质、宗旨、奋斗目标、组织原则、优良传统，领会党员的条件和义务、权力、行为规范，自觉用党章的旗帜作用引领自己，用党章的准绳作用规范自己，用党章的标尺作用衡量自己，做到信仰不动摇、思想不蜕变、行为不失范。学习党纪党规重在增强纪律意识。党的纪律和党内规矩是党章要求的细化和延伸，是全体党员的行为规范和行动准则，也是党的凝聚力、战斗力的重要体现和可靠保证。党的组织之所以具有坚强的战斗力、能够成为攻坚克难的战斗堡垒，不仅靠着坚定的革命信仰、真理和人格的力量，还靠着严明的纪律和规矩。中央颁布《中国共产党廉洁自律准则》和《中国共产党纪律处分条例》，核心点就是为了把纪律和规矩挺起来、立起来、严起来，用之约束大多数、规范大多数，进而使党的集体永葆健康、充满健康。《中国共产党廉洁自律准则》重申党的理想信念宗旨和优良传统作风，坚持正面倡导、重在立德；《中国共产党纪律处分条例》把党章对纪律的相关要求具体化为六大纪律，开列负面清单，划出了党组织和党员不可触碰的底线。在"两学一做"学习教育中，各级基层党组织要组织广大党员把党章和《中国共产党廉洁自律准则》《中国共产党纪律处分条例》结合起来学，自觉把《中国共产党廉洁自律准则》《中国共产党纪律处分条例》精神内化于心、外化于行。学习习近平总书记系列讲话重在把握好"三个基本"，即学习领会习近平总书记系列重要讲话的基本精神，学习领会党中央治国理政新理念、新思想、新战略的基本内容，理解掌握增强党性修养、践行宗旨观念、涵养道德品格等基本要求，用系列重要讲话精神统一思想。需要强调的是，要重点精读《习近平总书记重要讲话文章选编》《习近平谈治国理政》《习近平总书记系列重要讲话读本（2016 年版）》这 3 本书。要按照习总书记重要批示精神，把毛泽东同志《党委会的工作方法》纳入学习内容。持续深入学习习近平总书记调研指导江西工作时的重要讲话精神，坚持用重要讲话精神引领实践、审视工作、谋划发展，完善提升重大思路举措。

二是突出强化"做"这个关键，着力解决一些党员宗旨观念淡薄的问题。坚持以学促做、知行合一，做合格的共产党员。做合格共产党员，最根本的是增强政治意识、大局意识、核心意识、看齐意识。要把增强"四个意识"作为学习教育的一个根本要求来贯彻，引导全校广大党员干部坚定不移向党中央看齐、向习近平总书记看齐，向党的理论和路线方针政策看齐，向党中央的各项决策部署看齐，坚决维护党中央权威，坚决服从党中央集中统一领导，坚定地跟着党中央的令旗走，在思想上政治上行动上同以习近平同志为总书记的党中央保持高度一致。中央和我省印发的学习教育方案明确提出"四讲四有"的要求，集中体现了党章党规、系列重要讲话的基本精神，体现了党和国家事业的新发展对共产党员的新要求，是当前历史条件下合格共产党员标准的具体化。在学习教育中，每一名党员、干部都要对照"四讲四有"这把标尺，经常衡量自己、检视自己、改造自己，讲政治、有信念，做到政治合格；讲规矩、有纪律，做到执行纪律合格；讲道德、有品行，做到品德合格；讲奉献、有作为，做到发挥作用合格。要抓实党员"先锋指数"考核评定，对优秀党员予以表扬；对有不合格表现的党员，要区别不同情况，按照党章规定稳妥慎重给予组织处置。纪律规矩是红线，不能逾越。党员干部在纪律规矩面前必须止步，否则就会掉进深渊，甚至粉身碎骨。党的十八大以后，纪律规矩越来越硬，笼子越扎越紧。党员干部要用《中国共产党廉洁自律准则》和《中国共产党纪律处分条例》经常照、天天量，把党规党纪刻印在心、落实在行，不该说的绝不说，不该做的绝不做，不该拿的绝不拿，不该去的绝不去，始终做到立身不忘做人之本，为政不移公仆之心，用权不谋一己之利。

三是从实把握"严"这个要求，着力解决一些党员精神不振的问题。邓小平同志曾经说过："遵守纪律的最高标准，是真正维护和坚决执行党的政策，国家的政策。"工作中，有些干部不认真贯彻落实党的路线方针政策，不认真执行中央、省委的部署要求。在这个问题上，我校总体情况是好的，但也存在一些现象值得警惕，如任其发展，就会触及纪律和规矩底线。要把"两学一做"体现到严明纪律上。延安时期，我们党就曾提出"良好的共产党员"的"六条标准"（终身为共产主义奋斗；革命的利益高于一切；遵守党的纪律，严守党的秘密；百折不挠地执行决议；做群众模范）；改革开放初期，邓小平同志概括了合格党员应该具备的"五种精神"（讲忠诚、当先锋、敢担当、能奉献、求实干）。新形势下，合格党员的标准是什么？中央在学习教育方案中明确提出的争做"四讲四有"合格党员，与好干部"20字"标准（信念坚定、为民服务、勤政务实、敢于担当、清正廉洁）、"三严三实"（严以修身、严以用权、严以律己，又谋事要实、创业要实、做人要实）、"四有"（心中有党、心中有民、心中有责、心中有戒）、"四个人"（政治的明白人、发展的开路人、群众的贴心人、班子的带头人）、忠诚干净担当等要求是内在一致的。在学习教育中，每一名党员干部特别是领导干部都要以此来衡量自己、检视自己，用实际行动彰显新时期共产党人风采。

四是紧紧盯住"改"这个难点，着力解决一些党员道德行为不端的问题。强化问题意识，坚持问题导向，以解决问题为牵引来开展学习教育。党支部要召开专题组织生活会。每个党支部、每个党员都要列出问题清单，制定整改计划。要找准问题，重点解决好道德行为不端等方面的问题。要整改问题，针对查找出的问题，建立整改台账，对个性问题要边学边改、即知即改，对共性问题要上下联动、专项整治。把抓好"两学一做"学习教育整改，同抓好党的群众路线教育实践活动和"三严三实"专题教育的问题整改结合起来，使解决问题前后呼应、接续推进，更好地服务群众、取信于民。要巩固整改成果，把集中整改与加强日常教育管理结合起来，以改革精神补齐制度短板，狠抓制度执行，真正使党的组织生活和党员教育管理严起来、实起来。

五是充分体现"促"这个目的，着力解决一些党员党的意识淡化的问题。中央学习教育方案中明确要求："要紧紧围绕党的中心工作和全党工作大局开展学习教育，坚持两手抓，防止'两张皮'。"省委强卫书记指出："学得怎么样，做得是否合格，最终要体现在推动事业发展上来。"要坚持围绕中心、服务大局，做到两手抓、两促进，以学习教育的成效推动各项工作，以工作成效检验学习教育成果。各单位要坚持"两学一做"学习教育与做好改革发展稳定各项工作结合起来，与"十三五"规划的实施结合起来，确保圆满完成年初确定的各项目标任务。要激励担当实干，引导广大党员干部把对党忠诚转化为干事创业的实际行动，激励大家提升精气神、增长新本领、打好主动仗。要落实发展新理念，抓好创新、协调、绿色、开放、共享五大发展理念的学习培训，引导党员干部把握核心要义、科学内涵、实践要求，自觉成为新发展理念的实践者、传播者、推动者。真正把促进学校事业发展的要求落实到每个支部、每名党员，增强党的先进性、纯洁性和先锋模范作用。

六是始终坚持"立"这个根本，着力抓好大学生党员学习教育。大学生党员是大学生中的骨干分子，他们的理想信念是否坚定，是立德树人的根本，不仅关系到我们学校人才培养的质量水平，更关系到培养社会主义事业接班人这个重大问题。因此，各级党组织对大学生党员的"两学一做"学习教育要倾注更多的心血。学工党委要具体统筹安排，着力抓好大学生党员"两学一做"学习教育。学生党支部要开展党员组织关系集中整理，对在外学习、实习的学生党员要组织成立临时党支部或党小组，通过网络和新媒体手段组织他们参加学习教育；要创新学习方式，主动将支部活动与思政教育、创新创业和成长成才相结合；要采取"请进来、走出去"相结合的方式，以参观考察、实地调研、实习实践、志愿服务等活动为载体，通过"主题党日"等活动平台，强化大学生党员的实践教育；要通过积极参与先进班集体、优秀团支部的创建活动，实现党支部与班级和团支部工作相互融合、相互促进。要开展征文比赛、演讲比赛等形式多样的活动，充分调动广大学生党员的学习热情。要掌握大学生党员"两学一做"学习教育进展情况，建立健全大学生党员"两学一做"学习教育工作动态报送制度，向省委教育工委（教育厅）及时汇报大学生党员开展"两学一做"学习教育的工作动态和主要成效。

三、加强组织领导，确保"两学一做"学习教育取得实效

全校"两学一做"学习教育在校党委领导下进行。组织部要切实搞好统筹谋划、组织协调和指导督查。党办、纪委办、宣传部、统战部、学工部、保卫部、武装部、工会、团委等有关部门要根据分工安排，积极做好配合协作，共同研究解决学习教育中的问题。全校各级党组织要把开展"两学一做"学习教育作为一项重大任务，摆上重要议事日程，尽好责、抓到位、见实效；要按照一心一意谋发展、聚精会神抓党建的要求，以"两学一做"的实际成效推动工作中各类问题的解决，以问题解决的实际成果，检验"两学一做"的实际成效。

一要坚持压实责任、精准发力。组织开展好"两学一做"学习教育是各级党委的重要职责，要把学习教育作为高校党的建设的重要任务，纳入党建工作责任制考评内容，纳入党组织书记抓党建述职评议考核，层层落实责任、强化组织保障。各级党组织书记要承担起主体责任，管好干部、带好班子，管好党员、带好队伍，层层示范带动，层层传导压力，聚焦到"四个进一步"上来，即进一步坚定理想信念，提高党性觉悟；进一步增强政治意识、大局意识、核心意识、看齐意识，坚定正确政治方向；进一步树立清风正气，严守政治纪律和政治规矩；进一步强化宗旨意识，勇于担当作为，在工作学习和社会生活中起先锋模范作用。

二要坚持领导带头、以上率下。各级领导班子、领导干部一定要走在前列、当好表率，一级做给一级看，一级带着一级干，形成上行下效、整体联动的总体效应。处级以上领导干部在学习党章党规、学习系列讲话中要把握更高要求。要强化教育培训，对基层党组织书记、党务工作

者要组织全员培训，帮助提升做好党建工作、开展学习教育的能力水平，各级书记要把抓党员队伍建设的责任扛起来，对工作方案要亲自审定，对重要任务要亲自部署，对存在问题要亲自研究，从严从实抓紧抓好学习教育，不当"甩手掌柜"。要深入了解党员在想什么做什么，摸清基层党组织和党员队伍存在哪些问题，掌握抓好党员队伍建设的方法要求。领导干部做到"四到位"，即学习认识到位、示范带动到位、督促指导到位、取得成效到位；广大党员做到"四真正"，即真正抓好学习、真正深入思考、真正找到差距，真正改进提高。

三要坚持正向引导、反向鞭策。根据中央和省委要求，各级党委、党总支、直属党支部要认真制定具体实施方案，安排专门力量扎实抓好学习教育，要对所辖党支部进行全覆盖、全过程的现场指导，帮助党支部制定学习教育计划，派员参加党支部各项活动。及时宣传中央和省委精神，利用各种媒体传播学习教育的最新内容和要求。要结合纪念建党95周年，做好优秀共产党员、优秀党务工作者和先进基层党组织的表彰和宣传工作。要积极宣传学习教育中涌现的好经验好做法，特别是基层的一些好做法，形成比学习、争做合格党员的浓厚氛围。对那些组织不力、问题较多的单位和党员，要批评教育、严肃问责。要发挥媒体"千里眼、顺风耳"的监督作用，针对学习教育敷衍了事、走过场、不扎实、"两张皮"的现象，大胆出手、公开曝光；纪委、宣传、统战和团委等单位要充分利用校报、校园网、广播开设专栏、专版，利用手机报、微信微博等，开发制作形象直观、丰富多样的学习资源，及时推送学习内容，引导党员利用网络自主学习、互动交流，扩大学习教育覆盖面，努力在全校各级党组织中持续掀起"两学一做"的热潮。

四要坚持区分层次、分类指导。这次学习教育面向全体党员、同步展开，层次多、领域广。不仅要区分普通党员和党员领导干部，同时也要区分部门之间、基层单位之间、各种党组织和各类党员之间的实际情况，结合不同岗位、不同身份的党员特点，有所侧重地作出具体安排。坚持具体化、精准化、差异化，分层分类分岗位提出针对性措施，防止"大水漫灌"。既要督促依靠基本制度抓好学习教育，又要注意发挥基层的主动性创造性，给基层留出空间和余地，鼓励结合实际采取管用有效办法，不搞"一刀切"。这次学习教育领导同志要带头，要有普通党员意识，到所在支部去与同志们一起学习交流。党员领导干部要严格执行双重组织生活制度。在这里，我代表校党委表个态，这次学习教育我们将自觉对照目标任务、对照主要内容、对照工作要求，带头学习党章党规，带头学习系列讲话，带头查摆突出问题，带头参加组织生活，带头"亮身份、树形象"，为全校广大党员干部作好示范。

五要坚持抓在日常、严在经常。要健全日常的教育途径、教育方式，落实好学校"两学一做"方案上提出的"规定动作"。突出经常性教育的特点，以党支部为基本单位，以党的组织生活为基本形式，以落实党员教育管理制度为基本依托，以长流水、不断线的韧劲恒心推进学习教育。各党委、党总支、直属党支部要以这次学习教育为契机，严格落实好支部党员大会、支部委员会、党小组会、上好党课这"三会一课"等基本制度，用好批评和自我批评这个"利器"，建立经常性的提醒和批评制度，真正使党内组织生活严起来、实起来；要认真开展党员组织关系排查，理顺党组织隶属关系，畅通党组织同党员的联系，完善党员日常教育管理的措施，解决好流动党员、失联党员等教育管理难题；要结合今年学校基层党组织换届，整顿软弱涣散基层党组织，选优配强班子特别是选好带头人，换出心齐气顺、作风正、干劲足的好面貌。

同志们，"两学一做"学习教育是一项打基础、利长远、系根本、抓经常的重要工作，意义深远、责任重大。我们要以高度的政治责任感抓紧抓实"两学一做"学习教育，真正做到思想有提升、问题有解决，基层党组织战斗力有提高，党员在人民群众中间的先锋模范作用进一步体现。全体党员要以饱满的工作热情，立足岗位做贡献，为开创学校"双特"建设新局面而努力奋斗！

第五十二回　审核评估

——南昌工程学院本科教学工作审核评估动员大会讲话

（2016 年 5 月 8 日）

同志们：

根据工作安排，我校将于 2016 年下半年迎接教育部本科教学审核评估工作，今天，学校召开评估工作动员会，对有关工作进行安排部署。本科教学工作审核评估包括学校定位与目标等重大项目，涵盖了学校工作的方方面面，事关学校的前途命运和发展，关乎学校的社会地位和影响。学校党委高度重视，将接受审核评估列为今年学校的重点工作，5月 3 日，党委会讨论通过《本科教学审核评估工作方案》，对进一步加强审核评估迎评工作提出了 5 点要求：一是校党委要把评估工作作为党委和学校整体工作的重中之重，摆在重要议事日程，经常听取汇报、加强研究；二是学校各级领导干部和广大师生员工要按照本科教学工作审核评估实施方案，迅速行动起来，要有评比、有督促，切实把这项工作抓紧抓好；三是学校专门成立本科教学评估与建设工作领导小组，校领导全体参与，领导小组下设办公室，学校各级领导、各部门和院（部）要大力支持评建办公室积极开展工作；四是按照"以评促建、以评促改、以评促管、评建结合、重在建设"的方针，做到边学边改、边评边改、边整边改，抓住工作重点和薄弱环节，采取切实有效措施加以整改；五是全校各级领导干部要高度重视，把这项工作作为重点工作抓好，以这次评估为契机，不断推动学校学风、教风、校风以及领导干部工作作风建设。今天上午，我们还特别邀请淮阴师范学院朱林生校长作《教学工作审核评估学校评建组织工作——把好"六关"，追求"六化"》辅导报告。刚才，外国语学院院长刘桂兰同志和信息工程学院副院长刘光明同志分别介绍了专业综合评价工作经验；表彰了 2015 年度省级本科教学工程项目，院（部）教学管理状态考评先进单位，先进实验室，师德建设先进集体，师德先进个人，师德标兵，优秀实验技术人员，青年教学之星，十佳青年教师。希望大家再接再厉，努力工作。下面，我就做好这次评建工作讲两点意见：

一、统一思想、提高认识，切实增强做好教学审核评估工作的紧迫感和责任感

根据《国家中长期教育改革和发展规划纲要》以及上级教育行政部门有关要求，高等教育的本科教学工作评估主要以"合格评估"和"审核评估"两种方式开展。"合格评估"，是教育部针对 2000 年以来新建本科院校开展的评估，经过全校师生的共同努力，我校于 2011 年顺利地通过教育部本科教学工作合格评估；从实际效果看，评估有效地促进了学校教学资源的投入，改善了办学条件，强化了教学管理，确保了教学质量，有力推动了学校各项事业快速发展。审核评估是在我国高等教育新形势下，总结已有评估经验，借鉴国外先进评估思想的基础上，提出的新型评估模式，是我国高校教学评估制度上的一次重大创新。这种创新突出表现在内容整体性、学校主体性、监测常态性、分类指导性和管办评分离新体制五个方面。根据《教育部关于普通高等学校本科教学评估工作的意见》（教高［2011］9 号）要求，江西省从 2016 年至 2018 年对全省普通高等学校本科教学工作实施审核评估，今年我校作为全省首批 6 所高校中唯一新建本科院校，将接受本科教学工作审核评估。这既是对我校 2011 年本科教学工作合格评估以来教学工作的一次全面检验，也是总结我校办学经验、查找存在问题的良好契机，更是凝心聚力、推动学校事业发展的强大引擎。

（一）教学审核评估，是对学校人才培养质量、自主办学能力、教学水平、整体工作和干部作风的检验

一是对学校人才培养质量的检验。本科教学工作审核评估是针对学

校本科教学质量管理体系的评估，不是专业评估，也不是专项评估。其内涵是要进一步明确学校办学定位和人才培养目标，进一步凝练学校办学特色，查找教学工作中存在的问题和不足，促进教学基本建设和管理工作的规范高效，不断完善教学质量保障体系，提高人才培养效果与培养目标的达成度，办学定位和人才培养目标与国家和区域经济社会发展需求的适应度，教师和教学资源条件的保障度，教学和质量保障体系运行的有效度，学生和社会用人单位的满意度。这"五个度"体现了以学生为主线的评估思路，贯穿了学生从入学到毕业的整个过程，检验检测学校的培养过程能否满足学生学习与成长需要，培养的学生能否满足经济社会发展的需要，从而对学校人才培养质量做出判断。

二是对学校办学实力的检验。审核评估的目的是引导学校依法自主办学，建立自律机制，强化自我改进，提升办学水平和教育质量。审核评估要求严格按照"20字方针"，不仅要在"评"字上多努力，更要在"建""改""管"字上下功夫，不做表面文章，扎实推进自评工作，认真总结教育教学改革与发展的思路、成果、经验和特色。审核评估结束时明确要求每位专家提交2500字左右的考察报告，专家组汇总各位专家的意见形成5000字的专项报告和8万字的审核评估写实性总报告。评估结果将影响到学校的社会声誉、社会形象和社会地位，也会影响到生源质量、毕业生的就业，直接关系到广大师生的切身利益，关系到学校的生存和发展。

三是对学校教学水平的检验。审核评估的核心是对学校人才培养模式与培养效果的实现状况进行评价，按照"主体性、目标性、多样性、发展性、实证性"原则，以教学状态数据常态监测、学校自评和专家进校考察为基础，从学校本科教学的定位与目标、师资队伍、教学资源、培养过程、学生发展、质量保障以及学校特色发展等七个方面对学校的本科教育进行全面诊断评价，是对我们办学水平的一次全方位的检验。因此，教学审核评估是对学校的教学水平、教学条件，以及教师的教学能力、教学效果的一次重要检验。

四是对学校整体工作的检验。大家一定要克服"教学合格评估只是本科教学的事情"的错误认识。对新建本科院校进行审核评估，实质上是对学校整体工作的全面检验。评建的主体是全校师生，评估是全校共同的大事，没有与评估无关的部门，没有与评估无关的人。评估是本科教学工作的国家级"质量认证"，包括学校党的建设、思想政治工作、办学指导思想、办学条件、师资队伍、科研、管理、服务和校风、校貌、校园文化、学生素质等方方面面，是对学校教学改革、教学建设、人才培养等整体状况的一次全面检查和验收，是对学校综合实力的"大考"。对此，大家一定要有清醒的认识。

五是对干部作风的检验。相比于 2011 年进行的本科教学工作合格评估，这次审核评估指标方案做了重要调整，使用了数据分析方法，完善了组织管理机制，采用了新的考察模式，新的专家工作方式，加大了社会参与力度，更加重视日常教学过程，更加重视学校的特色和内涵，标准更高，难度更大。现在距离评估的时间已经不多了，各项工作任务比较繁重，越是时间紧、任务重，越是对干部工作作风、工作能力、工作态度的重要检验，学校广大师生员工尤其是领导干部，都要提高对这次教学合格评估重要性的认识，全力以赴地投入到迎评促建工作中。

（二）教学审核评估，对于学校开拓创新、把握规律、提升内涵、拓展外联和发展升级至关重要

一是对学校开拓创新至关重要。这次教学审核评估没有统一的质量标准。以往的评估均有教育主管部门或者教育部评估机构制定的统一标准，对全国高校用同一标准进行评价，这也是以往评估受到批评的主要原因；现在的审核评估如果说有标准的话，那这个标准是由各学校根据学校的质量目标自己制定的（诸如学校办学的定位、学校的办学特色等），并由此建立的与之相适应的质量保证体系。因此，对于"审核评估"，我们可以通俗地理解为"用自己的尺子来量自身的长短，用自己的眼光来看自画像像不像"，避免评估标准单一的问题，其目的是要鼓励学校开拓创新、办出特色。

二是对学校把握规律至关重要。这次教学审核评估体现了新形势下国家对于高等教育的政策性引导。一方面，审核评估结论不像"合格评

估"和"水平评估"那样要对学校进行定量评价和等级划分，而是要评价学校自设的目标及其达成度，且结论不分等级。审核报告强调写实性，尤其强调指出学校办学存在的问题和改进的建议与方向；另一方面，《审核评估方案》指标体系中"落实人才培养中心地位""教学信息化条件建设""实践教学体系建设""教学方式的转变""学生对自我学习与成长的满意度""毕业生职业发展""质量信息及应用"等观测点，充分反映的是经济社会发展对高等教育的要求。

三是对学校提升内涵至关重要。本科教学评估的指标体系，是由一批熟悉高等教育规律的专家共同研究制定的，借鉴了世界各国的优秀经验，体现了当前我国的国情，具有系统性、相对合理性和可操作性，是一套体现了我国本科教育质量保证的国家标准，评估的目的是为了推行国家标准、规范办学行为。教学评估应当是教育思想的学习和教学改革的深化过程，是基本教学条件的建设过程，是教学成果、教学特色凝练的过程，是教学行为的规范化过程。当前，学校正处于爬坡过坎、攻坚克难的关键时刻，处于良好的校风、教风、学风不断形成的关键时期，我们要对照评估标准，认真查找问题，研究解决问题的方法，制定解决问题的方案，用评估指标来规范和指导办学行为，进一步明确办学目标，理清办学思路，提高办学质量。

四是对学校拓展外联至关重要。各省（区、市）的教育行政部门和教育部评估中心将按年度把所组织的审核评估情况形成总结报告上报教育部。审核评估结论经教育部评估专家委员会审议后，在适当的范围内公开发布，既便于有关教育行政部门在高校政策制定、资源配置、财政拨款、项目审批、学科学位点建设、专业设置及招生计划等方面予以充分借鉴应用，也有利于学校立足校情和开放办学相统筹。既以新理念、新思路、新举措立足自身力量推动学校发展，又从国际高等教育前沿、全国和全省高等教育发展大局中进行谋划，重视提高开放办学的水平和对外争取资源的能力，对于学校今后的建设和发展具有深远的影响。因此，各高校都非常重视审核评估工作。

五是对学校发展升级至关重要。教学评估还有一个很重要的目的，就是通过评估增强凝聚力、向心力和战斗力，使我校的办学水平和办学质量再上一个新台阶。如大学综合实力排名、学术影响力排名，"三率"（就业率、考研率、获奖率）等。广大教师要高度重视、从严执教，优化教育教学行为，学生要增强学习的主动性和自觉性，养成良好的学习风气，各职能部门的干部职工要进一步强化以人为本意识，恪尽职守，高质量、高水平地完成迎评工作的各项任务。通过评估，使学校团结奋进、干事创业、发展升级的氛围更加浓厚。

同志们，今年学校评建之时正值全面落实"十三五"发展规划的崭新起点，评建工作不仅可以帮助我们进一步查找差距，明确目标，拓宽思路，实现科学发展，而且关系到学校的社会声誉和办学品牌，关系到学校"水利特色大学和特色学科专业"的建设进程。需要全校上下特别是各级领导干部从学校未来发展的全局出发，充分认识评估工作的重要意义；以高度的责任感和使命感，打好打赢本科教学工作审核评估这场硬仗。

二、强化责任、落实任务，努力提升本科教学审核评估工作的质量和效果

全校各级各部门包括每一位教职工，都要本着对学校负责、对自己负责的态度，牢固树立教学工作的中心地位，积极投身到本科教学工作审核评估的实践中去。各院（部）、各部门要统筹兼顾，精心组织，通力协作，密切配合，立足于"学"，立足于"做"，立足于"实"，做好迎评促建各项工作。

一是在宣传发动上做到"全覆盖"。审核评估是政府对高校加强宏观管理、实施分类指导的重要手段。党的十八大报告明确要求，"努力办好人民满意的教育""着力提高教育质量""推动高等教育内涵式发展"。党的十八届三中全会进一步强调，"深化教育领域综合改革""促进高校办特色争创一流""深入推进管办评分离"。推动高校内涵式发展是党中央在我国由高等教育大国向高等教育强国转变的关键时期，对高等教育作出的重要部署。促进高等教育步入以提高质量为核心的内涵式发展道路

是一项系统性的工程，教学评估是其中的关键抓手。教育部部长袁贵仁同志曾讲"评估是推进高等教育质量全面提高的基础性工作，评估工作非常非常重要，评估工作特别特别重要，评估工作是天大的事，怎么强调都不过分。"对高校的办学状况、教育教学质量进行监督检查，是政府的管理职责；接受国家规定的教育教学质量评估，是高等学校应尽的义务。要组织各级领导干部、管理人员和广大师生认真学习相关评估文件，把审核评估的要点读懂、读深、读透，深刻理解审核评估的实质要求。学习钻研是前提，只有学明白才能想明白，想明白才能做明白。要加大宣传，营造氛围。大力宣传评估工作的有关政策、内容，加强引导，鼓舞士气，凝聚人心，形成人人知晓评估、重视评估、关心评估、参与评估，为评估工作多作贡献的良好氛围。

二是在整改提高上做到"无死角"。审核评估要求每位专家提交的考察报告中需要学校改进和必须整改的篇幅不少于二分之一。事实上，我们与评估指标体系相比，在科学管理、内涵提升、质量保障等方面也还存在不足和差距。例如，在专业建设方面，我校专业发展格局不均衡，还存在着很多薄弱环节，如专业规划的执行不到位，专业优势不明显，专业特色还需进一步凝练，品牌专业和特色专业的数量还较少，新办专业的教学条件和师资短缺问题也迫在眉睫；在教风方面，一些教师的教学精力投入不够，课堂教学质量不高，有的教师课时增加了备课就少了，学生增加了指导就少了，还有相当一部分青年教师漠视教学规章制度，不按照教学规范实施教学，随意调串课，漏课、代课现象时有发生；在学风方面，学生普遍学习兴趣不高，学习方法单一，上课迟到、早退，考试找分、要分现象很多，有的专业课学生不及格率甚至达到50%。要正视这些问题，解决这些问题。审核评估工作正是改进教学工作以及监督、保证和促进培养质量提高的有效措施。必须以这次审核评估为契机，认真查找人才培养方面存在的问题；明确目标、理清思路、完善制度，立足于从根本上解决问题。

三是在特色凝练上做到"显双特"。我们是新建本科院校，当前正处于转型发展的关键期，"转型"至少包含两个方面：一是共性层面的转型，即实现专科教育向本科教育的转变，这是新建本科院校的共同选择，其实质是"内涵升本"；二是个性层面的转型，即学校在实施共性层面转型的过程中，基于办学定位，进行独具特色的相关转型，它更多关注的是学校的办学特色，解决的是"如何把学校建设得更好"的问题。在审核评估指标体系中，第一观测点就是"办学定位"，说明要注重办学特色培育问题。我校的办学特色是什么？通常的回答就是水利。这种表述是否准确，还有没有其他特色，需要继续去总结和提炼。每个学院、每个专业也要挖掘、培育自己的特色和创新项目。要通过教学评估，对学校的发展基础、优势和学科专业发展趋势进行综合分析和研判，认真思考学校的办学优势是什么、办学亮点在哪、办学特色怎样凝练等问题。通过总结思考，不仅为本科教学评估有关材料的撰写提供思路，更为学校实施"双特"战略提供理论支撑。进一步促进学校找准所处的位置和发展空间，进一步突出办学传统和优势，有选择、有重点、有计划、有步骤地创建学校的办学特色，尤其是加大以应用性为重点的特色培育力度，在学科建设、人才培养和科学管理等方面进一步彰显个性，打造品牌，形成核心竞争力。

四是在质量进度上做到"求精准"。本次评估方案共 6 个审核项目及 1 个学校自选特色项目，24 个审核要素、64 个审核要点，工作头绪多，既要做到面面俱到、不留死角，也要突出重点、主攻难点、提高效率、严把质量。一要突出重点，就是要抓住纲领性、全局性的指标优先考虑，重点投入。按照审核评估要求，新建本科院校人才培养方案需要突出应用型人才培养，特别注意考察在应用型人才培养上有没有拓展，我们要围绕这些问题进行重点思考。二要主攻难点，要瞄准困难大、问题多的指标项目，集中力量解决。根据评估的指标体系，更加重视学校层面的教学质量保障体系建设，学院尤其是专业的办学情况是评估考察的重点，各教学单位应在本学年教学基本状态数据采集工作的基础上，进一步摸清家底、查找问题，有针对性地开展评建工作。三要提高效率。教学评估体现了提倡创新、鼓励创新的要求，我们要拿出创新的勇气、创新的思路和创新的办法，推动"颠覆性创新"，以创新提高工作效率，在力所能及的条件下把事情办到最好。四要严把质量。评估工作涉及面广、考察点多、关联度高，容不得半点疏忽大意，要狠抓细节，提前进行细致地查漏补缺工作，进一步提高工作质量，确保不出任何问题和纰漏。

五是在报告撰写上做到"出精品"。自评报告是学校自我评估结果的体现。它不仅反映参评学校对自身教学工作的认识，也反映参评学校对审核评估的认识。《自评报告》和《教学状态数据分析报告》是审核评估的最基础性的也是最重要的依据。因此，有两类材料是要精心准备的：一是《自评报告》，二是围绕《教学状态数据分析报告》的各类数据材料。这里尤其要注意的两方面是：一是认真研读 2011 年教育部评估中心对我校的评估结论、我校的整改方案，尤其要注意我校办学定位以及人才培养目标的落实情况；二是各单位要依据《自评报告》和《教学状态数据分析报告》，对现有材料进行整理、分类、筛选，做到客观、真实、全面、精炼，充分反映我校的面貌和特色。审核评估中，学校的自评报告应在内容和形式上满足审核评估的相关要求。具体来说，应体现两方面的内涵：一是理念要到位，事实做支撑，优势须找准，问题要写透，文字要精炼，没有错别字；二是"五度"为主线，项目不能少，要素不能丢，要点可综合。这两方面说明自评报告应贵在精准、结论自证、画像要像并符合要求。审核评估自评报告应以精准的语言，在 8 万字内将学校的办学理念和人才培养理念及取得的成效展示出来，对存在问题要分析透彻并达到三分之一的篇幅。自评报告所列事实要支撑办学理念和办学成效，取得的成绩要客观真实，对存在问题不隐晦，能直面问题并能分析到位。无论是成绩还是问题都应有支撑数据，能反映出学校自身特有的特点。在具体撰写时，要围绕学校人才培养目标与培养效果的实现状况来组织所有的审核评估项目和要素，对审核中的要点叙述不必面面俱到，可综合体现在要素中来反映。即审核评估报告的撰写不应以要素为基点，一般是以"五个度"为基本点来组织撰写。

六是在责任落实上做到"三到位"。审核评估是一件至关重要的大事，必须严格要求、落实到位。一是责任落实到位。学校主要领导是评建工作的第一责任人，各分管校领导是分块工作的第一责任人，各评估工作小组组长是本工作小组第一责任人，各部门负责人是本单位迎评促建工作第一责任人，会后，各单位要成立相应的评建工作领导小组，党政一把手为评建工作的第一责任人，切实担负起领导责任。二是任务落实到位。学校评估领导小组及评建办提出的工作方案、工作事项和要求，要层层分解工作任务，做到分工明确，责任到人，按时按要求搞好各项评建工作。三是进度落实到位。迎接评估是一个系统工程，工作相互衔接。一个环节出了问题，就会"牵一发而动全身"，影响整个迎评的进程。各单位、各部门要根据学校的总体部署，安排并实施好工作进度，保持步调一致，做到推进有序，不折不扣地完成学校评建工作各项任务。

　　同志们，审核评估不仅仅是一次检验，更是一次机遇。各级领导干部要按照"三严三实"的要求，以严的精神、实的作风，主动担责，落实好本科教学审核评估各项工作任务。要把做好本科教学审核评估工作与开展"两学一做"学习教育结合起来，振奋精神、团结拼搏、扎实进取、埋头苦干，确保顺利通过这次审核评估，不断推进学校发展上台阶，努力开创学校更加美好的未来！

　　谢谢！

第五十三回　民主决策

——在南昌工程学院三届二次"双代会"闭幕式上的讲话
（2016 年 5 月 12 日）

各位代表、同志们：

经过全体与会同志的共同努力，南昌工程学院三届二次教职工暨工会会员代表大会圆满完成各项议程，即将胜利闭幕。大会开得很成功、很圆满，达到了预期目的。在此，我代表校党委和大会主席团，对大会的成功召开表示热烈祝贺，对全体代表的辛勤劳动表示衷心的感谢！

各位代表、同志们，这次"双代会"是在贯彻落实党的十八大，十八届三中、四中和五中全会精神，深入学习习近平系列重要讲话精神和"五大发展理念"的热潮中，也是在南昌工程学院高举改革创新、继往开来的旗帜下，召开的一次十分重要的会议。大会总结了"十二五"学校建设发展取得的可喜成绩和宝贵经验。可以说，"十二五"时期是学校开拓进取、奋发有为的五年，是推进改革、加强建设的五年，是完善管理、改进作风的五年，是团结拼搏、硕果累累的五年。学校党委按照中央及省委的决策部署，把加强党的建设与加快学校事业发展紧密结合起来，充分发挥党委"统揽全局、协调各方"的领导核心作用；坚持把方向抓大事，努力开创学校事业发展新局面；坚持落实"立德树人"根本任务，不断加强和改进德育与思想政治工作；坚持依法办学治校，不断完善学校治理结构，推动现代大学制度建设；坚持强班子带队伍，改进干部选拔任用和教育管理工作，学校领导班子和干部人才队伍建设不断加强；坚持不断改善民生，做好安全稳定工作，确保政治稳定校园和谐。这次会议，大家也认真分析了面临的形势任务和矛盾问题，明确了"十三五"

期间和今后一段时期学校的总体思路、奋斗目标和重点工作，提出了具体思路和举措。目标催人奋进，任务艰巨光荣。

站在新的历史起点，我们既要对学校事业发展高度认同，在认同中树立新的雄心和激情，又要明目扩胸，在新的理念统领下奋发有为。同时，也要清醒审视学校事业发展存在的困难和不足：一是学科建设整体水平偏低，学科高峰和高原尚未形成，学科协同发展能力和交叉学科建设有待加强；二是人才培养的中心地位仍需进一步强化，生源质量有待提高，专业结构和布局还未能主动适应经济新常态，创新创业人才、卓越人才、国际化人才的培养有待加强；三是高端领军人才、优秀拔尖人才数量不足，学科梯队和创新团队建设有待强化；四是学校事业快速发展与资源条件紧缺的矛盾日益突出，已成为制约建设高水平大学的瓶颈，资源保障和服务条件有待完善；五是服务经济社会发展的意识和能力亟待增强，与社会的契合度、对社会的贡献度仍然较低，联合攻关、解决复杂现实难题的能力明显不足；六是国际化人才培养格局尚未形成，国际合作水平相对较低，合作内容、形式有待创新和拓展。七是民生工程有待进一步落实落准落细，教职工幸福指数有待进一步提升。所有这些，都需要我们在"十三五"时期，进一步解放思想，加大改革力度，以更宽阔的视野、更富有创新性的思维、更扎实有效的举措加以克服和解决。各位代表、同志们提出的这些重点问题和工作，是学校事业发展的"衣领子""牛鼻子"。在上级党委的正确领导和有关部门的大力支持下，学校要抓准、抓住、抓好这些工作，保证"十三五"发展开好头、起好步。全校广大师生员工一定要做到胸中有数、落实有策、行动有力，以奋发有为的精神状态、攻坚克难的拼搏意志、只争朝夕的紧迫劲头，把"十三五"发展宏伟蓝图一步一步变为现实。

一、修改完善"十三五"规划，事业发展实而宏大

《南昌工程学院"十三五"事业发展规划》对今后五年的改革发展可以概括为"一个核心、两大任务、四项举措"。"一个核心"是"全面贯彻党的教育方针，落实立德树人根本任务，全面提高教育教学质量"；

"两大任务"是"提高学校教学科研水平"和"全面提升创新创业能力";"四项举措"是"优化学科专业结构和人才培养机制""统筹推进特色水利大学和特色学科专业建设""推进现代大学制度建设、完善内部治理结构"和"推进现代信息技术与教育教学深度融合"。这是根据中央和省委精神确定的。公办本科高校作为我国高等教育的排头兵，承担着带头学习贯彻中央决策部署、带头服务国家发展大局的重任，要切实增强政治意识、大局意识、核心意识、看齐意识，以高度的使命感、责任感和紧迫感，贯彻落实党的十八届五中全会的精神实质和国家"十三五"规划纲要的相关要求，认真梳理各位代表对规划修改提出的意见、建议，充分采纳吸收，不断完善学校总规划，不断增强规划的引领性、指导性和可操作性，完善各部门子规划和各学院分规划，使规划更加科学合理。要把"十三五"规划确定的目标任务与年度工作目标结合起来，既把握整体推进规划的工作节奏，又要突出当年阶段性工作重点，通过具体的改革发展措施，逐年分解落实、有序推进，落实到学校"十三五"规划中，推动学校各项事业实现新发展。当然，我也听到一些同志反映，学校"十三五"规划目标是不是定得太高了？关于这个问题学校党委讨论了很长时间，广大教职工也积极建言献策，前天校党委委员、副校长汪荣有同志已经作了精辟论述和准确解释。首先，作为一个五年计划，要有一个纲领性的目标引领发展。将学院改为大学是很鼓舞人心的，能够凝聚各方力量支持学校事业发展。其次，江西是经济社会发展尤其是高等教育落后的省份，目前全省先进发达高校数量不多，省委省政府希望各大高校你追我赶、急起直追，希望在人才培养层次和科技创新方面有所突破，既能从事人才培养又能做科学研究和社会服务。再次，师生员工的迫切要求。大家都很清楚，学生拿着大学毕业证就业与现在的学院毕业证就业的层次是不同的、未来的前途也是不一样的。大学教师和学院教师给人感觉不在同一水平位上，这几年学校引进的博士为发展升级添砖加瓦，但博士后面还有研究两个字，没有研究的"土壤"，博士能在学校待得住吗？没有高层次教学科研平台，能留得住人才吗？形势逼人，使命在肩。我们安于低就不行，只有勇攀高枝，坚持目标高一些的宏观定位。可以说，学校宏观定位是国家发展战略和江西地方发展给我们定位的逻辑延伸，是建立在全校师生员工期许之上的。任务尽管艰巨，但并不是不可能完成的。只要我们众志成城、勇往直前，我们的目标就一定能够达到。

二、人才活力充分迸发，师资队伍齐而精良

建设水利特色大学尽管只有一句话，但是却一定要有学科、人才培养、科学研究等诸多成果来支撑。大家都知道，要取得这些成果，达到宏观目标，关键是人才，仅靠现有人才，是很难完成任务的。要完成这个几乎完不成的任务，我们就要树立新的人才理念，转换新的人才思路。习近平总书记多次强调，办好中国的事情，关键在党，关键在人，关键在人才。坚持党管人才是中国特色人才制度优势的集中体现，各级党委要树立强烈的人才意识，加强对人才工作的组织领导，改进党管人才的方式方法，切实做好团结、引领、服务工作。

一要加大改革落实工作力度，把中共中央《关于深化人才发展体制机制改革的意见》落到实处，加快构建具有全球竞争力的人才制度体系，聚天下英才而用之。要着力破除体制机制障碍，向用人主体放权，为人才松绑，让人才创新创造活力充分迸发，使各方面人才各得其所、尽展其长。要加快构建更加科学高效的人才管理体制，遵循社会主义市场经济规律和人才成长规律，健全市场化、社会化的人才管理服务体系。

二要创新人才培养、评价、流动、激励、引进、保障机制，着力解决人才管理中行政化、"官本位"问题，让人才有成就感、获得感。要积极提携后进，为青年教师施展才华提供舞台，帮助他们解决实际困难，形成青蓝相继、人才辈出的局面、推动人才强校建设。应想方设法加大引进高端人才的力度，通过政策的制定等保障措施，吸纳优秀人才，并保障、激发其发挥潜能，带领学科团队取得成果。引进重点高校优秀毕业生优化学缘构成，逐渐形成数量、结构合理，富有创新精神的人才队伍。

三要加强教师能力发展，邀请企业人士参与制订培养方案，建立

"内培外聘，双向交流"的机制，推进学校和地方、企业共建应用型教师培养培训基地，使教师不但要具备宽厚的专业基础知识、扎实的行业实践知识，而且还要具备较强的专业应用能力、实践教学能力、应用研究能力和社会服务能力。要选派实践性需求较强的专业教师到合作的地方政府机构、企业生产一线，参加顶岗实践或者挂职锻炼，进行实践技能和职业素养培训，引导和激励教师主动为地方、企业服务，开展技术研发，促进科技成果转化，使教师既具有系统的专业知识和较高的理论水平，又具有丰富的实践经验和较强的实践能力。

三、立德树人全面发展，以生为本持而永恒

促进学生的全面发展是人才培养的目标。要着眼于品德、知识、能力、智慧、身心、人格要素全面培养学生。学校的一切工作都是为了学生的成长和发展，"十三五"规划要坚持"以学生为本"的理念，学校及各个部门和广大教职工要树立和坚持这个理念。教师应该成为学生成长的导师、第一责任人。正如我们有代表提出的，"要把立德树人摆在更加突出的位置"。

首先，要占领意识形态主阵地。作为高校，立德树人是首要任务。面对日趋复杂的国内外环境，我们要运用好教学课堂、学管平台、各类社团载体积极传播社会主义核心价值观，建好用好道德讲堂，传播正能量，发挥好讲堂的育人化人作用，引领广大师生不断强化政治意识、责任意识、阵地意识和底线意识，不断坚定中国特色社会主义道路自信、理论自信、制度自信，培养德智体美全面发展的社会主义建设者和接班人。

其次，要加强校园特色文化实践。认真制定和实施《"十三五"校园文化建设方案》，将环境育人的功能融入广大师生的生活。以优秀水文化为重点，投入专项资金，培育若干优秀校园文化品牌。改造校内文化景观设施，高水平建设校园文化小品、文化墙，让师生员工在漫步校园时驻足、凝思、顿悟、激活和提升内心信念，找到作为水利大学师生员工的自豪感、价值认同感，寻找学习热情和动力。

第三，要加强学校体育教育教学。今年国务院办公厅《关于强化学校体育促进学生身心健康全面发展的意见》强调，要坚持课堂教学与课外活动相衔接、培养兴趣与提高技能相促进、群体活动与运动竞赛相协调、全面推进与分类指导相结合的原则，全面提升体育教育质量，健全学生人格品质，切实发挥体育在培育和践行社会主义核心价值观、推进素质教育中的综合作用。加强体育教师队伍建设，着力培养一大批体育骨干教师和体育名师等领军人才。大力推进体育设施建设和综合利用，多渠道增加学校体育投入。到 2020 年，体育教学质量明显提高，学生体育锻炼习惯基本养成，运动技能和体质健康水平明显提升，规则意识、合作精神和意志品质显著增强，基本形成体系健全、制度完善、充满活力、注重实效的水利特色大学体育发展格局。

四、鼓励师生创新创业，成果转化多而面广

创新是引领学校发展的强大动力。时不我待，不创新就没有前途，不改革就没有出路。我校近年来取得的成绩就得益于改革，但改革永远在路上，现在高等教育发展的形势发生了很大变化，必须与时俱进大胆创新，深化综合改革。近年来，我们在人才引进与培养、科研成果奖励、学科专业结构调整等方面出台了不少改革举措。今年开学初提出了干部、教师、生源三项供给侧改革，"十三五"期间还会涉及更多的改革。学校决定把改革创新摆在全校发展全局的核心位置，让改革创新贯穿学校各项工作，在深化改革中发展，在开拓创新中前进。

首先，要按照党中央国务院的部署，实施创新发展战略，提供高校应有的支撑作用，这是责无旁贷的。要创新，就必须进一步解放思想、更新观念；要改革，就必然会打破旧的思维定式和行为习惯，就必然会触及部分教职工的利益，希望同志们抛开一己的利益得失，站在学校的大局上，继续支持学校的各项改革。

其次，要创新教师评价制度激发创造的活力。对教学、科研人员包括"双肩挑"人员，实行符合智力劳动特点和规律的政策，不能简单套用针对行政人员的规定和经费管理办法。对于教学、科研人员要调动积

极性，在经费管理上要出台符合教育、科研的政策。经费的管理办法要因学科不同而改，而且人员的经费管理，还得给学科带头人一定的自主权。

第三，鼓励科技人员向企业或其他组织转移科技成果。可以按照规定在完成本职工作的情况下到企业兼职从事科技成果转化活动。鼓励企业采取股权奖励、股票期权、项目收益分红等方式，激励科技人员实施成果转化。这些政策在高校怎么贯彻实施，要拿出一个更有活力的具体办法。

四是加强实践教学体系的建设。完善学生校内实验实训、企业实习制度，强化以育人为目标的实验实训考核评价，建立系统和完善的实践教学体系。课程体系和课程改革要更多地根据毕业生就业工作岗位所需要的知识和技术进行改革，强调真题真做，能力与发展并重，突出一个"做"字，让学生在实习实训中去体会，去深化感性认识，在"做"中得到提高。要建立校企一体、产学研一体的开放性实验实训中心，切实培养学生的实践应用能力，为地方、企业输送合格的应用型人才。

五是加强创新创业基地的建设。要联合地方、企业，建立校内大学生创新创业园、科技产业园，合作实施"大学生创新创业项目孵化计划"，培养大学生创业意识和创业能力。特别是要吸纳优质企业带着先进的设备、优质的项目以及经验丰富的导师入驻，为各专业实习实训创造条件，丰富第二课堂实践创新活动，提高学生专业技术技能水平和就业竞争能力。要以企业为主，由企业承接相关专业学生的操作训练、顶岗生产、企业管理、市场调研、毕业设计等，为大学生创办微型企业及自主创业提供支持与保障。共建集教师合作研发、顶岗工作为一体的综合性基地，通过校企合作、产教融合的方式，鼓励师生在做中学、学中研、研中创，提升实践创新能力，以此推进校企合作育人、合作发展、合作就业、合作创新，更加注重需求导向，不能蒙着头、关着门、脱离社会需求搞科技，要坚持与国家战略、江西发展、水利行业同向同行。

五、全面推进双特战略，学科专业特而精深

特色是一所大学的立足之本、发展之魂。经过多年的探索实践，全

校上下已经形成了这样的思想共识：那就是必须坚持"抓内涵、强特色、促开放"的办学理念，努力走特色办学之路、内涵发展之路、开放融合之路，着力建设培养高水平应用型人才的行业特色型大学。今年党代会确立了学校"双特"发展战略，要向这一新的更高目标迈进。但是，我们也清醒的认识到，虽然近年来学校的办学质量和水平在不断提高，但学科特而又强的建设步伐还颇显落后。

学科专业水平是衡量学校办学层次、学术水平的主要标志之一。学科专业建设水平的高低对提升学校办学层次，增强核心竞争力，促进学校又好又快发展起着举足轻重的作用，同时，对学校学术梯队、学科平台建设、科学研究水平、教育教学改革起着支撑作用。由于新建本科院校办学时间较短，从快速发展有利的角度，要按照专业学科一体化的思路去统一合一专业学科建设，这不仅是教学中心地位的需要，也是学校教学、科研、社会服务及文化传承与创新快速发展的现实选择，对学校内部一体化建设也是团结一致加快发展的有效策略，人财物布局以此为指导，如专业学科一体化带头人、专业学科一体化、教学研究一体化平台等，对学校外部而言合二为一，采取统合资源，专业学科共用优势争取发展空间。

学科决定学校的发展方向。学科关系大学的生存和发展，是大学的根基和细胞，学科建设是大学全面建设的核心，创建高水平大学，首先要建设高水平学科。国家"双一流"政策，核心指向就是一流学科。国家和省里的投入也将实行与学校学科排名挂钩、与学校获得的国家奖项和实际贡献相挂钩的政策。学科建设作为学校发展的龙头地位绝不能动摇，必须自觉把学科建设融入学校谋划发展、制定政策、部署工作、落实任务的全过程，贯穿到工作的方方面面。科学研究和学科建设是一而二、二而一的事，是同一个问题的两个方面。科学研究质量高了，成果多了，获奖层次和水平高了，学科排名自然就上去了；反过来，学科建设搞好了，也就不愁科研水平和成果等次了。

具体到科学研究，应用性研究和基础理论研究同样是一而二、二而一的事，是同一个问题的两个方面。美国科学家亨利·奥古斯特·罗兰于 1883 年 8 月 15 日说："我时常被问及这样的问题：纯科学与应用科学究竟哪个对世界更重要。为了应用科学，科学必须存在。假如我们停止科学的进步而只留意科学的应用，我们很快就会退化成中国人那样，多少代人以来他们都没有什么进步，因为他们只满足于科学的应用，却从来没有追问过他们所做事情中的原理。这些原理就构成了纯科学。中国人知道火药的应用已经若干世纪，如果他们用正确的方法探索其特殊应用的原理，他们就会在获得众多应用的同时发展出化学，甚至物理学。因为只满足于火药能爆炸的事实，而没有寻根问底，中国人已经远远落后于世界的进步，以至于我们现在只将这个所有民族中最古老、人口最多的民族当成野蛮人。"虽然现在的中国已不是晚清时期的中国，但这种刺激警示我们，基础科学、创新精神是我们须臾不可丢弃的。我们的高校，有研究型，也有应用型的，不管是哪类学校，都应该十分重视基础和纯科学研究。在国家重点基金项目等重大基础理论研究上实现突破，努力争取政府资源，承担高水平的纵向课题。

六、坚持大学开放特征，国际办学广而有量

早期的大学是国际性学术组织。现代大学起源于中世纪的欧洲大学，其师生来自不同的国家，使用着拉丁语这一共同的语言进行着教学活动。追根穷源，大学 University 一词系由拉丁文 Universitas 演变而来，原意为社团、行会、联合体，直至 14 世纪才成为特指大学的专用词；其词根 universus，意味着普遍性、普适性、世界性、宇宙性；universus 还有一解是由表示"一"的 unus 和表示"沿着……方向"的 versus 构成，字面意思就是沿着一个特定的方向；当时学校的专用词是拉丁文 studium，它后来演变为学习的专用词，studium generale 指接纳来自不同地方学生的学校，studium particulare 指只接收当地学生的学校，现今西班牙的马德里康普顿斯大学就是在 1499 年由 Studium Generale 更名为 Universitas 的。以上揭示出大学在产生之初的四大特征：学者共同体、普遍真理、高深学问、国际化。

国际化不是"全盘西化"，不是简单的"与国际接轨"。它是指通过

国际交流与合作，着力培养师生的国际视野、世界眼光、国际交往能力和国际竞争能力；推进优秀学术成果和优秀人才走向世界，不断提升大学的人才培养和科学研究在国际上的影响力和话语权。《国际歌》唱的"英特耐雄纳尔就一定要实现"，也是讲的国际化问题。加拿大的一流大学在高等教育国际化方面至少有四点考虑：一是通过国际化发展自己，提升自己的国际竞争力；二是明确将自己定位为全球性大学（global university）；三是要把自己的学生培养成全球公民（global citizen）；四是要以自己杰出的研究来创造知识，不仅服务于本地、本国，而且要服务于全世界。我校国际化进程进展较快，但差距仍然比较大，在国际交流中的老师有进有出，学生少出没进。

去年我参加河海大学百年校庆，在大会上发现安排了一名非洲某大学的副校长发言，他是河海大学的杰出校友之一，我真为河海大学感到高兴；头天晚餐我正好同他在一桌，也了解到他早在 1992 年就从河海大学硕士研究生毕业，可见南工与河海大学还是有较大的差距。现在我国实行"一带一路"等国际化建设战略，非洲等国家需要往中国派留学生的需求，也在日益旺盛。所以经党委会讨论通过，今年我要带队到非洲国家去考察，争取把我们学校的留学生这个空白填补起来。开辟非洲国家水利大学留学生来访渠道，拓展长短期交流生源。加强留学生培养能力建设，创新留学生培养模式。要向河海大学学习，围绕"水利特色，世界一流"大学建设，大力实施国际化战略，系统谋划，多措并举，全面提升学校国际化水平。

一是推进国际化师资队伍建设。坚持"引进来"与"走出去"相结合，吸引和聘用一批优秀外籍教师，重点引进具有海外博士学位的教师。依托国家留学基金和各类人才计划，鼓励和支持教学科研一线教师赴海外研修，鼓励学术骨干在国际学术组织和国际学术期刊担任职务，在教师职称评聘和考核体系以及日常管理中进一步强化国际化导向。

二是构建开放办学体系。引进国外优质教育资源，鼓励有条件的学院开展中外合作办学，推进中外合作办学机构的培育。开发、引进网络课程，设立海外引进世界一流专家学者到校开设短期课程，合作设立教学、实训项目，提高教育国际化水平。

三是鼓励支持师生海外访学。大力培育和实施学分互认等学生交流项目，完善以优势学科为主的研究生联合培养机制。择优资助创新人才培养项目、优秀学生和学生骨干出国（境）交流和培训项目。加强与海外高校、企业和国际组织的交流合作，以联合培养、交换生、夏令营、短期访学、实习实践、科研项目、国际会议等项目为平台，不断激发学生出国交流热情。与海外高校建立长效合作机制，进一步拓宽学生的国际视野。

七、合作共享和谐发展，干教职工安而知进

建设一所高水平的大学，不仅仅要求学科水平高、教学质量好、科研能力强，而且需要学校方方面面的工作都要上水平。要更加主动对接国家战略、社会需求，更多关注师生员工所盼所需，推改革、调结构、促发展、上水平，实现学校更高质量、更大效益、更可持续的发展。坚持以人为本，牢固树立为师生服务的理念，加快构建决策科学、管理规范、执行有力、和谐有序的现代大学管理体制和运行机制，形成良好的校园文化，营造和谐的校园氛围，让广大师生快乐地工作、愉快地学习、幸福地生活，在参与学校改革发展的过程中成就事业、实现梦想，共享学校改革发展成果，使广大师生员工对学校改革发展的成果有更多获得感。

首先，开拓社会合作领域。加强协同办学，加强理事会、校友会建设，扩宽社会参与办学的渠道，形成动员和吸引社会力量参与办学、参与管理、提供支持、开展监督的有效机制。联合实务部门、行业企业、科研院所，从共同制定人才培养目标和方案，到互聘教师、共建共享实践基地，实现全流程协同育人。加强校校、校院、校所、校企等深度合作，改变"分散、封闭、重复、低效"的状况，建机制、育人才、出成果。国内外研究和实践表明，产教融合、校地合作、校企合作是培养应用型人才的重要途径。所以，学校要将融入所在区域经济社会发展作为重要突破口，加强与地方政府的紧密联系，利用学科专业和人才资源优

势，针对地方经济社会发展过程中的热点、难点问题，积极开展应用科技研究，增强服务地方经济社会发展的能力。推动二级学院与政府职能部门和行业协会联合，加大力度与之展开深度合作，共建管理机构、精品课程、骨干队伍、实践基地和研究智库等，争取政策和经费支持共同建设二级学院。

第二，建立大学治理结构。大学治理现代化的核心要义有两条，一是依法治理，二是共同治理。依法治理的关键，是建立以大学章程为龙头的制度体系，并保障其有效实施；共同治理的关键，是合理确立大学内部不同治理主体之间的权利，协同发挥不同治理机制的作用，共同分担大学的事务与责任。要完善校院两级管理，制定出台《校院两级管理体制实施办法》，将以权责划分为核心，整合优化学校办学资源，形成学校和学院两个管理层级。努力通过学校分权和管理重心下移，转变学校职能部门的管理职能，明晰学院等二级单位的办学主体地位，形成"学校宏观决策、部门协调指导、学院实体运行"的管理模式，推动治理体系和治理能力的现代化，切实提高管理水平、办学质量和办学效益。

第三，推动发展成果共享。要把与师生"共享"发展成果作为学校发展的出发点和落脚点，在发展过程中，既要考虑学校发展，又要解决师生利益诉求，积极解决师生关切的热点难点问题，不断提升广大师生的幸福感、归属感和获得感。这次教代会代表提的关于民生工程问题，如教职工收入待遇量化提高的问题、子女入托入学的问题、教职工上班时间调整的问题、校园周边环境治理的问题、公租房停车的问题，等等事关民生的各项工作都要一一研究落实，做好、做到位。中央进一步明确，五大发展理念的共享发展是指全民共享、全面共享、共建共享、渐进共享，这才是辩证统一完整的共享理念。要在保证学校事业发展的同时，进一步深化收入分配制度改革，在遵照国家法律法规和有关要求的基础上，通过增加二次分配、提高教学科研工作量标准、加大青年教师培养培训资助力度等方式，确立合理的收入增长机制，进一步提升广大教职工的幸福指数。

第四，确保校园安全稳定。认真贯彻落实国家安全监管总局、中共中央宣传部、教育部、文化部、国家新闻出版广电总局、中华全国总工会、共青团中央、全国妇联等 8 部门近日发布的《关于加强全社会安全生产宣传教育工作的意见》。始终坚持"稳定压倒一切"的工作宗旨，坚持预防为主的工作方针，加强人防、物防、技防和联防，其中人防是关键、是核心；切实落实"一岗双责""谁主管，谁负责"的原则，将安全稳定工作的责任和任务层层分解，形成全覆盖的综治网络；全面落实校领导带班值班，学工处、保卫处、各院（部）等部门 24 小时值班；加大考核和责任追究力度，确保各项制度和措施落到实处；加大安稳设施的建设和管理力度，确保技防、物防发挥作用。要切实加强各项保障服务。要加强餐饮、食品安全和医疗卫生的监督管理，加大日常检查督查力度，确保不发生重大食物中毒、疾病卫生等方面的事故；要加强水电管理和相关维修工作，做好相关应急预案，确保学校的正常教学生活秩序。

第五，营造和谐干事氛围。习近平总书记在谈到处理国与国关系时提出了"命运共同体"这一概念，甚至形象地指出"宽广的太平洋有足够空间容纳中美两个大国"。我认为，这一概念同样适用于学校中的人与人关系。我们同属南工，共同肩负着发展南工的历史使命。和谐的校园环境，对我们每个人如同阳光、空气一般，需要我们共同珍视、爱护。要建设和谐校园，我想对我们每个人来讲，关键要做到三点。一是能干事。要认真反思我们能为学校做些什么、我们为学校做了什么、是不是在为学校认真做事。"认真"具有四要素，①踏实。就是要埋头苦干、脚踏实地，不仅对待工作的态度要讲认真，在付诸行动时更要讲认真，不仅在工作上要讲认真，在 8 小时之外的生活上也要讲认真；②勤奋。就是要抱着积极向上的人生态度，不能得过且过、随遇而安，要高标准、严要求，充满激情、毫不懈怠；③敬业。敬业体现了一个人的责任意识和思想境界，就是要把工作当成事业，把工作当成专业，把工作当成乐趣；④担当。就是要敢于向问题"叫板"，实打实，硬碰硬，敢于坚持原则、保持定力。二是不挑事。不挑事是一种修养，是一种品行，是一种原则。对于易挑事者，师生的眼睛是雪亮的，千万不能"天下本无事，庸人自扰之"或者"聪明反被聪明误"。三是不出事。要想人生出彩，每个人也就不能出局，也就必然不能出事，这就要求我们干工作以及为人处世，都要讲纪律、守规矩。

八、发挥教代会工会作用，民主管理细而精益

教代会作为教职工依法参与学校民主管理和监督的基本形式，已经在服务大局，调动教职工积极性、发挥教职工主人翁作用，妥善解决学校的热点和难点问题等方面发挥了重要作用，其促进学校改革与发展的职能越发显著。要进一步加强对教代会的领导，发挥党委在民主管理中的核心作用。

一要始终坚持党的领导，坚持民主集中制原则。要增强核心意识，讲核心问题说到底是党性问题。管理我们这个学校的各级领导干部都是党的干部，包括党内党外的领导干部都是组织培养和安排的，都要有自觉维护党的领导、为党的旗帜添光加彩的政治自律，在党言党、在党爱党。这一点，特别是在党的民主集中制执行的不够好的地方，强调这个问题尤为重要。只有坚持党的领导，教代会、工会工作才能方向明确、不走偏路，才能做得有声有色、扎实有效。要讲政治，顾大局，始终在头脑中绷紧政治这根弦，牢固树立高度自觉的大局意识，着眼于学校整体的长远发展，把工作放到大局中去思考、定位，做到正确认识大局、自觉服从大局、坚决维护大局。

二要依法履行教代会职权，切实履行应尽义务。要在健全学校章程落实机制上提出意见和建议，加快形成以章程为统领的完善、规范、统一的制度体系，推动形成知章程、学章程、用章程、守章程、自觉按章程办事的浓厚氛围；要对学校"十三五"发展规划、教职工队伍建设、教育教学改革、校园建设以及人事制度改革等重大改革和重大问题解决方案提出意见和建议，推动学校创新发展、快速发展、和谐发展；要按照有关规定，在学校各级领导人员选任、评议、考核中发挥作用，巩固学校风清气正的良好局面。各级工会组织和工会干部要面对面、心贴心、实打实地做好教职工工作，扎扎实实解决好教职工最关心最直接最现实的利益问题、最困难最忧虑最急迫的实际问题。

三要加强自身建设，提升民主管理水平。要加强学习，不断提高思想政治素质，把提高教职工队伍整体素质作为一项战略任务抓紧抓好，组织好各类技能竞赛和岗位练兵活动，引领广大教职工过好"师德关、教学关、科研关、水平关"。正确处理国家、学校、集体和教职工的利益关系，认真宣传、贯彻教职工代表大会决议，及时向本单位教职工通报参加教职工代表大会活动和履行职责的情况，努力成为教职工的贴心人、知心人、暖心人。用时代精神引领、先进典型引路的群团工作传统，打造爱国守法、敬业爱生、教书育人、严谨治学、服务社会、为人师表的教职工文化氛围；努力走在时代前列、走在教职工前列、走在"两学一做"的前列。增强中国特色社会主义事业中党的执政意识、领导核心地位意识，树立正确的民主意识，要坚持原则、办事公正、为人正派，认真参与学校民主管理和监督，维护好教职工切身利益。

各位代表，同志们！讨论、修改"十三五"规划，是这次教代会的主要任务之一。凡事预则立，不预则废。群策群力，集思广益做好顶层设计，进一步修改完善学校"十三五"规划，对凝心聚力，引领"十三五"时期学校教育事业发展具有十分重要的意义。请大家全面把握和深刻领会规划提出的目标、理念、任务、举措，认真思考，深入讨论，提出建设性的意见和建议，使规划更加完善、科学、合理，将真正引领学校努力向新型水利特色大学目标攀登，将出台更具吸引力的人才政策，设计更具发展性的人才通道，使"多维发展"成为一流师资建设的新常态；将更加关注教育增值，为学生提供更好的学习体验，使得"学在南工"成为拔尖创新人才培养的新常态；将更加鼓励前沿探索，更加强调使命意识，使得"协同创新"成为高水平科学研究新常态；将制定更加规范的运行体制，更具活力的激励机制，使得"制度激励"成为现代大学制度建设的新常态。谢谢大家！

第五十四回　他山之石
——"天下第一村"和苏浙赣高校考察报告
（2016 年 5 月 18 日）

最近，接国家农业部"村长论坛"通知，我带领学校相关职能部门负责人赴"天下第一村"——华西村和苏浙赣 7 所高校考察，深感"他山之石，可以攻玉"。

一、始终保持"天下第一村"传奇的华西村

位于江苏南部的华西村，是 1961 年建立的仅 667 人的小村，隶属于江苏省江阴市华士镇。半个多世纪以来，这个昔日面积不足 1 平方公里的贫穷村，走出了一条经济繁荣、共同富裕、社会和谐的成功之路，为全党全国人民积累了许多宝贵改革发展经验。

第一，有一个"誉满天下"的村书记。吴仁宝从 1961 年到 2003 年任华西村书记、75 岁退休、2013 年 85 岁逝世，被人们誉为"农民思想家""农民企业家""中国农民第一人"，是党的十大、十一大、十七大代表，多次荣获全国优秀共产党员、全国劳动模范等殊荣。华西精神，说到底就是吴仁宝精神，就是一个共产党员无私奉献，舍小家顾大家的精神。位于河南省的临颍县南街村，跟华西村一样，也是发展农业集体化的村庄，南街村村民代表张松昌表示，华西村为全国的农村发展树立了榜样。"华西村是中国新农村的榜样，吴（仁宝）书记是中国共产党（党员）的榜样。我们南街村和中国的农村，都要向华西村学习，把中国农村、农业、农民的问题搞好、搞到位。第十届全国人大常委会副委员长热地对"华西精神"做出了高度总结："华西村能有今天的成绩是中国共

产党英明领导的结果，是改革开放的结果、也是吴仁宝老书记和全体华西人民艰苦奋斗、团结奋进、解放思想、更新观念、与时俱进、开拓创新的结果。"

第二，全体村民时刻与党中央保持一致。在华西漫长的建设发展过程中，只要中央有新文件出台，都要组织干部党员和村民逐句对照学习找差距。2011 年集资 30 亿人民币建成的村内 328 米高的龙希大酒店，当年与北京最高的大楼一样高，象征着与党中央保持"高度"一致。华西村一方面向全中国播撒社会主义新农村的种子，一方面更不忘了实现本村共同富裕的社会主义道路。华西村提出"个人富了不算富，集体富了才算富；一村富了不算富，全国富了才算富"的口号，并通过实际行动践行这一口号。来华西村参观的西班牙人佩德罗对华西村共同富裕的精神感触颇深，并认为这种精神是华西村成功的秘诀之一。"华西村确实是一个独一无二的地方，它不仅建筑现代化，而且人民生活富足，生活水平很高。我最大的体会是这里的分享精神，先富带动后富，我认为这也是华西村富裕的一个重要原因。"

第三，中国最富裕的村庄之一。华西村 20 世纪 90 年代是全国第一个轿车村，1999 年华西村股份有限公司在深圳证券交易所正式挂牌上市交易，吸收社会成员参股，成为中国第一家村级上市公司。2003 年华西村销售收入超过 100 亿元，2004 年华西村人均工资收入 12.26 万元。同年全国农民人均纯收入 2936 元，城镇居民人均可支配收入 9422 元。华西人的收入是全国农民的 41.76 倍，城镇居民的 13.01 倍。2010 年，华西村的销售收入达 512 亿元，村民人均纯收入达 8.5 万元，户均拥有资产 100 万～1000 万元，每户拥有住房面积 450～600 平方米，每户拥有小汽车 1～3 辆，除缴税和兑现农民收入外的村级可用资金超过 35 亿元。2016 年是中国最富有的六个村之一。现如今的华西村，早已不局限于传统工农业的单一发展模式，已形成集农、工、商、建、游五业为一体的协调发展模式，实现了经济的成功转型。在实现自身经济转型发展的同时，华西村也推动着全国农村共同发展。

第四，地域面积越变越大的村。从 2001 年开始，华西通过"一分五统"（一分即村企分开，村归村，企业归企业；"五统"即经济统一管理、干部统一使用、劳动力在同等条件下统一安排、福利统一发放、村建统一规划）的方式，帮带周边 20 个村共同发展，建成了一个面积 35 平方公里、人口达 30340 人的大华西，组成了一个"有青山、有湖面、有高速公路，有航道、有隧道、有直升机场"的社会主义新农村：村民富裕幸福地生活在"天堂"般的中部，瓜果稻谷飘香在北部的"粮仓"，工厂错落有致地设立在南部的"钱仓"。华西村每年出资 2500 万元，用 5 年时间，为全国培训 5 万名村支书，如今，"黑龙江华西村""宁夏华西村"和"江西华西村"等村庄纷纷在中国出现。

第五，生活和谐的幸福园。华西村把以德治村、民主管理的理念和法律法规政策，以标语、文化墙、塑像、民间故事、"万米绘画长廊"、荣誉陈列馆等形式综合组装成村景，先后建起建业窑、二十四孝亭、华西之路、华西精神文明开发公司等精神文明建设有效载体，1999 年在原村文艺宣传队基础上，投资 200 万元建立华西特色艺术团，自编、自导、自演节目，作品有"三个代表"思想的《华西百桥图》《要看稀奇到华西》《人人爱唱六爱歌》等。华西村建村 50 周年庆典，来自 50 多个国家 175 家新闻媒体的 500 余名记者像报道一场大型国际盛典一样赶赴现场。华西村村民不仅在经济上实现共同富裕，还生活在"学有优教、劳有高得、病有良医、老有保养、住有宜居、信有手机、行有好车、路有大道"的"八有"环境中，生活达到衣、食、住、行、用、玩、教、医、养、游"十全"。建成于 2005 年的华西村幸福园，一侧是女娲、夸父、屈原这些源远流长的古代身影，另一侧则是董存瑞、黄继光、刘胡兰疾恶如仇的青春脸庞；马路边一侧是如来佛祖，另一侧则是耶稣和玛利亚。塑像大多偏矮，唯一高大的是邓小平、周恩来、毛泽东、朱德、刘少奇五人，一字排开，坐北朝南。吴仁宝用华西哲学解释"在这里（幸福园），每个人都可以找到信仰，人有了信仰，就能获得最大的幸福。"

第六，气势雄伟的博物馆。华西村博物馆由 1 比 1 复制的故宫太和殿、乾清宫、东华门、角楼和红墙等仿古建筑组成，总建筑面积 1 万平方米，馆内设书画馆、古陶瓷展区、工艺美术精品展区和文化艺术创作馆，珍藏、展示名家大师的字画、雕刻、玉器、瓷器、绣品、金属工艺品等万余件（套）。在参观欣赏书法作品时，我还发现一幅字体十分熟悉的作品，那就是书写"南昌工程学院"校名的书法家沈鹏抄录的南宋诗人辛弃疾诗词："东风夜放花千树，更吹落星如雨，宝马雕车香满路，凤箫声动，玉壶光转，一夜鱼龙舞。蛾儿雪柳黄金缕，笑语盈盈暗香去。众里寻他千百度，蓦然回首，那人却在，灯火阑珊处。"奔放豪迈，风格沉雄又不乏细腻柔媚之处，大开眼界。

第七，构造独特的景观景点。华西村提出要把自己村庄建成"三化""三园"旅村。"三化"就是美化、绿化、净化；"三园"就是远看像林园，近看像公园，细看是农民生活在幸福的乐园。目前，华西村内绿树成荫，竹林成园，草坪成片，别墅成群，四季花开，鸟语花香。早在2008 年，美国《时代》杂志记者采访华西后就感叹："华西是一座社会主义的迪斯尼乐园。"这个鲜有自然景观的村落，2015 年的旅游收入高达 6 亿元。游客中，很多人还是冲着吴仁宝来的，"老书记才是华西村最著名的景点"。华西的旅游发展，主要围绕名村、名人发掘，将该村的工业文化、农业文化，以及发展理念融入所建景区当中。华西村先后建造百米金塔、万米长城、世界公园、农民公园、"塔群""钟王""龙王"等许多"世界第一"和三个"天下村级第一"的旅景点和景观。他们曾提出，要让旅游者在游玩当中，"玩有所悟，悟有所得"。

第八，不断聚集高层次人才。"参天改地，造就新人"，华西村外出就读的大学生回村率是200％，他们不仅自己回来，而且还带自己的男朋友或者女朋友，甚至带同学回来。不仅是出村的年轻人愿意回来，出国的"海龟"也毫不犹豫地回华西。华西村 2 万职工，3500 人是大学生，其中有 20 多名海归。通过引进和培养，现有中、高级技术人员 1000 多人。还培养英语、日语、俄语、德语等 6 种语言的翻译人才。

二、苏浙赣 7 所高校主要特点

江浙两省地处沿海，不仅城乡经济发达，高等教育也处于全国领先地位。从我考察学习的衢州学院、浙江外国语学院、常州大学、常州工学院、浙江财经大学、浙江工商大学等 6 所高校看，均有许多值得我们学习的宝贵经验。甚至与浙江毗邻的上饶师范学院，也使我有"近水楼台先得月"之感，发展势头强劲，值得我们认真学习。

（一）与地方经济社会发展融合型——衢州学院

衢州学院坐落于浙江省衢州市，其前身是创办于 1985 年的浙江工业大学浙西分校，2010 年升格更名为衢州学院，设有化学与材料工程等 7 个二级学院，紧紧围绕衢州产业集群和战略性新兴产业，深化校企合作，促进产教融合，不断提高自主创新和服务地方经济社会发展的能力，先后与巨化集团、浙江清华长三角研究院、中科院沈阳分院建立产学研深度合作，由企业和研究机构将实验室建在学校，助推教师科研成果转化和应用型人才培养，依托自身基础性教育资源优势，为衢州兴办高水平的双语幼儿园、小学和初中，在当地取得良好反响，得到政府的信任和支持。

（二）紧跟国家对外开放战略外向型——浙江外国语学院

浙江外国语学院坐落于浙江省杭州市，前身为创建于 1955 年的浙江教育学院，为满足全省扩大对外开放，适应国家发展战略的人才需要，2010 年更名为"浙江外国语学院"。该校积极开展国际教育交流与合作，是中国政府优秀本科生国际交流项目、浙江省优秀本科生国际交流项目单位，已与美国、俄罗斯、德国、西班牙、法国、澳大利亚、日本、韩国、智利、墨西哥等 30 多个国家和地区的 60 多所高校和机构建立了交流合作关系。通过学分互认、学位联授等国际联合培养模式，年均派出学生 200 人次，同时招收来自北美、拉美、东欧、西欧、中亚、非洲等地区的留学生来校进行长短期学习，积极参与汉语国际推广，与赤道几内亚国立大学合作共建在该国的首个孔子学院。为策应"一带一路"（丝绸之路经济带和 21 世纪海上丝绸之路）战略，积极发展日语、法语、西班牙语、阿拉伯语、葡萄牙语、意大利语、俄语、朝鲜语等小语种，采取积极有效措施吸引"一带一路"周边国家来学校留学。同时，发挥学校小语种语言优势，积极参与世界互联网大会等国际大型活动的志愿服务，提高学校知名度和影响力。

（三）多学科与行业背景紧贴型——常州大学

常州大学坐落于经济发达、人文荟萃的江南历史文化名城——江苏省常州市。1978 年建校时名为南京化工学院无锡分院、常州分院，是一所在我国改革开放之初创办的省属全日制本科院校。1992 年正式成为中国石油化工集团公司（原中国石油化工总公司）管理的部属院校，并更名为江苏石油化工学院。2010 年更名升格为常州大学，现有全日制在校生 20000 余人（其中，研究生 1600 多人），成人教育学生 8000 多人，拥有博士人才培养项目、硕士学位授予权、工程硕士专业学位授予权以及同等学力人员申请硕士学位授权单位，在全国高校排名第 49 位，在江苏省内紧随南京大学、苏州大学、东南大学、南京工业大学而位列第 5 位。该校除紧贴行业和地方之外，高度重视人才培养，着力提高教学品质与教育质量。中国石油化工集团公司总经理戴厚良同志是该校杰出校友。现任校党委书记史国柱同志是教育部教学工作水平评估专家组成员、本科教学审核评估专家组组长，有专著《高等学校审核评估的理论与实践》（高等教育出版社），该校也将于今年 6 月初接受教育部审核评估。

（四）政产学研合作协同创新应用型——常州工学院

常州工学院，坐落于江苏常州，是一所拥有工、文、理、医、经济、管理、教育等学科门类、办学特点鲜明的应用型本科高校，是教育部批准的"卓越工程师教育培养计划"试点高校之一。该校在国家土地政策收紧的情况下，全力争取常州市政府的支持，在短短两年时间，实现学校校园面积从 500 亩扩展至 1500 亩。同时，积极引进民间资本建立二级学院扩大办学规模，完成近 40 万平方米的校园建设。整合优势学科资源，逐步完善省、校两级学科建设体系，不断深化政、产、学、研合作，获批江苏省高校"文化创意协同创新中心"立项建设单位，建有江苏省数字化电化学加工重点实验室、江苏省中小企业新能源产业公共技术平台；建有微特电机研究与应用实验室等 7 个常州市重点实验室，与 5 家企业共建市级工程技术中心。建有光机电一体化、模具、数控、动漫、软件开发和设计等 10 多个校级科研平台，建有常州研究中心、翻译研究所、瞿秋白研究中心、高晓声研究中心、中小企业研究院等人文社科研究机构，建有融研发、生产和实践于一体的常州市科技孵化基地——常州科技产业园，与20家企业共建产学研人才培养基地，并与230余家企事业单位建立稳定的学生校外实践教学基地。所有专业都以学科为背景，以行业为依托，组建由企事业单位和教育培训专家组成的专业教学指导委员会。围绕应用型人才培养目标，整体优化人才培养方案和教学内容，开设校企合作课程，聘任企业兼职教师，构建与社会和工程实际"零距离""无缝对接"的专业教学内容。

（五）服务党和国家咨政建设智库型——浙江财经大学

浙江财经大学坐落在浙江省会城市杭州市，前身是创建于1974年的浙江财政银行学校，1987年经原国家教委批准成立浙江财经学院，2013年经教育部批准更名为浙江财经大学。现有全日制在校本科生和研究生25000余人（其中独立学院学生近万人），该校拥有服务国家特殊需求博士人才培养项目，有应用经济学、理论经济学、工商管理、公共管理、法学和统计学等6个一级学科硕士点，44个二级学科硕士点，工商管理（MBA）、会计、金融、保险、税务、资产评估、公共管理、国际商务等8个专业硕士学位点。拥有1个浙江省2011协同创新中心，1个浙江省哲学社会科学重点研究基地，3个浙江省高校人文社会科学重点研究基地，8个浙江省重点学科，2个浙江省重点实验室，1个浙江省重点创新团队、1个浙江省高校创新团队。2015年成立中国金融研究院。中国政府管制研究院（CIRR）坚持"理论创新、人才培养、服务社会"的基本理念，在推进政府管制理论与政策研究，培养高层次政府管制人才，强调政产学研用有机结合，努力打造中国政府管制领域的高层次智库，为政府管制实践提供系统的理论与政策支持，一批咨询报告得到省级以上政府部门领导的重要批示。

（六）培养目标为专业成才、精神成人的双成型——浙江工商大学

浙江工商大学坐落于风景秀丽的浙江省会城市杭州，前身是创建于1911年的杭州中等商业学堂，1980年经国务院批准成立杭州商学院，2004年经教育部批准更名为浙江工商大学。拥有博士学位、硕士学位、学士学位授予权，硕士专业学位授予权，外国留学生、港澳台学生招生

权。全日制普通在校生 26900 余人，含本科生 22800 余人、研究生 3300 余人、学历国际生 750 余人。学校以培养什么样的人、怎样培养人、依靠什么样的人来培养为主线，以精神文化建设、制度文化建设、行为文化建设、校园文化建设和环境文化建设为载体，在青年大学生思想引领、创新创业、素质拓展等领域均有独特做法和经验，围绕建设"学习型、服务型、枢纽型"团组织，提出"三青八秀"（"青峰"人才培养平台、"青岚"新媒体工作室、"青山"青年事务研究中心，秀出团组织的工作风采、青春榜样的正能量、学生组织的凝聚力、志愿者工作品牌、青年的创新才识、青年的智慧力量、学生的艺路青春、学生的时尚风采）工作思路，学校连续 6 年保持全国挑战杯发起高校资格，仅 2015 年学校共青团工作取得包含全国五四红旗团委等全国性荣誉七项。

（七）江西欠发达地区高校追赶型——上饶师范学院

上饶师范学院的前身是 1958 年建立的上饶师专，1959 年更名为赣东北大学，文革期间停办。1977 年复校，2000 年经教育部、江西省人民政府批准升格为上饶师范学院。校园规划面积 1500 亩，校舍建筑总面积 35 万平方米，全日制在校学生 16847 人。设有 14 个二级学院以及朱子学研究所、哲学研究所、语言文字学研究所、方志敏研究中心、数学与应用数学研究所、有机化学研究所、农业科学研究所、赣东北经济社会发展研究所、书法教育研究所、教育经济研究所、美国文化研究所和南方油茶科学研究所等科研机构。在 2016 年中国校友会网公布的中国大学排名 645 位。与沿海发达地区高校相比，该校仍存在高层次人才数量偏低，师生比偏低，专业队伍结构比例偏低；高水平的学科、重要课题、横向课题、高水平有影响力的科研成果和专家偏少；产学研平台严重偏少，提升师生科技服务社会的基础偏弱；促进学科内涵发展方面的制度供给动力偏弱。但该校积极争取各级党委政府支持，将建设上饶师范大学列入学校"十三五"发展规划。

三、启示

我国现有行政村 691510 个，其中有穿越中国整个历史的村落，也有像华西村一样仅半个多世纪的新村。这给我们最大的启示就是，任何一个组织单位的发展壮大不在于历史长短，而取决于奋发有为。"天下第一村"如此，高等院校的发展也是如此。除了选拔德才兼备的党组织书记、坚持与中央保持一致、牢记发展是硬道理、加强精神文化建设、提高人才层次水平外，当前高校改革发展还应高度重视以下问题。

（一）高校服务地方经济社会发展是生存之基

地方高校的办学特色应该主要体现在服务地方上，既引领地方经济社会发展方向又能满足其发展需要，同时还要在地方文化的传承与发展过程中担当主力军。目前我国地方高校占全国普通高校总数超过95%，随着国家教育改革的推进及地方经济的发展，地方高校正在逐渐增多，特别是在新建的普通本科高校中，大部分在地市一级城市，地方高校的数量和办学规模正在不断扩大。地方高校起点高、发展迅速，对地方经济社会的影响越来越大，良好的发展环境，特别是国家及地方政府的大力支持是地方高校发展迅速的根本保障。地方高校在各方面取得相当成绩的同时，在建设与发展的过程中仍然存在诸如学科及专业建设针对性不强，社会服务意识差，特色不鲜明等问题。这是地方高校在良好发展机遇面前所面临的困难，也是制约地方高校更快更好发展的根本原因。因此地方高校特别是新建院校如何解决这些办学过程中遇到的问题，准确定位，依托地方，走全面服务地方的道路，在全方位服务地方的过程中明确和凝练出自己鲜明的办学特色，以此来提高学校的办学实力及影响力，不仅是高校自身的功能与职责所在，也是学校实现良性发展的必然选择。

（二）高校外语教学能力建设必须战略转型

改革开放以来，随着中国综合国力大幅提升，国家战略定位处于变迁之中。中国的国家定位从传统大国到现代大国、从封闭大国到开放大国、从一般大国到重要大国，渐进定型为"具有重大世界影响的亚太大国"。在这样的国家战略定位发生重大转型背景之下，外语战略规划必须审时度势，谋定而动，认真思考新形势下高校外语教学能力建设的战略转型。中国作为一个负责任的国际大国，需要完善外语语种规划机制，不仅继续加强国际通用语种教育，还需要逐步考虑加强"一带一路"沿线外语语种规划，妥善解决国家外语资源种类均衡与合理布局问题。外国语学院要重视完善外语语种规划，在充分调研和分析基础上，稳步推进小语种建设。已故南非前总统纳尔逊·曼德拉曾说过："若你用一个人能理解的语言与他交谈，可以传递至他的大脑；若你用一个人的母语与他交谈，可以传递至他的心灵。"随着"一带一路"建设步步推进，除了高水平翻译语言人才之外，培育精通沿线某一国家或地区当地语言，熟稔当地文化，甚至专攻于某一问题领域的专家学者已成当务之急。外语学科应当加大转型力度，研究语言能力与其他专业能力的组合问题，着力提升外语教育的效率，使不同领域的专业人才能够获得必要的语言技能和跨文化沟通能力。

（三）高校要依靠行业背景创新办学优势与特色

新世纪以来的高校发展中，一大批院校选择"理工""工程""科技"做牌子，一时间全国出现了几十所"理工"、上百所"工程"、数不清的"科技"院校，给办学带来许多不便。脱离行业背景，竞相设置热门学科专业，导致专业设置结构趋同，毕业生就业困难。最热门的专业其毕业半年后失业的人数却众多，供应过剩、就业率低于平均就业率也是这些最热门专业在人才市场上的遭遇。专业设置结构的高趋同与其低迷的就业率说明人才供需结构的失衡进一步加剧；但偏偏这些热门专业又是我国高校在综合化发展过程中普遍设置的专业，其趋同性都很高。原有的专业及其招生规模都发生了萎缩现象。尤其是关系到国家发展大局的培养农林水、师范、矿业、地质等专门人才的院校，其行业服务能力明显下降，与国家和地方的人才需求趋势不相适应。今后应着重考虑根据本地区的经济支撑能力、产业发展需求、就业条件等，对高等教育发展的速度、层次和科类作出恰当选择，形成多样化、特色化的高等教育体系。紧紧围绕国家战略及国民经济生产力布局，优化高校布局结构，调整高校专业结构，增加紧贴行业特色、应用型的学科专业，将高等教育发展与经济社会对实用人才的需求紧密结合起来，依照高等教育不同层次类型的规格要求，推动高等教育与经济社会协调发展。

（四）政产学研协同创新多维立体服务是方向

应用型大学协同创新本质是以应用型大学、企业、研究机构为价值创造的核心主体，以政府、科技中介机构、金融机构为价值实现的辅助主体，以实现各方主体目标为目的，满足各方主体利益诉求为动力，在各主体长期稳定的相互协同支持下，促进资源的整合和流动，完成科学技术开发，实现科技成果转化，促进科技进步和产业经济快速健康发展所进行的协同创新活动，主动贴近地方、对接地方、融入地方、服务地方，努力提高应用性学科专业建设、应用型人才培养和应用性科学研究的社会适应度。创造良好的协同创新环境，引进培养高水平领军人物。整合学科专业，合理配置资源，打造有鲜明学科特色的创新平台。大力推进"政、产、学、研、用"深度合作，提高人才培养质量，浓郁校园学术氛围，引领地方文化发展，创出一条在欠发达地区特色办学之路。

（五）高校要努力培育服务党和政府科学民主决策的智库

党中央高度重视高校哲学社会科学工作，充分肯定高校在智库建设中的重要地位和作用，把高校智库作为构建中国特色新型智库体系的重要组成部分。但是，我们必须清醒地认识到，高校智库建设仍明显滞后，与国家经济社会发展需求相比还存在很大不足，有分量、有影响的智库很少，结构也不尽合理，每年提交的咨询报告对重大决策产生影响也较少。根本原因是问题意识不强、联系实际不足、改革力度不够。要紧扣国家重大需求，整合优质资源，形成结构合理、形式多样的高校智库发展格局，把研究解决重大现实问题作为主攻方向，围绕党和政府关注的重大现实问题、人民群众关心的热点难点问题，出思想、谋战略、提对策，把产出高质量成果作为核心任务、能否拿出实用、管用的政策建议，作为衡量智库水平的重要标志；把创新体制机制作为改革重点，建立健全政策指导到位、保障措施得力、责权关系清晰、有利于激发智库活力的管理机制。

（六）高校要营造"专业成才、精神成人"氛围

专业化、系列化、全程化的专业成才教育是提升高等教育人才培养

质量的必然要求。要加强学生专业思想教育和专业情感教育。举行内容丰富的始业教育，以学问的精华吸引学生，以高尚的科学精神感召学生，转变学生的不良学习观念，引导学生热爱专业。要大力推进学科竞赛，活跃校园学术氛围，促进课程教学改革，培养大学生的创新思维和实践动手能力，大力促进学生知识、能力和素质的协调发展。要强化专业技能训练和应用技术型课程建设，进一步发挥实验室和实习基地的作用，不断增加实验室开放力度，教师积极吸收学生参加实际研究工作。以素质拓展助推学生"精神成人"。要推进创新创业教育，根据学生就业及人才培养的要求，多方位为学生考研、考公务员、考资格证书等提供咨询和助考服务。通过青年志愿者活动、"三下乡"、社会调查等，组织引导学生参加各种社会实践活动，认识社会、了解社会、甚至融入社会，缩短就业适应期。要整合各方力量，加强思想政治教育，打牢学生学风建设的思想基础，并切实加强师德师风建设，充分发挥教师的育人功能，努力形成"全员、全过程、全方位"立德树人的新局面，促进学生的专业成才、精神成人。

江西高校尽管数量不多、质量不高，但只要向江浙高校虚心学习，都会有所提高。要认真学习上饶师范学院迎头赶上的精神，围绕把学院更名为大学这个目标而努力做好各项工作。

第五十五回　巡视反馈

——在省委第四巡视组巡视情况反馈会上的讲话
2016 年 5 月 23 日

尊敬的谢一平组长、吴小瑜副组长、李启真专员、巡视组的各位领导、同志们：

　　按照省委的统一部署和安排，从今年 3 月 8 日开始，省委第四巡视组在南昌工程学院进行了为期 47 天的集中巡视。期间，巡视组忠诚敬业的精神、务实高效的作风、高度负责的态度，给我们留下了深刻的印象，是我们学习的榜样。今天，巡视组的各位领导再次莅临南昌工程学院，给我们反馈交换巡视情况和意见。这是集中体现巡视成果的重要环节，也是我们认真总结、学习思考、改进工作的重要契机。让我们以热烈的掌声对巡视组一行的辛勤工作和对学校工作的悉心指导，表示衷心的感谢！

　　刚才，谢一平组长代表省委第四巡视组全面反馈了巡视意见。会前，巡视组还就巡视中发现的一些情况与我进行了充分的沟通和交流。从前期的沟通交流和刚才的反馈意见中，我深切地感到，巡视组的意见实事求是、全面客观，既肯定了我校在党风廉政建设和反腐败工作、落实中央八项规定精神、执行民主集中制和选人用人等方面作出的努力，又实事求是、严肃中肯地指出了存在的问题。更使我深刻地认识到，巡视制度是我党加强内部监督的一项重要举措，它的实行有利于党员干部加强自我约束，提高思想觉悟，深化执政为民的理念，提升我党执政能力，为我国社会主义法治社会建设提供政治支撑力；巡视制度具有政治性、综合性、权威性、独立性，是强化党内监督的重要举措和制度创新，对高等院校而言，不仅是对我们的工作进行的一次"把脉会诊"，而且是对我们领导班子及成员进行的一次"健康体检"，更是加强党对高校的领导和监督的"高压通电"，给予学校工作的肯定是鼓励和鞭策，反馈的问题是对我们的爱护和警醒，提出的整改意见是我们的动力和方向。

巡视组提出的意见和要求，对进一步推动我校落实党委主体责任和纪委监督责任、加强党风廉政建设具有十分重要的意义，我们完全接受。这次反馈会后，学校党委将立即召开专题会议，进行研究部署，制订整改方案，细化分解任务，落实整改措施，全面抓好整改，把落实巡视组提出的意见和要求作为一项重大政治任务完成好。

一是强化责任担当，抓好整改落实。对照省委巡视组反馈的意见，明确整改内容，分解整改任务，锁定整改时限。整改工作要实行台账管理，对号销账，确保件件有回应、事事有落实。对反映的问题线索，要认真清理，深挖到底。学校党委从我开始，带头整改。党委领导班子成员也要率先垂范，迅速行动，带头抓好自身整改，切实指导和抓好分管单位的整改，推动各项措施落到实处。全校各级党组织和各单位要按照党委的统一部署，把巡视问题的整改工作当作重要的政治任务抓紧抓好，立说立行、立说立改，迅速抓好落实，确保整改工作取得实效。

二是落实"两个责任"，从严管党治党。全校上下要以这次落实巡视整改为契机，切实把思想和行动统一到中央从严治党的重大决策部署上来，把党要管党、从严治党的新要求落实到学校改革发展的各环节。要深入贯彻省委关于落实"两个责任"的要求，推进"两个责任"全覆盖，将责任传导到终端，形成人人负责、层层压实的局面。党委书记要认真履行第一责任人责任、领好班子、带好队伍、当好表率；领导班子成员要认真履行"一岗双责"，坚持原则、敢于担当、不做老好人；纪委书记要认真履行监督责任，及时发现和纠正问题。把党委主体责任与纪委监督责任统一于全面从严治党全过程，真抓真管、敢抓敢管。

三是坚持挺纪在前，加强纪律建设。把严明政治纪律和政治规矩摆在首位，以政治纪律的落实带动其他各项纪律规矩严起来。深入学习和贯彻《习近平关于严明党的纪律和规矩论述摘编》《中国共产党廉洁自律准则》

《中国共产党纪律处分条例》，真正使党规党纪刻印在心中、落实在行动。要坚持力度不减、尺度不松，加强和改进纪律审查工作，持续保持正风肃纪高压态势，重点查处不收敛不收手，问题线索反映集中、群众反映强烈，现在重要岗位且可能还要提拔使用的干部。紧紧围绕"六大纪律"，把握运用"四种形态"，抓早抓小，动辄则咎，牢固树立纪律底线和红线。

四是持续纠治"四风"，净化政治生态。深入落实中央八项规定和省委"作风建设二十条"，持续开展"四风"整治行动，重点整治慢作为、不作为、揽功诿过等不良现象。落实各单位作风建设主体责任，加强"三公经费"、公务接待、公务用车、仪器设备等的管理，加大源头治理力度。继续推进"红包"和违规插手干预工程项目问题整治，对违规收送"红包"和插手干预工程项目的，一经查实，按照组织程序一律先免职，再依据有关党纪政纪规定给予相应的处分。紧盯年节假期，既抓节日又抓平时，持续发力形成习惯，对不收手不知止一律从严查处。畅通举报渠道，对每条线索认真核实、处置到位，激发群众监督正能量。

五是规范选人用人，加强队伍建设。我们要严格落实《党政领导干部选拔任用工作条例》，形成选好用好干部的正确导向和有效机制，加大干部选拔任用问题的倒查和责任追究机制，坚决纠正选人用人上的不正之风。要按照全面从严治党的要求，选那些对党绝对忠诚的干部，不能选"两面人"；按照"三严三实"要求，选那些律己严、干事实、做人实的干部，不能选投机钻营、贪权贪利的人；按照五大发展理念要求，选那些思维能力强、执行力强的干部，不能选不会想事干事、逍遥太平、热衷于搞关系的人。推动形成能者上、庸者下、劣者汰的有效机制，发挥科学考核和选拔导向作用，形成正确用人导向和营造有为有位氛围。

巡视组的各位领导和同志们，我们将以此次省委巡视组反馈意见为契机，扎扎实实抓好整改，努力将省委巡视组此次巡视的成果体现好和运用好，深入推进党风廉政建设和反腐败工作，努力建设风清气正的政治生态，为推进学校教育事业发展提供坚强的政治保证、组织保证和纪律保证。

谢谢。

第五十六回　八桂聚友

——在南昌工程学院广西校友分会成立大会上的讲话
（2016 年 5 月 28 日）

尊敬的各位来宾、亲爱的各位校友：

大家好！

五月是一个温馨的季节，因为母亲的节日在五月；五月是一个振奋的季节，因为劳动者的节日在五月；五月是个红色的季节，因为很多有缘人选择在五月喜结连理；五月还是个火热的季节，因为她拥有"爱国、进步、民主、科学"的五四精神。去年五四青年节，中共江西省委书记强卫同志来南昌工程学院国家级大学科技园视察指导工作，并送给徐莉同学一句话："创新创业，放飞理想"；今年五月二十八日，南昌工程学院广西校友分会在南宁正式成立，在我校发展史上，都有着十分重大的意义。在此，我谨代表学校党委和全校两万余名师生，对广西校友分会的成立表示热烈祝贺！

校友相聚，有一个永恒的主题，那就是——母校。大家刚刚看过了学校的宣传片，从片中可以看到，我们的母校——南昌工程学院，经过近 60 年的建设与发展，取得了辉煌的成就，已经由仅有 100 多亩的校园，发展成为拥有 2046 亩的现代化大学校园；由一所单一的水利院校，发展为以工学为主，文学、经济学、理学、农学、管理学、艺术学等多学科协调发展的水利特色院校；由建校初期的两个专业 87 人，发展成为拥有两个专业硕士培养领域、60 多个本专科专业、近 2 万名在校学生规模的多科性大学。

追溯我校近 60 年的办学历史，南昌工程学院与时代同进步，与社会共发展，走过了不平凡的历程。学校在艰苦创业中成长，在励精图治中壮大，在改革创新中发展；学校始终坚持社会主义办学方向，全面贯彻党的教育方针，坚持以育人为根本、以质量求生存、以特色促发展，改革创新，追求卓越。近年来，在省委省政府的正确领导下，学校办学规模不断扩大，办学条件逐步改善，办学实力日益增强，办学效益不断提高，在各方面都取得了显著的成绩。

六十余载风雨兼程辉煌路，花甲年翘楚各方南工人。伴随着共和国建设发展的脚步，南昌工程学院已经走过了半个多世纪的风雨历程，1958 年建校以来，学校共为社会培养和输送了近 10 万才俊志士，这是一个特殊的数量，也是一个特殊的分量。今天，我们高兴地看到，遍及广西的 1000 多名南工校友，凭借着基础扎实、工作务实、为人朴实、作风踏实的鲜明品格，在各自的领域内辛勤耕耘、建功立业、施展才华，取得了无数骄人的业绩，不仅为当地的发展建设作出了重要贡献，也为母校赢得了良好的声誉。广大校友情深义重，心系母校，时刻关注母校发展，并以不同方式为母校建设捐力献策，传承了南工人爱校荣校的光荣传统，体现了校友们情牵母校的赤诚情怀。在此，我谨代表学校对校友们取得的成就表示衷心的祝贺！向长期以来情系母校、为母校赢得荣光和作出贡献的校友们致以崇高的敬意和衷心的感谢！

成绩属于昨天，未来仍需开拓。一所大学的使命与价值，在于她培养人才、传承文明，创新知识、探求真理，服务社会、引领未来。只有不断推动学校科学发展，实现新的跨越，我们才能真正担当起大学的使命与价值，真正拥有大学的品牌与魅力。当前，全校师生聚精会神、全力以赴加快发展升级，迎接教育部本科教学工作审核评估、申报硕士学位授权单位等重点工作正在有序展开。"十三五"期间，学校将按照"一二三四五"的工作思路，努力建设水利特色鲜明的创新型大学。

一大目标——即是紧紧围绕"更名升大"的目标。更名是为了避免与江西众多民办高校混淆（南昌工学院、南昌理工学院、江西工程学院等等），"升大"是为了提升办学层次，扩大社会影响，增强广大师生包括校友的自信心和自豪感。

两大战略——即是水利特色大学和特色学科专业。建设世界一流大学和一流学科是党中央、国务院作出的重大战略决策，我们结合学校发展实际，提出了"双特"战略，特色大学是我们的发展目标，特色学科是特色大学的重要支撑，也是学校办学层次和水平的重要标志。

三大支撑——即是围绕升格大学的基本条件，着力打造工学、管理学、人文社科三大支撑学科。目前，学校工科占 52%，管理学科占 17.5%，人文学科占 15.6%，"升大"三大支撑学科基本形成，但结构还需进一步优化，方向还需进一步凝练。工科是学校传统优势学科，是核心竞争力之所在，是安身立命之本。如何实现"从屈指可数到首屈一指、从高原到高峰，从繁星到皓月"的跨越，值得每位南工人深思。文科是大学的底蕴和底色，一所大学要成为著名的、有灵魂的、受人敬重的大学，离不开基础文科的繁荣发展，离不开硬实力、软实力、巧实力的并驾齐驱，离不开价值理性的人文熏陶。

四大职能——即是人才培养、科学研究、社会服务、文化传承，也就是我们通常说的大学的四大职能。人才培养方面要致力于培养应用创新型人才；科学研究重点围绕学科建设发展的需要；社会服务主要是"一带一路""长江经济带""鄱阳湖生态经济区"等国家发展战略和区域经济社会发展；文化传承突出做好"水文化、红色文化、廉政文化"三篇文章。

五大理念——即是"创新、协调、绿色、开放、共享"五大发展理念。今年年初我在党代会上提出要用五大发展理念指导学校改革发展，校友工作同样也要用五大发展理念来指导推动。

"创新"重在构建校友工作机制平台，充分发挥校友资源优势潜力。学校在推动改革发展中，对校友工作非常重视，积极筹备成立学校校友总会，并鼓励和支持有条件的地区成立校友分会。近年来，我们欣喜地看到江西、上海、浙江、北京、云南等地先后成立校友分会。最近，学校已经制订"十三五"规划，并第一次把校友会工作列入"十三五"规划，这是学校对校友会工作的大力支持，也是对我们广大校友的高度重视。学校将采取更加有力的措施，推动校友协调服务、资源共享、信息反馈等体制机制创新，建立适应时代要求的校友工作机制，创造性地开展校友工作。

"协调"重在推动校友工作与学校改革发展交相辉映、相得益彰。今天，我们非常高兴见证广西校友会的成立。广西作为校友众多、影响力较强的地区，广西校友会的成立意义重大，必将对其他地区校友会的建设起到很好的借鉴及示范作用！希望各位当选的会长、副会长、秘书长及各地市校友分会的负责同志，依托校友会这个好的平台，认真履行职责，锐意进取，再接再厉，真正建成一个互通信息、增进往来、集思广益、建言献智、开放平等、仁爱互助、和谐共享、价值提升的平台，把南昌工程学院校友团结起来，为母校与校友之间以及各地校友之间开展各种交流合作提供有力的支撑和组织保障。

"绿色"重在探索一条可持续校友工作之路，促进校友资源的永续开发利用。一日南工人，一生南工人，母校会永远关注校友并帮助校友发展。"校友资源是学校最富饶的人才资源"，做好新时期的校友工作不能"急功近利"，必须走"绿色生态"的可持续发展道路。一方面，我们对广大校友为母校发展鼓励加油、撑腰打气，助力母校提升办学实力表示高度赞赏，但更多是希望借助校友会这个平台为广大校友沟通交流提供便捷高质的服务。另一方面，我们也鼓励广大校友用实际行动支持"绿色江西，绿色南工，绿色校园"的建设，今年我校已经开始筹备六十周年校庆，希望广大校友返校认养树木，树碑立传（指号召校友捐赠反映当地地质地貌的石头、传承水文化、宣传校友典型事迹、寄托母校希望），为师弟师妹营造良好的学习生活环境，用"绿色"的眼睛见证母校这颗"大树"枝繁叶茂、浓荫匝地。

"开放"重在让"互联网＋"成为服务校友的前沿阵地。学校开辟"一网三微"工作新平台。"一网"就是构建校友工作门户网，其中包含校友工作机制、联系平台、活动动态等一些基本板块。"三微"即微博、微信和微门户，校友只要用自己的智能手机扫描二维码，用微信查找相应的公共账号，登录功能区校友工作微门户，便可以更加及时、方便、快捷地了解学校校友工作的最新动态。可以预见，"互联网＋南工校友"

就等于"南工会馆""南工之家"，必将成为一个为遍布国内外的南工校友提供精神温暖的地方，我们将用中华民族源远流长的"水文化"，为广大校友在网络新媒体上打造全新的心灵港湾。

"共享"重在学校与校友共享改革发展成果。校友和母校有割不断的血脉之情，师生情、同窗情、母校情，这种由终身不变的学缘关系而形成的母校情结，如同父母子女、兄弟姐妹之间的感情，是缘结一家亲的最朴实最纯真的感情。同窗共读，师承一脉的校友之情是世间最珍贵的情谊；饮水思源，青春永享的母校是我们内心永远的圣地。你们是母校建设与发展的力量源泉，学校的建设发展需要校友在人、财、智方面的大力支持，校友的需求和发展进步母校也应该责无旁贷。希望各位校友把母校的感情带回去，把母校追求的目标带回去，把母校发展建设的成就带回去，也把母校遇到的困难挑战带回去，携起手来，为母校的进步而努力，为地区的发展而努力。母校会为每位校友在各自领域发挥作用提供必要支持和精神动力，会永远关心每一位校友的发展。

各位校友，母校是每个校友的共同的永久的精神家园。网上流行一句话：母校是什么？就是那个你一天骂他八遍却不许别人骂的地方。母校真诚期待校友们"常回家看看"，到新校区参观指导，让"生地变熟地，知母且当归"。也许你正处于人生关键时期，也许你纠结路途遥远，很少回母校甚至毕业至今没有回过母校。然而"谁谓河广？一苇杭之。谁谓宋远？跂予望之。"只要校友们悠悠心所系，再远的距离也会变短，母校永远敞开怀抱，热情期盼校友们有空常回母校看看！欢迎2018年校庆之日，月圆之际回到母校，共享团圆美酒，共享发展的盛会！这既是对母校发展历程的回顾与纪念，更是我们走向未来的又一个崭新的起点。欢迎校友们届时拨冗相聚母校，共叙师生同窗情谊，共商南昌工程学院发展大计。我们坚信，无论相隔多远，无论时隔多久，我们的母校情、师生情、同窗情永远长青！

最后，预祝广西校友会成立大会取得圆满成功！祝愿广西校友会生机盎然、越办越好！祝愿各位嘉宾及校友事业兴旺，身体健康，家庭幸福，事事如意！祝南昌工程学院的明天更美好！

第五十七回　启用江大
——广西高校考察报告
（2016 年 6 月 3 日）

最近，我赴广西大学、广西民族大学、广西师范学院、广西财经学院等高校考察，得到原江西人民政府副省长、国家农业部常务副部长、广西壮族自治区党委副书记、现任广西壮族自治区人大常委会党组书记、副主任危朝安同志的指教，收获巨大、启示很多。现将主要情况报告如下。

一、广西大学已成为自治区人民的响亮名片

广西大学 1928 年诞生于广西梧州市蝴蝶山，首开广西高等教育之先河。在 88 年的办学历史进程中，也曾经被停办、撤销、合并，但始终保持发展强劲势头，深深地根植在广西人民的心中。自 1997 年原广西大学与原广西农学院合并组建新的广西大学以来，1999 年成为广西壮族自治区唯一国家"211 工程"项目建设学校，在教育质量、学科建设、科学研究、管理水平和办学效益等方面不断提高，目前已成为具有国内先进水平的综合性大学，和我国绝大部分省名大学一样，也成为一省高等教育水平的重要标志。

我国现有 34 个省级行政区（23 个省、4 个直辖市、5 个自治区、2 个特别行政区），以省级行政区名即省名直接命名的大学共有 29 所，鉴于管理体制不同将港澳台地区的 3 所除外，属本文讨论范围内的只有 26 所省名大学：北京大学、天津大学、重庆大学、上海大学，浙江大学、四川大学、吉林大学、山东大学、湖南大学、河南大学、山西大学、江

苏大学、云南大学、河北大学、黑龙江大学、安徽大学、贵州大学、辽宁大学、湖北大学、海南大学、青海大学，广西大学、新疆大学、内蒙古大学、宁夏大学、西藏大学。省名大学都是教育部属或省属的重点大学（其中国家"211"工程 20 所、"985"工程 8 所、教育部与省级政府"省部共建大学" 20 所），在国家和地区教育事业发展乃至政治经济社会生活中具有重要地位和影响。虽然不能说福建、广东、陕西、甘肃等省没有省名大学高等教育就落后，因为他们都有"985"大学；但江西既没有省名大学，又没有"985"大学，是高等教育落后的重要因素之一。"江西大学"校名资源空置，省名大学影响力较大、学科专业设置全、办学层次及科研水平高、新生及毕业生质量高、教师水平及绩效高、教学科研综合实力强、校友量大面广、杰出示范明显、社会关注度高及行为趋向性强等因素消散。省会城市名大学代替不了省名大学，在我国省名无论如何也要比省会城市名影响力更大，全国还有 17 个省没有以省会城市命名大学，因而在江西省建立"江西大学"意义更加重大。

尽管启用中国高等学校的校名十分错综复杂，有些不同的高等学校曾有过相同的校名。例如，20 世纪 20 年代的上海大学与现在的上海大学并无关系，抗战时期的延安大学与现在的延安大学是两码事，今天的南昌大学也没有将校史往前延伸至 40 年代。不同历史时期的中国高等学校可能名同而实异，或名异而实同。就像我为孙子取名为刘邦，谁也不会认为他是两千多年前的汉朝开国皇帝，只不过是寄托我对他成长成才要为国家做贡献的希望而已。在社会经济发展日新月异的新时期，如何选择校名已成为摆在我们面前的一个现实问题。特别是像"江西大学"这样的优质校名资源，不应长期闲置，要尽快在省会城市选择一所大学担当这个历史责任。只要有广西大学精神，全省解放思想，政府不要花钱，就会有"江西大学"。

二、南宁等名城正在被学院更名为大学时派上用场

广西师范学院坐落于广西壮族自治区首府南宁市，其前身为创办于 1953 年的广西教师进修学院，1978 年 12 月成为区属普通全日制本科师

范院校，2003 年将原广西南宁民族师范学校并入广西师范学院，目前学校拥有 68 个普通本科专业，涵盖哲学、经济学、法学、教育学、文学、历史学、理学、工学、管理学、艺术学等 10 个学科门类，2016 年在中国校友网大学排名 421 位。院党委书记莫诗蒲同志向我介绍，"十三五"计划把学院更名升格为大学，但在校名选择上有两种意见：一种是校外希望我院再并入一所高职院校更名改大为"南宁大学"，一种是校内期盼更名为"广西民族师范大学"，加上民族二字以体现广西特色、保持师范特色。我建议莫诗蒲同志要发挥有党政机关工作经历的优势，努力使本校升格为广西师范大学、帮助现在地处桂林的广西师范大学更名为桂林大学、再推动另外选择一所学院更名改大为南宁大学，可以说多方得益。一所大学是一个城市最好的名片，特别是在世界闻名的"山水甲天下"的旅游胜地和历史文化名城—桂林市，通过建立桂林大学，可以促进当地相关产业的迅猛发展，尤其是服务业，打造旅游城市，提升魅力山水。

广西北部湾海岸线长 1595 公里，其中钦州市海岸线长 520.8 公里，背靠大西南，面向东南亚，是西南大通道最便捷的出海口，孙中山先生当年在《建国方略》中把钦州港规划为中国南方第二大港，如今钦州港已经被国务院确定为国家重要港口，在中国——东盟自贸区中起到"桥头堡"的重要作用。区内经济社会发展为钦州学院的建设提供了迅速崛起的平台。据（桂政函 [2011] 114）文件获知，2011 年广西壮族自治区人民政府致函钦州市人民政府，同意钦州市人民政府在钦州学院基础上筹建北部湾大学。2011 年 7 月 1 日，北部湾大学筹建指挥部在钦州学院正式挂牌成立。钦州学院前身是始建于 1973 年的钦州地区师范学校，2006 年国家教育部批准钦州师范高等专科学校升格为钦州学院，2016 年中国校友网大学排名 601 位，现正按北部湾大学的构架，努力打造临海工业、石油化工、海洋经济、东盟研究、泛北部湾经济等五大专业品牌，为北部湾经济区发展提供智力支撑。

考察表明，自新中国成立以来，在经历 1958 年、1978 年与 1998 年三个快速发展阶段后，广西高等教育资源布局已渐趋合理，再过两年，即 2018 年广西壮族自治区人民政府成立 60 周年之际，不仅将在高校数量上将大量增加，而且在办学特色、层次提升、学校分布等多方面均取得更多成就。这些巨大进步，固然离不开全国高等教育发展的大背景，同时也反映了中央政府以及广西地方政府对发展高等教育事业的重视。广西虽地处西部地区，大学却像沿海地区一样开放。广西民族大学凝练出"民族性、区域性、国际性"三性合一的鲜明办学特色，"十三五"期间学校将按照国家和广西经济社会发展的战略要求和民族团结与发展事业的需要，全面提高教育教学质量，进一步提升办学水平，建成在国内和东南亚地区有较大影响的、具有民族特色和地方特色的高水平教学研究型综合性民族大学。可见广西无论是在高等教育资源的区域分布还是在学科专业建设上都有许多值得江西学习的地方。特别是广西抓住当前中央政府对西部地区高等教育事业发展的倾斜政策、在今后的高等教育事业发展过程中努力构筑服务广西、面向东盟的高等教育资源布局新格局积累的宝贵经验，值得江西借鉴。

三、南昌工程学院要勇为江西高校科学布局担当

进入我国经济新常态后，随着社会发展大背景的迅速变化，高等教育的结构布局又面临着新的挑战。高等教育布局是否科学，直接关系到高等教育资源的利用效率，影响着高等教育的发展及其功能的发挥，从而影响到整个社会政治、经济、文化的发展。江西高等教育需要主动应对这些挑战，加强或实施新的政策，促进高等教育结构布局适应社会经济发展的新需求。在省会城市南昌建立"江西大学"是一项有力重大举措。

首先，要提高办好江西大学的认识。高等教育的发展必须以优化的布局结构为基础。发达国家的实践表明，高等院校是国家基础科学研究最重要的力量，是推动国家高新科技创新和发展的主力军。在我国，省名大学和有一定实力的高校周围形成大量高新科技开发园区，它们富有生气和活力，说明在高新科技研究和科技成果产业化方面发挥了核心作用。省名大学众多事例说明，建立江西大学在全省经济社会发展中作用十分显著。不仅全省可以便捷利用江西大学的研究成果、科教人才；江

西大学还可以有针对性地研究解决全省经济社会发展中的困难和问题；也有利于南昌市扩大对外开放交流、聚集人才、改善投资环境等等。江西大学能否尽快屹立在英雄城南昌，关键在于提高对这一问题的认识。

第二，选好组建江西大学的方案。世界上绝大多数大学是由小到大、由学堂—学校—学院—大学，著名大学更多的是采取几所大学合并而成，也有白手起家、新开地盘建立的，富裕国家和发达地区可采用这种办法。从目前我国高等教育发展的背景和江西经济发展的现状看，特别是从必要性、可行性、操作性看，选择在南昌工程学院的基础上组建"江西大学"是比较可行的。（详见下表）

江西省会城市（南昌）大学基本情况表

序号	名称	办本科起始时间	中国校友会网2016年大学排行
1	南昌大学	1952年	80
2	江西师范大学	1940年	148
3	江西财经大学	1978年	152
4	江西农业大学	1940年	225
5	南昌航空大学	1978年	246
6	华东交通大学	1971年	262
7	江西中医药大学	1959年	335
8	南昌工程学院	1958年	375
9	江西科技师范大学	1987年	416
10	南昌师范学院	1979年	681

资料来源：南昌大学等10所高校校史

在上表列举现有江西在昌10所公办本科院校中，8所已经是"大学"，且特色明显、历史悠久，对改成别名意义不大。最有必要的是以南昌工程学院为基础进行改建扩建合建，尽管目前在全国700多所公办本科大学排位处于中间水平，但全国排名518位之前的山西大同大学等100多所都是大学，让南昌工程学院从前后都是大学的包围圈中解救出来，容易得到社会的同情认可和教育部的批准支持。还有这所学校 1958 年为江西水利电力学院（本科），和原江西大学是同一张批文，很长一段时期归水利部直管，现为江西省政府和国家水利部省部共建大学。

第三，尽快成立江西大学筹委会。统筹水利部、教育部、江西省、南昌市等多方力量办学。2011 年教育部和水利部签订了共建河海大学、武汉大学、清华大学、中国农业大学、天津大学、大连理工大学、四川大学、西北农林科技大学 8 所高校协议，争取教育部和水利部再签署一个共建江西大学的协议；协调南昌大学和江西大学的关系。目前南昌工程学院在昌东、南昌大学在昌北，分处赣江两岸，虽无关联胜似兄弟，可以分工合作、良性互动。南昌大学可集中精力抓内涵建设、聚焦特色学科、争创一流大学，进一步提高办学层次、服务好赣江北岸以及全省的经济社会发展。江西大学在中国水都南昌的崛起，会在昌东带出一片新城区，提升南昌城的文化品位，和南昌高新技术开发区互促共进。真正把南昌工程学院的教学、科研、社会服务、文化传承创新提升到"江西大学"的水平，像四川大学一样，既突显水利特色，又树立省名大学形象。

第五十八回　初建方案

——关于由南昌工程学院担当"江西大学"的建议方案
（2016 年 6 月 13 日）

　　经广泛征求江西省内外特别是原江大校友意见，由南昌工程学院担当江西大学是一件"有百利而无一害"的国家大事。尤其当前利用江西大学的品牌资源，无论是对促进南昌工程学院的发展还是传承江西大学的品牌都是有好处的。南昌工程学院担当"江"西大学可突显水利特色，江西后面紧跟大学省校互感实力倍增。江西大学既是江西省的重要标志，又是高校的无形资产。江西大学以南昌工程学院这一具体大学为基础，体现了江西人民包括原江大校友的特殊意志，缓解了全国唯一江西省既没有省名大学，又没有"985"大学的窘境。"江西大学"况且还不说是否能像四川大学一样，集省名和水利特色于一身成为"985"大学；就是像贵州大学一样，集省名和水利特色于一身成为"211"大学也是非常宝贵的；不仅能迅速改变江西在全国高等教育的落后地位，而且能短时期内成为国内一流大学和一流学科建设的后备力量。

一、由南昌工程学院担当"江西大学"的主要背景

　　一所学校从学院更名为大学，是学校发展到一个新的历史阶段提出的新诉求，更是国家对学校进一步发展提出的新要求。国务院出台《统筹推进世界一流大学和一流学科建设总体方案》，江西省明确提出到 2020 年，力争 1 所综合型高水平大学进入国内一流行列，3～5 所特色型高水平大学在全国排名显著前移，10 个左右学科进入国内一流行列，个别学科进入世界一流学科行列；10 个左右本科专业和 20 个左右专科专业达到

国内一流水平。争创特色学科专业，争创水利特色大学已成为南昌工程学院的重大战略目标。

（一）学校发展需要"江西大学"进一步彰显办学定位

当前，我国正处在加快转变经济发展方式、调整优化产业结构转型升级和深入实施创新驱动发展战略的关键时期。鄱阳湖生态经济区、长江经济带、"一带一路"等重大战略的相继推出，必然要求高校将服务国家战略和地方经济社会发展的要求摆在首要位置，要求各高校重新调整办学定位，凝聚发展目标。这要求学校，一方面要更加围绕国家和区域经济社会发展战略需求，瞄准战略性新兴产业的发展、传统产业的改造升级、社会公共服务领域的新需求，合理布局与学校定位相适应的学科专业；另一方面，要培养满足经济社会需求为导向的高层次创新创业型人才，着力培养具有较强岗位适应能力的面向地方、面向行业企业的高素质创新型、应用型、复合型人才；同时要以构建协同育人机制为重要突破口，探索省部、校校、校所、校企、校地以及国际合作的人才培养途径。唯有挂牌江西大学，方显高校异军突起，声势浩大呼而有应，优势特色定位到位。

（二）水利现代化建设急需"江西大学"多元化智力支持和人才支撑

水利现代化关乎我国"四化同步"发展，水资源是基本条件，水利是基础支撑。水的双重属性决定了政治水利在生态文明建设中突出的地位；民生水利中水多、水少、水脏、水浑等突出问题要尽快解决。国家将重点针对资源性、工程性缺水地区、防洪体系有较大缺陷的地区，加快建设一批重大引调水工程、重点水源工程、江河湖泊治理骨干工程和海绵城市，推进水利现代化进程、提升水安全保障能力。整合物联网、云计算、大数据等新兴信息技术"智慧水利"已成为水利现代化建设的新热点。如何适应大数据时代推进我国水利信息化与数字水利建设也成为学界关注的焦点。加快实现从控制洪水向洪水管理转变，从供水管理向需水管理转变，从水资源开发利用为主向开发保护并重转变，从局部水生态治理向全面建设水生态文明转变必然需要更多的水利人才作为支撑。

江西省境内水系发达，水资源丰富，有力地支撑了江西国民经济和社会发展。然而，随着水资源约束趋紧、水环境污染严重、水生态系统退化，加之水资源合理配置和高效利用体系尚不完善，江西省水资源短缺问题仍较严重。突出的表现是我国第一大淡水湖——鄱阳湖水位持续下降，低水位延续时间趋长，水量减少，水质下降，水生态环境问题日益突出。此外，水利信息化水平有待提高，水利高层次科技人才和城乡基层专业人才匮乏等。面对以上问题，需要江西大学在推进水利现代化建设方面提供智力支撑和人才保障。

（三）水利类高校发展需要"江西大学"成为中坚力量

原国家水利电力部直属高校发展演变到目前主要有以下四类：第一类是与其他院校合并组建新的工程类（理工类）高校或并入其他高校作为二级学院，弱化甚至失去水利特色优势。如原葛洲坝水电工程学院与湖北三峡学院合并组建成三峡大学、南京电力高等专科学校组建南京工程学院、武汉水利电力大学并入武汉大学作为二级学院等；第二类是仍然为专科的院校，如山东电力高等专科学校、重庆电力高等专科学校等；第三类是坚持水利特色，强调应用型，且独立升格办学，如南昌工程学院；第四类是向着综合化和研究型方向发展。如华北水利水电大学、河海大学等。从我国水利行业向"数字水利""智慧水利"发展的新趋势，以及"水科学"学科知识体系建设的新进展来看，学校应担当"江西大学"，将水利特色提升为水利优势，以"水科学"为优势，加强水学科与其他非水学科的交叉和复合。

"水科学"的概念及范畴

从研究内容来看，可以把水科学描述为，对"水"的开发、利用、规划、管理、保护、研究，涉及多个行业、区域、多个部门、多个学科、多个观念、多个理论、多个方法、多个政策、多个法规，是一个庞大的系统科学。具体来说，水学科是一个研究水的物理、化学、生物等特征，分布、运动、循环等规律，开发、利用、规划、管理与保护等方法的知识体系。水科学可以表达为水文学、水资源、水环境、水安全、水工程、水经济、水法律、水文化、水信息、水教育等10个方面相互交叉的集合。

资料来源：左其亭.中国水科学研究进展报告（2011—2012）［M］.北京，中国水利水电出版社，2013.

二、江西大学发展的指导思想与基本原则

大学相对于学院而言，意味着学校硬件、软件都上了一个档次，具有较强的教学、科研力量和较高的教学、科研水平，学校规模也将得到扩大。更名不仅是一所高校综合实力的一种阐释，同时也更强有力地促进了学校的综合性建设，给学校学科建设、教学水平、学生发展等方面带来更大的发展空间。

（一）指导思想

全面落实国家和江西省中长期教育改革和发展规划纲要，以对接国家战略和区域经济社会发展新需求为办学导向，以人才培养质量竞争力持续提升和社会契合度不断增强为办学宗旨，以水科学为特色和水资源、水环境、水安全、水信息等为重点拓展领域调整学科专业布局结构为主要抓手，以校地、校企、校所、校校等协同创新共同体构建为重点，以治理体系建设和管理体制机制改革为突破，努力打造成为区域水科学知识创新的策源地、水利行业改革发展的服务枢纽，以及高等教育深化改革的试验田。

（二）基本原则

1. 创新需求，特色导向。适应国家创新驱动发展战略和经济"新常态"，借力江西在中部崛起的通道优势与生态优势和转型升级第二产业、重点打造现代服务业的新趋势，以及地方本科院校改革发展新挑战，科学确定学校战略定位；依据水利行业向"数字水利""智慧水利"发展的新特点，以及水科学知识体系建设新进展，调整布局更加凸显"水"特色的学科专业结构；适应"大众创业、万众创新"的新形势，建立培育具有创业精神和创业素质的创业人才培养机制与模式。

2. 质量为本，层次提升。坚持走以质量、结构、效益等要素为核心的发展道路，以提升人才培养质量为第一要义和主线，以学科专业布局结构调整为抓手，以提高科学研究水平和服务行业企业能力为使命，以完善内部治理体系、建设现代大学制度为突破，遵循适度扩大办学规模，提高办学层次的发展思路，持续提升学校的办学质量和社会声誉度。

3. 多元融合，内外协同。强化产教融合、校企合作、校地互动，建立协同创新的发展模式。积极与地方政府、行业企业、科研院所、兄弟院校和其他社会组织等以"利益链"为纽带，建立互利共赢、优势互补、资源开放共享、多元主体融合的协同发展共同体。开展体制机制改革，建立构建政府、社会、行业企业参与的公共治理体系；整合利用行业企业等外部优质资源，推进联合科研、人才培养模式创新等实践改革，提高学校发展和社会服务能力。

4. 国际合作，开放发展。以"一带一路"等国家战略为契机，积极面向国际国内两个市场，充分利用国际国内两种资源，吸收借鉴国际高等教育改革发展的先进理念和成功经验，结合江西和学校的实际，坚持"引进来"和"走出去"相结合，以开放发展加快推进学校国际化办学水平，提升学校人才培养质量和科学研究的竞争力。

三、江西大学发展的初步目标

立足江西、服务全国、凝心聚力、水平提高，为进一步推进江西科学发展、绿色崛起，为建设富裕和谐秀美江西提供人才支撑、智力支持和文化引领。

（一）总体目标

以创新驱动、综合改革、提高层次、优化结构为江西大学发展主线，以服务国家、行业和区域形成"大水利"行业新业态战略需求为导向，以水科学学科链衔接"大水利"产业链为重点，建成智慧（数字）水利新兴学科（方向）率先布局、水科学核心学科优势明显、理工学科基础坚实、水科学学科齐全、并与其他学科交叉、复合先行的国内独树一帜的新型科技类高校。为今后更长时期建设成为水科学领域和水利行业的创新创业型大学奠定基础。以提升每一位学生献身水科学应用、水利工程科技创新、水利新业态拓展、涉水新领域创业的终身发展价值为理念，通过本科起点、专业硕士和专业博士贯通以及与行业、产业联合培养体系和模式创新，培养新一代扎根水利行业和涉水行业的工程师、创业者、管理领导者。

（二）阶段目标

1. 第一阶段，学校综合竞争力进一步提高，进入江西省普通本科院校第一方阵；在全国普通本科院校排名中进入 100～200 名区段；在全国水利类院校中形成水科学学科齐全、与其他学科交叉、复合先行、水科学学科链对接"大水利"产业链的初步框架；在水科学部分领域或部分涉水学科领域形成独创性特色；研究生教育成为硕士学位授予权单位。

2. 第二阶段，在部分智慧（数字）水利新兴学科（方向）率先突破并取得领先优势；成为率先完成向水科学核心学科优势明显、理工学科基础坚实，研究生教育成为博士学位授予权单位。水科学学科齐全、与其他学科交叉、复合先行转型的新型示范性工程科技类高校，成为水科学学科链对接"大水利"产业链的创新创业型大学；学校在国家、行业和江西省水利行业发展战略中作出社会公认的突出贡献。若干毕业生成为部分智慧（数字）水利新兴学科（方向）带头人，成为全国、行业和江西省水利新兴业态的创新领袖；所有毕业生都成为全国、行业和江西省水利行业和涉水行业的骨干工程师、创业者和管理领导者。

（三）具体目标

1. 人才培养目标：

（1）规模目标：到 2020 年，学校全日制在校生规模达到 25000 人左右。其中普通本科在校生规模 20000 人左右，士官生（专科）在校生 1500 人左右，研究生 2500 人左右和留学生 1000 人左右。调整成教（函授）本专结构，提高其中本科教育的比例；适度拓展在职行业培训。

（2）层次目标：适度提高人才培养结构中心。压缩专科生教育（只保留定向培养直招士官生），提高本科生规模，扩大研究生尤其是专业学位研究生培养规模及其占全日制在校生规模的比例，积极争取留学生教育。到 2020 年，本科在校生占比达到 80% 左右，专科生占比为 6% 左右，研究生占比为 10% 左右，留学生占比为 4% 左右。

（3）类型目标：着重培养以水利工程管理和水利科技为主，以水旅游、水文化、水数字、水安全等相关知识领域拓展为重点，突出创新能力和工程素养，专业基础实、实践能力强、综合素质高的水利行业及相关涉水领域的高级水利工程管理及水利科技人才。

2. 学科结构目标。主动适应未来区域经济社会发展新需求，根据学校学科发展现状和各学科未来发展趋势，综合考虑未来行业企业人才需求结构及毕业生就业结构变化，结合学校办学定位，构建实现由水利工程向水利科技和水利管理转变的，基础稳固、重点突出、水利特色鲜明、交叉融合的理工管等可持续发展的多学科布局体系。

3. 科学研究目标。对接国家和区域水利发展需求开展重大科技攻关，实现省级科技成果奖获奖数量和层次的大幅提升，实现国家级科技成果奖获奖突破；实现省级协同创新中心（平台），建设零的突破；以水利科技及其他涉水学科的交叉研究为重点，形成水科学跨学科研究特色。

四、江西大学发展目标的实现策略与路径选择

江西大学整体实力的提高，必须在南昌工程学院的基础上，大力推进加强党的领导等十大工程建设。这无论是对教师还是对学生，都是一个良好的发展契机和途径。对学生来说，要有助于拓宽学习知识面，做到优势互补；对教师来说，要能够拓宽教学科研领域，提高科研水平，提升教学层次；对干部来说，要有更强的统筹和驾驭能力，提高学校的领导管理水平。

（一）党委领导核心建设工程

江西大学党的委员会是学校的领导核心，履行党章等规定的各项职责，把握学校发展方向，决定学校重大问题，监督重大决议执行，保证以人才培养为中心的各项任务完成。

（1）宣传和执行党的路线方针政策，宣传和执行党中央、上级组织和本级组织的决议，坚持社会主义办学方向，依法治校，依靠全校师生员工推进学校科学发展，培养德智体美全面发展的中国特色社会主义事业合格建设者和可靠接班人。

（2）审议确定学校基本管理制度，讨论决定学校改革发展稳定以及教学、科研、行政管理中的重大事项。

（3）讨论决定学校内部组织机构的设置及其负责人的人选，按照干部管理权限，负责干部的选拔、教育、培养、考核和监督。加强领导班子建设、干部队伍建设和人才队伍建设。

（4）坚持党管人才原则，讨论决定学校人才工作规划和重大人才政策，创新人才工作体制机制，优化人才成长环境，统筹推进学校各类人才队伍建设。

（5）领导学校思想政治工作和德育工作，坚持用中国特色社会主义理论体系武装师生员工头脑，培育和践行社会主义核心价值观，牢牢掌握学校意识形态工作的领导权、管理权、话语权。维护学校安全稳定，促进和谐校园建设。

（6）领导学校的思想政治工作和德育工作，促进和谐校园建设。加强大学文化建设，发挥文化育人作用，培育良好校风学风教风。

（7）加强对学校院（系）等基层党组织的领导，做好发展党员和党员教育、管理、服务工作，发展党内基层民主，充分发挥基层党组织的战斗堡垒作用和党员的先锋模范作用。

（8）领导学校党的纪律检查工作，落实党风廉政建设主体责任，推进惩治和预防腐败体系建设。

（9）领导学校工会、共青团、学生会等群众组织和教职工代表大会。做好统一战线工作。

（10）讨论决定其他事关师生员工切身利益的重要事项。

（二）科学规范管理建设工程

民主集中制是党和国家的根本组织制度和领导制度。党委领导下的校长负责制是民主集中制原则在高校的集中体现，是坚持党的领导，推进学校工作的基本制度保证。高等学校的党委在履行决策和执行职能时，特别是涉及学校发展规划、重大改革、人事安排、财务预算、基本建设、教育收费等重大事项，都必须通过党委全委会及其扩大会议或党委常委会及其扩大会议、书记办公会议、校长办公会议、教职工代表大会、学术委员会会议等，坚持"集体领导、民主集中、个别酝酿、会议决定"，贯彻民主集中制，完善党委议事和决策机制。

要加强党员代表大会对党委会和教职工代表大会对学校领导班子的监督，建立健全定期向党员通报工作制度、定期向各民主党派通报学校重要工作制度、重大事项公示和听证制度、校务公开制度、联系群众制度、接待日制度等；为使监督制度落到实处，还要建立相应的责任追究制度。建立健全教师参与管理制度，广泛听取来自一线教师的建议，积极探索以教授为主体的决策咨询组织，充分发挥教代会、学术委员会在民主办学、依法治校中的作用。通过大学基层中的教研室、教学团队、科研团队、课程建设组等学术类的专业共同体听取教师的心声。

要围绕"简化、规范、综合"的要求，把握好"制度要有明确的目的性、可操作性、实效性"的原则，及时对那些不适应新体制、新情况的规章制度进行全面的清理和修订，对各方面具有共性或互相矛盾的规章制度进行统一合并，对缺项、不配套的规章制度进行补充和完善，形成一套比较完整的学校规章体系，并注重抓好落实，切实维护制度的权威性，使学校各项工作走上制度化、规范化的轨道。

（三）干部队伍建设工程

要按照"社会主义政治家、教育家"的标准，配备一支能够担当重任的高素质、高业务水平的学校领导班子队伍，具备科学判断形势的能力、应对复杂局面的能力、依法治校的能力和总揽全局的能力；能够深入基层，密切联系广大教职员工，能够充分调动全校各方面的积极性；要勇于改革、开拓进取、善于治校理教。党委书记要力争成为一个能谋善断、精明强干、学识广博、心胸坦荡、公正练达的领导干部，不仅能凭借自己的才能自如地运用权力影响，很好地强班子、带队伍、促创新、谋发展，还要以才服人，以超凡的人格魅力和自身素质的影响力凝心聚力，以深远的战略眼光、市场眼光和学术眼光洞察形势的变化，汇集领导班子合力，带领一所学校逆风扬帆，快速发展。

建立一支学习型、研究型、创新型的中层干部队伍。选拔、培养和管理校内各级领导干部，构建团结、精干、高效、值得信赖的干部队伍，营造"想干事、能干事、干成事"的工作环境，以科学化、民主化和制度化的方式，形成广纳群贤、人尽其才、能上能下、充满活力的用人机制，逐步营造鼓励人才干事业、支持人才干成事业、帮助人才干好事业的良好氛围和环境。采取有力的措施，通过多渠道、多种方式方法的培训和实践锻炼，培养以德服人，政治坚定、师德高尚的领导干部；以智服人，知识型、思想型领导干部；以行聚人，实干、亲民的领导干部。把优秀人才集聚到学校事业中，最大限度地发挥各类人才的聪明才智。

（四）内部治理体系建设工程

制定江西大学章程，完善学校治理体系，形成"党委领导、校长负责、教授治学、民主监督、社会参与"的"五位一体"共同治理体系，建立增强学校凝聚力、激发教职工发展动力、提高学生学习活力、促进学校可持续发展的大学治理体系。建立由政府代表、学校党政负责人、教职工代表、企业行业代表和社会知名人士等多元主体参与的校务委员会（董事会、理事会）制度，健全社会支持和监督学校发展的长效机制。建立以学术委员会为核心的学术管理体系，完善二级院系学术管理，发挥专家教授在学科建设、教学科研等学术事务中的主导作用，推动"学术权力"和"行政权力"相对分离。建立以创新人才培养体系为核心、以二级学院为基础单位的管理体系，健全院系领导决策管理和教代会的民主管理等制度，给予院系在学生招录与选拔、人才培养、师资聘任及考核、经费使用等方面的自主权。建立自主发展、自我约束、自我规范的内部管理和监督机制。建立"校企合作理事会""校企合作专业建设委员会"等组织，为学校战略发展提供咨询建议。

（五）学科专业布局结构调整工程

积极对接水利行业发展的新特点，主动适应地方经济社会发展新需求和水科学的范畴及学科体系建设新趋势，充分利用物联网、云计算、大数据等现代信息技术，以"数字水科学"与"互联网＋水科学"为引领和优先发展战略，充分利用南昌"中国水都"的区位优势，以水资源的保护、开发、利用、管理等为重点拓展学科领域，优化学科专业布局结构，构建以水科学为特色、相关学科为支撑，注重学科交叉融合的学科专业体系，促使学校专业群、人才培养链、人才培养规格和区域经济发展的产业群、产业链需求相匹配，实现学校的错位发展和特色发展。

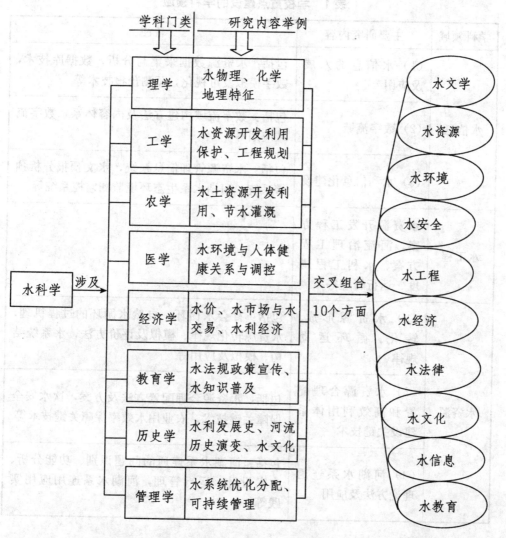

图 1 水科学学科体系示意图

要将"水信息"列为重点战略发展领域，以水资源数据采集与传输、数据库技术、科学计算可视化及水系统数字模拟、智能水决策和水管理信息系统为突破口，以适应和引领我国水利行业向"生态水利""数字水利""智慧水利"发展的新趋势和新挑战。此外，学校还要根据学科基础和行业发展新趋势，以水工程、水资源、水环境、水安全、水文化为重点领域，调整学科专业布局。

表 1 学校重点建设的学科领域

学科领域	主要研究内容	备注
水信息	(1) 水信息的发展及应用	包括：水资源数据采集与分析，数据库技术，数字模拟及可视化，预测预报技术等
	(2) 数字流域	包括：数字流域构建方法及内容体系，数字流域应用等
	(3) 水利信息化建设	包括：水资源管理信息系统，水文预报分析预警系统，河湖水系生态环境监测监控系统等
水工程	水资源开发工程方案、河流治理工程方案、水利工程调度、运行管理等	
水资源	(1) 水资源形成、转化、循环运动规律	包括：社会水循环，自然水循环的过程机理，水资源转化规律、模拟及评价方法，水系统结构、模拟及应用等
	(2) 水资源合理配置和高效利用体系建设关键技术	包括：水资源合理配置方法及方案，饮水安全保障关键技术，农业用水效率保障关键技术等
	(3) 河湖水系连通理论方法及应用	包括：河湖水系连通的问题识别、功能分析、方案设计、运行管理，河湖水系连用应用实践等

续表

学科领域	主要研究内容	备注
水环境	（1）水质模型与水环境评价、预测	包括：水环境多介质模型，人类活动的水环境变化预测模型，突发水污染的预警预报和应急管理等
	（2）水生态保护与修复理论及应用	包括：水生态调查、监测与分析，生态水文模型，水生态调度模型，水土保持工程建设，水土保持和水生态保护监测预警和监控等
水安全	（1）水安全评估、风险分析及调控对策	包括：水安全风险分析与风险管理，（农村）饮用水安全及用水保障，水安全保障体系建设与调控对策等
	（2）防洪抗旱监测体系建设	包括：复杂水库群多目标优化调度，干旱预警预报方法、旱灾适应性管理和调控技术等
水文化	（1）水文化物质、非物质遗产的挖掘及相关问题	包括：人水关系的历史考究和科学调控等
	（2）水文化教育、传播，及对中华文化与文明建设和传承	包括：水文化教育体系，水文化传承方法，水文化与中华文化的关系等
	（3）人水关系和水战略及水工程布局	包括：从历史发展的角度，分析水文化建设、水利工程规划、水土资源开发和利用以及管理政策和体制，分析水利工程的作用和效果等

（六）研究生教育质量提升工程

学科建设包括"三大核心任务"，即凝练学科方向、汇聚创新队伍、构建学科基地。其中，师资队伍建设是学科建设的强大基础，汇聚一流的创新队伍是学科建设的关键。学科基地是学科建设的重要基础条件，包括仪器、设备等"硬件"和学术氛围、管理体制等"软件"。同时，提高研究生培养质量，导师队伍建设是根本，学科基地建设是坚实基础。

学校要围绕国家战略和区域经济社会需求，以及国际学科发展前沿，根据合理布局、强化特色、突出重点的原则，遵循"以特色学科建设为龙头，传统学科内涵改造为契机，积极探索交叉学科"的方针，以"三大核心任务"为抓手推进学科水平建设。同时，通过学科基地建设，构建龙头学科与支撑学科、传统学科与前沿学科、基础学科与应用学科并存、互长的良性学科生态环境，提升研究生培养质量。

（七）深化校企合作人才培养工程

深化学校与行业、企业合作培养"下得去、用得上、留得住"的科技型人才。遵循科技型人才的培养目标定位，传承重视和强化学生实践应用能力培养既有优势的同时，通过让企业深度参与修订和完善人才培养方案、改革科技型课程教学体系、共建共享实习实训基地，探索实施订单式培养，邀请行业精英与企业骨干承担课程教学和实践教学任务、指导毕业设计等方式和途径，充分利用学校（尤其是国家大学科技园）和企业的两种不同环境及其有效教育资源，形成平台共建、资源共用、成果共享的可持续发展机制。围绕培养学生的实践动手能力和创新创业能力，在加强与中水五局、武警水电二总队等大中型国家企业、行业龙头企业建立校企合作培养人才战略协议的基础上，以"利益链"为牵引，切实落实人才培养合作。同时，积极对接中小企业的人力资源需求和专业知识需求，在解决中小企业实际问题的过程中，加强校企合作人才培养。科技型人才培养不仅要面向职业，强调适应岗位需求的能力，还要关注学生的基础知识、学习能力、可持续发展和综合素质的培养。

（八）协同创新科研共同体构建工程

立足地方，服务地方，面向行业、企业，以解决地方经济社会发展面临的实际问题和提高服务行业企业发展新需求的能力为出发点，承担为地方经济社会发展输送人才，提供知识、治理、技术等方面的支持的重任是，这江西大学的天然职责和其存在合理性之基石。学校要着力构建校地、校企、校所、校校协同创新机制，推进与江西省水利厅、省水科院、省水利规划设计院、省水利水电建设公司等构建协同创新科研共同体，以结合实际的应用研究和科技成果转化为重点，提升学校的科研竞争力和服务地方经济社会发展需求的能力。统筹应用研究和基础研究，在加强服务地方产业发展需求的应用研究的同时，要为基础研究开一扇窗。

（九）高水平师资队伍建设工程

针对目前学校师资队伍存在的总量不足、高级职称和高学历人才比例偏低、年轻化突出、领军拔尖人才匮乏、行业背景人才不足等问题，学校要围绕办学定位，以学科专业发展规划为先导，以引进和培养并重，优化师资队伍的学科结构、类型结构（"双师型"教师比例），提升师资队伍的学历结构、职称结构等。在双师型师资队伍建设方面，以"引进企业专业技术骨干担任兼职教师"与"教师到合作企业进行挂职和技术咨询服务"两种途径，建立一支以校内专任教师为主，校外企业技术骨干为辅的"双师型"教师队伍。在学科领军人才和拔尖人才引进方面，学校要依据教学、科研工作需求和学科发展规划，充分利用科研共同体和校企合作的人力资源共享机制，有的放矢的引进高层次拔尖人才和满足技能型人才培养需求的行业企业精英骨干。通过学历提升、国内和海外访学，校内建立教师发展中心、校外下企业，参加横向课题等提升现有教师的科研能力、实践教学能力，以及国际学术交流能力。

（十）国际合作拓展工程

围绕国家"一带一路"重大战略需求，尤其是围绕沿线国家的经济社会发展需求，促进自身智力资源与当地要素资源的有效"嫁接"，在人才培养、学科专业设置、科学研究及人文交流等方面，主动加强与沿线国家、高校的交流互动，积极拓展办学的国际视野，努力促成与海外高校、科研机构的合作。利用水利工程产能国际转移的契机，与水利企业捆绑式"走出去"，探索与沿线国家、高校开辟以产学研合作为载体和纽带的新型国际合作培养人才新道路。把握互联网＋、物联网等高新科技推进工程水利向数字水利、智慧水利发展的新趋势，充分利用国际前沿优质资源主动调整专业，优化课程设置，以及通过国外访学培养和直接引进等方式推进国际化师资建设，为"一带一路"建设提供人才贮备和人才支持。加强国际合作科学研究，以数字水利、智慧水利为突破点，寻找在"一带一路"经济带建设中与国外高校、科研机构、水利行业企业的利益契合点，探索国际合作科研。加强人文交流，通过与相关国家高校的人员往来、师生互访、学术交流等，搭建长期合作的基础，拓展深度合作关系。

五、江西大学战略目标实现的组织保障

南昌工程学院担当"江西大学"，不仅仅是一所高校校名的变更，同时也涉及高等教育的区域调整、行业分布等各方面因素，涉及所在省份高等教育的发展，需要党中央和国务院、江西省委和省政府的高度重视，以及全省人民的大力支持和帮助。

(一) 提升江西大学组织文化认同度

明确江西大学的发展愿景、目标共识和指明学校的发展方向，有助于学校更加清晰厘定办学定位和培育核心竞争力，为学校科学决策提供理性基础，也为学校资源配置准则的制订提供有效依据。同时，明确而达成广泛共识的发展愿景和目标的形成过程也是一个凝聚人心、形成核心价值观和共同语言、并进行深度沟通的过程，有助于促进大学利益相关者关心支持学校的改革与发展。要加强江西大学文化建设和宣传，提高领导班子及教职员工对彰显江西大学特色的组织文化的认同度，从而提高学校组织管理绩效和组织的凝聚力。

(二) 加强江西大学二级学院建设

在总结校院两级管理改革试点经验的基础上，以人事权、财务权为核心，设计一套促进基层学术组织成长，推进一线教学科研组织的顺畅发展，更加有效地调动教职工的积极性和主动性的制度体系。在下放校级权力的同时，加强对二级学院的过程管理向目标管理转变。放管结合，权力下放以二级学院具备承接两级管理能力为前提。在二级学院做好本学院学科发展规划、人力资源规划，乃至各类教学培养和课程培养规划的前提下，具备了承接两级管理的能力，学校再把人事、财务、资产等相应的权力下放，把各类岗位及相关资源整体配置给院系学院，由院系自主决定运行模式和实施方案。通过健全校院两级规划体系，建立对学院规划的论证评估机制，将院系的自主发展纳入学校的总体布局框架内统筹联动。

（三）充分发挥多层面共建机制优势

建议省委省政府充分发挥江西省与水利部共建机制，以及与江西省水利厅的历史渊源优势和当前多方位合作优势，围绕水利行业和区域经济发展重大需求，积极探索与企业、行业、区域协同创新模式，充分利用行业、企业资源，开展与行业、企业、协会及社会团体的横向联合与深度合作，加强校外实习基地建设和技术创新平台建设。同时，注重加强与地方中小企业的合作，以解决中小企业、行业的实际问题为出发点，强化技术集成与创新，加强应用研究，提升学校服务地方中小企业的能力。加强与武警水电部队、铁路总公司的合作，拓展多行业共建机制。

建议省委省政府将学校纳入省教育综合改革试点，支持学校拥有更多办学自主权。如在核定的学校编制数内，给予学校一定的编制（尤其是高级职称编制）管理自主权，支持学校在人事制度改革（"双师型"师资队伍建设）拥有一定的自主权；在教育部政策范围内，支持学校按照权限自主设置专业；统筹江西省研究生招生计划，在硕士生招生指标上适度向学校倾斜等。

最后，建议尽快成立江西大学筹委会，确保在"十三五"期间力争在2018年江西大学挂牌。这在江西教育发展史上是一个重要的里程碑，对站在新起点、正积蓄力量、彰显水特色的南昌工程学院来说，是久旱而逢甘霖，必将更多的沐浴党和国家的阳光雨露，承载江西人民渴望加快高等教育和经济社会发展的希望，高举"江西大学"的旗帜航帆，如同千回百转的长江冲出夔门，一路无可阻挡地奔腾向海。

第五十九回　雷厉风行
——在南昌工程学院巡视整改工作推进会上的讲话
（2016 年 6 月 24 日）

同志们：

今天，我们在这里召开学校巡视反馈意见整改工作推进会，主要任务是传达贯彻《省委巡视工作领导小组办公室关于 2016 年省委第一轮巡视发现倾向性问题情况的通报》的通知精神，按照省委巡视工作领导小组和省委第四巡视组的安排部署，推动我校各项整改任务全面落到实处。今年 3 月 8 日至 4 月 24 日，按照省委统一部署，省委第四巡视组对我校进行了巡视，并在 5 月 23 日向我校反馈了巡视情况。巡视反馈之后，学校党委高度重视巡视反馈意见的整改落实工作，先后召开党委会和巡视整改工作领导小组会议进行了部署安排，制定了《中共南昌工程学院巡视反馈意见整改工作方案》，7 月中旬学校要向省委巡视工作领导小组提交巡视整改工作报告。如果巡视是"诊断"，那么，整改就是"治疗"。整改既是"吃药、打针、动手术"，也是"生活观念、生活方式"的调整，是对不良"生活习惯"的摒弃和对健康"生活方式"的追求。当前学校各级党组织和广大党员领导干部要进一步增强责任感和紧迫感，紧盯整改进程，扎实推进整改，把抓好巡视整改作为强化党委主体责任的重要工作，作为领导干部"一岗双责"的具体内容，高标准、严要求地把巡视整改任务完成好。特别是牵头的负责同志和责任单位要对照《整改方案》，逐项拉出清单、细化责任，对每项整改任务"销号"，确保我校 6 大项 18 小项整改工作任务不折不扣落实到位。下面，为了更好地抓好巡视反馈意见的整改落实，我代表学校党委谈三点意见：

一是明确整改重点。省委第四巡视组的反馈意见指出了巡视中发现的突出问题，帮助我们查找了在落实"两个责任"和党的建设方面存在的主要问题：党委核心领导弱化，党委主体责任意识不够强，基层党组织建设薄弱，贯彻落实中央和省委决策部署不力，基建项目管理不到位，学校财务管理比较混乱，职权影响职称评定，干部人事管理不规范。这些问题具体实在，很有针对性，有些问题性质很严重。要充分认识做好整改落实工作的重要意义，始终在思想上、政治上、行动上与党中央保持高度一致，坚决维护中央权威，坚决贯彻中央的决策部署。对省委巡视组反馈的六个方面问题和六个方面整改建议，在对号入座、逐条细化、明确责任、倾力整改的同时，重点聚焦"两个责任"落实不到位，领导干部为政不廉，违反政治纪律和政治规矩，不担当、不作为和懒政怠政，形式主义、官僚主义等"四风"反弹问题开展专项整治，严肃处理违纪违规行为，又要举一反三，着力从体制、机制、制度、管理和监督上查找原因，创新体制机制，加强制度建设，夯实管理基础，完善监管手段，加大源头治理力度。要通过深化整改，着力解决巡视中发现的突出问题，着力构建惩治和预防腐败体系，努力形成一批实践成果、制度成果和体制机制成果，做到在落实"两个责任"上有新提高，在制度建设上有新进展，在加强管理上有新提升，在深化改革上有新突破，在党的建设上有新成效，不断提高学校党风廉政建设工作水平，为推动学校实现跨越发展提供坚强保障。

二是把握整改原则。抓好这次整改，必须坚持正确的方法论，注意把握好四项整改原则：一要坚持领导带头抓整改，学校领导班子成员带头，各部门单位的主要负责同志，要严格履行整改第一责任人职责，始终把整改任务放在心上、扛在肩上、抓在手上，在主动改、带头改的同时，切实加强整改的组织领导，层层传导压力，推动相关整改工作全面落到实处。对本人牵头负责的整改事项要亲自推动、亲自过问、亲自研究、亲自督办，整改任务推进不力的首先追究校领导的责任。二要坚持上下联动抓整改，各部门、各单位负责同志要增强"一岗双责"意识，进一步细化任务举措，明确责任分工，狠抓工作落实。对上面的问题需要下面配合解决的，要"上题下答"；对下面的问题根子在上面的，要"下题上答"；对需要学院和部门、部门和部门联合会诊解决的，要"同题共答"，充分调动各方面的整改积极性，统筹发力，共同抓好整改。三要坚持面向群众抓整改，必须大力推行"三视三问"群众工作法，把整改工作置于广大师生员工的全程参与和监督之下，真正做到问需问计问效于民。当前，要按照省委的统一部署，深入开展制度化、经常化、具体化的深入基层活动，组织广大党员干部深入基层听民意、化解矛盾促民和、多办实事解民忧，凝聚师生智慧推动学校改革发展。四要坚持统筹兼顾抓整改，树立系统思维和统筹观念，把整改工作置于学校中心和改革发展大局中去谋划、去推进，进一步提振广大党员干部干事创业的精气神，统筹抓好改革发展稳定各项工作，努力在新的发展起点上取得更大成绩。

三是落实整改措施。针对我校此次整改涉及的突出问题，学校已根据问题的不同症结，分类制定出整改措施，形成了整改方案。能否取得整改工作的实效，关键在于将整改方案和措施落到实处。一要强化学习教育，着力解决总开关这一根本问题。思想上松一寸，行动上就可能差一尺。要把学习教育摆在整改工作的首位，与"两学一做"教育紧密结合，组织广大党员干部深入学习习近平总书记系列重要讲话精神，努力增强推进整改工作的责任感和使命感。二要强化重点整治，把各项突出问题改好改实改到位。抓好此次整改，必须按照省委的统一部署，集中力量攻坚突破，推动整改工作方案的落实，拿出刮骨疗毒的勇气和壮士断腕的决心，以零容忍的态度向各类突出问题鲜明亮剑，不避虚就实、不避重就轻，不回避主要问题和主要症结，确保整改工作取得实效，让省委满意，让群众满意。三要强化制度建设，进一步封堵权力运行的制度漏洞。抓好整改工作，必须充分发挥制度的治本功效，切实把权力关进制度的"笼子"，深入开展重点领域和关键环节的建章立制，进一步推进人事权、财经权、资源权等核心权力改革，从体制机制上着力铲除滋生腐败的土壤。四要强化正确导向，努力营造风清气正、干事创业的政治生态。此次整改，要进一步落实习近平总书记提出的"好干部"标准和"三严三实"要求，树立正确的选人用人导向，大力整治选人用人过程中的不正之风，真正把那些崇严尚实、敢于担当、成绩突出的好干部选出来、用起来。加快重点领域和关键岗位干部特别是长时间任职干部的轮岗交流，消除和防范廉洁风险。

同志们，抓好巡视整改工作落实，是一件重大政治任务。巡视整改工作任务的落实，事关加强和改进学校党的建设全局、事关推进学校教育改革事业发展大局，各级党组织、各单位和广大党员干部都不能置身事外。我们一定要按照省委的部署要求，敢于担当、全力以赴，按时按质、不折不扣地完成各项整改任务，以扎实的整改成效让组织放心、让师生满意，为推动学校事业持续健康快速发展提供坚强的组织和作风保障。

第六十回　拾梦花开

——在南昌工程学院 2016 届毕业典礼上的讲话

（2016 年 6 月 29 日）

各位老师、各位家长、各位来宾、毕业生同学们：

大家上午好！

挡不住的凤凰花开，舍不得的挥手告别。欢迎大家参加南昌工程学院 2016 年大学生毕业典礼暨学位授予仪式。这是毕业生同学们人生中最辉煌的时刻！请允许我代表全校教职工，向大家致以最热烈的祝贺和衷心的感谢！

同学们，当年你们怀揣理想，求学南工，聚是一团火；如今，你们收获成长，心系远方，散是满天星。在这个重要的时刻，在你们马上要离开母校远行或转入新的学习阶段，即将开启人生新征程之际，学校举行简朴而热烈的毕业典礼，既是你们在大学的"最后一课"，也是行将建功立业的一次庄严誓师。希望大家带着胜利的荣光，在大江南北经天纬地，在神州内外鹏路翱翔，从胜利走向辉煌！

当好母校事业发展传帮手

在同学们离开母校之际，我十分欣喜地看到，4896 名同学、经过 1000 多个日夜苦读拼搏、圆满完成学业胜利毕业了，其中还有 542 名同学光荣地加入了中国共产党、有 1925 名同学获得过省级以上表彰、有 298 名同学被评为学校优秀毕业生、有 330 名同学考取了研究生。从今天起已经成为优秀新校友。你们用自己的担当诠释了"格物致知，自强不息"的校训精神，用自己的实干在南工的发展历程中增添了靓丽风景。你们是学校发展的见证者，更是推进学校发展的参与者，在校期间，你们修身明德、不负光阴、执著奋进，在学业上取得了优异成绩，在各类科技、文化、体育竞赛、社会公益活动中取得了累累硕果，你们取得的成绩和出色的表现证明你们也是母校发展的重要贡献者。恳请同学们在离开母校之际，多提建设性意见帮助学校改进工作。学校能给到同学们的给到位没有？学校需要向同学们脑袋里装载的思想和知识，向同学们双手输送的技能，到位没有？也许学校自己努力了，也许学校的努力还不够，也许同学们的期望还没有真正地得到完全的满足。但愿你们能成为母校发展的改革设计师。你们在南工这几年拼搏奋进的身影，已经播撒在母校的各个角落，融入到母校的大学精神和校园文化之中。将来无论你们身处何方，身上都流淌着南工人的血液，都要用自己的实际行动争做南工亮丽的"新名片"。你们不论是行走在南方的艳阳里、还是奔跑在北方的寒冬里，都要饮水思源、心系母校，"以身示范为榜样，赠予锦囊馈后学"，永远都是母校发展的好帮手。同学们，大学的考卷即将进入你人生的档案，但在社会的大课堂中，你们将会面对更为复杂的生活考验，将会遇到更为艰难的社会考题。在今后的人生旅途上，母校永远是你们事业发展的坚强后盾，不管你们走得多远，飞得多高，母校永远是你们休憩的驿站、可靠的港湾、温暖的家园，今后校友们无论有何事，都请告诉母校一声，我们都会高度关注。因为我们认为任何关乎校友的事都是大事，帮助你们梦想成真就是我们的使命，母校要永远成为校友们值得怀念和充满希望的好地方。

当好社会主义合格建设者

同学们，毕业典礼之后，意味着你们中绝大多数人的身份将从一名优秀学子转变为一名社会公民，成为一个能够为自己、家庭、社会、国家乃至"地球村"承担起一份责任的建设者。希望你们永远保持学习和思考的热情，不断探求新知、追求真理，永葆思想的活力。把德才兼备作为基本要求。习近平总书记指出，"国无德不兴，人无德不立"。有学才有位，事业德为基。如果你们继续治学深造，学问可以越做越大，但要静水深流，平心静气；如果你们就业创业，钱可以越赚越多，但要来路正，去路明；如果你们各行各业当干部，级别可以越来越高，但登高要望远，甘当公仆，励精图治。要有实事求是的求真精神。正如教育家陶行知先生说，学校的功能"千教万教，教人求真；千学万学，学做真人"。学校真诚地期望大家能从南工的教育中学会如何做真人、做真事、求真理，学会传承南工的理想和精神，在未来的人生道路上做诚实的人、吃干净的饭，喝清洁的水，干明白的事，行通透的文。要有时代担当的使命感。习近平总书记曾指出："紧跟时代砥砺前行，担当责任奋发有为，是我国青年的光荣传统，也是党和人民对广大青年的殷切期望。"古往今来，我们深知，凡是创造非凡业绩者，不论身处哪个行业，他们都有着强烈的使命感和担当精神。具有高度使命感的人不会仅仅满足于完成一项任务、做完一件事情，他（她）必然会经常问自己"我做得够不够好""哪里做得还没做到位"，一定是"我要做"，而非"要我做"，一定会把工作当作事业来做。要有高度负责的责任心，责任胜于能力。一个愿意承担责任、具有责任心的人，才能立足于社会，才能对社会有益，获得人生和事业的成功。什么是责任？著名思想家、作家、科学家歌德曾说过，"你的责任是什么？把你面前的日常事情完成好就是你的责任所在。"从本质上说，责任是一种与生俱来的使命，它伴随着每一个生命的始终。当一个人能够对自己、对家庭负责时，他就具备了独立的人格和行为能力；当一个人能够对他人、对社会负责时，他就具备了社会价值；当一个人能够担负重大责任时，他的存在对他人、对社会就具有重大意义和价值。要有坚决果断的执行能力。希望同学们从一开始就要养成良好的习惯，认真负责、追求卓越，遇事不推诿、不敷衍；脚踏实地、埋头苦干，明白"天下难事必作于易、天下大事必作于细"的道理。养成诚信踏实、雷厉风行、干净利落的做人做事风格，把"马上就办、一定办好"当作做人做事的座右铭。要有讲规矩的习惯约束，没有规矩就没有秩序，有了规矩就需要大家自觉遵守。一个不遵守规矩的人，一个我行我素的人，即使受过高等教育，仍然是一个自私自利的人，这样的人会越来越没有空间，这是社会发展的基本趋势。要有意识地改变自己的心智模式和生活习惯，按规矩谋事，按规则做事，按规范行事，做一个让别人一眼就可以识别的有教养的人。

当好党的事业可靠接班人

习近平总书记在今年的新年致辞中告诫我们："只要坚持，梦想总是可以实现的。"再过五年，当大家在各自岗位上崭露头角、有所成就时，第一个百年目标将成为现实。大家人生最富有生机活力的阶段恰好是第二个百年的奋斗历程。青春梦与中国梦交相辉映，是当代青年特有的幸运。大时代带来大机遇，也需要大情怀。希望大家在未来的道路上，坚定理想信念，高扬报国之志，放大人生坐标，把个人奋斗、人生追求融入中国梦的共同理想，与国家和民族的发展同向同行。要有担当重任的胜任力，能力是可靠接班人的基石。美国思想家艾尔伯·哈柏德有一句名言，"责任趋向于有能力担当的人"。当今世界正处于知识爆炸、科技突飞猛进的时代，唯有秉持空杯心态，保持警醒谦逊，坚持学习，善于学习，终身学习，把学习作为一种生活方式、一种生活追求、一种生活品质，持之以恒坚持不懈，不断增强自己尽责履职的能力。要有能上能下的沉浮力。好手靠练，好事多磨。与众不同的背后，往往是一些不为人知的奋斗和辛苦。要吃得了清苦，耐得住寂寞。机会有时候得等，成功有时候得熬，罗马不是一天建成的，心急吃不了热豆腐。要屏住呼吸，沉下身子，多接地气，御风而行。培养一种清静无为、上善若水的精神境界。在对待名利上淡泊如水，顺其自然；在处理人际关系上，虚怀若谷，从善如流；在干事创业上清澈似水，水滴石穿。要有严于律己的自制力。亚里士多德等哲人有言："美好的人生建立在自我控制的基础上"。能否严于律己不仅能衡量一个人道德修养高低，而且也决定着一个人能取得多大的成就。一个能接班担当的人必然能始终保持做人的原则和做事的底线，以身作则、廉洁自律，挡得住诱惑、经得起挫折，自觉抵制各种错误思想和言行的侵袭，不能因为自己年轻而任性。请你们记住："如果你想征服全世界，你就得先征服你自己"！要有聚集人气的合作力。整合团队的力量，汇聚大家的智慧，集思广益，群策群力才能走得更远。与他人合作，要学会包容，用欣赏的眼光看待身边每一个人，多看其长处，少看其短处。要寻找适合的句子以准确表达自己的本意，减少别人对自己的误解；要正确理解别人的初衷，多拍集体照，少用自拍杆；和谐才能和平，和平才能长治久安。要有崇高境界的领导力。领导是一种境界，境界越高，格局越大。"不畏浮云遮望眼，只缘身在最高层"。只有站在高处，才有不同于别人的视野，才能看见别人看不见的远方。领导也是一种担当，需要十足的勇气，有敢为天下先的气魄，敢于发出自己的声音，敢于迈出第一步。要有开拓进取的创造力。青年人血气方刚、年轻气盛，创新思维最为活跃。希望大家永葆好奇心，对新生事物始终抱有热情，学会用新的视角观察事物，用新的方法去解决问题；希望你们长存敢为天下先的勇气、永不言退的锐气和积极进取的朝气，在中国梦的伟大实践中创造自己的精彩人生。我衷心地希望若干年后，在座的同学中能出现许多时代精英。我很期待，在不久的将来，你们成为党的事业可靠接班人。

亲爱的同学们！这个世界有一种美好，那便是大学时光；这个世界有一种经典，那便是事业辉煌；这个世界有一种永恒，那便是美好梦想。"及时当勉励，岁月不待人"。希望同学们珍惜生命中的每一天，脚踏实地，努力筑梦，力争成为大众仰慕、万众推崇的时代先锋！

谢谢大家！

后　记

　　"两学一做"（学党章党规、学系列讲话，做合格党员）学习教育，目前已在全国各地党组织中全面展开。有些基层党组织发起了手抄党章接力活动，工工整整地抄写党章，并在"朋友圈"中展示成果。然而，如果只为了"晒字"而不见行动的"真章"，不触及思想和灵魂，就会把这一初衷很好的活动搞变味，沦为"精致的形式主义"。笔者带头做个抛砖引玉实验："党员领导干部自己动手写讲话稿"，作为"两学一做"学习教育特色活动的缩影，既可激发全体党员的学习热情，又有助于加深对党的方针政策的理解和运用，是一件有益的创新实践，也是一项从宏观着眼、微观入手的系统工程，确保载体丰富、落到实处，既让党性思维深扎广大党员的生活肌理，又让全体党员真正做到"内化于心、外化于行"。本书是应工作急需而形成的，非严谨的学术专著；因时间仓促和水平所限，一些篇章写的还很粗陋；文中会有不少缺点疏漏，敬请读者指正；也会有一些片面认识，敬请大家批评指教。最近，人民法院出版社向我征集书稿，经"三审三校"，认为是一部兼具理论性与实践性、规范性与系统性、实用性与创新性的治学治校精品之作，列为中国高等院校"依法治校"参考书。于是，出于责任感，有了这本拙著的问世，这也算是应人顺时之作吧。

刘谟炎

2016 年 7 月于中国水都（南昌）